國家社科基金項目（17BZX070）階段性成果

濂溪志補遺

王晚霞　編著

A Supplement of
Lianxizhi

中国社会科学出版社

圖書在版編目（CIP）數據

濂溪志補遺／王晚霞編著．—北京：中國社會科學出版社，2020.11
ISBN 978－7－5203－8047－8

Ⅰ．①濂…　Ⅱ．①王…　Ⅲ．①周敦頤（1017－1073）—哲学思想—研究
Ⅳ．①B244.25

中國版本圖書館 CIP 數據核字（2021）第 040720 號

出 版 人　趙劍英
責任編輯　宋燕鵬
責任校對　王建國
責任印製　李寡寡

出　　版　中國社會科學出版社
社　　址　北京鼓樓西大街甲 158 號
郵　　編　100720
網　　址　http://www.csspw.cn
發 行 部　010－84083685
門 市 部　010－84029450
經　　銷　新華書店及其他書店

印　　刷　北京君昇印刷有限公司
裝　　訂　廊坊市廣陽區廣增裝訂廠
版　　次　2020 年 11 月第 1 版
印　　次　2020 年 11 月第 1 次印刷

開　　本　710×1000　1/16
印　　張　36.25
字　　數　558 千字
定　　價　198.00 元

序一　周敦頤:儒學發展史上的樞紐

陳代湘

周敦頤（字茂叔，號濂溪）在中國思想史上是一個傳奇式人物，他著述很少，流傳下來的僅有《太極圖說》249 字，《通書》2832 字，詩文、書簡、題記等 3143 字，再加《太極圖》標注 24 字，共 6248 字①。但是，周敦頤的影響卻極大，被稱作理學開山，後人稱讚他有"破暗"之功，是"有宋理學之宗祖"。周敦頤在前人的基礎上進一步闡明或者由他原創性提出的哲學範疇，如無極、太極、陰陽、五行、動靜、性命、善惡、主靜、鬼神、死生、禮樂、誠、幾、理、仁、義、中、和、公、明、敬等等，皆為爾後的理學家所反復討論發揚，有宋明理學"觀念庫"之譽。

周子之學綱領是《太極圖》，而《通書》則是對《太極圖》意蘊的深入闡發。《太極圖》過於簡約，周敦頤有《太極圖說》加以說明，《太極圖》和《太極圖說》是密不可分的。《太極圖說》比《太極圖》當然要詳明多了，但一篇二百多字的文章建立了一個宇宙論和人性論體系，事實上還是極其簡約的。所以周子後來又寫作《通書》來進一步闡發《太極圖》和《太極圖說》。

周敦頤在《太極圖說》中提出了獨具特色的宇宙論、萬物化生論、人性論。周敦頤的宇宙論不僅有生成論的一面，同時也有本體論的一面。宇宙生成論講宇宙自然的生成和發展，實質上是一個實證問題，最終可

---

① 据梁紹輝先生統計，見梁紹輝《周敦頤評傳》，南京大學出版社 1994 年 2 月版，第 59 頁。

通向科學；本體論講世界的本源和第一存在，是一個思辨問題，始終與哲學緊密相聯。從宇宙論上看，周敦頤是儒學發展史上宇宙生成論向宇宙本體論轉折和提升的“樞紐”性人物。就儒學宇宙論而言，宋代以前，占主導地位的是宇宙生成論，周敦頤率先從本體論角度思考宇宙本源問題，遂啟宋明理學本體思維之端緒。不過，由於周敦頤處於儒學宇宙本體論的開創階段，其思想尚混有不少傳統生成論的成分。

《太極圖說》首句文字在朱熹的時代就有爭論。“無極而太極”為朱熹所訂定，但當時就有另外兩種版本。一種作“自無極而為太極”，增加“自”“為”二字；一種作“無極而生太極”，增加一“生”字。歷代學者對此爭辯頗多，直到今天，學術界仍有完全相反的看法。

《太極圖說》首句的不同版本反映了對周敦頤宇宙論的不同理解。主“自無極而為太極”或“無極而生太極”者，是生成論的理解；而主“無極而太極”者，則是本體論的理解。今天的學術界，仍有這兩種不同的意見。那麼，周敦頤的宇宙論，到底是生成論？還是本體論？抑或二者兼有？

衡斷此問題，不能光看《太極圖說》，而是要把周子《通書》、《太極圖》與《太極圖說》三者結合起來考察。《太極圖說》中“太極動而生陽，動極而靜；靜而生陰，靜極復動。一動一靜，互為其根。分陰分陽，兩儀立焉。陽變陰合，而生水火木金土。五氣順布，四時行焉……二氣交感，化生萬物。萬物生生，而變化無窮焉”。這一段，顯然講的是宇宙生成論。結合《太極圖》來看，在“太極”“陰陽”“五行”“萬物”所構成的宇宙生成邏輯結構中，從太極到萬物具有一種時間上的先後派生關係，太極是宇宙生成的物質性最初本源。太極的動靜生生，完全是氣的特性。很多學者認為周敦頤的太極就是指陰陽未分之氣，我們同意這種說法。但是，周敦頤的宇宙論不僅有生成論的一面，同時也有本體論的一面。其本體論在《太極圖說》中的最高範疇就是“無極”，在《通書》中他又提出“誠”為天地萬物之本源，具有明顯的本體論意味。再結合《太極圖》來看，此圖頂上只用一個空白圓圈來表示無極和太極，顯然不是生成論。無極與太極不像太極與陰陽、五行、萬物那樣是一種物質性先後派生關係，無極是宇宙的最高本體，它與太極有形而上和形而下的區別，它們的關係是體用關係，而不是先後派生關係。據此，則《太極圖說》的首句應為“無極而太極”，而不是“自無極而為太極”或“無極而生太極”。因為只有“無極而太極”，講的才是本體論。總之一句話，周敦頤《太極圖說》中首句“無極而太極”講的是本體論，而“太極動而生陽”以下則是講生成論。可以看出，在周敦頤的思想中，宇宙生成論和宇宙本體論混雜在一起，且其宇宙本體論最高範疇“無極”具有強烈的道、佛意味。

在《通書》中，周敦頤提出“誠”作為他哲學的最高範疇，“誠”在周敦頤既是宇宙論的範疇，又是人生道德論的範疇，體現了儒家天人合一、道德秩序即是宇宙秩序的致思傾向。

在周敦頤的理論體系中，作為宇宙論最高範疇的誠，下貫而為人生和道德的本體，成為人生和道德論的最高範疇。那麼，什麼是誠？誠的特性是什麼？周敦頤說：

無妄，則誠矣（《通書·家人睽復無妄第三十二》）。誠，無為（《通書·誠幾德第三》）。寂然不動者，誠也（《通書·聖第四》）。“大哉乾元，萬物資始”，誠之源也。“乾道變化，各正性命”，誠斯立焉。純粹，至善者也（《通書·誠上第一》）。

可見，誠的主要意思就是真實無妄，不加矯飾，杜絕人為。而誠的特性就是“純粹至善”。《通書》字面上不用“無極”，但並非不講無極之意，“誠無為”“寂然不動”等中的“誠”都同於“無極”。《通書》字面上使用“太極”，與《太極圖說》中太極的含義完全一樣。如：“五行，陰陽；陰陽，太極（《通書·動靜第十六》）。”意思是五行等於陰陽，陰陽等於太極。《太極圖說》中“五行，一陰陽也；陰陽，一太極也。”也是這個意思。我們可以說，周敦頤《通書》中的“誠”，既同於《太極圖說》中的“太極”，也通於“無極”。從宇宙論上說，無極是宇宙本體論的範疇，太極則是宇宙生成論的範疇，誠則既是宇宙本體論的範疇，又是宇宙生成論的範疇。誠比無極和太極的任何一個涵蓋面都要寬。

在周敦頤看來，以誠為核心的“聖人之道”的內容就是仁、義、禮、智、信等道德內容。周敦頤對仁、義、禮、智、信等道德內容的解釋，既繼承了傳統儒家的本有之義，又有自己的獨特闡發：

天以陽生萬物，以陰成萬物。生，仁也；成，義也。（《通書·順化第十一》）

故聖人在上，以仁育萬物，以義正萬民。（《通書·順化第十一》）

德：愛曰仁，宜曰義，理曰禮，通曰智，守曰信。（《通書·誠幾德第三》）

禮，理也；樂，和也。陰陽理而後和，君君、臣臣、父父、子子、兄兄、弟弟、夫夫、婦婦，萬物各得其理，然後和。故禮先而樂後。（《通書·禮樂第十三》）

動而正，曰道。用而和，曰德。匪仁、匪義、匪禮、匪智、匪信，悉邪矣。（《通書·慎動第五》）

周敦頤的“誠”是純粹至善的，而惡是如何來的呢？周敦頤用“幾”這一概念來說明：

誠無為，幾善惡。（《通書·誠幾德第三》）

性者，剛柔善惡，中而已矣……剛善：為義、為直、為斷、為嚴毅、為幹固；惡：為猛、為隘、為強梁。柔善：為慈、為順、為巽；惡：為懦弱、為無斷、為邪佞。惟中也者，和也，中節也，天下之達道也，聖人之事也。故聖人立教，俾人自易其惡，自至其中而止矣。（《通書·師第七》）

誠至善無為，幾則有善有惡。因此，周敦頤用“誠”和“幾”來對善與惡進行說明，同朱熹等人用天命之性和氣質之性來說明善與惡有異曲同工之妙。周敦頤說“剛柔善惡”之性是指氣質之性，而“中”之性則是指本然之性。周敦頤說“聖人立教，俾人自易其惡，自至其中而止矣”，使人修養而止於“中”，把中看成是成德的最高境界。《大學》說“止於至善”，在周敦頤，誠就是至善，所以，周敦頤這裡的“中”，是與至善之誠相通的一個概念，實際上相當於朱熹所說的天命之性或本然之性。

周敦頤對“剛柔善惡”的氣質之性分析得很細緻。因為“剛柔善惡”屬於氣質之性，氣質之性則有善有惡。此前人們一般只看到“剛”和“柔”的善的一面，周敦頤則看到它們也有惡的一面。有“剛善”，也有

“剛惡”；同樣，有“柔善”，也有“柔惡”。“剛善”“柔善”雖是善，但卻是發自氣質之性的善，是不可靠和不足恃的，義與猛、直與隘、嚴毅與強梁、慈與懦弱、順與無斷等等之間，“如反覆手耳”，有時會出現以惡為善或善惡不辨的情況。只有作為本然之性的“中”，通於純粹至善的“誠”，才是修養的最高境界。而恰恰因為氣質之性中的善惡極易變化，所以“自易其惡、自至其中”的修養工夫就相當重要。

周敦頤在很多地方談到修養工夫的問題，但有一段話最可玩味：“君子乾乾不息於誠，然必懲忿窒欲、遷善改過而後至（《通書·乾損益動第三十一》）。”這段話表達了周敦頤工夫論的核心思想，有三層意思：其一，“乾乾不息於誠”，意即以誠為修養目標，時時提撕警醒，精進不已，亦含《通書》第二十章所說“聖可學”之意，只要乾乾不息，必可至誠境聖域。其二，“懲忿窒欲”，即節制欲望。在《太極圖說》中，周敦頤說：“主靜（自注：無欲故靜）立人極。”提倡主靜無欲，認為無欲故靜。而在《通書》中，則說“懲忿窒欲”，既是懲忿，表明還是有“忿”，既是窒欲，亦說明還是有“欲”，只不過要對“忿”和“欲”進行懲窒減損，以達於誠之至善之境。周敦頤的弟子程頤說：“人心私欲，故危殆。道心天理，故精微。滅私欲則天理明矣。”① 可以說是對周子“欲”的意旨的較好發揮。理學家講“欲”或“人欲”一般是指“私欲”，周敦頤所謂“欲”亦是此意。程頤說“滅私欲”，表明人是有私欲的，正因如此，才需要艱苦的修養工夫來消除它。其三，“遷善改過”。周敦頤特別強調“改過”，《通書》第八章說：“人之生，不幸不聞過，大不幸無恥。必有恥，則可教；聞過，則可賢。”周敦頤的意思是人總會有過，最不幸的事就是不聞過從而不自醒其過，不自醒其過就會不知羞恥，因此，要想自修而遷於至善之誠境，必從知過、改過開始，所以說“聞過，則可賢”。也就是說，聞過，是修德的入手之處。這一點，與後來的湖湘學派所重視的“觀過知仁”亦為異曲同工。

哲學思想是周敦頤的主要建樹。除此之外，周敦頤在政治、教育、文學藝術等領域，都有獨到的思想見解。他不僅是極富獨創精神的思想

---

① 《遺書》卷二十四，《二程集》，中华書局2004年2月第二版，第312頁。

家，而且也是一個文學家和文藝理論家。在文學上，他的《愛蓮說》雖然只有短短的118字，卻寫得情景交融，筆意超絕，字字珠璣，是一篇流傳千古的散文精品。

儘管周敦頤本人的著述不多，但是，其著作經過後人的整理和闡揚，卻構成了龐大的思想體系，對後世的學術思想產生了深遠的影響。研究周敦頤的史料，歷代皆有整理，有收錄周敦頤本人著述的，也有收錄以周敦頤本人著述為中心，而兼采宋元明清各代相關史料的。

湖南科技學院（位於湖南省永州市）的王晚霞博士，出生于陝西，就職於濂溪故里，常年專注于周敦頤文獻資料的收集與整理、研究。此前，王晚霞博士已經編校出版了《濂溪志八種彙編》（湖南大學出版社2013年版）、《濂溪志新編》（中國社會科學出版社2019年版）、《濂溪風雅》（中國社會科學出版社2020年版）等周敦頤研究文獻，成為周敦頤研究學者們案頭必備的參考書。現在，王博士又有進一步的發現，收集到很多散落在歷代地方志、古代別集、道藏中的與周敦頤相關的史料，這些史料從未出現在已有的濂溪學文獻彙編中，十分珍貴。因此，王晚霞博士這本《濂溪志補遺》的出版，給學術界提供一份此前人們不太關注的濂溪學研究史料，對濂溪學研究的推進必將有所助益。

（作者係湘潭大學教授、博士生導師、碧泉書院院長）

2020年8月6日於湘潭大學北斗村聽荷軒

序二　濂溪流芳，於斯為盛

［韓］崔英辰

生於北宋初年的周敦頤，生前聲名並不顯著，經過黄庭堅、胡宏、朱熹、張栻等人對其人品和思想的闡釋，在當時國際國内政治、思想環境的多種力量左右下，到南宋 1241 年，周敦頤與其他四位道學家一起，榮獲從祀孔廟的殊榮，這成為周敦頤思想學説在歷代傳播的重要政治保證。之後元代加封其為道國公，明清兩代承襲宋元，官方對周敦頤的褒崇更加多樣化。

能體現出周敦頤思想學説在歷代流傳的多種樣貌的史料，部分被收録在從宋代開始編纂的各種周敦頤文獻中。遺憾的是，還有大量相關史料淹沒在浩如煙海的地方志、别集、道藏中，無人問津。這些文獻分布各處，要想一覽無余頗有些不易，再加上其中文字漫漶、魚魯亥豕，難懂難讀。幸賴有王晚霞博士，多年來潛心整理研究以《濂溪志》為中心的各類史料，鉤沉點校。2019 年，她將古代已有的 26 种周敦頤文獻去重補缺，分門别類，編校成《濂溪志新編》，極大地便利於學界閲讀研究。

在多年的濂溪學研究中，晚霞博士又從 180 種古代文獻中，輯佚了大量不見於已有周敦頤文獻的史料，編纂校勘成本書。本書覆蓋周敦頤在歷代流播的多個方面，能在一本書中完整佔有如此眾多的、並不見於已有周敦頤文獻的史料，為學者開展相關研究節省了大量時間和精力成本。

通覽全書，感慨有二。一者，文獻整理工作既是學術研究的基礎，更是津梁，理應受到重視。孔子説：“夏禮吾能言之，杞不足徵也。殷禮吾能言之，宋不足徵也。文獻不足故也，足，則吾能徵之矣。”（《論語·

八佾》）孔子不能徵宋，正因文獻不足。文獻的匱乏，往往是學術發展的一大阻礙。文獻的拓展豐富，往往是學術發展的前驅。目前學界對周敦頤思想學說之研究和發掘不夠，一個原因也正是因為文獻不足。二者，由周敦頤生发之可研究領域甚多。料想本書中增補的大量史料，應會拓展濂溪學相關研究領域，或有更多名流方家，從中闡發濂溪學之芬芳。

此外，周敦頤思想對韓國及日本，甚至整個東亞儒學都產生了深刻的影響，尤其是《太極圖說》在韓國有許多的注釋書，期待晚霞博士以後能將東亞儒學者對周敦頤的研究文獻做系統的整理，為推進濂溪學的發展做出更多貢獻。

（作者係韓國成均館大學終身教授，博士生導師，韓國朱子學會名譽會長）

2020 年 10 月 1 日於韓國首爾

前　言

堪稱儒學發展史上樞紐的周敦頤（1017—1073），字茂叔，因其故居前之濂溪，世稱濂溪先生，其開創宋學流派濂洛關閩之始——濂溪學，簡稱濂學。在宋代胡宏、朱熹、張栻以後，周敦頤思想被認為上繼孔孟，下啟二程，在整個東亞有深遠而廣泛的影響。周敦頤生於湖南道縣，卒於江西九江，曾任職於湖南、江西、四川、廣東，後裔足跡延至江蘇、浙江等地。其本人著述僅八千餘字，因而古代對周敦頤文獻的整理，大致有三種思路，一種是僅收錄周敦頤本人著述，類于別集，如明呂柟編《周子全書》等。第二種是圍繞周敦頤後裔收錄史料，其中不含周敦頤本人著述，如明周與爵《周元公世系遺芳集》等。最多見的是第三種，即以周敦頤本人為中心，覆蓋宋元明清各代，收錄種類繁多的相關史料，名以《周敦頤集》《濂溪志》等。其中以地方志角度整理的《濂溪志》，囊括史料類型多樣，內容充實，是研究周敦頤不可或缺的必要文獻。

這樣的 8 種《濂溪志》：胥從化本、李楨本、李嶸慈本、吳大鎔本、彭玉麟本、周沈珂本、周誥本兩種的完整內容，我曾將其編校成一本《濂溪志八種彙編》（湖南大學出版社 2013 年版），之後發覺這種文獻整理方法在完整保存文獻方面有一定價值，因其史料多處重出，累贅啰嗦，實際使用並不便捷。此後我廣羅從宋到清的 26 種周敦頤文獻，選取每種刊本中最有價值的史料，去重補缺，考證校勘成一部門類清晰、內容豐富、覆蓋面廣的當代刊本——《濂溪志新編》（中國社會科學出版社 2019 年版）。

在此過程中，我發現還有許多周敦頤相關史料，並未出現在已有濂溪學文獻中。這些史料散落在與周敦頤相關的省市歷代地方志、古代別集、道藏中，無人問津。考慮到周敦頤本人著述不多，而後世影響又極大，要進行周敦頤和濂溪學的研究，這些散落各處的史料顯得頗有價值。若每位學者在研究時一一翻檢找尋，補充所需史料，則浪費人類必要勞動時間太多，科學研究的時間成本極高；若不去做這樣的工作，則失於史料佔有不足，必然最終影響研究成果質量。文獻本就是為人作嫁衣裳，而其實最早是因我自己在研究中，感覺到有對這樣文獻的需求，以便於自己的研究開展。

於是，多年來我陸續留意和整理這些被遺漏的史料，近述遠討，凡有關濂溪先生，為斯道之有所發明者，皆得備選。所閱讀文獻來源基本大類有地方志、別集、道藏等。其中地方志主要涉及湖南省志及省內的永州、道縣、零陵、寧遠、江華、永明、藍山、邵陽、郴州、桂陽、桂東、寶慶府、祁陽等；江西省志及省內的九江、南康、贛州、大庾、星子、南安、南康、義寧、寧州、袁州、德化等；四川省志及省內的合州、合川、重慶等；廣東的韶州；江蘇的蘇州、長洲、吳縣、姑蘇等。地方志在不同朝代都會新修，期間會增加、刪減史料，所以同一個地方的志，一般會有不同時期的多個刊本，同一篇文章時常會出現在不同刊本中，篇幅、字詞時有差異，必須在其中選擇一個最佳篇章，則不僅需廣羅眾本，也要悉心閱讀。其次是古代別集類，主要包括宋以後歷代理學家的別集。以上源底本在版本的選擇上，首選時間最早的刻本，次是刻本的影印本、民國排印本，極少選擇當代整理本。內容上，其中一些周敦頤著述的注本，如曹端《通書述解》《太極圖說述解》、保巴《周子通書訓義》、舒芬《通書釋義》《太極釋義》等，因篇幅較長，則節選部分。有一些著作論述較為分散，如薛瑄的《讀書錄》《讀書續錄》，則根據主題進行了重新歸類整理。有一些本來就是編纂類的著述，如熊賜履的《學統》，則從中摘出，根據其內容題署作者。

史料輯佚這樣的工作，理論上講是無法窮盡的。在研究思想上，因其不周延，或可認為是一種不美的思想。承認自然科學和社會科學研究方法存在差異，或是專業領域研究方法的分歧，或許會稍微緩解這種尷尬，但不能因此就放棄對完美研究思想的追求。加之，文獻既是學術研究的津梁更是排頭兵，文獻覆蓋的範圍往往為學術研究設置無形界限，缺乏文獻的豐富和拓展，學術研究難免會陷入內向演化的精細複雜之中，換個角度看，這其實是一種相對單調的複雜，缺乏跳出模式的創造力。而要突破學術研究的固有窠臼，實現文獻上的突破，是一個可行辦法。

於是，我根據已搜集到的史料編纂為本書，體例分為九卷。卷之一《遺像道範志》，包括周子遺像和本家行實類。卷之二《遺文芳跡志》，包括在古代已有濂溪學文獻中，未曾出現過的周敦頤本人詩歌和相關遺跡類。凡與《太極圖》《太極圖說》相關者，列卷之三《太極圖志》；凡與《通書》相關者，列卷之四《通書志》；凡評論周敦頤本人、後裔及其著述者，列卷之五《諸儒論斷志》。各地濂溪書院史料，列卷之六《濂溪書院志》；各地濂溪祠堂史料，列卷之七《濂溪祠堂志》，周敦頤世系和支系史料，列卷之八《世系遺芳志》；卷之九為《古代藝文志》，主要為歷代題詠。

這些卷名中，"太極圖志""通書志""濂溪書院志""濂溪祠堂志"，為筆者自創，未必準確，只是為了分類編排史料以便學者觀覽而勉力為之。另需要指明的是，我編纂的另一部書稿《濂溪風雅》（中國社會科學出版社 2020 年版），大部分內容是在已有濂溪學文獻中從未出現過的、我自己輯佚的濂溪學詩歌。為避免冗贅重出，除輯佚的周子本人詩文外，凡在《濂溪風雅》中出現過的篇目，本書不再收錄。

本書輯佚被从宋至今的已有周敦頤文獻遺漏的濂溪学史料編纂校勘而成，經過一段比較長時間的工作，以期能陸續整理出必要的濂溪學文獻，作為引玉之砖，推進濂溪學、宋明理學研究。本人學識淺陋，書稿錯訛處必所難免，望學界同仁批評指正。謝謝！

王晚霞於湖南科技學院

2020 年 5 月 6 日

凡　例

一、選文原則

需同時滿足以下條件：一是必要與周敦頤密切相關；二是該文在已有周敦頤文獻中尚未出現過。若所選文章在多個刊本中出現，則綜合考慮內容完整、底本清晰、年代較早等因素，寧詳勿畧，寧信勿疑，寧反復校正以示信從，勿輕易脫畧以滋掛漏。

二、體例續增

續舊者，如："遺像道範志""古代藝文志""世系遺芳志""諸儒論斷志"。增新者，如濂溪祠堂相關史料，作"濂溪祠堂志"；濂溪書院相關史料，作"濂溪書院志"。《太極圖》相關史料，作"太極圖志"。《通書》相關史料，作"通書志"。

三、考證校勘

一者，底本中實在模糊難辨之文，皆以"□"代之。二者，個別文章為其加上了標題或補充了作者。三者，為每篇文章加上了創作朝代。四者，每篇文章只選一篇，為行文簡潔，各來源底本均簡稱之，注於篇末。五者，凡底本中的通假字、異體字、簡體字、錯字、避諱字，皆依其舊，必要時出校記。

四、底本信息

史料來源刊本大致有三類，一是相關省市縣歷代方志；二是古代別集與總集。這兩類中，優選古代別集刻本，次選古人總集、叢書刻本，再次選其影印本，最後選當代人編纂的總集、叢書。三是道藏。

本書共選錄 181 種源底本。每個底本的詳細信息及簡稱，依次列如下。其中，凡四庫全書本，均為上海古籍出版社 1987 年影印版。四庫全書存目叢書本，均為齊魯書社 1997 年影印版。續修四庫全書本，均為上海古籍出版社 2002 年版。四庫全書珍本，共十集，均為王雲五主持，中國台灣商務印書館 1935 年後陸續影印版。中國地方志集成本，均為江蘇古籍出版社、上海書店、巴蜀書社 1991 年後陸續影印版。故宮珍本叢刊本，均為故宮博物院編，海南出版社 2001 年影印版。天一閣藏明代方志選刊本，均為上海古籍書店 1982 年影印本。天一閣藏明代方志選刊續編本，均為上海書店 1990 年影印版。中國地方志叢書本，均為成文出版社有限公司 1975 年後陸續影印版。凡北京圖書館古籍珍本叢刊本，均為北京圖書館古籍出版編輯組編，書目文獻出版社 1988 年影印版。道藏本，均為張繼禹主編《中華道藏》，華夏出版社 2004 年版。清代詩文集彙編本，均為清代詩文集彙編編纂委員會編，國家清史編纂委員會文獻叢刊，上海古籍出版社 2010 年影印版。叢書集成初編本，均為王雲五主編，商務印書館 1935 年版。叢書集成續編本，均為新文豐出版有限公司編輯部編，上海書店 1988 年版。叢書集成新編本，均為新文豐出版有限公司編輯部編，新文豐出版有限公司 2008 年版。

1. 宋朱震：《漢上易傳卦圖》，摛藻堂四庫全書薈要本。簡稱“漢上易傳圖”。

2. 宋朱震：《漢上易傳》，叢書集成續編本・經部・第 1 冊。簡稱“漢上易傳”。

3. 宋汪應辰：《文定集》，四庫全書珍本十集。簡稱“文定集”。

4. 宋陸九淵：《象山集》，四庫全書本。簡稱“象山集”。

5. 宋真德秀：《西山先生真文忠公文集》，元刻本。簡稱“真文忠公集”。

6. 宋陳淳：《北溪字義》，四庫全書本。簡稱“北溪字義”。

7. 宋陳淳：《北溪字義補遺》，叢書集成新編本・第 22 冊。簡稱“北溪字義補遺”。

8. 宋黃震：《黃氏日抄》，四庫全書珍本二集。簡稱“黃氏日抄”。

9. 宋王柏：《研幾圖》，叢書集成新編本。簡稱“研幾圖”。

10. 宋陳文蔚：《克齋集》，四庫全書珍本二集。簡稱“克齋集”。

11. 宋樓鑰：《攻媿集》，四庫全書本。簡稱“攻媿集”。

12. 宋陸游:《放翁題跋》，叢書集成初編本。簡稱“放翁題跋”。

13. 宋陳亮:《龍川文集》，出自王雲五主編《國學基本叢書》，商務印書館 1937 年版。簡稱“龍川文集”。

14. 宋高斯得:《恥堂存稿》，四庫全書本。簡稱“恥堂存稿”。

15. 宋真德秀:《西山先生真文忠公文集》，出自張元濟編《四部叢刊初編》，上海商務印書館 1922 年版。簡稱“真文忠公集”。

16. 宋鄧牧:《洞霄圖志》，四庫全書本。簡稱“洞霄圖志”。

17. 宋袁甫:《蒙齋集》，四庫全書本。簡稱“蒙齋集”。

18. 宋黄庭堅:《山谷集》，四庫全書本。簡稱“山谷集”。

19. 宋黄庭堅:《山谷別集》，四庫全書本。簡稱“山谷別集”。

20. 宋黄榦:《黄勉齋先生文集》，出自王雲五主編:《叢書集成初編》，商務印書館 1936 年版。簡稱“黄勉齋集”。

21. 元熙仲編:《歷朝釋氏資鑒》，出自《卍續藏經》第 132 册，新文豐出版有限公司 1995 年版。簡稱“歷朝釋氏資鑒”。

22. 元許謙:《白雲集》，清同治胡鳳丹輯刊金華叢書本，退補齋藏板，出自嚴一萍輯選:《百部叢書集成》，藝文印書館 1970 年影印本。簡稱“白雲集”。

23. 元保巴:《周子通書訓義》，續修四庫全書本。簡稱“周子通書訓義”。

24. 元簫廷芝，《修真十書金丹大成集》，道藏本。簡稱“修真十書金丹大成集”。

25. 金牧常晁:《玄宗直指萬法同歸》，道藏本。簡稱“玄宗直指萬法同歸”。

26. 元俞琰:《易外別傳》，道藏本。簡稱“易外別傳”。

27. 元陳致虚:《上陽子金丹大要圖》，道藏本。簡稱“金丹大要圖”。

28. 宋白玉蟾分章正誤，元王元暉注:《太上老君說常清靜經注》，道藏本。簡稱“常清靜經注”。

29. 元王玠:《太上老君說常清靜妙經纂圖解注》，道藏本。簡稱“清靜妙經圖解”。

30. 元衛琪：《玉清無極總真文昌大洞仙經注》，道藏本。簡稱“玉清經注”。

31. 元鄧椕纂圖，元章希賢衍義：《道法宗旨圖衍義》，道藏本。簡稱“道法宗旨圖”。

32. 元張理：《大易象數鈎深圖》，道藏本。簡稱“大易鈎深圖”。

33. 元張理：《易象圖說外篇》，道藏本。簡稱“易象圖說”。

34. 元李道純：《中和集》，出自蕭天石編：《道藏精華第二集・養生長壽秘訣集成續集之二》，自由出版社 1957 年版。簡稱“中和集”。

35. 元李道純：《全真集玄秘要》，道藏本。簡稱“全真集玄秘”。

36. 元王吉昌：《會真集》，道藏本。簡稱“會真集”。

37. 無名氏：《上方大洞真元妙經圖》，道藏本。簡稱“真元妙經圖”。

38. 元吳澄：《吳文正集》，四庫全書珍本二集。簡稱“吳文正集”。

39. 元劉因：《靜修先生文集》，四庫全書本。簡稱“靜修文集”。

40. 元王申子：《大易輯說》，文淵閣四庫全書本，中國台灣商務印書館 1983 年影印。簡稱“大易輯說”。

41. 明張宇初：《上品妙經通義》，道藏本。簡稱“上品妙經通義”。

42. 明張宇初：《峴泉集》，道藏本。簡稱“峴泉集”。

43. 明王廷相：《王氏家藏集》，天津圖書館藏明嘉靖刻、清順治十二年修，四庫全書存目叢書本。簡稱“王氏家藏集”。

44. 明左輔：《太極後圖》，叢書集成新編本。簡稱“太極後圖”。

45. 明張介賓：《類經圖翼》，四庫全書本。簡稱“類經圖翼”。

46. 明來知德著，張萬彬點校：《周易集註・易經來注圖解》，九州出版社 2004 年版。簡稱“易經來注圖解”。

47. 明胡直：《衡盧精舍藏稿》，四庫全書珍本四集。簡稱“衡盧藏稿”。

48. 明蔡清：《太極圖說》，續修四庫全書本。簡稱“太極圖說”。

49. 明曹端：《通書述解》，四庫全書珍本六集。簡稱“通書述解”。

50. 明王圻，黄晟撰，潭濱黄曉峰重校：《三才圖會》，明萬曆三十五年刊，槐陰草堂藏本。簡稱“三才圖會”。

51. 明高宗哲：《歷代君臣圖像》，日本慶安四年安井宗左衛問尉刊本，日本國立國會圖書館藏本。簡稱“歷代君臣圖像”。

52. 明曹端：《太極圖說述解》，四庫全書珍本六集。“簡稱太極圖說解”。

53. 明羅欽順：《困知記》，四庫全書本。簡稱“困知記”。

54. 明羅欽順著，閻濤點校：《困知記》，中華書局 1990 年版。簡稱“困知記”。

55. 明徐問：《讀書札記》，四庫全書本。簡稱“讀書札記”。

56. 明羅洪先：《念菴羅先生集》，明嘉靖刻本。簡稱“念菴集”。

57. 明薛瑄：《讀書錄》，四庫全書本。簡稱“讀書錄”。

58. 明薛瑄：《讀書續錄》，四庫全書本。簡稱“讀書續錄”。

59. 明丘濬輯：《學的》，續修四庫全書本。簡稱“學的”。

60. 明張國璽：《周子全書》，明萬曆二十四年刻本，日本國立國會圖書館藏本。簡稱“張國璽本”。

61. 明張國璽：《周子全書》，明萬曆二十四年刻本，河南省新鄭市圖書館藏本。簡稱“張國璽本”。

62. 明李詡：《戒庵老人漫筆》，中國科學院圖書館藏清順治五年李成之世德堂重刻本，四庫全書存目叢書本。簡稱“戒庵老人漫筆”。

63. 明王廷相：《雅述》，四庫全書本。簡稱“雅述”。

64. 明舒芬：《梓溪文鈔內集·通書釋義》，叢書集成初編本。簡稱“通書釋義”。

65. 明舒芬：《梓溪文鈔內集·太極釋義》，叢書集成初編本。簡稱“太極釋義”。

66. 清爱新觉罗胤禛：《世宗憲皇帝聖訓》，四庫全書本。簡稱“世宗憲皇帝聖訓”。

67. 清愛新覺羅弘曆：《御製樂善堂全集定本》，四庫全書本。簡稱“御製樂善堂全集”。

68. 清愛新覺羅弘曆：《御製日知薈說》，四庫全書本。簡稱“御製日知薈說”。

69. 清李光地：《御纂性理精義》，四庫全書本。簡稱“御纂性理精義”。

70. 清胡渭：《易圖明辨》，叢書集成初編本，據守山閣叢書本排印。簡稱“易圖明辨”。

71. 清端木國瑚：《周易圖》，清刻本。簡稱“周易圖”。

72. 清耿介：《敬恕堂文集紀年》，清代詩文集彙編本。簡稱“敬恕堂文集”。

73. 清朱彝尊：《曝書亭集》，民國涵芬樓影印清康熙五十三年刻本，清代詩文集彙編本。簡稱“曝書亭集”。

74. 清張惠言：《易圖條辨》，清道光元年合河康氏刻本，續修四庫全書本。簡稱“易圖條辨”。

75. 清陸隴其：《三魚堂文集・三魚堂外集》，清康熙四十年琴川書屋刻本，清代詩文集彙編編本。簡稱“三魚堂文集”。

76. 清張英：《文端集》，四庫全書珍本二集。簡稱“文端集”。

77. 清熊賜履：《學統》，出自《中國哲學思想要籍叢編》，廣文書局1975年版。簡稱“學統”。

78. 清黄宗炎：《圖學辨惑》，四庫全書珍本七集。簡稱“圖學辨惑”。

79. 清黄宗羲：《宋元學案・濂溪學案》，清刻本。簡稱“濂溪學案”。

80. 清毛奇齡：《西河合集》，清康熙間刻本，清乾隆三十五年重修，清嘉慶元年重印，國家圖書館藏本。簡稱“西河合集”。

81. 清毛奇齡：《西河合集》，清康熙間刻本，清乾隆三十五年重修，清嘉慶元年重印，日本國立國會圖書館藏本。簡稱“西河合集”。

82. 清劉元龍：《先天易貫》，四庫全書本。簡稱“先天易貫”。

83. 清魏裔介：《靜怡齋約言錄》，清順治甲午刻本。簡稱“靜怡齋約言錄”。

84. 清魏裔介：《聖學知統錄》，清康熙間刻本。簡稱“聖學知統錄”。

85. 清錢大昕：《十駕齋養新錄》，清刻本。簡稱“十駕齋養新錄”。

86. 清胡承諾：《讀書說》，叢書集成初編本。簡稱“讀書說”。

87. 清俞長城：《可儀堂文集》，叢書集成初編本。簡稱“可儀堂文集”。

88. 清張伯行：《困學錄集粹》，正誼堂叢書本，清副都禦史黃登賢家藏本。簡稱“困學錄”。

89. 清竇克勤：《理學正宗》，清康熙間刻本。簡稱“理學正宗”。

90. 清惠棟：《松崖筆記・久曜齋筆記》，屈萬里主編：《雜著秘笈叢刊》，學生書局1971年影印本。簡稱“松崖筆記”。

91. 清江昱：《瀟湘聽雨錄》，清乾隆二十八年春草軒刻本，天津圖書館藏本，續修四庫全書本。簡稱“瀟湘聽雨錄”。

92. 清戴震：《戴氏三種》，樸社1936年版。簡稱“戴氏三種”。

93. 清孫奇逢：《理學宗傳》，清光緒十八年雲南經正書院刻本。簡稱“理學宗傳”。

94. 清賀瑞麟：《賀瑞麟集》，西北大學出版社2015年版。簡稱“賀瑞麟集”。

95. 清方宗誠：《柏堂遺書・周子通書講義》，清光緒十年刻本。簡稱“通書講義”。

96. 清張元惠，黃如穀修：《道州志》，清嘉慶二十五年刻本，美國哈佛大學圖書館藏本。簡稱“嘉慶道州志”。

97. 清李鏡蓉修，許清源纂：《道州志》，清光緒三年刊本，中國地方志叢書本。簡稱“光緒道州志”。

98. 明虞誠修，胡璉纂：《永州府志》，明洪武間刻本，清末京師圖書館藏本，現藏於美國哈佛大學燕京圖書館。簡稱“洪武永州志”。

99. 明姚昺纂修：《永州府志》，明弘治间刻本，天一閣藏明代方志選刊續編本。簡稱“弘治永州志”。

100. 明史朝富，陳良珍纂修：《永州府志》，北京圖書館藏明隆慶五年刻本，四庫全書存目叢書本。簡稱“隆慶永州志”。

101. 清劉道著修，劉作霖、房爾繼同修，清錢邦芑纂：《永州府志》，清康熙九年刻本，出自《日本藏中國罕見地方志叢刊》，書目文獻出版社1992年影印本。簡稱“康熙永州志1”。

102. 清姜承基修，常在等纂：《永州府志》，清康熙三十三年刻本，中國地方志集成・湖南府縣志輯本。簡稱“康熙永州志 2”。

103. 清呂恩湛修，宗績辰纂：《永州府志》，清道光刻本，中國地方志集成・湖南府縣志輯本。簡稱“道光永州志”。

104. 清黄宅中等修，鄧顯鶴等纂：《寶慶府志》，清道光二十九年修，1934 年重印本，成文出版有限公司 1934 年影印本。簡稱“道光寶慶志”。

105. 清陳邦器修，清李嗣泌、劉帶蕙纂：《郴州總志》，清康熙二十四年刻本，中國地方志集成・湖南府縣志輯本。簡稱“康熙郴州志”。

106. 清朱偓修，陳昭謀纂：《郴州總志》，清嘉慶二十五年刻本，中國地方志集成・湖南府縣志輯本。簡稱“嘉慶郴州志”。

107. 清謝仲修，楊桑阿續修，何全吉纂：《乾隆直隸郴州總志》，清乾隆三十五年刻本，故宫珍本叢刊第 148—149 册・湖南府州縣志第 3 册。簡稱“乾隆郴州志”。

108. 清黄文琛纂修：《邵陽縣志》，清光緒二年刊本，中國方志叢書本。簡稱“光緒邵陽志”。

109. 清淩魚、黄文理修，清朱有斐、李宗纂：《桂陽縣志》，清乾隆二十年刻本，故宫珍本叢刊第 150 册・湖南府州縣志第 5 册。簡稱“乾隆桂陽志”。

110. 清錢紹文、孫光爕修，清朱炳元、何俊纂：《桂陽縣志》，清同治六年刻本，中國地方志集成・湖南府縣志輯本。簡稱“同治桂陽志”。

111. 清洪鍾，張煥修，清黄體德纂：《桂東縣志》，清乾隆二十三年刻本，故宫珍本叢刊第 150 册・湖南府州縣志第 5 册。簡稱“乾隆桂東志”。

112. 清周鶴修，王纘纂：《永明縣志》，清康熙四十八年刻本，故宫珍本叢刊第 156 册・湖南府州縣志第 11 册。簡稱“康熙永明志”。

113. 清萬發元修，清周詵詒纂：《永明縣志》，清光緒三十三年刻本，中國地方志集成・湖南府縣志輯本。簡稱“光緒永明志”。

114. 清劉涵修，清劉世臣纂：《康熙藍山縣志》，清康熙五十四年刻本，故宫珍本叢刊第 156 册・湖南府州縣志第 11 册。簡稱“康熙藍山志”。

115. 清王元弼修，黄佳色等纂：《零陵縣志》，清康熙二十三年刻本，中國地方志集成·湖南府縣志輯本。簡稱“康熙零陵志 1”。

116. 清王元弼修：《零陵縣志》，清康熙二十三年刻本，故宫珍本叢刊第 155 冊·湖南府州縣志第 10 冊。簡稱“康熙零陵志 2”。

117. 清張大煦修，歐陽澤闓纂：《寧遠縣志》，清光緒元年刊本，中國方志叢書本。簡稱“光緒寧遠志”。

118. 清曾鈺纂修：《寧遠縣志》，清嘉慶十六年刊本，中國方志叢書本。簡稱“嘉慶寧遠志”。

119. 清陳玉祥等修，劉希關等纂：《祁陽縣志》，清同治九年刊本，中國方志叢書本。簡稱“同治祁陽志”。

120. 清曾國藩、劉坤一等修，劉繹、趙之謙等纂：《江西通志》，清光緒七年刻本，續修四庫全書本。簡稱“光緒江西志”。

121. 明馮曾修，明李汛纂：《九江府志》，明嘉靖九年刊本，天一閣藏明代方志選刊本。簡稱“嘉靖九江志”。

122. 清達春布修，黄鳳樓纂：《九江府志》，清同治十三年刊本，九江府學文昌宫藏板，中國方志叢書本。簡稱“同治九江志”。

123. 明康河、董天錫纂修：《贛州府志》，明嘉靖刻本，天一閣藏明代方志選刊本。簡稱“嘉靖贛州志”。

124. 明余文龍、謝詔纂修：《贛州府志》，明天啟刻本，清順治十七年湯斌重刻本，北京圖書館古籍珍本叢刊本。簡稱“天啟贛州志”。

125. 清魏瀛等修，鍾音鴻等纂：《贛州府志》，清同治十二年刊本，中國方志叢書本。簡稱“同治贛州志”。

126. 清李世昌纂修：《南安府志》二十卷，清康熙抄本，北京圖書館古籍珍本叢刊本。簡稱“康熙南安志”。

127. 明劉節修：《南安府志》，明嘉靖十五年刻本，天一閣藏明代方志選刊續編本。簡稱“嘉靖南安志”。

128. 清黄鳴珂修，石景芬纂：《南安府志》，清同治七年刻本，中國方志叢書本。簡稱“同治南安志”。

129. 清楊錞纂：《南安府志補正》，清光緒元年刊本，中國方志叢書本。簡稱“光緒南安志補”。

130. 清盛元鄧纂修：《南康府志》，清同治十一年刊本，中國方志叢書本。簡稱“同治南康志”。

131. 民國魏元曠纂修：《南昌縣志》，中國方志叢書本。簡稱“民國南昌志”。

132. 明范淶修、明章潢纂：《（萬曆）新修南昌府志》，日本藏中國罕見地方志叢刊，書目文獻出版社 1990 年版。簡稱“萬曆南昌志”。

133. 清盧振先、管奏韺纂修：《雩都縣志》，康熙四十七年刻本，北京圖書館古籍珍本叢刊本。簡稱“康熙雩都志”。

134. 明陳德文纂修：《袁州府志》，明嘉靖間刻本，天一閣藏明代方志選刊續編本。簡稱“嘉靖袁州志”。

135. 清李芳春，袁繼梓纂修，《袁州府志》，清康熙九年刻本，北京圖書館古籍珍本叢刊本。簡稱“康熙袁州志”。

136. 清陳喬樅纂修：《袁州府志》，清咸豐間刻本，中國地方志集成・湖南府縣志輯本。簡稱“咸豐袁州志”。

137. 清藍煦、徐鳴皋、曹徵甲修：《星子縣志》，清同治間刻本，中國地方志集成・江西府縣志輯本。簡稱“同治星子志”。

138. 清張耀曾修，清陳昌言纂：《寧州志》，乾隆二年百尺樓刻本。簡稱“乾隆寧州志”。

139. 清王維新修：《義寧州志》，清同治十二年刻本。簡稱“同治義寧志”。

140. 清陳鼒修，吳彬、黄鳳樓纂：《德化縣志》，清同治十一年刻本，中國方志叢書本。簡稱“同治德化志”。

141. 清王永瑞纂修：《新修廣州府志》，據清康熙抄本影印，北京圖書館古籍珍本叢刊本。簡稱“康熙廣州志”。

142. 明馮汝弼修，明鄧韍等纂：《常熟縣志》，明嘉靖十八年刻本，學生書局 1965 年影印本。簡稱“嘉靖常熟志”。

143. 清李銘皖等修，馮桂芬等纂：《蘇州府志》，清光緒九年刊本，中國方志叢書本。簡稱“光緒蘇州志”。

144. 明林世遠、王鏊等纂修：《正德姑蘇志》，北京圖書館古籍珍本叢刊本。簡稱“正德姑蘇志 1”。

145. 明林世遠、王鏊修：《正德姑蘇志》，天一閣藏明代方志選刊續編本。簡稱“正德姑蘇志 2”。

146. 明林世遠、王鏊修:《姑蘇志》,明正德刻本,出自吳相湘主編《中國史學叢書》,學生書局 1965 年影印本。簡稱“正德姑蘇志 3”。

147. 明張德夫修,明皇甫汸纂:《長洲縣志》,明隆慶五年刻本,天一閣藏明代方志選刊續編本。簡稱“隆慶長洲志”。

148. 明皇甫汸等編:《萬曆長洲縣志》,出自吳相湘主編《中國史學叢書》,學生書局 1987 年影印本。簡稱“萬曆長洲志”。

149. 清常明等修,清楊芳燦等纂:《四川通志》,清嘉慶二十一年刻本,巴蜀書社 1984 年影印本。簡稱“嘉慶四川志”。

150. 鄭賢書等修,張森楷,李昌運纂:《民國新修合川縣志》,美國加利福尼亞大學圖書館藏本,1921 年刊本。簡稱“民國合川志”。

151. 清宋錦,劉桐纂修,《合州志》,清乾隆十三年刻本,故宮珍本叢刊第 215 冊・四川府縣志第 11 冊。簡稱“乾隆合州志”。

152. 清王夢庚修,寇宗纂:《重慶府志》,清道光二十三年(1843)刻本,中國地方志集成・四川府縣志輯本。簡稱“道光重慶志”。

153. 明楊慎編:《全蜀藝文志》,清嘉慶丁丑重鐫本,楊升菴先生原本,犍為張氏小書樓金粟山房藏板,美國哈佛大學圖書館藏本。簡稱“全蜀藝文志”。

154. 明杜應芳,胡承詔輯:《補續全蜀藝文志》,明萬曆刻本,據福建省圖書館藏本影印,續修四庫全書本。簡稱“補續全蜀藝文志”。

155. 明桑喬撰,清范礽補訂:《廬山紀事》,中國科學院圖書館藏清順治十六年刻本,四庫全書存目叢書本。簡稱“廬山紀事”。

156. 明釋德清纂,(清)周宗建增補:《廬山歸宗寺志》,出自《中國佛寺志叢刊》,廣陵古籍刻印社 1996 年版。簡稱“廬山歸宗寺志”。

157. 明蔡清:《虛齋集》,四庫全書珍本七集。簡稱“虛齋集”。

158. 明曹學佺:《蜀中廣記》,四庫全書本。簡稱“蜀中廣記”。

159. 明廖道南編:《楚紀》六十卷,北京圖書館藏明嘉靖二十五年何城李桂刻本,四庫全書存目叢書本。簡稱“楚紀”。

160. 明王守仁:《王陽明先生全集》,清道光六年刻本。簡稱“王陽明集”。

161. 明朱曰藩:《山帶閣集》，四庫全書存目叢書本。簡稱“山帶閣集”。

162. 明邵寶:《容春堂前集》，四庫全書本。簡稱“容春堂集”。

163. 明陳獻章:《陳白沙集》，四庫全書本。簡稱“陳白沙集”

164. 清陸增祥編:《八瓊室金石補正》，文物出版社 1982 年版。簡稱“八瓊室金石補正”。

165. 清李紱,《穆堂別稿》，清乾隆十二年刻本。簡稱“穆堂別稿”。

166. 清方孝標:《方孝標文集》，黄山書社 2007 年版。簡稱“方孝標集”。

167. 清蔡瀛編:《廬山小志》，清道光四年刻本。簡稱“廬山小志”。

168. 清桑調元:《弢甫文集》，四庫全書存目叢書本。簡稱“弢甫集”。

169. 清上官周:《晚笑堂竹莊畫傳》，清乾隆八年刊本。簡稱“晚笑堂畫傳”。

170. 明解缙主修:《永樂大典殘卷》（卷 6697），中華書局 1986 年影印本。簡稱“永樂大典”。

171. 清陳夢雷編:《欽定古今圖書集成・理學彙編・經籍典・第 062 卷》（第 562 冊），中華書局 1936 年影印。簡稱“古今圖書集成”。

172. 宋刻《元公周先生濂溪集》十三卷，中華古籍再造善本，據中國國家圖書館藏宋刻本影印，北京圖書館出版社 2003 年版。簡稱“宋刻本”。

173. 明王禕:《王忠文集》，四庫全書本。簡稱“王忠文集”。

174. 明魯承恩編:《濂溪志》，明嘉靖庚子刻本，梅崖書屋編次，芝城書院校正，濂溪書院刊行，韓國藏本。簡稱“魯承恩本”。

175. 清周勳懋編:《重修西湖周元公祠志》，清道光二年稿本，中國方志叢書本。簡稱“周勳懋本”。

176. 清吳秀之等修，曹允源等纂，《吳縣志》，1933 年鉛字本，中國方志叢書本。簡稱“民國吳縣志”。

177. 周鳳歧編:《周元公祠志略》，1929 年排印本。簡稱“周鳳岐本”。

178. 蕭天石：《道海玄微》，自由出版社 1987 年版。簡稱“道海玄微”。

179. 吳宗慈編，胡迎建、宗九奇校：《廬山志》，江西人民出版社 1996 年版。簡稱“廬山志”。

180. 曾棗莊、劉琳編：《全宋文》，上海辭書出版社 2006 年版。簡稱“全宋文”。

181. 劉卓英等編：《詩淵》，北京圖書館藏明稿本，書目文獻出版社 1993 年影印本。簡稱“詩淵”。

目　　錄

濂溪志補遺卷之一

遺像道範志

周濂溪像

（故宫南薰殿本）

周元公像

朱子贊先生像云道喪千載聖遠言湮不有先覺孰開我人書不盡言圖不盡意風月
無邊庭草交翠

（晚笑堂畫傳）

周元公遺像

（周鳳岐本）

周濂溪像

（三才圖會）

周濂溪

（歷代君臣圖像）

元公家本行實　　明　黄魯直

公姓周氏，諱惇實，字茂叔，避英宗藩邸諱，改實為頤，曾祖諱從遠，祖諱知強，皆不仕，父輔成，登大中祥符八年蔡齊榜特奏名進士第，官至賀州桂嶺令，後公以顯贈諫議大夫，母鄭氏封仙居縣太君，乃龍圖閣學士鄭珦之女。天禧元年丁巳五月二日夜，鄭氏沐浴更衣，至夜五鼓，聞空中音樂嘹亮之聲，將曙，五星懸輝于庭後，化為五土埠於洞中，三日正午而公生焉。時南方天星當晝見，宋真宗問其故，司天監張奎運奏曰："今南方必誕生賢哲，故天象垂照。"

時公道州營道縣鍾樂里，後改濂溪里，地名樓田，後人號濂溪，大族有宅，居於洞中，周圍廣數畝，左有山若龍，曰龍山，右有嶺若豸，嶺前有溪水縈廻，曰濂溪，上有橋道，曰石塘橋，後易名大富橋，非富之慕也，以詩書之富云耳。噫。龍山豸嶺之崖峩，源流溪潔之環遶，孕靈鍾秀，挺生哲人，邈然寡儔，豈偶然者哉！公年八九時為兒嬉戲橋間，以沙排八卦圈、《太極圖》形於橋上，識者過之，知其非凡。十二三釣游其上，吟風弄月，濯纓而樂之，志趣高遠，後人撰碑以誌其事，曰元公釣游所。公再遊月岩，觀岩峒上弦下弦若陰陽動靜中仰青天，若太極之圓而妙契於裏。少孤，養外家，依舅氏龍圖公鄭珦，以公有遠器，愛之如子，龍圖皆以惇名子，因以惇名公。

職方郎中陸參一見公曰："此子不群之才，鳳麟之瑞也。"因以女妻之。景祐中，公年十八，鄭珦以公才德兼備，應詔奏補官試將作監主簿。慶曆元年辛巳，公年二十三，授洪州分寧縣薄，有獄久不决，公至一訊立辦，邑人驚曰："老吏不如也。"披外臺檄，承乏袁州盧溪鎮征稅之局，鮮事，名譽士多來就學，朞月才名飛數百里，衆口交稱之，部使者薦其才於朝。年二十五陞南安軍司理忝军，博學力行，遇事剛果，有古人風，與吉州推官彭應求溫泉寺詩序、賀傳耆手謁，并書手慰李大臨疏并二家書。公為政精密嚴恕，務盡道理，獄有囚，法不當死，轉運使王逵欲深治之，苛刻吏，無敢與相可否者，公與之辨①，力爭之，逵不聽，公置手板，棄告身，委官而去，曰："如此尚可仕乎？置人於死地，求媚於長官，吾斷不為也。"逵感悟，囚不得死，且賢，公又薦之。

年甚少，不為守所知，洛陽人程珦攝通守事，視其氣貌非常，與語，知其為有學知道也，因與為友。時二子顥年十五，頤年十四，即令受學焉。二子聞公論道，遂厭科舉之業，慨然有求道之心，後皆倡鳴道學。世謂二程夫子者，其原自公發之也。及珦為郎，故事，當舉代，每一遷授，輒以公名聞。或謂公曰："人謂子拙。"公曰："巧，竊所耻也。"遂喜而賦之，有碑刻存。年二十八移郴州桂陽令，並有治績，郴守李初平知其賢，不以屬吏待之，既薦之，又賙其困乏，嘗聞公講論道學，嘆曰："吾欲讀書，如何？"公曰："君老矣，無及矣。頋請得為君言。"初平逐日聽公談論，盖二年有得。初平卒，子幼，不克喪，公護其喪，歸葬之南京。分司而歸，妻子饘粥不給，曠然不以為意。年三十二，諸公交譽，用薦者改大理寺，知洪州南昌西縣，百姓見公來，樂而相告曰："可喜，是昔能辨分寧疑獄者，吾屬得所訴矣。"更相告喻，勿違教令，不獨以得罪為憂，而猶以污善政為耻。富家大族、黠吏惡人惴惴焉。時得疾暴卒，更一日夜始甦，人視其家，服御之物止一弊篋，钱不滿百，莫不嘆服。年三十五東歸時，王荊公提點江東刑獄，時稱通達之儒。公遇之，與語連日夜，荊公退而熟思其語至忘寢食。公自少信古好義，以名節自砥礪，自奉甚薄，所得官俸盡以賙宗族，奉賓友，不使餘存。侯師聖初從伊川學，未悟，乃杖策詣濂溪。公曰："吾老矣，說不可不詳。"留之對榻講論，越三日夜，自謂所得如見天之廣。復之洛見伊川，始訝其不九曰："得非從茂叔來耶。"乃曰："吾年十五時好佃獵，自親炙茂叔則無此好矣。茂叔曰：'何言之易也。但此心潛隱未發爾，一日萌動，必復如初。'後十二年復見獵者，不覺有喜，心乃知果未也。"豫章黄庭堅曰："茂叔人品甚高，胷中灑落，如光風霽月，好讀書，雅意林壑，不以小官為耻，戢思其憂，論法常欲以便百姓，平決獄訟，得情而不喜。其為監司，升黜官吏得罪者無怨言，濂溪之名雖不足以稱其美，不務求名而樂於求志，

---

① 據宋刻本及文意，當做"辯"。

薄於徼福而厚於得民，非於奉身，陋於希世，燕及惸嫠，尚友千古。聞茂叔之風者，尚可懲其貪饕，則濂溪之水配茂叔於永久，所得多矣。”知德者亦有取於其言云：“王拱辰君貺為與茂叔世契，便受拜，及坐間大風起，說《小畜》卦，君貺乃起曰：‘適來不知受却公拜，今却當請納拜。’茂叔走避。”

年三十八，著《太極圖》，明天理之根源，究萬物之始終。著《通書》四十章，明太極之蘊，言約而道大，文質而義精，得孔孟之本源，大有功於後學。《易說》《易通》數十篇，詩十餘首，手授二程，上接洙泗千年統，下啟河洛百世傳。年四十，改授太子中允書舍人。蒲宗孟以右丞治蜀，與公語三日夜，退曰：“世有斯人也。”以女[①]妻之。嗟夫，公教人每以言語感發，人未有不虛往而實歸者。初平得之於二年，荊公得之於連日夜，宗孟得之於三日夜，俁師聖得之於三日。君貺得之於坐頃，不知當時語言氣象為何如，而其感悟人之速也如此。信乎，上接洙泗，而為孟氏以來獨步者。於嘉祐三年丙申，年四十一，簽書合州判官，一郡之事不經公手，吏不敢决，民不肯從，蜀之賢人君子皆喜称之。時趙清獻公為使者，小人或讒公，趙抃臨之甚威，而公處之超然也，抃疑終不釋。後改國子博士，五年六月，轉殿中丞，及通判虔州，趙公來為守，熟視公所為乃悟，執其手曰：“幾失君，今日乃知周茂叔也。”遷虞部員外郎，通判永州，有姪仲章至任，及歸有詩一律，家書二封，歸奉諸叔父諸兄長。前治平元年四十七，避英宗諱改實為頤，作《愛蓮說》，以明所好。二年，以永倅歸展拜墓，與鄉人同遊本郡含暉巖，題名于石。又登寒亭以避暑，襟懷洒遇，尤樂佳山水，落適意處，或徜徉終日。檄發遣邵州事新學校以教人。治平四年正月甲戌朔三日丙子，邵州新遷學成，行釋菜禮，撰祝文以告先聖。

年四十九，任南康司理条軍，迎母氏於官。今有《同宋復古遊廬山太顛寺》有詩，因遇潯陽而愛廬山之秀，山麓有溪焉，築書堂房於其上，因取故里之號，名曰濂溪，欲以識鄉関之在此，示不忘本也。語其友清逸居士潘延之曰：“可仕可止，古人無所必。束髮為學，將有以設施可澤

① 此處或脫“弟”字。

於斯人者，必不得已，止未晚也，此濂溪者異時與子相從於其上，詠歌先王之道足矣。”因至張宗範亭，宗範請名焉，公名曰養心。又徵文以自勉，遂作說以遺之，程顥曰：“荀子謂養心莫善於誠。”公曰：“荀子元不識誠，既誠矣，心安用養。”明道退而嘆曰：“昔受學於周茂叔，每令尋仲尼顔子樂處，所樂何事。”又曰：“自再見周茂叔後，吟月弄月以歸，有吾與點也之興。”窓前草不除去，或問之，云：“與自家意思一般。”子厚觀驢鳴亦此意，伊川指食卓問康節曰：“此卓安在地上，不知天地安在何處。”康節為之極論其理，以至六合之外，伊川嘆曰：“平生惟見周茂叔論至此耶。”

公年五十一，家素貧，入京師，鬻其產以行。擇留美田以畀周興任之，以祭掃其父祖諫議之墓。熙寧元年五十二，趙清献公入糸大政，呂政献公為大從交薦之，為廣南東路轉運判官，称其職，有啓謝。呂公曰：“在薄宦有四方之遊，於高賢無一日之雅。”五十三，轉虞部郎中。五十四，以正月九日領本路提點刑獄，公不憚出入之勞，瘴毒之侵，雖荒崖絕島，人跡所罕至者，亦必緩視徐行，務以洗冤澤物為己任，進退官吏得罪者自以為不冤，設施措置，未盡其所為，而病亦篤。水齧其先塋，因請郡符，知南康軍以歸。五十六酷愛廬山之阜，遂就書堂而定居焉。距江州十里許，趙公再尹成都，復奏起公，朝命至門，而公已善終。熙寧六年六月七日，壽五十七，初病間，謂二子壽、燾曰：“吾母迎養，官舍不奉，大限告終，奄棄祿養，吾以廬阜清泉杜蓮花峯山水清函，地道寧靜，小厝於此，倘我不起，附葬於傍，甚勿扶櫬歸殯故里，恐我先妣墳塋無人祭掃，以致失所。壽當留此以看守祭掃，燾還故里奉蒸嘗，守丘壠，崇重本源，友于宗黨，教順子孫勤謹耕讀，無墜家声，不違吾命，得瞑目九原矣。”二子號泣，匍匐謹遵治命，毋敢違越，後三日終，以是年十一月二十二日，葬江州德化縣德化鄉五里至延壽院，舊名羅漢壇。又五里至石塘橋，曰濂溪清泉社，地卜蓮花形，仙居縣太君鄭氏夫人墓左，從遺命。

宋寧宗朝嘉定十三年六月二十二日賜謚曰元。從簽書樞密院事禮部尚書任希夷之請也。理宗朝淳祐元年，詔封汝南伯，從祀子廟庭，著作郎李道傳之請。大常卿徐橋、禮部尚書李重皆繼以為請也。元仁宗朝皇慶二年癸丑，建崇文閣於國子監，以宋儒周惇頤居首十賢，從祀孔子廟庭。延祐六年十二月，追封宋儒周夫子為道國公。宦遊九江，因有廬山之秀，築室其間，江州之南出德化門五里至延壽院，舊名羅漢壇，又五里至石塘橋曰濂溪，乃元公自名焉。九江濂溪乃冕服之鄉，道州營道縣營樂鄉有蹟曰濂溪，以古碑考之，上有石塘橋，後易為大富橋，營道濂溪乃桑梓之里，寓仕九江而不居焉。因亦名之，示不忘其本也，且有以識鄉閭之在此耳。黄魯直謹記。（魯承恩本）

濂溪志補遺卷之二

遺文芳跡志

濂溪祠圖

（光緒道州志）

濂溪祠圖

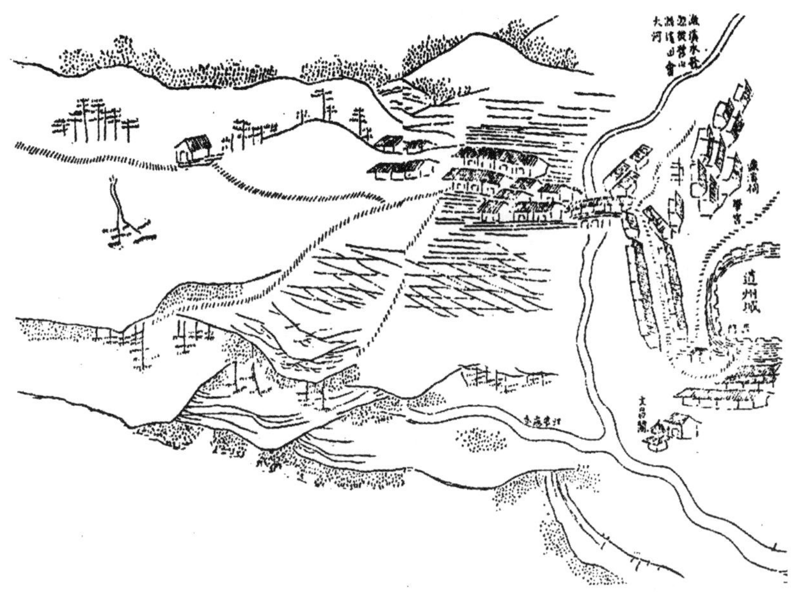

（道光永州志·道州）

濂溪閣圖

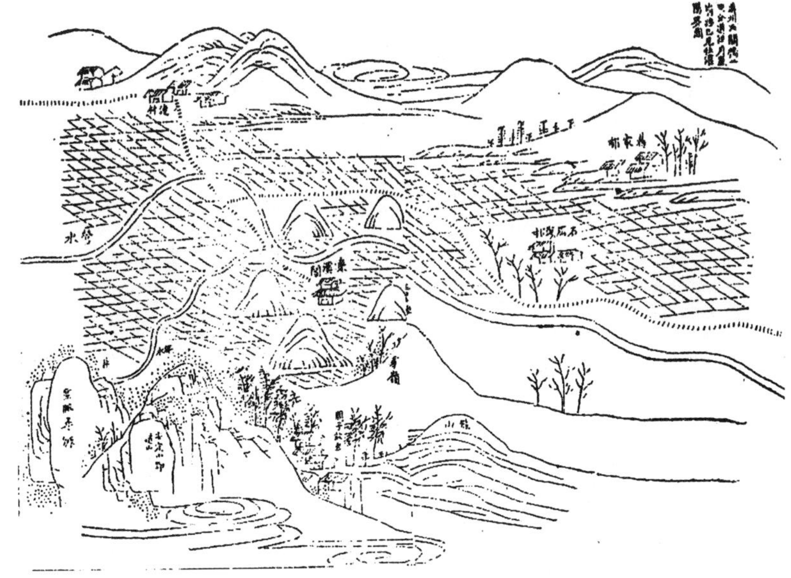

（道光永州志·道州）

月巖圖

（道光永州志・道州）

月巖圖

（康熙永州志）

月巖圖

（隆慶永州志）

道州總圖

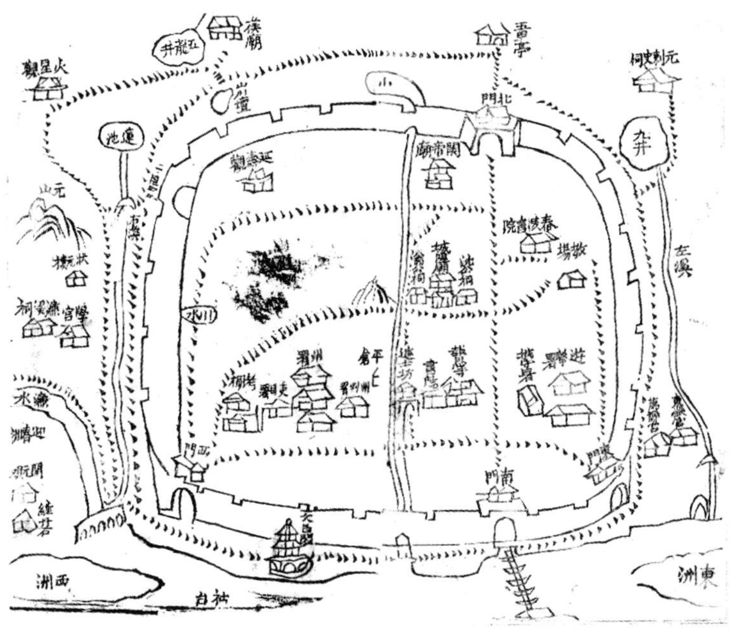

（嘉慶道州志）

月巖仙蹤圖

（光緒道州志）

春陵八景圖

按舊志《春陵十二景》曰：濂溪光風，蓮池霽月，元峯鍾英，宜巒獻秀，月巖仙蹤，含暉石室，窳樽古酌，開元勝遊，五如奇石，九疑仙山，暖谷春容，寒亭秋色，但存其名而未刊圖。考九疑屬寧遠，寒亭暖谷俱在江華，蓋舊志合寧、永、江、新四屬，故採入他邑山水。今志專取州境，未便掠美，故删而不録，且併去五如奇石一景，共爲春陵八景云。（嘉慶道州志）

（嘉慶道州志）

（嘉慶道州志）

蓮池霽月圖

（光緒道州志）

書巖霽月圖

（同治祁陽志）

龍山秀藹

（同治祁陽志）

濂溪光風圖

（嘉慶道州志）

濂溪光風圖

（光緒道州志）

窊樽古酌圖

（嘉慶道州志）

元峯鍾英圖

（嘉慶道州志）

元峯鍾英圖

（光緒道州志）

吟風弄月臺圖

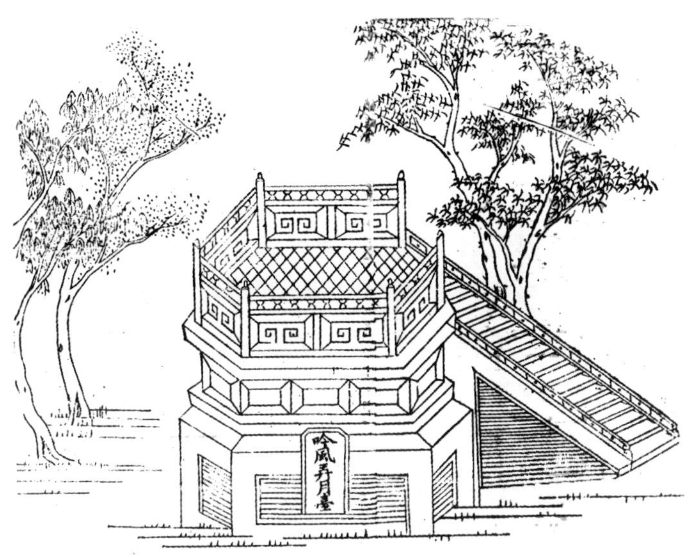

（光緒南安志補）

學宮濂溪祠合圖

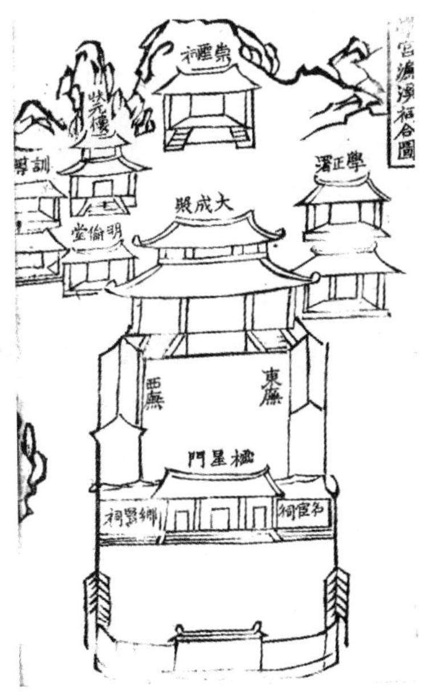

（嘉慶道州志）

遺詩

聖壽無疆頌並序 宋 周敦頤①

此係今博士周承宗往九江謁墓，得之《江州志》中，故錄于此。

廬山草茅臣周敦頤譔《拜書序》曰：臣聞大德，必得其位，必得其祿，必得其名，必得其壽。今皇天以是全美，眷於我有宋，恭惟光堯壽聖，憲天體道，推仁誠德，經文緯武。紹業興統，明謨聖烈，太上皇帝，道運無迹，功成不易，蕩蕩巍巍，與天同造，耆齡延長，振古未有。皇帝卽位之二十四年，申命有司，討論典禮。十二月二日，加奉上尊號冊寶。越明年元日，率羣臣詣德壽宮，上壽肆推慶澤，用大賚於家邦，於戲盛矣哉！臣幸際亨嘉，身同鼓舞，宜有歸報之辭，殫厥形容之美，勒諸名嶽，震耀無窮，謹拜手稽首而作是頌，頌曰：

聖皇丕承，駿命誕膺。紹開中興，六龍御天。
握符總權，三十六年。尺土一民，涵和養醇。
如海如春，神器宅中。付以至公，退養淵冲。
揖遜寥寥，惟我熙朝。視古陶姚，功隆德兼。
帝心日嚴，養以色古。龍樓燕閒，問安旣還。
喜見天顏。顯號重都。玉鏤金塗，三騰嵩呼。
王春履端，慶典隆寬。聳爾聽觀，晨光初霞。
清蹕翠華，肅無敢譁。簫韶九成，合奏在庭。
千官列星，皇帝奉觴。以介鴻釐，來崇來降。
雨露恩深，曠儀自今。萬國謳吟，小臣何知。
敢無祝辭，百拜申之。願聖人壽，八千歲周。
爲春爲秋，願聖人壽。垂佑至尊，廓清乾坤。
願聖人壽，至尊躬迎。玩意神京，南斗之傍。
五老昂昂，祥煙壽光。作爲何蒼，石崖可磨。
書刊峩峩，聖壽日躋。玆峯與齊，億萬年兮。

① 明桑喬《廬山紀事》、同治《星子縣志》、《古今圖書集成》亦收有本篇。

淳熙十四年秋八月，刊石五老峯。（光緒道州志）

題蓮花洞　宋　周敦頤

潺湲來數里，到此始澄清。有龍不可測，岸水寒森森。
吾樂蓋易足，名濂朝暮箴。[①]（同治九江志）

題清芬閣　宋　周敦頤

風雅久淪落，哇淫肆自陳。波蘭嗟已靡，汗漫□無津。
紛葩混仙蕊，誰可識清真。先生李鄭輩，□態非擬倫。
後生不識事，愈非句愈珍。至今桐廬水，相與流清新。
蟬聯十一世，奕葉扶陽春。十年問御史，邂逅章江濱。
自慙無所有，衰嘆徒欣欣。樽酒發狂笑，微言入典墳。
稍稍窺緒餘，每每露經綸。因知相有術，源委本清淳。（詩淵）

天池　宋　周敦頤

清和天氣年能幾，短葛輕紗近水涯。
風似相知偏到袖，魚如通信不驚槎。
笑憑山色傾新甕，醉傍汀陰數落花。
嘯傲不妨明月上，一行歸路起棲鴉。（蜀中廣記）

觀巴岳木蓮　宋　周敦頤

仙姿元是華巔栽，不向東林沼上開。
嫩蕊曉隨梅雨放，清香時傍竹風來。
枝懸縞帶垂金彈，瓣落蒼苔墜玉杯。
若使耶溪少年見，定拋蘭槳到嵒隈。（蜀中廣記）

① 宋刻本中，本篇為詩作《書堂》其中分散的四句，個別字偶有差異，可參校。

冠鰲亭　宋　周敦頤

紫霄峰上讀書臺，深鏁雲中久不開。
為愛此山真酷似，冠鰲他日我重來。（全蜀藝文志）

詠陰仙丹訣　宋　周敦頤

始觀丹訣信希夷，蓋得陰陽造化機。
子自母生能致立，精神合後更知微。（洞霄圖志）

對雪寄吳延之　宋　周敦頤

存目。（宋刻本）①

守性箴　宋　周敦頤

人之守性，實為防城。仁義理智，周張四營。
心為謀帥，直氣為兵。耳為金鼓，目作旗旌。
堅剛勇鋭，動不缺傾，邪誘攻之，端守靜待。
彼衰我鼓，自當散潰。寇攘之來，有時而至。
築陴浚濠，怵惕戶備。邪之所攻，旦夕動作。
或乘其間，則崩厥角。善克御之，乃明而誠。
性誠既固，身因以寧。和氣悠揚，煒燁嘉名。
聊書諸紳，內制外情。（全宋文）

守中箴　宋　周敦頤

我或高剛，或謂我傲。則非所長，取禍之道。
我或卑柔，或謂我懦。不簡語言，則得侮嫚。
傲不可作，懦不可由。非和非同，非剛非柔。
中以為之，無為身羞。（全宋文）

---

① 本篇出自宋刻本中蒲宗孟作《乙巳歲除日收周茂叔虞曹武昌惠書，知已赴官零陵，丙午正月內成十詩奉寄》，內容佚。

陽春巖留題　　宋　周敦頤

轉運判官周敦頤茂叔，熙甯二年正月一日遊。（八瓊室金石補正）

高要七星巖題名　　宋　周敦頤

轉運判官周惇頤□□，熙寧二年三月七日遊，軍事推官譚允、高要縣尉曾緒同至。（全宋文）

華嚴巖留題　　宋　周敦頤

荊湖南路轉運判官沈紳公儀，尚書虞部郎中知軍州事鞠拯道濟，尚書比部員外郎通判軍州事周惇頤茂叔，治平四年正月九日，同游永州華嚴巖。（八瓊室金石補正）

含暉洞留題　　宋　周敦頤

周敦頤、區□鄰、陳賡、蔣瓘、歐陽麗，治平四年三月六日同遊道州含輝洞。（八瓊室金石補正）

九龍巖留題　　宋　周敦頤

治平四年五月七日，自永倅往權邵守，同家屬游春陵。周敦頤記。（八瓊室金石補正）

清水巖留題　　宋　周敦頤

彭思永季長、邊明晦叔、周惇實茂叔，慶曆癸未仲夏十日同遊此。[1]

清水巖留題　　宋　周敦頤

彭思永季長、邊明晦叔、裴造俊升、周惇實茂叔、蒲奭子西、劉正辭信卿、劉諶信升，同遊三巖。皇宋慶曆癸未季夏十九日識。

---

① 本條與下一條史料可參見：吴怿《新見周敦頤題名石刻二則》，《文獻》，1997 年第 2 期第 180 頁；王晚霞《周敦頤石刻題名考述》，《成都大學學報（社會科學版）》2011 年第 4 期，第 22—26 頁。

連州巾峰山留題

廉泉之源。(清遠日報)[1]

新寧蓮潭石刻

今存，在新寧治北，夫夷江岸石壁，斗立相傳，周子權邵州軍時書“萬古隄防”四字鐫於上。字畫遒勁，水涸時可見。舊志云：“末有‘古春陵周某題并書’九字，今不能識矣。潭深難施氈椎，故不見拓本，其曰‘蓮潭’者，亦以周子得名也。”（道光寶慶志·藝文略）

① 該石刻現存於廣東省清遠市下屬連州市巾峰山，史料可參見曹春生：《廉泉之源話敦頤》，《清遠日報》，2002－11－26。黄志超：《周敦頤與连州的廉泉》，《人民之聲》2017年第4期，第55頁。

濂溪志補遺卷之三

太極圖志

太極圖　　宋　朱震

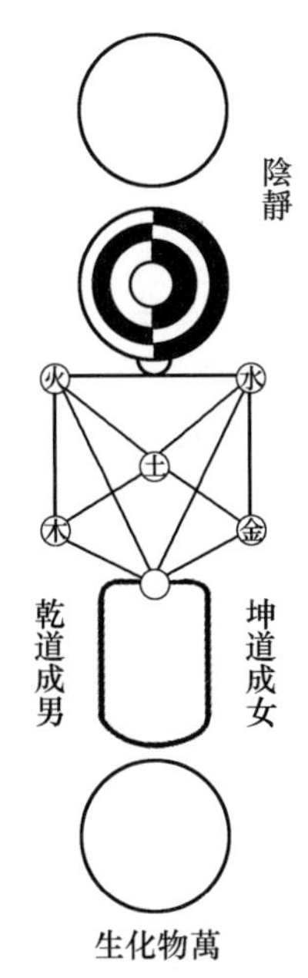

右《太極圖》，周敦實茂叔傳二程先生。茂叔曰："無極而太極。太極動而生陽，動極而靜，靜而生陰。靜極復動。一動一靜，互爲其根；分陰分陽，兩儀立焉。陽變陰合，而生水、火、木、金、土。五氣順布，四時行焉。五行，一陰陽也；陰陽，一太極也；太極，本無極也。五行之生也，各一其性。無極之真，二五之精，妙合而凝。乾道成男，坤道成女，二氣交感，化生萬物。萬物生生，而變化無窮焉。唯人也，得其秀而冣靈。形既生矣，神發知矣，五性感動，而善惡分，萬事出矣。聖人定之以中正仁義（聖人之道，仁義中正而已矣）而主靜（無欲則靜），立人極焉。故聖人與天地合其德，日月合其明，四時合其序，鬼神合其吉凶。君子修之吉，小人悖之凶。故曰：立天之道，曰陰與陽；立地之道，曰柔與剛；立人之道，曰仁與義。又曰：原始反終，故知死生之說。大哉《易》也，斯其至矣！”（漢上易傳圖）

進周易表　宋　朱震

翰林學士、左朝奉大夫、知制誥、兼侍讀、兼資善堂翊善、長林縣開國男食邑三佰戶，賜紫金魚袋臣朱震，右臣伏奉四月二十九日聖旨，令臣進所撰《周易集傳》等書，仍命尚方給紙札書吏者，臣聞商瞿學於夫子，自丁寬而下，其流為孟喜、京房。喜書見於唐人者猶可考也。一行所集，房之《易傳》論卦氣、納甲、五行之類，兩人之言同出於《周易繫辭·說卦》，而費直亦以夫子《十翼》解說上、下經，故前代號《繫辭說卦》為《周易大傳》爾。後馬、鄭、荀、虞各自名家說雖不同，要之去象數之源猶未遠也。獨魏王弼與鍾會同學盡去舊說，雜之以莊老之言，於是儒者專尚文辭，不復推原大傳。天人之道自是分裂而不合者，七百餘年矣。

國家龍興，異人間出，濮上陳摶以《先天圖》傳种放，放傳穆修，修傳李之才，之才傳邵雍，放以《河圖》《洛書》傳李溉，溉傳許堅，堅傳范諤昌，諤昌傳劉牧。修以《太極圖》傳周敦頤，敦頤傳程頤、程顥。是時張載講學於二程、邵雍之間，故雍著《皇極經世》之書，牧陳天地五十有五之數，敦頤作《通書》，程頤述《易傳》，載造《太和》《三兩》等篇，或明其象，或論其數，或傳其辭，或兼而明之，更唱迭和，相為表裏，有所未盡，以待後學。臣頃者遊宦西洛，獲觀遺書，問疑請益，徧訪師門，而後粗窺一二，造次不捨十有八年。起政和丙申，終紹興甲寅，成《周易集傳》九卷，《周易圖》三卷，《周易叢說》一卷。以《易傳》為宗，和會雍、載之論，上採漢、魏、吳、晉、元、魏，下逮有唐及今，包括異同，補苴罅漏，庶幾道離而復合，不敢傳諸博雅，姑以自備遺忘，豈期清問，俯及蒭蕘？昔虞翻講明秘說，辨正流俗，依經以立注，嘗曰：“使天人一人知，已足以不恨。”而臣親逢陛下曲訪淺陋，則

臣之所遇，過於昔人遠矣。其書繕寫一十三冊，謹隨狀上進，以聞謹進。（漢上易傳）

與朱元晦（其二）　宋　汪應辰

別德寖久，邈在天末，無復講習之益，豈勝勤仰？去秋上狀並納，所寫李先生墓誌不知已到否？春氣清和，恭惟尊候萬福，便中再辱書，誨良以慰，荷示諭蘇氏之學疵病非一，然今世人誦習，但取其文章之妙而已，初不於此求道也，則其舛謬抵牾，似可置之。濂溪先生，高明純正，然謂二程受學恐未能盡，範文正公一見橫渠，奇之，授以《中庸》，謂橫渠學文正則不可也。更乞裁酌李先生墓誌，寫得甚草草，其間有謬誤處，請徑為改正也。《論語集解序》益簡當，所恨不見全書耳，蜀士甚盛，大率以三蘇為師，亦止是學其文章步驟，至於窮今攷古之學，則徃徃闊略，未知究竟如何，橫渠先生之曾孫流落在蜀，有《橫渠語錄》，前所未見。又文集亦多於私家所傳者，俟有的便納去，幸為審訂也。

又

某奉祠如昨，第目昏殊，甚稍勞勩，即或全無所見也。又徧身疥癩，坐臥不安，疾病如此，未始寧息，而離羣索居，了無進修之益，朝夕愧懼。《西銘》、《通書》兩書當置之座右，以求所未至。竊謂體用一原，顯微無間，東西二《銘》，所以相為表裏，而頃來諸公皆不及《東銘》何也？前蒙示諭于平易處，蹉過益見體道之功，久而日親，道無遠近高卑之異，但見有不同爾。然方其未至也，雖欲便造平易，而其勢有未能者，曾子“聞一以貫之”之説，因門人之問而曰：“忠恕而已矣。”蓋其見得明白，行得純熟，如飢食渴飲，非有竒異也。每念此事，非億度言語所能及，尚幸時有以警發其愚陋也。陳明仲篤志為善甚不易，得其當官諸事，想能書中詳言之，但可嘆惜爾。（文定集）

與朱元晦　宋　陸九淵

黃、易二生歸，奉正月十四日書，備承改歲動息，慰浣之劇。不得嗣問，倏又經時，日深馳鄉。聞已赴闕奏事，何日對楊？伏想大攄素蘊，為明王忠言，動悟淵衷，以幸天下。恨未得即聞緒餘，沃此傾渴。外間傳聞留中講讀，未知信否？誠得如此，豈勝慶幸！

鄉人彭世昌得一山，在信之西境，距敝廬兩舍而近，實龍虎山之宗。巨陵特起，㕒然如象，名曰象山。山間自為原塢，良田清池，無異平野。山澗合為瀑流，垂注數里。兩崖有蟠松怪石，却略偃蹇，中為茂林。瓊瑤氷雪，傾倒激射，飛灑映帶於其間，春夏流壯，勢如奔雷。木石自為階梯，可沿以觀。佳處與玉淵、臥龍未易優劣。往歲彭子結一廬以相延，某亦自為精舍於其間。春間攜一姪二息，讀書其上。又得勝處為方丈以居，前挹閩山，奇峰萬疊，後帶二溪，下赴彭蠡。學子亦稍稍結茅其旁，相從講習，此理為之日明。舞雩詠歸，千載同樂。

某昔年兩得侍教，康廬之集，加款於鵝湖，然猶鹵莽淺陋，未能成章，無以相發，甚自愧也。比日少進，甚思一侍函丈，當有啟助，以卒餘教。尚此未能，登高臨流，每用悵惘！往歲覽尊兄與梭山家兄書，嘗因南豐便人，僭易致區區，蒙復書許以卒請，不勝幸甚！古之聖賢，惟理是視，堯舜之聖，而詢於芻蕘，曾子之易簀，蓋得於執燭之童子。《蒙・九二》曰："納婦吉。"苟當於理，雖婦人孺子之言所不棄也。孟子曰："盡信書，則不如無書。""吾於《武成》取二三策而已矣"，或乖理致，雖出古書，不敢盡信也。智者千慮，或有一失，愚者千慮，或有一得，人言豈可忽哉？

梭山兄謂："《太極圖說》與《通書》不類，疑非周子所為，不然，則或是其學未成時所作；不然，則或傳他人之文，後人不辨也。蓋《通書・理性命章》言，中焉止矣。二氣五行，化生萬物，五殊二實，二本則一。曰一，曰中，即太極也，未嘗於其上加"無極"字。《動靜章》言五行陰陽、陰陽太極，亦無"無極"之文。假令《太極圖說》是其所傳，或其少時所作，則作《通書》時，不言無極，蓋已知其說之非矣。"此言殆未可忽也。兄謂："梭山急迫，看人文字未能盡彼之情，而欲遽申己意，是以輕於立論，徒為多說，而未必果當於理。"《大學》曰："無諸己而後非諸人。"人無古今、智愚、賢不肖，皆言也，皆文字也。觀兄與梭山之書，已不能酬斯言矣，尚何以責梭山哉？

尊兄向與梭山書云："不言無極，則太極同於一物，而不足為萬化根本；不言太極，則無極淪於空寂，而不能為萬化根本。"夫太極者，實有是理，聖人從而發明之耳，非以空言立論，使後人簸弄於頰舌紙筆之間也。其為萬化根本固自素定，其足不足，能不能，豈以人言不言之故邪?《易大傳》曰："易有太極。"聖人言有，今乃言無，何也?作《大傳》時不言無極，太極何嘗同於一物，而不足為萬化根本邪?《洪範》五皇極，列在九疇之中，不言無極，太極亦何嘗同於一物，而不足為萬化根本邪?太極固自若也，尊兄只管言來言去，轉加糊塗，此真所謂輕於立論，徒為多說，而未必果當於理也。兄號句句而論，字字而議有年矣，宜益工益密，立言精確，足以悟疑辨惑，乃反疎脫如此，宜有以自反矣。

後書又謂："無極即是無形，太極即是有理。周先生恐學者錯認太極別為一物，故着無極二字以明之。"《易・大傳》曰"形而上者謂之道"，又曰"一陰一陽之謂道"，一陰一陽，已是形而上者，況太極乎?曉文義者舉知之矣。自有《大傳》，至今幾年，未聞有錯認太極別為一物者。設有愚謬至此，奚啻不能以三隅反，何足尚煩老先生特地於太極上加"無極"二字以曉之乎?且"極"字亦不可以"形"字釋之，葢極者，中也，言無極則是猶言無中也，是奚可哉?若懼學者泥於形器而申釋之，則宜如詩言"上天之載"，而於下贊之曰"無聲無臭"可也，豈宜以"無極"字加於太極之上?朱子發謂濂溪得《太極圖》於穆伯長，伯長之傳出於陳希夷，其必有攷。希夷之學，老氏之學也。"無極"二字，出於《老子・知其雄章》，吾聖人之書所無有也。老子首章言"無名天地之始，有名萬物之母"，而卒同之，此老氏宗旨也。"無極而太極"，即是此旨。老氏學之不正，見理不明，所蔽在此。兄於此學用力之深，為日之久，曾此之不能辨，何也?《通書》"中焉止矣"之言，與此昭然不類，而兄曾不之察，何也?《太極圖說》以"無極"二字冠首，而《通書》終篇未嘗一及"無極"字。二程言論文字至多，亦未嘗一及"無極"字，假令其初實有是圖，觀其後來未嘗一及"無極"字，可見其道之進，而不自以為是也。兄今攷訂注釋，表顯尊信，如此其至，恐未得為善祖述者也。潘清逸詩文可見矣，彼豈能知濂溪者?明道、伊川親師承濂溪，當時名賢居潘右者亦復不少，濂溪之誌，卒屬於潘，可見其子孫之不能世其學也。兄何據之篤乎？梭山兄之言恐未宜忽也。

孟子與墨者夷之辯，則據其“愛無等差”之言，與許行辨，則據其“與民並耕”之言，與告子辨，則據其“義外”與“人性無分於善不善”之言，未嘗泛為料度之說。兄之論辨則異於是。如某今者所論，則皆據尊兄書中要語，不敢增損，或稍用尊兄泛辭以相繩糾者，亦差有證據，抑所謂夫民，今而後得反之也。

兄書令“梭山寛心遊意，反復二家之言，必使於其所說如出於吾之所為者，而無纖芥之疑，然後可以發言立論，而斷其可否，則其為辨也不煩，而理之所在無不得矣”。彼方深疑說[①]說之非，則又安能使之如出於其所為者而無纖芥之疑哉？若其如出於吾之所為者而無纖芥之疑，則無不可矣，尚何論之立可否之可斷哉？兄之此言，無乃亦少傷於急迫而未精邪？兄又謂：“一以急迫之意求之，則於察理已不能精，而於彼之情，又不詳盡，則徒為紛紛，雖欲不差，不可得矣。”殆夫子自道也。

向在南康，論兄所解“告子不得於言勿求於心”一章非是，兄令某平心觀之。某嘗答曰：甲與乙辨，方是是其說，甲則曰願某乙平心也，乙亦曰願某甲平心也，平心之說，恐難明白，不若據事論理可也。今此“急迫”之說，“寛心遊意”之說，正相類耳。論事理，不必以此等壓之，然後可明也。梭山氣稟寛緩，觀書未嘗草草，必優遊諷詠，耐久紬繹。今以急迫指之，雖他人亦未諭也。夫辨是非，別邪正，決疑似，固貴於峻潔明白，若乃料度、羅織、文致之辭，願兄無易之也。

梭山兄所以不復致辨者，葢以兄執己之意甚固，而視人之言甚忽，求勝不求益也，某則以為不然。尊兄平日惓惓於朋友，求箴規切磨之益，葢亦甚至。獨羣雌孤雄，人非惟不敢以忠言進於左右，亦未有能為忠信者。言論之橫出，其勢然耳。向來相聚，每以不能副兄所期為媿，比者自謂少進，方將圖合并而承教。今兄為時所用，進退殊路，合并未可期也。又蒙許其吐露，輒寓此少見區區，尊意不以為然，幸不憚下教。政遠，惟為國保愛，以需柄用，以澤天下。

---

① 說：疑為“其”。

二

伏自夏中拜書，尋聞得對，方深贊喜！冒疾遽興，重為駭嘆！賢者進退，綽綽有裕，所甚惜者，為世道耳。承還里第，屢欲致書，每以冗奪，徒積傾馳。江德功人至，奉十一月八日書，備承作止之詳，慰浣良劇。比閱邸報，竊知召命，不容辭免，莫須更一出否？吾人進退，自有大義，豈直避嫌畏譏而已哉。前日面對，必不止於職守所及，恨不得與聞至言，後便儻可垂教否？

前書條析所見，正以疇昔負兄所期，比日少進，方圖自贖耳。來書誨之諄複，不勝幸甚！愚心有所未安，義當展盡，不容但已，亦尊兄教之之本意也。近浙間有後生貽書見規，以為吾二人者，所習各已成熟，終不能以相為，莫若置之勿論，以俟天下後世之自擇。鄙哉言乎！此輩凡陋，沉溺俗學，悖戾如此，亦可憐也。人能弘道，非道弘人。此理在宇宙間，固不以人之明不明、行不行而加損。然人之為人，則抑有其職矣。垂象而覆物者，天之職也。成形而載物者，地之職也。裁成天地之道，輔相天地之宜，以左右民者，人君之職也。孟子曰："幼而學之，壯而欲行之。"所謂行之者，行其所學以格君心之非，引其君於當道，與其君論道經邦，燮理陰陽，使斯道達乎天下也。所謂學之者，從師親友，讀書攷古，學問思辨，以明此道也。故少而學道，壯而行道者，士君子之職也。吾人皆無常師，周旋於羣言淆亂之中，俯仰參求，雖自謂其理已明，安知非私見詖說，若雷同相從，一唱百和，莫知其非，此所甚可懼也。幸而有相疑不合，在同志之間，正宜各盡所懷，力相切磋，期歸于一是之地。大舜之所以為大者，善與人同，樂取諸人以為善，聞一善言，見一善行，若決江河，沛然莫之能禦。吾人之志，當何求哉？惟其是而已矣。疇昔明言善議，拳拳服膺而勿失，樂與天下共之者，以為是也。今一旦以切磋而知其非，則棄前日之所習，勢當如出陷穽，如避荊棘，惟新之念，若決江河，是得所欲而遂其志也。此豈小智之私，鄙陋之習，榮勝恥負者所能知哉？弗明弗措，古有明訓，敢悉布之。

尊兄平日論文，甚取曾南豐之嚴健。南康為別前一夕，讀尊兄之文，見其得意者，必簡健有力，每切敬服。嘗謂尊兄才力如此，故所取亦如此。今閱來書，但見文辭繳繞，氣象褊迫，其致辨處，類皆遷就牽合，甚費分踈，終不明白，無乃為“無極”所累，反困其才邪？不然，以尊兄之高明，自視其説亦當如白黑之易辨矣。尊兄當曉陳同父云：“欲賢者百尺竿頭，進取一步，將來不作三代以下人物，省得氣力為漢唐分踈，即更脱灑磊落。”今亦欲得尊兄進取一步，莫作孟子以下學術，省得氣力為“無極”二字分踈，亦更脱灑磊落。古人質實，不尚智巧，言論未詳，事實先著，知之為知之，不知為不知。所謂“先知覺後知，先覺覺後覺”者，以其事實覺其事實，故言即其事，事即其言，所謂“言顧行，行顧言”。周道之衰，文貌日勝，事實湮於意見，典訓蕪於辨説，揣量模寫之工，依倣假借之似，其條畫足以自信，其習熟足以自安。以子貢之達，又得夫子而師承之，尚不免此多學而識之之見。非夫子叩之，彼固晏然而無疑。先行之訓，予欲無言之訓，所以覺之者屢矣，而終不悟。顔子既沒，其傳固在曾子，蓋可觀已。尊兄之才，未知其與子貢如何？今日之病，則有深於子貢者。尊兄誠能深知此病，則來書七條之説，當不待條析而自解矣。然相去數百里，脱或未能自克，淹回舊習，則不能遺恨，請卒條之。

來書本是主張“無極”二字，而以明理為説，其要則曰：“於此有以灼然實見太極之真體。”某竊謂尊兄未曾實見太極，上面不必更加“無極”字，下面必不加着“真體”字。上面加“無極”字，正是疊床上之床，下面着真體字，正是架屋下之屋。虚見之與實見，其言固是不同也。又謂：“極者，正以其究竟至極，無名可名，故特謂之太極，猶曰舉天下之至極，無以加此云耳。”就令如此，又何必更於上面加“無極”字也？若謂欲言其無方所、無形狀，則前書固言，宜如《詩》言“上天之載”，而於其下贊之曰“無聲無臭”可也，豈宜以“無極”字加於太極之上？《繫辭》言“神無方矣”，豈可言無神；言“《易》無體矣”，豈可言無《易》。老氏以無為天地之始，以有為萬物之母，以常無觀妙，以常有觀徼，直將無字搭在上面，正是老氏之學，豈可諱也？惟其所蔽在此，故其流為任術數，為無忌憚。此理乃宇宙之所固有，豈可言無？若以為無，則君不君、臣不臣、父不父、子不子矣。楊朱未遽無君，而孟子以為無君，墨翟未遽無父，而孟子以為無父，此其所以為知言也。極亦此理也，中亦此理也，五居九疇之中而曰皇極，豈非以其中而命之乎？民受天地之中以生，而《詩》言“立我烝民，莫匪爾極”，豈非以其中命之乎？《中庸》曰：“中也者，天下之大本也，和也者，天下之達道也，致中和，天地位焉，萬物育焉。”此理至矣，外此豈更復有太極哉？

以極為“中”則為不明理，以極為“形”乃為明理乎？字義固有一字而數義者；用字則有專一義者，有兼數義者；而字之指歸，又有虛實，虛字則但當論字義，實字則當論所指之實。論其所指之實，則有非字義所能拘者。如元字有“始”義，有“長”義，有“大”義。《坤》五之元吉，《屯》之元亨，則是虛字，專為“大”義，不可複以他義參之。如《乾》元之元，則是實字。論其所指之實，則《文言》所謂善，所謂仁，皆元也，亦豈可以字義拘之哉？“極”字亦如此，太極、皇極，乃是實字，所指之實，豈容有二。充塞宇宙，無非此理，豈容以字義拘之乎？中即至理，何嘗不兼至義？《大學》《文言》皆言“知至”，所謂至者，即此理也。語讀《易》者曰能知太極，即是知至；語讀《洪範》者曰能知皇極，即是知至；夫豈不可？蓋同指此理。則曰極、曰中、曰至，其實一也。“一極備凶，一極無凶”，此兩極字，乃是虛字，專為至義。却使得“極者，至極而已”，於此用“而已”字，方用得當。尊兄最號為精通詁訓文義者，何為尚惑於此，無乃理有未明，正以太泥而反失之乎？

至如直以陰陽為形器而不得為道，此尤不敢聞命。《易》之為道，一陰一陽而已，先後、始終、動靜、晦明、上下、進退、往來、闔闢、盈虛、消長、尊卑、貴賤、表裏、向背、順逆、存亡、得喪、出入、行藏，何適而非一陰一陽哉？奇偶相尋，變化無窮，故曰：“其為道也屢遷，變動不居，周流六虛，上下無常，剛柔相易，不可為典要，惟變所適。”《說卦》曰：“觀變於陰陽而立卦，發揮於剛柔而生爻，和順於道德而理於義，窮理盡性以至於命。”又曰：“昔者，聖人之作《易》也，將以順性命之理。是以立天之道，曰陰與陽；立地之道，曰柔與剛；立人之道，曰仁與義。”《下繫》亦曰：“《易》之為書也，廣大悉備：有天道焉，有人道焉，有地道焉。兼三才而兩之，故六六者非他也，三才之道也。“今顧以陰陽為非道而直謂之形器，其孰為昧於道器之分哉？

辨難有要領，言辭有指歸，為辨而失要領，觀言而迷指歸，皆不明也。前書之辨，其要領在“無極“二字。尊兄確意主張，曲為飾說，既以無形釋之，又謂“周子恐學者錯認太極別為一物，故着‘無極’二字以明之。”某於此見得尊兄只是強說來由，恐無是事。故前書舉《大傳》“一陰一陽之謂道”、“形而上者謂之道”兩句，以見粗識文義者，亦知一陰一陽即是形而上者，必不至錯認太極別為一物，故曰“況太極乎”？此其指歸，本自明白，而兄曾不知察，乃必見誣以道上別有一物為太極。《通書》曰：“中者，和也，中節也，天下之達道也，聖人之事也。故聖人立教，俾人自易其惡，自致其中而止矣。”周子之言中如此，亦不輕矣，外此豈更別有道理，乃不得比虛字乎？所舉《理性命章》五句，但欲見《通書》言中言一而不言無極耳。“中焉止矣”一句，不妨自是斷章，兄必見誣以屬之下文。兄之為辯，失其指歸，大率類此。“盡信書，不如無書”，某實深信孟子之言。前書釋此段，亦多援據古書，獨頗不信無極之說耳。兄遽坐以直黜古書為不足信，兄其深文矣哉！《大傳》、《洪範》、《毛詩》、《周禮》與《太極圖說》孰古，以極為“形”而謂不得為“中”，以一陰一陽為“器”而謂不得為“道”，此無乃少黜古書為不足信，而微任胸臆之所裁乎？

來書謂“若論無極二字，乃是周子灼見道體，迥出常情，不顧旁人是非，不計自己得失，勇往直前，說出人不敢說底道理。”又謂：“周子所以謂之無極，正以其無方所、無形狀。”誠令如此，不知人有甚不敢道處，但加之太極之上，則吾聖門正不肯如此道耳。夫《乾》確然示人易矣，夫《坤》隤然示人簡矣，太極亦曷嘗隱於人哉？尊兄兩下說無說有，不知漏洩得多少。如所謂太極真體不傳之秘，無物之前，陰陽之外，不屬有無，不落方體，迥出常情，超出方外等語，莫是曾學禪宗，所得如此。平時既私其說以自高妙，及教學者，則又往往秘此，而多說文義，此漏洩之說所從出也。以實論之兩頭都無着實，彼此只是葛藤末說。氣質不美者樂寄此以神其姦，不知繫絆多少好氣質底學者。既以病己，又以病人，殆非一言一行之過，兄其無以久習於此而重自反也。

區區之忠，竭盡如此，流俗無知，必謂不遜。《書》曰：“有言逆于汝心，必求諸道”，諒在高明，正所樂聞，若猶有疑，願不憚下教。政遠，惟為國自愛。（象山集）

問太極中庸之義　　宋　真德秀

南雍李教授問，今附此。

下問：太極、中庸二條自顧淺陋，何足以辱姑？即平時所讀朱文公先生之書，及嘗見所窺者畧陳一二。夫所謂無極而太極者，豈太極之上別有所謂無極哉？特不過謂無形無象而至理存焉耳。盖極者，至極之理也。窮天下之物可尊可貴，孰有加於此者？故曰：太極也。世之人以北辰為天極，以屋脊為屋極，此皆有形而可見者。周子恐人亦以太極為一物，故以“無極”二字加於其上，猶言本無一物，只有此理也。自陰陽以下，則麗乎形氣矣，陰陽未動之前只是此理，豈有物之可名耶？即吾一心而觀之，方喜怒哀樂之未發也。渾然一性而已，無形無象之中，萬理畢具，豈非所謂無極而太極乎？以是而言，則思過半矣。喜怒哀樂之未發，即寂然不動之時，思慮一萌，則已動矣。故程子以“思”為已發，此至論也。來諭謂“思”是已發，則致知格物亦是已發，此則未然。盖格物致知，自屬窮理工夫。大凢講論義理，最忌交雜。今方論喜怒哀樂之發未發，而以致知格物雜之，則愈混雜而不明矣。來諭又恐懸空無用力處，此亦未然，盖未發之時，則當戒謹恐懼，其將發之時，則當謹其獨逐，時逐節皆有用功之地，惟其未發也，戒懼而不敢忘；將發也，謹獨而不敢肆。則其發，自然中節矣。聖賢之學，所以無弊者，正緣句句着實，未嘗說懸空道理，且如《中庸》始言天命之性，終言無聲無臭，宜若高妙矣。然曰戒謹，曰恐懼，曰謹獨，曰篤恭，則皆示人以用力之方，盖必戒懼，謹獨而後能全天性之善，必篤恭而後能造無聲無臭之境，未嘗使人馳心窈冥，而不踐其實也。《太極圖說》亦然，首言無極太極，次言陰陽五行，亦可謂高且遠矣。要其歸宿，只在中正仁義而主靜之一語，其與《中庸》戒懼謹獨之云，若合符節，總而言之，惟“敬”之一字可以該也。盖戒懼謹獨者，敬也，主靜亦敬也。學者儻能居敬以立其本，而又窮理以致其知，則學問之道無餘藴矣。大率此理自文公盡發其秘，已洞然無疑，所慮學者欲自立一等新奇之論，而於文公之言反致疑焉。不知此老先生是用幾年之功，沈潛反覆，參貫融液然後發出以示人。

今讀其書，未能究竟底蘊已先疑其說之未盡，所以愈惑亂而無所明也。故區區常勸朋友，間且將文公四書朝夕涵泳，既深達其指矣，然後以次及於《太極》、《西銘解》、《近思録》諸書，如此作數年工夫，則於義理之精微，不患其無所見矣。又必合所知所行為一致講貫乎此，則必踐履乎此，而不墮於空談無實之病，庶乎其可耳，此平時拙論如此，故因垂問，及之更望詳加鐫曉，以補昏愚之所不逮，幸甚。（真文忠公集）

太極　宋　陳淳

分而為五非有欠，合而為一非有餘。（五謂五行，一謂太極）

太極渾淪之妙用，自無而入於有，自有而復於無，又只是渾淪一無極也。

聖人一心，渾淪太極之全體，而酬酢萬變，無非太極流行之用，學問工夫，須從萬事萬物中串過，湊合成一渾淪大本，中散為萬事萬物，使無少窒礙，然後實體得渾淪，至極者在我，而大用不差矣。（君子戒慎恐懼，所以修此而吉句注。）

無聲臭只是無形狀，若少有聲臭，便涉形狀，落方體，不得謂之無極矣。文公解用“無聲臭”語，是說二字之大義，詞不迫切而其理自曉。（此注朱子解“無極”，引“上天之載，無聲無臭”之義）

以造化言之，如天地間生成萬物，自古及今，無一物之不實。散殊上下，自古有是，到今亦有是，非古有而今無，皆是實理之所為。大而觀之，自太始而至萬古，莫不皆然。若就物觀之，其徹始徹終，亦只是一實理如此。姑以一株花論來，春氣流注到，則萌蘖生花，春氣盡則花亦盡。又單就一花蕊論，氣實行到此，則花便開，氣消則花便謝亦盡了。方其花萌蘖，此實理之初也；至到謝而盡處，此實理之終也（此注朱子“推之於前而不見其始之合，引之於後而不見其終之離”二句之義）。

理不外乎氣。若說截然在陰陽五行之先，及在陰陽五行之中，便成理與氣為二物矣（此亦是《太極圖說》注，然是專講“理”字）。

本只是一氣，分來有陰陽，又分來有五行。二與五只管分合運行去，萬古生生，不息不止，是個氣，必有主宰之者，曰“理”是也。理在其中為之樞紐，故大化流行，生生未嘗止息。天下豈有性外之物，而不統於吾心是理之中也哉？理之所在，太極於無際而無不通，細入於無倫而無不貫，前後乎萬古而無不徹。

太極只是理，理本圓，故太極之理本渾淪。理無形狀，無界限間隔，故萬物無不各具得太極，而太極之本體各各無不渾淪。惟人氣正且通，為萬物之靈，能通得渾淪之體。物氣偏且塞，不如人之靈，雖有渾淪之體，不能通耳。然人類中亦惟聖人大賢，然後真能通得渾淪之體。一種下愚底人，其昏頑卻與物無異，則又正中之偏、通中之塞者。一種靈禽仁獸，其性與人甚相近，則又偏中之正、塞中之通者。細推之，有不能以言盡。

問：感物而動，或發於理義之公，或發於血氣之私，這裏便分善惡？曰：非發於血氣之私便為惡，乃發後流而為惡耳。

《圖說》“中正仁義”，而注腳又言“仁義中正”，互而言之，以見此理之循環無端，不可執定以孰為先，孰為後也。亦猶四時之春夏秋冬，或言秋冬春夏，以此見氣之動靜無端，陰陽無始也。（太極圖說注）

人生得天地之氣以為體，得天地之理以為性。原其始而知所以生，則要其終而知所以死，古人謂得正而斃，謂朝聞道而夕死可矣。只緣受得許多道理，須知得盡得便自無愧，到死時，亦只是這二五之氣，聽其自消化而已。所謂安死順生，與天地同其變化，這箇便是與造物為徒，纔有私慾，有私愛，割捨不斷，便與大化相咈（此《太極圖說》內“原始反終，故知生死之說”注）。（北溪字義補遺）

太極　　宋　陳淳

太極只是渾淪極至之理，非可以氣形言。古經書說太極，惟見於《易・係辭傳》曰：“易有太極。”易只是陰陽變化，其所為陰陽變化之理，則太極也。又曰：“三極之道。”三極云者，只是三才極至之理。其謂之三極者，以見三才之中各具一極，而太極之妙無不流行於三才之中也。外此百家諸子都說差了，都說屬氣形去。如《漢志》謂“太極涵三為一”乃是指做天、地、人三箇氣形已具，而渾淪未判底物。老子說

“有物混成，先天地生。”此正是指太極。莊子謂“道在太極之先”，所謂太極，亦是指三才未判渾淪底物，而道又別是一箇懸空底物，在太極之先，則道與太極分為二矣，不知道即是太極。道是以理之通行者而言，太極是以理之極至者而言。惟理之極至，所以古今人物通行，惟古今人物通行，所以為理之極至，更無二理也。

太極字義不明，直至濂溪作《太極圖》，方始說得明白。所謂無極而太極，“而”字只輕接過，不可就此句中間截作兩截看。無極是無窮極，只是說理之無形狀方體，正猶言無聲無臭之類。太之為言甚也，太極是極至之甚，無可得而形容，故以太名之。此只是說理雖無形狀方體，而萬化無不以之為根柢樞紐，以其渾淪極至之甚，故謂之太極。文公解此句，所謂“上天之載”是以理言，所謂“無聲無臭”是解“無極”二字，所謂“萬化之樞紐、品彙之根柢”是解“太極”二字，又結以“非太極之外復有無極也”，多少是分明。

太極只是以理言也。理緣何又謂之極？極，至也。以其在中，有樞紐之義。如皇極、北極等，皆有在中之義，不可訓極為中。蓋極之為物，常在物之中，四面到此都極至，都去不得。如屋脊梁謂之屋極者，亦只是屋之衆材，四面湊合到此處皆極其中，就此處分出去，布為衆材，四面又皆停勻，無偏剩偏欠之處。如塔之尖處偏是極，如北極，四面星宿皆運轉，惟此不動，所以為天之樞。若太極云者，又是就理論。天所以萬古常運，地所以萬古常存，人物所以萬古生生不息，不是各各自恁地，都是此理在中為之主宰，便自然如此。就其為天地主宰處論，恁地渾淪極至，故以太極名之。蓋總天地萬物之理到此湊合，皆極其至，更無去處，及散而為天地，為人物，又皆一一停勻，無少虧欠，所以謂之太極。

太極只是總天地萬物之理而言，不可離了天地萬物之外而別為之論。纔說離天地萬物而有箇理，便成兩截去了。

畢竟未有天地萬物之先，必是先有此理。然此理不是懸空在那裏。纔有天地萬物之理，便有天地萬物之氣；纔有天地萬物之氣，則此理便全在天地萬物之中。周子所謂“太極動而生陽，靜而生陰”，是有這動之理，便能動而生陽，纔動而生陽，則是理便已具於陽動之中；有這靜之理，便能靜而生陰，纔靜而生陰，則是理便已具於陰靜之中。然則纔有理，便有氣，纔有氣，理便全在這氣裏面。那相接處全無些子縫罅，如何分得孰為先、孰為後？所謂動靜無端，陰陽無始。若分別得先後，便成偏在一邊，非渾淪極至之物。

老氏說“道在天地之先”，也畧有此意。但不合都離了天地人物外，別說箇懸空裒道理，把此後都做粗看了。

總而言之，只是渾淪一箇理，亦只是一箇太極；分而言之，則天地萬物各具此理，亦只有一太極，又都渾淪無欠缺處。自其分而言，便成許多道理。若就萬物上揔論，則萬物統體渾淪，又只是一箇太極。人得此理具於吾心，則心為太極。所以邵子曰“道為太極”，又曰“心為太極”。謂道為太極者，言道即太極，無二理也。謂心為太極者，只是萬理總會於吾心，此心渾淪是一箇理耳。只這道理流行，出而應接事物，千條萬緒，各得其理之當然，則是又各一太極。就萬事總言，其實依舊只是一理，是渾淪一太極也。譬如一大塊水銀恁地圓，散而為萬萬小塊，箇箇皆圓。合萬萬小塊復為一大塊，依舊又恁地圓。陳幾叟月落萬川處處皆圓之譬，亦正如此。此太極所以立乎天地萬物之表，而行乎天地萬物之中，在萬古無極之前，而貫於萬古無極之後。自萬古而上，極萬古而下，大抵又只是渾淪一箇理，總為一太極耳。此理流行，處處皆圓，無一處欠缺。纔有一處欠缺，便偏了，不得謂之太極。太極本體本自圓也。

太極之所以至極者，言此理之至中、至明、至精、至粹、至神、至妙，至矣，盡矣，不可以復加矣。故強名之曰極耳。

無極之說，始於誰乎？柳子《天對》曰：“無極之極。”康節《先天圖說》亦曰：“無極之前，陰含陽也；有極之後，陽分陰也。”是周子以前已有無極之說矣，但其主意各不同，柳子、康節是以氣言，周子則專以理言之耳。（北溪字義）

周子太極通書　宋　黃震

太極圖說

無極而太極以下，詳太極之理，此圖之訓釋也。惟人也得其秀以下，言人極之所以立，此所以書圖之本意也，盖周子之圖太極，本以推人極之原，而周子之言無極，又以指太極之理，辨析其精微，正將以歸宿於其人，而豈談空之謂哉？象山陸氏嘗以無極之字，《大易》所未有，而老莊嘗有之，遂疑其非周子之真，今觀圖之第二圈，陰陽互根之中有圈，而虛者即易有太極之體也，其上之一圈即挈取第二圈中之圓，而虛者表而出之，以明太極之不雜乎陰陽，單言太極之本體也，單出本體於其上，初無形質，故曰無極而太極，所謂無極者，實即陰陽互根中之太極，未嘗於太極之上別為一圖，名無極也。恐不必以他書偶有“無極”二字而疑之，惟洞見太極之理，以自求無愧於人極之立，此則周子所望於學者耳。

晦庵講明無極此二字，雖老子之所有，而人皆知非老子之學，象山辯駁無極，雖斥其為莊老，而人反譏其頴悟類禪學，而禪學即源流於老莊，此固非晚學敢議，其寔老子之言無極，指茫無際極而言，周子之言無極，指理無形體而言。象山高明，豈不曉此一時氣不相下始為此言？異時蔡東萊自悔鵝湖之會輒復妄發，則象山之本心，偏可知。

太極之理至精，而太極之圖難狀，得晦翁剖析分明，今三尺童子皆可曉。遂獲聞性命之源，以為脫去凡近之基本，即盍反而實修。其在我者矣。或乃因其餘說，或演，或辯，漫成風俗，不事躬行，惟言太極。嗚呼，周子亦不得已言之，孔子惟教人躬行耳！

通書

《誠上章》主天而言，故曰：“誠者，聖人之本。”言天之誠，即人之所得以為聖者也。誠下章主人而言，故曰：“聖，誠而已矣。”言人之聖，即所得於天之誠也。《誠幾德章》居第三者，言誠之得於天者皆自然，而幾有善惡，要當察其幾之動，以全其誠為我之德也。《聖章》居第四者，言由誠而達於幾為聖人。其妙用尤在於感而遂通之神，蓋誠者不動，幾者動之初，神以感而遂通，則幾之動也純於善，此其為聖也，誠一而已。人之不能皆聖者，係於幾之動，故《慎動》為第五。動而得其正為道，故《道》為第六。得正為道不淪於性質之偏者能之，而主之者師也，故《師》為第七。人必有恥，則可教而以聞過為幸，故《幸》次之。聞於人必思於已，故《思》又次之，師以問之矣，思以思之矣，在力行而已，故《志學》又次之。凡此十章，上窮性命之源，必以體天為學問之本，所以修己之功，既廣大而詳密矣。推以治人，則《順化》為上，與天同功也。《治》為次，純心用賢也，《禮樂》又其次，治定而後禮樂可興也。繼此為《務實[1]實章》、《愛敬章》，又所以斟酌人品，而休休然與之為善，盖聖賢繼天立極之道備矣。餘章皆反覆此意，以丁戒人心，使自知道德性命之貴，而無陷辭章利祿之習，開示聖蘊，終以主靜，庶幾復其不善之動，以歸於誠，而人皆可為聖賢焉。嗚呼，周子之為人心計也至矣。

諸子之書，與凡文集之行於世者，或累千百言，而僅一二合於理，或一意而敷繹至千百言，獨周子文約理精，言有盡而理無窮。蓋《易》、《詩》、《書》、《語》、《孟》之流，孔孟以來一人而已。若其闡性命之根源，多聖賢之未發，尤有功于孔孟，較之聖帝明王之事業，所謂揭中天之日月者哉！

本朝理學闡幽于周子，集成于晦翁，《太極》之圖，《易通》之書，微晦翁萬世莫之能明也。肅襟莊誦之為快，何啻蟬脫塵涴，而鵬運青冥哉。謹按《通書·慎動》一章，周子曰："動而正曰道。"晦翁釋之曰："動之所以正，以其合乎衆所共由之道也。"愚竊意慎動常有謹審之意，動而合乎正，是即為道，周子本意恐亦止此，若謂合乎道，此動之所以正，是乃動而合乎道曰正。與動而正曰道，又成一意，恐因此而發明者耳。又《務實》一章，周子曰"君子日休，小人日憂"，晦翁釋之曰"實修而無名勝之恥，故休；名勝而無實修之善，故憂。"愚竊恐小人未必知以無實為憂，果能憂其無實，是即君子之用心矣，何名小人？或者小人飾偽，無實之心自宜崎嶇而多憂，書曰作德心逸日休，作偽心勞日拙，周子之所謂憂，恐類書之所謂勞者耳。姑併誌之，以俟知者云。

《通書》稱禮先而樂後，又云："古者聖王制禮法，修教化，三綱正，九疇敘，百姓太和，萬物咸若，乃作樂以宣八風之氣，以平天下之情。"愚謂此與"虞廷命官，終以典樂"之意合，自魯生有積德百年，然後禮樂可興之說，儒家者流遂挾禮樂之文物制度，為希世盛事，以傲一世，謂非我莫能致，如王通氏是也。至柳子厚，又矯其弊，稱樂不能移風易俗，較之周子之書，彼皆所謂野人議壁者哉。（黃氏日抄）

---

① 實：當為衍文。

周子書太極圖　　宋　黃震

無極而太極，無中自有此理，“而”字輕無次序故也。動而生陽，元未有物，靜而生陰，然後萬物各正性命，則有漸次。分陰分陽，兩儀立焉。方渾淪未判，陰陽之氣，混合幽暗，及其既分，中間放得寬闊光朗，而兩儀始立。邵康節以十二萬九千六百年為一元，則是十二萬九千六百年之前，又是一箇大闢闔，小者大之影，只晝夜便可見。五峯謂一氣太息，震蕩無垠，海宇變動，山勃川湮，人物消盡，舊迹大滅，是謂洪荒之世，常見有高山，有螺蚌殼，或生石中，此石即舊時之土螺蚌，即水中之物。下者變而為高，柔者變而為剛，此事思之至深，有可驗者陽變陰合，初生水火，次生木金，水火自生木金，則資於土。聖人立人極，不說仁義禮智，即說仁義中正者，中正尤親切，中是理之得宜處，正是智之正當處。（黃氏日抄）

无極圖說　　宋　蕭廷芝

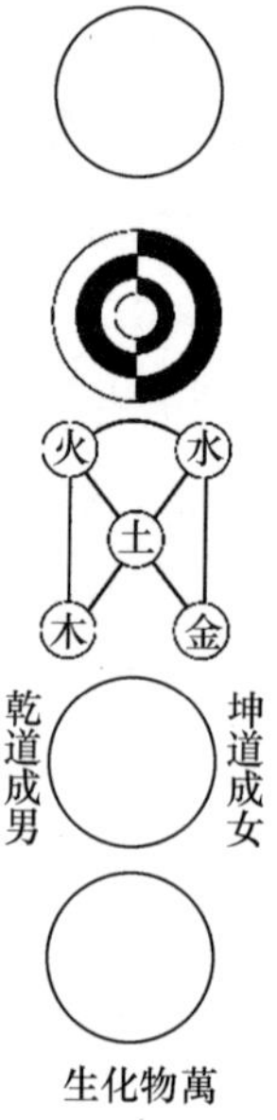

○者，道也。形而上者謂之道，斯乃道之體也。无極而太極，◎舍三為一，中具五十五數。中○者，乃其本體也。太極一判，兩儀生焉。◐之動，根乎陰也。◑之靜，根乎陽也。

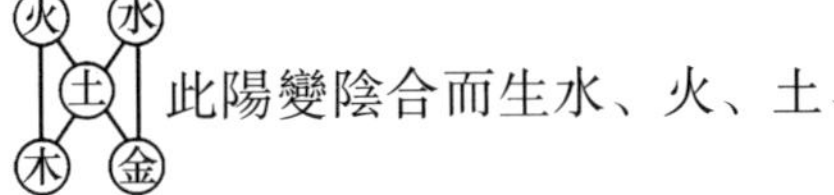

此陽變陰合而生水、火、土、金、木也。水，生數一，成數六；火，生數二，成數七；木，生數三，成數八；金，生數四，成數九；土，生數五，成數十。此五行生成之數也。天一地二，天三地四，天五地六，天七地八，天九地十，天地之數，五十有五。此陽奇陰偶之數也。一陰一陽之謂道，生生不窮之謂易。一者，奇數也。二者，偶數也。陽奇陰偶，即二以生三也。純乾☰，性也，兩乾而成坤☷，命也。猶精與氣也。乾再索坤而成坎☵，坎中之陽乃元氣也，所謂乾道成男是也。坤再索乾而成離☲，離中之陰乃真精也，所謂坤道成女是也。○，乾男坤女，以氣化者言也。離者，日之象也；坎者，月之象也。日月合而成昜。易者，日用常行，易簡之道也，千變萬化而未嘗滅焉。然則形中之精，寂然不動，蓋剛健、中正、純粹精者存，乃性之所寄也，為命之根矣。心中之神，感而遂通，蓋喜怒、哀樂、愛惡欲者存，乃命之所寄也，為性之樞矣。懲忿則心火下降，窒慾則腎水上升。君子黃中通理，正位居體，美在其中，暢於四肢，故修此而吉也。於是閑邪存誠，終日如愚。天理純全，歸根曰靜，靜曰復命，動極而靜，靜極復動也。萬物化生，○以形化者言也，形而下者謂之器，斯乃道之用也。南軒曰：真識根源，謂之知道。知此道者，則可以超出乎造化之外，卓然而獨存矣。（道藏·修真十書金丹大成集）

太上老君說常清靜經註

宋　白玉蟾　元　王元暉

太者，無也；上者，極也；説者，開化也。常清靜者，虛無大道，自然生成，三才萬物，古猶今同也。經者，心也，玄之又玄，眾妙之門。邵子云："天向一中分造化，人從心上起經綸。天人焉有兩般義，道不虛行只在人。"

造化自然章第二

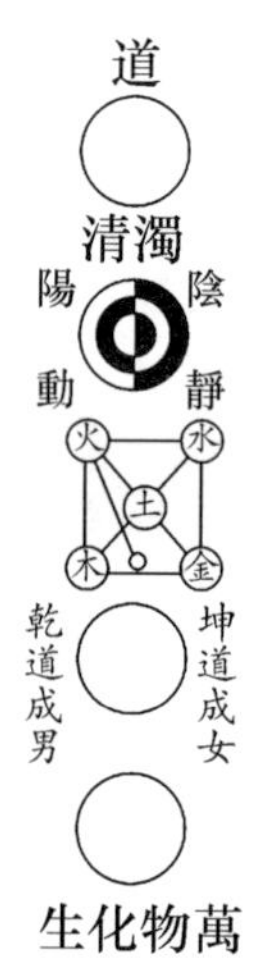

夫道者，（未見炁也）有清、（陽炁始也。）有濁，（陰炁始也。）有動有靜。（陽動陰靜而生三才。）天清地濁，（清炁為天，濁炁為地。）天動地靜；◎（天圓而動，包乎地外。地靜而方，處乎天中。）

男清女濁，男動女靜。（○乾男坤女，配合相生。）降本流末，而生萬物。（○三才生萬物。）

《管子》云：虛而無形，謂之道。《漢律歷志》云：太極元炁，函三為一。即天地人也。《列子》云：元炁輕清者為天，重濁者為地，沖和之炁為人。朱子云：天地之炁合，所遇寒暑、燥濕、風火勝復之變、之化。故人炁從之，萬物化生，悉由三炁合散，生化無窮。悟真子云：道自虛無生一炁，便從一炁產陰陽。陰陽配合生三體，三體重生萬物昌。

清者濁之源，○動者靜之基。◎邵子云：無極而太極，沖漠未分。陽動陰靜，只在太極裏。陽動陰靜，循環不窮。太極本體，只在陰陽裏。釋氏云：水流元在海，月落不離天。（一本作靜者動之基。）

人能常清靜，◓天地悉皆歸。◒《大洞經》云：人生天形。李少微云：我即天地，天地即我。劉天師云：道非欲虛，虛自歸之。人能虛心，道自歸之。玉谿子云：為甚此心關大造，只因元自道中來。（道藏·常清靜經注）

無極太極圖　　金　牧常晁

無極

此純然性理，即太極。有中之真無，無名天地之始也。

太極

此理氣混沌，即无極。无中之妙有，有名萬物之母也。（道藏·玄宗直指萬法同歸）

无極太極圖序　　金　牧常晁

无極者，无所至至之謂也。又无中之真无也。一元无象，二炁未萌，空洞玄虛，寂然不動。此無名天地之始也。后世強曰无極，曰太易。因靜極而後生乎動，動而不已生乎炁。炁理混沌，三才由是而胚育，變化之道生矣。此有名萬物之母也。故謂太極。經曰：易有太極，是生兩儀。易者，无極也。由无極而有太極，由太極而有乾坤，乾離而日生焉，坤坎而月生焉。四象立而八卦列，陰陽合而男女生，人倫由是始也。離震而坎兑，晝夜由是以分，四序由是以運也。故在天成象，在地成形。結而不散者為山嶽，融而不滯者為江河，抽地陸者為草木，潛淵藪者為鱗介，走者曰毛，飛者曰羽。由是寒燠相因，濕燥相感，情偽以交，精氣以接。蠢動含靈之屬，有生無識之類，生生而不可已也。（道藏·玄宗直指萬法同歸）

論无極太極即理炁　　金　牧常晁

无極者，純然理之謂也。蓋有是理而後有是炁，理炁混沌，是名太極。此有名萬物之母也。至於三才立，萬物生。理之均物，謂之性。氣之付物，謂之命。原人物性命，即天地間之理炁也。天地間理炁，人物得之為性命也。始則理炁混然太極，終則天地具乎理炁。理於炁不獨存，炁於理無奇立。與三才萬物相為而無終者，理炁也。然理之體靜而形虛，炁之機動而形靜。靜而虛者，道也。動而形者，器也。始於无極，成於太極，分為兩儀，散為萬類。而理與炁，未始乎離，未始乎息，亦未始乎加損也。（道藏・玄宗直指萬法同歸）

性命之源　　金　牧常晁

太極無形，肇生乎一，一析為水火之數彰焉。一與二偶，乾體乃成，是為性命陰陽之本初，人倫萬物之資始也。由是中分乾☰以為坤☷，兩儀立而四象峙，八卦列而晝夜交，自乾元始判，性命遂分。《易》曰：乾道變化，各正性命。蓋乾道未分，水火所以自具也。至於乾道變化，分以為坤，萬物得乾坤所分之炁，各正乎性命以生。此乾元降本，品物流形也。故全於乾者為陽，分於坤者為陰。陰陽之立，品物資之以生。得乎乾之具者曰性，得乎坤之分者曰命，得乎水之一為精，得乎火之二為神，得乎性命精神之具者曰道也。○水一火二合而為乾，此乾元自具水火之妙也。元命本性之始也。至於分一為二，則一體無而二體有。合而為一，則一體有而二體無。此有無之互為變化者也。故大道以無為體，以有為用，所以无極即太極之真无，太極即无極之妙有。故乾之始者本無，因一立以成象。坤之始者本無，因乾分以成形。分合有無，此生陰陽萬物之大本也。○乾元、水火、陰陽、性命，精神之自具也，故乾性於道，人性於乾，合乾而順坤，成性而復命也。乾分為坤，坤合復乾，二體分合，性命乃全。故伯陽修仙，《叅同》以《易》，謂性命不過乾、坤也，精神不過坎、離也。乾、坤、坎、離不過一也。一者不過太極也。太極不過无極也。一之未形，太極之無始也。一之既立，太極之有始也。無始者，性之始也。有始者，命之始也。合乎二始，乾道乃成。性始乎無，虛靈知覺生焉。命始乎有，流行生滅繫焉。有無之對，動靜之交，變化之道立矣。然一體包二，乾體包坤，不俟其變，水火陰陽備矣。能

一太極以全乾元，合無形而包二始者，其聖元。合元形而包二始者，其聖人事業乎。（道藏・玄宗直指萬法同歸）

論无極妙有　金　牧常晁

无極，太極之真无也。太極，无極之妙有也。真无者，性之始也。妙有者，炁之始也。妙有胚混，先成乾☰象，兩乾以為坤☷，乾坤既立，人倫萬物由是以生，性命之道立矣。至於均四象，布五行，環八卦，導三元，成代謝，迭興衰，是特陰陽二氣之流運者也，而无極之本無加損焉。在太極之上寂無形變，在二儀之下不與物遷。其曰太易、太初、太素、太始，其名異，其道一也。然而太極受命於无極，乾坤受命於太極，人物受命於乾坤，即一貫也。非无極外生太極，太極外生乾坤，乾坤外生人物，始於理之真無，成於炁之妙有也。（道藏・玄宗直指萬法同歸）

陰陽以靜為主說　金　牧常晁

陽動陰靜，陽清陰濁，世所共知。至以靜為主，則世不知之矣。夫太極之體本乎靜，其動者依乎靜，然後而動，非先以之靜，故不能繼之以動。三才之道，是以靜者為動者之主矣。況靜而生性，動而生炁，靜而生仁，動而生智，天下之事莫不由動之所以生也。今謂陽動其所本必靜，陰濁其所本必清。靜為動之體，動為靜之用也。由此觀之，靜者逸而動者勞，靜者尊而動者卑。苟非靜，何以一天下之動也。非清，無以明天下之濁。故聖人取至靜以為道，非賤陽而貴陰也，取乎太極之始也。夫天雖動，而有動中之靜。地雖靜，而有靜中之動。天非靜，故不能應萬物之情，地非動，故不能發萬物之生。故乾之中陰為離，日象也。坤之中陽為坎，月象也。是陽必以靜為體，陰必以動為基也。天體靜所以剛而愈健，地體動所以生而不息。故天地常應常靜之妙也。陽動陰靜，天地之正體也。陽清陰濁，天地之正形也。陽剛陰柔，天地之正理也。陽尊陰卑，天地之正位也。一起一伏，陰陽之升降也。一往一來，陰陽之代謝也。一晝一夜，陰陽之明晦也。一寒一暑，陰陽之推遷也。至於充塞兩間之不變，周游六虛之不移，窮之不見其終，推之不見其始，寂然不動，靜體本然者，此又非陰陽之形，寒暑之炁可以測也。（道藏・玄宗直指萬法同歸）

二極中說　　金　牧常晁

无極，无中之中也。太極，至中之中也。寂然不動，元炁總禽之首也。不可得以狀之，即無偏倚流伏、過踰不及之患，是為乾元之始，萬物之根也。極名雖異，而中不異也。三才萬物不能須臾者，離此中也。至于喜、怒、哀、樂之未發，此中者，在儒謂之精一，又謂存神；在老謂之抱元，又曰守一；在釋謂之禪定，又曰寂觀。是皆人心固有之中也。以我固有之中，合乎二極本然之中，則天地物我同乎一體。物我既同一元，中寂故不見有起滅，不見有流滯，不見有去來，不見有偏倚。若然者，故可齊萬物，一生死，立於至中之中也。（道藏・玄宗直指萬法同歸）

或問太極類　　金　牧常晁

或問：三才之生，本於太極，不知太極又何所本？答云：太極本於无極。曰：无極復何所本？答云：无極則无所本，有本則不名無極。請問：无極之狀如何？答云：无極無狀，有狀則有極也。曰：既无極無狀，孰名之曰无極？答云：無所名言，強名无極。

或問：无極與太極是一是二？答云：无極即太極之无，太極即無極之有，非二理也。曰：既涉有無，焉得不二？答云：因無立有，因有彰無，互相為根，二義而一理也。曰：太極本於無，主於靜，因何而有？因何而動？答云：无之極則生有，靜之極則生動。曰：無有動靜，既對太極，本體復存否？答云：有生於無，而無元不有。靜生於動，而靜元不動。太極本體無加損焉。

或問：太極之道有上下內外否？答云：太極無方，有上下內外即成兩太極也。曰：既無上下，又有先後何也？答云：一炁未形，則太極先於天地。一炁既判，則天地後於太極。

或曰：人性與太極是同是異？答云：人性，即太極之性也。理同於太極，則同。理異於太極，則異。曰：物之性亦同太極否？答云：形器不同，性則同也。

或問：无極无象，如何能生太極？答云：无極純然是理，有理而後有炁，炁理混淪，名曰太極，非无極生於太極也。

曰：太極如何便翕動而生陽，靜而生陰？答云：靜極而後生動，動而不已生乎炁。炁根於靜為陰，炁根於動為陽。動極則陰生，靜極則陽生。始終不離箇動靜也。

問：太極如何便生兩儀？答云：炁理相包，陰陽質具，物之合者必離，然後判而為二。形而上者為天，形而下者為地。

問：如何踐履，方合太極？答云：要明得太極之實，悟得理炁之妙，然後默而識之，踐而行之可也。如未明斯要，止於文字上較量，名理間議論，徒無益耳。

問：明得此理，止於何地？答云：止於至靜，或毫髮動念私欲，非真也。

或曰：人心惟危。危安得全無動念，非近於木石耶？答云：有惟危之心，而有惟微之心也。微靜也，止其動，歸於靜，太極靜也。其間雖無動念，又却與木石不同矣。

或曰：辭達而已，何必窮究及此，不為迂乎？答云：三才萬物不可須臾離者，此道也。可離此道者，則星辰可出於地，山海可垂於天，春可為秋，冬可為夏。若以辭達為道，則儒宗不須孔子，宗門不須釋迦，玄門不須老氏也。

或曰：儒者涵養作用，與老佛同否？答云：涵養不異，作用不無別也。曰：請問其目？答云：儒氏養之以太極，用之以治天下。老氏養之以太極，用之以存形神。釋氏養之以太極，用之以齊生死。或曰：當元止有一箇太極，三教百家是說了多少同異，教人如何理會？答云：若向言句中理會，更喫過三生飯，也理會不徹。曰：如何理得？曰：一其一以復其一，會其極以歸其極也。

或曰：執此心以為道，非乎？答云：始則執之，達則舍之，執而不舍，滯而不通，舍而不執，通而不滯。曰：舍之不落於放乎？答云：放之於無為可也，不可放之於邪僻。

或曰：佛氏亦及太極否？答云：彼謂無始，又曰真空，本來本性即太極之異名也。其妙又有出太極之上者。

或曰：天地一分，五行象數，毫髮無差，人倫萬物巧如雕刻，混沌之中得無造物者乎？答云：太極未形，則五行象數隱於真无。太極既判，則五行象數彰於妙有。成三才，育萬物。皆一炁所以然而然也。蓋太極既成，不得不生天地。天地既立，不得不生象數。象數既具，不得不生人物。人物既形，不得不異形稟。形稟既異，不得不別脩夭。榮枯、媸妍、善惡，蓋理之當然，亦勢之當然也。然物之造乎無形，始於一炁，化為萬有，各各合自然分度，豈有造之者耶。

或問：天地初造，日月水火何先？答云：太極分一成一，乾道始立，兩乾成坤，地道始立。析乾之中為離，日象成焉。合坤之中為坎，月象成焉。四象立而八卦列，五行著而萬物生，莫不由水火之所成矣。天地運日月，水火二象為先也。

或曰：天道有心乎？答云：無道無心，以眾人心為心。曰：又言感而遂通，何也？曰：子知水乎？臨之自見形影。子知谷乎？呼之必有應聲。水之與谷，豈有心哉。

或問：天屬金，果金乎？答云：坤為地，既是真土。乾為金，豈非真金耶。

或曰：地下則仰天為極，天上何處為極？答云：上頭虛无自然，極无極也。曰：如此則天地無根蒂也？答云：虛無一炁，自然變化而成，何有根蒂也。

或問：儒曰正心，佛曰明心，老曰虛心，此三者有同異否？答云：思無邪曰正，反照自己曰明，私欲不蔽曰虛，設曰三心，實一理也。在世人分上，門有同異，到聖人地位，則無異同。

或曰：佛教有曰即心即佛，又曰非心非佛，其言得無反耶？答云：即心即佛，是得魚得兔也。非心非佛，是忘筌忘蹄也。

或曰：佛氏一向說心，老氏一向說炁，心與炁是一是二？答云：心動則炁隨，炁動則心隨。心一則炁亦一，炁一則心亦一。然炁者，理也。

心者，理之機也。施行大底由吾心耳。

或曰：佛說一切心皆言空，何也？答云：惟空則能容萬物。

或曰：既容萬物，則不空也。曰：容萬物而不礙萬物，若太虛之包萬物，非礙於太空者也。

或曰：心有理有境，如何是理境？答云：精一者，心之理也。事物者，心之境也。又微妙玄通，與物無滯，心之理也。浮躁競役，逐色而形，心之境也。

或問：心一動便止之，復動復止之，可以為道乎？答云：此正是生滅不停之相。須是止之便不頻動，久久行持，調伏得熟，然後打成一片也。曰：打成一片便是道否？答云：到此若執之以為道，又若執方諸而求水也。靡不得水，終為物礙，何如兩忘之為妙。又曰：從上聖人明心，皆是如此否？答云：明不及此，不足為道。

或曰：世人說心箇箇差別，此差別理亦能成道否？曰：皆謂之道，但不到聖人處耳。

或曰：人心有始善終惡者，始惡終善者，非習成性乎？答云：實由習成，皆操持之不謹耳。始善終惡者，自人倫而之禽獸也。始惡終善者，自禽獸而之人倫也。

或曰：百病有藥對治，心病以何治之？答云：心病治之以理。曰：亦有不受理治者，如何？曰：病源深入，須痛下鍼艾，若不瘥則死而已。

或問：心不寧時如何？答云：止是汝念不息，妄不停也。

問：心與性只是一箇道理，莫是心外別有性耶？答云：性為心體，心為性用。性靜也，心動也。心用不動，則性體融合。愚人外心求性，智者即性即心，非別有也。又曰：只是方寸之地便是心，非方寸外別有心也？答云：方寸，心機紐也。此心彌滿太空六合，機紐動則此心動，機紐靜則此心靜。離方寸求心，非心也。執方寸為心又非也。

或曰：心惟一理，又曰心為眾理之郭，何也。答云：天惟一月也，形應萬水。人惟一心也，事分萬狀。然萬水之月，一月所攝。萬狀之心，一心所攝。豈非心為之郭耶。

或問：吾儒止而後定，定而後靜，靜而安，安而慮，慮而得。佛氏亦曰定靜，又曰無一法可得，何也？答云：儒者以止、定、靜為本，以安、慮、得為末。苟不安其心而精慮之，則至善之德不可得明而也。至善之德不明，則天下不可得而治也。佛氏則不然，止然後定，靜然後安，必便此心無慮而不可得，至於湛然空寂也。慮而得治天下者，當然之理也。無慮而不可得處空門者，當然之理也。

或曰：《書》云人心惟危，道心惟微。人心道心，必有兩樣乎？答云：危者，動也。微者，靜也。人心若靜，便是道心。道心若動，便是人心。只是一箇心，由動靜所以分危微也。

或曰：天地之道，必不離動靜乎？答云：太極因動靜以立天地，一奇便有一偶，一主便有一賓。三才萬物不能須臾離乎動靜。可離者非道也。曰：道必主靜何也？答云：因三才萬物之用，是以至道主乎靜也。

問曰：至靜之道，與三才萬物之動靜，有離合否？答云：至靜者，指无極本體而言也。即本體而有生生化化之妙，非謂離本體而別有也。又非合本體而混成也。陰陽二炁未萌，則此理寂然不動。動靜兩機交媾，則此理感而遂通。

問曰：動靜不離二炁，天下共知之，而至靜之不動，吾實未喻也。答云：一代一謝，一往一來，此陰陽之炁也。故萬物因之以生死，晝夜因之以明晦。天地間非有不動之理，則聖人之道逐陰陽而起伏，隨生死以往來，何足道也。

或曰：人心有不動之理乎？答云：人心不動之理，即天地間不動之理也。曰：不動之理外，別有妙理乎？答云：御三才，齊生死，即此理也。（道藏·玄宗直指萬法同歸）

太極　　元　俞琰

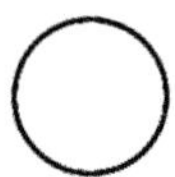

邵康節曰：心為太極。

朱紫陽曰：太極，虛中之象也。（道藏·易外別傳）

太極圖　　元　陳致虛

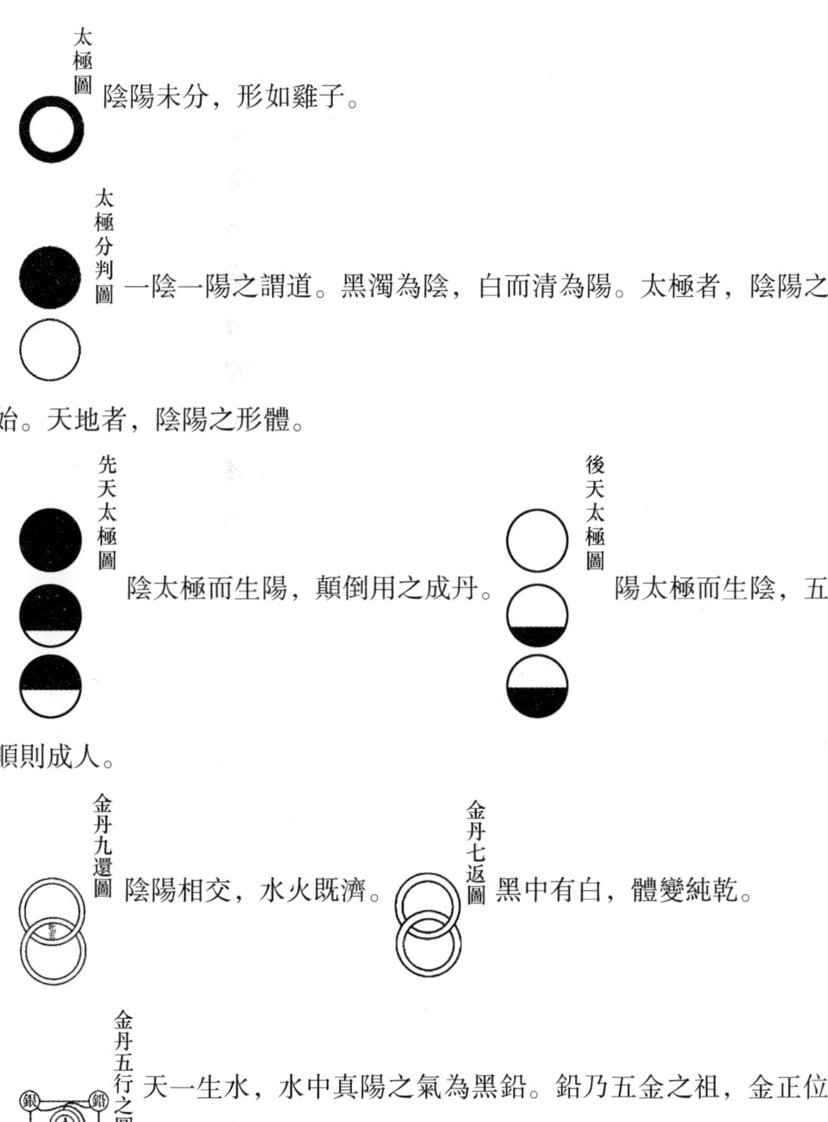

陰陽未分，形如雞子。

一陰一陽之謂道。黑濁為陰，白而清為陽。太極者，陰陽之本始。天地者，陰陽之形體。

陰太極而生陽，顛倒用之成丹。陽太極而生陰，五行順則成人。

陰陽相交，水火既濟。黑中有白，體變純乾。

天一生水，水中真陽之氣為黑鉛。鉛乃五金之祖，金正位居西。不曰金而曰銀者，象兑之色白也。金本生水，修丹之士却於坎中取金者，以母隱子胎故也。地二生火，火中真陰之精為黑汞。汞乃朱砂之父，汞正位居東。不曰木而曰汞者，即震宮之木液也。木能生火，修丹之士却於離中求木液者，以弦氣所在故也。

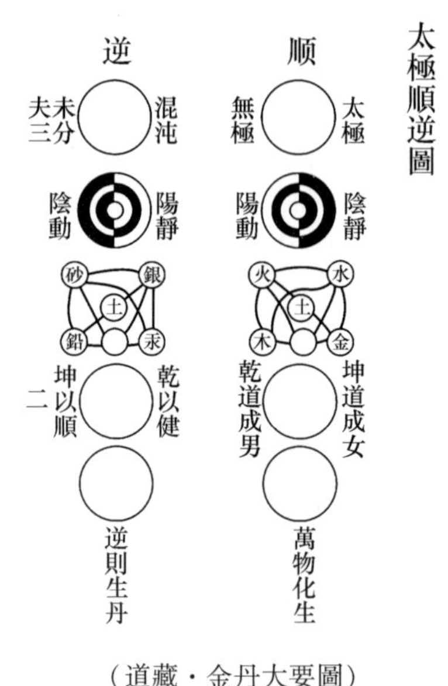

（道藏·金丹大要圖）

太上老君說常清靜妙經纂圖解註　　元　王玠

夫道者，有清有濁，有動有靜。天清地濁，天動地靜；男清女濁，男動女靜。降本流末，而生萬物。（氣化，生形。）

夫道之為物，虛而無象，因氣化而有道之名。道生于一，一生于二，二氣感合而生萬物，理自然也。道居天地之先，包含覆載，寂靜無名，乃曰無極之真也。無極之中道因虛極而已，陽發而遂通，無極而太極，是二五之精妙合而凝也。太極動而生陽，靜而生陰。陽清而為天，主於動；陰炁濁而為地，主於靜。天覆於地，地載於天，天動地靜，二氣互交。陽氣先者為陽道，陰炁先者這陰道。《易繫》所謂乾道成男，坤道成女。男體天故清、故動，女體地故濁、故靜。男女相感，陰陽翕暢，泄其真精，降本流末，而生萬物。萬物之生，同此之理，炁質化行，各從其類，生生化化，則道無不一焉。孔云：君子之道，造端乎夫婦，及其至也，察乎天地。是以順則生人、生物，逆則成佛、成仙。周子作《太極圖》，深得其旨矣。是故斯經尊妙，只此數語，已了一本《周易》。以丹道言之，天地喻爐鼎，男女喻坎離，以乾剛運陽火不息，乃曰天清、男動；以坤柔退陰符而混藏，乃曰地濁、女靜。因陰陽有動靜之機，故用抽坎填離，返本還源而復道，是降其本而流其末，生養吾身之萬物也。有何疑哉？

（道藏・清靜妙經圖解）

無極圖　　元　衛琪

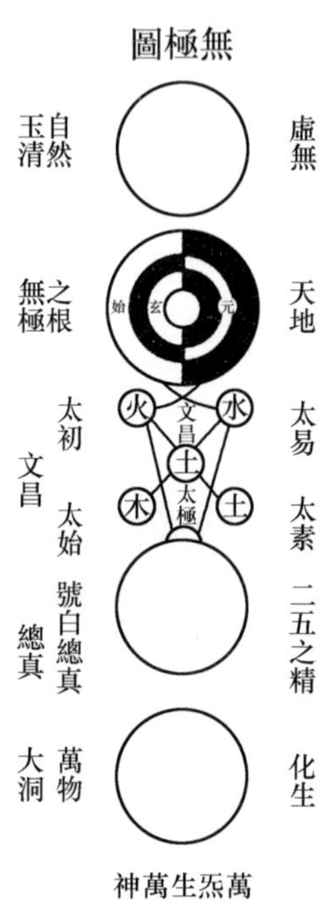

周子作太極以括《大易》，予演無極以總《大洞》。蓋太極者，已具形炁之謂。無極者，無聲、無臭、無象、無名，惟理而已。周子亦曰：無極而大極，蓋無極一動而為陽，以生玄炁，屬水，故曰太易，生玄光。靜而為陰，生元炁，屬火，故曰元命，生太初。靜極復動，為陽，生始炁，屬木，故曰太始。三炁周，玄元始三炁周備，炁形質具，未始相離，謂之太素，靜而為陰，屬金，故曰太素。梵行初三炁為天地之根，萬物各極其位，謂之太極，動而為陽，屬土，總領四象，故曰太極五靈冲。一動一靜，互為其根，是以五太五行謂之五老，《五符玉經》云"生於元始之先"是也，天王復演太易之玄炁，結一〇寶珠，即五行一陰陽也，陰陽一太極也，太極本無極也，故曰無極總真文昌大洞云。吾以此〇寶光凝成萬炁，化生諸天，又以其光分敷百千萬億，結成《大洞仙經》，即玉經生天立地，開化神明。又曰五炁結十方，萬炁生萬神，即五行順布，四時行焉。又《度人經》五文開廓，普植神靈，無文不光，等同萬神萬炁仙，即無極之真。二五之精，二炁交感化生萬物，故文昌乃天地之祖、萬物之母，是以人人具一文昌，物物具一太極也。人能精修澡煉文昌大洞之道，究竟復歸於無極之中矣，虛無自然，人生自無中生有，至老復歸於無。

陰陽奇耦化生天干地支以成文昌之圖

看《無極圖》，方知二炁五行所生之自二炁者，陰陽也，五行者，水、火、木、金、土也。因理而有炁，因炁而有文，文者天干地支也。陽動而生壬子，一數也，為陽水；陰靜而生丁巳，二數也，為陰火；再動而生甲寅，三數也，為陽木，復靜而生辛酉，四數，為陰金；動而生戊辰戌，五數也，為陽土；靜而成癸亥，六數也，為陰水，動而成丙午，七數也，為陽火；靜而成乙卯，八數也，為陰木；動而成庚申，九數也，為陽金，靜而成巳丑未，十數也，為陰土。雖曰天干亦有陰陽也，甲丙庚壬戊為陽干，屬陽，必動而成文，乙丁辛癸巳屬陰，必靜而成文。地支亦有陰陽也，子午寅申辰戌為陽支，巳亥卯酉丑未為陰支。五文已成，其名號曰五太，而經中再有五太，是為十太，豈不貽識者所哂，蓋不知五行各具二炁，交感而方能生成五行，陽生之為一太，陰成之為一太，互相生化，以成天地之文。經云：真文肇生明，點火生真文，十德真文宣，横文帝子賓，十佺人文結，皆以五文開廓。故天地萬物莫不皆以之而生長。或曰：黄帝命大撓氏探五行之精而作甲子，豈在天地之先乎？其不知甲子先天地而生，此特因人而顯爾。天皇氏所起甲子十干十二支，先作攝提自寅上，今《爾雅》所載是也。後至庖犧氏作自甲上起，謂東方甲者，乃萬物始生木德之盛，故以甲始十干。陰陽二炁化生天干地支，在天為天文，在地為地理，仰觀俯察，探賾索隱，推究源流。六十甲子為天上六十位星辰，五行之炁所化八卦，安鎮八方，今以六十甲子并六十四卦分布洞章，皆合妙道。（道藏·玉清經注）

雷霆互用圖　　元　鄧柟　章希賢

《金誥》曰：天地清濁，其質如卵，乃太空之中一物而已。陽升到天，太極而生陰，以窈冥抱陽而下降。陰降到地，太極而生陽，以恍惚負陰而上升。一升一降，與天地行而萬物生成也。濂溪周子曰：无極而太極，太極動而生陽。動極而靜，靜極而生陰，靜極復動。一動一靜，互為其根。

晦庵朱子曰：陰以陽為質，陽以陰為質。水內明而外暗，火內暗而外明。橫渠曰：陰陽之精，互藏其宅，正此意也。

《真原》曰：陰陽升降在天地之內，比心腎交媾之法。《玉書》曰：陽負陰而上升，陰抱陽而下降。一升一降運於道，所以天長地久。（道藏·道法宗旨圖）

法行先天大道之圖　　元　鄧柟　章希賢

《廣成子》曰：至道之精，杳杳冥冥，至道之極，昏昏默默。無視無聽，抱神以靜，形將自正。必清必靜，無勞汝形，無搖汝精，可以長生。

《元始生天得道經》曰：心目內觀，真氣所有。清靜光明，虛白晃曜。杳杳冥冥，內外無事。昏昏默默，正達無為。古今常存，總持靜念。

《老子》曰：有物混成先天地生。傳大士曰：有物先天地，無形隱寂寥。能為萬象主，不逐四時凋。(道藏·道法宗旨圖)

五行顛倒圖　　元　鄧梈　章希賢

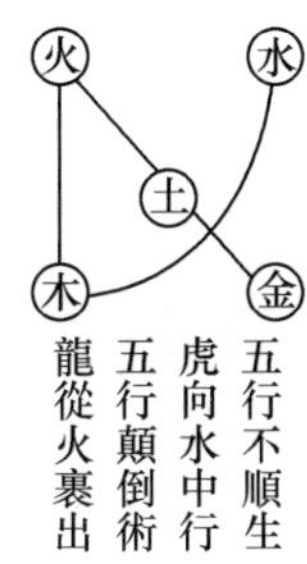

紫陽張真人曰："五行逆兮，丹體常靈。"侍宸王真人曰："連環迭運理相生，顛倒無過是五行。會得箇中顛倒意，青天白日起雷霆。"逆者，顛倒五行，和合四象，採混元未判之炁，奪龍虎始媾之精，入于黃房，產成至寶，可謂無質生質，身外生身，暨乎功德滿就，而證上仙焉。順者，人之大倫，分精氣以成人，精氣為物，遊魂為變，有身則有患，煩惱從此起也。《悟真篇》曰："能將日用顛倒求，大地塵砂盡為實。"(道藏·道法宗旨圖)

太極函三自然奇偶之圖　德事相因皆本奇偶之圖

元　張理

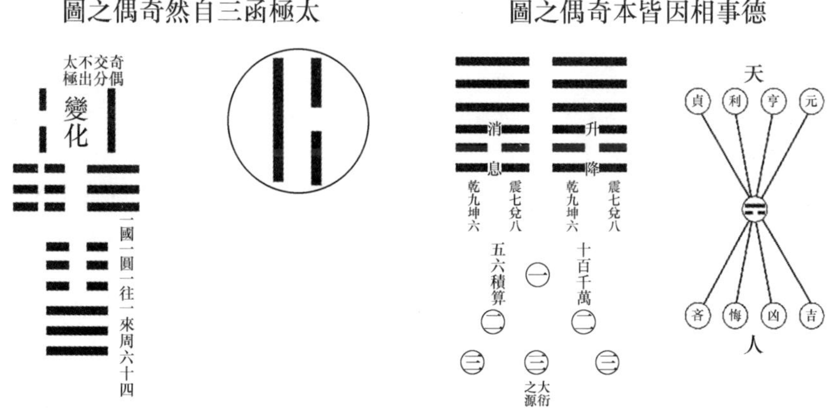

(道藏·大易鈎深圖)

玄門宗旨　　元　李道純

圖極太

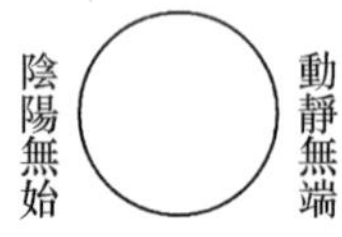

釋曰圓覺，道曰金丹，儒曰太極，所謂無極而太極者，不可極而極之謂也。釋氏云：如如不動，了了常知。《易・繫》云：寂然不動，感而遂通。丹書云：身心不動以後，復有無極真機，言太極之妙本也。是知三教所尚者，靜定也。周子所謂主於靜者是也。蓋人心靜定，未感物時，湛然天理，即太極之妙也。一感於物，便有偏倚，即太極之變也。靜定之時，謹其所存，則天理常明，虛靈不昧。動時自有主宰，一切事物之來俱可應也。靜定工夫純熟，不期然而自然至此，無極之真復矣，太極之妙應明矣，天地萬物之理悉備於我矣。(道藏精華・中和集)

周易象數圖說　　元　王吉昌

極太

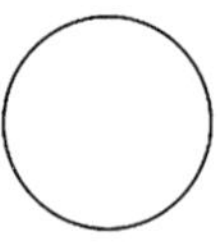

夫太極者，乃無極之稱，不可得而名。其氣形質混沌，而未相離也。內具五十五數，其二儀、三光、四象、五行，悉備其中，有性而無形。《老子》所謂有物混成者是也。玉策云：玄黄未分，氣象昏昏。凡學道者，豈可不知一氣之元，萬物之祖哉。(道藏・會真集)

太極先天之圖

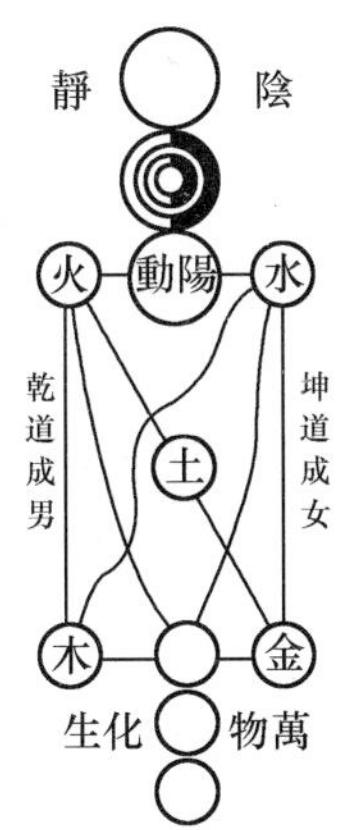

粤有太易之神，太始之氣，太初之精，太素之形，太極之道。無古無今，無始無終也。故易有太極，是生兩儀，兩儀生四象，四象生八卦，八卦定吉凶，吉凶生大業。言萬物皆有太極兩儀，四象之象，四象八卦具而未動，謂之太極。太極也者，天地之大本耶。天地分太極，萬物分天地。人資天地真元一氣之中，以生成長養。觀乎人，則天地之體見矣。是故師言：氣極則變，既變則通，通猶道耶？况反者道之動。蓋有物混成，先天地生，寂兮寥兮，獨立而不改，周行而不殆，可以為天下母。母者，道耶，至矣哉！道之大也，無以尚之。夫道者，有清有濁，有動有靜。但凡其人行道也歟，則生神矣。夫或躬廢大方，則届于其亡信哉。（道藏·真元妙經圖）

無極太極説　　元　吴澄

太極者何？曰道也。道而稱之曰太極，何也？曰假借之辭也。道不可名也，故假借可名之器以名之也。以其天地萬物之所共由也，則名之曰道，道者，大路也。以其條派縷脉之微密也，則名之曰理，理者，五膚也，皆假借而為稱者也。真實無妄曰誠，全體自然曰天，主宰造化曰帝，妙用不測曰神，付與萬物曰命，物受以生曰性，得此性曰德，具於心曰仁，天地萬物之統會曰太極。道也，理也，誠也，天也，帝也，神也，命也，性也，德也，仁也，太極也，名雖不同，其實一也。極，屋棟之名也，屋之脊檁曰棟，就一屋而言，惟脊檁至高至上，無以加之，故曰極。而凡物之統會處，因假借其義而名為極焉。辰極皇極之類是也，道者，天地萬物之統會，至尊至貴，無以加者。故亦假借屋棟之名，而稱之曰極也。然則何以謂之太？曰太之為言，大之至甚也。夫屋極者，屋棟為一屋之極而已；辰極者，北辰為天體之極而已；皇極者，人君一身為天下衆人之極而已。以至設官為民之極，京師為四方之極，皆不過指一物一處而言也。道者，天地萬物之極也，雖假借極之一字，強為稱號，而曾何足以擬議其髣髴哉？故又盡其辭而曰太極者，蓋曰此極乃甚大之極，非若一物一處之極，然彼一物一處之極，極之小者爾，此天地萬物之極，極之至大者也，故曰太極。邵子曰："道為太極"，太祖問曰："何物最大?"答者："道理最大。"其斯之謂與？然則何以謂之無極？曰道為天地萬物之體，而無體謂之太極，而非有一物在一處可得而指名之也，故曰無極，《易》曰："神無方，易無體。"《詩》曰："上天之載，無聲無臭。"其斯之謂與？然則無極而太極者，何也？曰屋極，辰極，皇極，民極，四方之極，凡物之號為極者，皆有可得而指名者也。是則有所謂極也，道也者，無形無象，無可執着，雖稱曰極，而無所謂極也。雖則無所謂極，而實為天地萬物之極。故曰無極而太極。（吳文正集）

答海南海北道廉訪副使田君澤問　　元　吳澄

澄向於京師獲識，深惟足下仕今學古，資純篤而志精專，世所希，有，嘉嘆敬慕，但一見之後，無因再聚，每思同志之難遇，未嘗不悠然而興懷也。忽塵貽問，乃知觀風嶺海，又喜持憲之，得賢惠示賀二君數種之書，如獲奇寶，旋即開卷，玩繹鄙見，頗有未然者，別紙開具，幸垂省覽。

承問及無極太極說，非面難致其詳，姑言其略。大槩古今言太極者有二，當分別而言，混同為一，則不可也。《莊子》云："在太極之先。"《漢志》云："太極函三為一。"唐詩云："太極生天地。"凡此數言，皆是指鴻濛渾沌天地未分之時而言也。夫子言“易有太極”，則是指道而言也，與莊子、漢唐諸儒所言“太極”字絕不相同。今儒往往合二者為一，所以不明如邵子言道為太極，則與夫子所言同。又言太極既分，兩儀立矣，則與諸家所言同，蓋夫子所言之太極，指道而言，則不可言分，言分者是指陰陽未判之時，故朱子《易贊》曰：“太一肇判陰降陽升。”不言太極，而言太一，是朱子之有特見也。朱子《本義》解“易有太極”云：“易者，陰陽之變，太極者，其理也。”朱子只以“陰陽之變”解“易”字，太極者，是易之本原。節齋蔡氏以為易乃太極之所自出，朱門學者皆疵其說，來諭與蔡說相符，而非朱子意也。《朱子語錄》云：“易之有太極，如木之有根，浮圖之有頂，然木之根、浮圖之頂，是有形之極，太極却是無形之極，無方所頓放，故周子曰‘無極而太極’，世儒讀《太極圖》，分無極太極為二，則周子之言有病，故朱子合無極太極為一，而曰非太極之外別有無極也。”又曰：“無極即是太極。”澄之說是發明朱子此義，蓋老、莊、列之意，皆以為先有理，而後有氣，至宋朝二程、横渠出力，闢老氏自無而有之說為非，而曰：“理氣不可分先後，理是無形之物，若未有氣，理在那處頓放?”又曰：“理與氣有則俱有，未嘗相離，非知道者孰能識之?”程張之所以為知道，正以其能識得此與老氏之說不同故也。今生於程張之後，而又循襲有理而後有氣之說，則是本原處差了，可子細取《近思錄》、《程氏遺書外書》、《張子正蒙》，及《朱子語類》觀之，四先生說得洞然明白，即與愚說無異，其他不能多及。（吳文正集）

答田副使第二書　　元　吳澄

澄夏間辱惠教墨，嘗率爾奉復，正以末由嗣訊為慊，倏塵再書，捧讀忘倦，惟明公方以洗冤澤物為事，而又有餘暇，講談義理之精微，非資識傑出一世，何能若是？然斯道自孟氏以後，晦冥者千有餘年，至宋程張，其脈始續，明公有志乎此，則程氏所遺，有《遺書》、《外書》、《經說文集》，張氏所遺有《正蒙》《理窟》《語錄》《文集》之類，皆當博觀而細玩，然後見其真得不傳之學者，其要領為何？如若未詳究而輕於立論，則非《中庸》所謂慱學、審問、慎思、明辨之旨。所蒙惠教謹逐一條析於後，唯明者擇焉。

孔穎達《易疏》云：“太極謂天地未分以前，元氣混而為一，是太初、太一也。《老子》‘道生一’，即此太極也，混元既分，即有天地，故曰太極生兩儀，即《老子》之‘一生二’也，《三五歷紀》云：‘未有天地之時，混沌如雞子溟涬，鴻濛謂之太極，元氣函三為一。’《莊子》云：‘夫道，太極之先而不為高（闕）。’《漢書》云太極。”

澄按，莊子及漢唐諸儒，皆是以天地未分之前，混元之氣為太極，故孔穎達疏《易》亦用此說，夫子所謂太極，是指形而上之道而言，孔疏之說非也。自宋伊洛以後，諸儒方說得太極字是，邵子云：“道為太極。”朱子《易本義》云：“太極者，理也。”蔡氏《易解》云：“太極者，至極之理也。”蔡氏雖於易字說得未是，觧太極字則不差。澄之《無極太極說》曰：“太極者，道也。”與夫子、邵子、朱子、蔡氏所說一同，而高見不以為然，蓋是依孔穎達及莊子諸人之說，以太極為混元之氣故也。然混元未判之氣，名為太一，而不名為太極，故《禮記》曰：“夫禮，本於太一，分而為陰陽。”朱子《易贊》曰：“太一肇判，陰降陽升。”若知混元未判之氣不名為太極，而所謂太極者，是指道理而言，則不待辨而明矣。

先次來教，言太極是理氣象數渾而未分之名，則又與漢唐諸儒所謂混元之氣者小異，蓋混元太一者，言此氣混而為一，未有輕清重濁之分。及其久，則陽之輕清者，升而為天，陰之重濁者，降而為地，是為混元太一之氣分而為二也。今曰理氣象數渾而未分，夫理與氣之相合，亘古今永無分離之時，故周子謂之妙合，而先儒謂推之於前而不見其始之合，引之於後而不見其終之離也。言太極理氣渾是矣，又言未分則不可，蓋未分則是終有分之時也。其實則理氣豈有時而分也哉？又以象數並理氣而言，則象數果別為一物乎？以其氣之著見而可狀者謂之象，以其氣之有次第而可數者謂之數，象數兩字不過言氣之可狀可數者爾，非氣之外別有象數也。若以太極為至極之理，則其上不容更着無極兩字，故朱子為周子忠臣。而曰“無極”二字只是稱贊太極之無可名狀，非太極之外復有無極也。若以太極為一氣未分之名，上頭却可着“無極”兩字，然自無而有，非聖賢吾儒知道者之言，乃老莊之言道也。今錄老莊言道自無而有之旨，及朱、陸辨無極太極問答，大略於後細觀，當自了悟。

《老子》曰：“天下萬物生於有，有生於無。”又曰：“道生一，一生二。”《莊子》曰：“太初有無，無有無名，一之所起。”

澄按，《老子》所謂道，《莊子》所謂太初，即來教所言之無極也，所謂一者，即來教所言之太極也。若如來教之解無極太極，即是《老》《莊》此二章之旨說得，周子本文固甚分曉，但是押入周子在老莊隊裏行而不可，謂之得吾聖道之傳者矣，朱子費盡氣力為之分疏，而解此二句，不與世儒同者，正欲明周子之所言，與吾聖人之言道不異故也。故澄以為周子之忠臣程子，親受學於周子，周子手授此圖於二程，二程藏而秘之，終身未嘗言及，盖為其辭不別白，恐人誤認以為老莊之言故也。其後學者索之，只將出《通書》，終不出《太極圖》，程子沒後，於他處搜求，方得此圖，能知程子不輕出此圖之意，則言之必不敢，容易且知朱子之大有功於周子也。

梭山陸子美《與晦庵書》云：《太極圖說》與《通書》不類，疑非周子所為，不然則是其學未成時所作，不然則或是傳他人之文，後人不辨也。葢《通書》言五行陰陽，陰陽太極，未嘗加無極字，假令《太極圖說》是其所傳，或其少時所作，則《通書》時不言無極，葢已知其說之非也。

象山陸子靜《與晦庵書》云：“無極”二字出於《老子・知其雄章》，吾聖人之書所無有也。《老子》首章言“無名，天地之始，有名，萬物之母”，此老氏宗旨也。無極而太極，即是此旨。老氏見理不明所蔽在此，《太極圖說》以無極冠道，而《通書》終篇未嘗一及無極字，二程言論至多，亦未嘗一及無極字，假令其初實有是圖，觀其後來未嘗一及無極字，可見其學之進，而不自以為是也。兄今考訂注釋，表顯尊信如此，其至恐未得為善祖述者也。晦庵答書云：老氏之言有無，以有無為二，周子之言有無，以有無為一，正如南北水火之反，未可容易譏評也。近見《國史・濂溪傳》載此圖說，乃云：“自無極而為太極。若使濂溪本書實有‘自為’兩字，則信如老兄所言，不敢辨矣。然因渠添此二字，却見得本無兩字之意愈益分明，請試思之。”

澄按，來教所言，正是以有無為二，自無極而為太極也。今錄程子張子所言有無，不分先後之旨，於後蓋宋儒之言道，周子微發其端而已，其說之詳而明，直待張子二程子出，而後人知二子所言之道，與老莊所言自無而有者不同，故論程張二子有功於吾道者，以其能辨異端，似是之非也。

程子曰：道者一陰一陽也，動靜無端，陰陽無始，非知道者，孰能知之。

澄按，此程子解《繫辭傳》"一陰一陽之謂道"一句也，蓋陰陽，氣也，所以一陰一陽者道也，道只在陰陽之中。雖未分天地以前，而陽動陰靜固已然矣，非陽動即陰靜，非陰靜即陽動，無更有在陰靜陽動之前而為之發端肇始者。程子既言此，而又以"非知道者孰能知之"綴於其後。蓋亦自負，而料世人不悟，必有以為道在陰陽之外，而動靜有端，陰陽有始者，惟朱子曉此，故其《太極圖解》曰："此無極太極也。"所以動而陽，靜而陰之本體也，然非有以離乎陰陽也，即陰陽而指其本體不雜乎陰陽而為言爾。言一初便是陰陽，而太極在其中，非是先有太極，而後有陰陽動靜也。

程子曰：至微者理也，至著者象也。體用一原，顯微無間。

澄按，此程子《易傳》序中語也。蓋至微之理者體也，即來教所謂易之體者，然體之至微而用之至著者已同時而有，非是先有體而後有用也。故曰：一原至顯之象，而與至微之理相合為一，更無間，別非是顯生於微也，故曰無間。程子甞與人言某之此八字，莫不太洩漏否？蓋亦自擔當，而料世之人不能悟也。

張子曰：有無隱顯，通一無二，則深於易者也。若謂虛能生氣，則體用殊絕，入老氏有生於無之論，不識所謂有無混一之常，此道不明儒、佛、老、莊，混然一途，語天道性命者不囿於恍惚夢幻，則定以有生於無為窮高極微之論，多見其蔽於詖，而陷於淫矣。

澄按，張子此言尤為明白，非是先無後有，有生於無矣。

蔡氏謂周子於太極之上加無極，正是解夫子"易有太極"之"易"字，而其解"易"字亦曰："易，變易也。"澄謂變易屬乎陰陽，豈可以言無極。蔡氏自知其說之病，乃引易無體之說以救之，而曰："變易無體之中有至極之理也。”朱子以易為陰陽之變，易有太極者，言陰陽變易之中，有至理以為主宰也。蔡氏既以變易無體為理矣，而又曰：“中有至極之理，然則理中復有一理乎？變易無體已是言理。”而又曰：“有至極之理可乎？”粗曉文義者亦知其說之不通矣。又曰：“流行乎乾坤中之易，非易有太極之易也。果有二等易乎？”又曰：“陰陽動靜之間，是流行中之太極，與夫子所言太極降一等，果有降一等之太極乎？”蔡氏所解卦爻彖象多有發明。朱子未到處澄纂，言中亦取其說，但《易解》後別有《大傳》，《易說》一卷，主於破其師太極在陰陽中之說，於道之大本大原差了，故有此兩般易，兩般太極之謬談，朱門惟勉齋黃直卿識道理本原，其次北溪陳安卿於細碎字義亦不差。（吳文正集）

答田副使第三書　　元　吳澄

一，愚見以太極為道理，而高見必以為混元渾沌未判之氣，此其不合者一也。愚見以為理在氣中，同時俱有，而高見必以為先有理而後有氣，此其不合者二也。愚見以為易者陰陽之變，易有太極者，言陰陽變易之中有理，以為之主宰。夫子易有太極之言，其立言猶曰臣有君、子有父云爾。故朱子以為易之有太極，如木之有根，浮圖之有頂，可謂明白。而高見以為其說顛倒錯亂，斷不可以訓後學，此其不合者三也。蔡節齋解易字作無極字，此是背其師說，無識之言也。而高見取之解太極字為至極之理，此言却是，而高見不取。愚所非者而以為是，愚所是者而以為非，此其不合者四也。已上愚說並與周、程、張、朱之說同，皆非不肖，自出己見，而來書引王巽卿之言以為舍禰，而宗兄澄識見凡陋，竊謂禰之道，更秦漢以來，晦蝕千有餘年，若非天於盛宋之時生此數，兄發明吾禰之道，則幾於隊地矣。澄視吾兄有大功於吾禰者也，凡吾兄所言五經之梯階也，敢問此數兄有何言語，背了五經，乃曰不可徒求之。先儒而不本之五經乎？若曰徒求之五經，而不反之吾心，是買櫝而棄珠，此則至論不肖，一生切切然，惟恐墮此窩臼，學者來此講問，每先令其主一持敬，以尊德性，然後令其讀書窮理，以道問學，有數條自警省之語，又揀擇數件書，以開學者格致之端學，徒鋟之於木。今謾納去一帙，是蓋欲如巽卿之說，先反之吾心，而後求之五經也。僕雖老矣，學之久而未得，願與足下共勉之。

一，易是形而下者，太極是形而上者，先儒已言。澄不復贅，先儒云：道亦器，器亦道，是道器雖有形而上、形而下之分，然合一無間，未始相離也。今乃曰陰陽變易之易非本原，形而上者之易，則伏羲合當如周子畫一圈作太極，何緣但畫一奇為陽，畫一偶為陰而已。至夫子方推其本原，而有陽奇陰偶之中有太極存焉。夫太極者，不在陽奇陰偶之外也。今以陰陽為不是本原，則是伏羲之易無了本原矣。伏羲但有卦畫，別無他文，若欲求易字、太極字於陽奇陰偶之外，竊望就伏羲卦中指出見教，何者是易，何者是太極？如此論易，何萬古大聖人之不幸也噫！

一，《老子》云："天下萬物生於有，有生於無。""萬物"者，指動植之類而言，"有"字指陰陽之氣而言，"無"字指無形之道體而言，此《老子》本旨也。理在氣中，元不相離。《老子》以為先有理而後有氣，橫渠張子詆其有生於無之非，晦庵先生詆其有無為二之非，其"無"字是說"理"字，"有"字是說"氣"字。若澄之以精氣為物，為自無而有，遊魂為變，為自有而無，以先天圖左邊為自無而有，右邊為自有而無，乃是言萬物形體之無有有無。如春夏所生之物，皆去冬之所無，而今忽有，秋冬所殺之物，皆今夏之所有，而今忽無。人之生也，漸至於長大，是自無而有。人之死也，遂至於朽腐，是自有而無。又如平地本是荊榛，乃翦除草茅，而蓋造宮室，則此宮室自無而有，其後宮室銷毀敗壞，又成瓦礫之場，禾黍之墟，則此宮室自有而無。又如一虛室，忽然排辨酒器，鋪設筵席，聚賓客於其中，歌舞歡笑，是此宴會自無而有，及其酒罷客散，徹去筵席，收去酒器，依舊一虛室，是此宴會自有而無。凡物凡事皆然，來書謂世間人物之生，百姓日用之常，那件不是自無而有，是矣，此之無而有，有而無。是言鬼神之屈伸往來，人物之生死始終，人事之興廢聚散，即與指理為無、指氣為有之無有不同，但有、無二字相同爾。《老子》謂有氣之陰陽，自無形之理而生，以有無為二，而不知理氣之不可分先後，與予言萬物形體自無而有，自有而無者旨意迥別。今以愚言為自相抵牾，何其不通文理之甚也。如《孟子》不言利，前則曰何必曰利，後則曰以利為本，前之利，強兵富財，便利其國之謂也。後之利，順其自然之理之謂也，利字雖同，而文義則異，若不通文義，必謂孟子之言自相抵牾矣。來書取南軒先生張氏《太極圖解》首章之說甚當，然請博觀南軒《太極圖全解》及今文集、語錄諸書，還魯解太極二字為渾元渾沌否？還曾謂理在先、氣在後否？南軒《圖解》之下文云："非太極之上復有所謂無極也。太極本無極，言其無聲臭之可名也。"又云："無極之真，二五之精，妙合而凝。非無極之真為一物，與二五之精相合也，言未嘗不存於其中也。"南軒此言，即與朱子所言，及老拙所言一同，賣花擔上前後兩籃，不曾遍看，但見前籃一朵之花，便自買取，而不復顧其後籃之花為何如，況望能於洛陽諸處名園中，萬紫千紅，而一一識之乎？朱子初焉說太極與南軒不同，後過長沙謁南軒，南軒極言其說之未是，初亦未甚契，既而盡從南軒之說，有詩謝南軒曰："我昔抱冰炭，從君識乾坤。始知太極蘊，要妙難名論。"及南軒死，有文祭之曰："始參差以畢序，卒爛熳而同流。"是晦庵太極之說盡得之於南軒，其言若合符節，明公取南軒，而不取晦庵，何也？

一，有生於無，是老氏異端之說，周子無極而太極，即非言自無而有，晦庵、南軒二先生之說燦然明白，高意必欲解此一句云：自無極而為太極。是押周子入老莊隊也。朱張二先生皆云：非太極之上復有無極。極力分解，惟恐人錯認此一句，與老氏同衛道之力，如此可謂忠於周子也。明公必欲屈抑周子，以同於老氏老拙，極力喚醒，而不見從，是辱吾周子者，明公也。已自為之，又自稱冤，何耶？

一，《繫辭傳》："易有太極，是生兩儀，兩儀生四象，四象生八卦。"此是說卦畫，周子因夫子之言而推廣之，以說造化言卦畫，則生者生在外，有兩儀時未有四象，有四象時未有八卦。朱子謂生如母之生子，子在母外是也。言造化則生者只是具於其中，五行即是陰陽，故曰：五行一陰陽，言陰陽五行之非二，朱子所謂五殊二實，無餘欠也。陰陽即是太極，故曰：陰陽一太極，言太極陰陽之非二，朱子所謂精粗本末，無彼此也。朱子又言"生陰生陽"之"生"，猶曰"為陰為陽"云爾，非是生出在外，惟朱子能曉得《太極圖說》之"生"字，與《易繫辭》之"生"字不同，解經析理，精密如此，如何不使人觀之而心服？此等精微豪釐之辯想，明公前此之所未聞，欲以麤心大眼觀聖人之言，何其容易耶？兩儀、四象、八卦漸次生出者也，非同時而有。太極、陰陽、五行同時而有者也，非漸次生出。一是言卦畫，一是言造化，所以不同天地，却是後來方有。故邵子之書以為天開於子，地闢於丑。來書既引朱子所云，是欲聞其說也。今為詳陳一元，凡十二萬九千八百歲分為十二會，一會計一萬八百歲，天地之運至戌會之中為閉物兩間，人物俱無矣。如是又五千四百年而戌會終，自亥會始，五千四百年當亥會之中，而地之重濁凝結者悉皆融散，與輕清之天混合為一，故曰渾沌。清濁之混逐漸轉甚，又五千四百年，而亥會終，昏暗極矣，是天地之一終也。貞下起元，又肇一初為子會之始，仍是混沌，是謂太始言一元之始也，是謂太一言清濁之氣混合為一而未分也。又謂之混元，混即太一之謂，元即太始之謂，合二名而總稱之也。自此逐漸開明，又五千四百年，當子會之中，輕清之氣騰上，有日有月有星有辰，日月星辰四者成象，而共為天，故曰天開於子，濁氣雖摶在中間，然未凝結堅實，故未有地。又五千四百年，而子會終，又自丑會之始，五千四百年，當丑會之中，重濁之氣凝結者，始堅實而成土石，濕潤之氣為水流而不凝，燥烈之氣為火隱而不顯，水火土石四者成形而共為地，故曰地闢於丑。又五千四百年，而丑會終，又自寅會之始，五千四百年當寅會之中，兩間之人物始生，故曰人生於寅。開物之前，渾沌太始，混元之如此者，太極為之也。開物之後，有天地，有人物如此者，太極為之也。閉物之後，人銷物盡，天地又合為混沌者，亦太極為之也。太極常常如此，始終一般，無增無減，無分無合，故以未判、已判言太極者，不知道之言也。

一，畫前元有《易》。畫是伏羲畫卦之畫，易是指《易》之書而言。人但知伏羲畫卦之後方有易，而不知伏羲未畫卦之前，天地間已有此易矣。畫字與刪字對，皆是指作書修書者，易字與詩字對，皆是指所作所修之書名。今曰：畫非止伏羲卦畫一奇一偶之謂，等而上之，至於太極未判皆前也。又曰：易即理也。若如此言，試改此一句詩曰："太極以前元有理。"則成何等言語，此句詩若出粗通文理者笑之矣，如此推廣上句，不知下句，刪後更無詩一句，如何推廣。

一，邵子所謂無極，即非周子所謂無極。足下所取之南軒先生亦如此說，非愚之私言也。今必欲以為與周所言之無極同，愚意陰陽、太極同時而有不可言之，前二字姑如明公之意，則可言陰陽之前先有太極，太極之前先有無極，無極則不可再有，所加於其頭上矣。言無極之前是無極頭上又加一層也，不知無極之前是何物？當作何名稱？以見教如此，則周子圖説又欠一層，當言云云而無極，無極而太極也。以無極為周子所言之無極，而陰含陽乃在無極之前，是先有陰陽後有無極也，可謂顛倒錯亂之甚矣。何乃以此四字而誣朱子，又以此四字而罪老拙邪！

一，生生之謂易，正與生四象生八卦之生同，周子所謂生陰、生陽、生水、火、木、金、土者，其義亦同，但有在外在中之異。大德曰生之生意却微別乾坤法象，此指畫卦之陰陽而言易，則陰與陽之總也，故主此陰與陽者謂之易，占與事蓍數之未定已定者神，則占與事之總也。故主此占與事者謂之神，凡陰陽變易道理便在其中，元不相離，直以道字解易字，則不可而易之，所以易者，道也，故程子言“陰陽非道”，所以一陰一陽者道也。（吳文正集）

答王參政儀伯問　元　吳澄

第二節周子“太極動而生陽，靜而生陰”之説，讀者不可以辭害意。蓋太極無動靜，動靜者，氣機也，氣機一動，則太極亦動；氣機一靜，則太極亦靜。故朱子釋《太極圖》曰：“太極之有動靜，是天命之有流行也。”此是為周子分解太極，不當言動靜以天命之有流行，故只得以動靜言也。又曰：“太極者，本然之妙也，動靜者，所乘之機也。”機猶弩牙弩弦，乘此機如乘馬之乘，機動則弦發，機靜則弦不發。氣動則太極亦動，氣靜則太極亦靜。太極之乘此氣，猶弩弦之乘機也。故曰“動靜者，所乘之機”，謂其所乘之氣機有動靜，而太極本然之妙無動靜也。然弩弦與弩機却是兩物，太極與此氣非有兩物，只是主宰此氣者，便是非別有一物在氣中而主宰之也。“機”字是借物為喻，不可以辭害意，以冲漠無朕、聲臭泯然為太極之體，以流行變化、各正性命為太極之用，此言有病。蓋太極本無體用之分。其流行變化者皆氣機之闔闢，有靜時，有動時。當其靜也，太極在其中，以其靜也，因以為太極之體；及其動也，太極亦在其中，以其動也，因以為太極之用。太極之冲漠無朕、聲臭泯然者無時而不然，不以動靜而有間，而亦何體用之分哉！今以太極之根柢造化者為體之靜，陰陽、五行、變合、化育者為用之動，則不可。元、亨，誠之通者，春生夏長之時，陽之動也，於此而見太極之用焉。利、貞，誠之復者，秋收冬藏之時，陰之靜也，於此而見太極之體焉。此造化之體用動靜也。至若朱子所謂本然未發者，實理之體，善應而不測者，實理之用，此則就人身上言，與造化之動靜體用又不同。蓋造化之運，動極而靜，靜極而動，動靜互根，歲歲有常，萬古不易，其動靜各有定時，至若人心之或與物接，或不與物接，初無定時，或動多而靜少，或靜多而動少，非如天地之動靜有常度也。朱子以繼之者善為陽之動，成之者性為陰之靜，蓋以造化對品彙而言。就二者相對而言，則天命之流行者不息，而物性之稟受者一定，似可分動靜，然專以命之流行屬陽之動，性之稟受屬陰之靜，則其言執滯而不通，蓋不可也。至若《中庸》未發之中為體，已發之和為用，難以造化之誠通、誠復為比言之長也。未易可盡，姑以吾言推之，至若謂靜非太極之本體也。靜者所以形容其無聲無臭之妙，此言大非動亦一，靜亦一，即無動一靜一之可疑。蓋因誤以太極之本然者為靜，陰陽之流行者為動故爾。太極本無動靜、體用也，然言太極則該動用靜體在其中，因陽之動而指其動中之理，為太極之用爾。因陰之靜而指其靜中之理，為太極之體爾，太極實無體用之分也。（吳文正集）

贈周南瑞序　　元　吳澄

天下之姓雖支分派別，其初實同出乎一本。舂陵之周與廬陵之周，豈有異也。安成周南瑞敬修扁“濂溪”二字於書室，或者議之。予謂無可議者，然慕濂溪之名，當繼濂溪之實，濂溪之實未易繼也。予嘗有意於慕效求之六十餘年茫然也，而僅識其路徑之所由趨，畧窺其門戶之所從入，敬修欲為濂溪後人，亦頗知其門戶路徑否乎？為之難者言之不敢易，故予不欲遽以所識所窺告子，歸而求之，取《通書》熟讀精思，一亘豁然有悟。他日重來，予一望間，見子有吟風弄月氣象，即席而共語，其必有以起予。予將喟然嘆曰：是真可為濂溪後人已！夫濂溪有云：“聖人之道，韞之為德行，行之為事業，彼以文辭而已者，陋矣。”敬修之文

辭固已卓冠乎鄉儒之上，自濂溪眂之則陋也，盍暫舍其所已學而勉進其所未學者哉！（吳文正集）

拙逸齋廬記　　元　吳澄

宜黃之士樂壽，言其邑令李侯之賢，可為今之循良吏。初年從事於一郡一道一省，以至仕而宰三邑，俱有聲稱。其於人也，惻惻閔恤，肫肫惠愛，救活其死，蕃育其生，全性命於天地間者，不知幾千人。宜黃之政，不皦皦，不察察，子民如慈父母，讀聖賢之書，喜程朱之說，嚅嚌有味，不止涉其藩隅而已。嘗摘周子《拙賦》中“拙逸”二字以名齋廬，及來宜黃，新葺茅屋三間，仍揭舊扁。雖於先生未獲識意，欲得一語以發“拙逸”二字之蘊何如？予曰：“君子由乎道義，大公而不私，至正而不偏，無拙亦無巧也。”自世俗視之，則以君子之循理謹守、安分無求者為拙，而以小人之肆欲妄為、僥倖有得者，為巧爾。周子因人謂己拙而賦之以自實，猶陳司敗譏夫子之黨，而夫子受之以為過也。若周子所行大中至正之理，又惡可以巧拙名也哉！且君子廉於取名，拙於取利，似若拙矣。要其終則有福無禍，安安無危，未嘗拙也。小人巧圖爵祿，巧貪貨賂，似若巧矣。計其後則人禍立見，天刑徐及，巧固如是乎。夫心逸日休，心勞日拙，古有是言也。拙者心逸，逸則日休，巧者心勞，勞則日拙，誰謂日休者為拙，日拙者為巧哉？侯其甘拙之名、享逸之實，逸則真逸矣，拙非真拙也。壽曰：某也請以先生之言達於侯。侯，名復，字守道，系出女真氏，今為真定人，尹漢川、尹綏寧、尹宜都，而遷宜黃尹。年月日記。（吳文正集）

太極圖頌　　元　李道純

中○者，無極而太極也。太極動而生陽，動極而靜，靜而生陰，一陰一陽，兩儀立焉。○者，兩儀也，○者，陽動也，○者，陰靜也，陰陽互交，而生四象。○者，四象動而又動，曰老陽；動極而靜，曰少陰；靜極復動，曰少陽；靜而又靜，曰老陰。四象動靜，而生八卦，乾一巽二，老陽動靜也；離三震四，少陰動靜也；艮五坎六，少陽動靜也。兌七坤八，老陰動靜也。陰逆陽順，一升一降，機緘不已，而生六十四卦，萬物之道，至是備矣。上○者，氣化之始也，下○者，形化之母也。知氣化而不知形化，則不能極廣大。知形化而不知氣化，則不能盡精微，故作頌而證之。

頌二十五章

道本至虛，至虛無體。窮於無窮，始於無始。

虛極化神，神變生氣。氣聚有形，一分為二。

二則有感，感則有配。陰陽互交，乾坤定位。動靜不已，四象相係。健順推盪，八卦兹係。運五行而有常，定四時而成歲。

沖和化醇，資始資生。在天則斡旋萬象，在地則長養群情。

形形相授，物物相孕，化化生生，莫有窮盡。

天下萬物生於有，有生於無，有無錯綜，隱顯相扶。

原其始也，一切萬有，未有不本乎氣。推其終也，一切萬物，未有不變於形。

是知萬物本一形氣也，形氣本一神也。神本至虛，道本至無，易在其中矣。

天位乎上，地位乎下。人物居中，自融自化，氣在其中矣。

天地物之最巨，人於物之最靈，天人一也。宇宙在乎手，萬化生乎身，變在其中矣。

人之極也，中天地而立命，稟虛靈以成性，立性立命，神在其中矣。

命係乎氣，性係乎神。潛神於心，聚氣於身，道在其中矣。

形化則有生，有生則有死。出生入死，物之常也。

氣化則無生，無生故無死。不生不死，神之常也。

形化體地，氣化象天。形化有感，氣化自然。

明達高士，全氣全神。千和萬合，自然成真。

真中之真，玄之又玄。無質生質，是謂胎仙。

欲造斯道，將奚所自。惟靜惟虛，胎仙可冀。

虛則無礙，靜則無欲。虛極靜篤，觀化知復。

動而主靜，實以抱虛。二理相須，神與道俱。

道者神之主，神者氣之主，氣者形之主，形者生之主。

無生則形住，形住則氣住，氣住則神住，神住則無住，是名無住住。

金液鍊形，玉符保神。神形俱妙，與道合真。

命寶凝矣，性珠明矣，元神靈矣，胎仙成矣，虛無自然之道畢矣。

大哉神也，其變化之本歟。（中和集）

太極圖解　　元　李道純

无極而太極，

○，虛无自然之謂也。始於无始，名於无名，亦无言說，因說不得，強名曰○。聖人有以示天下後世，泝流求源，不忘其本，故立象垂辭，字之曰無極而太極。是謂莫知其極而極，非私意揣度可知也，亦非謂太極之先，又有无極也。太極本无極也，達者但於而字上着意，自然見之也。釋氏所謂歷劫之先明妙本，即此意也。老子所謂象帝之先，亦謂此也。大顛云：還識這箇○麼，天地不能喻其大，日月不能喻其明，收來小者无內，放開大者无外。此非太極之妙乎。返窮諸己，无極而太極，即虛化神也。物之大者，終有邊際。惟神之大，周流无方，化成天地，無有加焉。由其妙有難量，故字之曰神。神也者，其无極之真乎。

太極動而生陽，動極復靜；靜而生陰，靜極復動。一動一靜，互為其根。分陰分陽，兩儀立焉。

◎者，太極之變也。太極未判，動靜之理已存；二炁肇分，動靜之機始發。太極動而生陽，太極變動也。動而復靜，陽變陰也。靜而生陰，靜而復動，陰變陽也。互為其根者，陰錯陽而陽錯陰也。一動一靜，分陰分陽，清升濁淪，二炁判矣。清而升者曰天，濁而降者曰地。天動地靜，二炁運行，變化之迹，不可揜也。《老子》云："玄牝之門，是謂天地根。"此謂玄牝闔闢，而生天生地，玄牝即陰陽動靜之機也。反窮諸己，則知虛化神。有神則有感，神感動而生炁，即動而生陽也。炁聚而生精，即動極而靜，靜而生陰也。精化而有形，即靜極而復動也。靜炁相生，性命立，身心判矣。炁運乎心，天道所以行也。精主乎身，地道所以立也。是知身心即兩儀也。

陽變陰合，而生水、火、木、金、土，五行順布，四時行焉。

⁙者，兩儀之變也。兩者二也。不言二而言兩者，何也？兩者，配合之謂也。合則有感，感則變通也。陽變陰合，陰陽感合，而生五行也。天一生水，地二生火，天三生木，地四生金，天五生土，此五行生數也。五行運行，機緘不已，四時行而百物生焉。以身言之，身心立而精炁流行，五臟生而五神具矣。天一生水，精藏於腎也。地二生火，神藏於心也。天三生木，魂藏於肝也。地四生金，魄藏於肺也。天五生土，意藏於脾也。五行運動，而四端發矣。達是理者，則能隨時變易以從道也。

五行一陰陽也，陰陽一太極也，太極本无極也。

天一、天三、天五，陽數也。地二、地四，陰數也。故曰五行一陰陽也。陽者太極之動，陰者太極之靜，動靜不二則返本，故陰陽一太極也。返本則合乎元虛，故曰太極本無極也。修鍊之士，運炁迴還，周而復始，惟神不變。由其不變，故運化无窮。攢簇五行者，神也。會合陰陽者，亦神也。神本虛也。鍊精化炁，鍊炁化神，鍊神還虛，謂之返本還元。還元者，復歸於無極。

五行之生也，各一其性。

五行各一其性者，謂五行各具一太極也。五行生數，各以五數加之，即成數也。天一生水加五，地六成水也。地二生火加五，天七成火也。天三生木加五，地八成木也。地四生金加五，天九成金也。天五生土加五，地十成土也。是謂五行各具五行也。前文謂五行一陰陽也，陰陽一太極者，言其體也。此謂五行各一其性者，言其用。言其體，則五行同一太極也。言其用，則五行各具一太極也。言其體，反本還元也。言其用，設施之廣也。體者，逆數也。用者，順數也。逆數知其所始，順數知其所終。知始而不知終，則不能致廣大；知終而不知始，則不能盡精微。原其始則渾渾淪淪，合乎無極；推其終，則生生化化，運乎无窮。逆順相須，則始終不二；顯微无間，則性理融通。是謂體用兼而合道也。

无極之真，二五之精，妙合而凝。

元[①]極之真者，元神之妙應也。二五之精者，五行之妙合也。妙合而凝者，作成萬有也。大哉，无極之真也。先天之祖，太乙之根，三元之母，眾妙之尊，上下不變，古今常存。天得之，確然而定位；地得之，隤然而立形。乾定位而萬物資始，坤立形而萬物資生。至哉，二五之精也。非有非無，非濁非清，恍恍惚惚，杳杳冥冥，妙乎无體，合乎无倫，天地由之而立位，日月由之而運行，一炁由之而融化，萬物由之而生成。人只知受天地之生，而不知受炁於无極之真；人只知立天地之中，而不知立形於二五之精。无極之精而不變，神不足以化炁。二五之精不妙合，炁不足以變形。欲鍊其神，必先保真；欲固其形，必先保精。真精不泄，炁固神靈，形神俱妙，與道合真。聖人之能事畢矣。

乾道成男，坤道成女。二炁交感，化生萬物，萬物生生而變化无窮焉。

○者，人之極也。人之生也，得乾道則成男，得坤道則成女。以卦言之，《乾》初爻交《坤》成《震》，《震》為長男。《坤》初爻交《乾》成《巽》，《巽》為長女。《乾》中爻交《坤》成《坎》，《坎》為中男。《坤》中爻交《乾》成《離》，《離》為中女。《乾》上爻交《坤》成《艮》，《艮》為少男。《坤》上爻交《乾》成《兑》，《兑》為少女。六子者，《乾》《坤》之互體也，六子互交，六十四卦備矣。六十四卦變動无窮，萬物生生化化而无息也。以身言之，《乾》為首，《坤》為腹，天地定位也。《離》為目，《坎》為耳，水火不相射也。《震》為足，《巽》為手，雷風相薄也。《艮》為鼻，《兑》為口，山澤通炁也。此形體之八卦也。若以性情言之，《乾》《坤》，身心也；《坎》《離》，精神也；《震》《兑》，魂魄也；《艮》《巽》，意炁也。八卦成列，神行乎其中矣。有无交入，內外感動，諸緣萬慮自此出矣，非一身之萬物乎。《易・繫》云："天地絪緼，萬物化醇，男女媾精，萬物化生。"正謂此也。天地生成運化不息，萬物生生化化而無窮也。○者，萬物之太極也。

---

① "元"：疑為"无"字之誤。

惟人也得其秀而最靈，形既生矣，神發知矣，五炁感動，善惡分而萬事出矣。

天位乎上，地位乎下，人物位乎中。天地，萬物之父母。人於萬物最靈者，得其中和之正，故神與道渾渾淪淪，一而不離也。天地設位，易行乎其中，即身心立，而神行乎其中矣。天人初不間，人自以為小，何也？蓋由不知其原也。推其本原，人之未生之先，抱養於太初，純純全全，未嘗須臾離也。人之既生，炁變有形，形生炁聚，神發知矣。本元靈覺之真，即无極之真也。五炁感動，真機妙應，發於外也。精感於耳謂之聽，地六成水也。神感於口謂之言，天七成火也。魂感於目謂之視，地八成木也。魄感於鼻謂之嗅，天九成金也。意感於身謂之動，地十成土也。真機一發邪正分，萬事自此出矣。若復有人收拾身心，消遣情識，聚五攢三，抱元守一，收視返聽，緘炁調息，外境勿令入，內境勿令出，一炁歸虛，潛神入寂，又豈有善惡之分也。至於抱二五之精，含太和之液，復无極之真，造虛无之域，是謂返本還元，歸根復命。玉蟾曰："父母未生以前，儘有无窮活路；身心不動之後，復有无極真機。"其斯之謂歟。

聖人定之以中正仁義，

聖人鉤深致遠，動必循理。理之在乎，天下莫能與之較。故進修德業，必先窮理，窮理之要，必先以中正仁義為本。故聖人定之以中正仁義，立極設教也。中正者，不性也。仁義者，天性之發也。貫天充地，斡運樞機，寂然不動，體物无違曰中。坦平蕎直，柔順大方，安常主靜，應物无疆曰正。克己復禮，普濟博施，成全委曲，接物无私曰仁。出處語默，感應隨順，利己利人，與物无競曰義。中也者，天下之大本也。正也者，天下之至當也。仁也者，天下之大公也。義也者，天下之至和也。《文言》曰："利者，義之和也。"又曰："利物足以和義。"是知仁義，進修德業之要也。中正者，窮理盡性之要也。中正仁義，包羅天地，揆敘萬類，以之修身則身修，以之治國則國治。周旋四海，經緯天地，巨細纖洪，無不具備。修進君子，誠能三反晝夜，用志不分，吾見其成道也易矣。

而主於靜，立人極焉。

所謂靜者，非不動，若以不動為靜，土石皆可聖也。《通書》云：動無靜物也。是謂動中之靜，真靜也。立冬後閉塞而成冬，謂靜也。日月星辰運行而不息，謂之不動可乎？冬至日閉關，示民以靜待動也。是動中有靜，靜中有動，變化之機也。靜極而動，天心可見矣。子曰："復，其見天地之心乎？"是知萬物之本，莫貴乎靜，靜而又靜，神得其正，理所以窮，性所以盡，以至於命，超凡越聖。老子所謂清靜為天下正。《大學》云："定而後靜。"人生以靜者，天性也。若復有人以靜立基，向平常踐履處，攝動心、除妄情、息正炁、養元精，自然於寂然不動中，感通於萬物也。恁麼則靜亦靜，動亦靜，動而應物，其體常靜，是謂真靜。真靜久久則明妙，明妙而後瑩徹，瑩徹而後靈通。瑩徹靈通，十方无礙，是謂至清靜也。心清靜，則身清靜定矣。一身清靜，則多身清靜；多身清靜，則山河大地一切清靜；一切清靜，則天下將自正。經云："人能常清靜，天地悉皆歸。"此之謂也。古聖人云："而主於靜，立人極焉。"此聖人教人之功也。非觀復知化者，孰能及此。

故聖人與天地合其德，日月合其明，四時合其序，鬼神合其吉凶。

聖人之於天下，猶天之於萬物也。故與天地齊德，日月齊明，四時合序，造化合機也。聖人體陰陽之運，達事物之理，先天也。君子法則聖人，奉順天時，後天也。先天者，天理自然不我違也。後天者，我弗敢違乎天也。《文言》曰："先天而天弗違，後天而奉天時。"天且弗違，況於人乎，況於鬼神乎。

君子修之吉，小人悖之凶。

君子奉順天時，正心誠意而修之，故常吉。小人背理違義，肆情逐妄而悖之，故常凶。修之之要，貴在順時，順時之要莫若靜。靜則无不克，无不克則莫知其極，莫知其極可以合聖，合聖而後知先天之道，至是復矣。廣成子云："无視无聽，抱神而靜，神將自正；必靜必清，无勞汝形，无搖汝精，汝神將守形，形乃長生。"是知靜者，入聖之基也。聖哉周夫子，一言以蔽之，主於靜。其為萬世人天之師歟。

故曰：立天之道曰陰與陽，立地之道曰柔與剛，立人之道曰仁與義。

立天之道曰陰與陽，天之乾坤也。立地之道曰柔與剛，地之乾坤也。

立人之道曰仁與義，人之乾坤也。是謂三才肇形，各具一天地也，各具一太極也，各有變化也。推原其始，則本同一太極也。反窮諸己，三才之道一身備矣。立天之道曰陰與陽，心之神炁也。立地之道曰柔與剛，身之精魄也。立人之道曰仁與義，意之情性也。身心意定，三花聚而聖功成矣。

原始返終，故知生死之說。

原其始，則萬物同出於一太極也；反其終，則萬物復歸於一太極也。反窮諸己，元炁乃身之始也。原乎元炁，先天而生，後天而存，周流六虛，彌滿八極，徹地通天，透金貫石，三才由之而立位。聖人體之而歸根復命，返性之初，恍惚之中，千和萬合，自然成真。一切有形，得之則生，失之則亡，卷之則藏於一毫端上，放之則充塞太虛之表，包括萬有，至大難量，原其所自，先乎覆載，混然成真，身之元也。由其始物，強名曰元炁。故身此身，因炁而有形，形變而有生，生變而有死。生者炁之聚，萬物出於機者也。死者炁之散，萬物入於機者也。出生入死，一聚一散，即太極動靜之機也。動必終於靜，出必終於反，生必終於死，故原始返終，故知生死之說也。惟神莫測其始，莫知其終，歷千萬世而不變不易，无古无今，不生不滅。由其不變，故能運化生成，无休无息也。神也者，聖而不可知之者也。達是理者，靜坐而養神，安寢以養炁，冥情於寂，潛心於極，長生久視之道得矣。

大哉《易》也，斯其至矣。

易之在天下，无時不變，无時不化，生生化化，而无無窮者，易之妙也。神无方，易无體，通天下之變者，易也。盡天下之變者，神也。《易·繫》云："易有太極，是生兩儀，兩儀生四象，四象生八卦，八卦定吉凶，吉凶生大業。"太極者，變化之始也。兩儀者，太極之變者。四象者，兩儀之變也。八卦者，四象之變也。吉凶者，八卦之變也。六十四卦，萬事萬理，一切有情，皆八卦之變。始終不變者，易也。由其不變，故變易无窮也。原其始也，一炁生萬有；反其終也，萬有歸一无。始終不變者，神也。由其不變，故能運化不息也。散一无於萬有者，神也。會萬有歸一无者，亦神也。神也易也，至矣大矣。（道藏·全真集玄秘）

太極圖後記　　元　劉因

《太極圖》，朱子發謂周子得於穆伯長，而胡仁仲因之，遂亦以謂穆特周子學之一師，陸子靜因之，遂亦以朱錄為有考，而潘誌之不足據也，蓋胡氏兄弟於希夷不能無少譏議，是以謂周子為非止為仲穆之學者，陸氏兄弟以希夷為老氏之學，而欲其當謬加無極之責，而有所顧籍於周子也。然其實則穆死於明道元年，而周子時年十四矣，是朱氏、胡氏、陸氏不惟不攷乎潘誌之過，而又不考乎此之過也。然始也，朱子見潘誌之圖為周子所自作，而非有所受於人也。於乾道己丑已序於《通書》之後矣。後八年，記書堂則亦曰“不繇師傳，默契道體，實天之所畀也。”又十年，因見張詠事有陰陽之語，與圖說意頗合，以詠學於希夷者也。故謂是說之傳，固有端緒，至於先生，然後得之於心，無所不貫，於是始為此圖，以發其秘爾。又八年，而為圖書註釋，則復云莫或知其師傳之所自，蓋前之為說者乃復疑而未定矣。豈亦不攷乎此，故其為說之不決於一也。而或又謂周子與胡宿、邵古同事潤州，一浮屠而傳其易書，此蓋與謂邵氏之學。因其母舊為某氏妾，藏其亡夫遺書，以歸邵氏者，同為淺薄不根之說也。然而周子、邵子之學，先天太極之圖，雖不敢必其所傳之出於一，而其理則未嘗不一，而其理之出於《河圖》者，則又未嘗不一也。夫《河圖》之中宮，則《先天圖》之所謂無極，所謂太極，所謂道與心者也。《先天圖》之所謂無極，所謂太極，所謂道與心者，即《太極圖》之所謂無極而太極，所謂太極本無極，所謂人之所以最靈者也。《河圖》之東北，陽之二生數統夫陰之二成數，則《先天圖》之左方，震一離兑二乾三者也。《先天圖》之左方，震一離兑二乾三者，即《太極圖》之左方陽動者也。其兑離之為陽中之陰，即陽動中之為陰靜之根者也。《河圖》之西南，陰之二生數統夫陽之二成數，則《先天圖》之右方，巽四坎艮五坤六者也，《先天圖》之右方，巽四坎艮五坤六者，即《太極圖》之右方陰靜者也。其坎艮之為陰中之動者，即陰靜中之為陽動之根者也。《河圖》之奇偶，則《先天太極圖》之所謂陰陽，而凡陽皆乾，凡陰皆坤也。《河圖》《先天太極圖》之左方，皆離之象也，右方皆坎之象也，是以《河圖》水火居南北之極，《先天圖》坎離列左右之門，《太極圖》陽變陰合而即生水火也，至元丙子八月望日静修新齋記。（静修文集）

周濂溪太極圖　　元　王申子

无極而太極。

无極者，厥初未有太極兩儀之先，已具個生生不窮之理，雖无象可象，无名可名，然其理則至極，而无以加也。故曰无極。太極者，理氣象數所以為萬化之根本者，全體已具，渾然而未分也。雖渾然未分，然舉天地萬物生生化化盡无以出於此，亦无以加於此，故曰太極。无極而太極者，謂有是理，而後有是氣也。然太極之名何所始乎？其始於夫子《大傳》“易有太極”之言乎？夫子之言，本於伏羲之《易》，伏羲之《易》本於《河圖》，《河圖》中宫天五地十太極也。蓋中宫之五，其一其三其五總之則成九，天數也；其二其四總之則成六，地數也。合九與六，已具太極十五之全數矣。故天地真元之數止此五者，其六則五上加一，其七則五上加二，其八則五上加三，其九則五上加四，其十則五上加五，是各因五而得數，以配上一二三四五而已，十與五為太極者，謂五為陽，十為陰，陰陽氣也，五為奇，十為耦，奇耦象也，其五其十則數也。析而言之，三二之合則天地也，三個五則三才各一極也。九與六則老陽老陰也，七與八則少陽少陰也，十與五則五行生成之數也。以五乘十，以十乘五，則又大衍之數也。是天地間曰理、曰象、曰數，渾然為一而未分，故為太極。此伏羲因之以畫易，夫子取之以立言，周子得之以為圖也。愚觀周子之圖，其上止有一圈圖之名，止曰太極，而圖之說則曰无極而太極，是周子分明於太極上說出无極以示人，謂凡物之有不生於有，必生於无，況既曰无，又曰極，與下太極字並言，是雖无一物而有個至極底道理在也。晦庵乃曰："○此所謂无極而太極。"混无極太極於一圈，已非周子圖意。而象山則曰："《易》言有，今乃言无，是指'易'字，只作一本書。"所以皆不能見周子之无極。愚謂周子所謂无極，即夫子所謂"易"也，夫子曰："易有太極，是生兩儀。"是未有太極兩儀之先，已有個"易"，易者，生生化化不窮之理，非一本書也。今欲求周子之說，當以夫子之言為本，以《河圖》之象為證，則无極太極之義瞭然矣。

太極動而生陽，動極而靜，靜而生陰，靜極復動，一動一靜，互為其根，分陰分陽，兩儀立焉。

理氣象數之全體渾然已具，而未分者太極也。其全體既具，則不能不動。纔動便是陽，動極而靜。纔靜便是陰，靜極復動。一動一靜，互為其根。其陽之輕清者上而為天，其陰之重濁者下而為地，故曰分陰分陽，兩儀立焉。

陽變陰合而生水、火、木、金、土，五氣順布，四時行焉。

陽動陰靜，互為其根，陽得陰則變，陰得陽則合，一變一合，則必有陽中之陽，陽中之陰，陰中之陽，陰中之陰，老少四象，相生相成，而沖氣居中，故曰：陽變陰合而生水、火、木、金、土，蓋此五者在天成象，在地成形，其布於兩間以行四時者氣也，故在易以圖象之生者言之曰四象，在此圖以圖象之成者言之曰五行，故周子復曰五氣順布，四時行焉。

五行一陰陽也，陰陽一太極也，太極本无極也。

此又沿流而溯其源，以示人見五行，即陰陽之變，陰陽即太極之分，太極本无極之理也。

五行之生，各一其性。

五行，物之成形者也，性則理也，此言物物各具一太極之理也。

无極之真，二五之精，妙合而凝，乾道成男，坤道成女。

真者，理之實，精者，氣之粹，此言太極既判，兩儀既分，此理此氣妙合而凝於天地間為六子，所以化生萬物而无窮也。妙合而凝者，謂乾交於坤之初，得震而為長男，坤交於乾之初，得巽而為長女，乾交於坤之中，得坎而為中男，坤交於乾之中，得離而為中女，乾交於坤之上，得艮而為少男，坤交於乾之上，得兑而為少女，此圖之第四層，在易則生八卦之位次，故周子於此止言无極二氣五行，而不言太極，豈非太極既判，惟理與氣運行天地間，以造化萬物乎？而先賢乃以為人道之男女非也，何也？其下文即曰化生萬物是人之男女，而化生萬物，豈理也哉！况下文萬物生生之後方曰惟人也，得其秀而最靈乎？

二氣交感，化生萬物，萬物生生而變化无窮焉。

乾坤六子，老少陰陽，相交相感，化生萬物，萬物又各相交感，而生生化化无窮焉，此其所以為易。

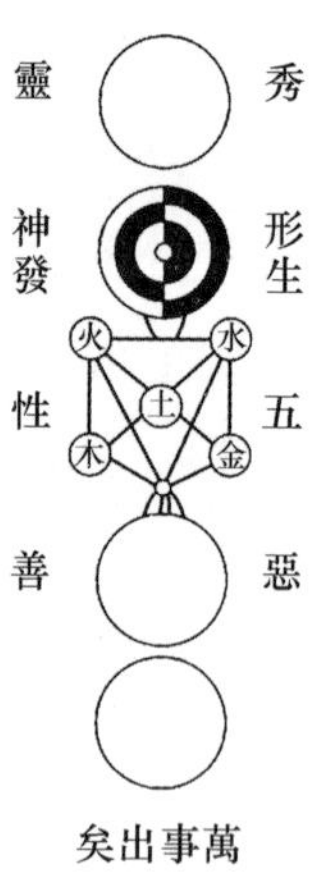

惟人也，得其秀而最靈，形既生矣，神發知矣，五性感動，而善惡分，萬事出矣。

此言人人各一極也，二氣交感，化生萬物，人於萬物中獨秀而靈。

形之生也，其體固靜，靜則必動，故神發知焉。然形之生也，不能无清濁之殊，神之發也，不能无理欲之異，故五性感動，而善惡分，萬事出矣。

聖人定之以中正仁義而主靜，立人極焉，故聖人與天地合其德，日月合其明，四時合其序，鬼神合其吉凶。君子修之吉，小人悖之凶，故曰：立天之道曰陰與陽，立地之道曰柔與剛，立人之道曰仁與義。又曰：原始反終，故知死生之說。

此又言聖人立三才之極也，蓋萬物之中得理之全、氣之正者，人也，人之中與太極合德者，聖人也。人之所以為人者，中正仁義而已，唯聖人獨能盡之，其主靜者，極之體，其與合者，極之用，故與天地合其德，日月合其明，四時合其序，鬼神合其吉凶，其有修此中正仁義，惟皇作極者，君子也，故吉。其有悖此中正仁義，不協于極者，小人也故凶。是以三極皆賴聖人而後能立，故周子總三才之道歸之聖人，蓋三才一理也，陰陽以氣言，剛柔以質言，仁義以理言，其實一也。三才之內，凡盈虛消長，進退屈伸，即死生之說，原其始，反其終，則知生生化化无窮之理焉，然則易之道在聖人，聖人用之以立三才之極，三極既立，則易之道為天下用矣。

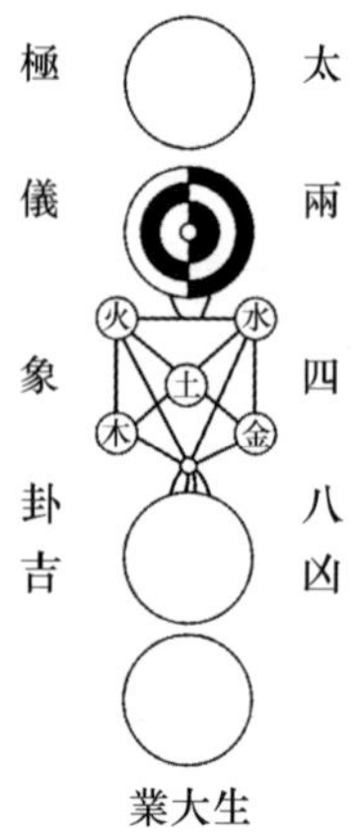

大哉《易》也，斯其至矣。

《易·大傳》曰："易有太極，是生兩儀。兩儀生四象，四象生八卦，八卦定吉凶，吉凶生大業。"此言先天易也，此圖實盡之，故曰："大哉易也。"此愚所以於古今說《易》七百餘家之中，獨取《河圖》《洛書》之《易》，并羲之畫、文之重、周公之爻，孔子之繫，及此圖為六易者此也。（大易輯說）

先賢論无極太極　　元　王申子

晦庵之說曰：上天之載，无聲无臭，而實造化之樞紐，品彙之根柢也。故曰无極而太極，非太極之外復有无極也。又曰：不言无極，則太極同於一物，而不足以為萬化之根本。不言太極，則无極淪於空寂，而不能為萬化之根本。又曰：濂溪恐人錯認太極別為一物，故着无極二字以明之。又曰：无極只是說這道理，當初元无一物，只是有此理而已，此個道理便會動而生陽，靜而生陰。又曰：濂溪恐人道太極有形，故曰无極而太極，是无之中有個至極之理。又曰：太極只是極至，更无去處了。至言至高至妙至精至神，更沒去處。又曰：太極只是極好至善底道理。又曰：太極非是別為一物，即陰陽而在陰陽，即五行而在五行，即萬物而在萬物，只是一個理而已。又曰：人人有一太極，物物有一太極。象山曰：《易》言有，今乃言无。又曰：《通書》言中焉止矣，未嘗一及

无極字。又曰：太極二字，聖人發明道之本原，微妙中正，今於其上又加无極二字，是頭上安頭，過為虛无好高之論也。（大易輯說）

太極圖或問　　元　王申子

或問曰：玉井難子之說云：周子太極圖自上而下，第一圈无極而太極也。朱子曰：无極者，理之極至而无以復加，非太極之上別有无極也。其次左陽動，而中根陰。右陰靜，而中根陽。其中又有一小圈，則陰陽一太極也。其次五行，而水火之交系乎陰陽，謂火陽根陰，水陰根陽也。又系以相生之序次，以水、火、金、木各系于一小圈，言五行各具一太極也。亦猶陽動陰靜之中，又有一小圈也。其次一大圈傍註乾道成男，坤道成女，則男女各一太極也。王氏說既與先賢異矣，又於乾道成男、坤道成女下乃曰此言乾坤之六子，非人道之男女也。其下即曰化生萬物，若以為人道之男女，而化生萬物，豈理也哉！愚謂天地始判之初未有人也，忽然而人生其間，則凡為男者，豈非乾道之所成，為女者，豈非坤道之所成邪？此氣化也，亦猶人着新衣裳，忽然而生蟣虱也，及至生生化化之後，始有人道之感，而生生不窮，此形生也。凡為男者亦乾道之成，為女者亦坤道之成也，故周子特作一圈，以明男女各具一太極也，若止以乾坤生六子言之則拘矣。况周子立言，自為兩節，既曰乾道成男，坤道成女，以結上文，又更端曰：二氣交感，化生萬物。其文意亦不謂男女生萬物也。若周子之意止以乾坤生六子言之，則其上已有陰陽五行，亦不應重作一圈，以象乾坤之六子也。王氏又曰：猶恨周子多陰陽內太極一小圈，愚謂此圖先賢說者已多，朱子又有詳註，反復辨論，无以復加。其曰：中圈者有其本體也，謂一陰一陽各具一太極也。既恨其多此一圈，曷不刪而去之，為辭甚厲，子聞過而不知改，其可乎？

曰：玉井賜教，誠非後學淺見所及，然竊自守其固陋，未敢輕捨其故步者，蓋詳周子名圖止曰太極，其上止有一圈，而其說則曰无極而太極，於圖名“太極”字上着“无極”二字，又着個“而”字，是所謂太極者，畢竟先无而後有，况《易·大傳》有曰：“生生之謂易，而後言成象之謂乾，效法之謂坤。”又曰：“易有太極，是生兩儀。”是未有太極兩儀之先，已有個生生之理在，是即周子之所謂无極也。陸象山乃曰："《易》言有，今乃言无。"指"易"字只作一本書。果如象山所云，今"易"書中指何者為太極邪？以夫子之言觀周子之圖，是不可以第一圈合无極而太極也。若謂第一圈為无極而太極，是无極太極共此一圈，則周子不着個"而"字矣。蓋无極止是有其理，无象可象，无名可名，初无形影可狀，然天地萬化，至極之理具焉。故曰：无極太極，則所以為萬化之根本者，全體已具，所謂萬化之根本者，即愚於先天太極下所論，理氣象數之全體渾然未分者是也。雖渾然未分，然舉天地萬物之至極，盡无以出於此，亦无以加於此，故曰太極。周子无極而太極云者，謂厥初有其理，而无可象无可名者。今其體已具也，其體既具，則不能不動，纔動便是陽，纔靜便是陰，故圖陽動陰靜於第二圈，而為之說曰：太極動而生陽，靜而生陰，一動一靜，互為其根，分陰分陽，兩儀立焉。動靜互根，則必有陽中之陽，陽中之陰，陰中之陽，陰中之陰，故圖水、火、木、金老少四象，土居其中，而為之說曰：陽變陰合而生水、火、木、金、土，五氣順布，四時行焉，其曰五行一陰陽，陰陽一太極，太極本无極者，則又沿流而溯其源，以示人非謂陰陽內又具一太極也。況周子止說五行一陰陽，陰陽一太極，即不曾說五行一太極，且必曰太極本无極，則是太極與无極亦有間矣。蓋太極本於理，正所謂有理而後有氣，亦非謂第一圈為无極而太極也。若謂陰陽內合有陰陽各具一太極底圈，則合有陰一圈，陽一圈，五行各具一太極，既有五圈，則男女各具一太極，合有兩圈至於物物各具一太極，又合有幾圈邪？則各具一太極之說，豈周子圖意哉！其曰五行之生，各一其性者，於此方言氣以成形之後，物物各具一太極之理，以結上文而起下文，乾坤六子化生萬物之序也。故下圖一小圈，而說曰：无極之真，二五之精，妙合而凝。是再從无極上說起，即不在二氣交感上更端，謂太極既判，兩儀既分，惟理與氣之真精者，妙合而凝於天地間為六子，以化生萬物。故周子於此不說太極，而止說无極，二氣五行也。此下一大圈傍註乾道成男，坤道成女，朱子本圖註水、火、木、金，下各系一畫於小圈上，而曰此无極二五所以妙合而无間也，果如是，其畫不三則八，今止四畫是著四象之生八卦也。然則乾道成男，坤道成女，非人道之男女也明矣，況此下方說二氣交感，化生萬物，是乾坤六子，陰陽老少，相交相感，而化生萬物也。萬物之中，人為最靈，蓋人亦物中之一耳。豈有忽然而人生其間，如新衣生蟣虱之理，況下文始曰萬物生生而變化无窮。惟人也，得其秀而最靈，方從人道上說去，愚見如此，故敢以《河圖》五與十為太極，敢謂无極為无，太極為有，敢謂《圖》之五行即《易》之四象，敢謂乾道成男，坤道成女，非人道之男女，敢謂周子多陰陽內太極一小圈也。玉井又曰：若周子之意，止以乾坤生六子言之，則其上已有陰陽五行，亦不應重作一圈，以象乾坤之生六子也。不思其上陰陽自是兩儀，其上五行自是四象，於乾坤六子之八卦何與焉。昔先子龍溪常舉魏鶴山荅友人書訓，申子曰：須從諸經字字看過，思所以自得，不可只從前賢言語上做工夫。又曰：近時講性理者，幾於捨六經而觀語錄，甚者將程朱語錄而編之，若策括策套，此其於吾身心不知果何益乎？又曰：要做窮理格物工夫，須將三代以前規模在胷次，若只在漢晉諸儒脚跡下盤旋，終不濟事。又曰：向來多看先儒解說，近思之不如一一自聖經看來，蓋不到地頭親自涉歷一番，終是見得不真，又非一一精體實踐，則徒為談辨文采之資耳。又曰：學者不求之周、程、張、朱固不可，徒求之周、程、張、朱，而不本之六經，是捨禰而宗兄也。不求之六經固不可，徒求之六經，而不反之吾心，是買櫝而棄珠也。又曰：來書乃謂只須祖述朱文公諸書，文公諸書讀之久矣。政緣不欲於賣花擔上看桃李，須樹頭枝底方見活精神，愚之淺識陋聞，病多坐此，玆承玉井不鄙，極口垂教。故亦不敢不盡其愚，以俟夫學者之自擇。（大易輯說）

易象圖說外篇·象數　元　張理

象數一

太極之圖

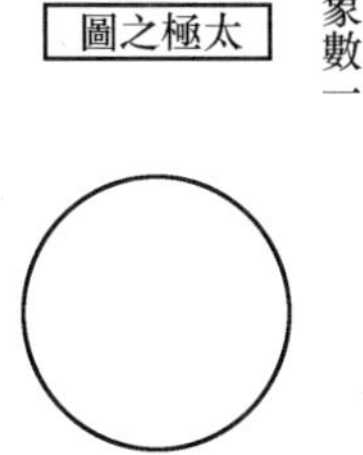

《傳》曰：“《易》有太極。”朱子曰：“《易》者，陰陽之變；太極者，其理也。”謂之太極者，至極之義，兼有標準之名，實造化之樞紐，品彙之根柢也。本無形體聲臭之可指，至宋，濂溪先生始畫一圈，而今圖因之。《說文》曰：“惟初太極，道立于一，造分天地，化成萬物。一者，數之始也。”

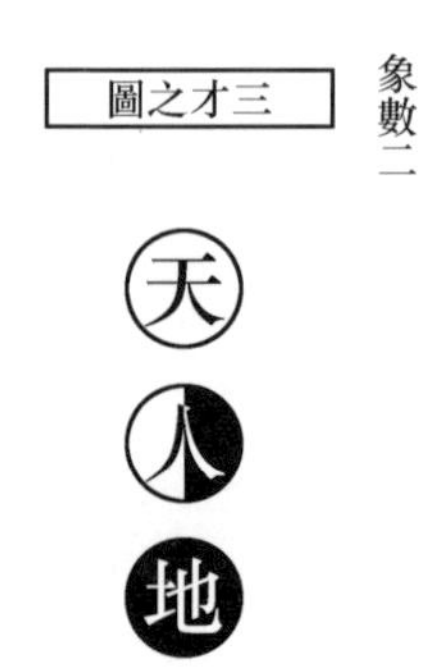

右象天、地、人三才各一太極。邵康節曰：“天開於子，地闢於丑，人生於寅。夏以建寅之月為正月（謂斗柄初昏，建寅之月也。）謂之人統。《易》曰：《連山》，以艮為首；艮者，人也。（《周易·艮卦》六爻，亦以人身取象）商以建丑之月為正月，謂之地統。《易》曰，《歸藏》，以坤為首；坤者，地也。周以建子之月為正月，謂之天統。《易》曰：《周易》，以乾為首；乾者，天也。注疏家以山能出內雲氣，地能歸藏萬物，天能周匝六合，其言乾、坤之義然矣，於艮之義則未盡。艮者，萬物之所以成終而成始也。人為萬物之靈，故主人而言，是知夏尚忠人之義也，商尚質地之理也，周尚文天之象也。三代迭興，三統異尚，而聖人答顏子為邦之問，則曰：行夏之時，乘殷之輅，服周之冕。法天道，行地利，用人紀之義彰矣。斯所謂百王不易之大法也。故曰：仲尼祖述堯、舜，憲章文、武；上律天時，下襲水土。此之謂也。”

韓子曰：“形於上者謂之天，形於下者謂之地，命於其兩間者謂之人。”形於上，日、月、星、辰，皆天也；形於下，草、木、山、川，皆地也；命於其兩間，夷、狄、禽、獸，皆人也。

程子曰："天地交，而萬物生於中，然後三才備。"人為最靈，故為萬物之首。凡生天地之中者，皆人道也。

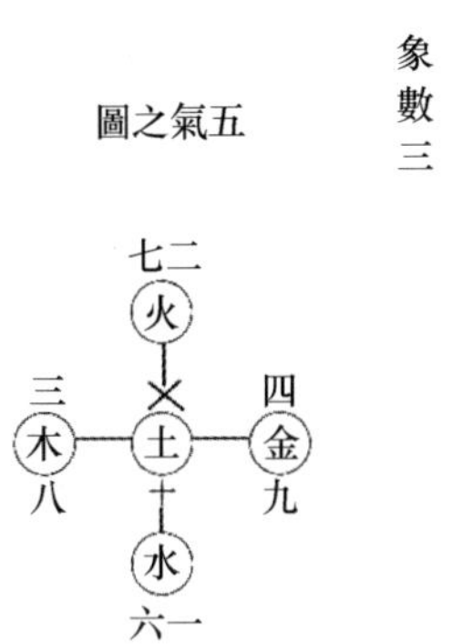

天地之數中乎五，圖書之象著乎五，皇極之位建乎五。五者，中也。中也者，四方之交會也。東木、西金、南火、北水，其行之序則曰：木、火、土、金、水。木、火為陽，金、水為陰；土居中央，亦陰亦陽。其生之序則曰：水、火、木、金、土。水、木為陽，火、金為陰。天以一生水，而地以六成之，故河圖一、六居北，而為水。地以二生火，而天以七成之，故河圖二、七居南，而為火。天以三生木，而地以八成之，故河圖三、八居東，而為木。地以四生金。而天以九成之，故河圖四、九居西，而為金，天以五生土，而地以十成之，故河圖五、十居中，而為土，交貫四氣，而作其樞紐也。是故五行之象，見乎天；五行之質，具乎地。人肖天地以有生，具五氣以成形，稟五性以成德，故語性、道者，無一不本於是。得其氣之正且通者，為聖，為賢；得其氣之偏且窒者，為愚，為不肖。然五方之習俗，又各隨其所見而局於一偏，其嗜欲好尚，亦有所不同者矣。東方生地，日之所出，故習見其生，而老氏有長生之說。西方收地，日之所入，故習見其死，而佛氏有寂滅之說。南方明盛，陽之伸而神靈著焉。北方幽翳、陰之屈而鬼怪見焉。惟聖人中天下而立，定四海之民，嚮明而治；無思也，無為也，寂然不動，感而遂通天下之故，天下之至神也。周子曰：聖人定之以中正仁義而主靜，立人極焉。

圖之始七　象數四

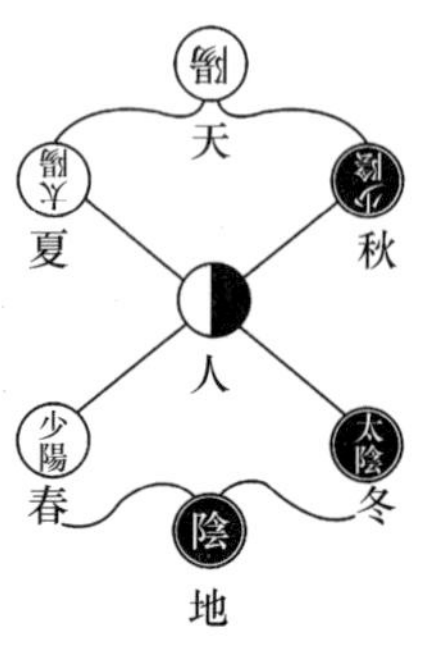

（道藏·易象圖説）

太極貫一之圖　易有太極圖　　元　張理

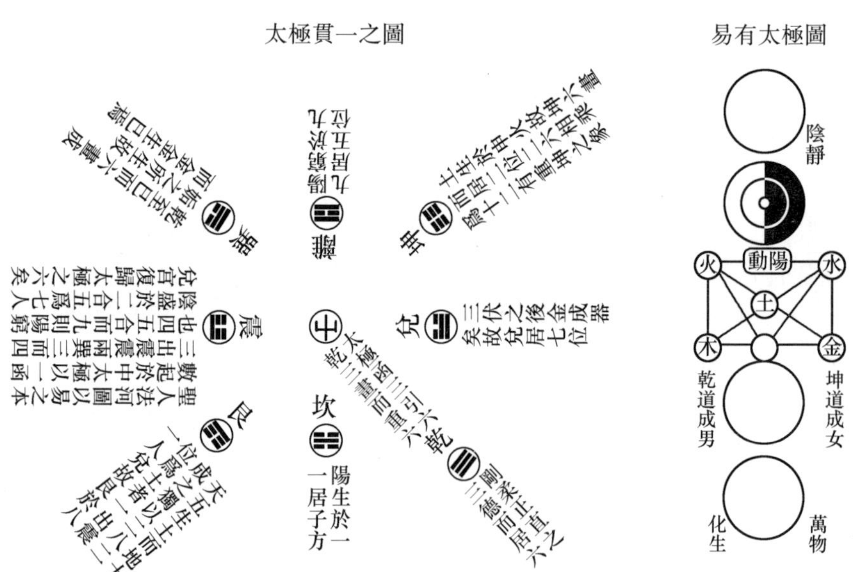

右《太極圖》，周敦實茂叔傳二程先生。茂叔曰：無極而太極。太極動而生陽，動極而靜，靜極復動，一動一靜，互為其根，分陰分陽，兩儀立焉。陽變陰合而生水、火、木、金、土。五氣順布，四時行焉。五行一陰陽也。陰陽一太極也。太極本無極也。五行之生也，各一其性。

無極之真，二五之精，妙合而凝。乾道成男，坤道成女，二氣交感，化生萬物。萬物生生，而變化無窮焉。

舊有此圖。

太極未有象數，惟一氣耳。一氣既分，輕清者上為天，重濁者下為地，太極生兩儀也。兩儀既分，則金、木、水、火四方之位列，兩儀生四象也。水數六、居坎而生乾；金數九，居兌而生坤；火數七，居離而生巽；木數八，居震而生艮，四象生八卦也。（道藏・大易鈎深圖）

太極妙化神靈混洞赤文之圖　明　張宇初

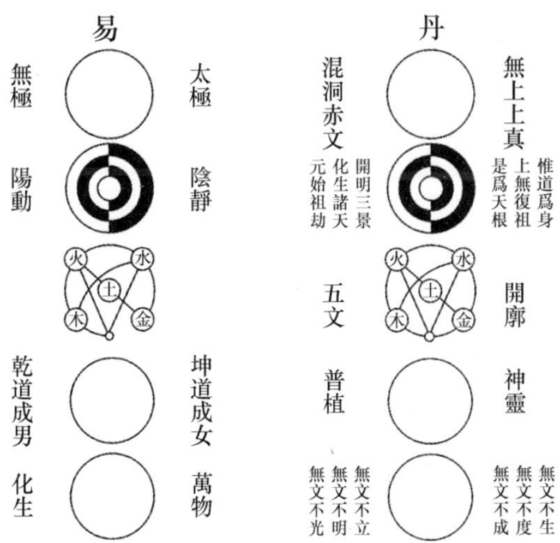

河圖象數之圖

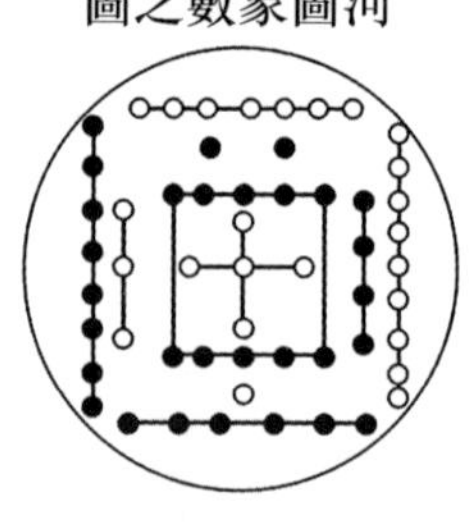

天一地二、天三地四、天五地六、天七地八、天九地十，天數五地數五，五位相得而各有合。天數二十有五，地數三十。凡天地之數，五十有五，此所除生成本三數，神也。五方除生成本三數，則龍從火出，虎向水生，而母隱子胎，子歸母腹。皆金丹七返，朱砂九還、金液之妙也。故與經中十四之義無珠爲。

雷霆一竅之圖

《抱朴子》曰：玄牝一竅者，非、心、腎、鼻、口、肝、肺、谷道、膀胱、泥丸。知此一窮，則冬至火候，藥物沐浴，脫胎結胎，皆在此矣。此竅即雷霆之竅，得之則雷霆攝機，不必外求也。至人沖舉，所用以此。道法感通，特餘事耳。

大量玄玄之圖

天無氛穢　地無妖塵

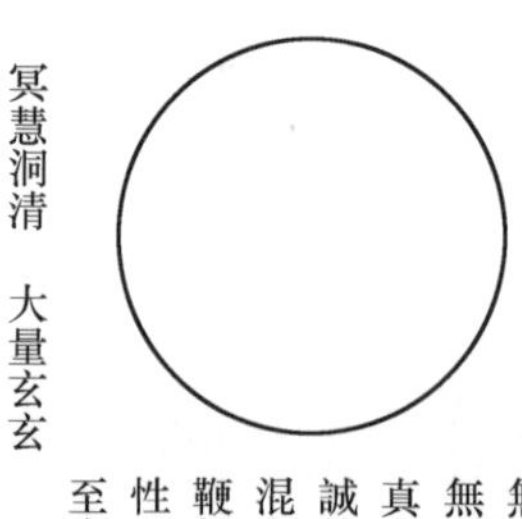

冥慧洞清　大量玄玄

無極《通書》真，無妄《中庸》誠。真中元有帝，誠外更無神。混合天地性，鞭駕風霆身。性之身之者，至真至誠人。

雷霆樞機互用之圖

雷

雷爲天之樞，其性善，其主生、其體性陽、其象陰、故甲丙庚壬爲陽雷。

霆

霆爲地之機，其性惡，其主殺、其體陰、其象陽、故乙巳丁辛爲陰霆。

雷霆互用

乾坤同體，日月合璧。靜則金丹，動而霹靂。

（道藏・上品妙經通義）

太極圖合元始一炁全體妙用圖說　　明　張宇初

混洞赤文，无无上真，此所謂无極而太極也。元始祖劫，化生諸天，開明三景，是為天根，上无復祖，惟道為身。此所謂太極動而生陽，動極而靜；靜而生陰，靜極復動；一動一靜，互為其根，分陰分陽，兩儀立焉。五文開廓，此所謂陽變陰合，而生水、火、木、金、土，五炁順布，四時行焉。五行一陰陽也，陰陽一太極也，太極本无極也。普植神靈，无文不光，无文不明，无文不立，无文不成，无文不度，无文不生。此所謂无極之真，二五之精，妙合而凝，乾道成男，坤道成女，二炁交感，化生萬物，萬物生生而變化无窮焉。

元始一炁全體妙用之圖，學士所當究索其意，則先天之道不謀而契，造化之妙可得而窺。故儒者知幽明之故，周乎萬物，原始返終，窮理盡性，得不昧死生之妙。老氏則曰深根固蒂，長生久視，蓋各有所宗也。夫如是，何以致之？經曰：知其雄，守其雌，復歸於嬰兒；知其白，守其黑，復歸於无極。此金液還丹之道也。故能深根固蒂，長生久視矣（按此觀復之說，默庵先生取之）。（道藏・上品妙經通義）

太極圖釋　　明　張宇初

太極者，道之全體也。渾然無所偏倚，廓然無得形似也，其性命之本歟。性稟於命，理具於性，心統之之謂道。道之體曰極五，居九疇之中曰皇極。《易》曰："會其有極。"《詩》曰："莫匪爾極。"以是求之，即心也，道也，中也。周子曰："中焉，止矣。"程子曰："太極者，道也。"邵子曰："心為太極。"朱子曰："太極者，理也。"陸子曰："中者，天下之大本，即極也。"理一而已，合而言之，道也。夫五行陰陽，陰陽太極，五殊二實，二本則一。二實者，天以陽生萬物，地以陰成萬物。動而陽，靜而陰，陽變陰合而生五氣，由五氣而生萬物，故曰五殊也。五殊本於陰陽，互為其根也。兩儀生於陽，交於陰，陰交於陽而生四象，四象分而生八卦，八卦錯而萬物生焉。是曰一動一靜，天地之至妙也歟？是以五氣布，四時行，萬物生生而無窮，五行一陰陽也，陰陽一太極也。太極散而為萬物，則萬物各一其性，各具一太極，渾然全體，而靜者常為主焉。兼有無，存體用，涵動靜，為萬化之源，萬有之本者，妙合二五之精焉。朱子謂"太極，理也。動靜，氣也。"太極乃本然之妙，動靜乃所乘之機，機動則氣行而陰陽運焉，理有不著者乎。蓋氣負理生，理由氣形，性為之主，而陰陽五行經緯錯綜。合言之，萬物統體一太極也。分言之，一物各具一太極也。且鴻濛溟涬之初，則元氣為萬物根本。其體謂之理，其陰陽流行不息者，氣也。是故未分之前，道為太極，已形之後，皆具是理。則心為太極，沖漠無朕，萬理畢具。陰陽既形則理氣分矣。太極判而始生一奇一耦，由奇耦而生生無窮，則一分為二，二分為四，四分為八，八分為十六，十六分為三十二，三十二分為六十四是也。聖人無以發之，伏羲始畫，以⚊象乾，⚋象坤，體吾心之太極也。一奇一耦以象變，重之而為卦，拆之而為爻，皆一陰一陽至著至明之幾也。是畫也，至廣至幽，至精至微，非氣質形似之可見，非聲色狀貌之可求。昭昭焉，熙熙焉，虛而靈，明而妙，散之為萬殊，斂之為一本。無須臾之間，毫髮之異，循環無端，浩渺無窮。若天地之運行，風雨之潤，雷霆之威，霜雪之肅，山川之流峙，草木之榮悴，飛潛之微，動植之衆，舉不違乎天命之流行，而同所賦受也。所謂有極以理言，無極以形言也。抑理之至極本無形，似而言無，則不能為萬化根本矣。邵子之曰無極，曰有象。有則言其本之實體，無即無聲無臭，形而上者是也。其見夫道體者，固不可以無加於有矣。若老子之謂無極者，無形無窮也。莊子之謂道在太極之先是也。若河洛之數，先天之象，雖有詘信進退、盈虛消息行乎其中，皆以虛中為極也。能虛其中，則太極本然之妙得矣，尚何晦明通塞之異哉。故《易》曰："心學萬事，萬化皆本諸心。"心所具者，天地萬物不違之至理也。程子謂有理而後有象，有象而後有數。人道之始於陽，成於陰，本於靜，流於動，與萬物同也。然陽復本於陰，靜復根於動，一動一靜，皆天地同流。惟主乎靜則性立，性立則中正仁義定矣。是以體用一源，顯微無間矣。是圖，朱子謂周子得之穆伯長，穆得之於种放，种得之於陳摶。以陳摶學老氏，故陸氏闢朱子，以無極出於老氏也。而《易》曰有極，未嘗言無，周子《通書》亦止言陰陽太極，明矣。然朱子以無形訓之，亦弗畔於道矣。且攷之潘誌，以為周子自作無疑。或又謂周子與胡宿、邵古，同事潤州一浮屠而傳焉。然其說豈浮屠所知也。且先儒以周、邵之學，《先天》、《太極》二圖，其理一也，其傳未必二焉。其體至大而無不包，其用至神而無不存也。故曰：自天地幽明，至於昆蟲草木，微細無不合也。將以順性命之理，盡變化之道焉。萬古聖賢之心同也，非返求諸已有以見。夫遠而六合之外，近而一身之中。暫於瞬息，微於動靜，豈言辭口耳之足知天也哉。必致夫會歸之工，探索之奧，則吾靈明靜虛之體，充乎六虛，宰乎萬變。久則誠精，故明；神應，故妙；幾微，故幽。其立象畫意，剖析精微，無不備於是焉。性命之道，死生之說，原始返終，於是盡矣。其銖視軒冕，塵視金玉，亦孰得而易之，敢為疑者釋焉。（道藏·峴泉集）

太極辯　　明　王廷相

太極之説，始於“易有太極“之論。推極造化之源，不可名言，故曰太極。求其實，即天地未判之前，大始渾沌清虛之氣是也。虛不離氣，氣不離虛，氣載乎理，理出於氣，一貫而不可離絕言之者也。故有元氣，即有元道。

南宋以來，儒者獨以理言太極而惡涉于氣，如曰：“未有天地，畢竟是有此理。”如曰：“源頭只有此理，立乎二氣五行萬物之先。”如曰“當時元無一物，只有此理，便會動靜生陰陽。”如曰：“纔有天地萬物之理，便有天地萬物之氣。”嗟乎！支離顛倒，豈其然耶？

萬理皆出於氣，無懸空獨立之理。造化自有入無，自無為有，此氣常在，未甞澌滅。所謂太極，不於天地未判之氣主之，而誰主之耶？故未判，則理存於太虛；既判，則理載於天地。程子所謂“冲漠無朕，萬象森然已具”，正此謂耳。若謂“只有此理，便會能動靜生陰陽”，尤其不通之論！理，虛而無著者也；動靜者，氣本之感也；陰陽者，氣之名義也。理無機發，何以能動靜？理虛無象，陰陽何由從理中出？此論皆窒礙不通，率易無當，可謂過矣。嗟乎！元氣之外無太極，陰陽之外無氣。以元氣之上，不可意象求，故曰太極。以天地萬物未形，渾淪冲虛，不可以名義別，故曰元氣。以天地萬物既形，有清濁、牝牡、屈伸、往來之象，故曰陰陽。三者一物也，亦一道也，但有先後之序耳。不言氣而言理，是舍形而取影，得乎？

或曰：論太極以氣，出於莊列，不可據也。嗟乎！是何言哉？儒者之為學，歸於明道而已。使論得乎道真，雖緯說稗官，亦可從信，況莊列乎？使於道有背馳，雖程朱之論，亦可以正而救之。斯言也，何論道不廣若是！陽虎何如人也？孟子亦取其"為富不仁"之言，況其餘乎？諸儒中，惟邵子"太極已見氣"之論，獨為有得，其餘摩揣未真，如鮑魯齊專以理論太極，尤其附和不思之甚者。夫萬物之生，氣為理之本，理乃氣之載，所謂有元氣則有動靜，有天地則有化育，有父子則有慈孝，有耳目則有聰明是也。非大觀造化、默契道體者，惡足以識之？（王氏家藏集）

先天圖辯　明　王廷相

或問《先天圖》。曰："方士託《易》為之，如《參同契》援《易》作書云爾，於《易》何所發明哉？文王、周公、孔子《卦爻》《彖》《象》，有是義乎？"

"然則陰陽消長非與？"曰："此《易》中一義爾，謂《易》止此，得乎？《剝》《復》二卦類之，然亦以二義明事理，其消長又在所略也。《圖》可以槩之哉？"

曰："《大傳》有云：'《易》逆數也。'《圖》以此準。"曰："嗟乎！為此說者，枉仲尼之論，以傅會於《圖》爾。今為解之。'數往者順'，謂數已往之事則順序。'知來者逆'，謂知未來之事則迎逆。'是故《易》逆數也'，謂《易》乃卜筮以前民用者，非逆數而何哉？若如此解，與圖何所關涉耶？故曰：枉仲尼之論以傅會於《圖》爾。"

"然則《圖》非伏羲所作耶？"曰："此豈可以欺人乎哉！羲皇至堯、舜、三代，幾萬年矣，而《圖》之說不見於經；春秋至漢唐，幾千年矣，而《圖》之說不見於傳。何至陳摶而始傳之？謂'羲皇卦圖鮮有傳授，而淪落於方伎之家'，是何言之易耶？切以神仙之伎，起於近代，春秋以前尚未有此，不知《圖》在當時又藏於何所？不過欲以《圖》傅會於《易》，故為是無所憑據之說，俾後人信之爾。大識貞觀之君子，決知其不然。"

曰：“《說卦·天地定位章》，非伏羲所定乎？《帝出乎震章》，非文王所定乎？”曰：“子以為何所依據而知之？上下經文未喪也，曾何言及《圖》及分羲文耶？豈非為蛇添足乎？蓋仲尼隨事理以發明八卦之蘊如此，何主於羲，何主於文哉？以歲時物理生成之序衍卦義也，則曰‘出震’、‘齊巽’、‘見離’、‘役坤’、‘說兑’、‘戰乾’、‘勞坎’、‘成艮’；以法象對待而發明卦之義理性情也，則曰‘天地’、‘山澤’、‘雷風’、‘水火’。此氣化物理之必然者。若曰天澤、地水、坎風、山火，此成何理耶？且《神妙萬物章》，先以雷、風、火、澤、水、坎為次，復以‘水火相逮’，‘雷風不相悖’，‘山澤通氣’而言，以為羲，又涉於文；以為文，復涉於羲：豈非自相離亂矛盾乎？至此，則先天後天之說不通矣，故註云‘此章所推卦位之說，多未詳其義’。亦自不能為辭也。嗟乎！無中生有，得其一曲而失其五六，豈非強於傅會之過哉？若曰仲尼隨事理以發明八卦之蘊，豈不潔淨？豈不貫通？而何務以異端淺見挨排之說，以亂聖經耶？論涉贅疣，《易》因晦蝕，吾為仲尼嗟嗟！”（王氏家藏集）

太極後圖說　　明　左輔

圖後極太

太極有圖，自周子濂溪始，葢周子本之先天後天，先天後天本之《河圖》《洛書》（《易》曰：河出圖，洛出書，聖人則之，是先天後天出于

《河圖》、《洛書》也。又曰：易有太極，是生兩儀，兩儀生四象，四象生八卦，太極則自一動一靜而分陰分陽，自分陰分陽而陽變陰合，是太極出于先天後天也）。然圖書以數為圖，而虛其中數，則太極也（圖書四面奇數，二十偶數，二十兩儀也。一二三四之位，六七八九之數，四象也。乾、坤、離、坎得四象之數，兑、震、巽、艮得四象之位者，八卦也。其中五與十皆無所用焉，故虛之為太極，而又五分一，則得四分二，則得三十分一，則得九分二，則得八分三，則得七分四，則得六。又一二三四各因五以得六七八九之數，此一二三四六七八九之生于中，五與十即兩儀、四象、八卦之生于太極也）。先天後天以卦為圖，而主之無象，具之無朕，宰之以帝，妙之以神，則太極也（先天太極生儀、生象、生卦，則兩儀、四象、八卦各具一太極，而無朕兆之可窺，後天皇乘八卦，神妙萬物，無形而無不形，無在而無不在，此所以為太極也）。太極以理為圖，而理本無極也，無極即易之所謂神也。故為之空圈，以圖之而復，動靜有圖，五行有圖，男女萬物，各有其圖，固足以盡太極之道矣，然太極一圈，別立於陰陽、五行、男女、萬物之上，則有異乎？形而上下之謂焉，此其圖之所以不盡意也（有動靜，則太極在動靜中，有五行，則太極在五行中，然其為太極也，又非有聲臭之可聞也。故曰五行一陰陽，陰陽一太極，太極本無極，意則甚妙，而圖不足以形容之，故周子之贊，亦曰圖不盡意）。輔之不敏，不敢妄有所議，然聞之《傳》曰："易有太極。"則太極實不出於陰陽之外，乃敢竊取夫子之意，而發揮于周子之圖，陰陽有變，變中有理，而理即太極，則不必分為數圖，而精粗上下，無所不盡矣（數圖合為一圖，不外周子陰靜陽動之圖也。太極者，所以為陰、為陽之理也，精也，形而上也，陰陽則粗也，形而下也）。是故太極動而陽，始生於北方極陰之時，至東北而一陽，始成立春之候也。交於東方為春分，長於東南為立夏，馴至南方，則陽之純，而夏至焉。太極靜而陰，始生於南方，極陽之時至西南，而一陰始成，立秋之候也。交於西方為秋分，長於西北為立冬，馴至北方，則陰之純，而冬至焉（寒暑氣候，大抵生于天與日月之行度，葢天道有陰陽之分，日陽之精，月陰之精。日行陰道，月行陽道，則陰陽交，而陽乘陰以嘘，所謂動也。日行陽道，月行陰道，則不交，而陽為陰所吸，所謂靜也，皆自然之理也。所謂太極也，〇太極理也，不可圖也，故以陰陽圖之，而陰陽之變亦非有一定之形也。圖其太畧而已，葢春、夏、秋、冬一歲之陰陽也。若一月之晦朔弦望，一日之晨昏晝夜，其間風雨露雷，晦明萬變，是則無一定之形也）。

其在《河圖》也，天之一始于北，流行於東為三，成于南為七，極于西為九。地之二始于南，流行于西為四，成于北為六，極於東為八。自北而東皆陽內而陰外，自南而西皆陰內而陽外（圖以生數為主，故一二三四生于內，而六七八九成于外，生則長矣，成則消矣）。其在《洛書》也，一者陽之始，而居乎北。自一而三，陽進而長於東也。九者陽之極，而居乎南，自九而七，陽退而消於西也。六從一，八從三，則陽少而陰尚多；二從七，四從九，則陽多而陰尚少（書以奇數為主，故一三九七自為消長，而六八四二因之為消長）。《河圖》《洛書》豈有圖外之數乎（數之奇偶，氣之陰陽，非有二致，朱子所謂數即氣之有分限節度處是也）！以先天卦位配之乾坤，當陰陽之極，坎離當陰陽之限，而震、艮、巽、兑分為陰陽消長之漸（左方震一陽，離兑二陽，乾三陽；右方巽一陰，坎艮二陰，坤三陰），以後天卦位配之，震至離，生長於春夏，兑至坎，收藏于秋冬，而坤艮二卦各當出入始終之交（震雷動于驚蟄，春分之候，巽風散之，而物齊至，離而火旺焉。兑陰見于秋分之候，乾純陽不交，閉寒而成冬至，坎而水旺焉。坤土夏秋之交，艮土冬春之交，無時不旺而司出入也），先天後天豈有圖外之象乎（先天陰陽對待，以立其體；後天陰陽交變，以致其用。後圖之陰陽，則對待而有交變者也，故先天後天之陰陽不出乎此）。《河圖》一六為水，居北陽始生，而陷于純陰之中，而先天坤地在，是即陰之純，而為陽之所以陷者也（故地在下，而水潤下，水土一家也），《河圖》二七為火居南，陰始生而麗于純陽之間，而先天乾天在，是即陽之純而為陰之所以麗者也（故天在上，而火炎上，其性同也）。陽之始生也，陷于陰，及其盛也。陰之精，乘陽以發，達則為木，故《河圖》三八木在東，而先天以離日居之者，葢三變八化，則陽盛于陰，而春之日煖，又以其升於東也（陽非得陰亦不行，天三陽長於內而方盛，地八以已成之陰交於外，陽氣流行于陰中，而陰亦乘之以行，則陰變為陽，是以在天則曰之精氣為陰，所麗則舒散，在地則木之精氣以之發達也）。陰之始生也，麗于陽，及其盛也，陽之精為陰所凝結則為金，故《河圖》四九金在西，而先天以坎月居之者，葢四化九變，則陰盛於陽，而秋之月望，又以其生於西也（陰非得陽亦不聚，地四陰長于內而方盛，天九以已老之陽交於外，陰氣與陽收斂，而陽亦因之以斂藏于其中，則陽變為陰，是以在天則月受日之光，而圖滿在地，則金之精氣以之凝結也）後天離火坎水當子午，震木兑金當卯酉，震以陽動而生，兑以陰見而殺（陽動而生故為木，陰見而殺故為金，後天木火金水之用，各乘《河圖》之位，而坎離得先天乾坤之位者，水火天地之用也。震兑得坎離之位者，震兑始交而交之極，即坎離也）。

洛書水木居其方，金火易其位，圖以左旋而生，書以右轉而克（《河圖》相生，而西方之金克東方之木，北方之水克南方之火。《洛書》相克，而東方之木生西方之火，南方之金生北方之水。其生也，土在西南；其克也，土在東北，流行相生，則對待相克；流行相克，則對待相生，而土則寄旺於其間焉。此其所以變化無窮，而既成萬物也）。在《河圖》，先天者，質之成，常也，體也（常中有變，體中有用）。在《洛書》，後天者，氣之行，變也，用也（變而不失其常，用而不離其體），用可易而體不可易，變者可易而常者不可易，不易者，理也，其易者，理之流行也（理即太極，流行謂動靜）。是圖也，圖書之數，先天後天之象，陰陽之變，五行之用，渾然造化，備見其中，所以然者太極之理，渾合無二而已矣。故此圖之未成也，《河圖》、《洛書》，先天、後天，一圖一太極也，其既成也，則綂體一太極也（天地造化，不外乎陰陽五行，《河圖》、《洛書》，先天、後天，分不外乎陰陽五行，故圖書八卦、陰陽五行之理，即天地造化之理，太極是也。各自為圖，則各具一太極也。《太極後圖》，則因周子之圖而推本《河圖》《洛書》先天後天之妙，故曰綂體一太極也）。是雖所以發周子之所未發，而盡其意，而於伏羲、文王、孔子相傳之心法，亦將不外是而在焉（聖人心即太極，其動靜即太極陰陽之動靜也，故邵子曰："先天之學，心法也。"周子曰："聖人定之以中正仁義而主靜，立人極焉"）。神而明之，存乎其人，非言之所能盡傳也（言之所傳者淺，惟不俟言語傳說，而其心自然默契焉，乃為神而明之。《易》曰："君子居則觀其象，而玩其辭，窮理之事也。"又曰："動則觀其變，而玩其占，履行之事也。”朱子曰：“讀《易》之法，先正其心，居敬之事也。”居敬而窮理，以履其事，則德行在我，而伏羲、文王、孔子、周子之心，此心與之契《河圖》、《洛書》，先天、後天，太極之理，此心之理與之符矣。方其心之靜，而虛者神也，及其動而陰陽變化之理，自虛中出者，神而明也）。（太極後圖說）

太極圖論　　明　張介賓

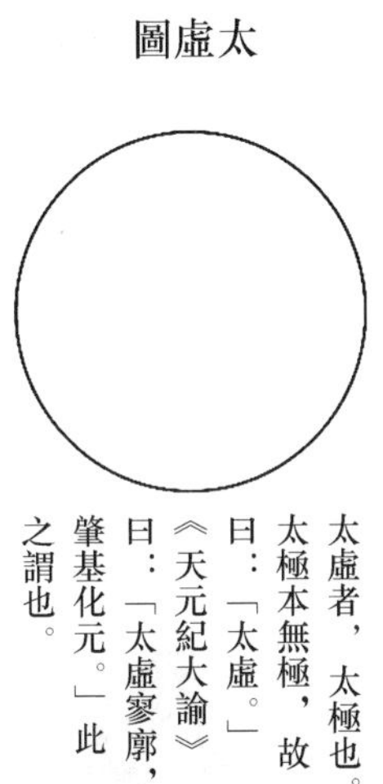

圖虛太
太虛者，太極也。
太極本無極，故
曰：「太虛。」
《天元紀大論》
曰：「太虛寥廓，
肇基化元。」此
之謂也。

太極者，天地萬物之始也。《太始天元冊文》曰：“太虛廖廓，肇基化元。”《老子》曰：“無名天地之始，有名天地之母。”孔子曰：“易有太極，是生兩儀。”邵子曰：“若論先天一事無，後天方要著工夫。”由是觀之，則太虛之初，廓然無象，自無而有，生化肇焉，化生於一，是名太極，太極動靜而陰陽分。故天地只此動靜，動靜便是陰陽，陰陽便是太極，此外更無餘事。朱子曰：“太極分開，只是兩個陰陽，陰氣流行則為陽，陽氣凝聚則為陰，消長進退，千變萬化，做出天地間無限事來，以故無往而非陰陽，亦無往而非太極。”夫太極者，理而已矣。朱子曰：“象數未形理已具。”又曰：“未有天地之先，畢竟先

有此理。”先儒曰：“天下無理外之氣，亦無氣外之理。故理不可以離氣，氣不可以外理，理在氣亦在，氣行理亦行。”夫既有此氣，則不能無清濁而兩儀以判；既有清濁，則不能無老少而四象以分。故清陽為天，濁陰為地，動靜有機，陰陽有變。由此而五行分焉，氣候行焉，神鬼靈焉，方隅位焉。河洛布生成之定數，卦氣存奇偶之化幾。有死有生，造化之流行不息；有升有降，氣運之消長無端。體象有常者可知，變化無窮者莫測。因而大以成大，小以成小，大之而立天地，小之而悉秋毫，渾然太極之理，無乎不在。所以萬物之氣皆天地，合之而為一天地；天地之氣即萬物，散之而為萬天地。故不知一，不足以知萬；不知萬，不足以言醫。理氣陰陽之學，實醫道開卷第一義，學人首當究心焉。(類經圖翼)

陰陽體象　　明　張介賓

陰陽圖

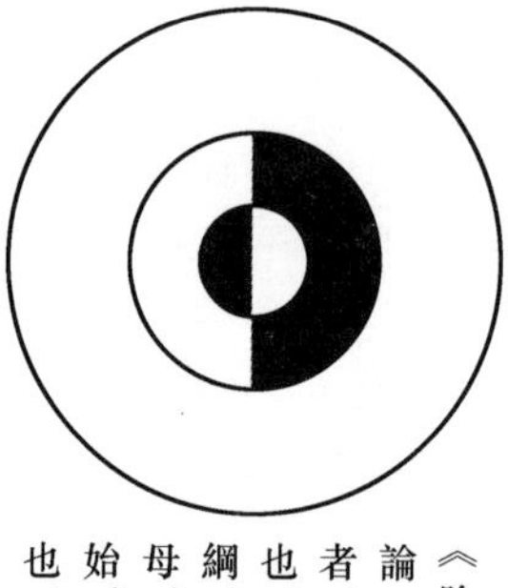

《陰陽應象大論》曰：陰陽者，天地之道也，萬物之紀綱，變化之父母，生殺之本始，神明之府也。

體象之道，自無而有者也。無者先天之氣，有者後天之形。邵子曰：“天依形，地附氣；氣以造形，形以寓氣。是以開物者為先天，成物者為後天；無極而太極者，先天，太極而陰陽者，後天；數之生者，先天，數之成者，後天；無聲無臭者，先天，有體有象者，後天。先天者太極之一氣，後天者兩儀之陰陽，陰陽分而天地立，是為體象之祖，而物之最大者也。由兩儀而四象，由四象而五行。”程子曰：“四象者，陰陽剛柔也。陰陽生天，剛柔生地。”朱子曰：“天之四象，日月星辰是也；地之四象，水火土石是也。”邵子曰：“天生於動，地生於靜。動之始則陽生，動之極則陰生；靜之始則柔生，靜之極則剛生。陰陽之中，又有陰陽，故有太陰太陽，少陰少陽；剛柔之中，又有剛柔，故有太剛太柔，少剛少柔。太陽為日，太陰為月，少陽為星，少陰為辰，日月星辰交而天體盡；太柔為水，太剛為火，少柔為土，少剛為石，水火土石交而地體盡。”又曰：“物之大者，莫若天地。天之大，陰陽盡之；地之大，剛柔盡之。陰陽盡而四時成，剛柔盡而四維成。四象既分，五行以出，而為水、火、木、金、土。五行之中，復有五行，陰根于陽，陽根于陰，陰陽相合，萬象乃生。本乎陽者親上，本乎陰者親下。在天為風雲雷雨，在地為河海山川，在方隅為東南西北，在氣候為春夏秋冬。東有應木之蒼龍，西有屬金之白虎。南方赤鳥，得火氣而飛升；北陸玄龜，得水性而潛地。人稟三才之中氣，為萬物之最靈，目能收萬物之色，耳能收萬物之聲，鼻能收萬物之氣，口能收萬物之味。故二五之氣，無乎不具；萬有之技，無乎不能。天之四象，人有耳目口鼻以應之；地之四象，人有氣血骨肉以應之。三百六十骨節，以應周天之度數；一萬三千五百息，以通晝夜之潮汐。”故邵子曰：“頭圓象天，足方履地，面南背北，左東右西，直立兩間之中，正居子午之位。”又曰：“天有四時，地有四方，人有四肢。指節可以觀天，掌文可以察地。”得氣之清而正者，為聖為賢；得氣之偏而濁者，為愚為不肖。

近東南者多柔而仁，近西北者多剛而義，夷狄亦人而暴悍無禮，以地有偏正，氣有純駁，稟賦所使，不期而然。故左氏以民之善惡，本乎六氣，謂陽稟多者剛而烈，陰稟多者懦而柔，躁戾者陽中之惡，狡險者陰中之乖。是以水性主動而偏則流，火性主急而偏則烈，木性多和而偏則柔，金性多剛而偏則狠，土性多靜而偏則愚。至若禽獸草木，動植飛潛，無情有性，莫不皆然。禽獸横生，草木倒生，横生者首東尾西，倒生者枝天根地，亦皆有五氣之殊，四方之異。以動者而言，得木氣則角而仁柔，得金氣則齒而剛利，火性者飛而親上，水性者潛而就下，土性者靜而喜藏。西北之蟲，鱗甲而多螯；東南之蟲，羽毛而常騰。以植者而言，得東氣者多長而秀，得南氣者多茂而鬱，斯二者春夏榮而秋冬落；得西氣者多強而勁，得北氣者多堅而曲，斯二者春夏落而秋冬榮。凡萬物化生，總由二氣。得乾道者，於人為男，於物為牡；得坤道者，於人為女，於物為牝。乾類屬陽者多動，坤類屬陰者多靜。方隅歲月，氣有不同，萬物適值其氣，隨所受而成其性。氣得中和，則天為至粹，地為至精，人為至德，飛為鸞鳳，走為麒麟，介為龜龍，草為芝蘭，木為松柏，石為金玉；氣得偏駁，則天有至眚，地有至幽，人有至戾，飛有鴟梟，走有狼虎，介有虺蜴，草有毒吻，木有枳棘，石有礓礫，孰非陰陽之體象。再自其形跡之有無而言，則晝夜旦暮，朔晦望弦，陰晴寒熱，大小方圓，高下升降，左右後先，夫婦男女，言動語默，呼吸表裏，浮沈出入，俯仰向背，血氣藏府，輕重麤細，前後頭尾，皆體象之有形者也；又如動靜幽顯，盈虛消息，聲音律呂，志意善惡，曰鬼曰神，曰魂曰魄，曰變曰化，曰微曰極，皆體象之無形者也。然有此必有彼，有對必有待。物各有父母，分牝牡於蜉蝣；物各一太極，包兩儀於子粒。如蚊喙至微，能通血氣；蝨睛最眇，亦辨西東。用是而推，則至廣至極，至微至精，隨氣而聚，觸幾而生，大不可量，小不可測，何莫非陰陽之至德，化工之精妙，亦豈可以造作而形容者歟！至若奇偶相銜，互藏其宅；一二同根，神化莫測。天為陽矣，而半體居於地下；地為陰矣，而五嶽插於天中。高者為陽，而至高之地，冬氣常在；下者為陰，而汙下之地，春氣常存。水本陰也，而溫谷之泉能熱；火本陽也，而蕭邱之焰則寒。陰者宜暗，水則外暗而內明；陽體宜明，火則外明而內暗。聲于東而應於西，形乎此而影乎彼。浴天光於水府，涵地影於月宮。陽居盛暑，而五月靡草死；陰極嚴寒，而仲冬薺麥生。此其變化之道，寧有紀極哉？第陰無陽不生，陽無陰不成，而陰陽之氣，本同一體。《易》曰："大哉乾元，萬物資始；至哉坤元，萬物資生。"夫始者，天地之立心，生者，天地之作用。惟其以無心之心，而成不用之用，此所以根出於一而化則無窮。故有是象則有是理，有是理則有是用。孰非吾道格致之學，所當默識心通者哉？余嘗聞之滑伯仁云："至微者理也，至著者象也，體用一原，顯微無間，得其理則象可得而推矣。”使能啟原而達流，因此而識彼，則萬化之幾，既在吾心，而左右逢原，頭頭是道矣。孰謂陰陽體象之理為迂遠，而可置之無論哉？（類經圖翼）

來瞿塘先生圓圖　明　來知德

圖圓生先唐瞿來

此聖人作易之原也，理氣象數，陰陽老少，往來進退，常變吉凶，皆尚乎其中。孔子系易，首章至易簡而天下之理得，及一陰一陽之謂道，易有太極，形上形下數篇，以至幽贊于神明一章，卒歸于義命，皆不外此圖。神而明之，一部易經，不在四聖而在我矣。或曰：伏羲、文王有圖矣，而復有此圖，何耶！德曰：不然。伏羲有圖，文王之圖不同于伏羲，豈伏羲之圖差耶。蓋伏羲之圖，易之對待，文王之圖，易之流行，而德之圖不立文字，以天地間理、氣、象，數不過如此，此則兼對待、流行、主宰之理而圖之也。故圖于伏羲、文王之前。（易經來注圖解）

心易發微伏羲太極之圖　　明　來知德

正南純陽方也，故畫爲乾，正北純陰方也，故畫爲坤。畫離於東，象陽中有陰也。畫坎于西象陰中有陽也。東北陽生陰下，於是乎畫震，西南陰生陽下，於是乎畫巽。觀陽長陰消，是以畫兑于東南。觀陰盛陽微，是以畫艮于西北也。

此圖乃伏羲氏所作也，世不顯傳。或謂希夷所作，雖周子亦未之見焉，乃自作《太極圖》，觀任道遜之詩可見矣。詩云：“太極中分一氣旋，兩儀四象五行全。先天八卦渾淪具，萬物何嘗出此圖。”又云：“造化根源文字祖，圖成太極自天然。當時早見周夫子，不費鉆研作正傳。”夫既謂八卦渾淪文字祖，則知此圖為伏羲所作，而非希夷明矣，其外一圖者太極也，中外黑白者陰陽也，黑中含一點白者陰中陽也，白中含一點黑者陽中陰也。陰陽交互，動靜相倚，周詳活潑，妙趣自然。其圈外左方，自震一陽馴至乾之三陽，所謂起震而歷離、兑，以至於乾是已。右方，自巽一陰馴至坤之三陰，所謂自巽而歷坎、艮，以至於坤是已。其間四正、四隅、陰陽、純雜，隨方布位，自有太極含陰陽，陰陽含八卦之妙，不假安排也。豈淺見近識者所能及哉！伏羲不過模寫出來以示人耳。

予嘗究觀此圖，陰陽渾淪，蓋有不外乎太極，而亦不附乎太極者，本先天之《易》也。觀周子《太極圖》，則陰陽顯著，蓋皆太極之所為，而非太極之所倚者，實後天之《易》也。然而先天所以包括後天之理，後天所以發明先天之妙，明乎道之渾淪，則“先天天弗違”，太極體立也；明乎道之顯著，則“後天奉天時”，太極用行矣。使徒玩諸畫象，談諸空玄，羲、周作圖之意荒矣。故周子有詩云：“兀坐書房萬機休，日暖風和草色幽。誰道二十季遠事，而今只在眼睛頭。”豈非以孔子所論太極者之旨，容有外於一舉目之間哉！是可默識其妙，是見於性理，指要可考也。（易經來注圖解）

古太極圖敘　明　來知德

天地間形上形下，道器攸分，非道自道，器自器也。器即道之顯諸有，道即器之泯於無。雖欲二之，不可得也。是圖也，將以為淪於無邪？兩儀、四象、八卦，與夫萬象森羅者，已具在矣。抑以為滯於有邪？凡儀象卦畫，與夫群分類聚，森然不可紀者，曾何形跡之可拘乎？是故天一也，無聲無臭，何其隱也，成象成形，何其顯也。然四時行，百物生，莫非其於穆之精，神無方，《易》無體，不離乎象形之外。自一而萬，自萬而一，即此圖是也。默識此圖，而太極生生之妙，完具胸中，則天地之化機，聖神之治教，不事他求，而三才一貫，萬物一體備是矣。可見執中，執此也；慎獨，慎此也；千古之心傳，傳此也。可以圖象忽之哉！（易經來注圖解）

古太極圖說　明　來知德

道必至善，而萬善皆從此出，則其出為不窮。物本天然，而萬物皆由此生，則其生為不測。包羅主載者，天載也，泯然聲臭之俱無。纖巧悉備者，化工也，渾乎雕刻之不作。赤子未嘗學，慮言知能之良必歸之。聖人絕無思為言，仁義之至必歸之。蓋凡有一毫人力，安排布置，皆不可以語至道，語至物也。況謂之太極，則盤天地，亙古今，瞬息微塵，悉統括於茲矣，何所謂庸其智力哉！是故天地之造化，其消息盈虛本無方體，無窮盡，不可得而圖也。不可得而圖者，從而圖之，將以形容造化生生之機耳。若以人為矯強分析於其間，則天地之自然者，反因之而晦矣。惟是圖也，不知畫於何人，起於何代，因其傳流之久，名為“古太極圖”焉。嘗讀《易・繫辭》首章，若與此圖相發明，《說卦》“天地定位”數章，即闡明此圖者也。何也？總圖即太極也，黑白即陰陽、兩儀、天地、卑高、貴賤、動靜、剛柔之定位也。黑白多寡，即陰陽之消長。太極、太陽、少陰、少陽，群分類聚，成象成形，寒暑往來，乾男坤女，悉於此乎見也。

以卦象觀之，乾、坤定位上下，坎、離并列東西，震、巽、艮、兌隨陰陽之升降，而布於四隅，八卦不其畢具矣乎？然太極、兩儀、四象、八卦吉兇大業，雖畢見於圖中，其所以生生者，莫之見焉。其實陰陽由微至著，循環無端，即其生生之機也。太極不過陰陽之渾淪者耳。原非先有太極，而後兩儀生，既有兩儀而後四象、八卦生也。又豈兩儀生而太極遁，四象生而兩儀亡，八卦生而四象隱。兩儀、四象、八卦各為一物，而別有太極宰其中，統其外哉！惟於此圖潛神玩味，則造化之盈虛消息隱然成象，效法皆可意會，何必別立圖以生之，又何必別立名象以分析之也。此之謂至道而不可離，此之謂至物而物格知至也。

若云孔子以前無《太極圖》，而《先天圖》畫於伏羲，《後天圖》改於文王，考之《易》皆無據，今盡闕之可矣。雖然，乾坤之易簡，久大之德業，即於此乎在。而虞廷執中，孔門一貫，此外無餘蘊也。但按圖索驥，則又非古人畫象垂訓之意矣。故曰：神而明之，存乎其人。默而成之，不言而信，存乎德行。（易經來注圖解）

太極圖說辯　　明　胡直

昔陸子辯無極太極，反覆數千言，予以為無極可無辯，其不可無辯者，圖與說也。蓋據其說曰：“無極太極。”訓者曰：“是無形而有理。”夫既稱無形之理矣，則惡可以形圖哉！今夫圖天者蒼蒼然日月著也，圖地者莽莽然山川布也。而天之上，地之下，可復圖乎。豈惟不可圖，亦有不得而指言之者，假令有人指言，天之上何狀，地之下何形，則世必咤為怪誕人矣。何況太極所以生天地者，而可圖乎。今乃規之，而若輪圖之，而若鏡與丸也，是孰覩而孰傳之耶？非獨太極，雖陰陽亦不得圖也。據其說曰："太極動而生陽，靜而生陰。"則是陰陽特一氣，猶夫水之有寒燠，亦一物也。今乃白而陽之，黑而陰之，外之則左陽而右陰，內之則左陰而右陽，是果然哉！自畫卦者，以一為陽，以一為陰，其取象亦足矣。今又為白黑而左右之，不既贅乎？太極陰陽之不可圖明矣，而其說則尤有不可通者。說曰："太極動而生陽，靜而生陰。"是則太極先動而後靜也，夫先動後靜，則未動之先果何為耶？且既穆乎沕乎，其無極矣，而又何動靜之可言。又曰："動極而靜，靜極復動。"當其昆侖未生，七政未立，不知幾何時其為動之極也，幾何時又為靜之極也？且太極之理果獨立而動靜耶，抑附氣以動靜耶？如以其獨立，則穆乎沕乎，固不可以動靜言，如以其附氣，則氣之膠轕坱軋不可停止，謂為動極，猶可言也。至其靜極，則又何狀，是必凝久為塊而已，其可通乎。既曰五行陰陽一太極，太極本無極，是無極與二五始無不合也。則又何待於妙合而凝云者。既曰五性感動，是仁義禮智信，始無不定也。則又何待聖人先益以中正，後繼以仁義，而後為定之者也。既曰中正是不可以動靜偏言之矣，則又何獨以主靜云者，至以五性之感屬神發之後，善惡之分出五性之動，則《書》之恒性，《易》之繼善，益遠且誖也。憑其辭繹，其意非獨是非謬於聖人，即其所自言者，亦首尾衡决，而脉理始不可尋矣，是可謂周子之書哉！古之善言至理者莫若《易》，其次《詩》與《中庸》，《易》止言太極生兩儀，而未言兩儀未生之前，有若是次第也。《詩》止言維天之命，上天之載，《中庸》止言天命之性，天地之道，而未言天地未生之前，有若是之次第也。有問天之外者，或對曰氣也。問：氣何所際際之外，又何物焉。則雖伏羲不能以對，非不能對也，不可得而對也，故曰六合之外，聖人存而不論，而況二儀之生，與其未生之故，又可得次第詳言之乎？後世唯三墳偽書，則有太始元胎太極父母之說，周子豈效之乎？曰："若子之言，則周子手授二程子非歟？"曰："然。"蓋予嘗逆於心而求二程子之書，其昆仲師友，天人至理，殆數萬言，獨未一及圖與說者，二程子豈以師之所特授者，而故特遺之與？考之胡邦衡記周子祠亦未及焉。周子自為《易通》書言太極而不言無極，言仁義中正而不言中正仁義，則其非出周子亦明矣。或謂出陳希夷為之，潘興嗣誤取以入誌，予則曰："周子必不為此，希夷亦未可誣，或者希夷之流為是，以附聖人之教未可知也。"曰："然。則朱子表章亦非歟?"曰："朱子尊信周子之篤者也，古之傳偽命者，雖忠臣孝子，或信奉之，非不察偽命忠孝至也。朱子其亦猶古之忠孝者，與夫朱子何可尤。"（衡盧藏稿）

太極圖說辯後語　　明　胡直

右辯予作于蜀臺，云蜀有固陵先生者讀之，語予曰："太極未動之先，果何為耶?"此語雖周子復生無以答，予曰："予非疑周子也，疑此非周子作也。"而從旁者贊曰："此必非周子作，假令出周子，二程何不以示人？程伊川作《易傳》訓《易》有《太極章》，未嘗一語及圖，亦未及先動後靜之說，伊川豈訓《易》而反秘師說哉！此可知其非矣。"予又讀宋末許白雲書，知昔人已疑動靜先後之繆，而白雲答之，殊覺矯強。近歸讀予邑羅文莊續稿載《太極述》，其序略曰："愚嘗熟玩其圖，詳味其說，雖頗通大義，不能無少疑。"又曰："圖之作雖極力模擬，終涉安排，視《先天圖》之易簡精深，恐不可同年語也，豈元公未嘗見耶!"是文莊亦指其非周子作也。又謂天地造化之妙，聖學體用之全，《易》中言之甚悉，於是錯取吾夫子《十翼》中語組織成篇，以盡愚意，凡皆傳夫子之舊，不妄贊一詞，名其篇曰《太極述》，直謂朱子表章圖說，而文莊尊信朱子素若神明，豈故於玆有異同耶？豈亦不得已而為是耶？學者觀所述，亦可知圖說之贅，且謬其非出周子明矣。其述云：易有太極，是生兩儀，兩儀生四象，四象生八卦。是故剛柔相摩，八卦相盪，鼓之以雷霆，潤之以風雨，日月運行，一寒一暑，乾道成男，坤道成女，天地絪縕，萬物化醇，男女構精，萬物化生。一陰一陽之謂道，繼之者善也，成之者性也。仁者見之謂之仁，知者見之謂之知，百姓日用而不知，故君子之道鮮矣。"君子體仁足以長人，嘉會足以合禮，利物足以和義，貞固足以幹事，君子行此四德者，故曰乾，元亨利貞。"大哉乾元，剛健中正，純粹精也。（衡盧藏稿）

太極圖說　　明　蔡清

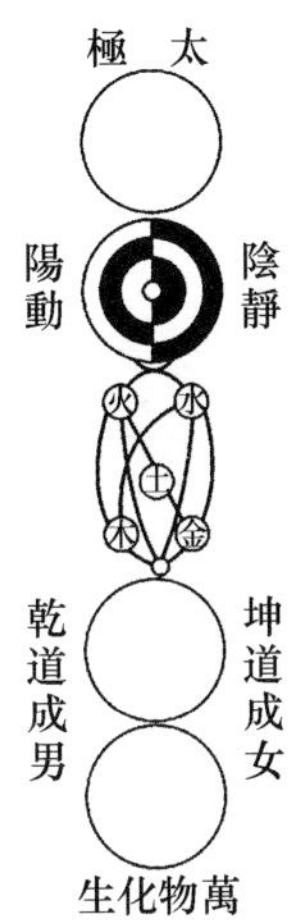

○今強讀曰虛圈子。

此所謂無極而太極也（朱子說）。

曰“無極”言初無箇極也，曰“而太極，”言實則為長大之極也。

極字所從来，本末是指屋極，故極字從本。今以理之至極而借此以名之師，道本是道路之義，今亦以本理為人之所當行，而借名之耳。

太字是大字加一點，蓋大之有加焉者也。既曰極矣，而又加以太，蓋以此理至廣、至大、至精、至微、至中、至正，一極字猶未是以名之，故加太字於極之上，所至矣盡矣，不可復加矣。《易》贊《乾》曰：“剛健中正，純粹精也。”亦此意，彼則其詞簡，此則詞約也。

又《大易》曰“至哉坤元”，“至”即“極”之義，曰“大哉乾元”，“大”亦“太”之意。但陽雖得兼陰，然對陰靜而言，猶只是陽動之一偏，而非其全體之妙，故乾只言大，而不兼言至，亦未至於太也。

自孔子以後，只言太極，未嘗言無極，世之昧者，蓋有以陰陽五行之例，而求太極於有形象者，故周子復添有無極二字，明其只貫乎陰陽五行之中，而實超乎陰陽五行之表也。朱子釋此句之義云：“上天之載，無聲無臭（無極之義），而實造化之樞紐，品彙之根柢（太極之義）也。

故曰無極而太極，非太之外復有無極也。”

太極云者只是理之尊號也，蓋貫萬理而一之也，所謂道之大原也。

朱子曰：“無極而太極也。‘而’字輕‘無’次序也。”

或曰因此“而”字，故生陸氏議論。

所以動而陽、靜而陰之本體也，然非有以離乎陰陽也，即陰陽而指其本之不雜乎？陰陽而為言耳（朱子說）。

本體實全體也，則而以動而陽、靜而陰之本體者，愚嘗以為所以動而陽者，靜之陰也。所以靜而陰者，動之陽也。蓋陰根乎陽，陽根乎陰，此所謂全體也，即所謂本體也，即所謂理也。以愚管見論之盡六合皆氣也，理則只是此氣之理耳。先儒必先有理，而後有氣，及理生氣之說，愚實有所未解。

此只是《易·大傳》所謂一陰一陽之謂道者，其曰非有以離乎陰陽也，即陰陽而指其本體不雜乎陰陽而為言耳。此正易本義，所謂陰陽迭運者氣也，其理則所謂道，蓋陰陽非道，陰陽所以迭運之理則道也，非他也。

朱子曰：“今人說陰陽上別有箇無形無影底是太極，非也。”

◎今強讀曰實圈子。

此◎（改讀曰太極）之動而陽，靜而陰也（陰陽）。中○（一太極）者，其本體也（朱子說）。

陰靜陽動之中有太極焉，此即所謂陰陽一太極也。所謂非有離乎陰陽也，即陰陽而指其本體不雜乎陰陽而為言者也。其實○與◎一也，對而觀之，○其不雜乎陰陽者歟？◎其不離乎陰陽者歟？一而二，二而一者也。愚非不知其不雜亦不離，不離亦不雜，而為是分岐之說，以取譏於人者，以必如是觀之，乃得二者之辨，而其一致之意，亦自可識也。

動生於靜，靜生於動，一動一靜，互為其根，命之所以流行而不已也。此蓋太極之本體也，是豈離於一陰一陽乎？抑豈雜於一陰一陽乎？所謂道之體用，不外乎陰陽，而其所以然者，則未嘗倚於陰陽也。

☾（讀曰左半）者，陽之動也，○（太極）之用所以行也。☽（右半）者陰之靜也，○（太極）之體，所以立也（朱子說）。

以此觀之，則本體之為全體亦可見矣，謂兼有體用也，蓋泥於器，而不雜於器，乃所謂道也。形而下者謂之器，器者各適其用；形而上者謂之道，道者實妙其全。

☽（陰中之陽）者，☾（陽動）之根也，☽（陽中之陰）者，☽（陰靜）之根也（朱子說）。

陰根陽，陽根陰者，如此蓋二氣之分，實一氣之運，故天地睽而其事同，男女睽而其志通，向非其一本之故，則何以異形異勢，而相求相合，有莫知其所以然者哉！又五行亦其宗也，故能相生而相尅以相成也。張子曰："陰陽之精，互藏其宅。其與周子陰根陽、陽根陰之說若合符節。"張子未必見《太極圖》與《通書》也，而其超然獨見有如此，以此益信周子之《太極圖》不必自种穆而來也，种穆豈足以與於此哉！

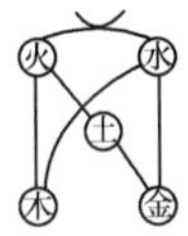

（讀曰自陰陽而五行），此陽變陰合而生水、火、木、金、土也。ㄣ（自左而下交於右）者，陽之變也；┙（自右而下交於左）者，陰之合也（朱子說）。

陽變而之陰生水及金，陰合而之陽生火及木，上則於一變一合之中，故兩得之而居中焉，下文曰土沖氣也，以此。

問："陽何以言變，陰何以言合？"朱子曰："陽動而陰隨之，所以言變合。"

朱子又曰："陽變陰合，初生水火，水火氣也，流動閃爍，其體尚虛，其成形猶未定，次生木金，則確然有定形矣，水火初是自生，木金則資於土。"

愚謂陽變而生陰之水，陰合而生陽之火，然水，太陰也，則又交於陽，而生少陽之木。火，太陽也，則又交於陰，而穿乎土，以生少陰之金。此皆以質而語其生之序然也，其水、金在右，火、木在左，則以陰陽方位而定也，詳在下文。

㊌陰盛，故居右（朱子說）。

右陰所居之方也，天地人物皆然。

㊋陽盛，故居左（朱子說）。

左陽所居之方也，天地人物皆然。

何謂天地人物皆然？帝出乎震，說言乎兌，生氣在東，殺氣在西，是天地左陽而右陰也，男子六脉以左為主，女子六脉以右為主，是人物亦左陽而右陰也。

㊍陽穉，故次火（朱子說）。

少陽次于太陽之下也。

㊎陰穉，故次水（朱子說）。

少陰次于太陰之下也。

此皆特以陰陽方位而分，固非以質而語其生之序，亦非以氣而語其行之序也。然自左陽而右水，陽生陰也；自右水而左木，陰生陽也；自右陰而左火，陰生陽也；自左火而右金，陽生陰也，方位雖若局定，而其相交之勢，則固與相生之序及推行之序不相悖也。

㊏沖氣故居中（朱子說）。

沖氣即所謂陰陽會合沖和之氣，以其無定位也。故獨位之於中，以見其於四行無所不在，無所不該也。以流行者言前乎為木、為火者於此，而成其終；後乎為金、為水者於此，而成其始。

《太極圖》本旨言陰陽生五行，正當主以質而語其生之序者，而是五者之氣，上行於天，則自木而火，火而土，土而金，金而水，故言五氣順布，四時行焉，於陽變陰合而生水、火、木、金土之下。

而水火之㐅（變合）交係乎上，陰根陽，陽根陰也（朱子說）。

右水陰也，却自左陽動而來，左火陽也，却自右陰靜而來，蓋陰陰也，其根則陽；陽陽也，其根則陰，二者互藏其宅也，誠以太極之全體，無閒可破，特自其體之全，而別其分之殊，豈可謂是二者判然不相關者哉！今以水火二物觀之，火能照物外明也，而內體則實暗，非以根於陰乎？水外暗不能照物也，而中却虛明能照，非以根於陽乎？又朱子曰："水質陰而性陽，火質陽而性陰。"

愚謂水內明，陰中有陽也，分明是圖之陰靜一邊。火內暗，陽中有陰也，分明是圖之陽動一邊，所以然者，非以陰根陽，陽根陰而何？

水而木，木而火，火而土，土而金，金而復水，如環無端，五氣布，而四時行也（朱子說）。

自水陰盛故居右，以下至陽根陰也，皆據圖中五行定位言，所謂以質而語其生之序也，自水而木，木而火，以下至四時行也。乃兼圖中五行數條牽系而言，所謂以氣而語其行之序也。

木氣布為春，萬物以生；火氣布為夏，萬物以長；金氣布為秋，萬物以斂；水氣布為冬，萬物以藏；土氣則寄旺於四序之間，萬物之生長收藏者以成此，所以按之以下二圖。

朱子曰："金木水火分屬春夏秋冬，土則寄旺四季，初春屬木，而清明後十八日即是土寄旺之時，每季寄旺十八日，其七十二日。惟夏季十八日，土氣為最旺，故能生秋金也。"

又曰："有太極則一動一靜而兩儀分，有陰陽則一變一合而五行具，然五行者質具於地，而氣行於天者也。以質而語其生之序，則曰水、火、木、金、土，而水木陽也，火金陰也。以氣而語其行之序，則曰木、火、土、金、水，而木火陽也，金水陰也。又統而言之，則氣陽而質陰也。又錯而言之，則動陽而靜陰也。蓋五行之變至於不可窮，然無適而非陰陽之道，至其所以為陰陽者，則又無適而非太極之本然也。夫豈有所虧欠閒隔哉！"

問："以質而語其生之序，此豈就圖而指其序耶？而水木何以謂之陽，火金何以謂之陰？"朱子曰："天一生水，地二生火，天三生木，地四生金，一三陽也，二四陰也。"

問："以氣而語其行之序，則木、火、土、金、水，此豈即其運用處而言之耶？而木火何以謂之陽，金水何以謂之陰？"曰："此以時序而言，如春夏為陽，秋冬為陰。"

愚謂土之一字當析作四分看，水、火、木、金，各有土象，故象止有四，而四時有土氣。

勉齊黃氏曰："五行有生數，有行數，不知何故初生是一樣，流行是一樣，其為物不貳，則其生物不測易簡之義，恐不如此，故嘗疑其只是一樣，及以造化之本原參之，人物之生育初無兩樣，只是水、木、火、金、土便是次序，古人欲分別陰陽造化之殊，故以水、火、木、金、土為言耳。自一至十之數，特言奇耦之數多寡耳，非謂次第如此也，蓋積實之數非次第之數也。天得奇而為水，故曰一生水，一之極而為三，故曰三生木。一極為三，以一運之圓而生三，故一為三也。地得耦而為火，故曰二生火，二之極而為四，故曰四生金。二極為四，以二周之方而為四，故二為四也。水者，初生之陽，木者，極盛之陽，火者，初生之陰，金者，極盛之陰，陽極而生陰，陰極而生陽，故但當以水、木、火、金、土為次序也。自初生至流行，皆是如此，若要看陰陽奇偶，一初一盛，則當曰水、火、木、金、土，非謂次序如此也。今以為第一生水，第二生火，第三生木，第四生金，以為次序則誤矣。水木火金土，五行之序也。水、火、木、金、土，分其奇耦，初盛而為言也，以此觀之，只是一樣無兩樣也。所謂一二三四，但言一多一少，多之極、少之極也。初非以次序而言，猶言一文兩文，非謂第一名、第二名也。果以次序而言之，則一生水而未成水，必至五行俱足，猶待第六而後成水，二生火而未成火，必待五行俱足，又成就了水，然後第七而成火耶，如此則全不成造化，亦不成義理矣。"

蓋五行本渾融無間，而立言之序，自有別耳，勉齊之說，獨精明是補朱子之所不足也。

勉齊又曰："六之成水也，猶《坎》之為卦也。一陽居中，天一生水也，地六包於外，陽少陰多，而水始成，七之成火也，猶《離》之為卦也。一陰居中，地二生火也，天七包於外，陰少陽多，而火始成。《坎》屬陽而《離》為陰，以其在內為生，在外者成之也。若以次序言，全不成義理矣。"

勉齊又曰："五行之序，某欲作三句斷之，曰論得數奇耦多寡，則曰水、火、木、金土，論始生之序，則曰水、木、火、金、土，論相生之序則曰木、火、土、金、水，如此其庶幾乎。"

勉齊又曰："太極不可名狀，因陰陽而後見，一動一靜，一晝一夜，以至於一生一死，一呼一吸，無往而生，二也。因陰陽之二而反以求之，太極之所以為陰陽者，亦不出於二也。非其本體之二，何以使末流無往而不二哉？然二也，各有本末，各有始終，故二分為四。"

五行立矣，蓋一陽分而為木火，一陰分而為金水，木者，火之始，火者，木之終；金者，水之始，水者，金之終。物各有終始，未有始而無終，有終而無始者，二者各有終始，則二分為四矣。知二之無不四也，則知其所以為是四者，亦道之本體也，非其本體之四，何以使物之無不四哉？故二與四，天下之物無不然，則亦足以見道體之本然也。地為太極不可名狀，此亦可以見其端倪矣，體用一源，顯微無間，要當以是觀之，塞天地，貫古今，無往不然，仁義禮智，特就人心而立名耳。

愚謂此五行，自造化言，故以水、木、火、土、金為序。《易・大傳》天一地二章之五行，是自造化之生成萬物言，故以水、火、木、金、土為序，其以水、木、火、土、金為序者，分明是自流行之用而言也。其以水、火、金、木相對，而土居中者，分明是據對待之定位而言也。論造化之生生，則當以流行者為主，論陰陽之生五行，五行之分屬陰陽，則惟以對待之定位觀之，為明白也。

○（虛圈）◎（實圈）㊋㊌㊏㊍㊎五行一陰陽，五殊二實，無餘欠也。陰陽一太極，精粗本末，無彼此也（朱子說）。

五殊二實，言五者之殊，一二者之實也，所以申解五行一陰陽之義也。

無餘欠也，夫五行既只是一陰陽，則安容有餘欠乎？其用字之義，亦甚精矣。

精粗本末無彼此者，此所以申解陰陽一太極之義，蓋分理與氣，則理為精，氣為粗，所謂形而上、形而下也。太極者，二氣之本體，二氣者，太極之麦分，是太極為本，二氣為末也。所以無彼此者，蓋精而本者，實包舉乎粗而末者，其粗而末者，實皆精而本者之所在耳，故曰無彼此也，明陰陽一太極也，然五行一陰陽處，即便是陰陽一太極處，今於彼曰五殊二實無餘欠，而於此乃曰精粗本末無彼此，何與二五均氣，太極對陰陽，則有理氣之分也。

太極本無極，上天之載，無聲無臭也（朱子說）。

所以別太極於陰陽五行也，形而上，形而下之分也。

夫太極惟本是無，故能博其有也，蓋天下之有不能以自有，而所謂無者，實有其有也，此所謂性立天下之有，而天下無性外之物，亦可見矣。

五行之生，各一其性，氣殊質異，各一其極。○無假借也（朱子說)。

水曰潤下，火曰炎上，木曰曲直，金曰從革，土曰稼穡，此五行各一其性也。但《書》《洪範》之五行主質且□□者，言《太極圖》之五行主氣行於天者，言此為小□。今據先儒亦引此為説，蓋以影出各一其性之意云，且氣殊質異，五行各有氣有質也，或謂水火為氣，木金為質者，恐非也。

各一其○者，譬如日月之光輝一也，或在水，或在庭，或在屋，同一日月之光也，以水得之而為水之光，庭戶得之而為庭戶之光，屋瓴得之而為屋瓴之光，要之則初無二光也，同愛一日月之光也。

各無欠缺，故各無假借也。

朱子曰：各一其性，則渾然太極之全體無不各具於一物之中，而性之無所不在，又可見矣。

五行之生，各一其性，氣質雖異，各一其極。○言行雖有五，其性則一，氣殊質異，其極則同，蓋五行一陰陽，陰陽一太極也。曰太極者，猶言性也，曰五行者，猶言仁、義、禮、智、信也。其實仁、義、禮、智、信五者，一性也。一性之分，則五常之德也。

○（水火金木之有四條，下屬於太極者），此無極二五之所以妙合而無閒也（朱子說）。

所謂無極之真，二五之精，妙合而凝，蓋於是遂有乾成男，坤成女之功矣。

朱子曰：真以理言，無妄之謂也。精以氣言，不二之名也。

○第四太極，乾男坤女，以氣化者言也，各一其性，而男女一太極也（朱子說）。

此男女是天地開闢之初，氣化融結而成，無□□也。種在天地也，如身上初生之虱子是也，亦無種也。

各一其性者，男健女順也。其實隨健順之所在，皆太極之所在也，故曰男女一太極也。

男女一太極，言男與女各一太極也。

萬物一太極，亦言物物各一太極也，非謂萬物統一太極也。

〇第五太極，萬物化生，以形化言也。各一其性，而萬物一太極也（朱子說）。

非以男女為人，萬物為物也。男女兼人與物言，萬物亦兼人與物言。乾坤者，男女之父母，男女者，萬物之父母，凡男女所生，先皆謂之萬物，其實萬物不外一男一女也。在獸之牝牡，亦男女也，在鳥之雌雄，亦男女也。朱子曰："在植物亦有男女，如有牡麻及竹有雌雄之類。"

或曰，竹與麻之外，安得一一辨其男女？曰：若如此，則求其盡，則不特植物，雖鳥獸之屬，亦有盡為男者，亦有盡為女者，不能一一男女，且所以為物也。如兔全無牡，蜂全無雄，蜾蠃亦不能生育，蓋亦無雄也。或曰，偏雄偏雌，則何以能生育？曰：偏雄偏雌，則其一物之身自具夫陰陽之氣，其氣當其時候，則自相交感，故亦能生育，故生生之理全也。兩化雖不分，一神自不缺，此又可見太極之全體無乎不在也。《翰墨全書》所載外國有男不婦、女不夫而生育者，則不但物為然，人亦有然者，大抵皆是得氣之支末者也。

人物之初，是氣化者既成人物，則以形相禪是為形化，而氣化載於其中矣，《易傳》所謂男女構精，萬物化生者也。然至今亦尚有氣化之物，氣化可以兼形化，形化不能外氣化，如使氣化之機息，則形化滅矣，但人不及察耳。

此以上引說解剝圖體，此以下據圖推盡說意（朱子說）。

惟人也，得其秀而最靈，則所謂人〇者於是乎在矣（朱子說）。

曰惟人也，則知上文所謂男女萬物者，兼人與物而言也。

得其秀者，氣質之秀也。最靈者心也，心之靈者，太極之所在也，故曰則所謂人極者，於是乎在矣。邵子曰："心為太極，為其全也，物則偏矣。"

《大學或問》曰："得其正而且通者為人，得其偏而且塞者為物，正即秀也，通即靈也。"

朱子曰："且如人頭圓象天，足方象地，平正端直，以受天地之正氣，所以識道理，有知識。物受天地之偏氣，所以禽獸橫生，草木頭生，向下尾反，在上物之間有知者不過只通得一路，如鳥之知孝，獺之知祭，犬但能守禦，牛但能耕而已。人則無不知，無不能，人所以與物異者，此耳。

又曰：只一箇陰陽五行之氣，滚在天地中，精英者為人，查滓者為物，精英中又精英者，為聖為賢，精英之中查滓者，愚不肖。

然形☽（陰靜）之為也，神☾（陽動）之發也（朱子說）。

形曰為者，坤作成物，重濁也。神曰發者，其氣發揚于上，為昭明輕清也。

愚謂形既生矣，神發知矣。此人之所同也，所謂雖上知不能無人心，雖下愚不能無道心也。

五性感動，而善惡分萬物出者。

正所謂人心惟危，道心惟微，亦據理而論之，要亦有欲動情勝，利害相攻之理，所謂危者愈危，微者愈微也。似不可遽指為實惡者，言若下文小人悖之凶，乃是指實惡者言也。

聖人定之以中正仁義而主靜，立人極焉，則五性常完矣。純粹至善，而無少有邪惡之雜矣。萬化自我而行人極，自我而立天地，自我而參矣。下文與天地合其德，日月合其明，四時合時序，鬼神合其吉凶，正是說聖人與天地參處，此又是一條五箇圖子也。

上文惟人也，至萬事出矣，是一條五圖子，又上文無極之真，至而變化無窮焉，亦是一條五圖子。

五性㊋㊌㊏㊍㊎之德也（朱子說）。

木之德為仁，火之德為禮，金之德為義，水之德為智，土之德為信。一無極之真也，此依朱子五常之說，但終是可疑，蓋五性既是仁、義、禮、智、信，則是純粹至善者也。自此而感動，則是自性之發而為情之正，終始本末，一無極之真矣，果何以兼善惡？愚意周子本旨，或是《中庸》“喜怒哀樂之未發，謂之中”者耶？其未發則性也。

善惡男女之分也（朱子說）。

男與女相對，善與惡亦兩相對，此以陰陽類分□□而言也，非謂凡男皆善，凡女皆惡也，類分之辭耳。

朱子曰：“天地之間，陰陽而已，以人分之，則男女也。以事言之，則善惡也。何適而不得其類哉！”

《大傳》繼善成性及太極圖說，似皆謂在天者無不善，及在人乃有不善，看來只是立教之意，其實在天，便亦有不純乎善者，故陰濁之氣必有所泄，泄於人，則為愚不肖，泄之於物，則為豺狼蛇蝎之類，亦天所賦也。

萬事萬物之象也（朱子說）。

所謂形既生矣，神發知矣，五性感動，而善惡分，萬事出矣，猶二氣交感，化生萬物，萬物生生，而變化無窮焉者也。

善惡分、萬事出者，蓋雖上智不能無人心，雖下愚不能無道心，人心雖非不善之心，然降自上智，而下則不能主之於靜，未免一善一惡交戰相勝，於是紛紜雜揉，人事始多端矣。所謂天下之至賾者也，則善惡為男女之分，萬事為萬物之象為可見矣。故紛之則此天下之動所以紛綸交錯，而吉凶悔吝所由以生也（朱子說）。

吉凶悔吝，亦有相衡之理（吉、悔、吝、凶）。

此以上言眾人具動靜之理，而常失之於動也。

惟聖人者又得夫秀之精一，而有以全乎○（太極）之體用者也（朱子說）。

精則不雜，而理欲之界限明，所以學而知之，不思而得也。一則不貳，而天理之宰制定，所以安而行之，不勉而中也。精一二字實取《尚書》之惟精惟一義，類有同者，但書本以工夫言，此借以言天資。

是以一動一靜，各添其極，而天下之故，常感通乎寂然不動之中（朱子說）。

一動一靜，各臻其極者，蓋靜亦靜，動亦靜也，無極之真，常完也，極者，至善之謂也。

如此則天下之動，常貞于一矣，可以成位乎其中矣，天下之故，常感通于寂然不動之中，所謂至誠之道可以前知。誠、神、幾曰聖人也。

蓋中也，仁也，感也，所謂☾（陽動）也，○（太極）之用，所以行也。正也，義也，寂也，所謂☽（陰靜）也，○（太極）之體所以立也。中正仁義，渾然全體，而靜者常為主焉，則人○極於是乎立，而

○（太極）◎（陰陽）火 水 土 木 金（五行）天地日月四時鬼神，其所不能違矣（朱子說）。

朱子曰："此言聖人全動靜之德，而常本於靜也。其行之也中，其處之也正，其發之也仁，其裁之也義。程子論乾坤動靜曰：'不專一則不能直遂，不翕聚則不能發散。'亦此意耳。"

又曰："聖人立人極，不說仁義禮智，却說仁義中正，中正即禮智，中正尤親，曰中是禮之得宜處，正是智之正當處。"又曰："中則無非禮之禮，正則是非端的分明，乃智之實也，所謂貞固是以幹事歟。"

既曰"太極、陰陽、五行"，而又曰"天地、日月、四時、鬼神。"天地、日月、四時、鬼神，豈有出於太極、陰陽、五行之外哉！

愚曰："天地、日月、四時、鬼神，又太極陰陽之所出者也，本《易・文言》成語耳。"

圖說中正仁義，而註腳又言仁義中正，反而言之，以見此理之循環無端，不自乾定，以孰為先，孰為後也，亦猶四時之春夏秋冬，或言秋冬春夏，以此見氣之動靜無端，陰陽無始也。右南軒言。

西山真氏曰：太凡有體而後有用，如天地造化發生於春夏，而收斂於秋冬，發生是用，收斂是體，自十月乾坤陽氣既盡，似乎生氣已息，不知收斂者乃所□為發生之根，自此霜雪凝固，草木凋落，蟲蛇伏藏。微陽雖生於下隱而未露，一年造化實基於此，須冬間斂藏凝固，然後春來發生有力，所以冬煖無霜雪，則來歲五穀不登，正以陽氣發洩之故也。人之一心亦是如此，須是平居湛然虛靜，如秋冬之秘藏，皆不發露，渾然一理，無所偏倚。然後應事方不差錯，如春夏之發生，物物得所，若靜時先已紛擾，則動時豈能中節，故周子以主靜為本，程子以主敬為本，皆此理也。

愚謂無欲故靜，動而無欲，則雖動而不失其靜矣。

君子之戒謹恐懼，所以修此而吉也（朱子說）。

獨言戒謹恐懼，不兼謹獨者，蓋主靜之意，多體立而後用行也，所謂君子而時中也。

吉者自與吉會也，敬勝怠者吉。

小人之放僻邪侈，所以悖此而凶也（朱子說）。

君子修之以敬，則欲寡而理明，寡之又寡，以至於無，則靜虛動直而聖可學矣，放僻邪侈，更無靜時。

天地人之道，各一○（太極）也，陽也，剛也，仁也，所謂☾（陽動）也，物之始也（朱子說）。

蓋元亨者，誠之通，萬物之出機也。人之仁，一理也。陰也，柔也，義也，所謂☽（陰靜）也，物之終也（朱子說）。

蓋利貞者，誠之復，萬物之人機也，人之義亦然也。

此所謂《易》也，而三極之道立焉，實則一○也（朱子說）。

蓋立天之道曰陰與陽，而陰陽成象一極也，立地之道曰柔與剛，而剛柔成質一極也，立人之道曰仁與義，而仁義成德一極也。

故曰《易》有太極，◐之謂也（朱子說）。

夫《易》有太極，乃不出乎◐之謂，此可見太極之本無極，而只在乎陰靜陽動之間也。此可見周子之為《太極圖》，直所以明《易》，蓋《易》卦具有三極之道，其義至隱。至孔子“《易》有太極，是生兩儀”之說，然後其義始彰，然又不若此圖之統體分明，條貫詳備，一圖立而三極之旨著，此吾儒周子之學所以為至中、至正、至精、至妙，盡善盡美為吾道重開一古初，大有功於伏羲，大有功於孔子，大有功於來學也。

愚謂《太極圖》與《中庸》同貫，蓋有天命之性，率性之道焉。有聖人修道之教焉，有君子由教人道之功焉，有天地位萬物育之能事焉，又有小人反中庸之戒焉。而太極之無所不在，又以見君子之道，費而隱也，萬古一理，千聖一心，其妙豈容以言說盡哉！

周子於篇末云：“故曰立天之道曰陰與陽，立地之道曰柔與剛，立人之道曰仁與義。”又曰：“原始反終，故知死生之說，大哉《易》也，斯其至矣。”

朱子釋之云云，此天地之間，綱紀造化，流行古今，不言之妙。聖人作《易》，其大意蓋不出此，故引之以證其說。

霍州學正曹端，因《太極圖說》中有氣化形化、死生之說，乃述其意而作詩以自喻。

氣化

太乙分兮作兩儀，陰陽變合化工施。生人主物都無種，此是乾坤氣化時。

形化

乾坤氣化已成形，男女雌雄牝牧名。自是生生有形化，其中氣化自流行。

死生

陰陽二氣聚時生，到底陰陽散時死。生死陰陽聚散為，古今造化只如此。

輪回

釋家不解死生由，妄說輪回亂大猷。不有大民先覺老，孰開我後繼前修。

朱子曰："'無極'二字乃周子灼見道體，迥出常情，勇往直前，說出人不敢說底道理，令後之學者曉然見得太極之妙，不屬有無，不落方體，真得千聖以來不傳之秘。"

又曰："凡看道理，要見大頭腦處分明，下面節節只是此理散為萬殊，如孔子教人，雖是逐事說箇道理，未嘗說出大頭腦處，然四方八面合聚湊來也。自見得箇大頭腦，若孟子便已指出教人，周子說出太極，又大段分明指出矣，且如惻隱之端，從此處推將去，則是此心之仁，即四德之元元，即太極之動處，如此節節推將去，亦自見大頭腦處，若看得太極分明，則盡見得天下許多道理條件，皆自此出，事事物物上皆有此箇道理，元無虧欠也。"

又曰："《太極圖》某苔不分明，別出許多節次出來，如何看得，但未知後人果能如此子細去看否。"又曰："周子《太極圖》，經許多人不與他思量出，自某逐一與他思索出得他如此精密。"太極圖說終。（太極圖說）

太極圖說述解　　明　曹端

太極圖

《太極圖》者，濂溪周先生之所作也。先生學由天授，道得心傳，而力行尤篤，其妙具於《太極圖》，是心造化之妙，手造化之真，而《通書》之言亦口此圖之蘊者，程先生兄弟之語性命，亦未嘗不因其說，潘清逸誌先生之基，而敘所著之書，特以作《太極圖》為稱，然則太極一圖，其道學之本源。噫！有志道學者宜致思焉。

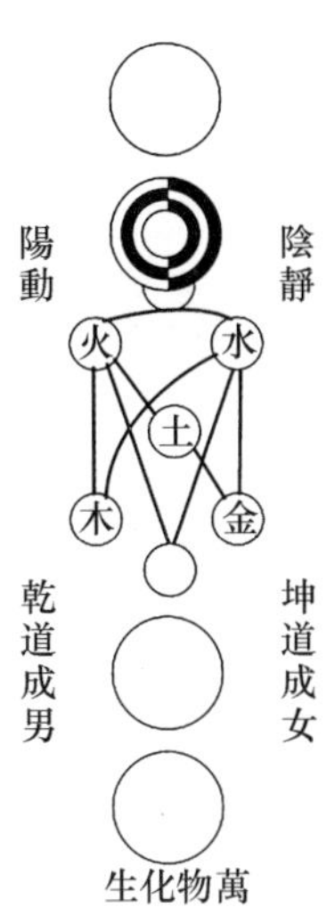

○（太極）此所謂無極而太極也。（無，謂無形象、無聲氣、無方所；極，謂至極，理之別名也。太者，大無以加之謂。凡天地間之有形象、聲氣、方所者，皆不甚大如此，極雖無聲氣而有形象、方所焉。惟理則無形象之可見，無聲氣之可聞，無方所之可指，而實充塞天地、貫徹古今，周子有見於此，故曰：無極而太極也。）所以動而陽，靜而陰之本體也，然非有以離乎陰陽也。（太極，理也，陰陽，氣也，有理則有氣，氣之所在，理之所在也，理豈離乎氣哉！）即陰陽而指其本體。（太極是就陰陽之動靜而指，為是動靜之本體言也）不雜乎陰陽而為言耳。（理雖在氣中，却不與氣混雜，此周子既圖之於陽動陰靜之中，而又特挑於上，以著理氣之不相雜也）◎（陰靜陽動）此○（太極）之動而陽、靜而陰也。（陰陽）中○（太極）者，其本體也。☾（陽動）者，陽之動也。○（太極）之用所以行也。☽（陰靜）者，陰之靜也。○（太極）之體所以立也。（太極以靜而立其體，以動而行其用，則天下萬事之體用由之序，《易》者，有曰體用一原，一原即太極也。）☽（陰中之陽）者，

（陽動）之根也。（陽中之陰）者，（陰靜）之根也。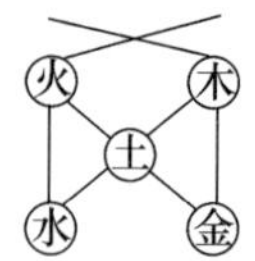

（陽變陰合水、火、木、金、土者），此陽變陰合而生水、火、木、金、土也。（陽變）者，陽之變也（陽變而陰而生水金）。[①]（陰合）者，陰之合也（陰合而陽而生火、木、土，則生於變合之中，而陰陽具，故中和焉）。水陰盛故居右（右陰位也），火陽盛故居左（左陽位也），木陽穉故次火（少陽次於老陽之下），金陰穉故次水（少陰次於老陰之下），土冲氣故居中（冲氣者，中和之氣也，故居四者之中），而水火之（變合），交系乎上（水居右而左系於上之陽動，火居左而右系於上之陰靜），陰根陽，陽根陰也（水陰而根於陽動，火陽而根於陰靜，故水內明，則陰中有陽矣，火內暗，則陽中有陰矣）。水而木（水生木），木而火（木生火），火而土（火生土），土而金（土生金），金而復水（金又生水），如環無端（這便似圓環之轉而無端倪之可舉）。五氣布，四時行也（木氣布而為春，萬物以生；火氣布而為夏，萬物以長；金氣布而為秋，萬物以斂；水氣布而為冬，萬物以藏；土氣則寄於四序之間，而四時行矣）。○（太極）（陰靜陽動），火 水 木 土 金（五行），五行一陰陽（自五行而反說歸陽動陰靜），五殊二實（其質則有水、火、木、金、土五者之殊，其氣則不外乎陰陽二者之實），無餘欠也（二氣之在五行，既無有餘，又無不足）。陰陽一太極（自二氣而反說歸太極），精粗本末（曰精曰粗以理言，曰本曰末以氣言），無彼此也（氣以理而生，理以氣而寓，無彼此之間也）。太極本無極（理之所以為太，無以加者，以其無形象、聲氣、方所而無不在焉）。上天之載，無聲臭也（“載”字，《詩》本以事言，《中庸》引之，則斷章取義，以理言，朱子舉理無聲氣，則無形象、方所亦可知矣）。五行之生，各一其性（性即理也，指太極而言，且水、火、木、金、土之生），氣殊質異（氣既有溫熱凉寒之不同，而質

① 此處當有“陰合”的圖像“”。

亦有太剛、太柔、少剛、少柔之不同也）。各一其○（太極），㊋㊌㊍㊏㊎（五行各具一太極，故曰各一其性，如所謂水曰潤下，火曰炎上，木曰曲直，金曰從革之類）。無假借也（隨在各足，不相假借）。○（真精妙合），此無極二五所以妙合而無間也（周子說無極之真，二五之精，妙合而凝。真以理言，精以氣言，理與氣妙合凝聚，而無間斷，所以為造化生生之道也）。○（乾道成男，坤道成女），乾男坤女（陽而健者成男，則父道也；陰而順者成女，則母道也），以氣化者言也（此言厥初生人物，只是陰陽二氣變化出來，不曾有種，故曰氣化），各一其性（乾健坤順，男剛女柔，其性不同），而男女一太極也（周子於乾男坤女之中畫一太極，所以明男女一理耳）。○（萬物化生），萬物化生（凡天地間飛潛動植之物，既有形矣，而造化之氣寓焉，於是形交氣感，而自相生於無窮），以形化者言也（此言人物既生之後，則人自生人，物自生物，故曰形化），各一其性（飛潛動植，各一其性），而萬物一太極也（周子於萬物化生之上，畫一太極，所以明萬物同一理耳，大抵一理散而為萬物，萬物合而為一理，造化以此而已，聖人亦以此而已，故子思子曰：“天地之道，可一言而盡也。”夫子曰：“吾道一以貫之。”又曰：“予一以貫之。”造化、聖人豈有二道也哉）。○（此以上引說解剝圖體，此以下據圖推盡說意）。唯人也，得其秀而最靈（天地間只有生而為人者，稟得陰陽五行之氣之秀者，故其心為最靈，而有以不失其性之全，所以天地之性，人為貴也），則所謂人○（極）者，於是乎在矣（則凡所言人之極者於此而在，蓋人心即太極也）。然形☽，陰（靜）之為也（周子言形既生矣之形，是人之形質，則指凝合一定者，乃陰靜之所為也）。神☾，陽（動）之發也（周子言神發知矣之神，是人之精神，則指運行不息者，乃陽動之發達也）。五性㊋㊌㊍㊏㊎（五行）之德也（五常之性即稟五行之德，木德曰仁，金德曰義，火德曰禮，水德曰智，土德曰信，以在天之五行為在人之五常，是則人一天耳）。善惡男女之分也（人性本善，而感

動則有中節不中節之分，其中節者為善，不中節者為惡，善惡而曰男女之分者，男陽而女陰，陽善而陰惡也）。萬事萬物之象也（事之萬變是萬物形著之象也），此天下之動所以紛綸交錯（此天下萬事之變動，所以有不勝之雜亂焉），而吉凶悔吝所由以生也（吉者，動之善，凶者，吉之反，悔者，吉之未成，吝者，凶之未成，四者自此而生）。惟聖人者，又得夫秀之精一（只有生知安行之聖人，則又獨得陰陽五行之秀，之精粹純一之至），而有以全乎○（太極）之體用者也（且太極以靜而立其體，以動而行其用，而聖人則有以全之於一身之間），是以一動一靜，各臻其極（此所以或動或靜，無不到至善之地），而天下之故，常感通乎寂然不動之中（則凡天下大小事務，常感而通之於此心寂凝不動之中），蓋中也，仁也，感也（中為禮，曰仁則屬春，曰禮則屬夏，是造化流行發育之象乃感之事也），所謂☾（陽動）也，○（太極）之用所以行也（動者為用，即太極之用行）；正也，義也，寂也（正為智，曰義則屬秋，曰智則屬冬，是造化收斂歸藏之時，乃寂然之事也），所謂☽（陰靜）也，○（太極）之體所以立也（靜者為體，即太極之體立）。中正仁義，渾然全體（中正仁義之德，乃聖人渾然全具之體也），而靜者常為主焉（靜者謂無私欲也），則人○（極）於是乎立（則天下之人極由聖人而立矣），

而○（太極）◎（陰陽）㊋ ㊌ ㊍ ㊏ ㊎（五行）天地、日月、四時、鬼神有所不能違矣（凡造化之成象成形，有幽有明，或動或靜，舉不能違乎此）。君子之戒謹恐懼，所以脩此而吉也（君子戒謹乎其所不睹，恐懼乎其所不聞者，所以能修此極而吉，吉則以得福言），小人之放僻邪侈，所以悖此而凶也（小人則放縱非僻，淫邪驕侈，無所不為，所以悖此極而凶，凶則以取禍言）。天地人之道，各一○（太極）也（天有所以為天之理，地有所以為地之理，人有所以為人之理），陽也（立天之道的陽），剛也（立地之道的剛），仁也（立人之道的仁），所謂☾（陽動）也，物之始也（萬物所資以為始者，此說原始而知所以生也）；陰也（立天之道的陰），柔也（立地之道的柔），義也（立人之道的義），所謂☽（陰靜）也，物之終也（萬物所資以為終者，此說反終而知所以死也）。此所謂

《易》也（凡圖中所有造化人事動靜始終，皆《易》之道也），而三極之道立焉（而天地人三才之道賴此以立），實則一○（太極）也（三才之分雖殊，實則一理而已），故曰《易》有太極（贊《易》，聖人所以言變易之中有至極之理）。◐（陰陽）之謂也（陰陽之中指出本體，而曰太極焉耳），○（陰陽以氣言，剛柔以質言，仁義以理言）。

太極圖說

無極而太極（無極而太極，只是說無形而有理，所謂太極者，只二氣五行之理，非別有物為太極也）。

無，謂無形象、無聲氣、無方所，極，謂至極，理之別名也。“太”者，大無以加之稱。天地間凡有形象、聲氣、方所者，皆不甚大如此。“極”者，雖無聲氣，而有形象、方所焉。惟理則無形象之可見，無聲氣之可聞，無方所之可指，而實充塞天地，貫徹古今，大孰加焉。自孟子而後，真知灼見，唯一周子耳，故其言曰無極而太極，而朱子釋之曰：“上天之載，無聲無臭（“載”字，《詩》本以事言，《中庸》引之，而斷章取義，則以理言，此則本《中庸》之義而言，理無聲氣），而為造化之樞紐，品彙之根柢也。故曰：無極而太極，非太極之外，復有無極也。”太極者，本然之妙，而有動靜焉。動靜者，所乘之機也，而無止息焉。且太極之有動靜，是天命之流行也，所謂一陰一陽之謂道，誠者，聖人之本，物之終始，而命之道也。

太極動而生陽。

其動也，誠之通也，是繼之者善，屬陽，故曰生陽，而萬物之所以資始也。

動極而靜。

極者，終也，動不常動，故動之終則有靜焉。

靜而生陰。

其靜也，誠之復也，是成之者性，屬陰，故曰生陰，而萬物各正其性命也。

靜極復動。

靜不常靜，故靜之終則又動焉。

一動一靜，互為其根。

太極之動，不生於動，而生於靜，是靜為動之根，太極之靜不生於靜，而生於動，是動為靜之根。

分陰分陽，兩儀立焉。

靜則太極之體立而陰以分，動則太極之用行而陽以分，於是天地定位，而兩儀立矣。其曰動極而靜，靜極復動，一動一靜，互為其根，是命之所以流行而不已也。其曰動而生陽，靜而生陰，分陰分陽，兩儀立焉，是分之所以一定而不移也。葢太極，形而上之道也，陰陽，形而下之器也，是以自其著者而觀之，則動靜不同時，陰陽不同位，而太極無所不在焉。自其微者而觀之，則沖漠無朕，而動靜陰陽之理，已悉具於其中矣。雖然推之於前而不見其始之合，引之於後而不見其終之離也，故程子曰動靜無端，陰陽無始，非知道者，孰能識之！

陽變陰合，而生水、火、木、金、土。

陽變而陰，而生水與金，陰合而陽，而生火與木，土則生於變合之中，而陰陽具。

五氣順布，四時行焉。

自是以來木氣布而為春，萬物以生；火氣布而為夏，萬物以長；金氣布而為秋，萬物以斂；水氣布而為冬，萬物以藏；土氣則寄於四序之間，而四時行矣。大抵有太極，則一動一靜而兩儀分，有陰陽則一變一合而五行具，然五行者質具於地，而氣行於天者也。以質而語其生之序，則曰水、火、木、金、土，而水、木陽也（以其同出乎陽動之變也），火、金陰也（以其同出乎陰靜之合也）；以氣而語其行之序，則曰木、火、土、金、水，而木、火陽也（以其同居乎陽位也），金、水陰也（以其同居乎陰位也）。又統而言之，則氣陽而質陰也（五行之成氣而行於天者，皆曰陽，五行之成形而行於地者，皆曰陰）；又錯而言之，則動陽而靜陰也（水、火，動而陽者也，木、金，靜而陰者也），葢五行之變，至於不可窮，然無適而非陰陽之道，至其所以為陰陽者，則又無適而非太極之本然也，夫豈有所虧欠間隔哉）。

五行一陰陽也。

五行異質，四時異氣，而皆不能外陰陽，是五行只一陰陽而已。

陰陽一太極也。

陰陽異位，動靜異時，而皆不能離乎太極，是陰陽只一太極而已。

太極本無極也。

至於所以為太極者，又初無聲氣之可言，無形象之可見，無方所之可指，是性之本體，然也，天下豈有性外之物哉！

五行之生也，各一其性。

性即太極也，然五行之生，隨其氣質，而所稟不同，如水曰潤下，火曰炎上，木曰曲直，金曰從革，所謂各一其性也，各一其性，則渾然太極之全體，無不各具於一物之中，而性無所不在，又可見矣。蓋五行具，則造化發育之具，無不備焉，故又即此而推本之，以明其渾然一體，莫非無極之妙，亦未嘗不各具於一物之中也。

無極之真。

真以理言，無妄之謂也

二五之精。

二，陰陽也，五，五行也，精以氣言，不二之名也。

妙合而凝。

妙合者，理氣渾融而無間也。凝者，聚也，氣聚而成形，蓋性為之主，而陰陽五行為之經緯錯綜（一直一橫曰經緯，往來上下曰錯綜）。又各以類聚而成形，則天下無性外之物，而性無不在焉。

乾道成男。

乾者，陽之氣，而性之健也，陽而健者成男，則父之道也。

坤道成女。

坤者，陰之氣，而性之順也，陰而順者成女，則母之道也。

二氣交感，化生萬物。

於是陰陽二氣，自相交感，則陽施陰受，而化生萬類之物，是人物之始，以氣化而生者也。

萬物生生，而變化無窮焉。

二五之氣，聚而成形，則人有男女，物有牝牡，合而成偶，則形交氣感，遂以形化，而人物生生而變化無窮矣。自男女而觀之，則男女各一其性（是分而言之），而男女一太極也（是合而言之）。自萬物而觀之，則萬物各一其性（是分而言之），而萬物一太極也（是合而言之），蓋合而言之，萬物統體一太極也，分而言之，一物各具一太極也，所謂天下無性外之物，而性無不在者，於此尤可見其全矣。子思子曰："君子語大，天下莫能載焉（是言其大無外），語小，天下莫能破焉（是言其小無内）。"此之謂也。

惟人也，得其秀而最靈。

雖曰人物之生，莫不有太極之道焉，然陰陽五行氣質交運，而人之所稟，獨得其秀，故其心為最靈，而有以不失其性之全，所謂天地之心，而人之極也。

形既生矣。

然人之形質，既生於陰靜。

神發知矣。

則人之精神，必發於陽動。

五性感動，而善惡分。

於是五常之性，感物而動，而陽善陰惡，又以類分。

萬事出矣。

而五性之殊，散為萬事。蓋二氣五行，化生萬物。其在眾人，雖曰具動靜之理，而常失之於動者又如此，自非聖人全體太極有以定之，則欲動情勝，利害相攻，人極不立，而違禽獸不遠矣。

聖人定之以中正仁義而主靜，立人極焉。

此言聖人全動靜之德，而常本之於靜也。蓋人稟陰陽五行之秀氣以生，而聖人之生又得其秀之秀者，是以其行之也中，其處之也正，其發之也仁，其裁之也義，蓋一動一靜莫不有以全夫太極之道，而無所虧焉。則所謂欲動情勝、利害相攻者，於此乎定矣。然靜者誠之復，而性之貞，苟非此心寂然無欲，而靜則又何以酬酢事物之變，而一天下之動哉！故聖人中正仁義，動靜周流，而其動也必主乎靜（是主正義以行中仁），而立人極焉。

故聖人與天地合其德。

此聖人所以成位乎天地之中，以言其德，則合乎天地之德焉。

日月合其明。

以言其明，則合乎日月之明焉。

四時合其序。

以言其序，則合乎四時之序焉。

鬼神合其吉凶。

以言其吉凶，則合乎鬼神之吉凶焉，是聖人所為一於理，而天地、日月、四時、鬼神，有所不能違也。蓋必體立而後用有以行，若程子論乾坤動靜，而曰不專一則不能直遂，不翕聚則不能發散，亦此意爾。聖人太極之全體，一動一靜，無適而非中正仁義之極，蓋不假修為，而自然也。

君子修之吉。

未至中正仁義之極而修之，則君子之所以吉也。

小人悖之凶。

不知中正仁義之極而悖之，則小人之所以凶也。修之、悖之，亦在乎敬肆之間而已矣。敬則欲寡而理明，寡之又寡，以至於無，則靜虛動直而聖可學矣。

故曰：

繫《易》聖人有言。

立天之道，曰陰與陽。

陰陽成象，天道之所以立也。

立地之道，曰柔與剛。

剛柔成質，地道之所以立也。

立人之道，曰仁與義。

仁義成德，人道之所以立也。夫道一而已，随事著见，故有三才之別，而於其中又各有體用之分焉（以天道言則陰體而陽用，以地道言則柔體而剛用，以人道言則義體而仁用），其實則一太極也。

又曰：

繫《易》聖人又言。

原始反終，故知死生之說。

陽也（立天之道的陽），剛也（立地之道的剛），仁也（立人之道的仁)，物之始也（是陽動，萬物之所資以為始也）；陰也（立天之道的陰)，柔也（立地之道的柔)，義也（立人之道的義)，物之終也（是陰靜，萬物之所資以為終也)。人而於此能原始而知所以生，則反終而知所以死矣，此天地之間，綱紀造化，流行古今，不言之妙，聖人作《易》(伏羲畫《卦》，文王繫《辭》，周公明《爻》，孔子作《傳》)，其大意蓋不出此，故周子引之，以證其說。

大哉《易》也，斯其至矣。

大哉，歎美之辭。《易》，易書也。斯此圖也，周子圖說之末，歎美《易》之為書，廣大悉備，然語其至極，則此圖盡之，其旨豈不深哉！抑嘗聞之程子昆弟之學於周子也，周子手是圖以授之，程子之言性與天道多出於此，然卒未嘗明以此圖示人，是則必有微意焉（所謂微意，蓋欲待中人以上，可以語上者語之)，然學者亦不可以不知也。

端因《太極圖說》中有氣化、形化、死生之說，乃述其意而作詩以自喻。

氣化

太一分兮作兩儀，陰陽變合化工施。生人生物都無種，此是乾坤氣化時。

形化

乾坤氣化已成形，男女雌雄牝牡名。自是生生有形化，其中氣化自流行。

死生

陰陽二氣聚時生，到底陰陽散時死。生死陰陽聚散為，古今造化只如此。

輪回

空家不解死生由，妄說輪回亂大猷。不有天民先覺老，孰開我後繼前修。（太極圖述解）

讚太極圖并說　　明　曹端

濂溪夫子，卓乎先覺。上承洙泗，下開河洛。建圖立說，理明辭約。

示我廣居，抽關啟鑰。有綱有條，有本有末。斂歸一心，放彌六合。月白風清，鳶飛魚躍。舜禹得之，崇高卑若。孔顏得之，困極而樂。舍此而為，異端俗學。造端之初，胡不思度。毫釐之差，千里之錯。

（太極圖述解）

辨戾　　明　曹端

先賢之解《太極圖說》，固將以發明周子之微奧，用釋後生之疑惑矣。然而有人各一說者焉，有一人之說而自相齟齬者焉，且周子謂太極動而生陽，靜而生陰，則陰陽之生由乎太極之動靜，而朱子之解極明備矣。其曰有太極則一動一靜而兩儀分，有陰陽則一變一合而五行具，尤不異焉。及觀《語録》却謂太極不自會動靜，乘陰陽之動靜而動靜耳，遂謂理之乘氣，猶人之乘馬，馬之一出一入，而人亦與之一出一入，以喻氣之一動一靜，而理亦與之一動一靜，若然則人為死人，而不足以為萬物之靈，理為死理，而不足以為萬化之原，理何足尚，而人何足貴哉！今使活人乘馬，則其出入行止、疾徐，一由乎人馭之何如耳。活理亦然，不之察者，信此則疑彼矣，信彼則疑此矣，經年累歲，無所折衷，故為《辨戾》，以告夫同志君子云。（太極圖述解）

困知記　　明　羅欽順

周子之言性，有自其本而言者，“誠源”，“誠立”，“純粹至善”是也。有據其末而言者，“剛善”，“剛惡”，“柔亦如之”，“中焉止矣”是也。然《通書》首章之言，渾淪精密，讀者或有所未察，遂疑周子專以剛柔善惡言性，其亦踈矣。

太極陰陽之妙，善觀者試求之一歲之內，自當了然。一日之內亦可觀，然太近而難詳也；一元之內亦可觀，然太遠而難驗也。要之，近而一日，遠而一元，其盈虛消息，相爲循環之理。即一歲而推之，無有不合，《易》言“復其見天地之心”，蓋明指其端矣。苟明乎此，其於酬酢世變，又豈待於外求也哉。

周子《太極圖說》篇首“無極”二字，如朱子所解釋，可無疑矣。至於“無極之真，二五之精，妙合而凝”三語，愚則不能無疑。凡物必兩而後可以言合，太極與陰陽果二物乎？其為物也果二，則方其未合之先各安在邪？朱子終身認理氣為二物，其源蓋出於此。愚也積數十年潛玩之功，至今未敢以為然也。嘗考朱子之言有云，“氣強理弱”，“理管攝他不得”。若然，則所謂太極者，又安能為造化之樞紐，品物質根柢邪？惜乎！當時未有以此說叩之者，姑記於此，以俟後世之朱子云。

朱子謂：“《通書》之言，皆所以發明太極之蘊。”然書中並無一言及於無極，不知果何說也？

《通書》四十章，義精詞確，其爲周子手筆無疑。至如“五殊二實，一實萬分”數語，反覆推明造化之妙，本末兼盡。然語意渾然，即氣即理，絕無罅縫，深有合乎《易傳》“乾道變化，各正性命”之旨，與所謂“妙合而凝”者有間矣。知言之君子，不識以為何如？

“有物先天地，無形本寂寥。能爲萬象主，不逐四時凋。”此詩乃高禪所作也。自吾儒觀之，昭然太極之義，夫復何言？然彼初未嘗知有陰陽，安知有所謂太極哉？此其所以大亂真也。今先據佛家言語，解釋一番，使彼意既明且盡。再以吾儒言語解釋一番，然後明指其異同之實，則似是之非，有不難見者矣。以佛家之言爲據，則“無始菩提”，所謂有物先天地也，“湛然常寂”，所謂“無形本寂寥”也；“心生萬法”，所謂“能爲萬象主”也；“常住不滅”，所謂“不逐四時凋”也。作者之意，不亦明且盡乎？求之吾儒之書，“太極生兩儀”，是固先天地而立矣。“無聲無臭”，則無形不足言矣。“富有之謂大業”，萬象皆一體也。“日新之謂盛德”，萬古猶一時也。太極之義，不亦明且盡乎？詩凡二十字，其十七字彼此意義無甚異同，不足深辨，所當辨者三字爾：“物”也，“萬象”也。以物言之，菩提不可爲太極，明矣。以萬象言之，在彼經教中即萬法爾。以其皆生於心，故謂之能主。然所主者，實不過陰界入。自此之外，仰而日月星辰，俯而山河大地，近而君臣父子、兄弟夫婦朋友，遠而飛潛動植、水火金石，一切視以爲幻而空之矣，彼安得復有所謂萬象乎哉！爲此詩者，蓋嘗窺見儒書，遂竊取而用之耳。

余於前《記》嘗有一說，正爲此等處，請復詳之。所謂“天地間非太極不神，然遂以太極爲神則不可”，此言殊未敢易，誠以太極之本體。動亦定，静亦定，神則動而能静，静而能動者也，以此分明見得是二物，不可混而爲一。故《繫辭傳》既曰“一陰一陽之謂道”矣，而又曰“陰陽不測之謂神”，由其實不同，故其名不得不異。不然，聖人何用兩言之哉！然其體則同一陰陽，所以難於領會也。佛氏初不識陰陽爲何物，固無由知所謂道，所謂神，但見得此心有一點之靈，求其體而不可得，則以爲空寂。推其用而偏於陰界入，則以爲神通。所謂“有物”者此爾，以此爲性，萬無是處。而其言之亂真，乃有如此詩者，可無辨乎！然人心之神，即陰陽不測之神。初無二致，但神之在陰陽者，則萬古如一。在人心者，則與生死相爲存亡。所謂理一而分殊也，佛氏不足以及此矣。吾黨之士，盍相與精察之？

陽動陰静，其大分固然。然自其流行處觀之，静亦動也；自其主宰處觀之，動亦静也，此可爲知者道爾。

“周子在程朱之上”，恐未易言。二程所以有功於聖門，有功於後學者，第一是辨異端，闢邪説，使聖道既晦而復明，學者不迷其所向，豈小補哉。不知周子緣何卻欠此一節？且天地造化之妙，聖學體用之全，《易》中言之甚悉，《太極圖説》殆不能有所加也。推崇之過，聽者能無惑乎！

太極述。周元公先生之《太極圖》，朱文公先生所以尊信而表章之者至矣。愚則熟玩其圖，詳味其説，雖頗通其大義，然不無少疑。首疑“無極之真，二五之精，妙合而凝”三言，未免析理氣為二物，其説已見於《困知記》中矣。次疑“聖人定之以中正仁義而主静”，不審為聖人自定耶，為定天下之人耶？以為自定，則“慾動情勝”乃聖人之所必無。以為定天下之人，則“主静”二字難得分曉。朱門嘗有問及此者，所答亦未見如何。至論下學功夫，僅有“君子修之吉”一言，疑亦太略。且其圖之作，雖極力模擬，終涉安排，視《先天圖》之易簡精深而妙於自然，恐未可同年而語也，豈元公未嘗見此圖耶？（困知記）

整菴羅氏曰：周子之言性，有自其本而言者，誠源誠立，純粹至善是也。有據其末而言者，剛善剛惡，柔亦如之，中焉止矣是也。然《通書》首章之言，渾淪精密，讀者或有所未察，遂疑周子專以剛柔善惡言

性，其亦疏矣。（学统）

讀書札記　　明　徐問

周子論太極陰陽分動靜，至謂動極復靜，靜極復動。愚觀十一月冬至子半，是初動而生陽，至於《壯》《夬》遇《姤》，一陰牛而歸《剝》，是動極而靜也。自十月純陰，隨至於復其動之端倪，《易》謂見天地之心，是靜極復動也。動靜互為其根，中間陰陽變合而生五氣五行，播於四時，散為萬物，其跡其見。（讀書札記）

答門人問學　　明　羅洪先

周子所謂主靜者，乃無極以來真脉路。其自注云“無欲故靜”，是一切染不得，一切動不得。無然歆羡，無然畔援，莊生所言混沌者近之，故能爲立極種子，非就識情中認得個幽閒暇逸者，便可代替爲此物也。指其立極處與天地合德，則發育不窮；與日月合明，則照應不遺；與四時合序，則錯行不忒；與鬼神合吉凶，則感應不爽。修此而忘安排，故謂之吉。悖此而費勞擾，故謂之凶。觀周子爭死囚，即欲去位。趙清獻無少納交，臥疾敝篋無錢，行部深入感疾，未嘗有分毫不盡分處，此是真能主靜者。蓋樂則行，憂則違，或爲季桓子之仕，或爲膰肉之去。孔門相傳脈絡，至周子始相續也。若識認幽閒暇逸以爲主靜，便與野狐禪相似，便是有欲一切享用玩弄。安頓便宜厭忽縱弛，隱忍狼狽之弊，紛然潛入而不自覺。即使孤介清潔，自守一隅，亦不免於偏聽獨任，不足以倡率防檢，以濟天下之務，其與未知學者何以相異，是可不深省而致思也哉。（念菴集）

書萬日忠扇　　明　羅洪先

寂然不動者，誠也，言藏於無也，感而遂通者，神也，言發於有也，動而未形、有無之間者，幾也，言有而未嘗有也，三言皆狀心也。常有

而不使其雜於有，是謂研幾，真能不雜於有，則常幽常微，而感應之妙，是知幾之神，謂幾爲一念之始者，何足以知此。（念菴集）

荅董蓉山　明　羅洪先

主靜立極，濂溪嘗有是言矣，此非濂溪之言也，戒懼於不睹不聞，子思嘗言之矣，不睹不聞，靜也。微而隱而，見焉顯焉，非不動也，此無欲之體，無極之真。大□□□以生生，非有物以為之根，原靜為動，根□□中故也。此即所謂動而無動，靜而無靜，神妙萬物者也，故曰陰陽一太極，太極本無極，彼得意而忘言，故不執言，而直顯其意若此，兄所引動靜一原，顯微無間是也，而指以靜為時動時靜，則淺之為靜矣。《易》言顯也，見也，凡天地之交錯變易，日用之酬應作止皆易也，皆動也，而其根則本靜，本於無極，此即所謂根原也。兄恐其執靜一偏，而不識此根，原誠可憂矣。雖然動靜兩言未有能實明之者，果明之，則靜之一言盡之矣，不必兼之以動，而後為完具也。吾不能復無極之真者，孰為之乎。盖動而後有不善，有欲而後有動，動於欲而後有學，學者學其未動焉者也，學其未動而動，斯善矣。動無動矣，此其大畧也。至其所指，無欲與所以至於無欲之機，非面面相臨，言固不能窮也。今之言良知者，惡聞靜之一言，以為良知該動靜合內外，而今主於靜焉，偏矣，何以動應，此恐執言，而或未盡其意也。夫良知該動靜合內外，其體統也，吾之主靜所以致之，盖言學也。學必有所由而入，未有入室而不由戶者，苟入矣。雖謂良知本靜亦可也，雖謂致知為慎動亦可也，此非生之言也。孟子曰“大人者不失其赤子之心”，赤子之心，良知也。不識不知，固至靜也。若於知識中認得幽閒暇逸者，以為根原，却不免於識情有所去取，此豈特非陽明公之本旨，近□生且非之矣，兄謂如何？（念菴集）

答陳明水　明　羅洪先

玄潭之聚，衆賓群集，而執事又越疆遠牗，尤為奇稀。松風潭月，清明倍昔，不知此後閣中復有此等勝事否？六月批荅猶未披誦，想留會省，令郎來承手書，拳拳誠懼，終於迷途不復知返，欲以指南為之相導，其為惠愛何如可云。然於不肖近所持行，似或相左，姑以聽受，而不復深論，以待衆人可也。不肖於執事何如哉！

來教云："吾輩學問大要，在自識本心，庶工夫有下落。"此言誠是也。雖然，本心果易識哉？來教云："心無定體，感無停機，凡可以致思着力者，感也，而所以出思發知者，不可得而指也。"謂心有感而無寂，是執事之識本心也。不肖驗之於心，則謂心有定體，寂然不動是也。感無定體，時動時靜是也。心體惟其寂也，故雖出思發知，不可以見聞指，然其凝聚純一、淵默精深者，亦惟能著己近裏者，能默識之，亦不容以言指也，是謂"天下之至誠"，動應惟其有時也。故雖出思發知，莫不為感。然其或作或息，或行或止，或語或默，或視或瞑，萬有不齊，而機難豫定，固未始有常也。是謂天下之至神，惟至誠者乃可以語至神，此《中庸》通篇意也。

來教云："欲於感前求寂，是謂畫蛇添足；欲於感中求寂，是謂騎驢覓驢。"不肖驗之於心，又皆有可言者，自其後念之未生，而吾寂然者，未始不存，謂之感前有寂可也。自其今念之已行，而吾寂然者未始不存，謂之感中有寂可也。感有時而變易，而寂然者未始變易，感者萬殊，而寂然者惟一，此中與和，情與性，所由以名也。

來教云："學至于研幾，神矣。《易》曰：'幾者動之微。'周子曰：'動而未形，有無之間曰幾。'夫既曰動，則不可以言靜，聖人知幾，故動無不善也。细觀密旨，似以幾為心之微動，不肖驗之於心，又有大不然者，當吾心之動，機在倏忽，有與無俱未形也，斯時也。若何致力以為善惡之辨乎？且來教云："感無停機。"是又以心為動體，不見所謂靜矣。夫感無停機，機無停運，頃刻之間，前機方微，後機將著，牽連不斷。微著相尋，不為乍起乍滅矣乎？是正所謂相左者也，竊詳《周易》與周子之旨，亦與來教稍異。《易》贊"知幾為神"，而以介石先之，朱子曰："介如石，理素定也。"是素定者，非所謂寂然者乎？又曰："惟幾也，故能成天下之務。"而以惟深先之。朱子曰："極深者，至精也，研幾者，至變也。"是精深者，非寂然者乎？此《大易》之書可考也。周子言幾，必先以誠，故其言曰："誠無為，幾善惡。"又曰："寂然不動者誠也，感而遂通者神也。"而後繼之以幾，夫不疾而速，不行而至者，謂之神。故曰"應而妙"，不落有無者謂之幾。故曰"微而幽"，夫妙與幽不可為也，惟誠則精而明矣。此周子之書可考也，蓋言吾心之感，似涉於有矣。然雖顯而實微，雖見而實隱，又近於無，以其有無不形，故謂之幾。"幾善惡"者，言惟幾故能辨善惡，猶云"非幾即惡焉耳"，必常戒懼，常能寂然，而後不逐於動，是乃所謂研幾也。今之議者咸曰"寂然"矣，"無為"矣，又何戒懼之有？將以工夫皆屬於動，無所謂靜者，不知"無欲故靜"，周子立極之功也。"誠則無事，果確無難"，周子思誠之功也。"背非見，止非為，為不止"者，周子立靜之功也。假使知幾之說，如來教所云，是乃"聖門第一關頭"，何至畧示其意於《易》之文，而周子亦不諄諄以告人耶？子思之傳《中庸》，固憂聖門之失其傳也，使其工夫如來教所云，則必曰"戒慎"乎？其初可睹恐懼乎？其初可聞，何乃以不睹不聞為言，如今之謎語乎？惟其於不睹不聞而戒懼焉，則是所持者至微至隱，故凡念之動，皆能入微，而不至於有形；凡思之用，皆可通微，而不至於憧憧，如此乃謂之知幾，如此乃可以語神，亦謂之先幾之學，此其欛柄端可識矣。今以戒懼疑於屬動，既失子思之本旨，又因戒懼而疑吾心無寂然，併《大易》周子之旨而滅之，無亦言之未瑩矣乎。日者出吊泰和途中，友人往往以是詰問，其言不同，所見則一，推原其故，大抵誤認良知為祟耳。今為良知之說者曰："知是知非，不可欺瞞者良知也。常令此知烱烱不昧，便是致吾心之良知。"聞者未嘗怪之也。雖然此言似矣，而實有辨也。夫孟子所言良知，指不學不慮當之，是知乃所以良也，知者感也，而所以為良者，非感也。《傳習錄》有曰："無善無惡者，理之靜；有善有惡者，氣之動。不動於氣，即無善無惡，是謂至善。"夫至善者非良乎？此陽明公之本旨也。而今之言良知者，一切以知覺簸弄，終日精神隨知流轉，無復有凝聚純一之時，此豈所謂不失赤子之心者乎？恐陽明公復出，不能不矯前言，而易之以它辭也。洛村常問："獨知時有念否？"公荅以"戒懼亦是念，戒懼之念，無時可息。自朝至暮，自少至老，更無無念之時。"蓋指用工而言，亦即所謂不失赤子之心，非浮漫流轉之謂也。今之學者，誤相授引，便指一切凡心，俱謂是念，實以遂其放縱恣肆之習，今《傳習錄》具在，稍加玩味，亦易辨別，執事所見雖高，然大要以心屬感，似與此輩微覺相類，自未聞良知之說以前，諸公之學，頗多得力，自良知之說盛行，今二十餘年矣。後之得力較之先進，似或不勇，此豈無故耶？不肖一二年間，初有向裏之意，近日頗知用力，而日月已逝，不復可追，所論寂感與知幾之弊，皆身所經歷，且有歲年，譬之貧人，得金之期，雖未可知，然沿門逐戶，所見多矣，固執事不鄙，且念此事關涉甚大，若不明白，不獨擔閣後生，自身將來向何結裹，故具以所知為問，惟執事剖示之。(念菴集)

與黃勉之　　明　王守仁

來書云："韓昌黎'博愛之謂仁'一句，看來大段不錯，不知宋儒何故非之？以爲愛自是情，仁自是性，豈可以愛爲仁？"愚意則曰：性即未發之情，情即已發之性，仁即未發之愛，愛即已發之仁，如何喚愛作仁不得？言愛則仁在其中矣。孟子曰："惻隱之心，仁也。"周子曰："愛曰仁。"昌黎此言，與孟、周之旨，無甚差別，不可以其文人而忽之也。云云。

博愛之說，本與孟、周之旨，無大相遠。樊遲問仁，子曰愛人，愛字何嘗不可謂之仁歟？昔儒看古人言語，亦多有因人重輕之病，正是此等處耳。然愛之本體，固可謂之仁，但亦有愛得是與不是者，須愛得是，方是愛之本體，方可謂之仁。若只知博愛而不論是與不是，亦便有差處。吾嘗謂博字不若公字爲盡，大抵訓釋字義，亦只是得其大概。若其精微奧蘊，在人思而自得，非言語所能喻。後人多有泥文著相，在字眼上穿求，卻是心從法華轉也。(王陽明全集)

答倫彥式　　明　王守仁

論及"學無靜根，感物易動，處事多悔"，即是三言，尤是近時用工之實。僕罔所知識，何足以辱賢者之問，大抵三言者，病亦相因。惟學而別求靜根，故感物而懼其易動，感物而懼其易動，是故處事而多悔也。

心無動靜者也。其靜也者，以言其體也；其動也者，以言其用也。故君子之學，無間於動靜。其靜也常覺，而未嘗無也，故常應；其動也常定，而未嘗有也，故常寂。常應、常寂，動靜皆有事焉。是之謂集義，集義故能無祇悔。所謂動亦定，靜亦定者也。心一而已，靜其體也。而復求靜根焉，是撓其體也，動其用也。而懼其易動焉，是廢其用也。故求靜之心即動也，惡動之心非靜也，是之謂動亦動，靜亦動。將迎起伏，相尋於無窮矣。故循理之謂靜，從欲之謂動。欲也者，非必聲色貨利外誘也。有心之私，皆欲也。故循理焉，酬酢萬變，皆靜也。濂溪所謂主靜無欲之謂也，是謂集義者也。從欲焉，雖心齊坐忘，亦動也。告子之強制，是助之謂也，是外義者也。（王陽明全集）

與陸元靜　明　王守仁

來書云："周子曰主靜，程子曰動亦定，靜亦定。先生曰定者，心之本體。是靜、定也。決非不睹不聞、無思無爲之謂，必常知常存，常主於理之謂也。夫常知常存，常主於理，明是動也，已發也。何以謂之靜？何以謂之本體？豈是靜定也，又有以貫乎心之動靜者邪？"

理無動者也，常知常存，常主於理，即不睹不聞、無思無爲之謂也。不睹不聞、無思無爲，非槁木死灰之謂也。睹、聞、思、爲，一於理，而未嘗有所睹、聞、思、爲，即是動而未嘗動也。所謂動亦定，靜亦定，體用一原者也。

來書云："此心未發之體，其在已發之前乎？其在已發之中而爲之主乎？其無前後內外而渾然一體者乎？今謂心之動靜者，其主有事無事而言乎？其主寂然感通而言乎？其主循理從欲而言乎？若以循理爲靜，從欲爲動，則於所謂動中有靜，靜中有動，動極而靜，靜極而動者，不可通矣。若以有事而感通爲動，無事而寂然爲靜，則於所謂動而無動，靜而無靜者，不可通矣。若謂未發在已發之先，靜而生動，是至誠有息也，聖人有復也，又不可矣。若謂未發在已發之中，則不知未發已發，俱當主靜乎？抑未發爲靜，而已發爲動乎？抑未發已發俱無動無靜乎？俱有動有靜乎？幸教。"

未發之中，即良知也，無前後内外，而渾然一體者也。有事、無事，可以言動靜，而良知無分於有事、無事也。寂然、感通，可以言動靜，而良知無分於寂然、感通也。動靜者，所遇之時，心之本體，固無分於動靜也。理無動者也，動即爲欲。循理，則雖酬酢萬變，而未嘗動也；從欲，則雖槁心一念，而未嘗靜也。動中有靜，靜中有動，又何疑乎？有事而感通，固可以言動，然而寂然者，未嘗有增也。無事而寂然，固可以言靜，然感通者，未嘗有減也。動而無動，靜而無靜，又何疑乎？無前後内外而渾然一體，則至誠有息之疑，不待解矣。未發在已發之中，而已發之中，未嘗别有未發者在；已發在未發之中，而未發之中，未嘗别有已發者存。是未嘗無動靜，而不可以動靜分者也。凡觀古人言語，在以意逆志而得其大旨，若必拘滯於文義，則靡有孑遺者，是周果無遺民也。周子靜極而動之説，苟不善觀，亦未免有病，蓋其意從太極動而生陽，靜而生陰説來，太極生生之理，妙用無息，而常體不易。太極之生生，即陰陽之生生，就其生生之中，指其妙用無息者而謂之動，謂之陽之生，非謂動而後生陽也。就其生生之中，指其常體不易者而謂之靜，謂之陰之生，非謂靜而後生陰也。若果靜而後生陰，動而後生陽，則是陰陽動靜，截然各自爲一物矣。陰陽一氣也，一氣屈伸而爲陰陽；動靜一理也，一理隱顯而爲動靜。春夏可以爲陽爲動，而未嘗無陰與靜也；秋冬可以爲陰爲靜，而未嘗無陽與動也。春夏此不息，秋冬此不息，皆可謂之陽，謂之動也；春夏此常體，秋冬此常體，皆可謂之陰，謂之靜也。自元、會、運、世、歲、月、日、時，以至刻、杪、忽、微，莫不皆然。所謂動靜無端，陰陽無始，在知道者默而識之，非可以言語窮也。若只是牽文泥句，比擬倣像，則所謂心從法華轉，非是轉法華矣。

來書云："昔周茂叔每令伯淳尋仲尼、顔子樂處，敢問是樂也，與七情之樂，同乎？否乎？若同，則常人之一遂所欲，皆能樂矣，何必聖賢；若别有真樂，則聖賢之遇大憂大怒，大驚大懼之事，此樂亦在否乎？且君子之心，常存戒懼，是蓋終身之憂也，惡得樂？澄平生多悶，未嘗見真樂之趣，今切願尋之。"

樂是心之本體，雖不同於七情之樂，而亦不外於七情之樂，雖則聖賢，别有真樂，而亦常人之所同有，但常人有之而不自知，反自求許多憂苦，自加迷棄。雖在憂苦迷棄之中，而此樂又未嘗不存，但一念開明，反身而誠，則即此而在矣。每與原靜論，無非此意，而原靜尚有“何道可得”之問，是猶未免於騎驢覓驢之蔽也。（王陽明全集）

太極說　明　薛瑄

無極而太極，理也。陰陽五行，氣也。無極太極，非有離乎陰陽，即陰陽而指其本體不雜乎陰陽而為言，是理雖不雜乎氣，亦不離乎氣也。五行雖各具一太極，而五行各有其氣，是理雖不離乎氣，亦不雜乎氣也。無極之真，二五之精，妙合而凝，是理氣相合而無間也。男女各具一太極，而男女各有陰陽，是理又未嘗離乎氣也。萬物各具一太極，而萬物皆有陰陽，是理又未嘗離乎氣也，是則萬物、男女、五行一陰陽，陰陽一太極，太極本無極，初無精粗本末之間，則理氣不相離者可見矣。

誠者，聖人之本，專指陰陽中太極而言。“大哉乾元，萬物資始，誠之源也。”太極動而生陽也。“乾道變化，各正性命，誠斯立焉。”太極靜而生陰也。純粹至善，又專指太極也。故曰一陰一陽之謂道，陰陽即陽動陰靜，道指太極也。繼之者善，陽之動，誠之源也。成之者性，陰之靜，誠斯立焉。元亨，誠之通，太極之動也。利貞，誠之復，太極之靜也。“大哉《易》也，性命之原乎！”《易》，即陰陽動靜也。性命，即陰陽中太極之理也，陰陽動靜而太極雖不離乎陰陽，亦不雜乎陰陽。故曰“大哉《易》也，其性命之源乎！”

一分而為二，一即在二中，而一之本體未嘗分也。二分而為四，一即在四中，而二之一未嘗少也。四分為八，一即在八中，而四之一未嘗減也。以至八分為十六，十六分而為三十二，三十二分而為六十四，一則隨所分而無不在，而其分之主，則自若也。蓋一生二，二生四，四生八，八生十六，十六生三十二，三十二生六十四，而一隨生隨在者，分之殊也。六十四根扵八，八根扵四，四根扵二，二根扵一者，理之一也。理之一各貫扵分殊之中，分之殊串統扵理一之內，是故分之殊若分矣，而理之一則渾然無所不包；理之一若合矣，而分之殊則粲然各有條理。分而合，合而分，所謂一以貫之者歟？

天地所以順，四時所以運，鬼神所以靈，是皆理之自然也。聖人體道無二，與天地合其德矣。知周萬物，與日月合其明矣。動靜以時，與四時合其序矣。屈伸以正，則與鬼神合其吉凶矣。天地也，日月也，四時也，鬼神也，聖人也，形雖有異，而道則無間，是皆自然一致。夫豈有一毫強合之私哉！是以聖人之心，與天為一，先天而天弗違，後天而奉天時也。天且不違，則人與鬼神之不違者，從可知矣。（以上四條選自楚紀）

孔子曰《易》有太極，又曰一陰一陽之謂道，又曰形而上者之謂道，形而下者之謂器，皆兼理氣而言。周子無極而太極，則純以理言，至動而生陽，靜而生陰，則兼以氣言矣。（學統）

統體一太極，即萬殊之一本，各具一太極，即一本之萬殊，統體者，即大德之敦化，各具者，即小德之川流，天地間只有理氣而已，其可見者，氣也，其不可見者，理也，故曰君子之道費而隱。

中孚二體皆中實，全體則中虛，中虛則無物，中實則有理，故曰中虛，信之本，中實，信之質，無物而有理，即無極而太極也。

太極只是性，太極是性的表德。（以上三條選自《讀書錄》）

天命之性，太極之理也。

太極者，性理之尊號，道為太極，理為太極，性為太極，心為太極，其實一也。

太極之有動靜，即天命之流行也，天命即元、亨、利、貞也，《中庸章句序》“繼天立極”，“繼”字是從《易》“繼之者善”字來。蓋天理流注到聖人身上，聖人以身立極於天下，故謂之繼天立極。

太極即是中正仁義，非四者之外又有太極也。

不可於中正仁義之外求太極。

太極涵萬物，萬物統體一太極也，萬物分太極，物物各具一太極也。

即天地萬物觀之渾然一理，遠邇大小之間，萬物統體一太極也，即天地萬物分而言之，天有太極，地有太極，萬物有一太極，一物各具一太極也。

即太極而言，已具兩儀四象八卦，以至六十四卦三百八十四爻之象，故曰體用一源也。

即兩儀、四象、八卦、六十四卦三百八十四爻而言，太極之理，無往不在，故曰顯微無間。

自理而言，冲漠無朕而天地萬物之象已具，故曰體用一源；自象而言，即天地萬物之著，而冲漠無朕之理各在，故曰顯微無間。

太極之理，其大無外，其小無内，上下四方無一毫空缺之處，而天地萬物自不能外此，太極常包涵乎天地萬物，如大海之水包涵夫水之百物。所謂萬物統體一太極也，就天地萬物觀之，各有一太極，如海中之百物，各得海水之一，所謂萬物各具一太極也。

惟其萬物統體一太極，故萬物各具一太極。

太極其大無外，其小無内，分而言之，天地人雖各具一太極，合而言之，則統體一太極也。

太極者，本然之妙也，動静者，所乘之機也。理與氣無間亦無息也。

太極之理，所謂顯微無間也。

太極涵萬象體用一源也，萬象具太極，顯微無間也。

神妙萬物之體，神妙萬物之用，即太極也。

朱子曰，惟人也，得其秀而最靈，純粹至善之性，是所謂太極也，是則太極即性，明矣。

太極在陰中，其體立，太極在陽中，其用行，太極隨陰陽而無不在，果不分也。

太極動而生陽，神之伸也；静而生陰，鬼之屈也。屈伸相感，動静相因，循環無端，《易》之謂也。

太極動而生陽，静而生陰，即二氣之良能也。

二氣之良能，即屈伸之自然也。（以上二十條選自《讀書續録》）

無極説　　明　薛瑄

無極而太極，非有二也。以無聲無臭而言，謂之無極；以極至之理而言，謂之太極。無聲無臭而至理存焉，故曰無極而太極。以性觀之，無兆朕之可窺，而至理咸具，即無極而太極也。

無極而太極，惟無形而有理，一言括盡。

無形而有理，所謂無極而太極，有理而無形，所謂太極本無極，形雖無而理則有，理雖有而形則無，此純以理言，故曰有無為一。老氏謂無能生有，則無以理言，有以氣言，以無形之理，生有形之氣，截有無為兩段，故曰有無為二。

無極而太極，氣未用事，故純粹至善而無惡，及動而生陽，靜而生陰，則善惡分矣。

無極而太極，乃周子指出陰陽中之理以示人，實未嘗離乎陰陽也，若誤認陰陽，別有一物為太極，則非矣。

無極而太極，本然之性也。太極動而生陽，動極而靜，靜極生陰，二五流行，化生萬物者，氣質之性也。

即無極而太極觀之，沖漠無朕之中，萬象森然已具，所謂體用一源也。即陰陽五行，男女萬物觀之，而此理無所不在，所謂顯微無間也。

無極而太極，天地之性也。太極動而生陽，靜而生陰，氣質之性也。天地之性，以不雜者言之，故曰無極而太極。

無極而太極，天地本然之性也；陰陽太極，氣質之性也。天地本然之性，就氣質中指出不雜者言之，氣質之性即本然之性，墮在氣質中者，初非二性也。

無極立言，本欲明此理之無方所，無形象耳，後人將作虛無之無看，則失周子之意矣。

《中庸》引《詩》曰："上天之載，無聲無臭。"即無極而太極也。

孔子言太極是指理言，周子言無極，是指此理無形而言。

孔子所謂《易》有太極者，言陰陽變易之中，而有至極之理，是就氣中指理以示人。周子無極而太極，言雖無形之中而有至極之理，則專以理言。至太極動而生陽，靜而生陰，則亦兼以氣言矣。學者知無者，太極之無形，有者，太極之有理，則有無合一。

天何言哉，即無極之妙。

太極不可以動靜言，然舍動靜便無太極。

莊子曰："嗜欲深者，天機淺。"蓋嗜欲混亂，此心則理無自而見。故周子曰："一者，無欲也。"無欲其至矣。

太極一圈中虛無物，蓋有此理，而實無形也。（以上十七條選自《讀書錄》）

無極而太極，而陰陽五行，男女萬物之象，無不具於其中，所謂體用一原也。陰陽五行，男女萬物，莫不各有無極太極之理，所謂顯微無間也。

無極而太極，便是元、亨、利、貞，天命之全體，渾然而未分者，動而生陽，靜而生陰，即天命之流行也。

周子無極而太極，指性命之全體而言，張子《西銘》理一分殊，指仁義而言，《西銘》示人以求仁之體，專言之仁也，於《太極圖》中正仁義亦無不包矣。

無極太極，陰陽五行，四時男女，萬物渾然一理而無間隔，一以貫之。

“無極”二字雖出於《太極圖說》，然邵子曰無極之前，陰含陽也。

無極之真，是性之全體，靜虛為陰。無極之真在陰中，動直為陽，無極之真在陽中，明木通火。公金溥水，無極之真，在五行中即圖之太極、陰陽、五行也。靜虛，陰也，而曰明通，木火根於陰也；動直，陽也，而曰公溥，金水根於陽也。即圖之木火根於陰，水金根於陽之理，人之息，呼根於吸，吸根於呼，亦陰陽相根之理。

朱子論無極而太極，所以動而陽，靜而陰之本體也，動靜無時不然，而太極無時不在。

在天為元、亨、利、貞，在人為仁、義、禮、知，太極不外乎此也。《中庸》言“中也者，天下之大本也”，即仁、義、禮、知皆中也。此專言中也，周子言聖人定之以中正仁義而主靜，此中只是禮之一德，偏言之中也，專言之中是未發之中，偏言之中是時中之中。

上天之載，無聲無臭至矣，舉《中庸》之義而約言之，是無極太極之理，《中庸》言之備矣。道是自然之理，不待盡己推己而後，然未至於自然之理，誠能盡己之忠，推己之恕，則至自然之理為不遠也。（以上九條選自《讀書續錄》）

太極圖說　明　薛瑄

周子《太極圖》，畫出理氣示人。

周子之太極，即《中庸》之誠。

理既無聲無臭，陰陽亦變化不常，是豈得而圖之，周子作《太極圖》，不過假象以顯義耳，學者要當默識其理於圖象之表，苟只於圖中溺意以求之，又焉有超然自得之妙哉？

聖人定之以中正仁義而主靜，主靜即《中庸》立天下之大本也。

造化人事，皆一靜為主，造化非專一翕聚，則不能直遂發散，人心非寂然不動，則何以酬酢天下萬事。

周子論幾字，如《復》之初九，善幾也，《姤》之初六，惡幾也。善幾不可不充，惡幾不可不絕，朱子所謂近則公私邪正，遠則廢興存亡，只於此處看破，便斡轉了，此實治己治人之至要也。

周子說幾善惡，始無毫釐之間，充越天壤之異，為堯舜皆原於幾之善，為桀紂，皆原於幾之惡。

昔周子惟程珦知之，宜其生二程為道學之宗也。

理氣豈可圖，而周子圖之，非超然有得於圖之表者，不能知程子終身不以示人者，其意微矣。

以《太極圖》反求之身心動靜之間，無一不合。

《太極圖》上面大圈子即陰陽，中小圈子在陰陽中，見其不離在上，見其不雜，其實一而已矣，非小圈外別有一圈為太極也。

○是也，氣質之性以不離者言之，故曰太極動而生陽，靜而生陰◎是也，然無極而太極，即陰陽中之太極，陰陽中太極，即無極而太極，太極雖不雜乎陰陽，亦不離乎陰陽，天地之性，氣質之性，一而二，二而一者也。

◎此圖中一小圈即無極而太極，動而生陽，是右邊陰為之根，靜而生陰，是左邊陽為之根，方其動也，則太極附動而行，方其靜也，則太極依靜而立，陰陽相根，理氣混合，元無間斷先後。

○太極第二圈，◎太極陰陽皆具道器合一，上以包無極而太極，下以包五行男女萬物，故朱子於解剝圖意終曰《易》有太極，◎之謂也，道器精粗本末，此圈盡之。

周子作《太極圖》，乃心得之妙，畫出造化以示人。

《先天圖》十月純坤，初爻中已有十一月，《復》卦初爻之根，即《太極圖》右半陰中陽也，《先天圖》四月純乾，初爻中已有五月，《姤》

卦初爻之根即太極左半陽中陰也，由是觀之，《先天》與《太極圖》亦未嘗不合。

程復心將《太極圖》中着一“氣”字，又從而釋之曰：“太極未有象數，惟一氣耳，乃漢儒涵三為一，老莊指太極為氣之說。”其失周子、朱子之旨遠矣。

《太極圖》水、火、木、金、土，五箇小圈子即五行各具一太極也，其下一小圈子乃理氣妙合而無間也，又下一大圈子乃氣化生出男女牝牡雌雄，而各具一太極也，又最下一圈子乃男女已生之後，形交氣感，形化萬物，而各具一太極也。

以《太極圖》反求之身心，動靜之間無一不合。

天地、陰陽、古今，萬物始終、生死之理，《太極圖》盡之。

《易》横圖一而二，二而四，四而八，八而十六，十六而三十二，三十二而六十四，《太極圖》則一理、二氣、五行、男女，遂至於化生萬物，雖所推有詳畧之不同，其為理氣則一而已矣。（以上選自《讀書録》）

太極上一圈，是天地之性，陰陽五行，男女萬物各一太極，是氣質之性，然氣質之性，即天地之性，隨在氣質中，非有二也。

燈下因觀八卦《太極圖》曰：“此浩然之氣也。”（以上兩條選自《讀書續録》）

《太極圖》動而生陽，是從動處說起，動卻自靜中來，靜又自動中來，直是動靜無端，陰陽無始。

本然、氣質之性，具見於《太極圖》。

默觀《太極圖》，與己一一契合。

周子《太極圖》，朱子之解，以心契心者也，熟讀精思，二三十年，庶得其旨趣之妙，殆非淺近之功，所可得而窺測也。

余見說太極者多矣，苟非實得真說夢爾。

《太極圖》右半，陰中之陽，即程子所謂靜中有物，乃十月純坤中之陽也。

觀《太極圖》，得一“靜”字為處事之本。

《太極圖》義理精而約，該而備。

《太極圖》右邊，黑中之白，白盡即為陽，非自右而左也，左邊白中

之黑，黑盡即為陰，非自左而右也，但假象以顯義，姑以黑白分左右耳。（以上選自《讀書錄》）

觀《太極圖》皆天理流行發見之實，聖人定之以中正仁義而立人極，以至與天地、日月、四時、鬼神，合德、合明、合序、合吉凶，皆妙道精義之著。

《太極圖》，陰陽之能動能靜者，即是鬼神，故張子曰："二氣之良能也。"

《太極圖》五行各一圈，雖曰各一其性，各一太極，其實初無空缺處，但自統體者分之各有一太極耳，男女萬物各有一太極亦如此。

《太極圖》水、火、木、金、土，五圈雖曰各具一太極，其實初無間隔，渾然一理已具，而五行各得其一，天地萬物皆如此。

即《太極圖》觀之，無極而太極者，體用一源也。陰陽五行，男女萬物者，顯微無間也。蓋無極而太極，冲漠無朕，而萬象已具，故曰體用一源也。陰陽五行，男女萬物，各具太極之理，故曰顯微無間也。

《太極圖》言"一理、二氣、五行，化生萬物"，《西銘》言"乾坤為萬物之父母"，則一理、二氣、五行，化生萬物在其中矣。（以上選自《讀書續錄》）

《太極圖》一言以蔽之曰，理氣而已。

周子《太極圖》，畫出理氣示人。

《太極圖》一以貫之。（以上三條選自《讀書錄》）

《太極圖》包括天地，貫徹古今。

學貫天人，於《太極圖》見之。

《太極圖》貫天人之理為一。（以上三條選自《讀書續錄》）

《太極圖》之理，自朝至暮，說不盡，但少肯聽者爾。

維天之命，於穆不已，於《太極圖》見之。（以上兩條選自《学统》）

《太極圖》上一圈，純以理言，而其下餘圈則兼以氣言，然上一圈即在下，餘圈之中所謂精粗本末無彼此也。

《太極圖》見天人合一之妙。

《太極圖》用功之要，只在君子修之吉，小人悖之凶，修之者，修此仁義中正也，悖之者，悖此仁義中正也。故敬則欲寡而理明，寡之又寡，以至於無，則靜虛者，正也，義也，太極之體以立，動直者中也，仁也，太極之用以行，而聖可學矣。

《太極圖》只是陰陽兩端循環不已，而理為之主。

《太極圖》天地、古今、陰陽、寒暑、晝夜、死生、剛柔、動靜，無不括盡。

《太極圖》遠而萬古，近而一息，無能外者。

靜看《太極圖》，斯須離之不可得也。

《太極圖》理一而分殊。

程子曰："理無形也。"故假象以顯義，非特《易》為然，《太極圖》亦是已。

《太極圖》如水，一源流而為千支萬派，卻都只是源中水也。

周子《太極圖說》字字貼在圖上，朱子解亦然。

《太極圖說》不過反覆推明陰陽五行之理，健順五常之性，蓋天人合一之道也。

大德敦化者，中也，性也，一也。小德川流者，和也，情也，貫也，讀《太極圖說》句句體貼，向身上看，自有無窮之味。（以上選自《讀書錄》）

《太極圖說》，程子之後惟朱子知之，宜程子不以語人也。

《太極圖說》朱子解，知者鮮矣。

《太極圖說》在當時，惟朱子盡得其妙，其次張南軒而已。

《太極圖說》君子脩之吉，即孟子"存心養性"之謂也。（以上選自《讀書續錄》）

周子言男女，而萬物在其中，言萬物，而男女在其內，互文也。

朱子稱周子曰："先生之精，因圖以示，先生之蘊，因圖以發。"其曰精者，即無極而太極，陰陽五行，男女萬物也。其曰蘊者，即包涵無窮之理也。

臨川吳氏曰："太極無動靜。"故朱子釋《太極圖》曰："太極之有動靜，是天命之流行也。"此是為周子分解太極，不當言動靜，以天命有流行，故只得以動靜言，竊謂天命即天道也，天道非太極乎？天命既有流行太極，豈無動靜乎？朱子曰："太極本然之妙也，動靜所乘之機也。"是則動靜雖屬陰陽，而所以能動靜者，實太極為之也，使太極無動靜，則為枯寂無用之物，又焉能為造化之樞紐，品彙之根柢乎？以是而觀，則太極能為動靜也明矣。

太極動而生陽，但就動之端説起，其實動之前又是靜也。（以上選自《讀書録》）

周子曰："太極動而生陽，靜而生陰。"朱子解曰："太極，本然之妙也，動靜，所乘之機也，是太極即在陰陽之中。"周子又曰："陽變陰合而生水、火、木、金、土。"朱子解曰："五行各一其性，而渾然太極之全體，無不各具於其中，是太極即在五行之中也。以太極生兩儀言之，兩儀陰陽而太極無不在，即所謂太極本然之妙也，動靜所乘之機也。以兩儀生四象言之，四象即水、火、木、金，而太極無不在，即所謂五行各一其性，而太極渾然之全體無不各具於一物之中也。由八卦至六十四卦三百八十四爻，每卦每爻，無非奇偶陰陽，卦卦有太極，爻爻有太極，氣之所在，理隨在焉，夫豈有虧欠間隔哉！"

以性情言之，仁、義、禮、知，其體也，惻隱、羞惡、辭讓、是非，用也，周子以義知為靜，是以體言，以仁禮為動，是以用言。其説自元、亨、利、貞來，元、亨，誠之通，非仁禮為動為用乎？利、貞，誠之復，非義知為靜為體乎？

朱子以《易》有太極，卽周子所謂無極而太極。《易》所謂是生兩儀，卽周子所謂太極動而生陽，動極而靜，靜而生陰；靜極復動，一動一靜，互爲其根。分陰分陽，兩儀立焉。《易》言兩儀生四象，卽周子所謂水、火、木、金。以是而觀，則《易》所言太極之生萬象，周子所言太極之生萬物，同一理也。

伏羲畫奇耦以象陰陽，本於天地陰陽自然之數，周子《太極圖》圈子，只是以意取象而已。

聖人定之以仁義中正而主靜，立人極焉，中正仁義，性也，性即人極也，萬物之生同一太極，此不可分也，因物物各具一太極，若有分耳，雖若有分而統體之，太極實未嘗分也。

定之以中正仁義而主靜，蓋義與正為靜，中與仁為動，以中與仁為動，是以中仁之用言也。

主靜以立其本，慎動以審其幾。（以上選自《讀書續録》）

伏羲觀象以畫卦，周子原理以作圖，其義一也。

朱子作《濂溪贊》，其曰“風月無邊”，以言乎遠則不禦也。其曰“庭草交翠”，以言乎近則靜而正也。其曰“書不盡言，圖不盡意”，此理之微妙，誠有非圖書所能盡者。

體用一源，不可分體用為二，顯微無間，不可分道器為二。以武王之聖而不知夷、齊之賢，豈非命歟？（以上選自《讀書錄》）

太極繹義論　明　舒芬

論曰：周子《太極圖》，舒子之為繹義也，疏為八圖。其一，河圖數，著原也；其二，伏羲則圖畫卦，起下文也；其三，伏羲成卦，成卦不著畫，直分陰陽，見與圖合也；其四，別擬伏羲則圖畫卦，若異朱子者。按，朱子云，虛五與十者，太極也，奇數二十，偶數二十者，兩儀也。以一二三四為五六七八九者，四象也。折四方之合，以為乾、坤、離、坎，補四隅之空，以為兑、震、巽、艮者，八卦也。舒子云，中五者，太極也，次十者，分兩儀也，次一二三四者，生數分四象也，次六七八九者，成數分八卦也。九數三奇，老陽為乾焉。六數三偶，老陰為坤焉。七數一奇兩偶，少陽為震、坎、艮生焉（以後天三男生於乾之老陽亦合）；八數一偶兩奇，少陰為巽、離、兑生焉（以後天三女生於坤之老陰亦合）。參之生蓍、倚數、揲蓍、求爻，皆合也。其五，圖濂溪，則圖（《河圖》）以作圖（《太極圖》），以《河圖》側而觀之，太極陰陽五行無餘欠也。其六，後天八卦，論土寄王之辨圖，其左券也。其七，天《太極圖》寓河圖之數，陰陽互根，太極全體本然之妙，昭然矣。其八，人《太極圖》五性之位，五行之德，立人之道，見太極之全體焉，可以與天地參矣。至于屬論曰：男女既生，以形相禪，則命由此出，兼氣質而言也。實有補於朱子男女太極之說，曰人之生者，曰理、曰氣、曰質、曰數。夫理，性善之性也，曰氣曰質，性相近之性也，曰數，稟於有生之初之天命也，實有以闡性命之大全，其曰秋冬非肅殺，乃百物之所胎者，以理而論混闢，而非有異於邵子也。其曰土之寄王，惟夏秋之交，冬春之交者，本陰陽至理而言，而不苟同於秦漢以來之諸儒也，其推五行有性有德，蔡氏之羽翼也；其論潮汐與月相應，《正蒙》所未言也，火烈金剛，水緩木柔，性之所以相近；火散金遒，木上水下，習之所以相遠也。厥有稟受，厚薄不齊，命之所以一定而无移者，付之天，窮理盡性，述事繼志，道之所以責成於己而不怠也。至於五行在天，有氣有質，五行之序，有生有成，是皆窮深極微之論，前哲未發之藴，抑亦可見天理之在人心，前乎百千萬年之前，後乎百千萬年之後，繭絲牛毛，叢見百出，道理未始不相值，有如是也。嗚呼，我心之所同然者，理也，義也，然則舒子所以自信於無窮者，不在兹乎？後之覽者要知其所以異，又知其所以同，斯可以論太極繹義矣。（太極繹義）

世宗憲皇帝聖訓　　清　愛新覺羅胤禛

雍正七年八月丁巳，上諭大學士九卿等：朕於用人行政，是非賞罰，總視乎理之至公，而未嘗稍存成見。《大學》云：“心有所忿懥，則不得其正；有所恐懼，則不得其正；有所好樂，則不得其正；有所憂思，則不得其正。”夫心不正，則是非可否，皆不得其當，其弊有不可勝言者矣。周子《通書》云：“無欲則静虚動直，静虚則明，明則通，動直則公，公則溥。”可見人之心必静虚動直，而後應事接物，可得其平。若一有所偏向，則静不能虚，動不能直，又安望其明通公溥哉！夫有所者，不過流於一偏而已，足爲心之累，至於有我，則全是自私自利之心，縈繞固結於中，但知有己，而不知有人，則其心之不正更甚矣。古稱溺愛者不明，凡人溺愛他人，則於是非可否，已不能辨，而不免於惑。况溺愛己身，則但見其是而不見其非，但見其可而不見其否。沉惑迷謬，以至過咎日叢，愆尤日積，而全不知醒悟改悔，其爲害尚可言哉！又如人臣以忠言規諫其君，則望君之虚懷採納，而人君以正言訓勉其臣，亦望臣之實心聽從。君不用臣言，則加以拒諫之名，而臣奉君之訓，聽之藐藐，清夜自思，能安於心乎？惟是君不聽臣言，人人皆得而見之，而臣之不能洗心易慮，以從君之訓，則在隱微之間，人所難知，是在爲臣者之捫心省察而已。（世宗憲皇帝聖訓）

恭跋性理精義　　清　愛新覺羅弘曆

夫欲致天下於熙皡，振風俗於隆古，焕禮樂於三代，興孝弟於十室者，必本之於崇王道，而王道之崇，則又在於尊儒學。古昔聖王之治天下也，設爲庠序學校以教之，每歲孟春，遒人以木鐸徇於路，戴《記》："司徒修六禮以節民性，明七教以興民德。" 凡所以重教化之道，致天下於文明者也。我聖祖仁皇帝，崇儒重道，仁民育物，興學校，舉孝弟，勵風俗，崇禮讓。凡古昔聖王所以治天下之道，靡不畢舉，而又諄諄勉勉，默契夫堯舜之授受，孔孟之心傳，謂有宋諸儒，上繼絕學，下開來裔，實有功於世道人心，乃因《性理大全》之書，删去冗雜，摘取精要，命儒臣斟酌損益，而親爲折衷之。乙夜披覽，歷久成書，勒序簡端，以詔後世，偉矣哉！自三代以來，未嘗有也，雖漢明帝之幸辟雍，唐太宗之講太學，不過取美於一時，又何能開示天下後世，爲儒學之宗主，接堯舜之心傳，實政鴻名，輝爍於振古哉！采羣儒之精華，而去《永樂大全》之汎，自明德以及新民、格物、以至平天下，先其本而後其末，探其源而考其實，周子《太極圖》、《通書》，明天地鬼神之奥，張子《正蒙》、《西銘》，發萬物一體之微。至於《皇極經世》，《律吕新書》，皆自成一家言，則總載之以成一卷，而集羣儒之言，分門别類，又各於其類，爲之辨世次先後。學問淺深，寧純勿雜，寧精勿濫。讀是書者，必先究心於論學之篇，立志以端其本，主敬以養其中，致知以窮理，力行以踐實。然後玩味乎治道，以明治民立政之方，沉潛乎全書，以見天地之所以顯，鬼神之所以幽，造化之所以運行而無窮，聖功王道之所以燦然而可循，確然而不易。夫如是，則我聖祖仁皇帝造物育材之心，化民成俗之意，欲天下後世之共臻於理學之盛者，不虚矣。（御製樂善堂全集）

御製日知薈説　　清　愛新覺羅弘曆

天命之謂性，性之與理，本非有二，蓋天以於穆不已之理化生萬物，而人得此理以爲生，即具此理以爲性，故體之於人，即可以識天命之不貳，而驗之於天，又可以察人生之無妄。無極太極，太極陰陽，此天之一理所流行也。性緣理而立，理從性而生，此人之本乎理以爲知覺也。不稟乎天，則性何自來？不應乎事，則理何由見？故理爲制事之宜，乃百聖不能易之至言也。夫豈别有所謂理，而可以妄加之於人哉！通乎此，則一貫之道也，性善之旨也。然非至誠之人，不能達其說，蓋誠爲應事之本，忠君孝親，必極其誠，極其誠，然後能合其宜。合宜者，道心也，一有僞焉，則悖其宜。悖宜者，人心也。自舜發道心人心之說，後世學者，遂謂道心謂天理。人心爲人欲，而不知道心乃性理之端倪。程子所謂纔說性時便已不是性也。即如太極中，雖具陰陽，而不見陰陽也。至於分而爲陰陽，則固非太極矣。然則性理而但該之以道心，可乎？若夫陰中具陽者，動根乎陰也；陽中具陰者，静根乎陽也。陰陽包含於太極者，兩儀已立之後也。太極不雜於陰陽者，二氣未分之初也。所謂維天之命，於穆不已者，其不外是乎？至於晝中有夜，夜中有晝，男中有女，女中有男，水中有火，火中有水之論，雖其相生相伏之數也，要之其去太極，亦遠矣。方之於人，則如人心之不可爲道心也。未達於性理者，自作主張，别生枝葉，妄自以爲有道心，而不知其入於人心為已甚矣。善學者求其性之固有，循乎己之當為，克己復禮，由思誠以入於至誠，服膺弗失，則一貫有期，即性即理，本源之學，於是乎得致用之道，於是乎通古聖人覺世牖民之至意，亦於是乎為不虚矣。

周子《通書》曰："廓之配天地。"天地亦吾廓中之天地也。使其不廓，則天地不見其為天地，安所為配？配之云者，天地配我而已矣。盖仁義中正，性之理也，聖人行之則為道，然是理也，豈以聖人行之而增、凡人失之而減乎？夫有增減，則有絶續，欲以配不貳不息之天地不能也，然天地不遷而遷者也，聖人之道，遷而不遷者也。不遷而遷，極乎氣運；遷而不遷，統乎理極。氣會理而理統氣，故天地亦吾廓中之天地而已矣。

周茂叔有光風霽月氣象，蓋其廣大寬弘之量，得太極自然之理，又與二程、張、朱有不同者矣。故茂叔，生知者也；明道，幾於生知者也。伊川、横渠、晦菴，學知者也。横渠教人以知禮成性，伊川教人以主敬，其氣量固不若茂叔之廓然。然而同爲傳道之大儒，則又所謂及其成功，一也。

周子曰："誠者，聖人之本。"又曰："中正而誠，則聖矣。"中正而誠思誠之學也，思而誠與誠者，無異矣。及其知之一，及其成功一，此之謂也。《中庸》言學曰："其次致曲困知勉行者，必加人一己百之功

焉。”是以聖人之道有一致而無二途，有漸進而無躐等，不可怠也，不可躁也，終吾身而已矣。（御製日知薈說）

御纂性理精義　　清　李光地

性理之學，至宋而明，自周程授受，粹然孔孟淵源，同時如張、如邵，又相與倡和而發明之；從遊如呂、如楊、如謝、如尹，又相與賡續而表章之。朱子生於其後，紹述周程，參取張邵，斟酌於其及門諸子之同異是非。然後孔孟之指，粲然明白，道術一歸於正焉。

周子《太極圖說》、《通書》，張子《西銘》，乃有宋理學之宗祖，誠爲《學》、《庸》、《語》、《孟》以後僅見之書，竝悉載全文，附以朱子解說，使學者知道理之根源，學問之樞要。

案，朱子雖以陰陽分質之序，氣之序，然實陰陽合體，氣質同歸，何則天一陽也，加五為六，即地之陰也。地二陰也，加五為七，即天之陽也。三與八，四與九亦然。其陰陽合體者如此，是故以氣言之，以冬春為陽，夏秋為陰可也。以陽氣生於冬至，而盛於春，陰氣生於夏至，而盛於秋也。以春夏為陽，秋冬為陰，亦可也。以陽功發於春，而極於夏，陰功成於秋，而終於冬也。以質言之，以水木為陽，火金為陰，可也。水之滋潤，故能生木，陽之舒也。火之燥烈，故能成金，陰之斂也。以木火為陽，金水為陰，亦可也。木溫火熱，氣稟乎陽也。金涼水寒，氣稟乎陰也。又通而言之，則陽始於水，盛於木，極於火，而終於金。陰始於火，盛於金，極於水，而終於木，此又時令與物理皆然，而無氣質之異者也，讀者不可不知。

案，無極之真，真即誠也。《通書》誠字實根於此。又案，圖末二圓象與上圓象不二，則知人之性，即天地之性，渾然合一而無加損也。然氣化形化，似不必分，而周子必分為二象者，則有深意焉。蓋人之體性，受於父母，易知也；人之體性，受於天地，則習焉不察者多矣。故自男女搆精，而遡夫天地絪緼之始，由父子似續，而推於厥初生民之先，則知父母之為父母，又知乾坤之為大父母矣。為父母之子則身體髮膚受之者，不敢毀傷。為天地之子，則形色天性必如聖人，然後可以踐形也。此即《西銘》之大指，然已具於周子圖象之中矣。

案，此節引《易》以證前文之意，立天之道，曰陰與陽，則四時之氣是也。立地之道，曰柔與剛，則五形之質是也。立人之道，曰仁與義，則五性感動，而必定之以中正仁義者是也。真精合凝，化生萬物者，人物之所以始而生之說也。衆人蚩蚩，草木同腐，而聖人者立人之極，至於與天地參，人物之所以終而死之說也。引此之意，所以明夫三才之道並立，而人必全受而全歸之。蓋亦《西銘》卒章之指也。

案，繼之者善，是天道之流行賦與，所謂命也；成之者性，是人物之稟受成質。所謂性也，其理自《易》發之，故曰性命之源。

案，此章與《易・繫傳》言窮理盡性至命處相發明，彰者微者，如《易》所言，幽明死生，人鬼也。剛柔必要於中，如《易》所謂知不過而仁不流也。二氣五行，萬物皆一者之所貫，如《易》所謂萬物之生，晝夜之道統於《易》，而妙於神也。

案，上章言不息於誠，而後言慎動，由本體之操存，以察於思慮事爲也。此章言復其不善之動，而後言誠，由思慮事爲之省察，以復其本體也，二意蓋互相發。

案，汩則亂，亂不決也。此二句皆是就泉說以況人事，決水者，必俟其源清而後決之，若汩亂濁穢，則不決也。

案，《通書》言無欲則明通公溥，而此書只言明通，亦側重靜虛一邊，主靜之意也。(御纂性理精義)

易圖明辨　　清　胡渭

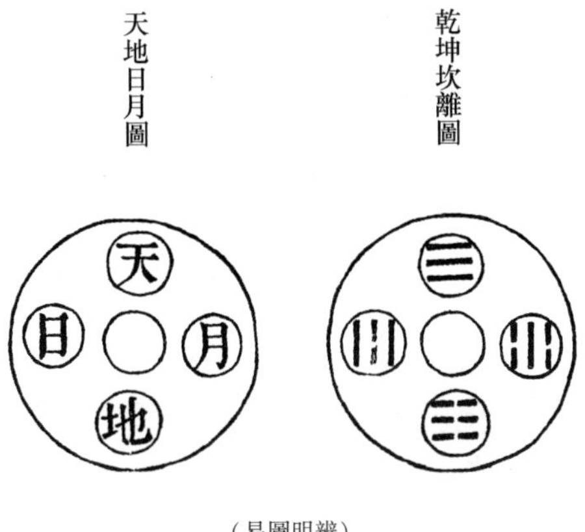

（易圖明辨）

太極圖　　清　端木國瑚

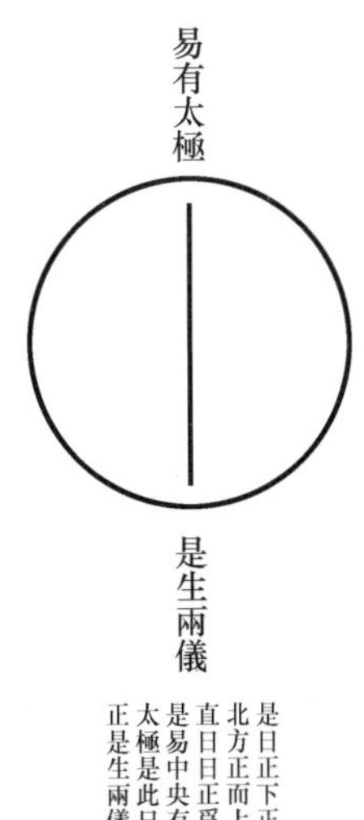

易有太極
是生兩儀
是日正下正
北方正而上
直日日正爲
是易中央有
太極是此日
正是生兩儀

極，棟也；棟，極也。**一**畫自下而上，是《易·乾》圖。下極至（極，至也）北極，上極至南極，而始天地一數，下畫而上，當中央是棟極，象此爲《易》有太極。

有**一**畫中央，便分兩列，乾坤成列，而《易》立乎其中矣。是則乾坤左陽儀，右陰儀，從極畫生出，是太極是兩儀，一至而二分（南北至，東西分），是一是二，易陰陽生，不待再言太極生兩儀，此爲《易》有太極，是生兩儀。（周易圖）

太極圖疏義　　清　耿介

太極之義曷昉乎？昔孔子繫《易》曰：“《易》有太極。”宋濂溪周子始爲圖以授程子，至朱子而表章發明之，由是太極一圖，遂爲天命本原，聖教統宗，理學真傳。學者須先識此，蓋其所謂太極者，極至之理也。以此理至中至正，至平至庸，至純至粹，至微至妙，無以復加。故曰太極。當其未有天地之前，便先有此理。然使懸空一箇理，不着在陰陽上，則不能化生萬物。所以動而生陽，靜而生陰，遂成兩儀，兩儀既立，則太極在其中。一動一靜，一消一息，一闔一闢，做出天地古今無限事。以四德言之，則元、亨、利、貞；以五行言之，則木、火、金、水；以四時言之，則春、夏、秋、冬；以功用言之，則生、長、收、藏。然天之理雖有四，只是一個元氣流行，這元氣一到，萬物觸着便生，是爲春生，而夏長，長此者也。秋收，收此者也。冬藏，藏此者也。惟其藏得深厚，所以明年又春又夏，又秋又冬，亘古此天地，亘古此元氣。流行，無時不然，無處不在，無物不有，是理之在天地者如此。

我輩今日看《太極圖》，若只説如何是無極，如何是太極，如何是陰陽五行，縱使探討精深，究與我無干涉，此處須要體認。所謂太極者，吾心之理也；陰陽者，吾心之一動一靜也；五行者，人心之仁義禮智信也；萬物者，人心之酬酢萬變也。天地未生人之前，便先有此理，然使懸空一個理，不着在人身上，則亦不能參贊位育。朱子有云：“天以陰陽五行，化生萬物，氣以成形，而理亦賦焉。”是理也，在天爲元亨利貞，在人爲仁義禮智，故謂之天理。然吾心之天理雖有四，只是一個仁心貫徹，而禮，履此者也；義，宜此者也；智，知此者也。人若能完全得這個天理，則爲子便孝，爲臣便忠，爲弟便悌，交友便信，以至視聽言動合禮。喜怒哀樂中節，即一出入起居，動靜食息，莫不各有天然恰好底道理。分而言之，一物各具一太極；合而言之，萬物統體一太極也。是理之在吾心者如此，然人之所以不能完全此理者，何也？己私參之也。細玩此圖，上面純白底是天地本然之性，純粹至善，即孟子所謂性善是也。下面黑白相間，便有夾雜，便是氣質之性。纔落氣質，便有己私，此處須着工夫，如何着工夫？曰：克己復禮，克去一分人欲，便復得一分天理，到得人欲淨盡，天理流行，此心明明瑩瑩，渾然性善本體，便是聖賢地位，所以周子雖從無極太極、陰陽五行説起，只是指出性命原頭，使人知吾性爲至善，而聖人爲必可學。喫緊處，則在“定之以中正仁義而主静，立人極焉。”又曰：“無欲故静。”無欲便是克己，程子又於其中補出敬字來，學者以此求之，庶幾有下功夫處矣。（敬恕堂文集）

太極圖授受考　　清　朱彝尊

自漢以來，諸儒言《易》，莫有及《太極圖》者，惟道家者流有《上方大洞真元妙經》，著太極三五之說。唐開元中，明皇為製序，而東蜀衛琪注《玉清無極洞仙經》，衍有《無極》《太極》諸圖。按陳子昂《感遇詩》云：“太極生天地，三元更廢興。至精諒斯在，三五誰能徵。”三元，本《律曆志》陰陽至精之數，三五，本魏伯陽《參同契》，要之《太極圖說》，唐之君臣已先知之矣。陳摶居華山，曾以《無極圖》刋諸石，為圜者四位五行，其中自下而上，初一曰玄牝之門，次二曰煉精化氣，煉氣化神，次三五行定位，曰五氣朝元，次四陰陽配合，曰取坎填離。最上曰煉神還虛，復歸無極，故謂之《無極圖》，乃方士修煉之術爾。相傳摶受之呂嵒，嵒受之鍾離權，權得其說于伯陽，伯陽聞其旨於河上公，在道家未嘗詡為千聖不傳之祕也。元公取而轉易之，亦為圜者四位五行，其中自上而下，最上曰無極而太極，次二陰陽配合，曰陽動陰靜，次三五行定位，曰五行各一其性，次四曰乾道成男坤道成女，最下曰化生萬物，更名之《太極圖》，仍不沒無極之旨。

由是諸儒推演其説，南軒張氏謂：“元公自得之妙。蓋以手授二程先生者，自孟氏以來未之有也。”晦菴朱子謂：“先生之學，其妙具於太極一圖。”山陽度正作《元公年表》，書慶曆六年知虔州興國縣，程公珦假倅南安，因與先生為友，令二子師之，時明道年十五，伊川年十四爾。其後先生作《太極圖》，獨手授之，他莫得而聞焉。攷是年元公以轉運使王逵薦，移知郴縣，自是而後，二程子未聞與元公覿面，然則從何地手授乎？伊川撰《明道行狀》云：“先生為學，自十五六時，聞汝南周茂叔論道，遂厭科舉之業，慨然有求道之志，未知其要，泛濫于諸家，出入于老釋者幾十年，反求諸六經，而後得之。”繹其文，若似乎未受業于元公者，不然何以求道未知其要，復出入于老釋也邪！潘興嗣志元公墓，亦不及二程子從遊事，明道之卒，其弟子友朋，若范淳夫、朱公掞、邢和叔、游定夫，敘其行事，皆不言其以元公為師，惟劉斯立謂從周茂叔問學，斯猶孔子問禮于老子，問樂于萇弘，問官于郯子云然，蓋與受業有間矣。呂與叔《東見錄》，則有“昔受學于周茂叔”之語，然弟子稱師，無直呼其字者，而《遺書》凡司馬君實、張子厚、邵堯夫皆目之曰先生，惟元公直呼其字，至以“窮禪客”目元公，尤非弟子義所當出，且元公初名惇實，後避英宗藩邸嫌名，改惇頤。夫既以學傳伊川矣，不應下同其名，而伊川亦不引避，昔朱子表程正思墓，稱其名下字同周，程亟請其父而更焉，孰謂二程子而智反出正思下哉？此皆事之可疑者也。（曝書亭集）

太極圖　　清　張惠言

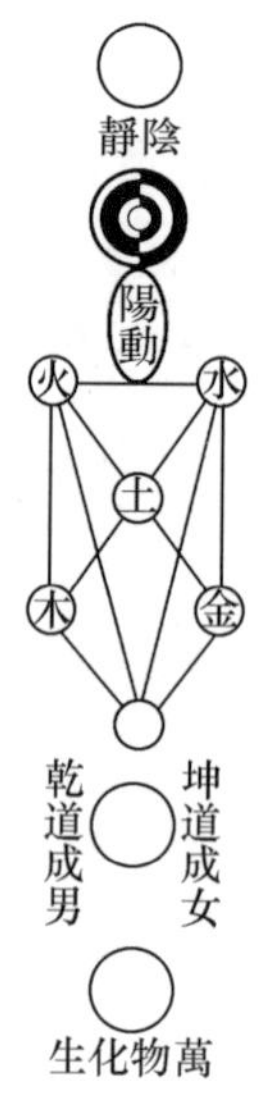

右見朱子發《漢上易圖》。子發云：“陳摶以《太極圖》授种放，放傳穆修，修傳周敦實，敦實傳二程先生。”

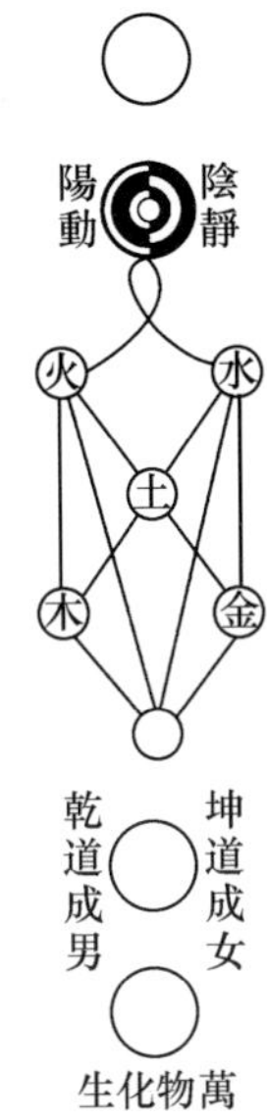

右載《性理大全》，朱子曰：“《太極圖》者，濂溪先生之所作也。○此所謂無極而太極也。◎此○之動而陽，靜而陰也。中○者，其本體也。☾者，陽之動也。○之用所以行也。☽者，陰之靜也。○之體所以立也。☽者，☾之根也，（者，☽之根也。㊋㊌㊏㊍㊎此陽變陰合而生水、火、木、金、土也。ㄣ者，陽之變也；ᒧ者，陰之合也。㊌陰盛，故居右，㊋陽盛，故居左，㊍陽穉，故次火，㊎陰穉，故次水，㊏冲氣，故居中，而水火之╳交係于上，陰根陽，陽根陰也。♁此無極二五所以妙合而無間也。○乾男坤女，以氣化者言也。各一其性，而男女一太極也。○萬物化生，以形化者言也。各一其性，而萬物一太極也。”

毛奇齡《太極圖遺議》云：“《參同契》圖，自朱子注後，則學者多刪之，唯彭本有《水火匡廓圖》，《三五至精圖》，《斗建子午圖》，《將指天罡圖》、《昏見圖》、《晨見圖》、《九宮八卦圖》、《八卦納甲圖》、《含元播精三五歸一圖》、然或并至《精歸一圖》，或并《斗建將指圖》，故或七或九，今藏書家與道家多有之。”

《水火匡廓圖》者，以章首有“坎离匡廓、運轂正軸”二語所云，水火，即坎離也。丹家以坎離為用，故輪而象之，又名《水火二用圖》，則又取“天地者，乾坤之象，坎离者，乾坤之用”二語，蓋其圖正作坎離二卦，而運為一軸，所非①謂兩儀也，亦非所謂陽動生陰，陰靜復生陽也，其中一〇則坎离之胎也。

《三五至精圖》者，取三五與一天地至精語，而分五行為三五，中央土一五也，天五生土也。左火與木共一五也，地二生火，天三生木也，右水與金，又共一五也。天一生水，地四生金也。故其為生序，則水承坎下，火承离下；其為行序，則金盛為水，木盛為火，而合而復，歸於一元也（合三五而皆鈎聯於下之一〇）者，三五之合，非二五之合，三五之精，非二五之精，葢丹家水火必還一元，故其後復有含元播精三五歸一之語。

胡渭《易圖明辯》云：“唐《真元妙經品》有《太極先天圖》，合三輪五行為一，而以三輪中一〇，五行下一〇為太極，又加以陰靜陽動、男女萬物之象，凡四大〇陰靜在三輪之上，陽動在三輪之下，男女萬物皆在五行之下，與宋紹興甲寅，朱震在經筵所進周子《太極圖》正同，今《性理大全》所載者，以三輪之左為陽動，右為陰靜，而虛其上下之二〇以為太極，乃後人所改，非其舊也。或曰陳摶所傳，或曰周子所自作，而道家竊之以入藏。”

《太極圖》為希夷所傳，朱子發之言必非無徵，道家以之言丹，而周子取之以論《易》，則改水火為兩儀，改三五歸一為二五妙合，毛大可之說不足以駁之，故朏明据《道藏》之圖以為今圖，係後人所改，証之《漢上易圖》，則至為確鑿，葢朱子所定也。《易》以陰陽為體，動靜為用，陰陽相並俱生，分而迭用，《太極圖說》則以陰靜為體，陽動為用，其病與康節正同。

---

① “所非”：倒文，當作“非所”。

朱彝尊云："自漢以來，諸儒言《易》莫有及《太極圖》者，惟道家有《上方太洞真元妙經》，著太極三五之說，唐開元唐明皇為製序，而東蜀衛琪注《玉清無極洞仙經》，衍有《無極》《太極》諸圖。陳搏居華山，曾以《無極圖》刑諸石，為圜者四位五行其中，自下而上，初一曰元牝之門，次二曰煉精化氣，煉氣化神，次三五行定位，曰五氣朝元，次四陰陽配合，曰取坎填离。最上曰煉神還虛，復歸無極，故謂之《無極圖》。相傳受之吕嵒，嵒受之鍾離權，權得其說于伯陽，伯陽聞其旨于河上公，周元公取而轉易之，亦為圜者四位五行于其中，自上而下，最上曰無極而太極，次二陰陽配合，曰陽動陰靜，次三五行定位，曰五行各一其性。次四曰乾道成男，坤道成女。最下曰化生萬物，更名之曰《太極圖》，仍不沒無極之旨。由是諸儒推衍其說，南軒張氏謂'元公自得之妙，蓋以手授二程先生者，自孟氏以來，未之有也。'"

此所云《上方太洞真元妙經》著無極三五之說，蓋即胡朏明所云，然竹垞何以不引其圖，豈未之見耶？抑見其絕似周子之圖，以為後人竊入者，而不以之駁周子耶？然果如此說，則周子信非受之希夷，而異端之說固有稍反之，而即為吾儒者，亦不足以借原彼氏為周子咎也。

趙撝謙《天地自然之圖》

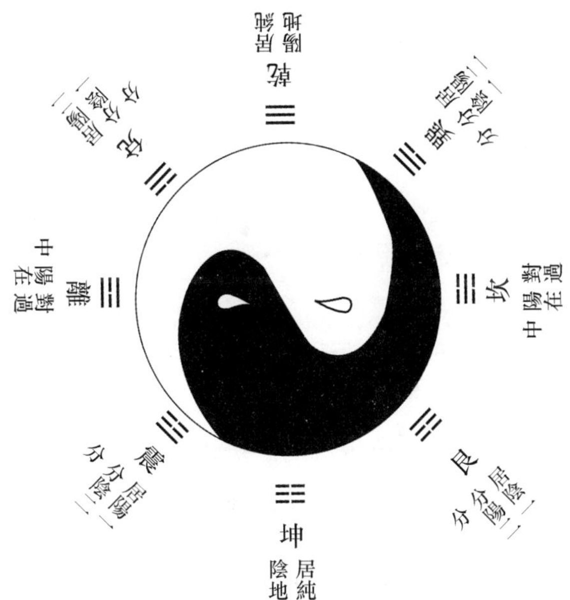

趙仲全《古太極圖》

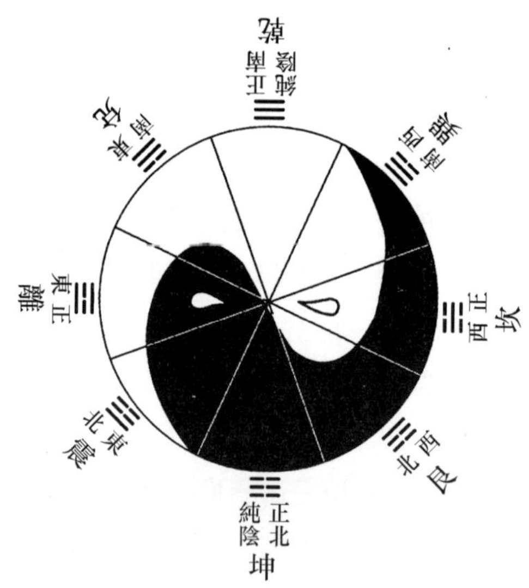

趙撝謙（字古則，余姚人，宋宗室，別號老古先生，名山藏，作趙謙云，洪武初，聘修正韻），《六書本義》云：“《天地自然之圖》、《虙戲氏龍馬負圖》出於滎河，八卦所以畫也，此圖世傳蔡元定得於蜀之隱者，祕而不傳，雖朱子亦莫之見，今得之陳伯敷氏，嘗熟玩之，有太極函陰陽，陰陽函八卦之妙。”

趙仲全《道學正宗》云：“《古太極圖》，陽生於東，而盛于南；陰生于西，而盛于北。陽中有陰，陰中有陽，而兩儀，而四象，而八卦，皆自然而然者也。”（易圖條辨）

太極論　　清　陸隴其

論太極者，不在乎明天地之太極，而在乎明人身之太極，明人身之太極，則天地之太極在是矣。先儒之論太極，所以必從陰陽五行、天地生物之初言之者，惟恐人不知此理之原，故遡其始而言之，使知此理之無物不有，無時不然，雖欲頃刻離之，而不可得也。學者徒見先儒之言陰陽，言五行，言天地萬物廣大精微，而不從我身切實求之，則豈前賢示人之意哉？夫太極者，萬理之總名也，在天則為命，在人則為性，在天則為元、亨、利、貞，在人則為仁、義、禮、智。以其有條而不紊，則謂之理；以其為人所共由，則謂之道；以其不偏不倚、無過不及，則謂之中；以其真實無妄，則謂之誠；以其純粹而精，則謂之至善；以其至極而無以加，則謂之太極，名異而實同也。學者誠有志乎太極，惟於日用之間時時存養，時時省察，不使一念之越乎理，不使一事之悖乎理，不使一言一動之踰乎理，斯太極存焉矣。其寂然不動，是即太極之陰靜也，感而遂通是即太極之陽動也。感而復寂，寂而復感，是即太極之動靜無端、陰陽無始也，寂然之中而感通之理已具，感通之際而寂然之體常在，是即太極之體用一原，顯微無間也。分而為五常，發而為五事，布而為五倫，是即太極之陽變陰合，而生水、火、木、金、土也，以之處家則家齊，以之處國則國治，以之處天下則天下平，是即太極之成男成女，而萬物化生也，合吾身之萬念萬事，而無一非理，是萬物統體一太極也。即吾身之一念一事，而無之非理，是一物各具一太極也，不越乎日用常行之中，而卓然超絶乎流俗，是太極之不離乎陰陽，而亦不雜乎陰陽也。若是者，豈必遠而求之天地萬物，而太極之全體已備於吾身矣。由是以觀天地，則太極之在天地，亦若是而已；由是以觀萬物，則太極之在萬物，亦若是而已。天地萬物浩浩茫茫，測之不見其端，窮之莫究其量，而莫非是理之發見也，莫非是理之流行也，莫非是理之循環而不窮也。高明博厚不同，而是理無不同也，飛潛動植有異，而是理無異也。是理散於萬物而萃于吾身，原於天地而賦於吾身。是故善言太極者，求之遠不若求之近，求之虛而難據，不若求之實而可循，故周子《太極圖說》雖從陰陽五行言之，而終之曰“聖人定之以中正仁義而主靜，立人極焉”，其示人之意亦深切矣。又恐聖人之立極，非學者可驟及也，而繼之曰“君子修之吉”，修之為言，擇善固執之謂也，而朱子解之，又推本於敬，以為能敬，然後能靜虛動直，而太極在我。嗚呼至矣！先儒之言，雖窮高極深，而推其旨不過欲人修其身以治天下國家焉耳。學者慎無騖太極之名，而不知近求之身也。（三魚堂文集）

太極圖論　　清　張英

太極之說，始於《易》。《易》曰："太極生両儀，両儀生四象，四象生八卦。"太極居両儀之先，則其為生天地萬物之本，無疑也。至周子濂溪，始建圖立說，於太極之上，復益之以無極而太極，由此而動靜互為其根，以至生五行，布四時，成男女，化生萬物，而太極之義備矣。先儒往往謂無極之說，《易》所未發，而周子發之，或疑其說近于空虛。朱子以無形而有理之言釋之，盖謂其有也，而初不滯於形迹，謂其無也。而更非涉于虛渺，後世紛紛之議，折衷於朱子之圖觧，而亦可無疑矣。嘗論天地之所以生，陰陽之所以立，五行之所以變化，人物之所以蕃育，何以往復而不窮？何以流行而不滯？何以亘終古而不敝？此必有為之極者，是即於穆不已之原，繼善成性之本乎？故極中未嘗無健順之理，而言仁、義、禮、智、信，則分配乎五行，獨此一理渾然精純，而萬變生焉，萬化出焉，故謂之太極。合而言之，天地萬物共一太極，一氣周流之內，天地且不能外，而况于人物乎，此所謂合萬殊為一本者也。分而言之，一事一物，各有一太極，即纖細之物，俄頃之間，而此理何弗周徧而不遺，此所謂散一本為萬殊者也。《易》之所謂両儀，即圖之所謂動靜陰陽也，《易》之所謂四象八卦，即圖之所謂五行人物也。《易》言其理，圖發其蘊，無極一言，又所以善言乎太極，而使人不敢以氣化之相嬗者，遂謂之太極。然則周子與《易》有岐旨乎？而周子所以建圖之意何居？人與萬物同涵此太極，而惟人得其秀而最靈。觀于天地位，則天地陰陽之極自人立之；萬物育，則萬物之極自人立之。故一言以斷之曰："聖人定之以中正仁義而主靜，以立人極焉。"吾人性中之一動一靜，即配乎圖之陰陽也。吾人性中五常之德，即配乎圖之五行也。吾身之酬萬事、應萬變，即配乎圖之萬物也。然則動靜之未分，五常之所不能名。萬事萬變之未接，而凝然中處者，非即配乎圖之太極乎？君子欲使吾身之太極，足以配乎天地之太極，而動靜生生不窮者，盖有道焉，不外乎周子《通書》之所謂誠，與《圖說》之所謂靜而已矣。太極雖兼動靜，而非靜無以立其體。太極雖渾萬善，而非誠無以會其原。靜則常正，而太極之體立矣。誠則不息，而太極之用周矣。體立用周，則天地之極與萬物之極，自人立之，是則周子建圖之意也。豈徒言天理，而不切于人事者哉！《洪範》五為中數，而言皇建其有極，五行五事莫不從之矣。惟中能建極，殆亦先圖而啓其義者與。（文端集）

周濂溪先生　清　熊賜履

愚按，濂溪，宋之仲尼也，其學廣大精微，純粹深密，上續魯鄒之傳，下開洛閩之緒，功在斯文，澤流後世。自秦漢以來，未有盛於濂溪者也。然聖學久湮，知德者鮮。當時自程太中而外，即無有知其為有道者，或謂無極出於老列，或謂圖得之种穆，或謂當時指畫以示二程，而未曾有所謂書，或謂二程言論文字至多，未嘗一及無極字，疑非周子所為，或謂周子，陸詵壻也，說見《涑水紀聞》。溫公，一篤實長厚人也，安知其無所傳授，或謂周子與胡安定同師鶴林寺僧壽涯，一時論議呶呶，金谿之辨詰尤甚。朱子解之曰："無極只是無形，太極只是有理，無極而太極，猶云上天之載，無聲無臭云爾。"乃一言以斷之曰，"不由師傳，默契道體"，於是周子之論始定，而其書方與《語》《孟》並行，蓋周子之後有朱子，猶孔子之後有孟子，而朱子之於周子，則亦猶孟子之於孔子也。先後一揆，信不誣云。而近今學者，則又謂元公未曾闢佛老，持此以護三教一家之說。不知《太極圖》與《通書》中，曾有一言之不軌於正者乎？夫崇正學，即所以闢異端也。孟子曰："君子反經而已矣。"經正則庶民興，庶民興，斯無邪慝矣。其元公之謂與，其元公之謂與！（學統）

太極圖說辯　清　黃宗炎

序曰：《太極圖》者，創于河上公，傳自陳圖南，名為《无極圖》，乃方士修鍊之術也。与老莊之长生久視，又其旁門岐路也。老莊以虚无為宗，无事為用，方士以逆成丹，多所造作，去致虚静笃遠矣。周茂叔得之，更為《太極圖說》，則窮其本，而反于老莊，可謂拾瓦礫，而悟精蘊，但綴《說》于《圖》，合二途为一門，其病生矣。又懼老氏非孔孟之正道，不可以傳來學，借大《易》以申其意，混二術而總冒以儒，其病更甚矣。蓋夫子之言太極，專以明《易》也，茂叔之言太極，則空中之造化也，兩者本不同道。朱元晦又從而分析辯解之，則更雜以釋矣。茂叔強三為一，元晦混四為一，雖極其推崇，而并失茂叔之故我矣。其病可復瘳耶！茂叔得圖于方士，得偈于釋，心証于老，元晦得葛長庚，得偈于道謙，而欲會通之于儒，曰："庖羲、文王未嘗言太極，而孔子言之，孔子未嘗言无極，而周子言之。先聖後聖，同條共貫。"此過于標榜也。夫子之言太極，不過贊《易》有至極之理，非別有太極，而欲上乎羲文也。茂叔之无極而太極，不過推墨附儒，在元晦无乃推假，即真戴僭竊為君父乎，吾不知千聖何故吝此，而不傳其秘耶？夫子曰："當仁不讓于師。"愚二十年學《易》，稍窺《十翼》藩籬，確知《易》《老》之不可混稱，確知老之不同于釋，灼見儒、釋、老之不可冒昧影響，然後敢明言此圖之非《易》，而且有老、與仙、與釋之淆亂，不揣固陋，一一而是，正之如此。吾知見者必將怒目裂眦，以定予非聖之罪，然而莫之避者，何也？聖人之大道，非一人所可私，亦非阿黨所能據，千秋萬世，必有明之者矣。時賢之罪予也，何傷作《太極圖說辯》。

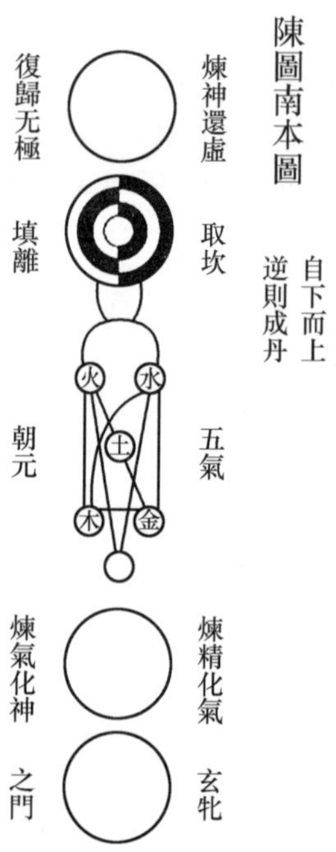

辯曰：此圖本名《无極圖》，陳圖南刻于華山石壁，列此名位。創自河上公，魏伯陽得之，以著《參同契》，鐘離權得之，以授呂洞賓，洞賓後與圖南同隱華山，因以授陳，陳又受《先天圖》于麻衣道者，皆以授种放，放以授穆修與僧壽涯，修以《先天圖》授李挺之，挺之以授邵天叟，天叟以授于堯夫，修以《无極圖》授周茂叔，茂叔又得先天地之偈于壽涯，乃方士修鍊之術，其義自下而上，以明逆則成丹之法，其大較重在水火，火性炎上，逆之使下，則火不燥烈，唯溫養而和煥。水性潤下，逆之使上，則水不卑濕，唯滋養而光澤。滋養之至，接續而不已，溫養之至，堅固而不敗律，以老氏虛无之道，已為有意。就其圖而述之，其最下一○，名為玄牝之門，玄牝即谷神也，牝者，竅也，谷者，虛也。玄與神皆莫可指測之，謂在老莊而言，謂玄妙神化即是此虛无，而為萬有之原，在修鍊之家，以玄牝谷神為人身命門，兩腎空隙之處，氣之所由以生，是為祖氣。凡人五官百骸之運用知覺，皆根于此，于是提其祖氣，上升為稍上一○，名為鍊精化氣，鍊氣化神，鍊有形之精，化為微芒之氣，鍊依希呼吸之氣，化為出有入无之神，便貫徹于五藏六腑，而為中。，名為五氣朝元，行之而得也。則水火交媾而為，又其上之◐，名為取坎填離，乃成聖胎，又使復還于无始，而為最上之一○，名為鍊神還虛，復歸无極，而功用至矣。蓋始于得竅，次于鍊己，次于和合，次于得藥，終于脫胎成仙，真求長生之秘術也。若老莊之本旨則不然，老氏云："天下之道生于有，有生于无，有之以為利，无之以為用。"莊生云："萬物出于无有，有不能以有為有，必出乎无有。"其意以虛无生氣，氣生天地萬物，天地萬物之運行動作，皆氣之運行動作也。氣之運行動作皆虛无為之宰也。故曰："忽兮恍兮，其中有象。恍兮忽兮，其中有物。窈兮冥兮，其中有精。有物混成，先天地生，獨立而不改，周行而不殆，可以為天下母。"皆言虛无之用也。其長生也，唯神是守，昏昏昧昧，純純常常，與天為游，氣聚而生，氣散而死，復歸太虛，故曰："生死為徒，吾又何患？彼人之形者，萬化而未始有極也。"生何足貪，死何足惡，故能齊彭殤，一壽夭，无心而任化，及其流而為仙真之教，

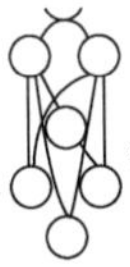

則以矯揉為守氣，而鍊精鍊氣之術興；以自私自利為全性，而取坎填離之法立，乃莊生所謂一犯人之形，而遂貪生惡死者也。則斯圖也，非老氏之曲學，與在老氏猶為稂莠，在儒者反以為正傳與。

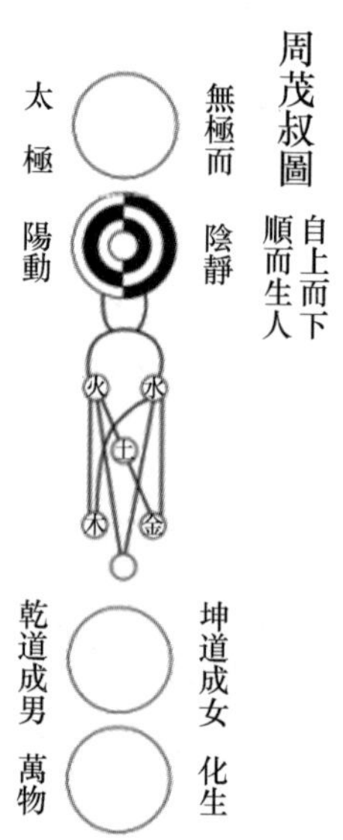

辯曰：茂叔得此圖于穆修，又得先天地之偈于壽涯，乃顛倒其序，更易其名，以附于大《易》，指為儒者之秘，傳其稱號，雖若正大光明，而義理不勝指摘矣。蓋方士自為方士之術，但取已說之可通修鍊之得，當原无瞻前顧後之意，所以據其一曲之偏見，亦左右逢原，始終徹貫者，茂叔握方士之實，悟老氏之旨，而蒙以大《易》之名，所以彼此不倫，齟齬雜越，反不若陳氏之純一而无獘也。方士之訣，逆則成丹，茂叔之意，以為順而生人，太虛无有，有必本无，是為最上。○乃更鍊神還虛，復歸无極之名，曰无極而太極，太虛之中脉絡分辨，指之為理，是為次。◎乃更取坎填離之名，曰陽動陰靜，氣生于理，落為氣質之性，是為又次之。乃更五氣朝元之名，曰五行各一性，理氣既具，而形質呈得其全靈者為人，人有男女，是為又次。○乃更鍊精化氣，鍊氣化神之名，曰乾道成男，坤道成女，得其偏者蠢者為萬物，是為最下之〇，乃更玄牝之門，為化生萬物。就其義而詳繹之，又與方士乖矣。夫方士之玄牝、鍊化，本屬兩層，其用功亦有次第，故作為二圖。茂叔之男女萬物，直是一氣所生，則无分先後。二圖之内，一為贅疣，方士之五氣朝元，言化氣化神之後，墮肢體，黜聰明，搜一身之五藏，悉守其神氣，然後能坎離交媾，火不炎上，水不潤下，而金丹聖胎成矣。茂叔于此二圖先有條理，而後有氣質，吾不知氣質未露，條理安託？紊其先後義亦背畔矣。方士之還虛歸无，又合于玄牝，上下始終，周旋无間，最上一圖與最下一圖分而合，合而分，會之不可言一，離之不可言二，所以成長生之妙，茂叔于此為天地化生之本，雖得老氏之正宗，而于此圖則未免牽強，又欲合以大《易》，則更不倫矣。夫方士之修鍊，老氏之虛无，大《易》之正道三者，天淵不可混同也。

辯圖

〇辯曰：《大傳》曰："《易》有太極。"夫子贊《易》而言也，謂作《易》，聖人有此至神至妙之義，理具于胸臆中，故能生兩儀、四象、八卦，以成二篇之策，非追原天地之始也，不可云无極。夫无方者，神也，无體者，《易》也，不可圖圓相有者，无之无者，有之徒自戾于聖人。

◐辯曰：中分黑白，兩相間雜，判左右為陰陽，以陰陽推動靜，就其貫穿不淆亂之處，則指之為理，此時氣尚未生，安得有此錯綜之狀？彼將附麗于何？所覿其黑白之文，實坎離兩卦成既濟之象，中含聖胎，謂之取坎填離，則明顯而彰著，謂之陽動陰靜，則陽專屬諸離，離專主動，陰專屬諸坎，坎專主靜，豈通論也哉？晦翁云："☾者，〇之用所以行。☽者，〇之體所以立。"則本末倒置，似先有陽動陰靜，而後有无極太極，豈在左者有用而无體，能行而不能立，在右者有體而无用，能立而不能行乎？茂叔本意以无極无體，故能為眾體之原，眾體各用，莫非无極之用，如晦翁所云支離破碎，又失茂叔之本意矣。

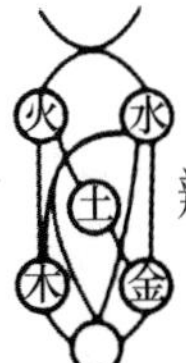

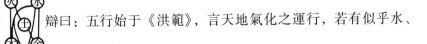

辯曰：五行始于《洪範》，言天地氣化之運行，若有似乎水、

火、木、金、土五物也。定為五行者，乃人也，非五行之能生人也，人身之分配，猶乾為馬，坤為牛，震為龍，巽為雞，坎為豕，離為雉，艮為狗，兑為羊之義，同今以五物為生之性，將亦可謂彼八獸者為生八卦與？况此時之人物未生此五者之性，于何而辯？養生之家專重水火，其上第二圖作坎離交媾之狀，故此圖之水火二系，上則達于♉，下則垂而通于≍，木金土皆一受一授，水火乃有二受二授也，但知重在水、火于金、木、土，不得不輕其排列方位，亦紊亂而无稽。

〇辯曰：太極、兩儀、四象、八卦，夫子顯然指《易》而言，未嘗付之虛空揣測也。其曰乾道成男，坤道成女，亦謂乾之奇畫成男之象，坤之偶畫成女之象，非云生于天者為男，生于地者為女也。離《易》而懸度種種乖刺，觀其五行各具一性，屬諸氣質，則當于男女成形之後，感物而動，發為五德，或流為偏僻，或陷于人欲，始有六言六蔽之患，甚而至于惡逆者有之，豈先有五性，至此始成男女于次序，則乖舛于圖，尤為牴牾，此无他，方士之圖本逆，而茂叔強之為順也。

辯曰：天之生物，洪纖高下。靈蠢偏全，无有差別。以人視之，若與萬物有貴賤之殊，而實則同賦于天，則宜同一〇太極，豈此萬物化生，而別有一〇太極乎？五行分為五〇太極，乾男坤女，又當各自為一〇太極，萬物既與男女別為一〇太極，則飛潛動植，以至瓦礫矢溺，无不可別圖一〇太極也，何許子之不憚煩。

辯說

无極而太極。

辯曰：《易》有太極，不可言无，太極非物不可執有，雖非太極之外別加无極，實贅无極之名于太極之上。夫未有此畫以前，其流行顯著，自在天地間，不必言太極，既有作《易》之聖人，則微顯闡幽全在于《易》。聖人近身遠物，仰觀俯察，有至理存于心目，故生生无窮，特贊之曰："太極，極者，言乎其无可復加也。太者，大而又大，无可與並也。謂之太極，乃至矣盡矣，不容復有辭說矣。"實屬諸《易》，原非虛空摹擬之辭，茂叔視為天地以前之物，而以无極釋之也。盖深有得于老氏之微旨矣，老氏曰："淵兮似萬物之宗，吾不知其誰之子，象帝之先，谷神不死，是為玄牝，玄牝之門是為天地根。"又曰："无狀之狀，无象之象，是為忽恍。”莊生曰：“六合為巨，未離其內；秋毫為小，待之成體；天下莫不浮沉，終身不故，陰陽四時運行，各得其序；昏然若亡而存，油然不行而神，萬物畜而不知，此之謂本根。”又曰：“昭昭生于冥冥，有倫生于无形。”又曰：“天不得不高，地不得不廣，日月不得不行，萬物不得不昌。或為之紀，而莫見其形，消息盈虛，一晦一明，日改月化，日有所為，莫見其功。生有所乎萌，死有所乎歸，終始相反乎无端，而莫知其所窮。非是也，且莫為之宗。”是老莊之學，皆指虛无為天地萬物之根本。夫有不能生有，唯无能生有，天地萬物皆氣為之主宰，氣生于无，則无者，氣之祖也。无為氣之祖，則天地萬物之運用，莫非无之權也。

茂叔无極而太極，可謂得道德南華之神髓，而以一言括之矣。魏伯陽之言曰：“包囊萬物，為道紀綱，以无制有，器用者空。”呂洞賓之言曰：“言之无兮不可捨，言之有兮不可居。谷兮谷兮太玄妙，神兮神兮真大道。”皆有會悟于此者也。但以之綴于《易》有太極，則郢人燕說，何所髣髴乎？元晦為之發明其義，更若未能深契于老氏，而與茂叔又不相蒙矣。晦翁曰：“非太極之上復有无極。”其言是也，而云實造化之樞紐，品物之根柢，則似是而非矣。樞雖戶之所以闔闢，然不離乎戶；紐雖网之所以弛張，然不離乎网；根柢雖草木之所以發生，然不離乎草木。以之擬无極，則全失其意，盖戶网之闔闢張弛，在樞紐草木之發生，在根柢，而其能闔能闢，能弛能張，能發能生，則全不在乎樞紐根柢，而在于空中之運用，故曰：“无用之用，其用乃大。”樞紐根柢，以有形役有形，惡在其為无極也。又云：“老子之言有无，以有无為二。周子之言有无，以有无為一。”則又不知釋老之異，而以釋氏之有无渾之矣。老子之无，《道德經》云：“有无相生。”有不能自有，必出于无。有而其生也，非若父子之以形相禪而可離，乃即无而御其有，亦不可言二，此无極而太極之妙也。今云以有无為一，是釋氏之空有不二，即空即有，即有即空，謂之真空妙有，迥乎與无極判矣。又曰：“有无之間，則并不知有之為有，无之為无。”釋老兩无所據者也，夫茂叔以《老》附《易》，雖失《易》而得《老》，惜其雜以方士之圖，而老不純，晦翁雜釋于《老》以附《易》，而釋老兩失，尚何《易》之可稽乎？

太極動而生陽，動極而靜，靜而生陰，靜極復動，一動一靜，互為其根。

辯曰：陰陽雖有動靜之分，然而動靜非截然兩事，陰陽非判然兩物。言動而生陽，靜而生陰，則可言動極而靜，靜極復動，則不可動如春夏之發生，包藏含蓄，即在其中。靜如秋冬之收斂，胚胎萌蘖，即在此內。動者是陽，陽无陰不能動。靜者是陰，陰无陽不能靜。苟无陰之動，則飄蓬落絮，隨風播蕩，无陽之靜，則朽骨枯林，靈魂盡滅。譬諸晝夜，一分晝去，則一分夜來，一分夜去，則一分晝來。譬諸氣血，血附氣而行，氣隨血而轉，不逮其極而始復也。言一動一靜，互為交錯，則可言互為其根，則不可動靜咸植根于太極，如曰："動根于靜，靜根于動，是天之生物，已非一本，不待墨者，已先二本矣。"老氏云："有物混成，生天生地。"莊生云："至陰肅肅，至陽赫赫。肅肅出乎天，赫赫發乎地。"以此數語演為生陰生陽之說。《大傳》之言陰陽動靜，俱以《易》之為書，奇偶往來，象天地之氣化，非竟指天地而狀貌之也。此先聖後儒背道而馳之大概爾。

分陰分陽，兩儀立焉。

辯曰：《傳》之言分陰分陽，指《易》中卦爻奇耦之象，其德則迭有剛柔之用，非曰分陽而立為天，分陰而立為地，所以謂之兩儀者，亦因奇耦之畫而得名也。儀者文也，天下之物純一，則不文，奇耦相間雜而成文章，謂之儀，儀者，象也，卦爻有奇有耦，成其物象謂之儀，故曰"兩儀"，豈直指天地之形質乎？

陽變陰合而生水、火、木、金、土。

辯曰：陽統陰承，陽施陰受，陽始陰生。意无虧缺，言无偏蔽。今云陽變陰合，此時之陽尚是无形之眹兆，從何而言變？既已變矣，彼已自為一物，陰何從而合？陰陽既合，萬物齊生，豈有先生水、火、木、金土自為一截？萬物又為一截？若祖之于禰，禰之于子也，其先也，孰引之？其後也，孰遏之？所謂水、火、木、金、土者，何也？萬物中之五物也，非五物獨賢于他物，特以萬物所具之氣，若有此五等，然若水、若火、若木、若金、若土，蓋指其近似者而擬之也。豈真五物哉？況云五者之能生人物哉！

五氣順布，四時行焉。

辯曰：有天地即有四時。夫子曰："日月運行，一寒一暑，寒暑相推而歲成。"就四時而推之，中含五氣。日月者，陰陽之成象者也；寒暑者，四時之發用者也。今曰五氣順布而四時行，豈先排列此五位，然後四時就道而行，則是又以五行生陰陽也。夫春氣溫和，萬物向榮，草木尤其顯著者，故以春為木，云木氣者，特春氣之變文耳，非木能使春溫和也。夏氣暵熱，其逼于物，如火之焦燥，此火得令之時，故以夏為火，非火能使夏暵熱也。秋氣肅殺，至此而堅剛有似金，故以秋為金令，因亦謂之金氣，非金能使秋肅殺也。冬氣凝結，而萬物閉藏，凝結者如水之向寒，而氷凍閉藏者，如水之會聚而无隙，故以水令為王于冬，非水之能使冬凝結閉藏也。木无土不植，火无土不宿，金无土不生，水无土无所歸。土之无位者，非无位也，无地非其位也，木、火、金、水之時，皆其所休養也，故王于四時。然就四時之和合而言，有似乎土之于木、火、金、水，非土之能使四時休養也。

五行一陰陽也，陰陽一太極也，太極本无極也。

辯曰：无極即是太極，太極即是祖氣，非別有无極而後為祖氣也。若合以夫子之言，則是祖氣作《易》矣，惡乎可！

五行之生也，各一其性。无極之真，二五之精，妙合而凝。

辯曰：五行各性，性已紛雜，豈能會合而成人！陰陽既生五行，則陰陽即在五行之中，當成功者退，不當復參于五行之班而為二五也。二五並列儼然成七，雜亂棼擾，如何謂之精，如何可以凝。《大傳》曰："天地絪緼，萬物化醇。男女構精，萬物化生。"故三人損一以致一。三且不能生，況于七乎！老氏云："汜乎其可左右，萬物恃之而生而不辭。""天得一以清，地得一以寧，萬物得一以生，侯王得一以為天下貞。道生一，一生二，二生三，三生萬物。"校之于此，自覺无弊。

乾道成男，坤道成女。二氣交感，化生萬物，萬物生生而變化无窮焉。

辯曰：乾男坤女，顯然形質，此時萬物无不具備，何故方言二氣之交感而化生萬物也？吾不知此男女者，合雌雄牝牡俱在其內而言也，又不知專指人而言也？如合雌雄牝牡，則與圖之所分屬者不侔，如專指人，人无化生異類之事，人物之始，氣化所生，聚而成形，以形相感，則人生人，鳥生鳥，獸生獸，蟲魚草木俱以類相禪矣。此一推原也，實取莊生肅肅出乎天，赫赫發乎地，兩者交通成和，而物生焉，然不若莊生之無罅漏也。

惟人也，得其秀而最靈。形既生矣，神發知矣，五性感動，而善惡分，萬事出矣。

辯曰：既受于人，五道三德，行之唯一，喜怒哀樂皆緣于感，水、火、木、金、土至此不過為臣官之用，豈得各擅其權，而一國三公，政出多門也哉！即或有偏喜、偏怒、偏哀、偏樂，或仁之過不及、義之過不及、禮之過不及、智之過不及、信之過不及者欲于此，而專責仁于木，責義于金，責禮于火，責智于水，責信于土，指其一性之失職，非愚則狂矣。夫性一也，分天命氣質而為二，已屬臆說，何得復因氣質而析為五。感動在事，不在性，四端流露，觸物而成，即以乍見孺子論之，發為不忍乃其仁，往救乃其義，救之而當乃其禮，知當救乃其智，身心相應乃其信焉。有先分五性，然後感動之理哉！夫子曰："繼之者善，成之者性。"今曰善惡分，是有性善，有性不善也。如以感動為習，則性不任其咎。莊生云："多方乎仁義而用之者，列于五藏哉，而非道德之正也。"茂叔蓋苗裔于此。

聖人定之以中正仁義而主靜，立人極焉。

辯曰：既云五性，不當偏舉仁義，而遺禮、智、信，且以中正先之也。夫仁義為性之所發現，仁而為從井之救，則愚義而為乞隣之與？則不直聖人處之無過不及，不偏不倚，乃謂之中正。中正者事理之當然也，虛辭也。今曰"定之以中正仁義"，則是木仁金義，原非全德，必待聖人定之，使中且正，然後不流于煦煦孑孑，此所謂仁義，非孔孟之仁義也。《大傳》曰："至賾不可惡，至動不可亂。"《艮》之《彖傳》曰："時止時行，動靜不失其正。"《說卦・傳》曰："兼三才而兩之。"俱一動而一靜，曰主靜則偏枯，而非孔孟。以立人極，則天極地極皆兩，而人極獨一矣。于三極六位之道，或未暇講與聖人之所以異于二氏者，以其能靜能動也。坐明堂而朝萬國，一日二日萬幾，其心如澄淵，无為而治，與木石居，與鹿豕遊，其聞見若決江河，未嘗有專事于靜者也，彼槁木死灰，雖愈于火牛狂象，其非中正則一也。《記》曰：“定而後能靜，靜而後能安。”此從學之途未為學之至境，无欲故靜，此无欲固非對私欲之欲而言，即愛親敬長，寂然未發，大人同于赤子，必繼善已往，學問切磋，性流為情。雖有欲而仍不入于惡，始完大人之分量，如僅守此无欲之靜，則猶為赤子爾。烏能盡參贊位育，而云立人極也？蓋老氏之學，致虛極，守靜篤，離形去知，甘瞑于无何有之鄉，慹然似非人，內守而外不蕩，歸根曰靜，靜曰復命，其主靜之謂與？

故聖人與天地合其德，與日月合其明，與四時合其序，與鬼神合其吉凶，君子修之吉，小人悖之凶。

辯曰：列此三等人品，宜以主靜歸君子，而為修身之功，則无病矣。至于聖人，恐非一靜所能盡者。

故曰：立天之道曰陰與陽，立地之道曰柔與剛，立人之道曰仁與義。

辯曰：上之四合，乃大人已成之德業，此之三立乃一卦，所以六畫之，故不取其義理，但取其規模澗大，辭氣雄壯而已，陰陽仁義又若與前不侔。

又曰：原始反終，故知死生之說，大哉《易》也，斯其至矣。

辯曰：原始反終，止是《易》準天地之一端，亦非可偏舉，以畢天下之能事焉。有天地合德，日月合明，四時合序，鬼神合吉凶之大，人而以知生死為至，如釋氏之重坐脫立亡者乎？蓋由此圖出自方士神仙之教，但求長生不死。莊生云：“生死亦大矣。”又云：“无視无聽，抱神以靜，形將自正，必靜必清，无勞汝形，无搖汝精，乃可以長生。目无所見，耳无所聞，心无所知，汝神將守形，形乃長生。慎汝內，閉汝外，多知為敗。”又以能兒子為衛生之經，皆以主靜求長生也，故以治身為道之真，以緒餘土苴為家國天下，彼所重唯在此。茂叔傳圖亦從此悟，入其撮綴聖人之言，而強謂之《易》者也。聖人夭壽不貳，朝聞夕死，視死生如日用起居，今署去務民事，人而以知生死為學之究竟，《易》之盡量，亦自呈其立論之原爾。至于老莊之四肢百骸，將為塵垢，死生終始，將為晝夜，亦非跼蹐于死生者。茂叔于學，則全得之老，于圖，則雜以仙真，于說，則冒以《易》道。未可與夫子之“太極、兩儀、四象、八卦”同年而語也。(圖學辨惑)

梨洲太極圖講義　　清　黄宗羲

通天地，亙古今，無非一氣而已。氣本一也，而有往來、闔闢、升降之殊，則分之為動靜。有動靜，則不得不分之為陰陽。然此陰陽之動靜也，千條萬緒，紛紜膠轕，而卒不克亂，萬古此寒暑也，萬古此生長收藏也，莫知其所以然而然，是即所謂理也，所謂太極也。以其不紊而言，則謂之理；以其極至而言，則謂之太極。識得此理，則知“一陰一陽”即是“為物不貳”也。其曰“無極”者，初非别有一物依於氣而立，附於氣而行。或曰因“《易》有太極”一言，遂疑陰陽之變易，類有一物主宰乎其間者，是不然矣，故不得不加“無極”二字。造化流行之體，無時休息，中間清濁剛柔，多少參差不齊，故自形生神發、五性感動後觀之，知愚賢不肖，剛柔善惡中，自有許多不同。世之人一往不返，不識有無渾一之常，費隱妙合之體，徇象執有，逐物而遷，而無極之真，竟不可見矣。聖人以“靜”之一字，反本歸元，蓋造化、人事，皆以收斂為主，發散是不得已事，非以收斂為靜，發散為動也。一斂一發，自是造化流行不息之氣機，而必有所以樞紐乎是，運旋乎是，是則所謂靜也，故曰主靜。學者須要識得靜字分曉，不是不動是靜，不妄動方是靜。慨自學者都向二五上立脚，既不知所謂太極，則事功一切俱假。而二氏又以無能生有，於是誤認無極在太極之前，視太極為一物，形上形下，判為兩截。蕺山先師曰：“千古大道陸沈，總緣誤解太極。‘道之大原出於天’，此道不清楚，則無有能清楚者矣。”（濂溪學案）

太極圖説遺議　　清　毛奇齡

宋周敦頤，字茂叔，號濂溪，著《太極圖説》。

宋乾道間朱子元晦所傳周子濂溪《太極新圖》

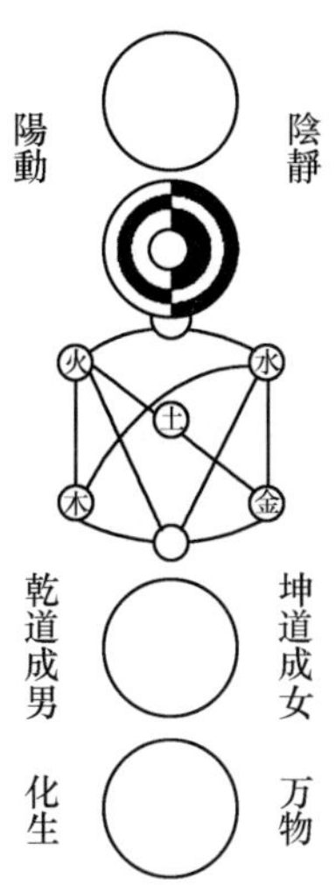

太極無所爲圖也。張南軒曰“太極不可爲圖。”林黄中曰：“太極無形，圖于何有?”況其所爲圖者，雖出自周子濂溪，爲趙宋儒門之首，而實本之二氏之所傳。《太極圖》一傳自陳摶。摶，華山道士，號希夷、宋儒稱希夷先生。朱子作《名臣言行録》，有《陳摶傳》。朱内翰震《進易説表》，謂摶以《太極圖》傳种放，放傳穆修，修傳周敦頤。胡五峯作《通書序》云：“敦頤得《太極圖》于穆修，修得于种放，放得于陳摶，要非其至者。”一傳自僧壽涯。張南軒曰：“周濂溪之學，始宗陳希夷，後從穆修、邵康節遊。又嘗學於潤州鶴林寺僧壽涯，故其所本正而取材廣也。”胡氏汲仲作《大同論》有云：“孟子沒後，道潛統絕。子周子起，然後潛者復光，絕者復續。河南程氏二子得周子之傳，周子之傳出於北固竹林寺僧壽涯，而爲理學之首倡。”胡雙湖一桂著《啓蒙翼傳》有云：“晁景迂云：‘胡武平、周茂叔同師潤州鶴林寺僧壽涯，其後武平傳其學于家，茂叔傳二程子。’”按：竹林即鶴林，北固即潤州。或云：“陳摶師麻衣。”麻衣即壽涯也。則時稍相去，濂溪或不能從學。然其説則從來有之。宋儒傳麻衣道者《正易心法》四十二章，章四句，句四言。題希夷先生受并消息。李侍郎壽翁刊于當塗。乾道間，南康戴師愈孔文始爲之跋以行。朱子疑是書即戴師愈僞作。以爲師愈曾爲湘陰主簿，來謁，即及麻衣《易說》。問其師傅，則云："得之隱者。"後至其家，見几間有《雜書》一篇，其詞氣宛然《麻衣易》也。又云："夫麻衣爲方外之士，然其爲希夷所敬如此，則其爲説必有奇絕過人者，豈若是之庸瑣哉！"張南軒曰："《麻衣》道者之書，希夷、隱君實傳其學，二君高視塵外，皆有長往之願，豈莊、列之徒與！"山陽度正，字周卿，朱晦庵門人，有云："或謂周先生與胡文恭公同師鶴林寺僧壽涯。"又謂"邵康節之父邂逅文恭公於廬山，從隱者老浮屠遊，遂同受《易》學。則所謂隱者，疑即壽涯也。"按李濳序《麻衣易》云："是書頃得之廬山隱者。"此亦與廬山隱者老浮屠説合。則度正謂隱者即壽涯，自必有據。或又云："李濳得《麻衣易》于許堅。"按堅亦陳摶後人。《宋史》稱堅授《圖》、《書》于範諤昌，諤昌授之劉、穆，則或當時并授《太極圖》，未可知也。

乃其所傳者，則又竊取魏伯陽《參同契》中《水火匡廓》與《三五至精》兩圖，而合爲一圖。

漢魏伯陽《參同契圖》

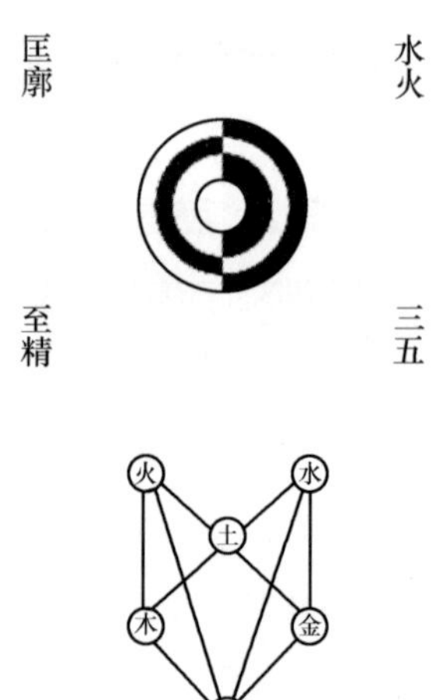

《參同契》，後漢魏伯陽作。按，《參同契》，道家之書。原本三篇，五代末孟蜀彭曉爲之分章，且序云："伯陽，會稽上虞人，其書密示青州徐從事，令牋註。徐隱名而註之，書末自序姓氏，有'鄶國鄙夫'語。"朱子註曰："當是會稽，隱語作鄶也。"

《水火匡廓圖》者，以章首有"坎離匡廓，運轂正軸"二語。彭氏本作“匡廓”，朱子《考異》本作“匡郭”。所云水、火，即坎、離也。舊註：“天地設位，日月運行，循環如匡廓。”朱註：“乾、坤位乎上下，而坎、離升降乎其間。先天之位，所云乾南坤北，坎離東西是也。故其象如垣郭之形，其升降如車軸之貫轂以運輪，一下而一上也。”丹家以坎、離爲用，故輪而象之。彭《序》曰：“敍其離坎，直指汞鉛；列以乾坤，奠量鼎器；明之父母，保其始終；合以夫妻，拘其交媾。”朱子曰：“此書大要在坎、離二字。”又曰：“《參同》以坎離爲藥。餘者爲火候。”又名《水火二用圖》，則又取“天地者，乾坤之象，坎離者，乾坤之用”二語。皆《參同》文。蓋其圖正作《坎》、《離》二卦，而運爲一軸，非所謂“兩儀”也。亦非所謂陽動生陰，陰靜復生陽也。其中一○，則坎、離之胎也。左☾爲離，白黑白，即☲也。右☽爲坎，黑白黑，即☵也。按潛初子有《觀象原始圖》，本道家所作。元末王肩望曾採之入《易說》中。而明岳氏元聲重刻之爲己書，其名有《乾坤設位》、《坎離迭運》、《艮震一氣》、《巽兌同宮》四圖。皆合兩卦爲一圖。而畫作三輪，與此正同。第其圖皆上下合，

如乾坤，坎離，艮震，巽兌，而此獨横分者。朱子云：“邵子謂乾坤定上下之位，坎離列左右之門。《參同》首卦位鋪排都只一般。”正指此圖而言。若以文言，則乾坤門戶、坎離匡廓，與邵言正反，何曾鋪排一般也。夫亦惟坎離同廓，中分左右則兩，皆卦體合軸而運，因得就陰陽間錯，而畫爲三輪。如以為兩儀，則兩儀兩也，烏得有三輪于其間哉？宋王秋山《大易緝說》中有三輪之問，究無解說。如以爲陽中有陰，陰中有陽，則一爲少陽，一爲少陰。少陰、少陽，固不宜有三輪；藉有之，則亦四象中之二，其于老陽、老陰，尚未之備也。在兩儀既多其一，而在四象則又闕其二，展轉相度，無一而可。則其明明爲《坎離匡廓》，而斷非《太極》，亦可驗矣。

至於《三五至精圖》則取“三五與一，天地至精”語，出《五行逆克章》“三五與一，天地至精，可以口訣，難以言傳。”而分五行爲三五，中央土，一五也，天五生土也。左火與木，共一五也。地二生火，天三生木也，二三，五也。右水與金，又共一五也。天一生水，地四生金也，

一四亦五也。故其爲生序，則水承坎下，火承離下。其爲行序，則金盛爲水，木盛爲火，而合而復歸於一元。其中金水以小畫相鈎連共一五，木火以小畫相鈎共共一五，而總連於土之一五，然後復歸於一元，合三五而皆鈎連於一〇焉。則此一〇者，三五之合，非二五之合，朱子《圖說解》，謂五〇爲五行，各一其性，一〇爲無極，陰陽五行，妙合無間。三五之精，非"二五之精"。《圖說》有"二五之精"語，謂陰陽五行也。正襲《參同》"三五至精"意。蓋丹家水火必還一元，故其後復有"含元播精，三五歸一"之語。假曰太極二五妙合無間，則此時尚未生男女也。生男共女，已有一〇在下矣。則此未生男女時，〇于何所？且太極陰陽，既以遞生爲五行，則五行即陰陽，陰陽即太極也，尚何有陰自爲陰，陽自爲陽，太極自太極，三分鼎足，得與五行爲對峙，而後"妙合無間"哉？況其所謂五行者，俱不合也。《參同》五行以水火爲君，故列上；以金木爲水火之母，故列下，而土則合水火而歸於一元，故居中。宋儒以之言太極，則大不合。既非《禹謨》相克之序，又非《洪範》生成之次，目之爲地上五行，既已可笑。又以水火加土上，爲不生於土，小畫與土相鈎連，爲四行從土中過，展轉猜度，烏知是《參同》五行也？始知竊取者無一得當者也。

第其圖自朱子註《參同契》後，則學者多删之。《參同契》舊衹三篇，西蜀彭曉分爲九十章。朱子復并爲三篇，名曰《考異》。其中多移《易》舊文，改竄語字，至於圖則槩删之。後有跋語，朱子自詭其名曰空同道士鄒訢。按胡雙湖《啟蒙翼傳》中載其文，且曰："文公雖託名于人，其實鄒訢即公姓名也。向解者以爲鄒者，朱之轉，訢者，熹之轉耳。"後據《考異》本原有註云："按，鄒本春秋邾子之國。"《樂記》云："天地訢合。"鄭氏註："訢"當作"熹"。則實實"鄒訢"二字即"朱熹"二字，他人不解也。第跋語或載前，或載後，各本不同。惟彭氏舊本，則或九或七，其圖猶存。徐氏牋註本已亡，他本龐雜不足據。唯彭本有《水火匡廓圖》、《三五至精圖》、《斗建子午圖》、《將指天罡圖》、《昏見圖》、《晨見圖》《九宮八卦圖》、《八卦納甲圖》、《含元播精三五歸一圖》、然或并《至精》、《歸一圖》，或并《斗建》、《將指圖》，故或九，或七。今藏書家與道家多有之。以其書本丹竈家抽坎填離之術，故隋、唐《志》以其書入《道藏》

中。相傳漢桓帝時淳于叔通受其學，始以行世。張平叔詩云：“叔通受學魏伯陽，留爲萬古丹經王。”若夫傳所授圖竊自伯陽，則在朱子亦未嘗諱言者。朱子曰：“《先天圖》與《納音》相應，蔡季通言與《參同契》合，今觀其圖”云云。“觀其圖”是觀伯陽圖也。若《先天圖》，非其圖矣。又云：“邵子發明《先天圖》，圖傳自希夷，希夷又自有所傳，蓋方士技術用以修煉，《參同契》所言是也。”又云：“伯陽《參同契》，恐希夷之學有些是其源流。”又云：“邵子得于希夷，希夷源流自《參同契》，是以從上處之也。”

或云：其圖在隋、唐之間，有道士作《真元品》者，先竊其圖入品中，爲《太極先天之圖》，此即摶之竊之所自始。且其稱名有“無極”二字，在唐玄宗《序》中。《道藏》有《上方大洞真元妙經品》，唐玄宗禦製《序》曰：“真元聖主上方開化無極，太上靈寶天尊宣揚教範，命真仙之衆，傳經化人”云云。

初亦疑之，及觀其圖，則適與南宋紹興間朱內翰震所進圖合。《道經》有《禦製序》，奉敕入葬，似非可僞者，特必得儒書考證，方可據也。朱子字子發，高宗聞講《易》，稱旨特給筆札，令著《易說》以進其圖則《易說》中所並進者。

宋紹興間所進周子太極原圖

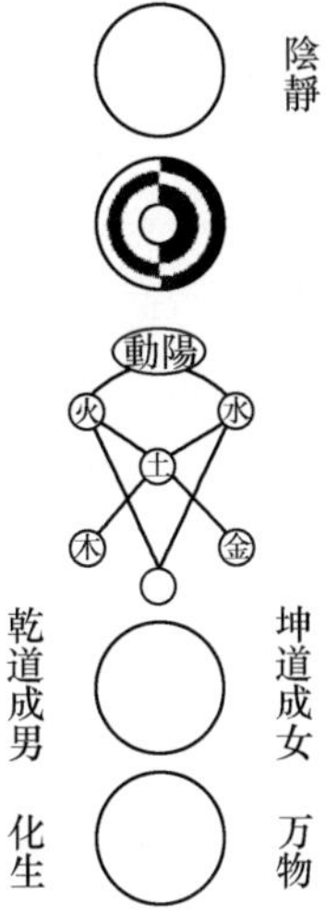

此朱内翰所進圖也。以陽動註三輪圖下小○内。見朱氏《易卦圖》上卷。

唐《真元品太極先天合一之圖》

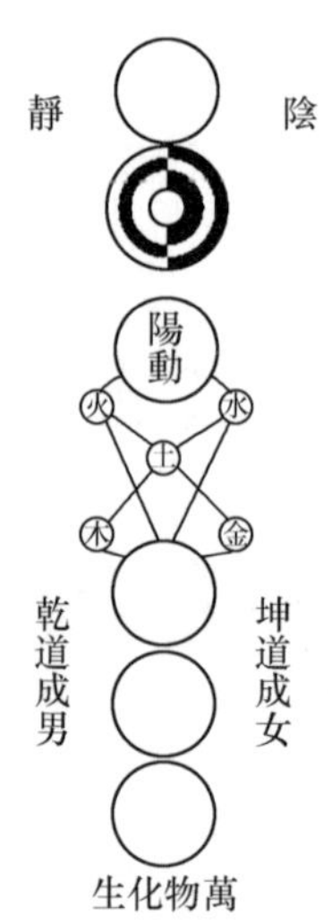

此《太極先天合一圖》也。道家以太乙爲太極，即一元也。然非第一○也，亦非三輪圖也。第一○爲陰靜，第二爲坎離匡郭，第三○爲陽動，此即《先天圖》也。所云："乾坤定南北、坎離分左右"者，是也。但坎離之中一小○，則一元也。陰陽水火所媾之胎，復鍊以五行水、火、木、金、土，三五之精，而歸於一元，則于是五行之下，又有第四○，即太極也。夫然後生生不窮，加二○焉。則是第四大○與第二小○，皆爲太極。而連上三○，則爲《太極先天之圖》。其義如此。

初讀《漢上易說》，見其所進圖，以"陰動"註首○之右，而以"陽動"註三輪圖下一○之中，朱子《圖解》之所謂五行"交系於上"之乂間者，深以爲怪。夫陰陽動靜有左右，而無上下。即有上下，亦天地設位，尊卑以陳，陽上而陰下有之，未有陽在下而陰在上者，豈陰陽互視爲否、泰，而坎離顛倒爲既、未濟耶？及得《真元經品圖》，則然後知《太極先天》舊固竊之爲一圖，而搏又從而分之者也。夫《先天》之本《參同》，有明徵矣。朱子、蔡季通亦言之屢矣。其值日納甲、三五歸元之法，亦既詳而且晰矣。《參同》之訣、本以乾坤水火爲抽填之祕，而坎離横陳，乾坤直列，摶之所謂以乾南坤北，離左坎右，爲《先天》者，而《匡廓》運軸則以坎離爲車軸之貫，輪轉上下。乾之南者有時而北，坤之北者有時而南。而究其要訣，則必如《鼎器歌》云："陰在上、陽下奔"者。朱子註云："此是要法。"故其文有云："上德無爲，不可察求（言陰在上，主静也）。下德爲之，其用不休（言陽在下，主動也）。"而朱子註云："上德即上文所謂雌，陰也；下德即上文所謂雄，陽也。"葢陰貴上而陽貴下，陰欲静而陽欲動。此在趙宋以前，六季以後，實竊《參同》爲《太極先天》一圖。而摶復取而轉分之，然且分之未淨，故在周子所傳，則尚列陰陽於上下。葢方士指畫原未檢點。且或另有秘旨，而其後儒者傳之，則必有另加修飾，使其無獘，無獘而後已。而不知失其本來，且輪蹄蹤跡未嘗能掩人以所不見也。圖形仍不可掩，如陽動一〇，仍在圖下，初改爲♉，後改爲♀，後又改爲≍，然仍有作一〇者。張浮峯曰："古凡傳信，以所見所聞爲斷，重先後也。朱震進圖、國史進《圖說》，俱先于輯《周子文集》，則自可取信。今輯《文集》者，其不用國史，固不待言，乃所載《圖說》，必以潘清逸《墓誌》爲據，則斷宜備載其文入集中矣。乃又以不合己意，一字不録，則舊時《行實》亦概删去，而别爲《事狀》以行之，則何所傳信乎？絀他人之書，以就己意，此著書通病也。"夫隋、唐、趙宋不相接也，方士畫於前，儒臣進於後，不相謀也。一入《道藏》，一入綸舘，又未嘗相通也。而兩圖蹤蹟合若一轍，誰爲之者？聞之漢上所進圖，在高宗紹興甲寅，而親見其圖而摩畫之，則在徽宗政和之丙申，其間遊仕西洛，搜討遺文，質疑請益，寢食不捨者一十八年，然後著成《易傳》九卷，《易圖》五卷，豈復有一切於其間者！況其圖後註云："右《太極圖》，周惇實茂叔傳二程先生。"其稱惇實，則猶在英宗以前未經避諱改名之際。惇實改惇頤，避英宗諱也。其圖之最真而最先，已瞭然矣。濂溪達人，不假移易，且亦所謂"非其至者"，而後之人必從而回護之，何也？

則必隋、唐先有其圖，而摶又從而轉竊之，然且分圖爲二：一曰《先天》，一曰《太極》。《先天圖》别有辨說，若其本之《參同契》，則朱子已詳言之，其說見前。

其在當時傳《太極》者，頗知所自，悉不以其圖爲然。故宋、元間人，凡言《易》家，輒自爲一圖。而鈎深抉隱、穿鑿變怪之害生焉。顧自漢、晉以後，隋、唐以前，闡辭釋象，並不敢妄加點畫于其間。而其後繪畫滿紙，千態萬狀，皆自此始。

蔡季通《自然圖》，一名《太極真圖》

劉長民《易鈎隱圖》

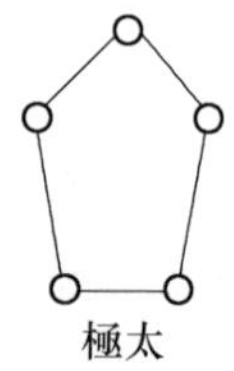
極太

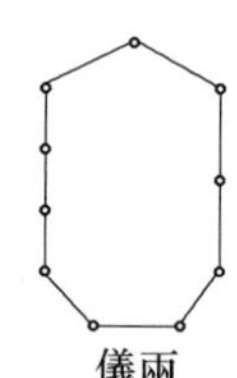
儀兩

董季真《會通圖》

乾兌離震
巽坎艮坤

太陽少陰
少陽太陰

陽
陰

太
極

林德久《易裨傳圖》

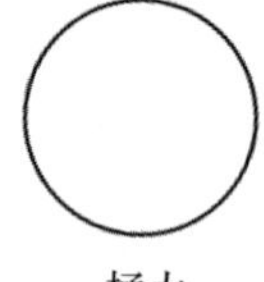
極太

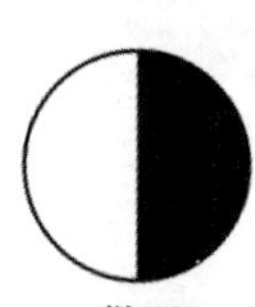
儀兩

象四

王秋山《大易緝説圖》

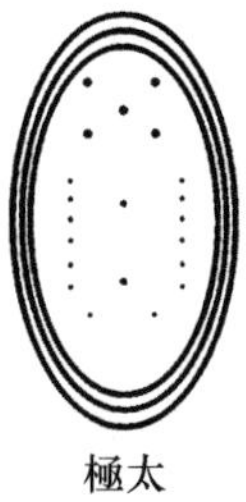

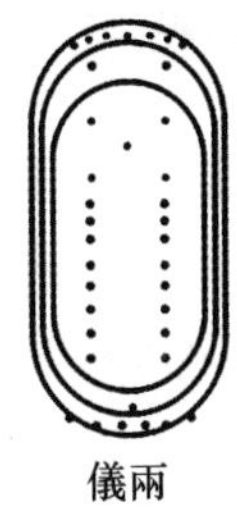

楊鼎卿《古註圖》

胡玉齋《啟蒙圖》

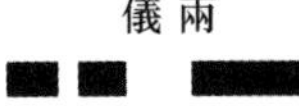

洪容齋《六十四卦生自兩儀圖》

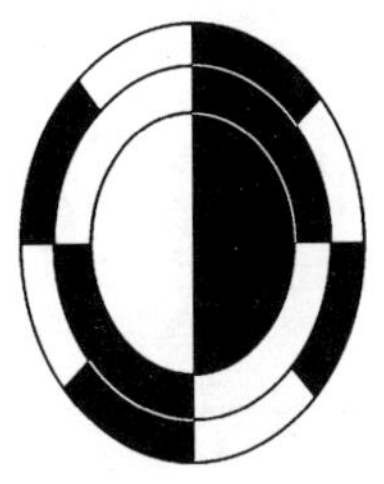

張仲純《圖》

閭丘逢《辰圖》

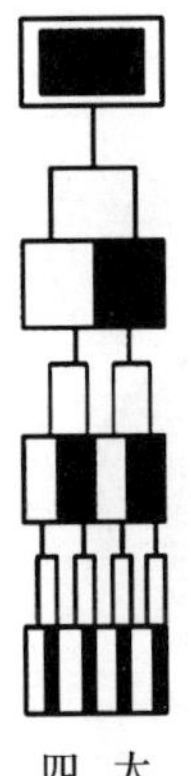

熊任重《本義集成圖》

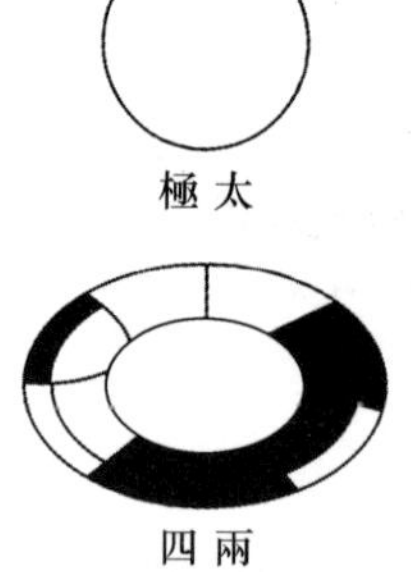

李蒙齋《學易記圖》

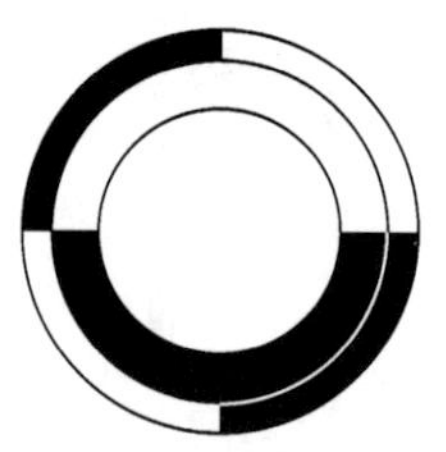

同州王湜先生《學易圖》

兩儀

奇

偶

四象

陽中有陰

陰中有陽

吳草廬《纂言圖》

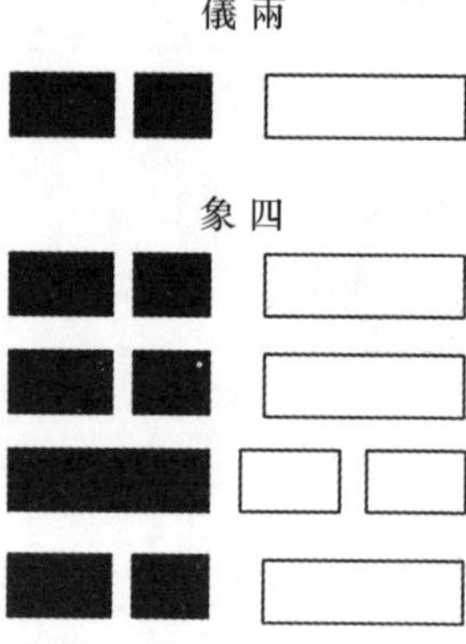

鮑天厚《發微易類圖》

胡雲峰《圖》

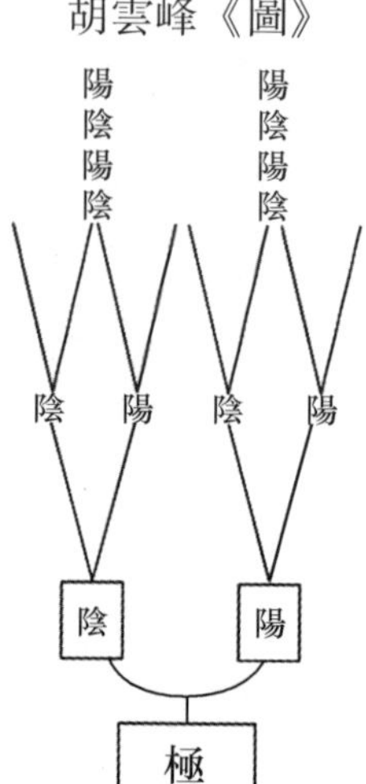

乃其所爲《説》，或不必果周子所作。陸梭山曰：“《圖説》與《通書》不類，疑非周子所作。朱子編次《周子文集》，書後有自註云：“武當祁寬，字居之。又謂圖象乃先生指畫以語二程，而未嘗有所爲書。”則舊原有謂非周子作者。

即果周子作，亦但就二家所授，而因以成文。必非其深知篤信，以爲與三聖之所言無少間也，況其説則又純乎二氏之學，而不可爲訓。張横渠曰：“大《易》不言有無，言有無，諸子之陋也。”又曰：“諸子淺妄，有有無之分，非窮理之學也。”又曰：“不悟一陰一陽，範圍天地，通乎晝夜，三極大中之矩，遂使儒、佛、老、莊混然一途。語天道性命，不罔于怳惚夢幻，則定以有生于無。不知擇術而求多見，其蔽于詖，而陷于淫矣。”按子厚與濂溪同時，親見《圖説》，明明知“有生于無”爲《圖説》中旨，乃痛家詬厲，至斥爲儒、佛、老、莊詖邪遁，一至於此，他可勿問矣。

彼二氏平時皆以儒説爲未精，必欲有所加于太極之上。而或引而不發，或發而不敢實予之以加之之名，而不意《圖説》爲之加之。《莊子》云：“在太極之先而不爲高”，此欲加之端也。真西山云：“莊子以道在太極之先。所謂太極，乃是將作天、地、人三者已具而渾淪未判者之名。”《淮南子》云：“引類于太極之上”，與《莊子》同。高誘註云：“太極，天地始形之時也。”是皆幾幾欲加之，而引而不發，未嘗實有所加也。然在《列子》則早已陰立諸“太”，而特未敢顯然與太極並列其名，但曰：“有太易，有太初，有太始，有太素。”太易者，未見氣也；太初者，氣之始也；太始者，形之始也；太素者，質之始也。至僞爲《三墳》書者，則始攙太極於太始、太易之中。《三墳》僞書，出自宋元豐中。其《太古河圖代姓紀》有太始、太極、太易、太初、太素諸名。然尚曰：“太始爲一，太極次之，太易爲二，太初爲四，”太始數一，一爲太極；太易數二，二爲兩儀；太初數四，四爲四象。而《易緯鉤命訣》則直曰：“天地未分之前，謂之一氣。于中有太易、太初、太始、太素、太極，而爲五運。”四“太”解義與《列子》同。按：《易緯》爲漢時術士讖緯之書。《鉤命訣》已亡，此散見他書註中。則直降太極于末，而升四“太”于太極之前。故《禪源銓集》有《原人論》云：“彼始曰太易，五重運轉，乃至太極。”《禪源銓集》唐圭山僧著。又衛琪云：“五‘太’以前，沖穆無朕，不可稱說。五‘太’見《易》《鈎命訣》。”則在漢後二氏，始於太極之上實有所加，然而猶未加以“無”也。自緯書有《乾坤鑿度》，未知出於何時，其書詭稱黃帝譔，而中多引孔子爲言。後漢黃琬、張衡諸傳皆有引註，意必後漢人僞作。中歷引《列子》四“太”，而斷之曰：“太易始著，太極成。太極成，乾坤行。”太易，無也；太極，有也。太易從無入有，聖人知太易有理未形，故曰太易。則始逗“無”字，而其所謂“無極無形，太極有理”之說，此宋儒解《圖說》語。正與“太易有理未形”句相合。已駸駸乎具之矣。及王輔嗣作《易註》，則老氏學也。引《老子》及《易緯》之說。註云：“夫‘有’必始於‘無’。”《老子》原有“始生於無”語。故太極生兩儀。太極者無稱之稱，不可得而名，取其“有”之所極，況之太極者也。而于是“無”之名生焉。是以唐僧杜順作《華嚴疏》，其演義（杜順，號帝心，肅宗時僧）有云：“以四‘太’言之，則太易爲始；以五‘太’言之，則太極爲終。夫‘一陰一陽之謂道’，道者何？‘無’之稱也。但寂然無體，不可爲象，必‘有’之用極，而‘無’之功顯。”此即“不言太極，則無極淪於虛寂”諸說所始。則是以“無”爲極，以極爲“無”。“無”在極前，與極在“無”後。在二氏所言，亦既斷斷焉無所不至，而特未嘗以現成“無極”二字顯加之太極之上，而《圖說》加之。且其所加者，則又歷見之道、釋諸書，明立其名，以與太極相牴牾者，曰“無極”。

夫《易》與《書》皆有“極”字，然皆有“有”字，《易》曰：“《易》有太極。”《書》曰：“皇建其有極。”又曰：“會其有極，歸其有極。”出《洪範篇》。惟二氏則皆有“無極”二字見于其篇，如《老子》曰：“知白守黑，復歸于無極。”出《知其雄章》。《莊子》曰：“入無窮之門，以遊無極之野。”出《在宥篇》。柳子厚《天對》曰：“無極之極，莽瀰無垠。”則正用《莊子》語。《列子》曰：“物之終始，初無極已。”又曰：“無則無極。”此《列子·湯問夏革篇》語。又曰：“無則無極，有則有盡。”“無極之外，復無無極；無盡之中，復無無盡。無極復無無極，無盡復無無盡。是以知其無極、無盡也，而不知其有極、有盡也。”《汲塚周書》曰：“正人莫如有極，道天莫如無極。”是書晉太康中出于魏安釐王塚。按安釐王卒于東周君十三年戊午。是時無焚書之禍，安得殉書塚中？況所殉者，適所逸者也？自周戊午至晉太康元年，已五百二十三年。墓中竹簡焉有不毀？此皆西晉老氏之徒所僞爲者。宋李燾曰：“此僞書，託周爲名也。”《參同契》曰：“往來洞無極。”出《關鍵三寶章》。後秦僧肇《論中和集》曰：“妙契之致，本乎冥一，物我元會，歸於無極。”僧肇後秦姚萇時人作《肇論》，入藏。此出《通古第十七篇》。又唐清凉國師普賢《行願品疏》有云：“靈鑒虛極，保合太和。”而唐僧圭峰註云：“虛極者，無極。謂虛無太極之道也。”又關中王弘撰云：“無極之真，出唐僧《華嚴經·法界觀》。”按清凉、圭峰皆唐時國師，《法界觀》亦唐僧帝心作，然未考。況唐玄宗時則實有《上方大洞真元妙經品》爲《太極圖》之所自始。而玄宗敕賜入藏，且禦製以序。首稱“真元聖主上方開化無極”寶號，所以闡太極、先天，而頌爲真元無極之妙品，則此無極者，明明爲二氏歷建之名，與仙佛共著之目，而且根氏《參同》，發源《道藏》無極、太極，竟爲此圖所本來。則雖至德要道，爲吾學必須，亦且姑避其名，以防侵蝕溷餚之害。況公然方士所傳，老僧所授，以二氏家人述二氏宗旨，而以之增損吾聖人之言，是亂之也。且夫子“太極”一言，亦何嘗少有遺憾，以俟後人之補救。即其言果有遺憾，而在春秋以後，趙宋以前，歷千三百年，文人學士皆不以此言有所惑悮而必藉補救，則亦可以止矣。

當時國史，以濂溪儒宗，載《圖說》原文，入《濂溪傳》中。本曰“自無極而爲太極”，而南宋儒者刻其說於乾道間，則曰“無極而太極”，或曰國史增“自”“爲”二字，或曰後儒去“自”“爲”二字，皆不可定，而元時爲《宋史》者，則始去二字，與宋儒合。

《圖說》曰：“無極而太極。”全文分載，不遺一字。《圖說》在程、邵諸儒未嘗言及，故世亦未見其文。至南渡後，朱子始刻其文于乾道間。而當時見者，皆不能信，多起而爭之。然在所爭者亦祇見“無極而太極”作五字句。及朱子遇洪景盧于玉山，語及原文，知國史于《濂溪傳》中所載《圖說》首句作“自無極而爲太極”時，景盧爲史官，遂借觀其所藏史本，請去“自”“爲”二字，不可得。乃指爲史官所增擬，請改去。《圖說》附録朱子云：“夫以本文之渾全明白，猶或妄有譏議。若增此字，其爲前修之累，啓後學之疑，益以甚矣。”夫史官無改人成文者。史局條例：若載人成文賦頌、奏議等入本傳中，但許删篇段，不許删字句。至改竄，則一概禁絕。況景盧名邁，即洪容齋也。容齋博覈伉直，定無訛錯與益損二弊。即或非其手筆，係前人史官，然亦何苦爲此？乃後人以爲朱子删去“自”“爲”二字，如韓苑洛輩，則又不可定。若史文則終宋之世未嘗請改，祇存其説於《語録》中。且引蘇子容請改史文故事，以明可改之例。朱《語録》云：“會當請而改之，而或者以爲不可。昔蘇子容特以爲父辨謗之故，請刊國史所記‘草頭木腳’之語，神祖猶俯從之，況此乃百世道術淵源之所繫耶！正當援此爲例，則無不可改之理。”而宋後爲史者，始據朱子本得改去焉。

乃其時所爭者，仍祇“無極而太極”一語。其時左之者多，右之者亦不少。惟陸子静則顯然有主客往復，見于諸書。向時講朱、陸異同，極袒朱子。今平情以觀，知子静所言，亦未可盡非也。朱子論“無極”要義，全見于《與陸梭山書》。其平時《語録》中亦載此言，今《性理》卷首亦有之。朱子《與陸梭山書》有云：“不言無極，則太極同于一物，而不足爲萬化根本；不言太極，則無極淪于虚寂，而不能爲萬化根本。”按《性理》、《語録》後“萬化”字爲“萬物”，又有差等。陸子所復凡三，其要言亦祇在第一復中。陸子答書有云：“夫太極者，實有是理，聖人從而發明之耳。其爲萬化根本，固自素定。其足不足、能不能豈以人言之故耶？作《大傳》時不言無極，太極何嘗‘同于一物，而不足爲萬化根本’耶！《洪範》‘五皇極’列在九疇之中，不言無極，太極亦何嘗‘同于一物，而不足爲萬化根本’耶？”按：朱子《與陸梭山書》不知何時，其《與子静書》則在淳熙丁未。以子静不伏其言，而朱子詢之，故子静有復書，其書約二千言。梭山，子静兄子美，名九韶，自號梭山老圃。其他往復，則主客短長，兩兩自見。要之，陸子亦未知就裏者。朱子又書云：“伏羲作《易》，自一畫以下；文王演《易》，自乾元以下，未嘗言太極也，而孔子言之。孔子贊《易》，自太極以下，未嘗言無極也，而周子言之。先聖後聖，豈不同條而共貫哉？若于此有以灼然實見太極之真體，則知不言者不爲少，而言之者不爲多矣。”按，此亦載之《圖説總論》之首。往時魏文靖講學道南書院，極不伏此語，謂甫云：

“‘不言無極，則太極同於一物’，是斷斷不可不言矣。”又云：“‘不言不爲少’，此是何說？且其云伏羲文王不言，而孔子言之；孔子不言，而周子言之。亦未是。孔子言太極，未嘗于伏羲一畫之下增一畫，文王乾元之下補一元也。假使周子言《易》，如《通書》言誠，言德，言仁義中正，則又何礙？惟言無極，則于孔子之言太極未免干繫，此非孔子不言，而周子可言者。大凡論辨，須對針切，勿自語自言，正謂是也。”其餘往復多旁及。惟陸子以陰陽爲道，朱子以太極爲物，陰陽爲形器，此是欲加無極主意。所謂對針者，今略載後。朱云：“無極即是無形，太極即是有理，周先生恐學者錯認太極別爲一物，故著無極二字以明之。”陸云：“‘形而上者謂之道’”，又云：“‘一陰一陽之謂道’，一陰一陽已是形而上者，況太極乎？自有《大傳》，至今幾年，未聞有錯認太極別爲一物者，設有愚謬至此，奚啻‘不能以三隅反’，何足上煩特地於太極上加無極以曉之乎！”朱云：“既曰‘形而上者謂之道’矣，又曰‘一陰一陽之謂道’，此豈真以陰陽爲形而上者哉！正所以見一陰一陽雖屬形器，然其所以一陰而一陽者，是乃道體之所爲也。故語道體之至極，則謂之太極；語太極之流行，則謂之道。”陸云：“直以陰陽爲形器，而不得爲道，此尤不敢聞命。《易》之爲道，一陰一陽而已。先後始終，動靜晦明，上下進退，往來闔闢，盈虛消長，何適而非一陰一陽哉！《說卦》曰：‘觀變於陰陽而立卦。’又曰：‘是以立天之道，曰陰與陽。’今顧以陰陽爲非道，而直謂之形器，其孰爲昧於道器之分哉？”朱云：“若以陰陽爲形而上者，則形而下者復是何物？若某愚見，與其所聞，則曰：凡有形有象者，皆器也；其所以爲是器之理者，則道也。如來書所謂始終、晦明、奇偶之屬，皆陰陽所爲之器；獨其所以爲是器之理，如目之明，耳之聰，父之慈，子之孝，乃爲道耳。如此分別，似差明白，不知尊意以爲如何？”而未嘗及其全文，今考其全文，則亦不無可疑者。

《圖說》曰：“太極動而生陽，動極而靜，靜而生陰，靜極復動。”

此陳摶語也。山陽度正，朱子之門人。有云：“觀摶與張忠定語及公事，先後有太極動靜分陰陽之意。”又朱子《書周子文集後》云：“按張忠定嘗從希夷學，而其論公事之有陰陽，頗與《圖說》意合。竊疑是說之傳，固有端緒。”則朱子亦自疑其說本陳摶矣，此朱子守南康時，編輯

《周集》，而附此語。

附先竟山《動静生陰陽論》。《易》曰："動静有常"，言陰陽也。天地位而有尊卑，尊卑陳而有動静。故陽動陰静，亦言其既生之後，大概有然。未聞生陰陽而先有動静者也。夫陰陽未生，渾然太極，此時尚未有陰陽之可名，焉有動静？夫既以陽爲動矣，又曰動生陽，將陽生陽乎？既以陰爲静矣，又曰静生陰，將陰生陰乎？且夫陰陽、動静雖似有分屬，而至於生，則未有不兼動静者也。陽生于子，則陽氣動；陰生于午，則陰氣動。故動静者，雖陰陽之别，亦生息之分。動則生，不動則息，故陽動則陰息，陰動則陽息，陰陽動静，互爲推遷；是一動一静，在陰陽尚未能分，而謂太極分之乎？今試執塗人而問之曰：陽生于子而息于巳，陰生于午而息于亥，夫人而知之也；曰陽自子至巳而六時動，陰自午至亥而六時静，則雖愚者猶疑之也。況以月計之，則自子至巳，自午至亥，已及半載，而生而至極，極而復生，則在陰陽生息已不能如許之偏，而謂太極所生，必極而後反，又必反而後復生，是上半年太極動，下半年太極静，無是理也。夫聖人之言，明白顯著。人不於聖人之言是求，而必求之儒者之言，以致紛爭執，彼我成訐，亦復何爲？夫說《易》，可不讀《易》乎？《易》曰："夫乾，其静也專，其動也直，是以大生焉。夫坤，其静也翕，其動也闢，是以廣生焉。"是陽不必專動也，動亦陽，静亦陽也；陰不必專静也，静亦陰，動亦陰也。若夫生則既兼動静，而又必自静而至於動，而然後得生。故陽至動直而後大生，陰必至動闢而後廣生。吾向所謂生必兼動静者，此也。向所謂動則生，不動則息者，此也。向所謂陽動則陰息，陰動則陽息，一動一静，互爲推遷者，此也。若夫陰陽動静，合而生物，乾元資始，焉有動静？則又資生之前，太極元始所最著者。夫大《易》具在也，其言陰陽、言動静，又歷歷有可驗也。人敢於議《易》，而必不敢議《圖說》；敢於改聖言，變聖言，侮聖人之言，而必不敢言儒者之言之非，不亦悲乎！

《圖說》曰："一動一静，互爲其根。"

說見前。"根"字在儒書無據。唯《老子》曰："玄牝之門，是謂天地根。"又曰："使氣曰彊，是謂深根固蔕。"《莊子》云："自本自根，未有天地，自古以固存。"註云："明無不待有而無也。"《禪源諸銓》

云："萬物芸芸，各歸其根。況人爲三才之最靈，而本無源乎?"此唐僧圭峰所銓釋者。二句亦見《老子》。若人爲最靈，則《圖說》直用其語。《原人論》云："兩儀生四象，稟氣受質，漸成諸根。"《華嚴疏》云："從五大根生十一根，五大者，水、火、木、金、土也。"《大傳》有四象，無五行，此生五行與《圖說》同。《原人論》、《華嚴疏》俱見前。

《圖說》曰："分陰分陽，兩儀立焉。陽變陰合，而生水、火、木、金、土。五氣順布，四時行焉，五行，一陰陽也；陰陽，一太極也；太極，本無極也。"

太極、五行出二氏書，以太極無五行也。夫有陰陽即有五行，彼皇極不言五行乎？曰：皇極有五行，太極無五行，皇極以疇，此以卦也。大衍之註無五行乎？曰：大衍有五行，太極無五行，大衍以蓍數，此以卦象也。蓋陰陽能生五行，五行不能生八卦，不能生八卦，則不之及。土無卦位，而坎、離、震、兌雖配四行，然實無坎、離、震、兌，生坤、乾、艮、巽之理，此非無五行也，不能生八卦，則不之及也。故夫子曰："兩儀生四象。"不及五行，四非五也。兩儀生四象，合爲二四。二四，非二五也。自《列子》有云（出《天瑞篇》）："易變而爲一，一變而爲七，七變而爲九。九者，究也，乃復變而爲一。"其註曰："易即太易也。"謂四"太"之首也，猶《圖說》無極也。變而爲一者，氣變而後有太極也。謂氣之始。有太極而後有陰陽、五行，故曰一變爲七。即太極生兩儀、四象。夫七者，陰陽數二，五行數五，合之爲七。則此七者，正《圖說》之所爲陰陽生五行也，正《圖說》之所爲"二五之精"也。二五者，七也。至七變爲九，則又以六老陰、七少陽、八少陰、九老陽以合之四象生八卦之數。以爲乾九者，陽數之極。究者，極也，故又變而爲一；此即有必歸於無，終必歸於始，所謂"太極本無極"者，則明明白白。《列子》釋《太極》一章，而《圖說》襲之以成文者，真二氏之書也。故《黄庭經》云："五行相推大歸一。"正言五行，正言歸一。而《易緯乾鑿度》云："太極分而爲二。"註："七九、八六。"則正攙二五陽九于其中。而唐僧圭峰於《圓覺經疏》講《易》四德，有云："惟此四故，是五行故，是四時故。"則又正以五行攙四時之先，所謂"五行順布，四時行焉"者。凡諸《圖說》，與諸《佛》、《道藏》講太極者，無不脗合。是二氏之先，原以《易》理爲根柢，扳援成說，如所謂“黄老之學，二家所共”者。故陳搏授之，壽涯傳之，而無所疑也。若漢儒釋四象多指四時，以《易》文有“變通莫大乎四時”語也。故虞翻曰：“四象，四時也；兩儀，謂乾坤也。乾二五之坤成坎，坤二五之乾成離，坎之二四同功爲互震，離之二四同功爲互兑。一中男、長男，爲冬春；一中女、少女，爲夏秋。至四時所生，則坎之三五同功爲互艮，離之三五同功爲互巽，而八卦成焉。”此四象之説也。《乾鑿度》又曰：“天地有春秋冬夏之節，故生四時；四時各有陰陽剛柔之分，故生八卦。”然虞翻又曰：“乾坤生於春，艮兑生於夏，震巽生於秋，坎離生於冬。”則合坎離上互而爲夏，合坎離下互而爲秋者。要之，皆指四時，不指五行也。若其後《易》有四象，則侯果之註又指上下神物爲象形，故曰所以爲示。至王弼作《易註》，則但曰：“卦以象之。”始直指卦象。所云老陽、少陽、老陰、少陰者，宋、元人皆宗之。前所及圖象十數家，皆是也。若其次第，則元方回作《易集義序》所爲太陽一，少陰二，少陽三，太陰四，此皆於太極八卦有關會者。唯孔潁達作《王註疏義》，則本列氏學，雜及五行。而邵雍作《皇極經世》則又變而爲日月、星辰、水火、石土爲四象。夫以五行爲四象，四象固不辭；即以日月、星辰、火水、石土爲四象，四象亦不辭。然而安能生八卦哉？

《圖説》曰：“五行之生也，各一其性。無極之真，二五之精，妙合而凝。”

無極、二五説見前。但其所爲“真”與“合”與“凝”者，則二氏書俱有之，豈晉、唐道、釋曾讀《太極圖説》過耶？抑陰合耶？且二氏之書，其不講《易》者夥夥也。即講《易》，而不講太極者，又夥夥也。講《易》講太極，而皆與此同，則此所來矣。《華嚴疏》曰：“《周易》爲真無，《老子》爲虚無。”真無即無極之真也。《華嚴疏》見前。且彼亦以“真”字爲儒書所無，爲二氏所私有，故凡言“真”，則必分彼此。如《普賢行願品》《華嚴普賢行願品》見前。曰：“彼指乾元，此明真界。”《原人論》見前。曰：“太極生兩儀，彼説自然大道，如此説真性。”彼者儒也，此者我也，佛也。彼以“真”字爲吾儒所必不道，爲三古以還儒者所必不有，故直判之爲此外氏家之物，爲外氏家之名，而我忽有之，彼耶？此耶？儒耶？佛耶？夫彼尚知有彼此，而力爲分別，而我翻不然，何也？若夫性與我合，人與王合，保合太和，爲佛家要旨。故《原人論》云："含無混沌，名爲無始，形氣之始，即彼太極也。雨下不流，陰氣凝也。陰陽相合，方能生成。"此與"妙合而凝"有相發者。故麻衣道者，即壽涯也。其《正易心法》有曰："六十四卦，惟乾與坤，本之自然，是名真體。六子重卦，乾坤雜氣，悉是假合。"其言"真"、言"合"，亦無不同。若陳摶所作《易龍圖記自序》有云："今存已合之位，或疑之，況更陳其未合之數耶?"吾不知其所爲"合"者，何指也。按摶所作《龍圖記》不可考，其《序》則載諸《易説》中。《龍圖》者，《龍馬圖》也。

在初誦其文時，祇以爲《圖説》可疑，原無幾語。其餘多《易》文，此無容置喙者。而以今觀之，則亦未嘗無可疑也。因著爲《遺議》，而雜引其可據者，而記之于篇。

《圖説》曰："乾道成男，坤道成女。二氣交感，化生萬物，萬物生而變化無窮焉。惟人也，得其秀而最靈。形既生矣，神發智矣，五性感動而善惡分，萬事出矣。聖人定之以中正仁義，而主靜，立人極焉。故聖人與天地合其德，日月合其明，四時合其序，鬼神合其吉凶。君子修之吉，小人悖之凶。故曰：立天之道，曰陰與陽；立地之道，曰柔與剛；立人之道，曰仁與義。又曰：原始返終，故知生死之説。大哉《易》也！斯其至矣！"

唐宗作《華嚴疏序》，清涼國師爲《註解》，有云："天地未分，謂之一氣；天道始分，即有五運。形質已具，謂之太極。轉變五氣（五氣，即金、木、水、火、土也）。遂成五會。有天道焉，有地道焉，有人道焉。"《説卦》云："昔者聖人之作《易》也，將以順性命之理。是以立天之道，曰陰與陽；立地之道，曰柔與剛；立人之道，曰仁與義。""是故知幽明之性，原始反終，是故知生死之説。"此《圖説》所本也。不然，"仰以觀于天文"節有三截、三"是故"，獨引取"原始反終"中一截，何引《易》皆脗合如此？（西河合集）

李塨書問　　清　毛奇齡

《太極圖說遺議》中有《上方大洞真元妙經品》，唐玄宗御製序，稱為真元聖主上方開化無極太上靈寶天尊所傳，塨查《道藏》，並無《真元妙經品》一書，敢問是書所由來，若先生見王草堂能詢之乎？

按，此書在杭州吳山火德廟《道藏》中，係刻本，王草堂搜得之，衹錄其書名，并圖與玄宗之序，而書仍付去其圖，與宋朱內翰震紹興間所進《周子太極圖》並同。

真元品太極三元圖

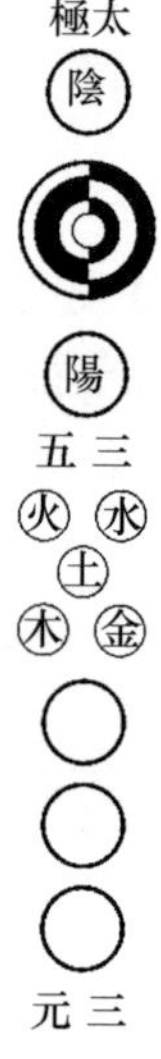

陰靜○陽動○者，即《參同契鼎器歌》所云："陰上靜，陽下奔也。"又即朱子註所云："先天之位（陳摶《先天圖》本此），乾坤南北，坎離東西也。"

◎者，即《參同契·坎離匡廓圖》也，《參同》首章有"坎離匡廓"語，因以為圖中一小○坎離之胎也。左☾為離，離中黑，右☽為坎，坎中白也。

㊋㊌㊏㊍㊎者，即《參同契·三五至精圖》也。《參同·五行逆克章》有

“三五與一天地至精”語，因以為圖，其云“三五”者，謂天地生數只有三五，天五生土，一五也。天三生木，合地二生火，又一五也。地四生金，合天一生水，又一五也，此至精者也。

○○○此則作《真元經者》合前二圖，及此三元而總名之，為《太極三元圖》也。其云三元者，《漢·律歷志》有“太極元氣函三為一”語，謂太極包子、丑、寅三元而歸于一元，即天地人三才也。真元取成男成女并化生萬物以合之，而并為《太極三元》之圖。所謂無極亦所謂真元者也，然則宋人《太極圖》本《真元》所合圖，而陳搏竊取之，陳搏本《真元》，《真元》本《參同》，此固無可疑者，若其証則有二焉。

一，唐陳子昂作《感遇詩》十八章，其首章曰：“太極生天地，三元感廢興。至精諒斯在，三五誰能徵。”（《參同契》不曾合三圖而名太極也，若陳搏《太極圖》則子昂未之見也）。

一，唐釋圭峰作《禪源詮集》畫十重圖中，一為◎阿梨耶識即太極也，左行為⊙為覺，右行●為不覺，即坎離也（釋《中洲集》曰：“此即《太極真元圖》也，乾之九五太極也，用九无首無極也，坎中為人心之危，以中有黑業也，離中為道心之微，以中有白業也。”慈雲釋灌頂曰：“佛有黑白業以真與覺為白，妄與不覺為黑。”達磨曰：“當勤修白業。”）（西河合集·經問）

太極後圖說跋　　清　趙紹祖

《太極後圖》者，沙園左弼之先生之所著也，先生以周子原圖，太極之外動靜、五行、男女、萬物各為一圖，而於五行一陰陽，陰陽一太極，太極本無極之旨，有所未盡，故復合為此圖，以闡其意，然自合而分，自分而合，皆有自然不容已之妙，其意本非戾於周子，後之觀周子圖者，當觀其所以分，而分中有合，觀此圖者，當觀其所以合，而合中有分，則有此圖，而河圖、洛書之秘、先天後天之精，兩儀、四象、八卦之推盪無窮，而動靜五行、男女萬物之相生不已者，無不一以貫之，此真周子之功臣，而羲文以來所不可少之一事矣。先生成宏治丙辰進士，為吾涇理學之倡，其所著尚有《周易本義》附說、《南庠日講》等書，今皆不可見矣。而嘉惠藝林，啟迪來學，僅存此圖，則知所愛護而珍重之者，豈當以球玉比耶。嘉慶五年七月一日，後學趙紹祖識。（太極後圖說）

周子太極圖說解　　清　劉元龍

無極者，陰陽未判，動靜未分，無之至極，指混沌而言也。太極者，大之至極，有陰有陽，陰中有陽，陽中有陰，不偏不倚，無過不及，至當恰好而無不包，指陰陽合德而言也。無極而太極者，言無極之與太極，有層次而無彼此，非無極之外，另有太極，此原太極之所自來也。太極至大而無不包，不止於動也。動而生陽，起於子，極於巳，盡於亥，不止於靜也。靜而生陰，起於午，極於亥，盡於巳。陰陽無始，動靜無端，互爲其根，太極之本體然也。動而行乎乾道，陽儀也；靜而行乎坤道，陰儀也。分陰分陽，天上地下，兩儀立焉。是太極之一分爲二也，陽動於左，主乎變；陰靜於右，主乎合。一變一合，水生於北，火生於南，木生於東，金生於西，土生於中，是陰陽運而五行生也。水生木，木生火，火生土，土生金，金復生水，是五行生生，而五氣順布也。木旺於春，火旺於夏，金旺於秋，水旺於冬，土旺於四季，是五氣順布而四時行也。雖然，分之則有五，合之未嘗有二也。木火一原，行乎乾道，陽也。金水同宮，行乎坤道，陰也。土行乎其中，五行雖殊，其實一陰陽也。陰中有陽，陽中有陰，陰陽樞紐，渾而爲一，陰陽一太極也。太極不離乎陰陽，不雜乎陰陽，神化莫測，無方無體。言此總結上文，見天地之道盡於五，而本於無也。夫陰陽五行，化生萬物者也，必得陰陽五行之全而後生焉。蓋五行之生也，水性寒，火性燥，金性剛，木性柔，土性實，各處其偏，惟無極之真，天地無心，而自然之道見。斯二五之精，妙合而凝，始能化其五性之偏，而爲太極之全，則物之生也，爲有本矣。故得乎乾道成男，陽也；得乎坤道成女，陰也。二氣交感，化生萬物，陰陽五行生萬物也，萬物生生而變化無窮焉。萬物生萬物也，萬物生萬物，依然陰陽五行生萬物也，其所以陰陽五行生萬物者，是陰陽合德，不偏不倚，無過不及，至當恰好而無不包之太極生之也，此以上言天道也。萬物之中，得形氣之偏者，由太極而生，不能盡太極之理。

惟人也，稟五行之秀，以生其身，具五常之靈，以發其智。未發之先，中焉而已。所謂性也，五性感動，發而爲情，原於性命之正者爲善，偏於形氣之私者爲惡，善惡分列，而吉凶悔吝，萬有不齊之事所由出矣。此以上言人身本有天道，而不能不囿於氣稟之偏也。是以聖人示以法天之學焉，定之以中正仁義而主静。蓋仁也，中也，木火之性。太極之左陽，人身之生長萬物者也。義也，正也，金水之性，太極之右陰，人身之收藏萬物者也。而主静，法天地之無極也。天地無心而成化，聖人有心而無爲，無爲則人欲淨而天理見，中正仁義，全體渾然，不偏不倚，無過不及，至當恰好而無不包，人身之太極也。故曰："立人極焉。"此言聖人體天道之實功也。聖人全體太極，天地之德，聖人之德，天地之明，聖人之明，天地之運行變化，聖人之運行變化，故曰與天地合其德，與日月合其明，與四時合其序，與鬼神合其吉凶。聖人也，依然一天地之功用也。君子主静，修此天道，故得吉；小人妄動，悖此天道，故取凶。言此以結上文，見天道之不可不修也。天也，地也，人也，三才之道也。分之而各具一太極，合之而同出一太極，故曰："立天之道，曰陰與陽；立地之道，曰柔與剛；立人之道，曰仁與義。"此分之而各具一太極也，陽也，剛也，仁也，所謂太極之左陽，物之始；陰也，柔也，義也，所謂太極之右陰，物之終。原其始，知物之所以生；反其終，知物之所以死。終始無二理，死生非兩途，此所謂《易》也，而三才之道立焉，合之而同出一太極也。大哉《易》也，至斯而無以加矣乎！

《易》有《太極圖》，必不可無周子説，既有周子説，必不可無先生解，蓋所解非質之天地，定考之聖人，向之晦隱而難明者，至此無不著之目前，不但賢智者可與知能，即愚不肖者亦可與知能，理解至此至矣，此下《或問》十五條，俱掃前此翳障。

或曰："無極，指混沌而言，何謂也?"曰："觀下太極分陰陽，陰陽生五行，五行生萬物，故知無極指天地混沌而言。"

或曰："無極指混沌而言，何謂也?"曰："觀下太極分陰陽，陰陽生五行，五行生萬物，故知無極指天地混沌而言。"

或曰："無極而太極，'而'字一轉，必有至理存焉。敢問其説。"曰："無極者，乃天地混沌時也。夫惟混沌，則陰陽和合，陽逢陰變，陰逢陽化，陰陽變化，陽者不剛，陰者不柔，陽安陽分，升而成天。陰守陰職，降而成地。地中有天，故陰中有陽；天中有地，故陽中有陰。自然而然，無所作爲，此所謂無極而太極也（‘而’字一解，不但太極明白，即無極亦有着落）。”

或曰：“何謂‘太極圖’?”曰：“太，大也，極，至也，圖，象也，太極圖者，言其大之至極，而無不包之象也。兩儀，四象，八卦，六十四卦，無不從此而生，《河圖》《洛書》，文王八卦，十二月卦，天地萬物象數理氣，無不與此相合，是謂太極，而人每以空圈○圖之，不知此是《無極圖》，蓋因周子無極而太極之語，追原前一層意也，而後人竟以為《太極圖》不但儀象八卦無自而生，河洛諸圖迥不相合，即周子圖說亦通篇難解，且虛而無象，又何圖之可名乎?”

或曰：“以空圈○圖太極，不着陰陽，不分左右，可謂神無方，而《易》無體者矣。今謂與圖說不合，何謂也?”曰：“太極不離陰陽，不雜陰陽，如以空圈○圖之，則是離陰陽以言太極，周子所云動而生陽，靜而生陰，吾不知其於何生也。動極而靜，靜極復動，吾不知其於何極也。一動一靜，互為其根，吾不知其於何根也。分陰分陽，兩儀立焉，吾不知其於何分也。陽變陰合，而生水、火、木、金、土，吾不知其於何變，於何合也。五氣順布，四時行焉，吾不知其於何布，於何行也，此有陽而無陰之象，乃釋氏寂滅之所為。昔人每從而附會之，以致聖賢誠實之道，日涉於空虛；中正之理，日流於隱僻，皆自此圖誤之耳。”

或曰：“空圈既不可以圖太極矣，性理諸書，共載五圖。今皆去之，何謂也?”曰：“其圖亦有病焉。與周子之說不合，其第一圈，○前說既詳之矣，其第二圈◐陰陽截分，有對待而無流行，殊失天地自然之道，求其始生之象，而不可得也。求其極盛之象，而不可得也。求其老少之象，而俱不可得也。且止可以畫坎離二卦，求其畫餘卦，而竟不可得也。

其第三圖 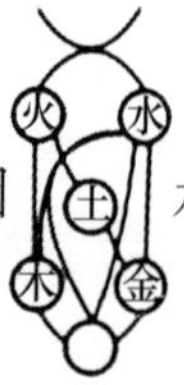 火 水 土 木 金 水加金上，五行之布列，異於《河圖》之方位，其何以

順布五氣，而行四時也。其第四圖

，第五圖，依然一空圈也，陰陽不分，其何以乾道成男，坤道成女，而化生萬物也，此無他，惟其離陰陽以為言，且雜陰陽以為言也，故曰：其圖亦有病焉。”

或曰：“此陰陽圖也，如何為《太極圖》乎?”曰：“既為陰陽圖，則當分而為二，如何合而為一乎？夫既合而為一，陰中有陽不柔，陽中有陰不剛，不剛不柔，乃中和之理，即《繫傳》所謂陰陽合德，而剛柔有體者也。故為《太極圖》，以為陰陽圖者誤矣。或猶不之悟，曰：子之《太極圖》何如乎？或畫一空圈，曰：邵子云一分為二，周子云陰陽一太極，子以子之空圈能分邵子之陰陽乎？以周子之陰陽，能一子之空圈乎，不然便與先儒悖謬，何可以為《太極圖》乎?”

或曰：“不雜陰陽，何謂也?”曰：“不雜陰陽，不執陰陽，以為太極也。太極是中和之理，陰陽乃偏戾之物，偏於陽，則旱乾生，偏於陰，則水潦降，太極無是，故云不雜乎陰陽。”

或曰：“不離乎陰陽，何謂也?”曰：“即此陰陽之物，窮其中和之理，非懸空以言理也，如曰理能生物，太極有理無形，陰陽形而下，太極形而上，是懸空以言理，流為寂滅，不學禪而已，入於禪矣，聖學之不明也，由於此哉!”

或曰：“《太極圖》，陰中陽，陽中陰，何謂也?”曰：“陰中陽，是以陰方而有陽行也，乃子所生之陽，至亥而始盡，故點之於此，非此外別有陽也。陽中陰，是以陽方而有陰行也，乃午所生之陰，至巳而始盡，故點之於此，非此外別有陰也。先天八卦此象，十二月卦此象，即天地亦無非此象。”

或曰：“本然之性，氣質之性，其辨何如?”曰：“氣質之性，得之於父母；本然之性，受之於天命。本性大同，氣質則有異也。”

或曰：“二氏亦有太極乎?”曰：“釋氏流於無極，道家泥於陰陽，吾儒方是太極。葢落空虛而無別，故兼愛，着形氣而有迹，故爲我。太極則不着形氣，不落空虛，仁非兼愛，義非爲我，仁義中正，至誠之道，聖人之學也，二氏何足以語此?”

或曰："周子之主静，與二氏何辨乎？"曰："二氏之静，以静爲静，謂之寂静，欲根未淨，遇境復生，故動則不静，不足以有爲。儒者之静，以静生動，剛柔相摩，氣質變化，而理義昭著，即遺大投艱，無不處之裕如，故任天而動，雖動亦静，可以幹事。"

或曰："周子主静，程子主敬，其説何如？"曰："主一無適之謂敬，寂然不動之謂静，惟敬有節，禮之本；惟静能和，樂之本。有禮無樂，難免拘執之患；有樂無禮，易開放逸之門。禮樂不可斯須去，敬静不可頃刻離。"

或曰："周子之主静，其有所本乎？"曰："天地之道，無極而太極。孔子傳《易》曰：'《易》無思也，無爲也。'寂然不動，感而遂通，周子之主静，本之天地聖人也。"

或曰："太極本一而兩分，何謂也？"曰："《太極圖》者，圖天地合德之象也。天地惟一，故能生變，故其圖衹用一圖，天地惟兩，故能成化，故其圖亦用兩分，然非一之外，又别有所謂兩也，故其圖即於一圈之中，而兩分焉，此誠一而二，二而一之理，不可易者也。"（先天易貫）

妙合而凝圖説　清　劉元龍

二五妙合圖

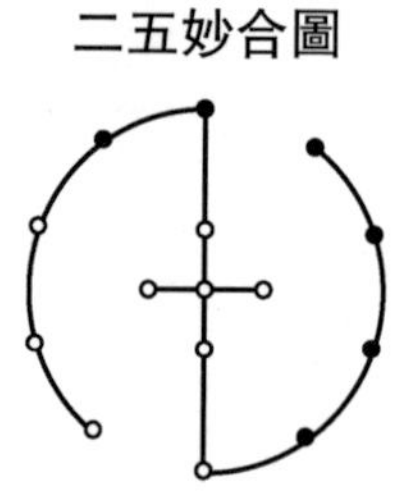

二五妙合，聖人法天效地之學也。未合之先，道在天地，既合之後，道在吾身。道在天地，則天地自天地，而我自我，兩不相與也。道在吾身，則天地即我，我即天地，二而合一也。當其未合，以身體天地，存養省察之功，不可不純。迨其既合，以天地隨吾身，存養省察之功，愈不可不密，此法天效地之學，《妙合而凝圖》之所由作也。《河圖》之生數如是，《洛書》之象如是，豈不同原而共貫哉！（先天易貫）

妙合而凝説　　清　劉元龍

妙合而凝，一貫之道也。天地雖大，萬物雖殊，不離陰陽五行以生。陰陽五行合，即天地萬物合也。妙合而凝，是陰陽五行合矣。天地萬物，豈有出其範圍乎。况左陽右陰，一而三，二而四，對待流行，與《太極》諸圖，若合符節，五十學《易》之心法，用九用六，參天兩地之妙用，悉本乎此，故曰妙合而凝，一貫之道也。

或曰："無極之真數語，爲天道言也，與人身何與?"曰："天以陰陽五行，化生萬物，氣以成形，理以成性。吾人之形，天地之形，吾人之性，天地之性。天地生人，人合天地，天地也，人也，一而二，二而一者也。"

或曰："無極之真，二五之精，妙合而凝，何謂也?"曰："無極之真，自然而然，無所作爲。誠之至，靜之極也。二五之精，乃陰陽五行之精華，具此仁義禮智信者也。妙合而凝者，惟妙始有以合之，惟妙合而始可以言凝也。人能得此無極之真，則有二五之精，自相摩盪，渾而爲一，氣質變化，理義昭著，根心生色，動容周旋中禮，此皆從無極妙合中來。周子曰：'五行一陰陽也，陰陽一太極也，太極本無極也。'此之謂乎?"（先天易貫）

兩儀説　　清　劉元龍

圖儀兩

周子《太極圖說》曰："分陰分陽，兩儀立焉。"蓋指《太極圖》之陽根於陰，自左升而成象於上，陰根於陽，自右降而成形於下，從中分之，乾道居上，坤道處下，而兩儀立焉。邵子云："一分爲二。"此之謂乎？

或曰："《兩儀圖》當以左右分，今以上下分，何謂也？"曰："左右分，乾道、坤道，以氣言也；上下分，乾象、坤象，以象言也。伏羲畫卦，二義悉具，玩圖自見，《易貫》六易稿而始成，當其初為稿時，亦以左右分，既而思之，與兩儀儀字不合，故改左右分，而為上下分。"（先天易貫）

盡人合天說　　清　劉元龍

無極而太極，太極而兩儀。兩儀者，天地也，天氣結而成日，地氣結而成月。天地日月，即《易》之乾、坤、坎、離也。先天以乾坤爲主，伏羲之八卦，體也，迨乾坤變爲坎離，文王之八卦，用也。離上坎下，卦名《未濟》，夫火不濟水，則水寒；水不濟火，則火燥。水寒火燥，則中和氣少，而乖戾氣多，雖有木金土，亦不得其正焉。陰陽不交，而五行偏矣。五行既偏，則五性何自而明乎？蓋陰陽五行，氣質也，五性，理也，理寓氣質之中。氣質清，則理明；氣質濁，則理昏。陰陽不交，則變化無由，欲求氣質之清，而能明五性之理，不既難乎？五性不明，五倫攸斁。五性者，五倫之本也。古聖人欲明五倫之道，必先明五性之理，欲明五性之理，必先窮五行之原，欲窮五行之原，則必以陽交陰而得陰中之陽，以陰交陽而得陽中之陰，陰中得陽，則質自化，陽中得陰，則氣自清。二氣交感，陰陽變化，二而合一，是《未濟》而成《既濟》，兩儀而復成一太極也。大哉太極，包羅無窮，變化萬象，不居其功，不離不雜，成始成終，日月合明，天地來宗。（先天易貫）

約言錄　　清　魏裔介

《太極圖說》，周子之精於體《易》也，《西銘》《東銘》，張子之善於言仁也，自孟子而後，言道未有若是指切至者。

《太極圖說》在觀陰陽之性而主靜，以立人極，《東銘》《西銘》在鍾言動之際而踐形，以肖天地。

太極中之一物不着，感而遂通者，如太極中之無物不備。

由太極生陰陽，陰陽外別無太極，一物各具一太極，萬物總一太極。

周、邵、程、張、朱之書，高閣久矣。余幼曾觀之，味如嚼蠟。今日讀之，字字皆性命之奥，孔孟之藴也。世人不讀此等書，真爲虚過一生。

春秋以上之人，多學道術，戰國之人學功利，兩漢之人學經義，六朝與唐之人學詩賦，至宋而學反之於正。周、程、張、朱之直接孟軻氏無疑也，若其餘為時藝之學者，弊與詩賦等耳。

無董仲舒、毛公諸子，則必無兩漢四百年之太平，無周、程、張、朱諸子，闡明道學，則必無有明三百年之太平，六朝之雜亂，老莊誤之也。南宋之不振，安石新學誤之也。明末之衰，禪學誤之也，第漢儒收其効於本朝，宋儒見其功於隔代，則以宋有偽學之禁，明有尊朱之令耳。雖然宋儒之効，豈獨見於明朝也哉。溯流窮源，實為孔孟之肖子，雖百世尸祝可也。（以上選自《靜怡齋約言錄》）

魏裔介曰：濂溪先生聞而知之之大賢也，朱文公、張南軒諸先生論之詳矣，予復何言，惟願學者觀《太極圖》以學《易》，觀《通書》以體《中庸》，志伊尹之所志，學顏子之所學，尋孔顔所樂何事，希聖希賢聞風興起，伊洛淵源接踵非違矣。（聖學知統錄）

太極　　清　錢大昕

《易上系》云："《易》有太極，是生兩儀。"有《易》而後有太極，非太極在天地之先也。韓康伯謂"有必生於無，故太極生兩儀"。"有生於無"，語出《老子》。康伯以《老》、《莊》說《易》，故云爾也。濂溪言"無極而太極"，又言"太極本無極"，蓋用韓康伯義。"無極"二字，亦見《老子》，"復歸於無極"，六經初未之有也。陸子靜疑《太極圖說》非濂溪作。又謂"極"訓"中"，不訓"至"，合于漢儒古義，較朱文公似勝之。

六先生

朱文公有六先生贊，謂濂溪、明道、伊川、横渠、康節、涑水也。端平初，常熟令王爚于縣學建六先生祠，祀濂溪、横渠、明道、伊川、晦庵、南軒。淳祐辛丑，令州縣學各建六先生祠，其後有稱九先生者，則於六人之外增康節、涑水、東萊也，又有稱十先生者，則於九人之外增上蔡一人也。（十駕齋養新錄）

有無　　清　胡承諾

異端之家，無者必欲言其有，有者必欲言其無。吾儒之書，有無皆實理也。故周子曰："無極而太極。"太極即理也。理之所在，不可以形器言，不可以方隅言，故曰無極。非若二氏之家，并此理亦言無也。先儒謂萬善所以生，萬事所以定，莫非此理流行，爲之根柢，爲之樞紐。在天爲陰陽，在地爲剛柔，在人爲仁義，人有此身，一日之間，無一息不有仁義流行。所謂動而生陽，静而生陰也，而仁義又相資爲用，所云互爲其根也。仁者，萬物所資以爲生；義者，萬物所待以成用，此太極之理，箸見於人身者。若只從氣化言，猶於人無益也，惟步步著實人，然後能盡仁義之事，而立仁義之極，故周子又以誠明之。（讀書説）

太極圖贊　　清　俞長城

洪荒既肇，聖人有憂。觀圖畫卦，衍範陳疇。老興衰周，佛倡東漢。執有者拘，體無者幻。嗚呼周子，創立斯圖。繼姬紹孔，傳程啟朱。精妙于粗，虚涵于實。不即不離，道器合一。理則生氣，旋分陰陽。互根其用，迭運其常。動静相乘，循環不已。二氣呈功，五行别體。自水至金，物類以生。自木至水，時序以成。土居其中，寄旺四氣。為合為分，太極皆具。既積為氣，遂流為形。乾坤變化，男女成名。物盈兩間，人貴萬物。理無不純，氣無不雜。逐動斯擾，主静斯安。仁義中正，惟聖則全。敬與肆殊，吉與凶辨。幾希之間，人禽攸判。天下理得，成位乎中。道統上下，化貫始終。易啟厥端，圖泄厥祕。泗水濂溪，千古符契。（可儀堂文集）

誠通誠復説　　清　俞長城

天地曷以神，一故神也。天地曷以化，兩故化也。一統乎兩，而即乘乎兩，則氣也而理寓，一者何？曰誠。兩者何？曰通，曰復。以氣生物，以理成物，天地之命也。得天地之氣爲氣，得天地之理爲理，人物之性也。始則各給而無私，終則至足而不偏，此通復之説已。然而元亨利貞分焉，何也？自元至亨，微而著；自亨至利，舒而斂；自利至貞，虚而實；自貞至元，寂而感。元亨爲施，利貞爲受，施受循環，造化出焉。然而皆統乎誠，何也？萬物出乎震，見乎離，説乎兑，勞乎坎。出也，見也，吾知其通；説也，勞也，吾知其復。宰物者帝，而運物者神。神，誠之妙用也，誠之體不可見，於用見之，其於人也亦然。意之發也，與世相遇；事之收也，與物俱得，此人事之通復也。其所以通復，則實心相應而已，惟聖人之治世也亦然。禮樂文章，象魏以布，天下見焉，出入耕鑿，垂裳以理天下安焉，此聖治之通復也。其所以通復，則實心相御而已，總之皆誠也。天下有對待之陰陽，有流行之陰陽，有互根之陰陽，日往月來，寒往暑來，陰陽之流行者也。火陽根陰，水陰根陽，陰陽之互根者也。天以之始，物以之成，始則資始，成則自成，陰陽之對待者也。若夫有通則有復，有復則有通，對待而流行矣。通具復之質，復具通之幾，對待而互根矣。蓋不離乎陰陽，誠之體物而咸在，不滯乎陰陽，誠之用物而不窮。故曰：天地之道，一而兩，兩而一者也。夫天地不交則不通，不剥則不復，天之道，静專而動直；地之道，静翕而動闢。天，陽也，地，陰也；静，陰也，動，陽也。是則專者，通之復，直者，通之通，闢者，復之通，翕者，復之復。其所以有通有復，孰爲之乎？其所以通中有復，復中有通，又孰使之乎？真精妙合，通也，惟和斯感，各正保合，復也。惟虚斯定，太和太虚，歸于太極，而誠之説彰矣。雖然，通見天地之教，而復見天地之心，貞元相禪，誠斯不測，易之象要于貞，聖人之極主乎静，乃知由通而復，先天之命，由復而通，後天之性也。（可儀堂文集）

太極太虚同異　　清　俞長城

周子曰：“無極而太極。”張子曰：“太虚無形，氣之本體。”俞子曰：“太極太虚，其理一也。”太極者，合理與氣言之也；太虚者，分理與氣言之也。合理與氣，則有天地而道在天地，有人而道在人，有物而道在物。分理與氣，則無天地，無人無物，而道自在也。言太極，知理之不離乎氣；言太虛，知理之不即乎氣。人之有性，其太虛乎？性發而爲情，太虛之聚散乎？性不可見，見之於情，而情非性也。合性情而統於心，其太極乎？吾於太虛，見性體焉，吾於太極，見心體焉，其曰：五行一陰陽，陰陽一太極，太極本無極。則即有以見無而非混也。其曰：大《易》不言有無，言有無，諸子之陋，則虛者不離乎實而非偏也。別形上於形下，則曰太虛。統小德於大德，則曰太極。然則老氏所謂有生於無，釋氏以山河大地爲見病，即太虛之説乎？曰：理體乎虛，而功徵於實，舍實而言虛，佛老之誤也。（可儀堂文集）

主靜主敬同異　清　俞長城

周子曰："五性感動，善惡分焉，聖人主靜以立人極。"程子曰："涵養惟主敬，進學在致知。"俞子曰："主靜主敬，其理一也。"人生而靜，天之性也。感於物而動，人之欲也。寂然不動，感而遂通，聖人之體天以應人也。莊敬日強，學者之盡人以合天也，惟聖人氣得其粹，故清明在躬，而志氣如神，靜而自敬也。自非聖人，必有以持之，使耳聰目明，手恭足重，喜怒哀樂，以時中節，始於勉而卒於安，則有思而無思，有爲而無爲，是故靜無不敬也。敬則可以歸於靜也，故程子曰："主一之謂敬，無適之謂一，言主一，則非拘迫矣。言無適，則非執滯矣。"周子曰："聖人定之以仁義中正，則靜亦非枯槁而寂滅矣。"靜者，無形之敬；敬者，有覺之靜。二子之説，未始不歸於一也。《書》稱安安，《詩》詠敬止，靜而敬也。曰克己，曰誠意，曰致中和，曰求放心，敬以返於靜也。吾故曰：主靜之説，爲聖人言之也。主敬之説，爲學者言之也。（可儀堂文集）

困學錄集粹　清　張伯行

《太極圖説》只言氣，而理在其中。

太極即是天理，君子脩之吉，存天理也，小人悖之凶，違天理也。定之以中正仁義而主靜，立人極焉。則復乎天理之本然矣。

道也者，日流行於天地之間者也。如日月之經天，江河之行地，不爲堯存，不爲桀亡。世有明之行之者，而道不加益，世無明之行之者，而道不加損。然《論語》曰："人能弘道。"《中庸》曰："待其人而後行。"則道之有賴於人也，明矣。堯舜禹之精一執中，湯之以義制事，以禮制心，文之緝熙敬止，武之敬勝義勝。孔門之博文約禮，孟子之盡心知性，存心養性；周子之仁義中正，主靜立極；程子之知行並進，朱子之主敬窮理實踐，此千聖之真傳，萬古不可易者也。

程子曰："曾子傳聖人學，其德後來不可測，安知其不至聖人。"又曰："曾子傳聖人道，只是一箇誠篤。"《語》曰："參也魯。"如聖人之門，子游、子夏之言語，子貢、子張之才辨，聰明者甚多，卒傳聖人之道者，乃質魯之人。人只要一箇誠實，周子《通書》曰："誠者，聖人之本。"又曰："聖，誠而已矣。"可見誠是作聖之基。薛文清公亦曰："一誠足以袪百僞。"故學聖人者，當自存誠始，而存誠又自不妄語始。

周子極力說箇幾字，便有教人審幾之意，若幾之不審，安能便有善而無惡，此正周子喫緊爲人處，且其圖正出者爲善，旁出者爲惡，正教人由正路而行，勿流於旁途也。

周子之學，其精微在太極一圖，而二程夫子所以傳周子之學者，則未嘗及太極也。止言日用常行之道而已，夫子曰："假我數年，五十以學《易》。"夫子之學，其精微在《易》，而曾子子思所以傳夫子之學者，初未嘗及《易》也。亦止言日用常行之道而已，蓋日用常行之道，乃盡人所可共由，而精微之蘊，及行之既熟，當自知之耳。

薛敬軒曰："《太極圖說》，程子之後，惟朱子知之，宜程子不以語人也。"愚謂程子當聖道久湮之日，孔曾思孟之書，尚未大明於世，故表彰《四書》爲急，而太極爲緩。朱子當聖道大明之日，孔曾思孟之書，程子與其門人，業已講明而表彰之矣。故朱子得以集而爲註，且將《太極圖》、《通書》各爲註之，使人由日用常行之道，以進求夫窮理盡性之歸，庶有以上承往聖之傳，而下開來學於無窮也。

周子書，其言質樸，其義精深，令人尋味無窮。

周子不闢異端，而異端不得而託之，於此見所學之正。

夫子不以一貫示他人，而獨示曾子，周子不以《太極圖》示他人，而獨示二程。曾子却又不言一貫，而言忠恕，二程夫子却又不言太極，只言人倫日用當盡的道理，無非要人從極平常處，循循做將去，自有入手得力處。張横渠先生以禮教人，使人有所持守。朱子纂《小學集》、《近思錄》亦是這箇意思。

讀諸子百家千卷，不如讀聖賢六經一言。周子曰："文所以載道也。"蓋六經皆載道之言，而諸子百家，皆於道無當者也。

士希賢希聖，聖希天，志伊尹之所志，學顔子之所學，皆周子自言其生平所得力處，學者正當以之為法。

周子曰："師道立，善人多。"薛文清公曰："師者，天理民彝所自出，人之邪正由之，師之所係，誠重哉！"

周子言主静，恐其流於偏，程子以主敬易之，學者始得所持循，有功於吾道者不小。

《太極圖說》，前言天之太極，見得天理之本然；後言人身之太極，見得人事之當然。能盡得人事之當然，便至乎天理之本然，所以胡敬齋說天人之理雖一，而天人之分則殊。天做天的，人做人的，各盡其分，而吾之理，則天之理也。維天之命，於穆不已乾道變化，各正性命，是天做天的。聖人之心，純亦不已，應酬事物，各得其所，是人做人的。夫人即是那天命不已，乾道中來的，吾之性，即是那各正性命的天命之性，盡在於我，無毫髮少欠。若存得吾心，養得吾性，則天命全體，渾具於中，發而應事，各得其所，天與人亦流行而無間矣。故程子曰："天人本一。"言合天人，已剩著一箇合字。

周子曰："一者，無欲也。"薛文清曰："無欲非道，入道自無欲始。"觀文清斯言，可以知入道之方矣。

或問："周濂溪言主静，陸象山亦言主静，周濂溪何以是，陸象山何以不是？"予曰："定之以中正仁義而主静，静即敬也，有主則實也。若舍中正仁義而空空主静，則流於虛無矣，此周子之主静所以是，陸子之主静所以不是也。

周子曰："果而確。"一切工夫，皆當如此做。

千聖之治本於道，千聖之道本於學，學也者，所以體聖賢之道，而成帝王之治者也。當其盛也，世治而道亦與之俱顯，當其衰也，世亂而道亦與之俱晦，道之顯也，必賴有人焉，以為之顯，而道之晦也，亦必賴有人焉，使由晦而之顯。自古以來，蓋昭昭不爽也，嘗考堯、舜、禹、湯、文、武、周公達而在上，則道以位而行，孔子、孟子窮而在下，則道以言而傳，言傳道亦傳也。自孔子設教洙泗，以博文約禮授學者，顏子、曾子、子思、孟子相與共守之，未嘗失墜，其後正學失傳，異端蜂起，士各以意為學，高者入於清淨寂滅，卑者流於權謀功利，而聖賢修已治人之道，明體達用之學，泯然無聞，至使君子不得聞大道之要，小人不得蒙至治之澤，蓋已千有餘年矣。昏昏冥冥，醉生夢死，不自覺也。至宋受命，五星聚奎，開文明之運，而周子出焉，不由師傳，默契道體，建圖屬書，根基理要，當時見而知之，有二程子，遂擴大而推明之，周公孔子孟氏之傳，煥然復明於世，其為學之要，曰涵養須用敬，進學在致知，然於經言未暇釐正，故歷時未久，浸失其真，一時從游之士，循而入於異端者有矣。朱子出，而後紹伊洛之正傳，振鄒魯之墜緒，考訂訛謬，探索深微，勒為成書。上包淳古之載籍，下採近世之文獻，集其大成，以定萬世之法，然後斯道如日中天，凡有目者，皆可觀也。其開示學者，則曰主敬以立其本，窮理以致其知，返躬以踐其實，千古聖賢求道之方，為學之要，誠莫有過於此者矣。夫堯、舜、禹、湯、文、武、周公之道，至孔子而始明，孔、曾、思、孟、周、張、二程之道，至朱子而大明，後有作者，不易其言矣。（困學錄）

理學正宗　　清　竇克勤

《太極圖說》所闡者，太極、陰陽、五行，化生不窮之奧也，因而知周子之心一太極也。周子之因心為酹酢者，一陰陽五行化生不窮之妙也。五行一陰陽也，陰陽一太極也，太極本無極也。得其意可以忘言，觀其象可以悟理，人之心各有一太極之體也。默而存之，則大德敦化者，總會于神明之中矣。人之身各有一陰陽五行，化生不窮之用也，分而出之，則小德川流者，著見于倫物之際矣。動靜無端，循環無始，非吾性定而不足與天地合其德，日月合其明，四時合其序，鬼神合其吉凶，故曰定之以中正仁義而主靜，立人極焉，則《易》之窮理盡性至命之事也。學者於大本處能見得如此，而存心養性以事天，則下學上達之旨，不出乎此矣。

周子言太極從性命源頭說起，示人知吾性之皆善，而天理之不可一日不存，正欲學者從切近處下功夫，非涉於高遠之論也。人誠返而求之於身心，知吾心仁義禮智之理，即太極，吾身之一動一靜，即陰陽，吾身之貌、言、視、聽、思，即五行，吾身之酧酢萬變，即化生萬物不窮之妙，如此則必不敢使吾心之太極有所不全，亦必不敢使吾身之陰陽五行化生不窮之用，有所或違矣。然則何以使之全乎太極，而無違乎陰陽五行化生不窮之用乎？日學以求復此性而已。

周子去孔孟千有餘年，不由師傳，獨能默契，無極太極，陰陽五行，人物化生之與，而四發為《圖說》、《通書》以明之。然後大《易》《學》《庸》《論》《孟》之旨，粲然昭著，雖至程子始推廣其義蘊，其實已自先生啟之也。先生之學，性諸天，誠諸己，提綱絜領，而萬理得其□宗，萬事循其法則，雖未得大施於世，而所在服官蒞政，無非天理之流行，發見於政治之間，正如□春和風隨物而動，有被其薰蒸而不自知者，渾乎孔孟宗法，豈後世用私用智者所可望其項背哉！然則自有濂溪，上而孔孟之正傳由玆以繼，下而洛閩之統緒由玆以開。嗚呼，偉矣！後之學者誠默契其心於圖象之外，密証其功於心得之微。窮理盡性，實驗之日用躬行之常；戒懼恐懼，靜會夫天命流行之蘊，則庶乎道學之淵源，不於是而或差矣。（理學正宗）

太極釋義　通書釋義提要

明舒芬撰，芬有《周易箋》已著錄，此其所著《梓溪內集》之二種也。其說太極，大抵以《太極圖》不本於《易》，而本於《河圖》，謂秋冬非肅殺，乃百物之所胎土之寄王。惟夏秋之交，火烈金剛，水緩土柔，性之所以相近。火散金遒，木上火下，習之所以相遠，皆與先儒之說不同，亦往往有難通之處，《通書》則不過隨文解義而已，其釋《顏子》章，謂“陋巷，陋俗之巷也。”其人習不善，而能憂顏子之貧，乃顏子德之所化。其說亦殊怪異也。（通書釋義）

丹道逆生圖

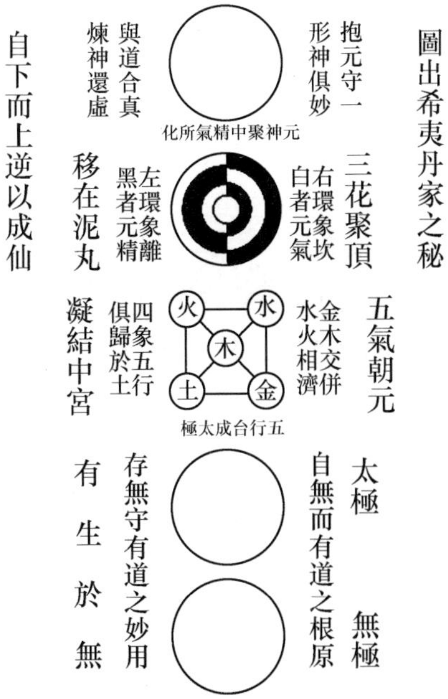

圖出希夷丹家之秘

自下而上逆以成仙

抱元守一　形神俱妙

與道合真　煉神還虛

元神聚中精氣所化

三花聚頂

右環象坎　白者元氣

左環象離　黑者元精

移在泥丸

五氣朝元

金木交併　水火相濟

四象五行　俱歸於土

凝結中宮

火　水　木　土　金

五行合成太極

太極

自無而有道之根原

無極

存無守有道之妙用

有生於無

（道海玄微）

三極循環相生圖

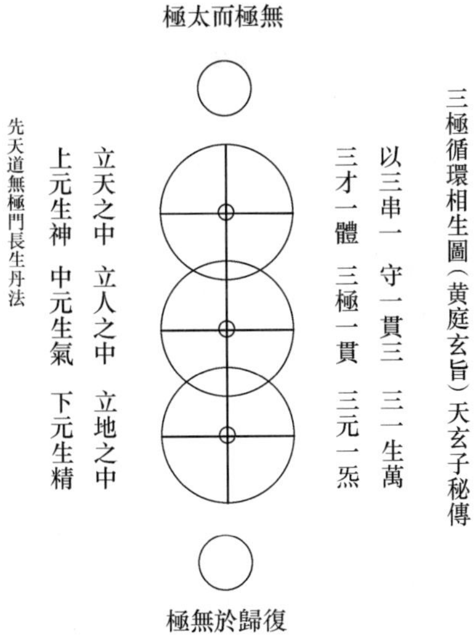

無極而太極

三極循環相生圖（黄庭玄旨）天玄子秘傳

以三串一　守一貫三　三一生萬

三才一體　三極一貫　三元一炁

立天之中　立人之中　立地之中

上元生神　中元生氣　下元生精

先天道無極門長生丹法

復歸於無極

（道海玄微）

天玄子秘傳玄門宗旨圖

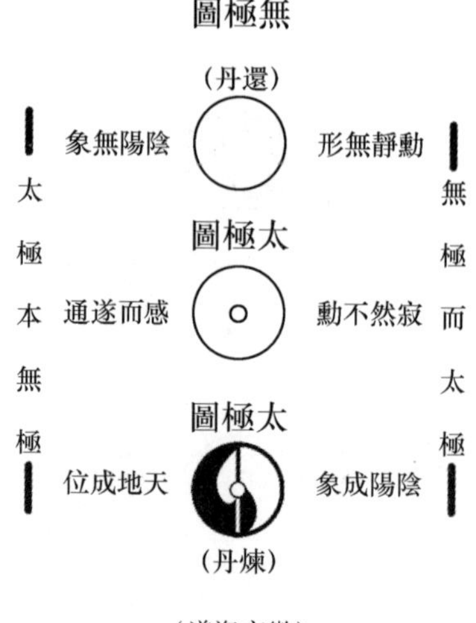

（道海玄微）

青城秘錄載無極而太極圖

（道海玄微）

陳希夷先生傳河上公先天無極圖

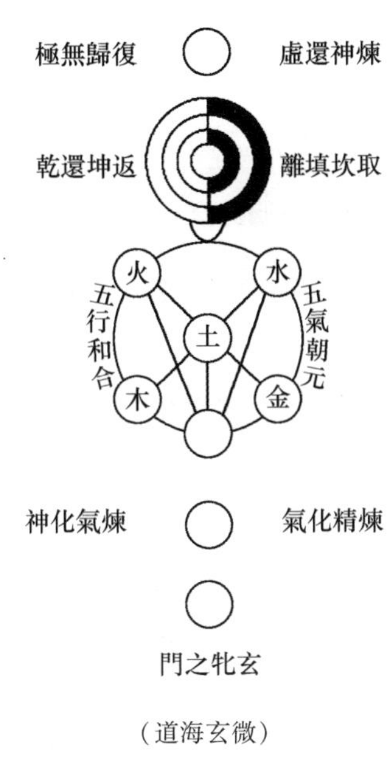

（道海玄微）

濂溪志補遺卷之四

通書志

師友淵源　　宋　陳淳

粵自羲皇作《易》，首闢渾淪，神農、黃帝相與繼天立極，而宗統之傳有自來矣。堯、舜、禹、湯、文、武更相授受，中天地為三綱五常之主。皋陶、伊、傅、周、召又相與輔相，施諸天下，為文明之治。孔子不得行道之位，乃集羣聖之法，作六經，為萬世師，而回、參、伋、軻實傳之，上下數千年，無二說也。軻之後失其傳，天下騖於俗學，葢千四百餘年，昏昏冥冥，醉生夢死，不自覺也。及我宋之興，明聖相承，太平日久，天地真元之氣復會，於是濂溪先生與河南二程先生，卓然以先知先覺之資，相繼而出。濂溪不由師傳，獨得於天，提綱啟鑰，其妙具在《太極》一圖。而《通書》四十章，又以發圖之所未盡，上與羲皇之《易》相表裏，而下以振孔孟不傳之墜緒，所謂再闢渾淪。二程親受其旨，又從而光大之。故天理之微，人倫之著，事物之衆，鬼神之幽，與凡造道入德之方，修己治人之術，莫不秩然有條理，備見於《易傳》、《遺書》，使斯世之英才志士，得以探討服行，而不失其所歸。河洛之間，斯文洋洋，與洙泗並聞。而知者有朱文公，又即其微言遺旨，益精明而瑩白之，上以達羣聖之心，下以統百家而會於一。葢所謂集諸儒之大成，而嗣周程之嫡統，粹乎洙泗濂洛之淵源者也。學者不欲學聖人則已，如學聖人而考論師友淵源，必以是為迷塗之指南，庶乎有所取正而不差。苟或舍是而他求，則茫無定準，終不得其門而入矣。既不由是門而入，而曰吾能真有得乎聖人心傳之正，萬無是理也。(北溪字義)

通書　　宋　陳淳

聖人純是天理，合下無欠缺處，渾然無變動，徹內外本末皆是實，無一毫之妄，不待思而自得，此生知也。不待勉而自中，此安行也。且如人行路，須是照管方行出路中，不然則蹉向邊去。聖人如不看路，自然在路中間行，所謂“從容無不中道”，此天道也。(《通書》“誠則無事矣”句注)。

凡物一色，謂之純也。(此注《通書》“純其心”句)。

一者是表裏俱一，純徹無二，少有纖毫私欲，便二矣。內一則靜虛，外一則動直，而明通公溥，則又無時不一也。一者，此心渾然太極之體。無欲者，心體粹然無極之真。靜虛者，體之未發，豁然絕無一物之累，陰之性也。動直者，用之流行，坦然由中道而出，陽之情也。(《通書・聖學章》注)。

明道此一段說話，乃地位高者之事，學者取此甚遠。在學者工夫，只從“克己復禮”入為最要，此工夫徹上徹下，無所不宜。問：“‘物’字是人物是事物?”曰：“仁者與物同體。只是言其理之一爾。人物與事物非判然絕異，事物只自人物而出，凡已與人物接，方有許多事物出來。若於已獨立時，初無甚多事，此物字皆可以包言。所謂‘《訂頑》備言此體’者，亦只是言其理之一爾。”(此注程子論《西銘》語)。(北溪字義)

太極造化之圖　宋　王柏

《通書》曰：二氣五行化生萬物五殊二實二本則一
此自上而說下
此自下而說上
陰靜
陽動
水
火
土
木
金
勉齋曰：此是一關自五行而上屬乎造化。故周子曰：陽變陰合而生水火木金土，五氣順布，四時行焉，至此說轉去，蓋天地造化至五行而止，由是而下生人物也
《通書》曰：是萬為一
一實萬分
萬一各正小大有定
此自下而說上
此自上而說下
此總說上下
坤道成女
乾道成男
萬物化生
勉齋曰：再自五行之生，各一其性，說出至變化無窮太極二氣五行三者，初無斷際，若不說合則成三件所以謂之妙合，非昔開而今合，既合而生人物自此下卻節節說開。

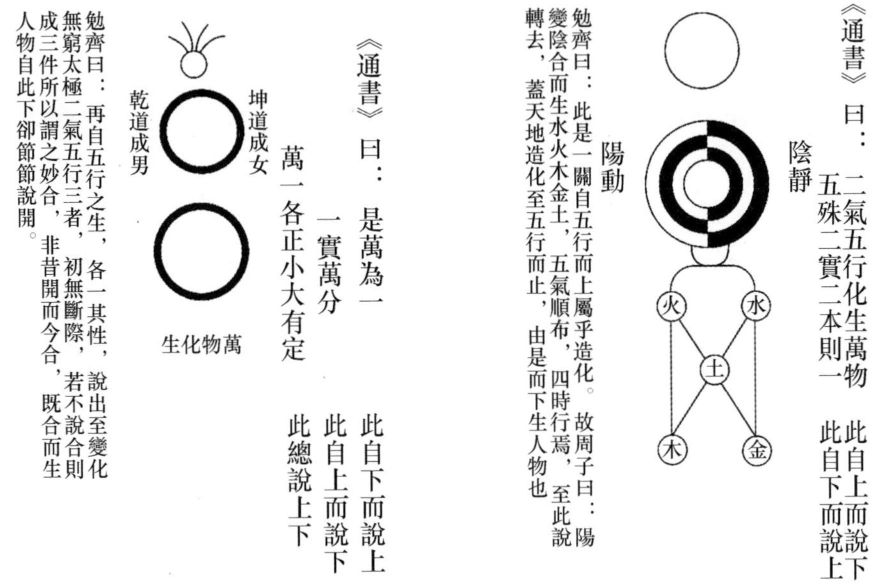

(研幾圖)

太極通書相表裏　　宋　王柏

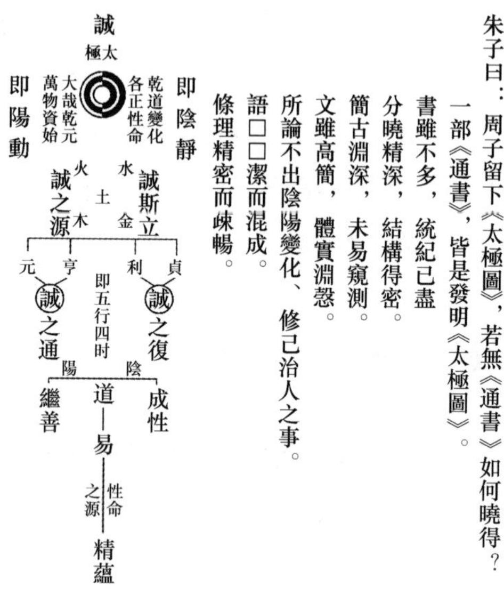

朱子曰：周子留下《太極圖》，若無《通書》如何曉得？
一部《通書》，皆是發明《太極圖》。
書雖不多，統紀已盡
分曉精深，結構得密。
簡古淵深，未易窺測。
文雖高簡，體實淵慤。
所論不出陰陽變化、修己治人之事。
語□□潔而混成。
條理精密而疎暢。
誠
太極
乾道變化各正性命
大哉乾元萬物資始
即陰靜
即陽動
水
火
土
金
木
誠斯立
誠之源
元
亨
利
貞
誠之復
誠之通
即五行四时
陰
陽
成性
繼善
道
易
性命之源
精蘊

(研幾圖)

通書動靜章　　宋　王柏

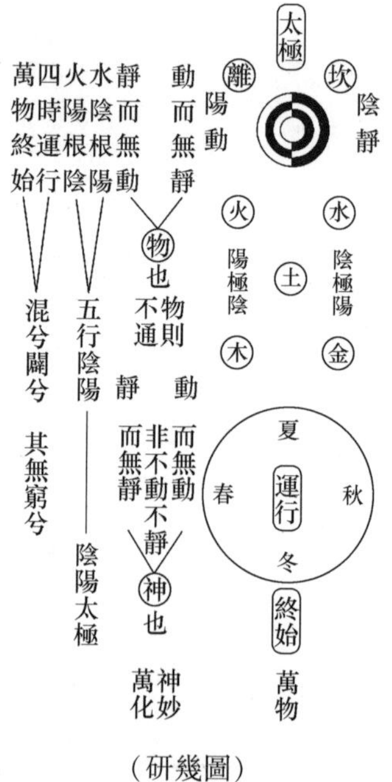

(研幾圖)

聖誠圖　宋　王柏

以下聖人功化

以其未形謂之無

靜無—至正

聖誠而已

動行—明達

以其可見謂之有

五常

仁　禮　信　義　智

百行

確　陰之中

克己復禮

果　陽之決

（研幾圖）

無欲圖　宋　王柏

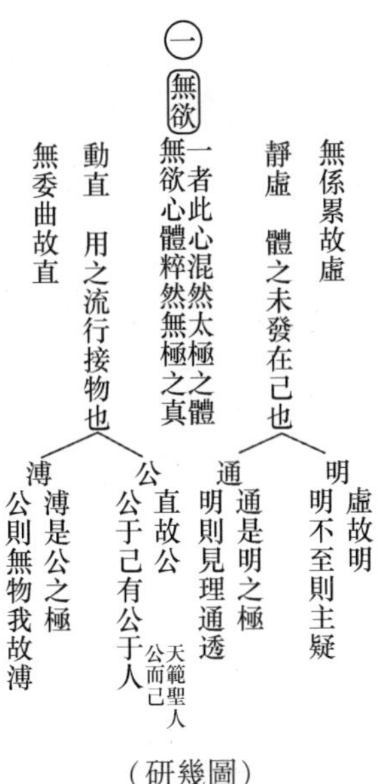
一
無欲
無係累故虛
靜虛　體之未發在己也
一者此心混然太極之體
無欲心體粹然無極之真
動直　用之流行接物也
無委曲故直
明
虛故明
明不至則主疑
通
通是明之極
明則見理通透
公
直故公
公于己有公于人
天範聖人公而已
溥
溥是公之極
公則無物我故溥

（研幾圖）

誠幾德圖　　宋　王柏

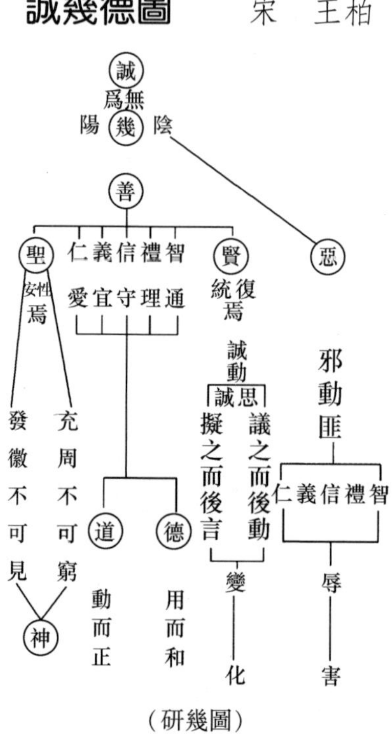

（研幾圖）

誠神幾圖　　宋　王柏

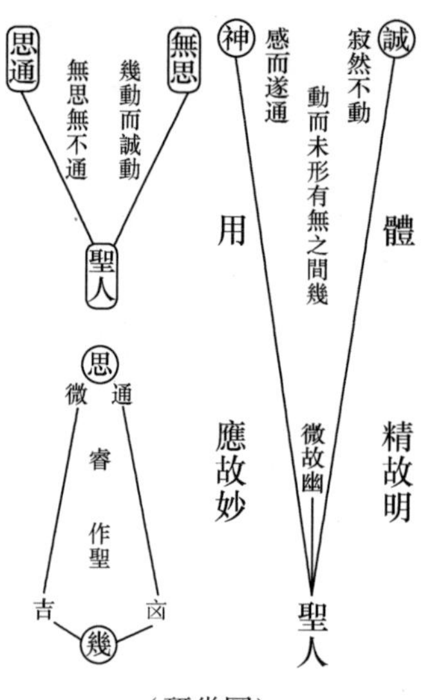

（研幾圖）

立極圖　　宋　王柏

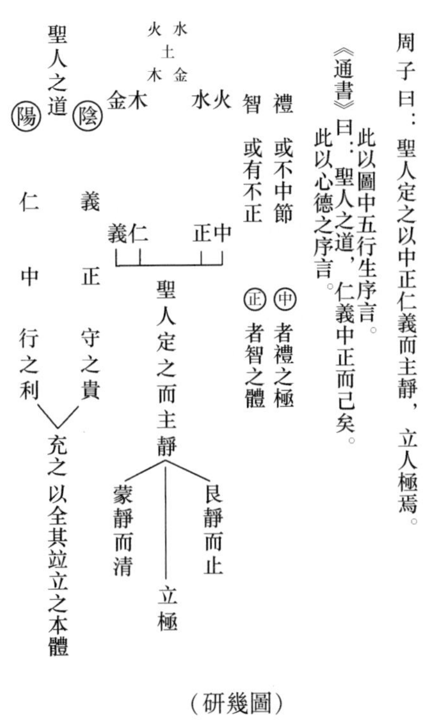

（研幾圖）

周子通書訓義　　元　保巴

孔子上第三十八

春秋正，王道明，大法也，孔子為後世王者而脩也。亂臣賊子，誅死者於前，所以懼生者於後也。宜乎萬世無窮，王祀夫子，報德報功而無盡焉。

孔子正王道，為百王不易之大法，孟子曰："孔子成《春秋》，而亂臣賊子懼。"而後世猶有莽、卓、曹操者焉，如《綱目》不作，則《春秋》或幾乎息矣，而孟子為空言也。《綱目》作矣，亂臣賊子必曰："後世豈無復文公者出焉？"然則《綱目》之作，孔子志也。

孔子下第三十九

道德高厚，教化無窮，實與天地參而四時同，其惟孔子乎？

無極而太極，太極動而生陽，動極而靜，靜而生陰，靜極復動，一動一靜，互為其根，分陰分陽，兩儀立焉。陽變陰合而生水、火、木、金、土，五氣順布，四時行焉。五行一陰陽也，陰陽一太極也，太極本無極也，孔子其太極乎？

蒙艮第四十

童蒙求我，我正果行，如筮焉，筮扣神也，再三則瀆矣，瀆則不告也。山下出泉，靜而清也，汨則亂，亂不決也。慎載！其惟時中乎，艮其背，背非有見也，靜則止，止非為也，為不止矣，其道也深乎。

元亨，誠之通；利貞，誠之復。聖人定之以中正仁義而主靜，立人極焉。故聖人與天地合其德，日月合其明，四時合其序，鬼神合其吉凶。先天而弗違，後天而奉天時，天且弗違，而況於人乎？況於鬼神乎？此《通書》為《易》之要，主靜又為《通書》之要，而所以卒於蒙艮也。慎哉！其惟時中乎！《易》、《中庸》、《極圖》、《通書》一也，環運珠明，無聲無臭，不容言矣。（通書訓義節選）

通書述解　　明　曹端

誠上第一

此明太極為實理，而有體用之分也。

誠者，聖人之本。

誠者，實理而無妄之謂，天所賦物，所受之正理也。人皆有之，然氣稟拘之，物欲蔽之，習俗誘之，而不能全此者，衆聖人之所以為聖人者無他焉。以其獨能全此而已，本謂本領之本，不待作為而然耳，此書與太極相表裏，誠即所謂太極也。

大哉乾元，萬物資始。

此二句引《易》以明之。大哉，贊之辭也。乾者，純陽之卦，其義為健，乃天德之別名也。元始也，資取也，言乾道之元，萬物所取以為始者。

誠之源也。

是乃實理流出，以賦於人之本，如水之有源，即圖之陽動，而太極之用，所以行也。

乾道變化，各正性命。

此二句亦《易》文，變者化之，漸化者變之。成天所賦為命，物所受為性，言乾道變化，而萬物各得受其所賦之正理，如云五行之生，各一其性。

誠斯立焉。

則實理於是乎立，而各為一物之主矣。如鳶之飛，魚之躍，火之上，水之下，皆一定而不可易，即圖之陰静，而太極之體所以立者也。

純粹至善者也。

純不雜也，粹無疵也，此言天之所賦，物之所受，皆實理之本然，無不善之雜也。

故曰：

復引《易》文以證之。

一陰一陽之謂道。

陰陽氣也，形而下者也，所以一陰一陽者，理也，形而上者也，道即理之謂也，此句還證誠之源，誠斯立焉一節。

繼之者善也。

繼之者，氣之方出，而未有所成之謂也，善，則理之方行，而未有所立之名也。陽之屬也，誠之源也，此句又證誠之源一節。

成之者性也。

成，則物之已成者也，如在天成象，在地成形，性則理之已立者也。陰之屬也，誠之立也。此句又證誠斯立焉一節，然而“繼”“成”字與“陰”“陽”字相應，指氣而言善，“性”字與“道”字相應，指理而言，此夫子所謂善，是就一物未生之前造化原頭處説，善乃重字，為實物。若孟子所謂性善，則就成之者性説，是生以後事。善乃輕字，此性之純粹至善耳，其實由造化原頭處有是繼之者善，然後成之者性時，方能如此之善。孟子之所謂性善，實淵源於夫子之所謂善，而非有二本也。其下復即乾之四德，以明繼善成性之説。

元亨，誠之通。

元始亨通，而通云者，實理方出而賦於物，善之繼也。

利貞，誠之復。

利遂貞正，而復云者，萬物各得，而藏於己性之成也。此於圖已為五行之性矣，何也？蓋四德則陰陽各二，而誠無不貫，安得不謂五行之性乎？

大哉《易》也，性命之源乎！

易者，交錯代换之名。凡天地間之陰陽交錯，而實理流行，一賦一受於其中，乃天地自然之易，而為性命所出之源也。作《易》聖人，得之於仰觀俯察之間，則卦爻之立由是而已，故羲《易》以交易為體，而往此來彼焉，以變易為用，而時静時動焉。及周文王彖卦、周公明爻，而命曰《周易》，復得孔子作傳而發揮之，則性命之微彰矣。周子之書，本之其旨深哉！

誠下第二

此言太極之在人者，所謂思誠者，人之道也。

聖誠而已矣。

聖人之所以聖，不過全此實理而已，即所謂太極也，聖人時静，而太極之體立時動，而太極之用行，則聖人一太極焉。

誠，五常之本，百行之源也。

五常，仁、義、禮、智、信，五行之性也。百行，孝、弟、忠、順之屬，萬物之象也。實理全則五常不虧，而百行修矣，是則五常百行之本之源，一誠而已。

静無而動有。

方静而陰，誠固未嘗無也，以其未形而謂之無也，及其動而陽，誠非至此而後有也，以其可見而謂之有耳。

至正而明達也。

静無則至正而已，動有然後明與達者可見也。朱子又曰：某近看《中庸》鬼神一章，正是發明顯微無間，只是一理處，且如鬼神有甚形迹，然人却自然有畏敬之心，以承祭祀，便如真有一物在上，左右此理，亦有甚形迹，然人却自然有秉彝之性，才存主著，這裏便自見得許多道理，參前依衡，雖欲頃刻離而遁之，而不可得，只為至誠貫徹，實有是理無端、無方、無二、無雜，方其未感，寂然不動，及其既感，無所不通，濂溪翁所謂静無而動有，至正而明達者，於此亦可以見之。

五常百行，非誠非也。

非，蓋無之意，非誠，則五常百行皆無，其實所謂不誠無物者也。

邪暗塞也。

誠苟不存，則静而不正故邪，動而不明不達故暗且塞也。是故學聖希賢，惟在存誠，則五常百行，皆自然無一不備也。

故誠則無事矣。

事與事，斯語之事，同謂用功也。言誠則衆理自然，無一不備，不待思勉，而從容中道矣。

至易而行難。

實理自然故易，人偽奪之故難。

果而確無難焉。

果者，陽之決；確者，陰之守。決之勇，守之固，則人偽不能奪之矣。此是一事，而首尾相應，果而不確，即無所守確，而不果則無所決，二者不可偏廢，猶陰陽不可相無也。朱子又因論良心與私欲交戰，須立定根脚，戰退他因，舉濂溪説果而確無難焉，須是果敢勝得私欲，方確然守得這道理不遷變。

故曰：

故孔子答顔子問“為仁”之語有曰：

一日克己復禮，天下歸仁焉。克，勝也，己身之私欲也，復，反也，禮者，天理之節文也。歸，猶與也，且克去己私，復由天理，天下之至難也。然其機可一日而決，其效至於天下歸仁，果確之無難如此。孟子曰：“誠者，天之道也，思誠者，人之道也。”固本於孔子所謂誠者天之道，誠之者人之道，而周子此書上章即孔孟上句之意，而下章則下句之意也，謂周子上接孔孟之傳，良有以夫。

誠幾德第三

此明太極二五之在人，而有體用之分，夫人品之不同也。

誠無為。

誠則實理自然，何為之有？即太極也。

幾善惡。

幾者，動之微，善惡之所由分也，蓋動於人心之微，則天理固當發見，而人欲亦已萌乎其間矣，此陰陽之象也。或問“誠無為，幾善惡。”朱子曰：“此明人心未發之體，而指其未發之端，蓋欲學者致察於萌動之微，知所決擇而去取之，以不失乎本心之體而已。”或疑以為有類於胡子同體異用之云，遂妄以意揣量，為圖如後。

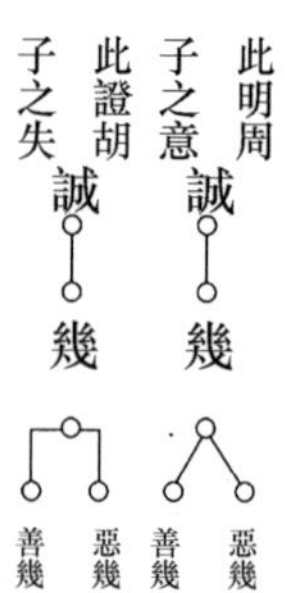

善惡雖相對，當分賓主；天理人欲雖分派，必省宗孽。自誠之動而之善，則如木之自本而幹，自幹而末，上下相達，則道心之發見，天理之流行，此心之本主，而誠之正宗也。其或旁榮側秀，若寄生疣贅者，此雖亦誠之動，而人心之發見，私欲之流行。所謂惡也，非心之固有，蓋客寓也，非誠之正宗，蓋庶孽也。苟辨之不早，擇之不精，則客或乘主孽，或代宗矣。學者能於萌動幾微之間，而察其所發之向背。凡直出者為天理，旁出者為人欲；直出者為善，旁出者為惡；直出者固有，旁出者橫生；直出者有本，旁出者無源；直出者順，旁出者逆；直出者正，旁出者邪。而吾於直出者利導之，旁出者遏絶之，功力既至，則此心之發，自然出於一途，而保有天命矣。於此可以見發之前有善無惡，而程子所謂不是性中原有此兩件相對而生。又云：“凡言善惡，皆先善而後惡。”蓋謂此也。若以善惡為東西相對，彼此角立，則天理人欲，同出一源，未發之前已具此兩端，所謂天命之性，亦甚汙雜矣。此胡氏同體異用之意也，曰此說得之。

德愛曰仁，宜曰義，理曰禮，通曰智，守曰信。

道之得於心者謂之德，德則有體焉，有用焉。何謂體？仁、義、禮、智、信是也。何謂用？愛、宜、理、通、守是也。惟其別有是五者之用，而因以名其體焉，即五行之性也，且幾善惡便是心之所發處，有箇善，有箇惡了，德便只是善底，為聖為賢，只是這材料做。

性焉安焉之謂聖。

性者，獨得於天，安者本全於己，聖者大而化之之稱，此不待學問勉強而誠無不立，幾無不明，德無不備者也。

復焉執焉之謂賢。

復者，反而至之，執者，保而持之，賢者，才德過人之稱，此思誠研幾，以成其德，而有以守之也。

發微不可見，充周不可窮，之謂神。

發之微妙而不可見，充之周徧而不可窮，則聖人之妙用而不可知也。非聖人之上，復有所謂神人也。

此三句就人所到地位而言，即盡夫上三句之理，而所到有淺深也。性焉安焉之謂聖，就聖人性分上說。發微不可見，充周不可窮之謂神，是他人見其不可測耳。勉齋黄氏曰：誠幾德一段，文理粲然，只把體用兩箇字來講。他便見誠是體，幾是用，仁、義、禮、智、信是體，愛、宜、理、通、守是用，誠幾只是德擘來做，在誠為仁，則在幾為愛，在誠為義，則在幾為宜。性焉復焉，發微不可見是體，安焉執焉充周不可窮是用，性如堯舜性之也，復如湯武反之也。是既失了，却再復得，安而行之，不恁地辛苦，執則是擇善，而固執須恁地把捉。發是源頭底，充是流出底，其發也微，而不可見其充也。周而不可窮，是謂神，指聖而不可知者也。（通書述解節選）

讀通書筆錄　　明　薛瑄

誠上第一。誠者，聖人之本，即圖之太極陰陽五行之謂。

誠下。誠，即圖之太極。五常，即圖之五行之性，靜無動有，即圖之太極在陰陽也。

誠幾德第三。誠，即圖之太極；幾，即圖之陰陽動靜之間，仁義禮知信之德，即圖之五行之性也。

聖第四。寂然不動之誠。即圖之太極在靜中，感而遂通之神，即圖之太極在動中。幾，即圖之陰陽動靜之間也。

慎動第五。曰道曰德，即圖之五行之性也。

道第六。聖人之道，仁義中正，即圖之中正仁義也。

師第七。性者，剛柔善惡，即太極、陰陽、五行之內，氣質之性也。中，則本然之性也。

幸第八。有恥，即圖之義也。

思第九。無思思通，幾動即誠，神幾，即圖之太極在陰陽中，與陰陽動靜之間也。

志學第十。伊尹、顔子所志所學，即圖之太極也。

順化第十一。陽生之仁，陰成之義，即圖之陰陽仁義也。

治第十二。仁、義、禮、智，動、靜、言貌、視德，即圖之五性，陰陽五行之事也。

禮樂第十三。禮樂，即圖之陰陽也。

務實第十四。實勝善也，即圖之太極也。

愛敬第十五。其曰善，即圖之太極，純粹至善之理也。

動靜第十六。動靜即圖之陰陽，神即圖之太極也。

樂上中下，第十七、十八、十九。其曰樂，即圖之動陽也。

聖學第二十。其曰一，即圖之太極；其曰靜虛、動直，即圖之陰陽；其曰明通、公溥，即圖之五行也。

公明第二十一。其曰公曰明，即圖之太極，誠而明也。

理性命第二十二。曰彰曰微，即圖之陽明陰晦，靈即圖之太極，剛柔善惡，五二、一本，即圖之陰陽、五行、太極也。

顔子第二十三。顔子之樂，即全乎圖之太極也。

師友上下，第二十四、二十五。其曰道、曰德、曰義，皆圖之太極也。

過第二十六。過者，違乎圖之太極也。

勢二十七。勢之輕重，即圖之陰陽迭運相勝者也。

文辭第二十八。載道之文，道即圖之太極，因辭以明理者也。

聖蘊第二十九。予欲無言，天何言哉？四時行焉，百物生焉，即圖之太極，無聲無臭，而爲造化之樞紐，品彙之根柢也。聖人之蘊，即圖之太極也。

精蘊第三十。精，即圖之太極至精之理，蘊，即圖之太極至廣之業也。

乾損益動第三十一。乾乾不息之誠，即圖之太極於穆不已之實理也。損益動，所以求至此實理也。

家人睽[1]无妄第三十二。曰端本、曰誠心、曰善，皆圖之太極也。睽，天地睽而其事同，同即圖之太極也。復則无妄，即太極也。

陋第三十四。曰道，曰德，皆圖之太極也。文辭之陋，不本於太極者也。

擬議第三十五。至誠動變化，即圖之太極陰陽也。

刑第三十六。春即圖之陽，秋即圖之陰也。

公第三十七。天地至公，即圖之太極也。

孔子上第三十八。其曰王道，即圖之太極；其曰王法，即圖之太極見於脩道之教也。

孔子下第三十九。道德高厚，教化無窮，實與天地參而四時同。孔子即圖之太極五行也。

蒙艮第四十。時中即圖之中；艮止即圖之主静也。

竊嘗觀之，《太極圖》不過一理。陰陽五行，乾元萬物，《通書》亦不過明一理。陰陽五行，五性散爲萬事，故《通書》一字一義，皆與圖意相合。愚雖融會旁通，不能詳舉其說，而大略則庶幾其萬一。姑筆録于卷，以俟後之君子。薛瑄謹識。（以上選自《讀書續録》）

周子《通書》，字字皆實。（讀書録）

《通書》一誠字括盡。（学统）

《太極》《通書》皆相表裏。

《通書》與《太極圖》表裏。

《易》書一字一義，皆自《先天圖》出；《通書》一字一義皆自《太

① 此處當有“復”字。

極圖》出。（以上選自《讀書續錄》）

《中庸》只說已發未發，周子又指已發未發之間說幾字，乃發前聖所未發也。

幾字古聖人已言之，至周子發明尤親切爾。

周子言幾字，亦自《易》“知幾其神乎”之語來。（以上選自《学统》）

幾字始見於書，如萬幾時幾之類，至《易》有知幾之類，周子發明幾字至矣。（讀書續錄）

《通書》一書，不外乎太極、陰陽、五行，男女、萬物、萬事之理，與《太極圖》一一相合無間，惟細翫之，可默悟其妙。《通書》一字一義，皆與《太極圖》相合。（讀書續錄）

《通書》四十章，義精詞確，其為周子手筆無疑。至於五殊二實，一實萬分數語，反覆推明造化之妙，本末兼盡，然語意渾然，即氣即理，絕無罅縫，深有合乎《易傳》乾道變化各正性命之旨矣。（学统）

性之本體未感物時，渾是善，到感物而動之初，則有善有不善，周子所謂幾也。（讀書錄）

周子《顏子》章不言貴富為何事！其下《師友》章言天地間至尊者道，至貴者德，道德即天命之性也，恐孔顏之樂亦不過全天命之性而已。

周子《通書》、《誠上》、《誠下》、《誠幾德》、《聖》、《慎動》、《道》六章只是一箇性字，分作許多名目。

《通書·聖》第四，朱子《語録》曰：“須知此大哉乾元，萬物資始以上，更有寂然不動。”竊意大哉乾元，萬物資始，是太極動而生陽，乃太極之用流行者也。動前即陰靜，而陰靜之中，乃太極之體立，豈非寂然不動者乎？

《誠上章》，以造化言；《誠下章》，以人道言。

周子《誠上章》，誠、善、道、性、元、亨、利、貞、命，皆太極也。

周子《誠上章》，誠，即太極也。“大哉乾元，萬物資始，誠之源也”，即陽動也。“乾道變化，各正性命，誠斯立焉”，即陰靜也。純粹至善者，即太極之理，有善而無惡也。故曰一陰一陽之謂道，陰陽即動靜也，道即太極也。繼之者善，即誠之源也，成之者性，即誠斯立焉。元亨，誠之通，即太極動而陽也。利貞，誠之復，即太極靜而陰也。大哉《易》也，其性命之源乎？易即陰陽互根，動靜循環，而性命之源，即陰陽動靜之理，太極是也，圖與書相表裏如此。

周子《通書》《誠上》《誠下》等章，皆與《中庸》相表裏。

周子論樂至矣。

誠者聖人之本，誠為太極，太極之有動靜，是天命之流行也。天命為太極，天下無性外之物，而性無不在，性為太極，一陰一陽之謂道，道為太極，聖人定之以仁義中正而主靜，立人極焉。仁義中正即太極。以主宰而言，謂之帝，帝即太極；以妙用而言，謂之神，神即太極；以理而言，謂之天，天即太極；德無常師，主善為師，善無常主，協于克一，一為太極；喜怒哀樂謂之中，中為太極；心統性情，心為太極；惟皇上帝降衷于下民，衷為太極；繼之者善也，善為太極，太極者，至大、至極、至精、至妙，無以加尚，萬理之總名也。與上天之載，無聲無臭至矣。

太極說不過《中庸》之理耳。《通書》曰："誠者，聖人之本，誠，太極也。"即《中庸》喜怒哀樂未發之中也；其曰"大哉乾元，萬物資始，誠之源也"，即《中庸》天命之本然也；其曰"乾道變化，各正性命，誠斯立焉"，即《中庸》天命流行賦於人物之性也；其曰"誠者，五常之本"，又即未發之中也，其曰"動而和曰道"，即和之達道也。

周子曰："'聖可學乎？'曰：'可。'曰：'有要乎？'曰：'有。'請問焉。曰：一為要，一者無欲也。無欲則靜虛動直，靜虛則明，明則通，動直則公，公則溥，明通公溥，其庶矣乎。"蓋一即無極之真，靜虛陰，動直陽，即兩儀，明木通火，公金溥水，即四象，朱子謂學者能深翫而力行之，則有以知無極之真，兩儀四象之本，皆不外乎此心，而日用間，自別無用力處矣。

周子曰："有至貴至富，可愛可求。"朱子言："即周子之教程子，每令尋仲尼顏子樂處所樂何事，學者當熟思而實體之，不可但以言語解會而已。"愚按朱子之言，引而不發，竊意天地間至貴至富可愛可求者，莫過於天命之性，能深知其理，而實體之於身，則日用動靜之間，莫非天理之流行，而無一毫私欲之雜撓，仰不愧，俯不怍，心廣體胖，樂可知矣。妄意如此書之，以俟來哲。（以上選自《讀書續錄》）

周子通書講義 清 方宗誠

誠上第一

此章言天道之誠。誠者，真實无妄之理也，天理真實无妄，故其流行而賦於人物者，莫非真實无妄，惟聖人能全此真實无妄之理，故曰："誠者，聖人之本。"其實非聖人之所獨有也。"大哉乾元，萬物資始，誠之源"，是言統體之誠也。"乾道變化，各正性命，誠斯立"，是言各具之誠也。天道之誠，何有不善，故曰純粹至善者也。天道只是一陰一陽，互為其根，生生不窮，道無不善，故繼之者善，繼之者善則成之者性，亦自無有不善，元亨利貞無非誠之全體所周流也。誠之通，是言誠由體而達之用；誠之復，是言誠由用而歸之體。通章俱引《易》以明誠之全體大用，故贊曰："大哉《易》也，性命之源乎!"

誠下第二

此章言人道之誠。誠是人性之所同，然惟聖人能盡其性，故曰聖誠而已矣。五常百行皆實理之所為，故誠為本源，其靜也，雖無形，而至正之理涵於中，所謂寂然不動。中也者，天下之大本也。其動也，始有形而明達見於外，所謂感而遂通。和也者，天下之達道也。五常百行，人人有之，而非誠則為邪暗塞矣，邪私欲也，邪則不能靜無而至正，暗塞則不能動有而明達。誠則無事，非不事也，謂一誠則自無邪暗塞矣，欲仁斯仁至，故至易，終身由之，故行難，果確以下誠之者之事也，故引克復、歸仁之言以證實之。

誠幾德第三

此章亦言誠之者之事。天道之誠、聖人之誠，皆是自然而無為，其發動之幾，有善而無惡，常人真實无妄之理，稟於天者，與聖人同，而不免氣質物欲之邪暗塞，則於誠者虧焉。誠既有虧，則發出之幾即不能盡善而無惡，然雖有虧而本體真實无妄之理固自在也。故曰誠無為幾善惡，由善幾發而為愛，宜理通守實由內，有仁義禮智信之德，所謂五常之本也。聖人五常之德，動於天性之自然，有善而無惡，賢人則必思誠謹幾，克其惡，而復於善，執其善，而不復動於惡，及其至於誠，則與聖人天道同矣。誠之源，發微不可見；誠斯立，充周不可窮。聖人之靜無而動有，至正而明達，亦是發微不可見，充周不可窮。

聖第四

此章申明性焉安焉之謂聖。上章誠無為，幾善惡，就聖人以下而言。葢蓋常人所稟於天者，實理雖同，而不免於邪暗塞。聖人之心無邪暗塞，所稟於天，誠無為之本體，純全於中而神應於外，其未發將發之間者，幾也，純粹至善，無所謂幾善惡也。由其毫無邪暗塞，故曰誠精故明，神應故妙，幾微故幽，誠、神、幾一以貫之，故曰聖人，此所謂堯舜性之安而行之者與?

慎動第五

此章申明復焉執焉之謂賢。上章曰言幾有善惡，由其善者而發著之，則為德，為仁、義、禮、智、信之用。所謂動而正，用而和也，由其惡者而發著之，則為匪仁、匪義、匪禮、匪智、匪信，悉邪也。至邪動而辱而害，而後謹之，晚矣。故須慎其幾之動也，此復焉執焉，最初之切功也。

道第六

此章承上“誠、神、幾曰聖人”而申明之。聖人之德，雖是合誠神幾，渾然天理之純，全然究非不可幾及也。葢聖人之道，只是仁義中正而已矣。守，就其未發之中而言，行，就其發而中節之和而言，廓，就其致中和、天地位、萬物育而言。居仁由義，執中守正，易知簡能，非有甚高難行之事也，特舉聖人之道，以示人之極，即《太極圖說》聖人定之以中正仁義，立人極之意。

師第七

此章即承上章而申明學聖人之道。聖人之道，仁義中正，能守能行能廓，則與聖人同，而常人不守不行不廓者，何也?由氣質之性，有剛柔善惡之偏，不但偏於惡者，曰離於善，即偏於善者，亦曰失其中。惟以聖人仁義中正之教為師，自易其惡，而求至於中，然後能守能行能廓，庶幾於聖人仁義中正之道，有合也。是即《太極圖說》君子修之吉之意。

幸第八

此章承上章師道立，而發為鞭辟近裏之言。葢常人非得聖人立教，固道無由明，然要必有恥，則可教聞過，則可賢，否則雖有聖人為之師，亦終於愚暗而已。

思第九

此章亦承上章，而示人以作聖切要之功。有恥固可教，聞過固可賢，而必以思通為聖功之本，思通然後能守、能行、能廓也。幾動於彼，誠動於此，無思而無不通，為聖人，此即孟子"誠者，天之道"之意，誠神幾曰聖人，聖人幾動即誠動，故可以無思而無不通。《中庸》所謂不思而得也，常人幾有善惡，故必幾動即思，思則能知其善惡，而克復之，是為見幾而作，是為知幾其神，故思為作聖之功。

志學第十

此章承上數章而提其要，又以起下諸章也。誠者，聖人之本，純粹至善，誠無為，此天道也。聖，誠而已，性焉安焉之謂聖，誠神幾曰聖人，聖人之道，仁義中正而已，此聖希天也，克己復禮，果而確，復焉執焉之謂賢，此賢希聖也。君子慎動，自易其惡，自至其中，有恥聞過思通，此士希賢也，賢不外於明德、新民，舉顔淵、伊尹，兼明德、新民之學而言。

順化第十一

此章承上聖希天而言，亦以申明首章一陰一陽之謂道之意。立天之道曰陰與陽，立人之道曰仁與義，人道之仁義，即天道之陰陽，故聖人之希天，只是仁義中正而已矣。修之於己，則與天地合德，施之於世，則與天地同化，大順大化，皆一誠之所充周也。此前十章皆發明《中庸》天命之性，率性之道之旨。此章及下二章，乃發明修道之教之旨，天下之大本在一人，與《大學》修身為本之旨同，道術之要，不外仁義，與《孟子》居仁由義之旨同。

治第十二

此章承上章而申言治天下之道。純心是治本，用賢是治法，仁、義、禮、智四者，動、靜、言、貌，視聽無違之謂純心，純則賢才輔，賢才輔則天下治，仍即前守之貴，行之利，廓之配天地之意，亦即《中庸》為政在人，取人以身，修身以道，修道以仁之旨。

禮樂第十三

此章又承上章而申言治。法人而不仁如禮何，人而不仁如樂何，故純心要矣。苟非其人，道不虛行，故用賢急焉。純心用賢，而後則所以化天下之道，莫大於禮樂。樂由陽來，禮由陰作，禮樂即是法天道之陰陽，仁近於樂，義近於禮。禮樂即是明人道之仁義，聖人制禮以正人倫，作樂以正人心，是即以仁育萬物，以義正萬民之大用也。就治化之綱領而言，當先仁育而後義正，就治化之功效而言，當先禮理而後樂和，聖人治天下之道術，盡於此三章矣。三章俱聖希天之事。

務實第十四

此章及下章又申言賢希聖之功。聖，誠而已矣。五常百行，非誠非也。故君子進德修業，希聖之功必務實勝，實勝然後可期於誠，一僞則邪暗塞矣。

愛敬第十五

此章又申言進德修業之功。君子務實勝，則躬自厚而薄責於人，故能樂取諸人以為善，取諸人以為善，則能與人為善，與人為善，則能以善養人，悉有衆善，無非愛且敬焉。渾然中正和平之氣象，以此修德則德進，以此修業則業成，以此化人則可進於大順大化矣。

動靜第十六

此章仍申明一陰一陽之謂道。道即所謂太極也，太極動而生陽，靜而生陰，動靜者，陰陽之循環也。太極不離乎陰陽，而亦不雜乎陰陽。太極者，主宰乎陰陽者也。道不離於動靜，而亦不滯於動靜。道者，主宰乎動靜者也，故動而無靜，靜而無動者，物也。動而無動，靜而無靜者，神也。物則不通，神妙萬物，物，即《易》所謂形而下者之器也，神，即《易》所謂形而上者之道也。器有動靜之分，道則統貫乎動靜而無不在。神者，指道之神妙不測而言也。陰陽五行，四時萬物，分之則各具有一太極，合之則渾是一太極，陰陽互根，五行相生，四時運行，萬物終始，無非一動一靜之循環不窮，無非統體一太極之動靜無端，陰陽無始也。合之為一理，分之為萬殊，故曰混兮闢兮，其無窮兮，知此則知道之不可須臾離矣。此章發明《太極圖說》，亦是發明天道之本然。

樂上第十七，樂中第十八，樂下第十九

此三章仍是發明聖希天之道也。天道只是一動一靜，神妙萬物，聖王制禮作樂，俾三綱正，九疇敘，百姓太和，萬物咸若，平心宣化，移風易俗，是即聖人之神妙萬物也。三章又是申明《禮樂》章之義，又是申明前《順化》章之意。

聖學第二十

此章又發明賢希聖之要。一為要，一者，誠也。誠則真實而无妄矣；一者，無欲也；無欲則純乎天理矣。純乎天理則能真實而无妄矣。前《誠下》第二章曰："聖，誠而已矣。誠，五常之本，百行之源也。靜無而動有，至正而明達也。"是聖希天之學也，此章"無欲則靜虛動直，靜虛則明，明則通，動直則公，公則溥"，是賢希聖之學也。不能靜虛動直，明通公溥，即所謂邪暗塞也。堯舜傳心之學曰"精一"，謂一於道心也。孔門傳道曰"一以貫之"，謂一理貫通萬事也。程朱論學曰："遏欲存理，人欲淨盡，然後天理流行。"周子《太極圖說》曰："聖人定之以中正仁義而主靜，立人極焉。"自註曰："無欲故靜。"此無欲，所以為聖學之要歟?

公明第二十一

此章承上文明通公溥而言。不公於己而欲公於人，明不至則疑生，皆欲妄藏於中，而為邪暗塞也。上章明通公溥，先明而後公，明為體而公為用也。此章先公而後明，公無私也，以公為體而明為用，互相發明，是為體立而後用行，亦必用行而後體立。

理性命第二十二

此章申明《太極圖說》之意。太極之理，散著於陰陽五行、萬事萬物之閒。至彰也，而陰陽五行、萬事萬物，莫不各有一太極之理，又渾然是一太極之理。至微也，厥彰厥微，所謂費而隱也。然此至彰至微之理，非此心至靈則不能瑩，然而無礙故貴，有窮理之功焉。致吾心之靈，以窮究事事物物至彰之理，而必造乎至微，然後此心瑩然，與此理豁然而無閒也。太極之理，不離乎陰陽五行，亦不雜乎陰陽五行，故其賦於人也，不離乎氣質，亦不雜乎氣質，理不離乎氣質，故人有剛善柔善、剛惡柔惡中行之不同。理不雜乎氣質，故氣質之惡者可以變而善，善者可以化而中，至於中然後全其天理之本然，故貴有盡性之功焉。窮理盡性，由二氣、五行、萬事、萬物，直窮其所以然，而盡其本然。乃知五殊二實，二本則一，是萬為一，一實萬分。統而言之，渾然是一太極之理。分而言之，燦然各具一太極之理。小德川流，大德敦化，斯其為至命之極功焉。故此章雖明理性命，而實示人以窮理盡性至命之功也。

顔子第二十三

此章承前學顔子之所學而申言之。賢希聖者，莫如顔子，故首章取其克己復禮，此章又取其安貧樂道，見大心泰，造詣至於化而齊，故重舉以為士希賢者師法焉。

師友上第二十四，師友下第二十五

此二章承上顔子樂得聖人為師而推衍之。見士希賢之功，不可不以親賢師友為急務也。又是申明前《師》章之意。

過第二十六

此章申明前聞過則可賢之意。而引子路以為士希賢之法，且以深致不聞過之戒焉。

勢第二十七

此章又論治世之道，前《順化》《禮樂》諸章，皆治世之道也。治心之要在乎謹幾，治世之要在感識勢，識勢謂識其事之幾也，猶是謹幾之學也。

文辭第二十八

此章亦論治世之道。葢聖人修道之教有二，達則純心用賢，制禮作樂，仁育義正，全在識其勢之重而早為力，識其重而亟反之，則能制治保邦，撥亂反正於事幾之先，不至積重不可反，此一道也。窮則立身行道，修明先聖之書，垂諸文以為後世法，此一道也。然必文以載道，又必篤其實，而藝者書之，然後可以傳之萬世而無弊，葢聖誠而已。惟誠之至者為能動，人文，辭藝也，道德，實也，無實是不誠也，文何益於世乎？

聖藴第二十九

此章承上章道德實也而申明之。言孔子所以教門人者，以德不以言，顔子所以發聖人之藴，教萬世無窮者，亦以德不以言。可見士希賢，賢希聖，聖希天，皆以實德不以虚文也。以上二章兼申明前務實勝，不務名勝之意。

精藴第三十

此章又引伏羲之畫卦，文、周、孔彖、象、繫辭，以明聖人之文以載道，必如此也。苟非聖人之精藴，賴此而發，則又何貴有此文乎？篇首贊《易》曰“性命之源”，此章又贊為天地鬼神之奥，所以申明《易》道之大，使學者由卦爻以研究其精藴。

乾損益動第三十一，家人睽復无妄第三十二

此二章承上聖人之精藴而發揮之。上章是言聖人作《易》，此二章是言君子學《易》，君子乾乾不息於誠，然必懲忿窒慾，遷善改過，而後至是言。學《易》以治心之要也，治天下觀於家，治家觀於身，身端心誠之謂也。誠心，復其不善之動而已，是言學《易》以治世之要也。治心治世皆歸本於誠，又發明篇首《誠上》《誠下》二章之意，動可不慎乎？復其不善之動，又以發明前《慎動章》之意，必懲忿窒慾，遷善改過，而後至於誠，妄復則无妄，无妄則誠又以發明《聖學章》無欲之意，總上三章，又以發明首章“誠之通、誠之復”、“大哉《易》也，性命之源”之意，端本誠心推之，可以治家治天下，茂對時育萬物，此謂誠之通。懲忿窒慾，遷善改過，而後至妄復則无妄，无妄則誠，此謂誠之復。與前“一日克己復禮，天下歸仁”意亦相發明。

富貴第三十三

此章仍發明《顔子》章見大心泰之意。知道充為貴，身安為富，則自然無欲而静矣，希賢希聖之學也。

陋第三十四

此章承前《文辭》章而發揮之。《文辭章》就聖人之傳道而言，謂文所以載道，篤其實，而藝者書之，斷不可為空文也。此章就學聖人之道而言，謂當取聖人傳道之文，藴為德行，行為事業，不可徒習其文而已，天下學者兩大病，卑者役於富貴，高者溺於文辭，必去此二病，則可希賢希聖矣。一書之中，三致意焉。

擬議第三十五

此章仍發明前《慎動》與《思》二章之意。至誠則動三句，天道之誠也，擬之而後言三句，人道之誠也。擬議即慎與思，乃希聖希天之要也。

刑第三十六

此章又承前《順化》章之意而發揮之。天以陽生萬物，以陰成萬物，故既以春生萬物，而又必止之以秋，惟止之以秋，而生生之機乃不息矣。聖人以仁育萬物，以義正萬民，故既以政養萬民，而又必肅之以刑，使民不至欲動情勝，絕滅無倫，是義所以成仁也，治世之道，禮樂在所當先，政刑特以輔禮樂之所不及，故《通書》以禮樂三章在前，及至用刑，猶必以中正明達為本，此可明治本治法之條理矣，是聖希天之學也。

公第三十七

此二章又承前公明之意而推衍之。明本於公，故歸重於聖人、天、地同一至公。

孔子上第三十八，孔子下第三十九

此二章推尊孔子，蓋以孔子為能定之以中正仁義而主靜，立人極者也。前諸章制禮樂刑政以治世，皆得志於時之聖人所為。孔子不得行道濟時，故作《春秋》以正王道，明大法，所謂文以載道，《易》之外，惟《春秋》足以當之，治世之聖人所為制度，僅能功及於一時，孔子之作《春秋》，正王道，明大法，其功及於萬世。道德高厚，可配天地，其體也；教化無窮，可配四時，其用也。子思作《中庸》終篇歸重孔子，《通書》亦同此意，豈非舉孔子以為聖希天之極則與？

蒙艮第四十

此章復示人以希聖之要，以終《通書》全篇之義。亦猶《中庸》發明性、道、教之旨，極於至聖至誠，而復自下學立心之始言之，以終三十二章之義也。再三則瀆，瀆則不告，仍是發明一為要之意，山下出泉，靜而清也，汩則亂，亂不決也，仍是發明要無欲則靜虛動直之意，艮其背，靜則止，仍是發明《太極圖說》主靜之意，背非見有見，則與道為二止，非為有為，則與道強合，無見無為，主一主靜時中，其至誠之道乎？（柏堂遺書·周子通書講義）

濂溪志補遺卷之五

諸儒論斷志

议　论

諸儒粹言

觀天地生物氣象，茂叔謂看一部《華嚴經》，不如看一《艮》卦註言，各止其所也。（魯承恩本）

周文敏，安仁人，篤學敦行，不求聞達，嘗與周濂溪講性理之學於廬山，濂溪起敬曰："周君自是一團和氣。" 門人侍郎天臺劉洪誌其墓曰："直氣摩虹，古人之風萬卷，蟠胸學者之宗。"（光緒江西志·列傳·饒州府）

先生《愛蓮說》、《養心亭說》、《拙賦》，皆歷歷紀甲子，《太極圖》獨不載日月，是以有种、穆、壽涯之疑。（廬山紀事）

宋　朱熹

又曰：周子看得這理熟，縱橫妙用，只是這數箇字，都括盡了，周子從理處看，邵子從數處看，都只是這理。劉砥曰："畢竟理較精粹。" 曰從理上看，則用處大，數自是細碎。

又曰：今人多疑濂溪之學出於希夷。某曰："濂溪書具存，如《太極圖》，希夷如何有此說?" 問："當時諸公知濂溪者，自程太中外，未嘗言其有道。" 朱子曰："此無足怪。" 又問："明道之學，後來故別，但其本自濂溪發之，只是此理推廣之爾。但不如後來程門授業之多。" 曰："當時既未有人知，無人往復，只得如此。"

又曰：凡看道理要見大頭腦處分明，下面節節，只是此理散為萬殊，如孔子教人，雖是逐事說箇道理，未嘗說出大頭腦處，然四方八面合聚湊來也。自見得箇大頭腦，若孟子便已指出教人，周子說出太極，又是大段分明指出矣。

或謂二程之於濂溪，亦若橫渠之於范文正公爾。朱子曰：先覺相傳之祕，非後學所能窺測，誦其詩，讀其書，則周范之造詣固殊，而程張之契悟亦異，如曰仲尼顏子所樂，吟風弄月以歸，皆是當時口傳心受，的當親切處，後來二先生舉示後學，亦不將作第二義看，然則行狀所謂反求之六經者，特語夫功用之大全爾。至其入處，則自濂溪不可誣也。若橫渠之於文正則異，於是蓋當時粗發其端而已，受學乃先生自言，此豈有自誣者耶!

又曰：周子《太極圖》只是一箇實理，一以貫之。

又曰：無極而太極，人都想像有箇光明閃爍底物在那裏，卻不知周子本是說無這物事，只是有箇理能如此動靜而已。

又曰：周子太極首言性命之源，用力處卻在修吉悖凶，其本則主於靜。

又曰：周子說太極和陰陽，滚說易中便擡起說。周子言太極動而生陽，靜而生陰，動時便是陽之太極，靜時便是陰之太極，蓋太極即在陰陽裏，如《易》有太極，是生兩儀，則先從實理處說，若論其生則俱生，太極依舊在陰陽裏，但言其次序，須有這實理，方始有陰陽也，其理則一。

又曰：濂溪言主靜，靜字只好作敬字看，故又言無欲故靜，若以為虛靜，則恐入釋老去。

又曰：周子《太極圖》明《易》中大概綱領意思而已。

又曰：周子《通書》皆是發明太極，書雖不多，而統紀已盡，二程蓋得其傳，但二程之業廣耳。

問："劉子所謂天地之中，即周子所謂太極否?"朱子曰："只一般，但名不同。"

問："心本是箇動物，不審未發之前，全是寂然靜，還是靜中有動意?"朱子曰："不是靜中有動意，周子謂靜無而動有，不是無以其未形而謂之無，非因動而後有，以其可見而謂之有爾。方其靜時，動之理只在伊川謂當中時。耳無聞目無見，但見聞之理在，始得及動時，又只是

這靜底爾。”（學統）

或謂二程之於濂溪，亦若横渠之於范文正公爾。朱子曰：先覺相傳之秘，非後學所能窺測，誦其詩，讀其書，則周范之造詣固殊，而程張之契悟亦異，如曰仲尼顔子所樂，吟風弄月以歸，皆是當時口傳心受的當親切處。後來二先生舉示後學，亦不當作第二義看，然則行狀所謂反求之六經者，特語夫功用之大全爾。至其入處，則自濂溪不可誣也。若横渠之於文正，則異於是，蓋當時粗發其端而已，受學乃先生自言此，豈自誣者邪！（魯承恩本）

宋　真德秀

西山真氏曰：元公周先生，生於聖道不傳千五百年之後，一旦建圖屬書，剖發幽祕，直指無極太極，以明道體，而天地之所以運化，人物之所以生育者，莫不森然畢具於其中，至於人極之立，則蔽之以中正仁義而主靜之一言，而天下之動亦得以貞夫一，此其發明三極之藴，以上繼洙泗之絕，下啟河洛之傳，使天下後世復見天地萬物之大全，復聞聖賢修已治人之心法者，幾與伏羲始畫八卦同功，可謂盛矣。

又曰：自《湯誥》論降衷，詩人賦物則，人知性之出於天，而未知其為善也。繼善成性，見於《繫易》，性無不善，述於七篇，人知性之善，而未知其所善也。周子因羣聖之已言，而推其所未言者，於圖發無極二五之妙，於書闡誠源誠立之旨。昔也太極自為太極，今知吾身自有太極矣。昔也乾元自為乾元，今知吾心即乾元矣。有一性則有五常，有五常則有百善，循源而流，不假人力，道之全體，焕然復明者，周子之功也。（學統）

明　王守仁

在贛州親筆寫周子《太極圖》及《通書》“聖可學乎”一段，末云：“按濂溪自注‘主靜’，云‘無欲故靜’，而於《通書》云：‘無欲則靜虚動直’，是主靜之說，實兼動靜。‘定之以中正仁義’，即所謂‘太極’。而‘主靜’者，即所謂‘無極’矣。舊注或非濂溪本意，故特表而出之。”右四條皆文成王公語。《傳習錄》所未載。（戒庵老人漫筆）

明　顧憲成

顧涇陽曰：程伯子曰：“昔受學於周茂叔，每令尋仲尼顔子樂處，所樂何事。”又曰：“自再見周茂叔後，吟風弄月以歸，有吾與點也之意。”又有詩曰：“雲淡風輕近午天，傍花隨柳過前川。時人不識予心樂，將謂偷閒學少年。”此以知伯子之未能盡元公也。程叔子狀伯子曰：“先生十五六時，聞汝南周茂叔論道，遂厭科舉之業，慨然有求道之志，未知其要，泛濫於諸家，出入於老釋者幾十年，反求諸六經而得之。”此以知叔子之未能盡元公，且未能盡伯子也。

又曰：周元公，三代以下之庖犧也。當時二程先生親受學於門，猶未能盡元公，則知元公者鮮矣。紹興間，侍講胡康侯請進二程從祀於先師之廟。乾道間，太學魏掞之請祀二程於學，並不及元公，則知元公者益鮮矣。至於象山陸子，直疑無極之說，出自老子，訟言排之，其門人楊慈湖並詆《通書》穿鑿害道，可謂斯文之一厄也。獨朱子與象山反覆辨正，又特為表章，以行於世，而周子之道，煥然復明，且令來者有所持循，因得尋見，從上聖賢血脈，其功大矣。

又曰：卓哉！其元公乎！吾始以為元公也，而今乃知其宛然一孔子也。《太極圖說》推明天地萬物之原，直與《河圖》《洛書》相表裏，《通書》四十章，又與《太極圖說》相表裏。其言約，其指遠，其辭文，其為道易簡而精微，博大而親切，故可以點化上士，可以鍛鍊中士，可以防閑下士，未嘗為吾儒標門戶，而為吾儒者，咸相與進而奉之，為斯文之主盟，莫得而越焉。未嘗與二氏辨異同，而為二氏者，咸相與退而各守其宗，莫得而混焉。至矣，盡矣，誠足以考前聖而不謬，俟後聖而不惑矣。（學統）

明　高攀龍

高景逸曰：先生三代以後之聖人乎？無轍跡可尋，無聲臭可即，無極太極，太極無極，是之謂《易》妙於未畫，聖人洗心退藏於密以此。

又曰：元公之書，字字與佛相反，即謂之字字闢佛可也。元公謂聖人之道，仁義中正而已矣，會得此語，可謂深於闢者矣。

又曰：大凡斯道大明之日，即是異端附會之時，聖賢因時有作，循其自然之勢而已。夫子沒而七十子各以其所得者為學，及其弊，異端並起，而孟子不得不好辨。千四百年間，儒者不過為修身謹行，訓詁誦習之學，與二氏蓋判不相入，及周元公開揭蘊奧，而天下始知求之性命之微，異端因之假合，程朱不得不辨者，勢也。故觀《魯論》，而見元公之道，觀孟子而可以知程朱之心，元公之時，明吾之道而已。譬如人之無病，則起居飲食，即是衛生卻疾，程朱之時，吾道已明，必須去其混之者，如六邪外侵，攻去其疾，而元氣始復也。(學統)

宋　黄震

《太極》：太極是天地萬物之理，有理便有氣，流行發育及氣之聚，理亦在焉。理未嘗離乎氣，太極解先動而後靜，是就起處言之。(黄氏日抄)

《通書》：《太極圖》得《通書》而始明。(黄氏日抄)

《拙賦》：天下拙，刑政撤。其言似莊老。(黄氏日抄)

論曰：元公道繼徃聖而開來，學不俟贅矣。唯圖授二程以發千古不傳之秘，自南安始，理宗賜額"道源"，信乎斯道之源，以人則在元公，以地則在吾郡也，吁遠矣哉！(嘉靖南安志)

清　惠棟

無極。《列子》《周書》皆言無極。庯堂案，《列子·湯問》篇云："物之終始，初無極已。始或為終，或為始，無極之外，復無無極。"

道學傳。梁元帝撰《孝德傳》，《道學傳》，道學者，道家之學也。《宋史》以周、程、張、朱入《道學傳》，誤襲其說，而濂溪之太極，朱子之先天，實皆道家之學也。

周子。餘冬序錄，世俗相傳，周子《太極圖說》得之于潤州鶴林寺僧壽涯，邵氏《先天圖》得之廬山老浮屠。毛甡云：廬山老浮屠即壽涯僧，然邵天古與周濂溪同師也。(松崖筆記)

清　戴震

周子《通書》曰："'聖可學乎？'曰：'可。''有要乎？'曰'有。''請問焉。'曰：'一爲要。一者，無欲也。無欲則靜虛動直，靜虛則明，明則通；動直則公，公則溥。明通公溥，庶矣哉！'"此即老、莊、釋氏之說。(戴氏三種·孟子字義疏證)

問：周子《通書》有云："'聖可學乎？'曰：'可。''有要乎？'曰'有。''請問焉。'曰：'一爲要。一者，無欲也。無欲則靜虛動直，靜虛則明，明則通；動直則公，公則溥。明通公溥，庶矣哉！'"此與老氏"爲道日損"，釋氏"六用不行，真空妙智"之說，及陸子靜言"人心至靈，此理至明，人皆有此心，心皆具是理”，王文成言“聖人致知之功，至誠無息，其良知之體，皦如明鏡”者，立言不殊。後儒於周子則以爲切要之指，莫敢違議，於老、釋、陸、王則非之，何也？

曰：周子之學，得於老、釋者深，而其言渾然與孔、孟相比附，後儒莫能辨也。朱子以周子爲二程子所師，故信之篤，考其實固不然。程叔子撰《明道先生行狀》，言“自十五六時，聞周茂叔論道，遂厭科舉之業，慨然有求道之志，未知其要，泛濫於諸家，出入於老、釋者幾十年，返求諸六經，然後得之。”其不得於周子明矣；且直字之曰周茂叔，其未嘗師事亦明矣；見周茂叔後，乃出入於老、釋。張横渠亦訪諸釋、老之書累年；朱子年四十以前，猶馳心空妙。蓋雖終覺釋老之非，而受其蔽，往往出於不覺者亦不少。周子論學聖人，主於無欲，王文成論致知，主於良知之體，皆以老、釋廢學之意論學，害之大者也。（戴氏三種·緒言）

清　江昱

濂溪在廬山下，周子始名之，謂在道州者，妄也，李穆堂宗伯極辯之。《愛蓮説》，鄭東里太守之僑謂意義淺俗，氣體卑弱，絕非《通書》、《太極》文字，有辯甚晰。今湖南州縣往往有愛蓮池亭，且有載入志乘，云昔周子愛蓮於此者，可笑之甚。

衡陽學傳爲鄭向故宅，濂溪周子少依舅氏於衡，今學前且有愛蓮池亭。考《宋史》，向，陳留人，並無衡州蹤迹。又《年譜》，少孤，依舅氏，自營道入京師，亦非衡陽，不知其説何據。惟縣令王亞夫屬湯漢，作《先賢祠記》，漢述亞夫之書曰：“鄭向，則家於是邦者也。亞夫、漢、與向時代相去未久，漢又郡人，擅文名，不應無考，故輯《清泉志》於學校類存其説，人物選舉類則徑删之。

石鼓有七賢祠，祀韓、朱、張及郡人二李氏，及濂溪、勉齋也，不知何時去濂溪主，而易以宋大儒豐川葉先生之主。分縣以來，詳詢莫得。後檢《明史》：葉釗，豐城人，弘治進士，南刑部主事。武宗立，陳言忤劉瑾，削籍歸，講學西江。瑾誅，起禮部員外，未聞，命卒，學者祀之石鼓書院，云今衡守饒惕齋先生，亦豐城人。乾隆壬午，郎君歸訪，於葉公家藏有文集，並《石鼓遐思録》，始得其詳。蓋歸後來衡，設教石鼓，卽卒於書院。至嘉靖二十一年入祀，二十三年奉檄塑像，與諸賢像並列，二書乃其次子秩來衡，衡人士爲之鋟刻者，於是始改木主宋儒之稱，並增濂溪之主祠，榜去七賢之號，稱先賢云。（瀟湘聽雨錄）

明 王廷相

周濂溪之子曰環溪元翁者，與蘇黄諸公學佛談禪，盡壞其家學，歐文忠之子斐與僧講法，失其父風。蘇東坡之子過，父事梁師成，變乃翁之節，韓稜不諂權貴，其孫演則黨附梁，異人之不肖，亦不係於世類如此。（雅述）

五行說 宋 程頤

五行之序，以質之所生而言，則水本是陽之濕氣，以其初動為陰所陷而不得遂，故水陰勝。火本是陰之燥氣，以其初動為陽，所揜而不得達，故火陽勝。蓋生之者微，成之者盛，生之者，形之始，成之者，形之終也。然各以偏勝也，故雖有形而未成質，以氣升降，土不得而制焉。木則陽之濕氣浸多，以感於陰而舒，故發而為木，其質柔，其性煖，金則陰之燥，氣浸多以感於陽而縮，故結而為金，其質剛，其性寒。土則陰陽之氣各盛，相交相搏，凝而成質。以氣之行而言，則一陰一陽，往來相代，木、火、金、水、云者，各就其中而分老少耳。故其序各由少而老，土則分旺四季而位居中者也。此五者序若參差而造化，所以為發育之具，實並行而不相悖，盖質則陰陽交錯，凝合而成。氣則陰陽兩端循環不已，質曰水、火、木、金，盖以陰陽相間言，猶曰東西南北，所謂對代者也，氣曰木、火、金、水，盖以陰陽相因而言，猶曰東、南、西、北。比所謂流行者也，質雖一定而不易，氣則變化而無窮，所謂易也。（魯承恩本）

無極而太極辯 宋 程頤

極之得名，以屋之脊棟為一屋之中居高處，盖為衆木之總會，四方之尊仰，而舉一屋之木莫能加焉。故極之義雖訓為至，而實則以有方所形狀而指名也。如北極、皇極、爾極、民極之類，皆取諸此，然皆以物之有方所形狀適似於極而具極之義，故以極名之，以物喻物，盖無難曉。惟《大傳》以《易》之至理，在《易》之中為衆理之總會、萬化之本原，而舉天下之理，莫能加焉。其義莫可得名，而有類於極，於是取極名之，而係以太則其尊而無對，又非他極之比也。然則太極者特假是物，以名是理，雖因其有方所形狀以名，而非有方所形狀之可求，雖與他書所用極字取義畧同，而以實喻虛，以有喻無，所喻在於言外，其意則異。周子有見於此，恐夫人以它書閑字之例求之，則或未免滯於方所形狀，而失聖人取喻之意，故為之言曰無極而太極，蓋其措辭之法，猶曰無形而至形，無方而太方，欲人知夫非有是極而謂之太極，亦特托於極以明理耳。又曰太極本無極也，盖謂之極，則有方所形狀矣，故又反而言之，謂無極云耳，本非有極之實，欲人不以方所形狀求，而當以意會於此，其反覆推本聖人所以言太極之意最為明白。後之讀者，字義不明，而以中訓極已為失之，然又不知極字，但為取喻，而遽以理言，故不推理不可無，於周子無極之語，有所難通，且太極之為至理，其辭已是，而加以無極，則誠似於贅者矣。因見象山語無極書，正應不能察此，而輒肆於麄辯，為之切嘆，故著其說如此云。（魯承恩本）

孔孟周程　宋　黃震

孔子只說忠信篤敬，孟子又趲進一着，如惻隱求放心之類，至周子說太極，大段分明指出矣。若看得太極分明，則盡見天下道理皆自此出。

若能得聖人之心，則言語各別，不害其為同，如曾子說話，比孔子自不同，子思比曾子亦不同，孟子比子思又不同，然自孔子以後，得孔子之心者，惟曾子、子思、孟子而已，如揚子雲《法言》倣《論語》，王仲淹《中說》亦倣《論語》，言愈似，而去道愈遠，直至程子方略明，得四五十年為得聖人之心，一傳之門人則已，皆失其真矣。

聞伯夷、柳下惠之風者，頑廉薄敦，皆有興起，此孟子之善想像者也。孔子元氣也，顏子和風慶雲也，孟子泰山岩岩之氣象也，此程夫子之善想像者也。今之想像，大程夫子者，當識其明粹中和處，小程夫子者，當識其初年嚴毅，晚年又濟以寬平處，豈徒想像而已？必還以驗之吾身者，如何將併與其風範氣象皆得之矣。（黃氏日抄）

答李守約書　　宋　陳文蔚

遠荷不鄙，開示進修之方，最是十二時中不得放過。使講究思索之功，浸漬入於日用之中，為切要語。文蔚雖每日從事於此，以思慮尚雜，未能純一無間，今得來教，書之牕牖，使時時在目，庶足懲偷警惰，賴所助不少，甚感甚幸。文蔚竊謂此理自周、程啓其秘，至先生始極精密，然而未嘗不發於《論》、《孟》、《大學》、《中庸》之書，各在學者看得如何耳。其間指示工夫要約處，畧無滲漏，苟得實下手，信有得力處，想尊兄體之熟矣，不俟喋喋。文蔚謂學者之病往往在於心麁，不知尊德性而道問學、致廣大而盡精微、極高明而道中庸，未始無次第。大抵自疎而密，自淺而深，吾輩不可不盡心也。要當取其書沉潛諷詠，勿惰勿迫，久之有所契合，自然支分節解，如庖丁鼓刄，無全牛矣。文蔚有志如此，未能真踐其境，願與良朋共之。讀濂溪遺文詩，文蔚間嘗有作，今不記所録呈者。蒙諭"太極、無極之理，有的實見否?"竊謂只就此一句論之，則先生之與陸氏辨之悉矣。以周子一圖統體論之，則精粗本末一貫而已，蓋即陰陽二氣之流行，而此理無不具於其中，此理雖無聲臭而未始不具於形氣之內，固非先有此而旋有彼，亦非因有彼而後有此。蓋合下如此，是以自其理而言之，則無極而太極。自其氣而言之，則一動一靜而陰陽分，陰陽變合而五行具。合而言之，則氣理不相離；析而言之，則氣理不相雜。自其得周子之言而不得其所以言，則知其合者不知其離，精粗遂至於無分；知其離者不知其合，本末遂有於先後，是二者皆謂之不知《太極圖》可也。故程子曰："形而上為道，形而下為器。須着如此說。器亦道，道亦器。但得道在，不係今與後、己與人。"又曰："沖漠無朕，萬象森然已具；未應不是先，已應不是後。如百尋之木，自本根至枝葉皆是一貫。"斯言最有功於周子。如學者工夫，則莫如主靜，工夫到處，自完全矣。然易而言之，亦可懼也。既承下諭，不敢不傾倒，未知是否，便來詳以見教為幸。（克齋集）

答趙郎中崇憲書　　宋　樓鑰

鑰久不嗣音，正爾馳仰，辱書翰，以慰以荷。蒙示諭濂溪書院，尤見政最之餘，儒術潤飾，甚休甚休。謹為寫四字去，但“谿”字當如此寫，“溪”出於陽冰之變體，非古也。二者俱寫去，惟台意所擇。“濂”字有少曲折，見之别紙，望詳覽。九江古郡，于今為重鎮，幸有周先生之遺迹，表而出之，又使士子得以館穀于其下，儒風自此愈興，賢使君之名與之無窮矣。鑰衰瘁，求未得，尚爾勉強。草草修報，不究欲言，併幾台察。

“濂谿”之“濂”，字書所無。鑰少時見林侍郎黄中知江州，曾作《濂谿祠堂記》，今想尚有石本，便中望以寄示。其中亦似說“濂”字如元次山之“庿、峿、浯”，出于意見。近歲得晁氏《参訂許氏文字》一書，以道所編也。有云：“濂，徐力鹽反，唐力箽反。”從水，從兼。徐本曰薄冰也，一曰中絕小水。唐本曰薄冰也，或曰中絕小水。又曰淹也，或从廉。徐本闕濂字。按《素問》：“夏三月之病，至陰不過十日。陰陽交，期在濂水。”楊上善曰：“濂，水静也，七月水生時也。”然則從兼者，亦古文廉字，非兼并之兼。以上皆以道之說。徐本謂今世所行徐鉉所定《說文解字》也。以道得唐人本，時以校其不同者。鑰按《素問》二十四卷《陰陽類論》“夏三月云云在溓水”注：“溓水者，七月也，建申，水生於申，陰陽逆也。”楊上善云：“溓，廉檢反，水静也，七月水生時也。”唐本既曰或从廉，則非無濂字。晁氏之書甚佳，止有三冊，若因刊之，尤佳。(攻媿集)

答或人問　　元　許謙

《太極圖》之原出於《易》，而其義則有前聖所未發者，周子探大道之精微，而筆成此書，其所以包括大化、原始要終，不過二百餘字，蓋亦無長語矣。謂之去“無極”二字而無所損，則不可也。太極者，孔子名其道之辭；無極者，周子形容太極之妙。二陸先生適不燭乎此，乃以周子加“無極”字為非，蓋以太極之上不宜加無極一重，而不察無極，即所以贊太極之語，周子慮夫讀《易》者不知太極之義，而以太極為一物，故特著無極二字以明之，謂無此形而有此理也，以此防民，至今猶有以太極為一物者，而謂可去之哉！朱子辨之精，而曉天下後世者亦至矣。此固非後學之所敢輕議也，此外則無可疑可辨者矣，非朱陸二子之思慮不及也。太極兩儀之言，圖本於《易》也，而兩儀之義則微有不同，然皆非天地之別名也。《易》之兩儀，指陰陽奇耦之畫而言，圖之兩儀，指陰陽互根之象而言也。《易》以一而二，二而四，四而八，八而十六，十六而三十二，三十二而六十四。圖以一而二，二而五，五而一，一而萬者也。《易》以陰陽之消長，而該括事物之變化。圖明陰陽之流行，而推原生物之本根。圖固所以輔乎《易》也，惟以兩儀為天地，則大不可以《易》之兩儀為天地，則四象八卦非天地所能生。以圖之兩儀為天地，則五行亦非天地所可生也。夫太極，理也，陰陽，氣也，天地，形也。合而言之，則形稟是氣，而理具於氣中。析而言之，則形而上、形而下，不可以無別所謂圖以陽先生于陰，與太極生兩儀者異，此猶有可論者。太極之中本有陰陽，其動者為陽，靜者為陰，生則俱生，非可以先後言也。一元混淪，而二氣分肇，譬猶一木折之為二，兩半同形，何先後之有。《易》之辭簡，故惟曰生兩儀，圖之言詳，故曰動而生陽。動極而靜，靜而生陰，靜極復動，陰陽既有兩端，出言下筆必有先後，其可同言而並書之乎？況下文繼之曰：“一動一靜，互為其根。”則非先後矣。而下文又曰：“分陰分陽，兩儀立焉。”乃先言陰，而後言陽，此周子錯綜其文，而陰陽無始之義亦可見矣。當以上下文貫穿觀之，不可斷章取義也。雖然動靜亦不可謂無先後，自一氣混沌，其初始分，須有動處，乃其始也。元會運世，歲月日時，大小不同，理則一也。其氣之運行，皆先陽而後陰。一歲之日，春夏先而秋冬後，春夏陽也，一元之運，子先而午後，子至巳陽也。數以一為陽，二為陰，一固先於二。人以生為陽，死為陰，生固先於死，孰謂陽不先於陰乎？但未動之前，亦只為靜，此乃互根之體，終不可定以為陽先爾。所謂太極之下生陰陽，陰陽之下生五行，及乎男女成形，萬物化生，圖中各有次序，則是太極與天地五行相離，則又不可也。陰陽不可名天地前，既已言之矣。太極陰陽五行下，至於成男女，而化生萬物，此正推原生物之根柢，乃發明天地之秘，而反以為病，何其異耶！太極剖判，此世俗相承之論，非君子之言也。太極無形，何可剖判，其所判者，乃一元之氣，閉物之後，溟涬玄漠，至開天之時，則輕清者漸澄而為天，則重濁者漸凝而為地，乃可言判爾。太極、陰陽、五行之生，非果如母之生子，而母子各具其形也。太極生陰陽，而太極即具陰陽之中，陰陽生五行，而太極陰陽又具五行之中，安能相離也？何不即五行一陰陽，陰陽一太極之言而觀之乎？所謂乾道成男，坤道成女，則二氣不待交感，而各自生物，又不可也。此一節自無極之真，二五之精，妙合而凝，乾道成男，坤道成女，二氣交感，化生萬物，作一貫說下，安得謂不交感而自化生耶！成男成女，朱子謂此人物之始，以氣化而生者，氣聚成形，遂以形化而無窮。真精合而有成，而所成者則有陰陽之異，其具陽之形者，乾之道，具陰之形者，坤之道，又合則又生，至於無窮，皆不出乎男女也。今所問之言，果有所疑耶！或直以周子之言未當也，如其果疑，則以前說求之，或得其梗槩，直以言為未當，則非敢預聞，此不韙也。待承下問，敢以為復。（白雲集）

周元名辞　元　吴澄

昔周元公少依於舅鄭龍圖，卒以繼往聖開來學，余愧鄭龍圖多矣，周氏其世有人哉，其以元名。（吳文正集）

元公頌　明　張時泰

神宗黃帝熙寧六年，知南康軍周敦頤卒。

盖嘗論之，神宗之於濂溪，當如成湯之於伊尹，武丁之於傅說，先主之於孔明，置諸左右，近其人以學之不可頃刻之，或舍可也。今則煩之州縣，未聞其一日之在廷，然則神宗之朝尚可謂之有人哉！及觀與神宗之相遇者，不過安石等儉邪之輩而已。一時忠良擯斥殆盡，况賢如濂溪者，奚能見用邪？雖然濂溪樂天知命、安土敦仁，使仁宗得以大用於濂溪乎何加？不用於濂溪乎何損？嗚呼！在濂溪固無所加損，而神宗棄賢之罪不能免焉。大《易・既濟》之六二有曰："婦喪其弗，勿逐，七日得之。"臣敢以為濂溪頌。（魯承恩本）

論道統　明　薛瑄

使堯、舜、禹、湯、文、武、周、孔、顏、曾、思、孟、周、程、張子之道，昭然名於萬世，而異端邪説莫能雜者，朱子之功也。韓子謂孟子之功，不在禹下，余亦謂朱子之功，不在孟子下。

堯、舜、禹、湯、文、武、周、孔、顔、曾、思、孟、周、程、張、朱正學也，不學此者，卽非正學也。

周子曰，不善之動，妄也。妄復則無妄矣，無妄則誠矣。程子曰，無妄之謂誠。周、程相傳之學可見。

程子親受《太極圖》於周子，而終身不以語人，其慮遠矣。後學有未涉四書門庭者，開口即論太極，驅心玄妙而不知反求諸己，其弊有不可勝言者。

程子謂“善固性也，惡亦不可不謂之性也。”疑其自《太極圖說》中來，《圖說》曰：“五性感動而善惡分。”謂之分則二者皆自性中來，但順則為善，不順則為惡耳。

程子之主敬，周子之無欲皆為之至要。

程子所謂廓然而大公，物來而順應，正周子胸中灑落，如光風霽月之氣象。

程復心《大學章句圖》首畫《太極圖》，中間着一氣字，是以氣言太極。周子無極而太極，專以理言也。程說曰：“太極未有象，惟一氣耳。”是即漢儒異端之說，又豈識所謂太極哉！

周子曰：“天下，勢而已，在乎早識而亟反之。”余論前古封建之勢，意亦如此。

周、程、張、朱有大功於天下萬世，不可勝言，於千餘年俗學異端，淆亂駁雜中，剔撥出《四書》來，表章發明，遂使聖學晦而復明，大道絕而復續，燦然各為全書，流布四海，而俗學異端之說，自不得以干正，其功大矣。(以上選自《讀書錄》)

宋季以道學為僞，元初得諸儒性理之書，建太極書院，以尊崇濂洛諸君子，是宋季不如元初，而治忽之效亦可驗矣。

周張程朱之前，知孟子者，韓子一人而已。

周程之學非朱子無以發。

周子之學，得於《易》者，多發明《大學》、《語孟》、《中庸》者少，然其理則同也。

周子之學，當時無知者，《太極圖說》、《通書》傳之程子，程子以其理微，不以語學者，至朱子始發明之，然能因朱子之言，以求周子之學者，亦未易得也。

濂溪先生在當時知之者少，故從遊者不多，惟程珦知之，使二子從學，遂大明斯道之傳。是則周子從遊者雖少，反勝於從遊者之多也。

周子挺生南服，建圖立說，以明造化之源、性命之微，傳之二程，以當時無受之者，遂不以語人。至朱子既即其圖以剖析其旨，又即其說以盡發其奥，由是周子建圖立說之意，大明學者誠欲求其意，當即朱子之解，以求周子之說，熟讀精思，潛玩默體，期以數十年之功，俟其融會貫通，超然有得於圖象之表，庶幾造化之源、性命之微、天人之理畢貫於一，而其實不外乎吾心矣。

宋景濂《諸子辨》，列周、程於其後，非尊道學者也，失倫次甚矣。周程聖賢，豈諸子之敢望乎？或者謂立言當求先儒所未言者，夫以孔子之大聖，猶述而不作，况後學不述古聖賢之言，而欲創立己說乎？

周子言勢之輕重，朱子以秦漢之事明之，其意深矣。

周子子孫久而無聞，孔子之子孫愈久愈盛，何其德之長也。

朱子曰："周子《通書》，近世道學之源。"其言簡質如此，則務為閎衍華藻者，去道遠矣。

朱子始謂周子不繇師傳，默契道妙，及覆定周子《事狀》，則引張忠定言公事，有陰陽之說，疑其所傳之有端緒，與初說不同。（以上選自《讀書續錄》）

性理諸書發明　明　薛瑄

凡禍患，伏於無形之中，惟聖人則知幾，而防之於未然，故能消其禍，衆人不知幾，而圖之於已著，則已無及矣。

動靜兩端，雖相因無窮，竊謂動意常多。汎觀萬物若草木山石之類，皆靜植不動，而生意常流行其間。雖秋冬翕寂閉藏之餘，而生意未嘗毫髮間斷，故竊謂動多於靜也。

統天地萬物言之，一理也。天地萬物，各有一理，分殊也。就天言之，天一理也。而天之風雲雷雨之屬，各有一理，其分殊也。就地言之，地，一理也，而地之山川、草木之類，各有一理，其分殊也，就人一家言之，一理也。而人之父子、夫婦、長幼之類，各有一理，分殊也。就人一身言之，一理也，而四肢百體，各有一理。分殊也，就一國天下言之，莫不皆然，然一草一木言之，一理也，而枝、榦、花、葉之不同，分殊也。理一行乎分殊之中，分殊不在理一之外，一本萬殊，萬殊一本也。

寂而感，虛而實，此吾儒與釋子不同處。

張南軒無所為而為之之言，其義甚大，蓋無所為而為者，皆天理。有所為而為者，皆人欲。如日用閒大事小事，只道義合當如此做，做了心下平平，如無事一般，便是無所為而為，若有一毫求知求利之意，雖做十分中理，十分事業，總是人欲之私，與聖人之心，絕不相似。

無所為而為，猶正其誼不謀其利，明其道不計其功之意。

無所為而為，猶當理而無私心，仁也，有所為而為者，事雖當理，未能無私心，謂之仁可乎。

義即是天命，君子行義，所以立命也。

一理也，得之為天，得之為地，得之為萬物。

仁、義、禮、智之謂性，率性而行之謂道，行道而有得於心之謂德，全是德而真實無妄之謂誠。

行道而有得於心之謂德，不但動時如此，雖靜而有得於心，即所謂德，默而存之，有得於心，非所謂德乎？

道則萬古不易，氣化則日新。

萬物皆有始終，惟道無始終。

誠即五常之實理，非五常之外，別有誠也。如實有是仁，實有是義，實有是禮，實有是智是也。

仁、義、禮、智、信，有則一齊有，但各有所主耳。如仁主於愛，愛莫大於愛親，然知所當愛者智也，愛得其宜者義也。愛有節文者禮也，愛出誠實者信也，以至事君從兄之類，無不皆然。

《易》言艮止，《書》言安止、欽止，《詩》言敬止，《大學》言知止，止之為義最精，乃天理當然之極也，須臾失其止，即人欲之私矣。

止當內外動靜，交致其力，靜而心不止於天理，非止也。動而事不止於天理，非止也。天理者，仁、義、禮、智信而已。

止則物各付物，自無紛擾之患。

非禮勿視，視必合禮，視得其止也。非禮勿聽，聽必合禮，聽得其止也。非禮勿言，言必合禮，言得其止也。非禮勿動，動必合禮，動得其止也。視聽言動，皆得其止，由人欲盡，而天理全矣。

《大學》之至善，《論語》之一貫。《孟子》之性善，《中庸》之誠，周子太極，言雖殊而其義一也。

孔子因堯舜三代之遺典，故得以刪述贊修，朱子因濂洛諸儒之遺論，故得以折衷去取。

五經之後，《大學》、《論》、《孟》、《中庸》、程、朱《易傳義》、《詩傳》、《四書集註》、周子《太極圖說》、《通書》、張子《西銘》。（以上選自讀書錄）

孔子得堯舜三代之事實文章，乃可以致刪述，朱子得濂洛關中師弟子之議論著述，乃可以成傳註，故孔子集群聖之大成，朱子集群賢之大成，其揆一也。（讀書續錄）

《四書》《五經》，周、程、張、朱之書，道統正傳，舍此而他學非學也。

性理之學，經周、程、張、朱諸君子發揮如此明白，當時親炙者尚失其意，而韓子生於道術壞爛之餘，無所從遊，質正乃能卓然有見，排斥異端，扶翼正道，遂有立於天下，後世真可謂豪傑之才矣。

周、程、張、朱真儒也，四子辨佛老之非至矣，學者讀四子之書，而乃匍匐佛老之奴隸，是豈真知四子而能讀其書者哉！

學者得如周、程、張、朱之為人亦可矣，四子不好佛，而學者乃好之，則是為人不求如四子之賢而好佛，乃求過於四子也，惑之甚矣。

嘗觀周子、二程子、張子、邵子，皆與斯道之傳者也。而朱子作《大學》、《中庸》序。惟以二程子繼孟氏之統，而不及三子，何邪？蓋三子各自為書，或詳於性命道德象數之微，有非後學造次所能窺測。二程則表章《大學》、《中庸》、《語》、《孟》，述孔門教人之法，使皆由此而進。自洒埽應對、孝弟忠信之常，以漸及乎精義入神之妙。循循有序，人得而依據，此朱子以二程子上繼孔孟之統，而不及三子歟？然朱子於《太極圖》《通書》，則尊周子。於《西銘》《正蒙》，則述張子。於《易》則主邵子，又豈不以進修之序，當謹守二程之法，博學之功，又當兼考三子之書邪？及朱子又集《小學》之書，以為《大學》之基本，註釋《四書》，以發聖賢之淵微，是則繼二程之統者，朱子也。至許魯齋專以《小學》《四書》為修己教人之法，不尚文辭，務敦實行，是則繼朱子之統者，魯齋也。（以上選自《讀書錄》）

《性理大全》書，以周子《太極圖》冠於篇端，默識而旁通之，則一書之理，不外是矣。非獨《性理大全》一書不外乎是，以至《五經》《四書》，與凡聖賢之言，又豈有出此圖之外者哉！嗚乎，其旨深矣！（学统）

《西銘》明理一而分殊，《太極圖》自一理、二氣、五行、成男、成女而化生萬物，亦無往而非理一分殊也。（讀書錄）

朱子論造化之精約，莫過於《太極圖解》。（讀書錄）

朱子《太極》《西銘解》，至矣，盡矣。（讀書續錄）

天人一理。湯曰："惟皇上帝降衷于下民。"武王曰："惟天地萬物父母，惟人萬物之靈。"《詩》曰："天生烝民，有物有則。"孔子所謂性與天道，子思所謂天命之性，孟子所謂知性知天，皆有以見天人之一理，後世大道不明，論天者不及於人，言人者無涉於天，由是分天人為二致，惟董子有道之大原出於天之言，亦可見天人之一理，至周子作《太極圖》，明人物出於造化之一原，而張子、程子、朱子各有發明天人一理之說，大道於是復明。

朱子《太極圖解》曰："太極者，本然之妙也，動靜者，所乘之機也。"此《易》之變易流行者也。又曰："太極，形而上之道也，陰陽，形而下之器也。"此《易》之交易對待也，朱子所謂易有兩義者如此。

朱子《太極圖解》曰："其動也，誠之通也，繼之者善，萬物之所資以始也。其靜也，誠之復也，成之者性，萬物各正其性命也。"《孟子》言性善指理之在人心者而言，《易》言繼之者善，指理之在造化者而言，其實一也。

濂、洛、關、閩諸儒之書，皆根據至理而切於人生日用之實。

濂、洛、關、閩之書，一日不可不讀；周、程、張、朱之道，一日不可不尊，舍此而他學則非矣。（以上選自《讀書續錄》）

道統相傳之圖　　明　丘濬

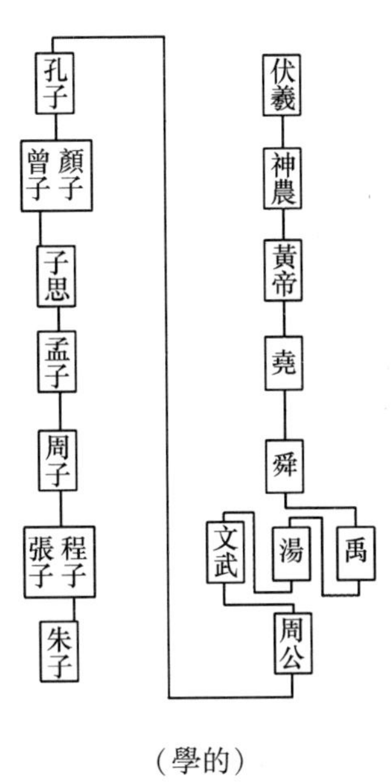

（學的）

周濂溪之學　　明　周琦

張南軒謂濂溪始學陳希夷，後來自有所見，其學問如此，而舉世不知，為南安獄掾時，惟程太中始知之，可見無分毫矜誇，此方是樸實頭下工夫底人。南軒此說正見周子務內不務外處。

濂溪之地，遠城郭三十餘里，茂叔為學於此，何求人知。惟求心得而已止。舅氏鄭向知之，薦授鄂縣主簿，使向雖知之，不為龍圖學士，則亦徒知而已。至移南安，又不為其守，所知惟程判知之，使二子學焉，故得以發太極之旨，則周子者亦不叩之，洪鐘也，及二子再見，吟風弄月而歸，不知周子有何氣象，聳動於人，與談何道，而使之吟弄如是也。

自濂溪之學，一鳴人心之天理以著，人欲以消，孔孟之統緒以傳，故朱子曰：闡太極陰陽五行之奧，而天下之為中正仁義者，得以知其所自來。言聖學之有要而下學者知勝私復禮之可以馴致於上達明天下之有本而言。治者知誠心端緒之可以舉而措之，於天下其所以上接洙泗千載之統，下啟河洛百世之傳者，脉絡分明，而規模亦宏遠矣。朱子是言深發周子也。

黄山谷謂茂叔人品甚高，胸中灑落，光風霽月，好讀書，雅意林壑，初不為人窘束，短於取名，而長於求志，薄於求福，而厚於得民，菲於奉身，而惠及惸嫠，陋於希世，而尚友千古。山谷善體悉先生，故能知之如是也。

朱子序大學以二程接孟氏之傳，而不及周子者，蓋二程發遺經旨趣，而濂溪未有所發，故朱子序大學，言遺經之旨不及周子也。（東溪日談）

尋孔顔樂處論　　清　宋之盛

昔周茂叔令二程尋孔顔樂處，程伯子曰："自再見周茂叔後，吟風弄月以歸，有吾與點也之意。"他日論斯，須不知不樂，則鄙詐之心入之曰："此與敬以直内理論飛躍活潑潑地，曰其要只在慎獨，論逝者如斯為道體。"又曰："其要只在慎獨。"於戲！周程尋樂之指，權衡於此矣！後不察玩弄光景，以求解脱，其心謂非全體放下難語至樂，吾不知其所樂者何事，而先問其所放下者何事。若以為聲色臭味，安佚之好，誠欲放下為樂，而要非堅苦動忍，未有能全然放下者也，若以為視聽言動之禮，齊家治國平天下之道，不可須臾離者，正覺放下，不得苟遂於下，則好惡失，則而前後上下、左右之矩弗絜。徒以逍遙物外浮沉，局内為高，推斯志也。天變不足畏，民窮不足恤，社稷顛覆不足戚，冠履倒置不足羞，青史貽譏，後代責備，而謂賢者固樂此乎？其或清夜内省，終難自喪，其惻隱羞惡之本心，負影愧衾，靦顔視息，而又何樂焉？故知樂無定處，自慊即其處也，尋樂無定方，慎獨以求自慊，即其方也。此其説備於《孟子》，《孟子》之論樂曰："仰不愧，俯不怍。"又曰："反身而誠，樂莫大焉。"《孟子》之所謂不愧不怍，《大學》之所謂自慊也，《孟子》之所反身而誠，《大學》之所謂慎獨以誠意也。意之所慊，根於心，潤於身，以⺶達於家國天下。今夫身躭聲嗜色矢口任觸，非不樂也。而視聽言動之悖禮，則尤悔集焉。人雖至愚，未聞有樂尤悔者也。今夫國家與天下睢盱同羣，無上下前後左右之規，非不樂也，而老幼失所，親愛畏敬，哀矜敖惰之立，辟一國作亂，天下為僇，人雖至不肖，未聞有樂亂僇者也。然則尋樂處必遠尤悔。亂僇遠尤悔，亂僇必本於慎獨以誠意，此其道如桴擊鼓應不毫髮爽者，古聖人兢兢業業。小心昭事，極之勞苦餓窮，顛沛流離，而卒不忍頹然自放，恝然愈疏，在旁觀以為人情難堪，而彼固甘心焉。凡以慎獨誠意而求為自慊之道也，自慊之不能廢惡，惡以耑好好也。猶乎中節之和，不能廢怒哀以專喜樂也，然則文王之赫怒整旅，怒固樂也。舜之號泣而慕子之哭回而慟哀固樂也。君子有終身之憂，憂固樂也。唯仁人放流之迸諸四夷，惡固樂也。孔子懼，作《春秋》，孟子懼，息邪說，懼，固樂也。以怒、哀、憂、懼、惡為樂，則不可，而要之慎獨以求為自慊，則一也。茍為慎獨而樂，雖困心衡慮見過內省，不失作孔顏嫡系，茍為非慎獨而樂，雖銖視軒冕，塵視金玉，不免作孔顏罪人，尚其辨諸。（同治星子縣志）

自課　　清　耿介

《太極圖》直指性命原頭示人，以見人性本善，只為私欲錮蔽，人當用功夫，以復其本然之善，故朱子謂“喫緊處在定之以中正仁義，君子修之吉而已。”今人於《太極圖》輒將無極太極、二氣五行，細加推求，而不知於中正仁義處着力。吾嘗譬之云，河源出自崑崙，其初原是不汎濫底，只到下流便汎濫了，其緊要在用疏瀹决排之功，復其故道，今不講此，而只是要窺河源，究竟荒唐。

周子言無欲故靜，此心若無欲，靜固靜也，動亦靜也。此心若有欲，動固動也，靜亦動也。

樂節禮樂，禮只是敬，樂只是和。先王制禮樂，本是從吾心和敬中生發出來，自有無過不及恰好的節度，節者日循習於其中，借彼威儀節奏之美，調適我中正和平之度，乃內外交相養之道也。此正與驕樂相反，那驕樂的人侈肆無節，放蕩不檢，只為胸中少此和敬兩字，這兩字又以敬字為主，程子謂敬則自然和樂，周子謂禮先而樂後，須於日用間躬行體認，便自見得。

舂陵夫子在當時不求人知，人知之者亦鮮，獨有兩程夫子，斯道卒賴以傳，然則得人在多乎哉！

夫子天縱之聖，學《易》至於韋編三絕。今欲為學，却只是乍作乍輟，成得甚事！可不勉哉！

聖人無趨吉避凶之法，惟有遷善改過之法。

太極，天理也，周子言主靜而括之以無欲，則渾然天理而合乎太極之本體矣！

周子教程子尋孔顔樂處，程子嘗云“吾學雖有所受，‘天理’二字却是自家體貼出來，”此正是孔顔樂處也，吾人只體貼“天理”二字便得。

上天之載，無聲無臭，載事也。只看個“載”字，則天之春生夏長，秋收冬藏，無聲無臭之中，有多少事做，所謂無極而太極也，豈虛無寂滅之謂哉？

《太極圖》“木陽稺，故次火，金陰稺，故次水”二句，是以春、夏、秋、冬言之。木屬春，而春生之時陽氣尚微，到得夏長，陽氣方盛，故曰木陽稺次火。金屬秋，而秋收之時陰氣尚微，到得冬藏，陰氣方盛，故曰金陰稺次水也。不然，則木為火之母，金為水之母，説稺字不得矣。

周子於“立天之道曰陰與陽，立地之道曰柔與剛，立人之道曰仁與義，之下”即曰“原始反終，故知死生之説”，意深哉！蓋人陰陽合氣，剛柔成質，而有此身，即有仁義為之綱維。所以裁成輔相，參贊位育，皆本於此，須知始生時，原是天以此理一一全付與我，到得死時，亦要將此理一一全歸與天。則生無愧於生，死無愧於死，方算得三才中間一個人也。

周子窻前草不除，云與自家意思一般，分明見得此心與天地相似，學者須從“仁”字理會，方曉得這個意思。

問：周子窻前草不除，云“與自家意思一般”，何如？曰：此須理會得吾心與天地相似，方曉得這個意思。蓋天地以生物為心者也，天地生物之心曰元。吾人得天地之心以為心，曰仁，仁則公，公則無私，無私則無我，無我則與天地萬物為一體，視天地疲癃殘疾，煢獨鰥寡，便自惻然動念，便思處置得所，覺得此心渾是生意，方曉得這個意思，若不仁則不公，不公則自私，自私則自利，自利則一己之外漠不相關，覺得此心都無生意，如何曉得這個意思。聖賢觸事觸物，便見得是自家心體，學者亦不可不知此意也。

有統體一太極，方纔有各具一太極，然必有各具一太極，方見統體一太極。

《易》之道，盡於太極，太極者，天理也，程子有言："吾學雖有所受，'天理'二字却是自家體貼出來。"蓋周子以《太極圖》授程子，而所謂體貼者，或從此中體貼出來也。《圖說》中正仁義，即天理也，凡事合乎天理，便中便正，不合乎天理，便不中不正。而仁者，天理之體，義者，天理之用也。

聖人立言垂訓，辭有煩簡，皆時為之也，故《易》始於一畫，而文王《繫・彖辭》、周公《繫・爻辭》。蓋上古風氣淳朴，變詐未生，天理猶在人心，故辭不得不省。後世情偽日繁，變詐百出，本真既漓，人欲肆而天理滅，聖人於是指出吉凶悔吝以示人，使知趨避，故辭不得不費。孔門只言仁，孟子便分析出仁義，又言禮智，夫子教人只一二言或數言，其義意渾融。孟子便反覆開發，辭多罕譬，蓋風氣愈下，人心日漓，故所教亦各不同，於此見聖人覺世之苦心也。

《易》於陰陽消長之際，君子小人進退之間，三致意焉。《太極圖》與《中庸》首章相參看，《中庸》從天命謂性說起，其功夫則在須臾不可離道，而要以戒懼慎獨，《太極圖》從無極太極說起，其功夫則在定之以中正仁義而主靜立人極，合二書而體玩之，道在是矣。

《太極圖》解木陽穉故次火，金陰穉故次水，或曰以五行之序言之，則木生火為火之母，金生水為水之母。今謂木陽穉金陰穉，何也？曰木火同是陽，木東方，屬春發生之始，陽氣尚微，到得南方，火屬夏，長養暢茂，陽氣最盛，故曰木陽穉次火也。金水同是陰金，西方屬秋，收斂之始，陰氣尚微，到得北方，水屬冬，歸藏深固，陰氣最盛，故曰金陰穉次水也。（敬恕堂文集）

序　跋

太極圖解序　　宋　翁酉

道學之失傳也久矣，人心之昏晦也甚矣。如《太極圖》之說，世之疑者何其多乎！或以繼善成性不當分陰陽，或以太極陰陽不當分道器，或以仁義中正不當分體用。有謂一物不可言、各具一太極者，有謂體用一原不可言體立而後用行者，有謂仁為體統、不可偏指為陽動者，有謂仁義中正之分、不當反其類者。諸說紛紛不一，殊不知皆取於《易》之大意，而學者不深考也。至文公朱先生屢為之辨明，尚見劾於林栗之章，而陳賈僞學禁之請，亦由是而階也。則夫道之不明不行也，姦邪之說阻之也。然是理微妙而難明，人心昏迷而罔覺。先師節齋先生乃能深究精妙，著書兩卷。酉因侍立而讀之，見其言約而道大，文質而義精，意淡而味遠，且比次整齊，條理詳密，真有得於聖賢之心者。孔子謂《易》有太極，於變易之中而有不易之妙。周子云無極而太極，於無體之間而有至中之理。用之精，本無極也；無極之真，即太極也。世之言一物各具一太極者，固非所以盡其本；而謂太極之上別為無極者，是有二本也。學者不觀太極，無以知氣之所由始；不觀無極，無由知理之所由充。非先生窮深探微，得其旨趣之大，則周、朱之言何由取信於人哉！況時之人察理未精，講論未明，徒務新奇，泥於名數，而不思無極者，乃至極之得名，不知太極者，即不可加之至理。老師宿儒紛紛附和，以誤天下後世者多矣，未見若先生此書之明且盡者也。然則聖賢之心法，得周、朱而傳授；周、朱之太極，得先生而益顯。其光紹前緒，揭示後學也，厥功蓋不細矣。酉不敏，不足以表暴先生著述之盛，而使學者有日就月將之功，是亦不失作書之本意也。（古今圖書集成·理學彙編·經籍典）

跋周茂叔通書　　宋　陸游

濂谿之生也，世但以佳士許之耳。既死，蒲左轄作志，黃太史作詩，其稱述亦不過如此。向使無二程先生，後世豈知濂溪為大儒，傳聖人之道者耶？以此知士之埋沒無聞者，何可勝計。乾道壬辰十二月十五日，成都驛南窗書。（放翁題跋）

伊洛正源書序　　宋　陳亮

濂溪周先生奮乎百世之下，窮太極之藴，以見聖人之心，蓋天民之先覺也。手為《太極圖》，以授二程先生。前輩以為二程之學，後更光大，而所從來不誣矣。橫渠張先生崛起關西，究心於龍德正中之地，深思力行而自得之。視二程為外兄弟之子，而相與講切，無所不盡。世以孟子比横渠，而謂二程為顔子，其學問之淵源，顧豈苟然者！

《西銘》之書，明道以為“某得此意，要非子厚筆力不能成也”。伊川之敍《易》、《春秋》，蓋其晚歲之立言以垂後者。間嘗謂其學者張繹曰：“我昔狀明道之行，我之道蓋與明道同。異時欲知我者，求之於此文可也。”其源流之可考者如此。集為之書，以備日覽，目曰《伊洛正源書》。（龍川文集）

崇道内紀前篇序　明　廖道南

夫道其起于心乎？堯授舜，舜授禹，曰“人心惟危，道心惟微，允執厥中”而已，夫數聖人所以傳心者，豈無稽哉？《易》曰：“《復》，其見天地之心乎。”夫《復》以一陽臨于五陰，而天地之大德曰生，生也者，仁也，天地之心也，天地以大生為心，聖人以大中為德。自堯、舜、禹而下，至湯、文、武、周公，孔子亦惟曰中焉至矣。周茂叔崛起千載下，直見天地之心，默契聖人之中于千載上，故表太極一圖，以發心學之藴。大哉至矣，中焉止矣，撰《崇道内紀前篇》。（楚紀）

太極圖説述解原序　明　曹端

太極，理之別名耳，天道之立，實理所爲，理學之源，實天所出。是故河出圖，天之所以授羲也；洛出書，天之所以錫禹也。羲則圖而作《易》，八卦畫焉，禹則書而明《範》，九疇敘焉。聖心一天理而已，聖作一天為而已，且以羲《易》言之，八卦及六十四卦次序方位之圖曰：先天者，以太極為本，而生出運用無窮，雖欲紹天明前民用，然實理學之一初焉。厥後文王《繫·卦辭》、周公《繫·爻辭》，其義始明且備，命曰《周易》，及孔子《十翼》之作，發明羲畫、周經之旨，大明悉備，而理學之傳有宗焉。其曰：“易有太極，是生兩儀，兩儀生四象，四象生八卦。”羲《易》説也，太極者，象數未形，而其理已具之稱，形器已具，而其理無朕之目，是生兩儀，則太極固太極，兩儀生四象，則兩儀為太極，四象生八卦，則四象為太極，推而至於六十四卦生之者，皆太極焉。然則羲《易》未有文字而為文字之祖，不言理學，而為理學之宗。噫！

自木鐸聲消，儒者所傳周經、孔傳之文，而羲圖無傳，遂為異派竊之，而用於他術焉。至宋邵康節始克收舊物，而新其說，以闡其微，及朱子出，而為《易圖說啟蒙》之書，則羲《易》有傳矣。不惟羲《易》千載之一明，而實世道人心之萬幸也。伊川程子、康節之同遊，傳《易》而弗之及，果偶未之見耶？抑不信邵之傳耶？若夫濂溪周子，二程師也，其於羲圖想亦偶未之見焉，然而心會太極體用之全妙。太極動靜之機，雖不踐羲跡，而直入羲室矣。於是手《太極圖》，而口其說，以示二程，則又為理學之一初焉，何也？蓋孔子而後論太極者，皆以氣言。《老子》："道生一，而後乃生二。"《莊子》師之曰："道在太極之先。"曰一，曰太極，皆指作天、地、人三者，氣形已具，而混淪未判之名，道為一之母，在太極之先，而不知道即太極，太極即道。以通行而言，則曰道；以極致而言，則曰極；以不雜而言，則曰一，夫豈有二耶？《列子》混淪之云，《漢志》含三為一之說，所指皆同，微周子啟千載不傳之秘，則孰知太極之為理，而非氣也哉！且理，語不能顯，默不能隐，固非圖之可形，說之可狀，只心會之何如耳。二程得周子之圖之說，而終身不以示人，非秘之，無可傳之人也。是後有增周說，首句曰："自無極而為太極。"則亦莊、老之流，有謂太極上不當加"無極"二字者，則又不知周子理不離乎陰陽，不雜乎陰陽之旨矣。亦惟朱子克究厥旨，遂尊以為經，而註解之真，至當歸一說也。至於《語録》，或出講究未定之前，或出應答倉卒之際，百得之中，不無一失，非朱子之成書也。近世儒者，多不之講，間有講焉，非舍朱說而用他說，則信《語録》，而疑註解所謂棄良玉而取頑石，掇碎鐵而擲成器，良可惜也。端成童業農弱，而學儒漸脫流俗，放異端，然尚縻於科舉之學者二十餘年，自強而後因故所學而潛心玩理幾十年之間，稍有一髮之見，而竊患為成書。病者如前所云，乃敢於講授之際大書周說，而分布朱解，倘朱解之中有未易曉者，輒以所聞釋之，名曰述解，用便初學者之講貫而已，非敢瀆高明之觀聽也。端前為序，冗中舉概，而但辨《語録》太極不自會動靜一段之戾邇。因頭目風眩，坐臥密室良久，默思不滿意，乃口此命子琇筆而易之，仍取《辨戾》及詩賛附卷末，尚就有道而正焉。宣德戊申三月庚子，霍州學正澠池曹端序。（太極圖述解）

湖南道學淵源錄序　　明　邵寶

湖南道學淵源者，錄宋大儒五君子之蹟也。五君子者，為濂溪周子，為明道、伊川二程子，為晦菴朱子，而南軒張氏附焉。蓋濂溪世家道州，明道、伊川生於黃陂，而晦菴則與南軒屢為南岳之會，是以統曰湖南而並錄之。所錄者有詩有文，為體不一，而五君子之蹟在湖南者，於是備矣。初提學陳先生文鳴之為斯錄也，蓋將以興起湖南之學者也，而或者未得其意。予嘗思昔《孟子》稱："陳良，楚產，悅周公、仲尼之道，北學於中國。"夫周公、仲尼之道，天下之達道也，然不遊中國，則不可得而學焉。由是觀之，道學之傳雖係於人，亦係於地，在理若有固然者，湖南，古楚地也。由周而來二千餘歲矣，乃有五君子者生長遊寓其間，所講服者皆周公、仲尼之道。至於今，流風遺澤，往往未泯。故凡學者之求之也，蓋有不必出其鄉而自得焉者，地同時異，而學之難易係之提學君之意。蓋出諸此，或者又以濂溪道人卒葬九江。程子，洛人，朱子，閩人，張氏則廣漢人也。矧其平生所過，殆遍天下，彼凡一言一行，莫不以鄉以寓，各有錄焉。湖南一方夫焉得而專之。夫道至周公、仲尼天下所同尊也。而稱其化之盛，必曰東魯為天下望國，豈有它哉。近而已矣，予嘗譬五君子之道猶水也，謂水之流行遍於四澤，而此謂淵源，將不可乎？繼自今有志於學者，始於一鄉，終於天下，又尚論古之人，不惟其蹟，而惟其心。五君子之道得，則周公、仲尼之道於是乎在，方今聖化流洽與海，遠邇道德風俗軌轍，惟一湖南東魯，此固提學君奉詔之志，而其所望天下者，抑豈敢後哉，君醇學雅行，正己作人，惟五君子是式，其為道興建甚多，玆特其一耳，觀學者盍通求之錄，凡若干卷。

（容春堂前集）

書蓮塘屋冊後　　明　陳獻章

成化十九年春正月，予訪予友莊定山於江浦，提學南畿侍御、上饒婁克讓來會予白馬庵，三人相與論學賦詩，浹辰而別，侍御之兄克貞先生，與予同事吳聘君予來京師，見克貞之子、進士性，及其高第門人、中書蔣世欽，因與還往，居無何，侍御官滿來朝，予臥病慶壽寺之數人者，無日不在坐，師友蟬聯，臭味相似，亦一時之勝會也。

侍御示予《蓮塘書屋圖》，山雲水石，竹樹陰翳，恍然若蓮塘之在目，藹然絃誦之聲盈耳也。予玩而樂之，謂侍御曰：地由人勝，不勝誰傳？周茂叔濯纓於濂溪，而世濂溪；程叔子著書於龍門，而世龍門；朱晦菴講道於考亭，而世考亭。今婁氏居蓮塘，宜世蓮塘，使蓮塘之名有聞於天下後世者，婁氏也。使婁氏有聞於天下後世者，數氏自為之，非蓮塘也，蓮塘之遇，不其幸歟！濂溪以茂叔勝，龍門以叔子勝，考亭以晦翁勝，蓮塘以婁氏勝。古人今人，無不同也。抑不知婁氏之所修而執之者，同於古人否歟？惡乎同乎？同其心，不同其迹可也；同其歸，不同其入可也。入者，門也，歸者，其本也，周誠而程敬，考亭先致知，先儒恒言也。三者之學於聖人之道孰為邇，孰知之無遠邇歟？周子《太極圖說》聖人定之以中正仁義而主静。問者曰：“‘聖可學歟？’曰：‘可’。孰為要？曰：‘一為要’”。一者，無欲也。《遺書》云：“不專一，則不能直遂，不翕聚，則不能發散。”見静坐而歎其善學，曰：“性静者可以為學。”二程之得於周子也。朱子不言有象山也，此予之狂言也。婁氏何居焉？予以景泰甲戌遊小陂，與克貞先後至，凡克貞之所修而執之者，予不能悉也。書予說於蓮塘圖，侍御質諸克貞先生以為何如？（陳白沙集）

褒崇道學制序　　明　程崧

濂溪周夫子節蒙聖朝盛恩，褒崇有制，藩臬重臣尊崇有典，其文檄浩瀚，散在州治。案牘間為蠹魚所毁，且被庸人盜為覆甄腨壁之污，歲久沉沒。先生之子孫竟罔知所，自何從而考證也。且名公巨卿推重之意，其不負矣哉！然制吾考之先守方君，雖已梓入遺芳，畏其字句多繁，乃刻其槩，而於國朝崇重優恤之典向未獲盡。予叨守先生之鄉，沐先生之澤，因照刷檢其故紙玩而讀之，乃國制也。殘陋殊甚，深為嘆惜，即命六曹吏書遍搜别項文移，悉令呈堂，果得數紙。其字畫有魯魚亥豕之訛者，考而正之，檢其顛末，補輟而備錄之，堇鋟木以昭後人，俾知所寶重，亦抑景仰先哲之心，庶可表彰矣。（魯承恩本）

太極書院重刊周子書跋　　明　仇熙

熙幼讀書后山石室，時或夜坐，抵見澄空萬里，風月交輝，喟然嘆曰："此其周濂溪之胷次乎？"遂少厭俗尚而有志其所樂者。既而徃來塲屋間，餘二十年，形役厥心，無復是興。去年秋，龍門先生來治潞安，簡政敦教，未朞民格。一旦進熙曰："予嘗聞汝考令名於涇埜翁，汝考不復起，汝不思克紹可乎？"袖出周子書一冊，曰："讀此可以立厥身，榮厥親。"且歷論《太極》《通書》大旨，以至移時。熙怳若復寓后山之巖也，先生又謂："汝二十年此心至者緫二，不幾虛費時日乎？弗若汝禮周子象，服周子服，重鋟周子書，而日與之游，則后山之心不存焉者寡矣。"熙頃首曰唯唯，明日先生過廬，扁曰太極書院，且手書"扶持風化"四大字懸於中庭，復撰《扶持風化原》以規之。熙始知吾身自有太極也，遂辭廪於中川宗師，宗師曰："都因屏疇，昔所學而悉如龍門所命者。"惜乎，不敏之質，不免方得隨失之患，然夙夜梯杭之力，幸有賴乎此書之存也。於繹斯嘉靖壬辰冬十二月癸丑，後學潞安仇熙謹書。（魯承恩本）

周子全書敘　　明　蔣春芳

孔孟以降，語理學者，則濂溪周先生其首稱矣。其義性與天道，其文《太極圖說》及《通書》諸篇，其功則標之程朱之前，而衍之孔孟之後，其書行於世者，爛然七伯餘歲，學者莫不敬仰而師尊之。葢余嘗刻《二程全書》於河東，而以先生冠其端，遡其淵源之自也。然[①]猶未覩其全也。今幸得全本，藏之巾笥，憲副張君求付諸剞劂氏。刻成，余獲覽卒業，因仰而歎先生之大有功於世道也。夫大道無形，杳杳冥冥，太極之理所從來矣。朕兆既啟，天人剖判，五性感動，萬象溢出，其要在於

---

① 該篇日本國立國會圖書館藏本此後至"而覺眎於天地之間"句前，有一頁錯頁，內容為："然褒實萬代所瞻仰者，嗣先聖不傳之秘，啓伊洛百世之源，與六經之作、七篇之述，蓋頡頏而羽翼之矣。時侍御蔣公沉酣理學，研精玄徽，以勳業文章煜於世，故於此書劇心歷眼，探討已久，宦遊四寓，不什筐笥。按治淮陽聽理之暇出，以示不佞不佞。竊謂舊本訛蝕，訂補維新，是。"該段文字應為張國璽該本跋文內容，誤移至此。現据河南省新鄭市圖書館藏本改正之。

修之吉凶殊途，聖狂斯睹非有聖功之本，真修實證，孰離其童蒙之心。而覺际於天地之間。故兹書也，或近言焉，或遠言焉，或淺言焉，或深言焉，探之無奇，測之不盡。捻之闡蝥性靈，開示堂奧，俾學者於主靜之中，自淂其仁義中正之理，而毋汨之形生神蝥之後，不假色象，自淂真詮，即起孔孟於九原，而與之擬議一堂，知其為旦莫遇之也。閎儒莊士有志聖人之道，使於是書而誠，濡首其中，洞然見天地之本來，悟太極之全體，時行物生，火然泉達，無之而非是矣。夫代行者，必面冥山，未有取道於越而代可至者，先生羽翼聖經，廣厲來學，轍巡具矣。是書也，安淂布之大都通衢，傳之遐陬僻壤，俾之同好，循誦習傳，以求不忝所生，而先生垂訓之旨，昭然如日中天，兹其於世道不為小補，而余今日所以敘兹編之意哉。時萬曆丙申歲冬至之吉，後學壯海蔣春芳頓首謹書。（張國璽本）

跋濂溪譜　　明　魯承恩

翰林五經博士周君繡麟□，濂溪先生周子十二世孫。嘉靖己亥，承恩奉聖天子命，來二水守拜先生遺像于梓里，周君因出先生九世孫諱壎，重條譜示承恩，喟然歎曰："先生之道，真如渾金璞玉，不事雕琢。充實光輝，自不容掩，真如布帛菽粟，不事昭耀；民生日用，自不可缺，真如日月江河，不事安排。昭明流行，自不能窮。"憶昔童年嘗讀先生之書，見《太極》《易通》，渾噩奥邃，信天下之至言，聞月岩濂溪崢嶸瀠澈，信天下之奇觀，憶源流泒衍深長繁郁，信天之難及。今繹其旨，履其境，觀其系，先生之言，人人能言之，先生之居，今人亦居之。前乎先生數十世不絕如綫，至諫議公始盛。後乎先生雖顯微不一，閱數世而譜成。先生之道，誠不係譜之有無，因譜究實，真知先生猶夫人也，所以過乎人者，特以五十七年之身，一念真實，運用顯設，圍范曲成，以荊公之偏拗，具欲聞其說，以清獻之奇異，尚久服其誠。上啟周孔之秘，以開明道之傳，次及伊川自覺多言，或亦失先生之真矣。先生為天地立心，為生民立極，為往聖繼絕學，為萬世開太平，先生傳道之功，真與堯、舜、周、孔並行不悖。下是朱子，究竟雖無不同，入門似亦少異，至末學之弊，以董、韓、邵、陸猶未免於畔道，其他可知矣。先生何以得是哉？自先生之譜，反求先生之心，先生當時惟知理，當為盡吾力以為吾所當為，至於立德立言立功，亦未嘗一介意焉，及今積久而彰，蓄極而光，孰能遏之，執能及之哉？今世學者亦嘗見其有志於斯道也，不從事於踐履，粉飾於詞誇，已不能信乎，今復何望傳於後？嗚呼！先生之道，不絕真如綫矣。是故，欲知堯、舜、周、孔之道，不可不知先生之心；欲知先生之心，又不容不反諸吾心焉。徒讀其書，履其境，觀其譜，以為先生之道，真先生之糟粕也。周君生於先生之後，亦嘗思及此乎？敢以是跋於譜之末，簡以質我同志之士。嘉靖庚子端陽日，嚴陵後學魯承恩頓首拜書。（魯承恩本）

刻濂溪志序　　明　錢尚青

聖賢之道未易窺測，而君子之表章之也，非尊信之篤、躬行之有得者未能也。蓋弗仰其盛，則其為之也不力；未踐其實，則其知之也弗真。而干聖賢之學，終始亦泛泛焉耳已，又安能窮蒐遠討，表章於千百世之下哉！慨自孔孟絕學之後，異端滋熾，分門標榜，事詭僻以為高，騖奇袤以為能，而聖賢之學幾於蠹蝕矣。濂溪先生起而倡明之，天下曉然知所宗，依羣而居，聚首而語，孰不曰先生之道，孔孟也？又孰不曰師先生，師孔孟也？故有探精蘊於圖書，泝餘響於吟詠，翫風月，繹生意於庭階。意氣流通，萬代如見，而禋祀以昭敬，議謚以致尊，播之詩歌，著之贊頌，辯記以彰微，而或優其嗣裔，葺其遺址。君子曰："茲固有志於道，而嚮慕之殷者也。"然特揄楊于一時一方爾已。矧夫簡表襍陳，標題散布，典禮各出，雖欲以其嚮慕者而貽之人人，吾懼夫覽之者之難於會通也。

吾師近塘先生魯公崛起儒紳，慨然以先生之道自任，求端于孝弟，究極於性命，析幾於剛柔善惡，而蚤夜以思，不詣其歸弗已焉。是故其行己教人，莅官飭政，無弗祥且順焉者，則有得于先生之道居多，青無似每北面時聞緒論，見其談先生之道如指諸掌，嘗曰："學先生之道，固存乎心，而其傳誦于人，人以啟其尊信者，則紀載之功不誣也。"乃出其所集《濂溪志》以示，欲授諸梓，以廣厥傳，不徒秘之為家乘焉已也。噫嘻！有是哉，公己公人之心也。自是志行而夫人之得諸省觀者，於圖像可以正始焉，於著述踐履可以稽實焉，於公移奏疏可以觀政焉。於禦制褒謚見有道之榮焉，於辯記、敘跋、詩歌、贊頌，見尚德之微焉，則始而奮，終而立，以求適於先生之正學者，謂非茲志之助也耶？又奚必歷營道，涉潯陽，而後得其實也耶？故由尊信以勵躬行，而溥表章之惠者，吾師魯公之力也。由表章以篤尊信，而底躬行之實者，吾人誠與有責焉，讀是志者，其亦可以興矣。嘉靖丙午歲仲秋月既望，零陵後學錢尚青謹書。（魯承恩本）

濂溪遺芳後序　　明　鄭滿

濂溪一生學力在太極一圖，其說窮天地萬物之奧，括《六經》《語》《孟》之旨，其圖直與羲畫禹疇同流行於天下，學者欲求觀《六經》、《語》、《孟》、堯、舜、禹、湯、文、武、周公、孔子之道，而不觀諸圖，則無以溯源泝流，而知其要。盖其首曰“無極而太極”，則合天地人之理而摠命之名矣。其曰“太極動而生陽”，至“各一其性”，則天地之理備。其曰“太極之真”，至“脩之吉、悖之凶”，則萬物之理備。其言貫精粗、徹上下，文公先生以為根極領要，至哉言也！何則五星集奎，實誕英豪，其生稟既異，而又愽觀遠探，實踐心得，有以深悟於《易》有太極之旨。正孟子所謂聞而知之者，二程親炙其門而得其傳，則當時見而知之者也。至於朱子又首尊信其書，凡其祠記在舂陵、九江、豫章、邵陽者，皆極推闡而揚大之，盖非周子無以真得孔孟之傳，非朱子亦不能深信其傳自孔孟也。聖朝重朱子之學，而推其原自濂溪，故今從祀文廟，專祀舂陵，又錄及其子孫俾世襲博士，至是而濂溪之芳傳益遠矣。其十二世孫曰冕者，又萃為遺芳一集，前守方公為序，其首以播其遺芳於天下，此豈欲美衍其詞藻，以誇大於時哉！盖亦上體聖朝崇重之意，遠追朱子尊信之心，欲使觀者撫卷景仰，脩己治人，必襲先生之芳而後可。予幼讀先生之書，信朱子之說，今又幸承乏先生之邦，獲觀先生遺芳之集，則又安能徒嘆羡而已耶？愚不敏，願竊其芳以自勉。弘治癸亥十月甲子慈谿鄭滿序。（魯承恩本）

周子全書後跋　　明　張國璽

混噩既開，道源攸屬，浚天而嗣其統者，繇堯、舜、周、孔，淵源相禪，越千載而濂溪先生，闡晰斯道之藴奥，發明堯舜之心傳，而《太極圖書》作焉。探無極以剖玄竅，演河洛以昭俶真，精入無垠，蔑或加矣。他如《通書》、《拙賦》、《愛蓮》、《思親》諸作，靡匪昭揭懿旨，而光風霽月之①裒，實萬代所瞻仰者，嗣先聖不傳之秘，啓伊洛百世之源，與《六經》之作、《七篇》之述，蓋頡頏而羽翼之矣。時侍御蔣公沉酣理學，研精玄徽，以勳業文章煜於世，故於此書劌心歷眼，探討已久，宦遊四寓，不什筐笥。按治淮陽，聽理之暇，出以示不佞，不佞竊謂舊本訛蝕，訂補維新，是用重梓以壽其傳於世。先生之道，其炳如日星者，固藉此益光，而浚之學者，淂睹先生之全書，亦念其始之者哉？是用言諸末簡。萬曆丙申歲仲冬，上瀚後學任丘張國璽頓首謹書。（張國璽本）

刻周元公年表序　　明　黄焯

《元公年表》山陽度氏所著，舊在《濂溪集》中，板久磨滅，迺從公裔孫繡麟所藏本錄出，刻之以傳。夫元公之德之學，學者所共聞，而《太極圖說》、《易通》，又日用之不可闕焉者也。慕其人而不論其世，可乎？此年表之刻，不容緩也。抑余來永中求所以治，唯元公是師，顧其所謂為政精密嚴恕，與凡政事精絕者，其詳弗能悉知，若此亦可見其槩也，刻之亦以自為也。嘉靖乙酉歲冬十月丙申，後學延平黄焯拜書。（魯承恩本）

周氏族譜序　　明　張韶舜

甚矣，譜諜有裨於世教也！彜倫之敘，民俗之厚，皆有系於此焉。然往往視同宗之親，漠然若不相識者，良由譜諜之不諧，則家之尊卑失，族之情義乖，此世道之可憂，而士君子之所甚惜也！近衣冠之族，蕩析

---

① 日本國立圖書館藏本中，本篇此句後，至“用重梓，以壽其傳於世”前，有一頁錯頁，該頁正與前蔣春芳序文顛倒，本篇錯文為：“猶未覩其全也。今幸得全本，藏之巾笥，憲副張君求付諸剞劂氏。刻成，余獲覽卒業，因仰而歎先生之大有功於世道也。夫大道無形，杳杳冥冥，太極之理所從來矣。朕兆既啟，天人剖判，五性感動，萬象溢出，其要在於修之吉凶殊途，聖狂斯睹非有聖功之本，真修實證，孰離其童蒙之心。”此段文字應為蔣春芳文中內容。蔣文中錯頁文字，應為本篇中內容。現據河南省新鄭市圖書館藏本改正。具體可參看蔣春芳《周子全書敘》。

於兵甲之餘，無復譜諜之存，致有不能記其先世之諱名者，間有能記之者，蓋亦罕見之矣。吾鄉周氏壎譜其先世，自揚州都督曰浚而下三十世，粲然有條，秩然有序，會而同之，若衆流之赴于海也，分而達之若一木榦而枝也。然源深則流長，本盛則末茂，故自元公始祖、都督公浚一人觀之，子三人，孫三人，曾二人，玄一人，五世至十一世適遭兵變，而淪亡者衆。十二、十三二世二人，十四世以下世惟一人不絕如綫，至二十一世懷成輩中蔡齊榜特奏進士，子孫愈盛，視他族之無焦類者，殆有逕庭。二十二世，元公受天間氣挺生其間，倡鳴道學，以繼孔孟千載不傳之緒，會元鍾萃，天實啓之，夫豈偶然者哉！故詩人詠周之興“綿綿瓜瓞”，言瓜之結實，近本者常小，其蔓不絕，至末而後大也。嗟夫！德厚者慶遠，於是可觀君子之德也！壎，元公九世孫，好古博雅，能譜其先世所自出，可尚矣。自是譜諜之傳，使千載如一日，百世如一家，何憂乎所謂相視如途人者乎？使家有其譜，人各親其親、長其長，家齊國治而天下平矣。吁，吾於是有感焉！洪武戊午秋七月，鄉貢進士、朝列大夫、海北海南道宣慰使司、都元帥僉事、郡人張韶舜臣述。（魯承恩本）

太極圖纂要序　　明　楊廉

《太極圖纂要》一卷，明楊廉撰。

周子太極之說，出於《易·大傳》孔子之言，其為圖，正所以明《易》爾，故其說之終篇曰：“大哉《易》也，斯其至矣。”至於《通書》，雖所以明《太極圖》，卽所以明《易》，觀其本號《易通》可見矣。要知《易》之兩儀、四象、八卦，乃有畫之《太極圖》之陰陽、五行、男女、萬物，乃無畫之《易》，斯圖也，斯理也，實四方、上下、古往、今來衆理之會。本朝薛文清公謂細心體玩三四十年，庶得其旨。有志於學者，須辨此，則於圖所見無全牛矣。

案，解《太極圖》者，朱子以後有盛璲、蔡淵、戴亨、余童、王萬、朱中、謝升賢，田君右、孫羲、程若庸、徐霖、饒魯、何基、王柏、程時登、王幼孫、劉黻、胡希是、李道純，皆宋人。郝經、劉因、齊德勝、程存、劉霖、呂洙、朱本、陳樵、張宇初、朱謐，皆元人。周是修、曹端、張元禎、戴埴、葉應、蔡清、左輔、周山、王承裕、許誥、王廷相、何維柏、沈賓國、談縉、俞昆、麗嵩、鄭守道、舒芬、唐樞、程霆、陸坳、周原誠、孔學周、劉模、彭良臣、沈亨、陸山、詹景鳳，皆明人。明季黃宗炎則力闢是圖，痛詆其出於老釋。國初則有王景槐之說三十餘萬言，自來說者莫及其詳也。世既想沿此圖，雖未敢信為周子所作，而述者是之，辨者非之，意皆主乎營道，故因存楊氏書而連類記之。（道光永州志）

濂溪書院興學編序　　清　汪元進

《濂溪書院興學編》，鄭之僑撰。

寶郡故有濂溪書院，自宋以來興廢者屢。今太守鄭公復新理之，倡明道蘊，首著一編，曰《勸學》。將付開雕，所屬紳士相與咏歌，以紀其盛，亦成一編，以獻於公。公以詞近於頌，非所志也。而諸生執業以請，謂是發於情之不容已，情原於性，其於勸學之旨不相悖，且相成焉，公諾之，題曰“興學”，附於後進。因推原始終，僭為之序曰：

豪傑之士無待而興者，尚已，若彼愚蒙，遞而至於中人有所戒，以遠於不肖之途，即有所勸，以進於聖賢之路，非皆不掖自前者。況夫十室忠信，何方蔑有？而嘉植即於荒，良珍錮於璞，至於荊榛瓦礫，同一棄捐，非天之生才必限以時地也，雖或生之，莫或興之，故空抱美質，終亦湮鬱委頓，無以振拔於儕俗之上。鄭公精識朗鑒，嘗登濂溪堂，於山見六嶺之聳秀，於水見雙清之潔洄，信以為毓秀奧區，而向背不合，遂遷舊基。以迎朝拱，且拓大之，兼儲贏餘，用增膏火。不以湫隘屈其體，不以飢寒擾其心，正如人旦晝所為。紛紛擾擾，假罄晦以為夜氣之息，至平旦而好惡近人，是興之基也。公又本其平日之所得，力先喆之所散，見者著之於篇，提挈綱維，開示蘊奧，道欲學者剖義利之辨，約中正之歸，諸生聞之，各思所以為己者，而惕然於馳騖之非。今有人縱舟，瀴溟無際閒颶風壘作，東泊西注，莫知所底，教以操舵，覘星立意，不亂攸往，帖然是興之漸也。至於優而游之，使自求之，饜而飫之，使自得之。近則有敦倫飭紀之常，遠則為天下國家之用。學及乎此，如人臟腑之疾，沈痼既消。加以調護，馴至神完氣旺，無施而不可，真有所謂知類通達，強立不返者，是興之成也。始基而積漸之，以要諸有成，其教思深長，百世而下，猶當聞風興起，則此際之含情負性者。勃然以興，誰能禦之，抑進於斯更重有感矣。

濂溪書院，周子曾講學於兹。彼鹿洞以朱子深，嶽麓以南軒敞，矧濂溪者卓焉，啟道學之淵源，顧其講學之地落落寞寞，其規模無與式廓，將奚以上答先型，下開後覺？久矣正學之不可不興也，公以魁梧人傑，抱瀟灑襟懷，緬自早歲，成名壯年。入仕凡立心行政，無不以道為準，恭逢聖主當陽，特簡公來守寶郡，甫期月，人吏浹和百廢具舉，旋顧濂溪之院。是諏是謀，時以所費不貲，類多難色，公曰："易耳，為請於上憲。"上憲報可，未動公帑，未捐己俸，未耗民間粒粟，不數閱月，連雲匝地，瑋然煥然，一切事宜，周詳妥洽，而數千金之舉動，咄嗟立辨矣！宇內四大書院，自兹以五稱也，當復何疑！夫從來守約而施博者，鴻業也，力少而功多者，至計也。公之所為如不動聲色，庸知一日千載，後先交賴者，固永永以無窮歟。周子曰："師道立，則善人多，善人多，則朝廷正，而天下治。"嗣今以後，周子之言行，周子之學興矣。而周子之學即聖聖相承、賢賢相繼之學也。斯其所關，獨一郡云乎哉？雖然，為仁有法，造福在能，其法可共曉，其能不可企及也。興學一法，詳載請牘，姑約略述之。通例，府試士皆就郡，計往來貲斧寂少者，亦兩許公請，臨按親校簿收其費，以四錢為率存備書院，需咸樂從事。此不過乘諸人所必用者，節採之為實用，與取竹頭木屑、棄地之物，貯作工程材料相似。在試者既免遙涉，更省多齋坐蒙兩益，而況以士子今日戔戔之入，還供士子他日源源之出，一轉移下，妙用固無窮。所尤難及者，櫛沐風雨，遍歷崎嶇，單騎雙鶴，不假旁扶，眼光掣電，心映冰壺，日閱數十卷。妍媸巧拙，弗爽錙銖，每試仍三四覆刻期勒限，而楚地方無供億之煩，儒童無守候之苦。合而觀之，以法之善，若彼以能之長，若此一事之中，無美不舉。是以闔郡人士感激愛戴，倍加權忭，而頌聲作焉。獨是斯編也，以興學志在公，則不以頌歌為意，惟取其今日於學有鼓舞機，望其他日於學，有漸摩驗，始終惓惓，仍寓勸於興也云爾。進忝鰲山，講席於人，無所起發，亦願偕諸學者同興，勃然之思也，於是乎言。

（道光寶慶志・藝文略）

理學宗傳序　　清　湯斌

天之所以賦人者，無二理。聖人之所以承天者，無二學，蓋天命流行，化育萬物，秀而靈者為人，本性之中，五常備具。其見於外也，見親則知孝，見長則知弟，見可矜之事則惻隱，見可耻之事則羞惡不學。不慮之良人，固無異於聖人也。惟聖人為能體察天理之本，然而朝乾夕惕，自強不息，極之盡性至命，而操持不越日用飲食之間。顯之事親從兄，而精微遂至窮神知化之際，蓋其知明處，當乃吾性中自有之才，能参天贊化，亦吾性中自有之功用，止如其本性之分量，而非有加於毫末也。堯、舜、禹之相授受曰："人心惟危，道心惟微，惟精惟一，允執厥中。"其為教之目曰："父子有親，君臣有義，夫婦有别，長幼有序，朋友有信。"此聖學之淵源，王道之根柢也。由湯、文、武、周公、孔子，以至顔、曾、思、孟，成己成物，止有此道。在上在下，止有此學。秦漢而後，道喪文敝，頼江都、文中、昌黎衍其端緒，至濂溪周子，崛起舂陵，直接鄒魯，程、張、邵、朱，以至陽明，雖所至或有深淺，氣象不無少異，而中所自得，心心相印，針芥不爽。蓋道之大原出於天，天不變道亦不變。苟得其本心之同，然則千百世之上、千百世之下固無異。親授受於一堂者矣，如高曾祖禰，與嫡子嫡孫，精氣貫通，譜牒昭然，而旁流支派，雖貴盛於一時，而不敢與大宗相抗，蓋誠有不可紊者在也。近世學者或專記誦，而遺德性；或重超悟，而略躬行。又有為儒佛合一之説者，不知佛氏之言心言性，似與吾儒相近，而外人倫遺事物，其心起於自私自利，而其道不可以治天下國家。吾儒之道，本格致誠正以為修，而合家國天下以為學，自復其性，謂之聖學。使天下其復其性謂之王道，體用一原，顯微無間，豈佛氏所可比而同之乎？

容城孫先生集《理學宗傳》一書，自濂溪以下十一子為正宗，後列《漢隋唐儒考》、《宋元儒考》、《明儒考》，端緒稍異者為補遺，其大意在明天人之歸，嚴儒釋之辨，蓋《五經》《四書》之後，吾儒傳心之要典也。八十年中，躬行心得悉見於此。斌謝病歸田，從學先生之門，受而讀之，其折衷去取精義微言，幸承面誨，而得有聞焉。時内黄令張君仲誠，潛修默悟，力任斯道，迎先生至署，蠲俸付梓，先生命斌為序，斌何言哉？惟曰："天下同志，讀是書者，無徒作書觀也。"止由此以復天之所與我者耳。吾之身，天實生之，無一體之不備，吾之性，天實命之，無一理之不全，吾性實與萬物為一體，而民胞物與不能渾合無間焉。吾性未盡也，吾性實與堯舜同量，而明倫察物，不能細大克全焉。吾性未盡也，吾性實與天地合德，而戒慎恐懼，不能如乾健不息焉。吾性未盡也，誠由濂、洛、關、閩以上達孔、顔、曾、孟，由孔、顔、曾、孟而証諸堯、舜、湯、文，得其所以同者，返而求之人倫日用之間，實實省察克治，實實體驗擴充，使此心渾然天理，而返諸純粹至善之初焉。則寂然不動，感而遂通，中和可以位育，而大本達道在我矣。不然，徒取先儒因時補救之言，較短量長，橫分畛域，妄起戈矛，不幾負先生論定之苦心乎？且亦非仲誠公諸同好之意矣！陸子曰："六經註我，我註六經，學苟知道，六經皆我註脚。"斌惟與天下學者共勉之而已矣！康熙丙午孟冬睢陽後學湯斌謹序。(理學宗傳)

理學宗傳敘　清　張沐

夫人而不讓堯、舜、孔子者，本體也。夫人而讓堯、舜、孔子者，工夫也。本體具甞足牽制人心於天理之域，而不得放肆於為惡工夫，亡則感物誘知，勢又足以蔽天理，而不免于禽獸之心，此天下古今所以多中材也。本體者，理；工夫者，學理者。天之所以與我，而無不足也，學者，人之所以自盡，而無不能也。苟從事於此，皆可以憑越中材而為堯舜孔子之聖矣。然不得其傳，流為異端，不得其宗，亦究于小生曲儒而已。今天下讀堯、舜、孔子之書者，止以供其辭章口耳之用，無足齒數，高者苦力制行，卓然賢善，其於本體卒無所窺，則亦不失為義襲，而取實不得，謂聖人之道遂如是已焉，何也？道原諸天，體天之理而有道之名，盡天之實而有學之名，非挹取其端緒，倣畫其節目之所能為也。

鍾元孫先生集理學之書，以《宗傳》為名，宗諸天也。蓋八十年中，下學上達，有不可以告諸人，人亦終不得而知者，悉著諸此，其書以為自堯而下，以至于孟子，業有《五經》四子之書，為《宗傳》於前矣。兹起漢訖明，諸儒無不備載于其中，又特表十一子以嗣諸孟子之後，而又為一宗傳焉。大哉！宗傳乎，非自為一書，特合《五經》《四書》為一大部書也。又非自為十一子特合堯、舜、禹、湯、文、武、周公、孔子為一大流人也，使學者讀之，不根《五經》《四書》而後無書，堯、舜、孔子而後無人，然後知人不必皆堯、舜、孔子也，而無不可以為堯、舜、孔子，天也。人人而天，人人而皆可以為聖人。何也？天無規則，仰而不愧，俯而不怍，即規則也。天無程限，仰而有愧，俯而有怍，即程限也。如是而尚拱手讓堯、舜、孔子焉，豈丈夫乎？故曰："待文王而後興者，凡民也。"故堯舜之事與眾聖人同者，不足見其聖，而于揖讓見之湯武之事。與眾聖人同者，不足見其聖，而于放伐見之周公孔子之事。與眾聖人同者，不足見其聖，而于制作删定見之。凡皆無所倣傚倚傍，而取法於一心之誠，然後可以無所往而不足。故曰："中也者，天下之大本。"人患不取之以為用也。我未見用之而有不足者，故又曰："易知簡能而已。"雖然人知本體為天，不知工夫為天，舍剛健流行而不息者别無，天倘有一夕之停，天壞矣。舍戒慎恐懼，習而不已者别無，聖人倘有一念之墮，聖壞矣。舍本體而言工夫，固其為工夫皆僞，舍工夫而言本體，則本體又附于何所乎？此先生所為宗天之義也歟？所以挽天下口耳文辭之士，以歸于實落之地，而以端緒節目為學者，亦可以由此而見其高明廣大，中庸而精微焉耳。至于以濂溪為孟子之聞知，以陽明為濂溪之聞知，誠千古不易之定論，尤沐之所心折而首為拜肯者也。嗚呼！二子其聖乎！道不求于堯、舜、孔子，而自求其天，直認本體而無間者，即以為功渾物我，通天人，合内外，一精粗，坐言起行，德功並著，而究未有能窺其涯際者，堯、舜、孔子之道，執中一貫之學于此，其尚有遺藴乎？自周子有無極之說，王子有無善惡之說，而學者之議起。噫，此正二子之所以為二子歟？鹿伯順一生師陽明先生，夙昔與之夾力並進。今丙午春，沐迎先生至内，黄証所學。先生一見沐曰："伯順沒，再得子矣。"此豈余與先生之私心然哉？或亦天下之同然也。《宗傳》稿就余領梓事，先生託為序，且得進一言於天下之學者曰："棄其流俗，舍其故學，認本體作工夫，不特以身附于十一子之後，雖直為堯、舜、孔子可矣。"康熙五年歲次丙午仲夏仕一日辛丑，後學蓍臺張沐序。（理學宗傳）

理學正宗序　　清　耿介

聖學本天，天者，理而已矣。自上古龍馬負圖，以出于河，伏羲則之，中宮五數，大中至正，實開萬世理學之祖，堯、舜、禹相授受，衍為心傳十六字，而要歸于精一執中。夫中者，正也，固已示人以承宗之標準矣。禹以是傳之湯，湯以是傳之文、武、周公，此皆達而在上者也。至吾夫子，則雖不得其位，而刪定贊修《易》《詩》《書》《樂》《禮》《春秋》，集群聖之大成，其平日與門弟子言，曰仁、曰孝，蓋仁為元善之長，而孝為百行之原也。又曰敬、曰恕，蓋體驗擴充之，實不越戒懼操存之際也。又曰知、曰行，蓋窮理盡性之微，即在日用倫常之間也，此洙泗淵源，所以有理有學，而扶植人心，維持世道，使大中至正之極，常運行于天地之間而不息也，曾子、子思、孟子得其宗，而言明明德，即言格物致知，言天命之性，即言修道之教，言仁義，即言孝弟，蓋六經之後，復有四書，體用一原，顯微無間，理學正宗無逾于此者也。孟子沒而其傳寖失，或流于虛無寂滅，或鶩于權謀功利，或賢智之過不安于《中庸》，假異端之似以亂吾儒之真。夫學術本于人心，人心關乎世道，正學不明，此人心淳漓，世道升降之所由係也。靜庵先生每言及輙憂之，非一日矣。

乙丑秋八月，三過嵩陽，流連四十日，博觀理學諸書，手錄成帙，謂孔孟以來言正宗者，必以宋儒為斷。而宋儒必以周、程、張、朱為歸，周子《太極》一圖，深得吾夫子繫《易》之旨，而主于中正仁義，立人極。程子表章《學》《庸》《論語》四書之名，始見于此。張子《西銘》謂仁人事天，當如孝子事親，與孔門言仁、言孝相符，朱子于《四書》則有章句、或問、集註，于《詩》則有《傳》，于《易》則有《本義》。由是聖道燦著，如日中天，舉異端邪說為吾道害者，悉掃蕩而廓清之，識者謂朱子集諸儒之大成有以也。然程子正宗，實自龜山載道而南，由豫章延平以傳之朱子，朱子正宗，實自勉齋受深衣之託，以傳之何、王、金、許，此似續脉絡之不爽者也。《易》取麗澤在于朋友講習，南軒、東萊，當鵞湖同異離合之會，獨能見道精確，與朱子聲應氣求，詳加糸訂，均為有功聖道，夾輔正宗者也。聖人之道備載六經，《春秋》為吾夫子親手筆削之書，而王安石敢肆詆毀，學宮不設博士，經筵不以進講，科目不以程才。康侯力砥中流，潛心二十年，始為《傳》以行于世。九峰《書傳》，承父師未竟之緒，闡明二帝三王之心法治法，此皆尊崇聖經羽翼正宗者也，魯齋當聖遠言湮之日，得朱子《四書》，敬之如神明，卒用以成己成物，使聖學晦而復明，道統絕而復續。敬軒生平不好著作，惟取《六經》《四書》及《太極圖》《通書》《西銘》，周、程、張、朱之書，潛心而力行之，具見于《讀書錄》中，此元儒推許文正，明儒推薛文清，為接紫陽之正宗者也。因脫稿以示予，予曰："惟先生窮理知言到微密處，故能權衡精切如此，吾不能贊一辭矣。"戊辰，先生讀書中秘以《理學正宗》刻本見寄，靜坐中盥手三復讀之，直揭千聖心傳，而以太極二字融會貫徹于其間。夫太極者，理也，理者，天也，學者誠知吾心有太極，而體諸人倫日用之常，嚴之戒懼慎獨之際，極于窮理盡性之微，會夫天命流行之蘊，則自希賢以至于希聖希天，適還大中至正之本體矣。此靜庵先生扶植人心，維持世道之素志也。予固深知之，故聊為述之如此。（敬恕堂文集）

理學宗傳敘　清　孫奇逢

學以聖人為歸，無論在上在下，一衷於理而已矣。理者，乾之元也，天之命也，人之性也。得志，則放之家國天下者，而理未嘗有所增；不得志，則斂諸身心意知者，而理未嘗有所損。故見之行事，與寄之空言，原不作岐視之舍。是天莫屬其心，人莫必其命，而王路道術遂為天下裂矣。周子曰："聖希天。"程子曰："聖學本天。"又曰："余學雖有所受，天理二字却是自己體貼出來。"余賦性庸拙，不能副天之所與我者，幼承良友鹿伯順提攜，時証諸先正之語，嘗思之顏子死而聖學不傳，孟氏歿而聞知，有待漢、隋、唐三子衍其端，濂、洛、關、閩五子大其統嗣。是而後地各有其人，人各鳴其說，雖見有偏全，識有大小，莫不分聖人之一體焉。余因是知理未嘗一日不在，天下儒者之學，乃所以本諸天也。嗚呼！學之有宗，猶國之有統，家之有系也，系之宗有大有小，國之統有正有閏，而學之宗有天有心。今欲稽國之運數，當必分正統焉。遡家之本原，當先定大宗焉。論學之宗傳，而不本諸天者，其非善學者也。

先正曰："道之大原出於天。"神聖繼之，堯舜而上，乾之元也，堯舜而下，其亨也，洙泗、鄒、魯，其利也，濂、洛、關、閩，其貞也。分而言之，上古則羲皇其元，堯、舜其亨，禹、湯其利，文武、周公其貞乎？中古之統，元其仲尼，亨其顏曾，利其子思，貞其孟子乎？近古之統，元其周子，亨其程張，利其朱子，孰為今日之貞乎？明洪、永表章宋喆，納天下人士於理。熙宣成弘之世，風俗篤醇，其時有學、有師、有傳、有習，即博、即約、即知、即行。葢仲尼歿至是且二千年，由濂洛而來，且五百有餘歲矣。則姚江豈非紫陽之貞乎？余謂元公接孔子生知之統，而孟子自負為見知，靜言思之，接周子之統者，非姚江，其誰與歸。程朱，固元公之見知也，羅文恭，顧端文意有所屬矣。《宗傳》共十一人，於宋得七，於明得四，其餘有《漢隋唐儒考》、《宋元儒考》、《明儒考》各若干人，尚有未盡者入《補遺》，"補遺"云者，謂其超異，與聖人端緒微有不同，不得不嚴。毫釐千里之辨，真修之悟，其悟皆修，真悟之修，其修皆悟。諸不本天之學者，區區較量於字句口耳之習，此為學也，腐而少達。又有務為新奇，以自餙其好高眩外之智，其為學也，偽而多惑。更有以理為入門之障，而以頓悟為得道之捷者，儒釋未清，學術日晦，究不知何所底極也。此編已三易，坐臥其中，出入與偕者，逾三十年矣。少歷經於貧賤，老困躓於流離，曩知饑之可以為食，寒之可以為衣，而今知跛之可以能履，眇之可以能視也。初訂於渥城，自董江都而後五十餘人，以世次為敘。後至蘇門，益廿餘人，後高子攜之會稽，倪余二君復增所未備者，今亦十五年矣。賴天之靈，幸不填溝壑，策燈燭之光，復為是編，管窺蠡測之見，隨所錄而箋識之，宛對諸儒於一堂，左右提命，罔敢屑越，願與同志者共之，並以俟後之學者。康熙五年清時前三日，容城後學孫奇逢謹撰。（理學宗傳）

通書述解原序　　清　孫奇逢

儒之統何昉乎？堯、舜、湯、文，儒而在上者也。孔、顏、思、孟，儒而在下者也。治統、道統原不容分而為二，自分而二之，而君道師道遂成兩局。始專以儒統歸孔子、顏、曾、思、孟尚矣。周、程、張、朱繼之，獨此九人者，為傳道之人，其餘學術醇粹，有宋而後諸儒輩出，續有訓述，微分正閏。雖深造，各有自得，而世代未遠，羣言未定，天地生民之命，何敢以一人輕進退焉？余不敏，幼而讀書，得良友切劘，頗知究心儒業，自董江都以至鹿江村得五十餘人，彙成帙，標曰《理學宗傳》。復慮其遺也，又得胡安定、崔後渠，共二十餘人為宗傳考，以俟後之君子品隲而次第之。近得靖修先生《太極圖》、《通書》、《西銘》述解，洞徹微密，直窺道之本原，豈尋常學人敢望？至夜行燭，家規、語録、録粹、年譜諸種，皆修身、明倫、保家、正俗之要，其進修之醇不於其言，而於其行，可謂體備用達之學，固應序例予宗傳録中。按先生嘗司教山右之霍蒲，四方從遊者幾千人，賢者服其德，不肖者服其化，陳建《通紀》曰："本朝武功首劉誠意，理學肇曹靖修、薛子文清。"極稱靖修得元公之學，篤信好古，距邪閑正。今文清配享孔廟，炳如日星，先生之言行，竟散佚無傳。余甚惜之，然皎月在天，片雲難翳；明珠在水，海若難私。余固知先生之文必出也，丁酉秋，澠令天弓張君以有事秋闈，視予夏峯，予止輯中州人物考，以先生居理學之首，天弓曰："邑無賢豪，地方之羞也。有之而不彰，守土者之責也。"明年，搜其遺文八種，刻成，問序於予，且述與大叅雲程崔公興學重儒之意。此固先生之靈爽，有以啓之河洛之間，斯文丕變，此集之出，其有賴乎？孫奇逢序。（通書述解）

通書述解跋　清　孫奇逢

《通書述解》四十章，直與《太極圖說》相表裏，解其未易解，述其未殫述，非元公，誰能發太極之藴？非靖修，誰能發元公之藴乎？至論孔顔之樂，元功①令兩程尋所樂何事，畢竟無人說破，靖修獨謂孔顔之樂者，仁也，非是樂這仁，仁中自有其樂耳。且孔子安仁，而樂在其中。顔子不違仁，而不改其樂。安仁者，天然自有之仁，而樂在其中者，天然自有之樂也。不違仁者，守之之仁，而不改其樂者，守之之樂也。斯言至矣，盡矣，蓋極至之理，惟一仁，仁者不憂，不憂自樂，寧直孔、顔、羲皇、堯、舜、禹、湯、文、武總不外是，四十章《述解》無非發

① "功"：疑为"公"之誤。

明《太極》一圖，而仁字已括圖之義矣。孫奇逢識。（通書述解）

朱子五書序　　清　賀瑞麟

《太極圖》，道學之綱領也。《通書》四十章又以發圖之所未盡，然《太極》詳於性命之原，而略於進為之目，而《西銘》則因事親之誠，以明事天之道。《太極》天人一理，《西銘》盡人合天，義雖有異，功實相資，此三書者，朱子注之。其於周、張精微嚴密之旨，固已闡無餘蘊。學者由是而熟翫焉，亦庶幾聖學之淵源矣。然其所以入德之要，莫切於定性，致力之端，莫詳於好學。朱子亦嘗為之說而並謂其可以終身者，斯又三書之門庭戶牖也。暇嘗繕輯三書並注，而繼以二篇。顏以朱子五書以為朝夕誦習之編，四書而後如五書者，未嘗有也。朱子既注四書以幸萬世，是五書者，亦自朱子發之，即以為朱子之書也可。瑞麟不敏，竊願服膺弗失，死而後已，未知終能有聞焉否也？同治壬申仲冬，賀瑞麟謹識。（賀瑞麟集）

朱子五書又序　　清　賀瑞麟

天以性命於人，而無一之非實，即無一之不周。人當盡性以事天，而無一之可遺，實無一之或閒。然盡性之要，必先定性，性不定則鑿其性、梏其性而已。性者何？太極也，誠也；仁義也，中正也，天地之帥也，理也；真而靜也，一也。而仁義其大綱也。苟非致明誠之功，則不能養性，而仁義不失擴然而大公者。仁之所以為體，物來而順應者；義之所以為用，理一而分殊。仁立而義行焉。中者，仁之著；正者，義之藏。故曰："立人之道，曰仁與義。"仁義得而陰陽剛柔統之矣，性不於是而全乎？然則《太極圖說》也，《通書》也，《西銘》也，《定性書》也，《好學論》也，分之則各足，合之則相成，理一源而並包，功遞說而益切。入德之門，造道之域，又何俟乎他求哉？《朱子》之注解者，至矣、盡矣，其未注解者，亦可得而推矣。學者欲復性，其不由此乎？諸生取以鋟木，公諸同志，而復為之說如此。光緒乙酉春二月庚辰，麟又識。（賀瑞麟集）

周子愛蓮説跋　清　賀瑞麟

愚按，此篇亦周子寓言，無非《太極圖説》之意，細玩之自知。然亦可見先生之襟懷，雖於流玩之閒即光風霽月，氣象可想。（賀瑞麟集）

周子拙賦跋　清　賀瑞麟

先生蓋有慨乎其言之也。然今天下之巧者，尤倍於昔，其術尤工於昔。而自視反以為得計，是蓋以拙為非也，然先生所謂拙，真拙乎哉？《通書》首章言誠，即此意。（賀瑞麟集）

周子通書講義序　清　彭玉麟

宋濂溪周子《太極圖説》，蓋本於《易·繫辭傳》，以闡羲文、周、孔，明道之大原。其《通書》氣象則近於《論語》，其以誠為本，則《中庸》之要領也。其以一為要，則舜、禹、伊尹、孔、孟之指歸也。其以慎動、謹幾、思通為功，則《書》之惟幾惟康，《易》之知幾其神，《孟子》思誠之精義也。其以純心為要，用賢為急，則堯、舜、禹精一之心學，知人安民之治法也。其曰仁義禮智四者，動靜言貌、視聽無違之謂純，則合顔子四勿、孟子四端之切功也。其曰萬物各得其理而後和，則伯夷典禮、夔典樂、周公制禮作樂之精意也。其曰君子悉有衆善，無弗愛且敬焉，則大舜善與人同，孟子以善養人之心也。其曰至尊者道，至貴者德，心泰則無不足，則孟子天爵良貴安宅之義。孔顔之樂之源也。其曰文辭，藝也，道德，實也，文所以載道也，則孔子輕文而重躬行。君子之旨，子貢由文章而進求性道之心也。其曰君子乾乾不息於誠，然必懲忿窒慾，遷善改過，而後至曰治天下有本，身之謂也。治天下有則，家之謂也。則提《易》之要，而挈《大學》、《中庸》之綱領也。其曰正王道，明大法，曰以仁育萬物，以義正萬民，曰以政養萬民，肅之以刑，則提《春秋》之要，而挈《尚書》二帝三王治世之綱領也。其曰仁義而必歸之中正，則大《易》時地位必得中正之旨，《大學》必止於至善之宗也。其曰志伊尹之所志，學顔淵之所學，曰藴之為德行，行之為事業，則明體達用之全功也，而要之無一不以誠為歸，則合天道人道，而一以貫之者也。嗚呼，至矣，盡矣！後有作者無以加於此矣。

朱子《通書解》極其精粹，然多為解《太極圖說》而言，今桐城方存之宗誠為《通書講義》一編，即以本書前後互相發明，使人讀之有豁然貫通之趣。予重修周子墓成，既編《希賢錄》以表周子之德行、政績、進退出處之詳，復得此書，因復為表章之，俾仰止先賢者，考其德業，讀其遺書，興希賢之心，由此而希聖希天，庶幾得其所宗云。光緒九年歲次癸未春三月，衡陽彭麟謹撰於浙江西湖退省菴寓舍。（通書講義）

周子通書講義跋　　清　方宗誠

《通書》全篇申明《太極圖說》，中閒曰誠、曰神、曰道、曰德、曰中、曰一、曰精、曰蘊、曰靜、曰止，諸如此類，皆發揮無極而太極之本體也。曰聖誠而已，誠神幾，曰聖人，聖希天，聖德修而萬民化，諸如此類，皆發揮聖人定之以中正仁義而主靜，立人極之旨也。其曰復焉執焉之謂賢，慎動思通，自易其惡，自至其中，希賢希聖，務實勝，悉有眾善，見大心泰，喜聞過，君子乾乾不息於誠，諸如此類，皆發揮君子修之吉也。曰一為要，曰再三則瀆，曰靜則止，止非為也，即主靜立極之宗旨也。

生平最好玩味周子《通書》，以為其義理平正，辭旨深粹，氣象溫純。近於聖人之言，《論語》、《大學》、《中庸》而外，未有似此之平易而精蘊者也。光緒壬午同里阮生強、姚生永樸、霍山吳生兆英，俱來問學業，因取周子《通書》共相講論，以明聖學切要之旨歸，諸生退，聯復書之，以待世有大儒論定云。桐城方宗誠識於皖省寓舍。（通書講義）

古希濂堂小草序　　清　黃宅中

《古希濂堂小草》一卷，河曲黃宅中譔。

道光二十四年夏四月六日，權守寶慶，六月奉檄，馳赴耒陽。秋八月，事畢還郡，鞅掌簿書，日不暇給，未敢以吟詩妨吏事也。惟是耳目所及，情不能已，其有關于風教，與夫民閒利病者，形諸吟詠，以示勸誡，亦司土者為政之一端，詎可棄而不錄哉？視事之明年，雨陽時若，其占為大有年，而余適簡守貴州。大定六月十三日，代者至，初釋郡符，喜無吏責，日與同志賞花於愛蓮池上，飲酒于君子亭中，止談風月，不及公事，平生之快，無過於斯。况乎霽月光風，依然如昔，徘徊勝蹟，景仰先賢，尤非流連光景者可同日語。因錄前後所作，為《古希濂堂小草》，就正于濂溪書院。山長鄧湘皐先生且留別郡人士，以見余之此行，不能無情於是邦也。道光乙巳七月既望，河曲黄宅中謹識。（道光寶慶志·藝文略）

古希濂堂小草序　清　鄧顯鶴

河曲黄惺齋先生權吾郡之明年，顯鶴以州民來領濂溪講院事，先生以院長禮見待，數屏車徒枉過。凡郡中利弊，諄諄誘之使言，既又以郡志八十餘年闕略，以重修之役諉諈顯鶴，亦以事關鄉里，竭其罷罷之思，不敢推卸。從事六閱月，而先生有擢守大定之命，其年七月既望，先生將去郡，裒其在郡所作古今體詩若干首，為《古希濂堂小草》，屬顯鶴與彭曉杭學博洋中校訂，余得受而讀之，乃歎先生之詩，即其為學與政之實所充周，洋溢而出，由其名集之意推之，知所重不在詩矣。

溯自濂溪先生，以永州治中來攝吾郡，在宋治平四年丁未。後一百七年為紹熙五年，東陽潘君燾權守郡，於治西偏闢為堂，命曰希濂。朱子時帥潭，聞之喜，為大書三字扁於堂，而楊誠齋氏為之記。以謂燾嘗欲求周子學道愛人之遺風，以為師範不可得，獨於其為治，所謂精密嚴恕者，隱然有當於心，而反復致辨於精似苛，密似譎，嚴似刻，恕似弛，而終之以希賢、希聖、希天，相勗勉，自紹熙五年至今，七百一十年矣。東山講學之地，尚名濂溪愛蓮池蹟，郡人尤豔稱之，獨希濂之堂湮廢無存，無有過而問者。蓋尋常流連光景，浮慕講肄所在，不乏人至，於景仰效法，身體力行，以聖賢自責不稍恕，其人或曠世不一見。而背隋、偷安、苟且、遝𨻰之徒，比比皆是，固宜其熟視無覩，日就湮廢也。先生生長西北陲，家世儒素，自其幼習聞河津緒言，與夫魏果敏、孫文定、陳澤州諸公名德勳業，耳擩目染，而又得吾鄉賀耦庚先生以為之師，淬厲激發，卓有稟承，其規模固已遠矣。迨一行作吏首，蒞朱子誕生之鄉，繼來周子過化之地，訪願學顧諟之蹤，緬霽月光風之度，真有百世之師，宛如親炙者，稱此而為言，自道所得，則於情彝、於性衷、於義法洞悉乎天人休咎徵應之理，民風世運，貞淫否泰，升降轉移之幾，無不粹然一出於正，豈猶尋常流連浮慕之詞可同日語哉！先生孜孜求治，不事苛細，而擿伏如神，於一二蠹民之事，搜剔務盡，居邵年餘，無不興之利，無不去之弊。居恆或微服行村落閒，與小民語如家人父子，而尤汲汲以人才為念，既復希濂堂，自為文以記。復以郡僻陋，士囿於聞見，困於貧乏，不克自振，欲買書以貽講院，買田以增修餼。會遷去不果，猶殷然以此意，望之後人。讀其詩，於所謂六善四美者，津津言之，有餘味焉。今先生行矣，邵之人若不可一日無公者，而先生亦遲遲其行，若不能一日舍邵人而去者，茲集之留，當與棠渡蓮沼並存，南國序而行之，謹當去思之碑，且使吾邵人家弦而戶誦之。爭自濯磨，勉為良善，如先生未去邵時也，至其詩之宗法，正格體嚴，氣味芳潔，音節龢慁，讀者自知之，不待余言。歎是顯鶴以衰眊荒廢，尤悔交集之身，重據講席，無補治化於萬一，而郡志一書，不及先生在邵時親督其成，頭白倏期，汗青何日。每與曉杭學博言之，輒相與嬋媛太息於不已也。道光二十有五年，歲在旃蒙大荒落壯月。（道光寶慶志・藝文略）

古希濂堂小草跋　　清　彭洋中

右河曲黃惺齋先生權守寶慶時，作湘皋院長，既為之序，洋中竊以謂先生固不欲以詩名者也。洋中自得侍先生，郡邑民俗士習利病興革，與凡所以讀書窮理、修己治人之方，多見啟告，獨未嘗論詩，抑自宋以來，諸理學名儒，率不言詩，閒有所作，大抵皆語錄體，故世遂以理學為詩病，至以相訾嗸，獨至晦庵、朱子、南軒、張子暨明白沙陳氏，乃卓然以詩名家。朱子書南軒《城南書院詩》後云：“敬夫道學之懿，為世醇儒，乃欲以筆札之工追蹤前作，豈其戲耶。”又《朱張南嶽唱和詩序》有云：“比來與敬夫俱荒於詩矣。”是皆不欲以詩名，而其詩乃獨至，其亦必有所由然矣。世之齪齪者既不知此，而一二流連光景、絺繪藻琢之徒，按其生平人品、吏治乃至有不可問者，又烏足以語此耶？今讀先生詩，惓惓濂溪舊蹟，景仰嚮往，既以自勵，又以望邵之人，於風俗人心美惡隆替之，故三致意焉。是雖不欲以詩名，而其詩所獨至，足以入人心，而激發其志氣，固邵之人所宜朝夕諷誦，以求無負先生嘉惠之意，抑豈獨邵之人所宜朝夕諷誦已也？因亟付梓，而附名其後，以志親炙之幸。他日一官一集，尚願得盡讀，而與海内人士共言之，則益幸甚。道光二十有五年八月。（道光寶慶志・藝文略）

寧遠崇儒書院記　清　王光斗

甯遠據九疑之麓，岡巒秀聳，舜峰遠插雲天，其瀑匯爲瀟水，山水清奇，人物鍾焉。余自分符茲土，即聞地尚儒修入敦禮讓，下車伊始，雖當戎馬縱横之後，絃誦之聲，比戶不絕。城南里許爲濂谿湯沐之鄉，始恍然於弄月吟風之致，其由來者漸矣。及觀志乘，舊設書院五，今止存其一，曰崇正。崇正云者，去其邪而崇乎正也，原爲靖州守蔡公光攝篆時，以佛寺改刱書院，迄今肄業其中者，猶傳頌不忘。余慨慕者久之，居踰月，有樂姓，以高安寺僧不法事具呈。余細察情形，寺中原設書院，二僧居東西兩廊，東廊僧秏蕩，致寺敗逃亡，山主憫先□之遺，代爲操持，漸有起色，僧復涎之庭訊，後將僧驅逐，立讞定案，進縫掖諸士而商之曰，佛，夷教也，與吾儒何與？且僧不法，佛如有靈，亦不安。今寺雖設書院，而束金膏火無出，寒畯之士，安能肄業其中？曷若將寺田爲義田，用以培養人材之爲得乎！諸生唯唯，因請命名，訂款於予。予竊思精一危微之藴，肇自唐虞以及三代，其道曰隆，其術至正，而儒之名立。故人以之自修則爲儒行，以之治國則爲儒臣，以之定亂則爲儒將。道德勳名，表著寰區，紀綱賴以立，法度賴以振生。唐虞三代之後，奈何不惟儒是崇，而反崇此虚無寂滅之佛也。今此舉轉佛教而重儒修，後之讀儒書者，有不悟昔崇尚之非，而今崇尚之是耶？因名之曰崇儒云，雖然崇即崇矣。昔孔子謂子夏曰女爲君子儒，無爲小人儒，世固有儒名而墨行者，吾願肄業多士，嚴君子小人之辨。近紹濂谿之緒，遠追孔孟之遺，共勉爲君子儒焉，庶不負崇尚之厚意也。夫同治三年，歲次甲子，長夏日記。（光緒寧遠志）

濂溪大宗支裔零陵青山周氏家譜序　清　宗績辰

濂溪大宗支裔《零陵青山周氏家譜》□□卷，道光七年修。

今天下明德之後，莫盛於山東孔、顔、曾、孟四氏，繼四氏而興，其盛相埒者，惟濂溪氏之宗耳。績辰嫿在江浙，閒見周氏多祖濂溪，詢之，皆派出道國公長嗣。及前歲修永州郡志，撰世家，道州五經博士承宗以《濂溪志》來，讀之，知大宗從官他徙，以小宗嫡裔為後，世其官祿，故其譜詳小宗焉，略大宗，初未知大宗仍有居楚壤者。今年夏，零陵青山周氏士琦戒溢雨茂才持其宗譜至濂溪書院，請匡其謬誤，且為之序。

按其系，始隋息國公歸仁為一世祖，四傳至道州參軍如錫，又十二傳至道國公，皆居道州。道國移家江州，長孫廣昌令虞仲遷泰和，元孫汀州丞，時泰省墓舂陵，遭南宋兵亂，禦寇臨武，及歸，留妻子居之，自此八傳至元時支孫名九十一者，始分遷零陵之青山，為始遷祖，自息國至青山為世二十有九，自道國至青山，為世十有二，廣昌、汀州實為道國大宗。青山以上，則皆支子也。然則濂溪大宗一派固蕃衍於舊邦，昔之謂大宗在江左右者，猶所見之未廣矣。夫世之談譜學者，大都推源忠孝，侈陳勛閥，勛閥與時盛衰，君子所弗尚，若忠孝之子孫，誠貴矣。然究不如聖賢之家，能貫古今，而不敝人，幸而為聖賢遺胄。天地之所佑相，山川之所降鍾，分枝析葉於深巖絕阻之鄉，而元氣深厚，其生無窮，非徒恃流澤長而食福永也。宜奮然緝其家學，篤行敬宗，以嗣前哲之休美，將見譜學明而宗法可行，宗法行而三代之禮教可復也。茂才纂修是譜，庸但以出濂溪為榮，其諸繼承之責，必因是而重任之，豈可作尋常族譜觀哉！以宗法論之，濂溪之小宗，世為後承大宗之事，即為大宗，大宗流轉天下，其宗孔蕃，惟世居江州守道國墓者，分為最尊，為世居濂溪之亞，其餘各守其遷祖之墓，雖大宗夷於支庶，自不得執長次為等，然其先固大宗也，今不得復為大宗，亦不得稱為小宗，故定其宗曰大宗支裔也。今制，先聖先賢子孫世官之外，其有遷居別祠者，許奏舉宗一人，世奉其祀。零陵自宋以來，故有濂溪專祠，視私祠較重，青山之宗祀此為合，他日大夫師長遵制以修祀典，錄賢裔，其肇基此譜乎？若夫孝弟忠信之大端，道國所得於孔、顏、曾、孟，以教萬世者，宗人敬聽而服行之，優優乎其備矣！績辰不敏，又何述焉。（道光永州志）

周子大義序　唐文治

周子不由師傳，默契道妙，開宋元以來理學之先河。明陸桴亭先生推尊之，儗之於孟子，稱之為亞聖，且謂其學得孔顏之真傳，何哉？蓋周子《太極圖說》，即性善之旨也，五性，一太極也。繼善而後成性也，聖人定之以中正仁義，即言必稱堯舜。由仁義行，非行仁義也。君子修之吉，君子存之，有為者亦若是也。小人悖之凶，庶民去之，放其心而不知求也，此周子之學，所以儗於孟子也。嗚呼！戰國之世，諸侯放恣，處士橫議，楊、朱、墨、翟之言盈天下，故孟子以性善之說救之。今世人心陷溺，殺機盈溢，奚啻戰國，非本人極之說以救之，則人道何由而明，人格亦何由而立哉！此推崇孟子之學者，尤當推崇周公也。然而更進焉者，桴亭先生，謂周子之學，在一誠字，故《通書》首章即曰："誠者，聖人之本。"二章曰："聖，誠而已矣。"三章曰："誠無為，幾善惡。"四章曰："誠神幾，曰聖人。"誠者，天之道也，非聖人之流亞，近於生知者乎？文治竊謂周子主靜之學，其要功尤在一幾字。《易傳》曰："夫易，聖人之所以極深而研幾也。惟幾也，故能成天下之務。"然未言幾之所以為幾也。周子則曰："動而未形，有無之間者，幾也。"此言也，蓋直紹曾子、子思子慎獨之傳，而《中庸》所謂未發之中，其義於是乎顯。此程、楊、羅、李諸先生，恪守師承，其學所以皆主於靜，而龜山先生以下，相傳教人觀喜、怒、哀、樂未發之中，實基於此。至朱子而已發未發之說，於是大明矣。然則今日之所以救人心者，舍此其奚由哉！周子之功，不亦大哉！爰撮其大義，以諗諸生，至其言行，備詳於朱子所撰事實記，特并諸首，學者苟能尋孔顏之所樂，與其光風霽月之所由來，庶乎能自得之矣。

《思辨錄》載："或問：儒者之論，皆以周子繼孔孟，而子獨以周子繼孔顏，得無過與？"曰："以周子繼孔孟，此以世數言也。若論學問，則周子實繼孔顏。"觀《通書》中所述，自孔子外，三稱顏子，則可知學問之所自矣。（周鳳岐本）

洛學傳授大義序　唐文治

洛學者，道統所由傳也，楊龜山先生受學於明道先生，其歸閩也，程子目送之曰：“吾道南矣。”於是龜山先生來吾蘇講學，旋入閩，羅豫章、李延平兩先生俱在閩受學。朱子父韋齋先生，與延平先生為執友，同事豫章先生，故朱子受業於延平，而閩學於是大盛，後人遂有濂、洛、關、閩之稱。以《周易·乾卦》之義言之，周子，其元也；二程子，其亨也；羅、李兩先生，其利也；朱子，則貞下而起元者也。守先待後，惟洛學是賴，故曰洛學者，道統所由傳也。其所傳之道本安在？曰主靜而已矣。自周子作《太極圖說》，發明主靜立人極之旨，然後學者，知人極之必本於靜也。程子遂以靜坐為教。楊先生遂以觀喜怒哀樂未發之中為教，羅、李兩先生紹承其緒，朱子恐言靜之流於虛寂也。又發明程子主敬之說，於是動靜一原，顯微無間，而萬世學者咸得所指歸，而不入於歧路矣。孟子論堯、舜、禹、湯、文王相傳之統，或見而知之，或聞而知之，而終之曰由孔子而來，至於今百有餘歲。去聖人之世，若此其未遠也，近聖人之居，若此其甚也。可見道統相承，不必拘拘於五百年矣。楊先生之於洛學，見而知之者也。朱子之於洛學，聞而知之者也。孟子又曰：“無有乎爾。”則亦無有乎爾。豪傑之士，雖無文王猶興，千載而下，聞洛學之風者，猶且奮然興起，不能自已，而況於親炙之者乎？《易》曰：“碩果不食。”私淑之傳，下逮於湯潛庵、張孝先兩先生，且當綿延於億萬禩，庸有既乎？或曰傳洛學者，游、楊、尹、謝、呂諸先生皆是也。茲獨述楊、呂二先生何歟？曰楊先生，開閩學之始者也，故首載之。呂與叔先生於《易》《詩》《禮》皆有說，經學最深，克己之銘，心齋之詩，啟迪後學尤切。而已發未發之間，辨析精至，為諸賢所不逮，故朱子於程門中，特推與叔先生。文治讀其禮說，向所服膺，故著錄之。至於游、尹、謝諸先生學說，精詳縝密，俱當參考，茲為門人講述，不及詳，敢以俟諸異日。（周鳳岐本）

濂溪志補遺卷之六

濂溪書院志

建　置

湖南濂溪書院

濂溪書院在州學之西，所以尊事元公也，亦合二程而祠焉。經始落成，有鶴山魏先生為之記，嘉熙己亥，太守宗丞張公援九江書院名請于朝，丐賜勑額。書院養士規倣嶽麓，而廩給多不繼，公慨然念之，首俾司存根，剔宿蠹，租入以時，無復虛掛欠籍之弊。中為祠堂，堂之上為太極樓，堂左二齋為端本、善則，堂右二齋為貴德、篤实，前為院門，院之西為愛蓮池，池之上為亭，扁曰“愛蓮”，又西為仰高亭，今廢不存，元設山長以主之。（洪武永州志）

舊濂溪故居書院，故居書院在營樂鄉濂溪保，元公毓秀之地，宋太守寺丞龔公增廣舊觀，中為誠源堂，東列充安、希賢、歸本三齋，西列務實、貴德、養心三齋，以□學者。舊金華書院在陽華門外，張無盡之甥何少卿巖謫居為之有記，昔廢不存。（洪武永州志）

濂溪書院在儒學右周家坊，宋理宗賜“道州濂溪書院”六大字，每字徑二尺餘，刻于石，高丈二尺，下刻守臣楊允恭謝表二通，覆以亭，為御碑亭，前為書院，後為周子祠堂，不成于火，書院皆燬。萬厤壬辰，御史大夫李楨重建，明末復毀，僅存祠堂，別見祀典志。國朝康熙三十年，永州司馬史在鐫捐貲重建御碑亭。（道光永州志・學校・道州）

景濂精舍，明嘉靖中，邑令陳祥麟改清溪僧寺為書院，後吳允裕構仰高軒，祀名宦鄉賢，朱應辰改祀名宦鄉賢於學，以此祀周子。其置田

碑記云："書院例禁，故名精舍。"當在江陵禁道學時也，碑見縣志。（道光永州志·學校·東安）

濂溪書院在九龍巖，周子曾取道經遊。（道光永州志·學校·東安）

舂陵書院，在縣治左，近城東隅，乾隆十九年知縣鐘人文倡建，嘉慶八年，即其地建試院。（道光永州志·學校·寧遠）

濂谿書院，宋知縣黄大明建，中祀周元公。（光緒寧遠志）

會濂書院，在東關外，明萬歷二年，靖州牧蔡光攝縣事，與教諭唐之儒即學宫舊址建立，今傾廢，建爲文昌閣。（光緒寧遠志）

崇儒書院，在高安寺東。同治二年，邑令王光斗以寺產改刱。光緒元年，樂顯鑅等鼎建講堂，門間增添齋舍，刱景行祠，祀先達，建水閣，浚池爲慕濂池，種蓮其閒，源頭活水汩汩而來，田八十畝。（光緒寧遠志）

宗濂書院，舊在高山寺右。嘉靖壬戌，知府黄翰、巡撫徐南金、督學楊豫孫同建。萬曆丁巳，知府林士標重修。崇禎己卯，分守魯纓、推官萬元吉重修。國朝順治十四年丁酉，知府魏紹芳鼎建濂溪書院於鎮永樓之下，前爲督學校士之所，置社學於大門左，置義學於大門右，有記，見藝文。（康熙零陵志2·書院）

宗元書院，今廢。（光緒永明志）

濂溪書院，在瀟江南，三元宫左。康熙初，就宗元書院舊阯創建。二十三年，教諭徐尊顯重加修葺，又數買田，為諸生膏火，其田冊名徐膳士。分守道宋世傑亦捐上稅田十五畝，邑令邱錫榮亦撥田二畝半有奇，其田並光緒十七年、光緒二十六年，兩次新增田畝，彙刊書院田冊。冊中繪圖列説，致為詳備，約歲入民猺兩租穀四百石，租錢三百三十餘千，即供書院一切用費。邑西關外，蕭姓宅傍有叢林，俗謂蕭家木園。邑東世進士坊，周氏塋兆也。園木時有枯斃，周、蕭二姓爭伐致訟，周以塋兆，蕭以宅兆。言皆有憑，其實世遠年湮，兩無契據，案久不決。至同治七年，知縣勞銘勛判定周塋仍舊管理，仍舊祭掃。蕭宅仍舊安居至塲，樹如有枯斃，永歸書院伐賣。乃不三年，樹適有為風所折者，蕭姓攘為己有，書院首士訴於知縣曹貽榮。曹納蕭賄，首士不得直復，慫恿周姓控之台司，曹旋以墨敗，案遂定而復懸。（光緒永明志）

官立師範館，即濂溪書院改設，其前大門三間，門外環溪，溪上跨以石橋，橋之前坪為體操場。門内為前院，院之右庖湢在焉。院之左借三官殿，餘屋為寢室。北進為前堂，會食於此。左右為教員、舍監、庶務、會計各室，堂後有亭。再進為講堂，其右別出正室五間，中為禮堂，供先師孔子位。前出兩翼房各二間，為自修室。蓋沿舊制而髹飾之，又舊制後堂三龕平列，中供濂溪夫子，左名宦，右鄉賢。今設講堂於此，而各龕加以紗幔，亦屬斟酌合宜。（光緒永明志）

愛蓮書院，在城内愛蓮池左，舊為希濂堂，崇禎十一年，知府陶珙於希濂堂後祀周子。而以張無垢、朱晦庵、陸子壽配之，號四先生祠。以旁舍課士，尋廢。道光十七年，知府惠體廉於蓮池後建濂溪先生祠。咸豐四年，知縣邵綬名、周玉衡，就池右爲義學，縣人王承澤、胡士瀛增廣之。十一年，伍永鐸等續捐田租，於是脩脯膏火，監守修葺之資皆備。綬名復提邵陽津貼府稅錢三百千，以益膏火，札存府禮科。（光緒邵陽志・學校）

宗濂書院，正學書院，以上二所俱知縣鄭之韶建，今廢。（康熙藍山志）

濂溪講堂，在縣東按察司行署，宋周子過此講書之所。（乾隆郴州志・古蹟・永興）

江西濂溪書院

道源書院，在大庾縣學東，宋慶歷七年，周濂溪先生敦頤為南安軍司理，程大中公珦以興國縣攝判事，遣二子純公灝、正公頤受學焉。乾道元年，軍學教授郭見義闢屋一楹，繪三先生像祠之。嘉定十二年，知軍劉強學改闢於縣學之東。淯祐二年，漕臣江萬里屬知軍林壽公創置書院，有堂有燕居，有源道、崇德二齋。寶祐二年，知軍吳革據教授趙希哲狀請勅額。越三年丁巳，知軍郭廷堅又狀請，十月詔下，南安府以周程書院改賜道源書院為額，仍令教授兼山長以主之。景定四年，理宗賜御書“道源書院”四大字，建雲章閣以藏，有租田以贍學者。元泰定元年，推官汪澤民議建大成殿，其後趙仁舉、高若鳳、山長劉偉節更飾之，明初更為大庾學，學後為祠。正統二年，併學於府學，革而書院殿閣堂齋俱圮。景泰四年，知府金潤重建。成化元年，知府姚旭、大庾知縣夏璣重修，侍郎葉盛記。宏治十三年，圮於水，十六年，知府盧濬興復之。

正德十五年，知府何文邦益增其制，又建光風霽月亭。嘉靖二十八年，知府陳堯再新之，萬歷間廢，後詔復天下書院，巡撫御史陳效捐鍰，知府宋萬葉、推官鄭道興、知縣劉宦成擇今址重建，東至官地，南至街西，北至縣學。國朝康熙三十八年，知縣楊允中重修，未幾又圮於水。雍正十年，知府游紹安，改建於水南東山，祀濂溪、大中并二程子，額仍道源書院，自為記。道光三年，知縣石家紹捐俸重建。癸巳年，職員朱尚謙捐增膏火，通詳立案，今圮廢。同治六年，知府黃鳴珂重修（詳新造錄）。（同治南安志・廟學）

正德庚辰，知府何文邦考圖相地，遷射圃，創建於祠堂之右，東扁景賢門，以達祠堂，西扁仰聖門，以達府學，外樹門，揭"道源書院"四字，即宋理宗所書，復租記則教授秦鋭、訓導藍鐸尋得於蕪穢中，樹本府之儀門。文邦額租跋，《郡志》載："道源書院租額而遺坐落數目，訪求不可得。一日，教授秦鋭、訓導藍鐸、陽宣時、廖景湄，出此碑于學宫三尺土中。"文字如故，一一在目，雖佃民已非，而田土猶是，尚可憑以查復也。豈真有呵護者耶？抑廢興有時耶？碑刻于元至順元年庚午八月，其間湮沒歲月幾何，我皇明正德十又六年辛巳六月，實出人間，遷立本府儀門之東且筆於志云。嘉靖辛卯，制定祀禮，即以書院為啟聖公祠。（嘉靖南安志・南安府）

道源書院即東山書院，向係支取質鋪存欵息錢及房租，為山長束脩、生童膏火、并各項用度。近因質鋪存本，知府黃鳴珂於交卸時，提取數千，並為邑紳張萬邦等虧短存項。書院經費不足，知府楊錞議節山長束脩薪水及聘金節禮等，用歲省錢三百千文，逢師課期，由知府楊錞親為評閱，改削每月發給生童膏火尚有不敷，亦由府捐給，現在已將張萬邦等虧短之項，追繳店房作抵，歸質鋪收租，房契亦歸質鋪收藏，俟貲本充裕，仍當規復舊章。（光緒南安志補・廟學）

濂溪書院，在羅田巖，爲明儒何廷仁、黃宏綱、羅洪先講學所。（通志）（同治贛州志・書院）

濂溪書院，在萬安縣署西，舊名龍溪。宋周敦頤司理虔州，嘗遊龍溪及香林寺，邑人因建濂溪祠，後改為龍溪書院。祀先聖，配周子、二程子。元至正二年，縣尹周環振修，尋燬。明洪武三年，知縣馬勝修。

國朝康熙五年，知縣胡樞重建濂溪祠於書院。二十五年，知縣黃圖昌改今名。嘉慶十年，知縣劉俊德改建。咸豐六年，寇燬（謝志，府志）。（光緒江西志・建置略・書院）

濂溪書院，在治南，宋時建。元末兵燬。明宏治間，知府朱華重建（謝志）。（光緒江西志・建置略・書院）

濂溪書院，在安遠縣城舊教場。明隆慶六年，知縣周杲建（謝志）。（光緒江西志・建置略・書院）

濂溪書院，一在郡城南十里濂溪港。周愔頤過潯陽，愛廬山之勝。因麓有溪，取道州故里之號，名其溪曰濂溪，築書堂於上。宋湻熙丙申，知軍州事潘慈明增築焉，朱熹記。嘉定間，中軍守趙崇憲，即堂左築學舍二十六楹，後燬。明正統間，御史徐傑、項璁，副使焦宏、陳价仍舊址重建，提學副使邵寶奏著祀典。宏治間，戶部主事鄭汝美建廊舍，塑像於中。嘉靖間，巡撫何遷復闢基地，增築學舍。戶部主事祖琚礱石，刻《太極圖說》，樹之寢。副使謝廸、同知姜輅新之，濬蓮池於前方，五畝許。戶部主事鄒輗即堂東隙地搆號舍，以便生徒肄業，歲久多圮。萬歷癸丑，兵備道葛寅亮重葺。國朝順治乙酉年，兵燬。康熙十一年，巡撫宋犖、馬如龍，知府朱儼，德化縣知縣楊文錫，德安知縣伍倫，瑞昌知縣金世福，湖口知縣周誕，彭澤知縣端木象謙，合捐建正院三重，宋犖記。乾隆十九年，德化知縣高植修葺正院，復擴堂左，捐建學舍二重，計十楹，為生徒肄業之所，詳墾白鶴鄉毛家圍荒田，用佐膏火。左基稍窄，德化監生鄭枝枚捐地廣之，長計二十四弓，前横八弓，後横五弓，載仁一鄉，鄭大鳴戶正米五合，撥院交納二十年。知府董榕、德化知縣額爾金泰議覆五邑合資式廓，高植記。二十一年，知府董榕移建于蓮花峯下，新築講堂齋舍，亭榭池沼，巡撫胡寶瑔記。所需經費五邑，捐輸除動支外，餘銀二千三百七十五兩，每年生息以作膏火。二十四年，停止生息，掣本置產，又以本重息輕不敷所需，遷延未果。嗣因蓮花峯頭澗水潮濕，峯嶺崇峻，四壁無牆。肄業諸生不能棲息，風雨飄搖，屋遂傾圮。二十八年，知府溫葆初據紳士公詞，詳以前項典業取租作為經費，並賃近城僧寮設學延師，旋以教授宋五仁稟改府學掌教，每月於明倫堂考課，給以膏火。書院遂傾圮。今其遺址尚存。

一在郡城內，豐儲坊督察院左。嘉靖間，兵備道陳，洪濛建祠。頭二門無極堂及像堂，計四重像，堂中濂溪先生，兩傍程明道、程伊川先生，左傍書室五重，右傍四重。諸生肄業其中，後空地袤，長十丈餘，蓮池一，巷口建濂溪先生書院坊（現存）。書院鄰鎮府，因逼近，為兵丁假居。國朝順治間，榷使崔揄奇見書院傾圮，與督兵趙光祖同新之，立先生之裔，以奉祠事。使于督關，歲支銀六兩以時修治，崔揄奇記。其空基于嘉慶五年復經知府何道生勘丈，行縣移營各處備案。先是，明天啓末，因東林黨禁毀天下書院，改名曰周子祠，今仍之，祠尚存。（同治九江志・學校）

新濂溪書院，在世德坊之南。乾隆五十年，知府初之樸買地創署，建奎閣，以祀濂溪先生神位，追緝蓮花洞舊業，取租息以資膏火。嘉慶五年，廵道阿克當阿復加修葺，改門庭，捐俸延師。十年，廵道廣惠踵增之。十三年，知府方體買南偏地，改大門以正午位，建監院廳于左，增學舍于右，復陸續置產，以裕膏火，立法經理書院，大有裨益，並有記。化邑楊廷貫、宋光璧、廖泰瑃，捐建學舍一十六間，置椅桌，並重修奎閣。二十二年，知府朱棨又重修奎閣。咸豐三年，粵匪竄，郡城盡燬。同治三年，蔡公錦青攝關篆籌，欵復建，前搆魁星閣，中大堂，內講堂，右啟學舍四十間，為生童肄業所，其餘隙地甚廣，未暇葺修，周圍築短垣以清基址，城外置店屋數處，以所得租資為膏火費，竝捐廉，延山長，給獎賞，增課期。後之蒞斯篆者，如俊質堂、景介臣兩觀察，先後繼其志，廢而復興，於士林大有裨益（廵道蔡錦青重建濂溪書院碑記，見藝文）。（同治九江志・學校）

濂溪書院，在府城小南門內。宋周敦頤通判虔州，與二程講學。後人建祠於贛水東、玉虛觀左。元末，兵燬。明洪武四年，知贛縣崔天錫重建，陳益民繼修。宏治十三年，知府何珖改建鬱孤臺下。正德十二年，巡撫王守仁遷舊布政司故阯。匾曰濂溪祠堂。嘉靖十年，巡撫陶諧修。崇禎十三年，因遷縣學，知贛縣陳履中遷建光孝寺左，卽今所，改稱廉泉書院。國朝順治十年，贛撫劉武元改稱濂溪書院。推官周令樹、知贛縣楊文正設周子、二程子、文天祥木主於大堂。後為守兵所據，知府郎永清檄復之。康熙三十三年，巡道白啟明、知府任進爵修，宋犖記。……四十八年，知府朱光圉修。雍正元年，巡道王世繩增修，王世繩記。……乾隆八年，巡道朱陵、知府汪宏禧拓修。十七年，巡道方浩修。二十四年，巡道董榕增建濂溪祠。三十六年，知贛縣衛謀修。四十三年，知府竇忻建夜話亭。嘉慶八年，巡道蔣攸銛，十八年，巡道查清阿修。道光三年，巡撫程含章捐修。十三年，知府汪云任增修。二十七年，巡道李本仁，同治二年，署道王德固先後修（謝志，府志）。（光緒江西志・建置略・書院）

愛蓮書院，在贛縣北隅，督學試院後。宋乾道中，通判羅願愛蓮堂遺址，舊為通判署。國朝道光二十八年，巡道李本仁捐俸議建書院，未成。同治二年，署道王德固、署知府叢占鼇籌費創建（府志）。（光緒江西志・建置略・書院）

宗濂書院，在萍鄉縣東蘆溪鎮聖岡山下，宋周濂溪先生監税是鎮，嘗立書院，以教授後人。即其地建祠，又於縣治南立濂溪書院。元末兵燬，明宏治間，知府朱華重建。其書院之在鎮者，亦於康熙甲寅兵燬，三十九年，邑士吳來聘等捐建後補。雍正元年重建前棟，六年，被僧恭端侵佔，園基訟於宜，七年，巡道陳浩親勘斷，還書院勒石存案，今俱名濂溪書院。（咸豐袁州志・學校）

安湖書院，在衣錦鄉，宋咸淳八年，縣令何時建，文天祥、方逢辰皆有記。中爲三程祠，祠與院久廢（通志，參縣志）。明洪武間，知縣唐子儀重建。（通志）正德十四年，知縣黃泗遷於城内大乘寺，中祀三程、周元公，東爲李君行祠，西爲鍾令公祠，旁立主敬、行恕、修德、凝道四齋，更徙置。文信國碑記（通志）。嘉靖二十五年，推官林萬潮攝縣，率教諭徐昇請帑重修，羅洪先記（舊志）。萬歷三十一年，知縣何應彪改爲名賢祠，祀王□□，□院之名遂廢（李志）。國朝咸豐十一年，邑紳鍾潤蘭等訪尋衣錦鄉宋明遺址，規復舊制，爲一鄉義學，創立廳事、學舍共六十餘間，中祀周、程四夫子，左名賢祠，右尚義祠，置田租四百餘石，爲膏火之資，鍾音鴻記（縣志）。（同治贛州志・書院・興國縣）

瀲江書院，舊在北門外，瑶岡下。乾隆三年，知縣徐大坤因文廟舊址建，自爲記。三十八年，知縣陳椿年，因復建文廟，移書院在左，爲今制。中祀周、程三夫子，爲講堂，旁列學舍。嘉慶十六年重修，移頭門於左側，艮方（縣志）。道光十九年，知縣張維模勸捐，置買田租爲每年書院山長束脩之費。二十六年，知縣西金額捐廉，置買田租四十石零（李志）。咸豐七年，院後文昌祠剝損，邑人議修，因聯合書院爲一，擴其基鼎新，建造堂房數十間，凡三進，最上爲文昌宮，中爲魁星閣，前爲講堂。門庭齋舍，悉仍舊制。同治六年，知縣李繼曾因上官崇儒二戶，支給不敷，與邑紳商籌，諭各捐戶擴充，合得錢七千八百緡，分存城中各質鋪生息，每月支息取用於月課三次，外別課經古一次。束脩膏火，具較前從優有差（參縣志）。（同治贛州志・書院）

濂山書院，在州治迎恩門外，修水東，旌陽山麓。周濂溪先生主分甯簿時創書院，以延四方遊學之士。元季兵燬，其後葺治者稱景濂書院。明天順中，知縣羅珉、成化中，知縣蕭光甫，先後勸義官劉用禮及其子淮重建，署曰濂溪書院。宏治中，巡撫林俊檄知縣葉天爵增修，提學邵寶立濂溪先生像。嘉靖中，知州某建黃山谷祠於其側。萬歷中，兵備道史旌賢偕知州方沆俱重修之，顔其堂曰光霽。崇禎中，巡撫解學龍、僉事刑大忠復加修葺，始易今名，明季毁於兵寇。國朝康熙七年，知州徐永齡重建，併塑山谷先生像合祀，仍稱濂溪書院。未歲，復遭兵燹。十七年，知州班衣錦復修之，合祀濂溪、山谷兩先生於其中，後常就以延師課士，而膏火不給。乾隆八年，知州許淵始鼎新之，後稱濂山書院，詳撥雲巖、洞山二寺田租，柒百五十九石零，除完條漕及撥給普濟堂谷壹百石外，餘俱作書院經費。二十五年，知州周作哲詳撥大源山官莊田租銀三十三兩。三十八年，署知州邊學海倡捐重修。四十年，知州徐肇基詳撥盧韓氏田租銀四十五兩，陳宓捐田租銀五十兩。五十二年，署知州王茂源捐廉葺修。嘉慶八年，知州陸模孫加意培植，廣生員正課名額，捐廉倍增，獎賞邑人士奉木主於書院。十四年，公捐修濂溪石橋，二十二年，知州周澍倡修，陳宓、胡機、朱晚成後裔捐銀重新復，詳請各憲嗣後，敦請本邑紳士主講，捐置安鄉朱玉昇田四畝，詳撥甘貴龍佃租五石，張鐸妻胡氏捐田三十五畝零，俱入書院，以資膏火。（同治義甯志・學校）

鈐陽書院，在分宜縣治後，舊名鈐岡書院。宋湻熙時，縣令王杭遷建西郊，祀周、張、二程、朱子。明末兵燬。國朝康熙四十五年，知縣周開緒建義學黄太常祠側。乾隆二十九年，知縣楊長桂合太常祠增修，題鈐山書院。三十二年，知縣楊國華改題太常書院。道光二年，知縣龔筌仍改為太常祠，邑人黄其瑚、張曰杰捐地別建書院，曰鈐陽，即今所（謝志）。（光緒江西志・建置略・書院）

清溪書院，趙清獻公與濂溪周子講學處（據贑縣志增補）。（同治贛州志・書院）

愛蓮書院，在城北督學試院後，原爲通判署，有周子蓮池遺蹟。宋乾道間，通判羅願構愛蓮堂其中，後廢。國朝道光三年，通判移駐大湖江署府，王泉之購作甯都公廨。二十八年，巡道李本仁捐廉贖作書院，遽遷官去，事格未行。同治二年，署道王德固以八角井充公宅，易之署府，叢占鼇因籌款剏建其地，當郡城岡巒，盡處最高，敞中多隙地，庭有古槐，一株輪囷盤鬱，傳爲周子手植。東向爲愛蓮祠，峙巽維而翼以亭，西向者爲文昌閣，凡三層，制甚壯麗，南向爲講堂，堂之左，迤後皆學舍，右爲元公舊署，前臨蓮池。今爲山長齋舍，後爲周子、二程子祠，知縣黄德溥有記（參李志縣志）。道光二十八年，陞道李本仁捐錢五百緡爲膏火。同治三年，署道王德固籌捐擴充，更移入陽明書院，田六百石。六年，知府魏瀛以攀高鋪纏訟，房屋判歸書院，並捐廉贖附近店房益之，歲取生童無定額，膏火共六十名（據書院源流記增）。十二年，巡道文翼、知府魏瀛、知縣崔國榜共捐錢一千八百串，統計存典本錢捌千貳百陸拾串，生息以作膏火（新增）。（同治贛州志・書院）

張巖書院，在萬載縣西獲富里，元臨江教授張千崖建。有禮殿以祀先聖，有祠以祀周、程、張、邵、司馬六先生。千崖沒，其甥萍鄉榮氏葺，率族人子弟就學（謝志）。（光緒江西志・建置略・書院）

希賢書院，在府城茶場巷口。康熙二十四年，三郡士民請為巡道查培繼立生祠，培繼不許；諸生楊鉞等請以生祠建查公講堂，又不許；諸生請改為書院，乃於其中祀歷代名宦十四人：漢九江守宋均，晉彭澤令陶潛，唐彭澤令狄仁傑，饒州刺史顔真卿，江州司馬白居易，宋知饒州范仲淹，知南康軍周敦頤、朱熹，知饒州王十朋，樂平令楊簡明，巡撫王守仁，副使葛寅亮，饒州知府張有譽。國朝饒州知府翟鳳翥、查培繼復捐俸置田。（謝志）（光緒江西志・書院）

正學書院，在進賢門内，舊貢院阯，甯庶人宸濠陽春書院也。嘉靖元年於此試士，三十四年火，三十五年，學使王宗沐創，祀濂溪、明道、伊川三先生，廣為號舍，額曰正學書院。……萬歷中，學使沈九疇重修。國朝順治間，仍改貢院，後移貢院於東湖北，止存故阯（謝志）。（光緒江西志·建置略·書院）

三賢書院，在北門外，寶雲寺西。祀宋周敦頤、蘇軾、黃庭堅。至元間，邑人鄧謙亨建（謝志）。（光緒江西志·建置略·書院）

四賢書院，在縣東門外，祀宋周敦頤、蘇軾、黃庭堅、楊萬里。明萬歷間，知縣馮烶建。國朝順治間，知縣胡以溫重建，後增祀宋廖擇、沈雲舉、高南壽，明周憲、吳一貫，名九賢書院。乾隆三十七年，廖氏後裔移建舊阯右。咸豐中，燬於寇（府志）。（光緒江西志·建置略·書院）

五賢祠，即秀江書院，祀宋先賢周敦頤、程顥、程頤、朱熹、張栻。萬歷間，知府鄭惇典移建，歲春秋致祭，先祀宋郡守張杓，祀周、程於府學講堂，東為三先生祠，朱熹記。元季兵毀，明正統間，都御史韓雍命改遷於宜春臺右，錢習禮記。正德七年，知府姚汀重修，後移建萍實門外，增祀朱熹、張栻，曰五賢祠，俱廢，今在宜陽書院後。（咸豐袁州志·祀典）

新建縣學，在縣治南濱，東湖之北，宋淯祐二年，知隆興府江萬里建宗濂精舍於望雲門外龍沙岡，祀濂溪周子。元元統初，詔天下興學，縣令薛方即其地建學，別刱宗濂書院於東湖，至正十二年燬於兵。明洪武五年，乃以東湖宗濂書院改建。宣德間，教諭江玠請於撫按藩泉，大新之。（光緒江西志·建置略·學校）

南康府儒學，舊在西門外。宋紹興間，郡守徐端甫改遷於福星門內，即今址也。乾道間，郡守史俣增置書籍。淯熙七年，文公守郡，圖像於壁，奏請置廟器給獻官祭服，增建五賢濂溪祠。嘉定間，郡守黃桂又一新之。元末，兵燹。明洪武三年，知府安智重建，規制悉備，扁四齋，曰志道、據德、依仁，游藝。永樂間，教授翁宗言重建明倫堂，置文卷庫。正統間，知府翟溥福重建殿廡。天順間，僉事余複建號舍二十四間。成化五年，知府許禺重建殿廡戟門，塑從祀諸像（豫章王一夔記）。八年，知府曹凱重建堂齋，遷泮宮於櫺星門右，建崇文、廣化二坊於門外。宏治二年，知府郭瑨置樂舞器，請樂師，以教歌舞，增廣生員，以充班佾（南昌張元禎記）。十一年，知府劉定昌重修殿堂及尊經、聚奎二閣，鼎建兩廡四齋。正德九年，知府陳霖移櫺星門，進內二丈許，以避城垣，改儒學於聚奎閣右。萬歷十四年，知府彭夢祖改建尊經閣於明倫堂左（有記）。十九年，知府田琯修文廟、啟聖祠，建射圃亭，改觀瀾閣為文昌閣，高起一層復以文廟，地勢高露，掘平三尺，移就今向劉世揚、高瀛、朱國祚，各有記。吳福作頌。二十八年，知府葉雲礽重修明倫堂（有記）。（同治南康志・學校）

濂溪講堂，在尊經閣左，即東齋前重。乾隆二十三年，王耀祖妻劉氏建，學正李孝滄有記，同治間王陳氏續修。東西兩齋舍，乾隆二十二年，學正李孝滄勸眾捐修。二十三年，始竣，孝滄有記。（同治義寧州志）

廣東濂溪書院

濂溪書院，祀宋廣東提刑周敦頤，舊在城內春風橋北，元末毀。正統二年，改建于藥洲之西，嘉靖元年，改書院爲提學道，遷祠於越秀山麓，歲時致祭。（康熙廣州志・番禺縣）

四川濂溪書院

書院之設，昉於宋儒，合川濂溪書院在合川學側，祀宋周子（黃廷桂通志）。明邱道隆巡按是邦，建議於南津街創修。乾隆十二年，知州宋錦因傾圮不可居，椽瓦棟櫟，門牖丹堊，捐廉悉煥然新之，在官十餘月，政修民信，去三月，士民不忍去，又無計能留，乃畫大夫像懸之濂溪書院，朔望相率展拜，稍慰瞻仰。書院歷由州主主聘山長，束修銀一百二十兩，後增至一百六十兩聘金。端午、中秋，各銀四兩，由書院董事致送山長，就諸生中選品學兼優一人為齋長，歲薪銀四兩，亦由董事致送，諸生自備火食。光緒十年，五里紳衿稟請州主提白沙場大成會田谷八十石，土租錢若干，興書院師課年四次，內庠超等八名，各獎錢六百文，特等十二名，各獎四百，外庠上取八名，各獎錢五百，中取十二名，各獎錢三百。二十二年，又由邑紳籌款若干，興書院面課，仍年四次，課額如前內庠超等，各獎錢一千二百，特等八百，外庠上取一千，中取六百。逢科場，則舉（全年獎資為決科額数）課獎，由山長酌定。外庠仍舊官課，創自道光。知州懸牌扃試，全州及兩院生徒凡六次，曩有供給，內庠超等八名皆一千六百文，特等十二名皆一千二百文，一等十五名皆八百文。外庠上取八名，按名奬錢一千二百文，中取十二名，按名奬錢八百文，次取十五名，按名奬錢六百文，决科奬錢較優。其課奬統由書院董事措辦，交禮房支發後，款項提歸勸學所。書院改為縣立中學校，又有瑞山書院，隸州署之左，原係尼僧青竹菴廟地。清乾隆四十五年，知州左修緒遷尼僧於南津街觀音閣，改建學舍，名接龍義學。後五年，知州周澄又捐貲補修。道光初，乃改名瑞山。知州李徽典題有“瑞山義學”四字匾額，至名以書院，則光緒二十三年知州張熙穀稟改立也。然自來延師，仍由官聘山長束修，以及齋長薪資，生徒課奬，兩院從。同州人王履吉有句云：“凌霄閣上月輪高，尋樂亭前草似袍。兩地書聲相唱和，中間隔斷涪江濤。”言兩院之盛也，兩院有學田，有學費，另見別篇，今瑞山書院改為興里高等小學校。右兩院。(民國合川志)

濂溪書院產業

前置產業

一、舊存生息經費九九錢二千四百七十五千文，捐置各產，自化邑周姓契賣田、蒼玉戶屯田外，餘知府方續置。

一、貢院後牆園地屋基，租課七九錢二千四百文，暫佃徐等；蓮花洞書院舊基地三處，共長八十五弓，上廣三十弓，下廣二十一弓；又荒田三小坵，共長二十弓，廣五弓。

一、白鶴鄉毛家圍官荒田，勘丈直長三百十三弓，上橫廣二百七十二弓，下橫廣一百八十七弓，計二百七十一畝二分六釐六毛。

一、湖邑監生余廷優捐水田六升，租二石七斗，折九九錢二千一百六十文。

一、湖邑民婦周徐氏捐田六畝五分，崔禮器典田二十畝，其租四十四石，每年除完錢糧外，應交租折七九錢二十三千八百二十一文。

一、湖邑領借本七九錢三百七十五千文，又典王合水田三十七畝五分，租七十五石，每年除完錢糧外，應交租折七九錢四十五千文。以上四項均由湖口縣報解。

一、買化邑周姓所賣田、蒼玉戶赤松鄉田家樹林門首屯田一分十六股之七，范佃四琳，租課七九錢十五千文，徐佃三琳，租課七九錢九千文，每年錢糧三兩三錢二分五釐，交田必年戶交納。

一、買張姓岳師門外房屋，拆出基若干，移造書院，後牆屋三重計九間，前至大街，後至院牆，左至官巷，右至院牆空地，每年額租七九錢二十二千文。

一、買張姓西門外竹簾嘴店屋二間，前至官街，後至汛房，左至三公祠，右至官街，每年額租七九錢一十五千五百文。

一、買庫書陳姓屋化邑縣前屋一層，正五間，廂房三間，東至縣學蓮池，南至康王廟街，西至書院牆，北至大街，額租七九錢二十千文。又縣前屋三層共四間，東至書院牆，南至康王廟街，西至蔡姓屋牆，北至大街，額租七九錢九千文。又縣前屋三層共八間，東至蔡姓牆，南至康王廟街，西至胡姓屋牆，北至大街，額租七九錢二十千文。

一、赤仁洲洪字十號，洲地一百十四畝九分一釐，暫佃稞七九錢三十四千一百零七文。

一、買桑落鄉新洲南岸盈字一百四十四號老洲地，長二百七十弓，廣二百十八弓。又白沙地一千一百三十一畝六分七釐，租稞七九錢一百二十千文，暫佃吳蘆，稞三兩五錢。

一、又新洲北岸盈字一百四十四號，新淤草塌一片，東至宇字軍洲二步坳，北至大江，南至一百四十四號老洲地，西至盈字一百五十一號洲地，租稞七九錢二十四千文，暫佃楊吳，成科再議。

一、彭邑蕭老洲寒字一十八號洲地，除汪又芹八十股之一在外，詳明府藩變賣，得價九九錢七千八百六十串，春衣書院得三千一百四十四千文，濂溪書院得四千七百一十六千有零文。置買宋姓仁貴鄉遊家嶺桃芳壟田三十七畝七分，租八十三石七斗九升，額折九九錢六十七千零三十二文，買熊姓白鶴鄉石門橋田二十四畝一分，地一畝一分，租五十一石，額折九九錢四十五千九百文。

一、買李姓德化鄉螺螄墩田三十七畝八分，租七十五石七斗五升，額折九九錢四十八千文，内因傍湖有田數畝，未做有埂，照此折租，後有埂再議。

一、買余姓仁貴鄉張家灣田二十五畝四分，租五十五石五斗，額折九九錢四十四千四百文。

一、買胡姓德化鄉梅家山田六畝，租十二石，又山租二石，共額折九九錢十二千四百文。

一、買湯姓德化西鄉東林上坂田十二畝五分，租二十四石一斛，額折九九錢二十一千八百二十五文。

一、買程姓本城門東内田四股之一股半，田五畝七分，租十一石一斛，又地稞一兩三錢，共折九九錢十千零八十文。

一、買陳姓仁貴鄉楊家壟田二十三畝，租五十七石，額折九九錢四十五千六百文。以上租穀每石折九九錢八百九十文，豐歉無減無增，案存郡房。

一、買府署竹篩嘴卡房八間，房租九九錢十八千文。

一、現在四邑典商生息九九錢一千五百六十串，每年息九九錢一百五十九千二百文，又存化邑士民生息九九錢一百串零四百八十文。

一、監院阿克當阿捐買劉明德建昌縣民田地、山場鋪屋基地，文契四紙，其價紋銀九千二百兩。焦甬莊田一百一十三畝三分五釐，每年租二百八十七石三斗一升五合，柴山柴租共二十五石，又店屋基地租錢二千四百文，理順莊田一百零一畝三分五釐，每年租二百零四石六斗，柴山一面，柴租一十三石半，楊泗圩莊田三百三十九畝八分一釐四毫五絲，每年租九百七十一石零九升二合，共計租穀一千四百六十三石，柴山租共計三十八石五斗，屋基地租九六錢二千四百文。城内鋪屋一中保街，坐南朝北鋪屋一所二間，土庫西邊牆外餘地一片，其地四方，每方二丈一尺，雙合鋪面一坐，接連三進，上下樓房，共計三十二間，共計租一百千零，每年納紋銀二百四十兩，由建昌縣報解。嘉慶丁丑，巡道任捐紋銀一百六十兩，發郡典每月一分息，作祝聖誕費。

現存產業

一、遊家嶺桃芳壟其田三十七畝七分，計秋租八十三石七斗九升，冊載正米一石五斗零八合，每石定價六百文。

一、田家樹林稞錢七九錢二十四千文（遇水即淹，逐年未收分文，坐瑞邑埠上）。

一、石門澗租穀五十一石，冊載正米一石零二合二勺一抄（數年屢報乾旱）。

一、螺螄墩租穀七十五石七斗五升，冊載正米五斗五升八合四勺二抄（田極低窪，遇水即淹，至今乏佃承種，每石現定價六百文）。

一、張家灣租穀五十五石五斗，冊載正米七斗九升五合（每石定價六百文）。

一、梅家山租穀十二石，冊載正米二斗六升（每石定價六百文）。

一、崇福壟租穀二十四石，冊載正米二斗二升（每石定價六百文）。

一、東門城內租穀十一石一戽地，稞錢一千五百文，冊載正米二斗（每石定價六百文）。

一、楊家壟租穀五十七石，冊載正米五斗八升（每石定價六百文，逐年荒歉，舊欠極多）。

一、湖邑崔禮器典田二十畝，民婦周徐氏捐田六畝五分，共租四十四石，每年除完糧外，應交租折七九錢二十三千八百二十一文。

一、湖邑土合水田三十七畝五分，租七十五石，每年除完糧外，應交租折七九錢四十五千文（二項皆由湖口縣報解，現今每年僅解來九九錢二十一千有零）。

一、赤仁洲淇字十號洲地一百十四畝九分一釐，繳稞錢二十四千文（分上下忙收，水淹即免）。

一、盈字一百四十四號（新、老），老洲地每年稞錢二百串文（分上下忙收，水淹即免）。

新置

一、同治二年十二月初十日，置後街店屋一所，坐南朝北，前止官街，後止甘棠湖岸，係汪為和出售，現每年租錢一百五十三千文。

一、同治三年八月初三日，置西關外店屋一所，坐北朝南，前止官街，後止大江老岸，係李創夫出售，每年租錢一百六十千文。

一、同治十二年五月，新置許姓鋪屋一所，共計六重，坐落九江西門外後街，坐北向南，前止官街，後止湓浦港岸，去價九八大錢九百串正，其錢係前署觀察許公應鑅兩次捐錢六百串，又變易書院舊管城外後街屋基一片，因其基不能監造，稟府批示出售，得價錢三百串，二欵合交新置屋價訖，每年議納屋租製錢□□千文。

舊存

一、新壩坐西向東地基一塊，每年租錢七千二百文。

一、後街坐南向北地基一塊，每年租銀四十兩整。

一、後街坐南向北地基一塊（左右俱係洋行地界，長二十餘丈，寬八尺，已公同賣出價置許姓業）。

一、城內府門口下首，坐北向南店屋一所，每年租錢六十千文。

一、老縣門口蓮花池岸屋一重，坐南向北（遇水即淹，長支房租以作修理，現欠房客之錢未清）。

以上租稞，每年收錢，發給收條，竝加圖書，以杜假冒。

監生羅雲衢，道光十三年捐膏火錢一百千文。

增貢羅西三雲衢子，道光二十三年捐膏火錢一百千文。

現存捐費

署巡道許應鑅，同治十二年二月，捐錢六百千文（已于五月置許姓業）。（同治九江志・學校）

院　記

寶慶府濂溪書堂記　　宋　高斯得

宋君仲錫守寶慶之明年，以書來曰：“郡學有濂溪先生祠尚矣，紹定二年，教授梁君士英始即先生遷學舊址而改建焉，為堂四楹，歲未久而頹圮不治。”仲錫來謁，嘆曰：“先生治平間遷學于是，豈苟然哉。”邵水經其前，濱江繞其後，左挹東山，右俯清溪，高明夷曠，一郡神秀所鍾。學既他徙，昔人即其地以祠先生是矣。顧規模隘陋不足以稱，乃徹而大之，中為先生祠堂，祠先賢於東西序以侑焉，其後為講堂，直舍、齋廬、門廡、庖湢皆備。經始於寶祐三年十有一月，明年某月成。維昔紹熙郡學之祠，文公朱先生記之；紹定改建之祠，公之季父鶴山先生記之。今玆之役，非公莫記成事，敢以為請。”斯得聞之，蹴然曰：季父之言立於世，淺聞者不足繼也，況朱子乎？且朱子之記，發揮太極圖書之妙；鶴山之記，闡明剛柔、善惡、陰陽、動靜之理，皆已至矣盡矣，後學措辭，不其僭乎？然而侯以邵士之請來，不可無以告也。

惟先生卓然特立於羣聖人絕響之後，親承洙泗道統之傳，二程先生受業者也，先儒擬以顏、孟，然則舍夫子無以擬先生矣。大哉乾元，萬物資始，天道流行，物得之以正性命，先覺之倡道者似之，故原道於無極二五之先。夫子之言性與天道也，觀物於庭草不除之際；夫子之四時行、百物生也，玩心於聖人所樂之地。夫子之忘食忘憂，純亦不已也，涵泳從容，深造道妙，與天同體。嗚呼。其元氣之會乎？蘇公軾，非為先生之學者也，其詩曰："先生豈我輩，造物乃其徒"，識者以為善言德行。是豈無所見而言哉！然捨造物與孔子無以擬諸形容矣。學者誠能想其氣象而用力焉，則識趣造詣能見大意，雖未入先生之室，闖其藩，嚌其胾，其庶幾乎？邵士親染先生遺澤者也，聞風興起，豈無其人？故誦所聞若此，斯與共學焉。（恥堂存稿）

宋重建儒學記　宋　李韶

韶自少時，側聞元使君頌江華山水過于九疑。去年冬，始來守州，邑令許君洄時示韶以濂溪先生講授，及後進課試之文。觀其論說君臣、父子、夫婦、兄弟、朋友之懿，與夫陰陽、動靜、仁義、中正之理，未嘗不慨然太息曰："是近元公之居，固宜流風遺韻如此。"蓋人物日改月化，幾二百年矣。居無何，許君圖示先聖廟學，謁韶記之。按其圖，則正殿巍然，兩廡翼然，傑閣東西齋矗然，儒先有祠，職掌有位，其後又為閣，以謹御書之藏，其下則講肄之堂，又後則齋宿之舍，周立垣墻，臺門之外為更衣所，規制宏麗，經始于元年之春，而成于今也。其費併力于七鄉之士，而倡于邑中士也，不寧惟是，又廣置腴田，以豐稍食。韶喜之甚，因謂許君曰："夫學者之學，非前日相示以先生之所講授，與後進之所課試者乎？學不徒言語，而已見之于行，則致知格物、誠意正心、修身齊家、治國平天下之事是也。"比年以來，斯道不明，雖庠序徧郡邑，往往驟興忽廢，設學官以董之，猶不能必其興起，蓋士有溫飽之圖久矣。然幸此邑無可利，而士之謀身者，亦微亦幸，邑無可利，而士之有志于道者益眾，聖人之道，益以不孤。韶老矣，異時歸以閩山之下，聞楚南學者有能明大學之旨，嗣元公之續，復修先聖之業者，必江華士

也。奉學舍之興，尚于斯言有考云。（道光永州志·學校下·江華）

安湖書院記　宋　文天祥

贛興國縣夫子廟，在治之北門。縣六鄉，其五鄉之人來遊來歌，被服儒雅。東一百里，曰衣錦鄉，其民生長，陡絕險塞，或爲龍蛇瀆於邦，經有司常黽勉以惠文從事。咸淳八年，宣教郎臨川何時來爲宰，憫然曰："使人不可化，則性之道熄矣。"顧邑校曠越，教不克施。迺夏四月，即其地得安湖山水之勝，議建書院，以風來學。召其豪長，率勵執事，堂庭畢設，講肄有位。彙試館下，録爲生員二十八人，又拔其望四人爲之長。冬十一月，率諸生以牲幣薦于先聖先賢。尊俎旂章等威孔嚴，環觀愕怡，屏息胥忭。黎老婦子，轉相誦呼，而後翕然以儒者爲重。令曰："吾教可行矣。"載命胥正，秩其比伍，家使有塾，人使有師，如黨庠術序之意。置進學日記，令躬課其業，督以無怠。以上諸府，改其鄉曰"儒學"，植其風聲。於是山長谷荒，人是用勸，咸賴進嚮，文事率由訓程傳曰："天地之道，浸言化以漸也。"風俗之積幾千百年，而令一朝變之，固若是速，共惟國家五星聚奎，寔開文明。皇祖詔立學，其後復創書院，三代以下，斯文彬彬焉，先民有言，地氣自北而南粵，從衣冠正朔，啟我吳會，自江以南，悉爲鄒魯。今也遐陬僻壤，沐浴教恩，如狂得瘳，如迷得呼，王澤之滲漉日深，地氣之推移日至，此豈偶然之故哉。予於令爲同年進士，適守是州，今奉天子明訓，以字民爲職能，廣學宮，宣德化，是不爲辱威命守，將上其事於朝。復諭諸生曰："昔有文翁興學于蜀，受業博士時，則張叔學官弟子，吏民懷之，彼何人哉？叔兮叔兮。"又進諸生之長，諭之曰："昔有文公設教於潮，潮人趙德以士見招，繼文與行，倡于齊民，其則不遠德哉！"若人諸生拱而前曰："某等幸生明世，惟師帥不鄙夷之。俾獲有聞，雖不敏，敢不受教。"請刻諸石，以詔百世。書院之制，前爲燕居，直有杏壇，傍爲堂，左先賢祠，祠後爲直舍，繚齋以廡，不侈不隘，臨溪爲門，堂名絜矩，齋曰篤志、求放、明辨、主善，率性、成德，其門總曰安湖書院，予山中所題云。（嘉靖贛州志·藝文）

濂溪書院記事　　宋　黄雲師

書院奉周元公，而二程先生侍坐，其像設甚古，見者肅然生敬，因居戎府左。丁亥之秋，有欲毁像以廣其宫者，問左右曰："周濂溪何人?"曰："古大賢也。"曰："彼不過能作幾句詩對耳，今何能為!"將鳩工撤像。是夕，見三冕而朱服者坐寢堂上，嚴毅不可逼視，自是畏其神，不敢議毁。世傳真淨禪師住歸宗，元公往與之遊，因結青松社，又名寺左之溪曰鸞溪，此妄說也。元公與真淨往還，或偶然寄跡，必以松可步蓮，鸞名配虎，遞因摹倣，此即真淨不為，而謂元公為之乎？且元公門庭高峻，王介甫聞風歸嚮，尚三謁而三辭之，冀折其少年果鋭之氣，而謂其學遠公、淵明於形骸之外，則又過矣。予因書院事及之，使後人知元公大賢，不可或褻，而書院之日就蕪沒為可惜耳。（同治德化志・學校）

三賢書院記　　元　歐陽元

洪之奉新三賢書院者，舂陵周元公、眉山蘇文忠公、修川黄文節公之祠也。邑庠舊祠三賢，以元公嘗仕修川，黄文節公實修川人，蘇文忠公南行，弟文定公謫官筠州，因省其弟過洪州之筠，奉新為邑，蓋有三賢之轍迹焉。故邑人慕而祠之孔子之宫，更兵祠廢。世儒鄧公謙亨久欲復之，未暇。後至元五年己卯，有旨禁民為蓮社，其祠宇聽民佃取為業。有堂名種德者，適邇鄧氏居，謙亨與伯子杞謀，遂入辭於官，請為三賢書院。有司許之，乃撤故益新，加以補葺，中為先聖燕居，別室為三賢祠，一如他書院制，既而講授肄習，悉循其規。於是割田若干，歲入得粟數百石，以備聖賢饗祀、師生廩膳之資。他日，其季子梓宰邑安化，道瀏上，將父兄命具書院顛末，謁元為之記。竊嘗考周元公道德之盛，其出處正當汴宋承平之秋，君子衆多之日，而當世諸賢、搢紳、士，唯呂正獻、趙清獻二公相知，文學蘇文忠、黄文節，獨深企仰。文節稱公"光風霽月，人品甚高"，新安朱文公每服其知言，文忠作濂溪詩有曰："先生豈我輩，造物乃其徒"，此非深喻《太極》《通書》之旨，安能為是言哉！然蘇公之識之卓，能知尊周子之學，而不能知程子之賢；黄太史之辭章，足以極周子之形容，其行義乃不足以獲富鄭公之識鑒。孟子所謂智之於賢者，命也。蓋蘇、黄之知周子，即孟子所謂性歟？慶歷、元祐諸公之罕接於濂溪，眉山之不偶於洛學，修川之不見察於彥國，豈非命歟？二賢生平起敬周子之心，一日著於文墨議論之間。詎知百世同堂之祠，實張本於斯焉，是亦孟子之所謂命者歟？元固願士之來游來歌於是者，勵其希賢之志。勿諉於命，務究所知，謂性不謂命焉。前修遠乎哉，元之是記，庶幾可為諸士友進修之一助云。謙亨，字仲謙，有德望於里中，杞、梓克紹家學，梓登元統進士第，歷官以清幹聞。（光緒江西志・建置略・書院）

重修道源書院記　　元　劉偉節

道源書院，如前泰定間，吉安劉偉節來長是宮，計將修造，稟命郡之諸侯，議以克合，市材召工，首修燕居，次葺景行、崇化，與夫雲章、弘道、崇德，靡不黜舊而陟新。前序某輩直學，某與有力焉。竣事，諸生請記于後。偉節曰："顧黌宮立石有六：一曰御書'道源書院'四大字；二曰道源省劄，寶祐三年郭守廷堅謝表；三曰道源勑額，景定四年，姚守應龍謝表；四曰御書閣記，姚守譔碑文剝落；五曰三先生祠堂記，乾道元年，河南郭見義譔；六曰租額，淳祐三年趙教書。凡若此者，奎畫也。乃今修葺之責，安敢伍於其右哉？"諸生之請遂止。是書院也，祠濂溪、明道、伊川三先生而設也。寶元間，程伯溫倅是郡，濂溪司理曹、善道學，伯溫命二子師之，倡明仁義、中正、修齊、治平之道，上接孔孟之學，《易傳》《通書》，郡庠鏤版以傳，人能學之，措諸政化，則斯民享斯道之福，自橫浦發源始之，故曰道源。不然，天章奎畫，何其至歟？（嘉靖南安志）

道源書院記　　元　蕭奎

後至元己卯，江西憲使順昌嘉議按臨橫浦下車，謁先聖廟暨先賢祠，行勉勵之政。首詢學院錢□[①]幾何，有無逋負。山長胡三俊以次對，迺舉

① □：據魯承恩版元蕭奎《追復學租記》，當為"穀"。

□□[①]積年未決地租二事以告，公慨然以為己任，力并有司歸着。時大庾縣尹鄭潔只不花寔任言責，越三日，審决二事，具其實以聞，公論韙之。一件：龍壇灞地租隸，大庾縣清德里先被寶界寺僧侵占，書院糸照宋景定砧基文簿及嘉定石碑所載，歲收銅錢壹拾陸貫柒百陸拾文。申掌總府給還書院管業，陶山長照銅錢開禁例，每貫紐計中統鈔貳拾伍兩，本縣正以僧占歲收壹錠肆拾陸兩伍錢為則科徵，緣陶山長與本縣所擬輕重争懸，連年不決，至元四年，准新任胡山長關該前事合無照依，廢銅時估每貫柒兩壹錢伍分，申掌總府改委縣尹鄭承務儒學，正景文公同議得胡山長所擬，雖是兩平各佃，未肯承納。今憑衆議以元額銅錢壹貫為率量，擬比對至元鈔壹貫，計中統鈔柒錠叁拾叁兩叁錢，誠為優輕，官民兩便，連御保結，申府圁牒書院徵租，分憲可之。一件：舊貢院地租屬河南，都先被演教院僧包占，及僧首黄善謙首告，行據耆職、扶弼與職隣人等，勘會畫圖貼說，其地除西畔，一半係李德清等於書院佃納，外有東畔，一半見係寺僧包占，與黄俊英等分收地利。及責據被告僧李順恭狀供本院，委無砧基契憑，甘結在官，不期本路同知黑的兒奉訓以私滅公，奪而歸之墨氏，書院申明間，天相斯文，適錢憲使分巡主張公道，再追李順恭到官，招供明白，取各佃承伏繳連圁牒徵租，計鈔壹錠壹拾壹兩，米壹石壹斗，俱有文卷可攷。

竊謂學院錢穀所以為教養而設，然往往莫肯用心，因循廢事者有之。若兹二事，非順昌公之明斷不能致其决，非鄭令尹之誠慤不能贊其成，在職教者，則固以分之所當為，故略述其顛末，仍序次佃戶租數勒之於石，以示方來，抑使知湮沒之易，而追復之難，庶幾慎守其所已復，而擴充其所未復，則教養之道有所賴焉。

龍會灞地租鈔七錠三十三兩三錢，謝君惠、劉茂新、殷貴五、何紹伯、藍宗二、鄒貴發、鄧明甫、殷劉伯、陳文八、王五哥一十戶各六兩。蔡仁叔、謝子全、劉壯子、蔡謙叔、梁寬八、蔣宗四、封子全七戶各二兩。英惠實、屈二、劉暉發、謝元昌、梁寬盛五戶各一十六兩。潘永咸、鐘順達、蔡智叔、謝元清、謝時順五戶各八兩。謝安一、梁寬一、謝仲

① □□：據魯承恩版元蕭奎《追復學租記》，當為“書院”。

顯、謝時發、蔡文六五戶各四兩。謝子明、正君佐、蔣子發、李元一四戶各一十四兩。王子宣、吳木仔二戶各一十兩。謝秀叔、蔣志高二戶各一十二兩。謝君賢戶二十八兩，李、何三戶一十八兩，陳子福戶二十兩。舊貢院地租鈔一錠一十一兩，米一石一斗。吳子全、黃李一、廖高五、何實甫四戶各五兩。黃李一、廖君輔二戶各一十兩，黃俊英、李順恭二戶各四兩。廖祥杰米六丰。鄧君甫、黃善謙二戶各一兩。李保三戶七兩五錢。龍珍寶二兩。廖君輔一兩五錢。何實甫米五丰。廖祥傑米六丰。（嘉靖南安志）

題安湖書院始末後　元　吳澄

漢循吏化潢池，弄兵之赤子，賣刀劍，買牛犢，史傳以爲美談。吾樂安何侯，初登進士科，尉盧陵已著。吏能署臨江，錄曹仕彌進彌優，及宰興國，建安湖書院於邑之衣錦鄉，敦以詩禮，能化一鄉，奉不可化之俗，訖今不復弄兵，雖漢之循吏，何以尚玆？於呼！士君子有志斯世，大而宰天下，小而宰一邑，皆可以行志，顧其人何如耳。斯、高用而盜賊遍山東，林甫、國忠用而盜賊遍河北，卒以亡秦而亂唐。一郡縣之小，用得其人則如此，以天下之大，用不得其人則如彼，人才之有關於斯世，豈小哉！天下不難治也，安得如侯者千百，布滿郡縣哉！侯諱時，字了翁，人稱見山先生，采李侯之同年進士，安撫江南西僻。侯主管機宜文字，朝命提舉江南西治平茶鹽事，不及上。未幾，銜石鎮海之志，不遂，匿姓，名曰堅白道人，市藥民間，數年後還家以壽終。（同治贛州志・書院）

桂陽修學記　明　朱守蒙

天生賢才，以資化理，其未用則學校以養之。故自國學以及郡縣皆設學，祀先聖先師，推教本以示尊崇也。桂邑山峻水廻，昌黎所謂必有魁奇、忠信、材德之人生其間。昔周茂叔嘗宰焉，雖歷世久遠，而淳風美化之在人心，尚如一日也。學宮文廟前代不具論，自國初建置，迄今踰百有餘年，寖以圮壞。前諸尹若唐公京、金公輅，嘗一修葺，皆事未竟而去。邇新喻桂公來尹，以興學校為急務，時縣事方殷，百廢莫舉，公處以不亟，凡小大事漸次為之，曾不踰時事就條理，其有事於文廟也。

鳩工集材，於民無擾，增學舍凡二十楹，築垣牆以尋計者，不下數十，肖先賢像而加之櫝，平殿廡地而甃之磚。堂齋廟宇，飾以文彩，階級門牖，易其蕪礫，攲者植之，污者飾之，殘缺者補葺之，乃若仍因更置之宜，卑高深廣之度，則分教祁門方公雷所經理也。始事於癸卯冬十一月，終事於乙巳春三月，華彩炫爛，輝映雲日，蓋規模宏遠矣。竊以天下事，孰非吾人所當為，而限於分不得為，與限於才不能為，未嘗不致恨焉。董子論守令為民師帥，豈非所當得為者。桂公於所當得為，而才足以為之，宜其度越尋常也。時安成謝公高掌縣學教事，而分教方公亦同心佐職，是以文教與學舍并新。自今以始，邑之人士所得於觀感興起者多矣。落成日，諸同門屬守蒙文以記之。噫，文豈蒙所能，但嘗聞之《禮》："有其舉之，莫敢廢也。"魯僖公作《泮宮》詩，人頌之，今桂公新文廟，修學舍，在禮為當，而亦詩所宜頌者也，蒙惡呼辭。（乾隆郴州志・藝文上）

正學書院記　明　羅洪先

督學憲使王公敬所因貢院改復，取完壞成材，輔以帑幣，建書院其上。於是巡撫吉陽何公、巡按五臺徐公、東泉鄭公咸助之成，中為崇迪堂、廣幾軒，後為退食之軒，燕休之館。庖寢圊湢，巨細咸具左右，為號舍者，凡幾所堂室門墀，各限囂雜。外為夾道，繚以周垣。總為屋若干，可容生徒數百十人，扁其門曰正學書院。始於嘉靖戊午某月，又幾月而垂成，遣使委記於余。未幾，王公遷參政，而憲使滄溪黃公代為督學，增其未備，復申往命。余未嘗得造其門，覽書與圖，其愛士良勤，而規畫至宏遠矣。

夫名以正學者，所以別其學為聖賢，不雜於他道云爾。嘗考正學之明，獨在孔孟之時，而其後莫盛於宋。然夫子方且責原壤，惡鄉愿而病異端。楊墨之辨，孟子自謂出於不得已。二程、朱、陸之於佛，往往若敵壘之吾侵，是當時之人，惑於他道亦甚矣。夫當極明之時，邪正紛紜，乃自不免，此何說哉？凡吾之言學，未有不篤於躬行者，於躬行之中，而議論稍偏，意念稍蔽，其始止於毫釐，而流弊乃或千里之謬，初非與聖賢之道背馳而不類，則原壤、楊、墨之類是矣。以其偏蔽之流，固不得不為之防，而躬行所至，各有自得，乂足以易視聽而傳久遠。向非見正於聖賢，固莫知察其微，而絕其患，此他道之辨，所以必出於斯道極明之時，亦其勢使然也。濂洛之後至今日，講學之風徧天下，其亦可謂盛矣。其皆篤於躬行矣乎？亦有失之偏蔽者乎？抑亦尚不免於空談，而偏蔽之患，猶不解乎？夫正學不明，聖賢汲汲於奔走者，不啻拯饑溺之切也。然當極明之時，而他道即以參雜其閒，然則議論之從違，意念之輕重，其在今日烏可無慎也哉。吾方懼求正學者，未有躬行之驗，則亦無以取信，而不受變於外也。其或竊六經之文，以工課試，不復知有其他，是俗學也。彼於人已無算，尚何以救人之偏與蔽哉。求正學者，自得之。（光緒江西志・建置略・書院）

遷復儒學記　明　羅洪先

寧遠學，舊在縣治前稍西，自國初至嘉靖未之有徙，徙郭之東，自前令周諒始，周用術者言文事不振，氣有隆替，徙之十年，卒不驗，僉以爲過，計願復其舊，請之。兵憲陳君仕賢暨判府周君子恭、王君宗尹力贊其決，而令未有任之者。丁未秋八月，永新劉孔思來爲令，聞而歎曰："政有大于是者乎！"遂捐俸若干倡之，而富民與諸生有力者，相率助役。凡四閱月，功告成，自禮殿講堂，齋廬、庖寢、綽楔之制，位序、書器、奠獻之具，莫不完好。歲時祭饗，法飲聚誦，視舊有加，而公帑不病。于是教諭張竹、訓導趙豪等頌令之功，以爲能厚望于諸生也，則遣學生姚世南走千里，請記于余，并問其所以爲學者。

余惟自古建國，辨方正位，測景驗時，而後卽事，葢慎之也。矧學校出賢才，司政教，以布澤于天下而可忽哉！雖其說或近于形家，而所謂趨吉避凶者稍有可信，固古之所不廢矣。雖然學復其舊，諸君子之用心得矣，諸生處于是學也，其惟記誦詞章，資進取以振文事乎！抑進于是而亦有所當復者乎！姑以學舍譬，當其東徙至勞且費矣，其屢謀而不决者，葢亦有所惜而不忍棄也，幸而復于今矣。其始也，亦必博咨詢，審廢舉，較利害，辨從違而後决乎！其繼也，亦必崇之以垣墉，大之以基本，通之以戶牖，深之以堂奧，華之以丹雘，而後足于其後也，亦必程其課業，行其禮度，厚其廩餼，縱其遊息，而後安乎若是者，豈不惜其勞與費哉！眞知舊之不可不復，則亦爲之而已矣。由是觀之，不有所棄者，必不能有所爲；不有所入者，必不能有所樂，此一事爲然也。而況吾之一心備萬物而通四海，孟子所謂廣居正位，大道是也，獨不思其舊而復之乎！今之居學校者可知矣，問其記誦，則曰此古弦誦之舊，而書則三代之遺訓也；問其辭章，亦曰此古敷奏之舊，而言則群聖之折衷也；問其進取，亦曰此古登庸之舊，而位則九德之咸事也；問其心之所惜，則近世之所歆羨而馳逐者，嗚呼！天之所以與我，與國家所以養士者，果何謂而止于是乎？惟其所惜者，止于近世之所歆羨而馳逐也。故其夙夜矻矻，苦其思而疾其力者，衹不過計傭直耳，持傭直以仰于人，其尚有廣居正位，大道之可樂乎！此不有翻然舍置，而决裂于從違之間，必欲與聖賢同歸，而不忍戕伐其身者，則亦莫能自拔而復其舊也已。

吾心之廣居正位大道者，何也？以太極爲垣墉，以立誠爲基本，以知幾爲牖戶，以神應爲堂奥，以篤實光輝爲丹雘，患不得其門而入耳，誠得之矣。發而爲視、聽、言、動之則，感而爲君臣、父子、夫婦、長幼、朋友之倫，遇而爲富貴、貧賤、彝狄、患難之節，推而爲天地、日月、四時、鬼神之變，著而爲《易》《詩》《書》《春秋》《禮》《樂》之教，是吾與聖賢之所同也，人道畢矣，故不必黜記誦也。而凡書之所載，皆可聞吾之所未聞，不必削辭章也；而凡言之所及，皆可發吾之所未發，不必絕進取也；而凡位之所在，皆可行吾之所欲行。窮而在下學，即其政也；達而在上政，即其學也，是豈特棄東徙而復舊學之安也乎！是學也，不假人力而自足，不待歲月而有成，不離常行而即在，亦曰爲之而已矣！此非余之狂言也，濂溪之常言也，其言曰聖可學乎？曰無欲，此求復之門也，其始入也，必于世之歆羨而馳逐者，大有所棄而後能乎！不棄于彼，必不能入于此，此一心所以爲要也，得其門無不至矣。濂溪，固舂陵之產，而寧遠之故國也，文獻足矣，足則徵，徵則信，諸生尚何讓乎！安知今之復舊學者，非其兆也？余取益于周王爾，君方以無欲自勵，而劉君又余鄉人之有志者，固因諸生請記而附以是論，他日有言舂陵之士，以濂溪之學鳴者，則諸君子用心其効矣乎！嘉靖戊申臘月甲子記。（嘉慶寧遠志・藝文上）

濂溪書院記　　明　羅洪先

縣於丞、尉稍尊，自州郡視之，皆下秩也。桂陽有邑以來，凡幾令，令以治績聞者凡幾人，至於今獨稱濂溪先生，以今揆之，將來大都可逆覩矣。先生三為令，世所傳答李初平語，病且死，篋無餘錢，皆在郴與南昌時。其令桂陽四年，未聞有甚奇偉不常之事，部使者以治績薦要之，當不異於郴與南昌時也。然世之尊先生者，類以為孔孟以後一人，其追而祀之，蓋又不獨桂陽。自孔孟至於今，天下之善為令與為吏，而上稱良吏者何限，較其治績，亦或有過之者，廼獨先生一人是尊。嗚呼！玆非有甚異於人，而亦非人之所甚難，其亦安能致之。甞聞先生之學，以主靜為要，言乎其靜，舉天下之事物槩於其心，一無所欲也。夫耳目之交，雖至細微，猝然遇之，猶或足以動其紛擾，而況舉天下之事物哉。夫事物之來固未嘗紛擾也，而往往以紛擾應之者，為其未嘗有所主也，不為主而為役，則小大易，小大易則盈，耳目者無不可欲，奔馳衆欲之中，膠膠轕轕，日亦不足，於是欿然餒矣，以其欿然而視，一無可欲之心，其難易當何如哉？蓋一物無欲易，物物無欲難；一念無欲易，念念無欲難；有所制而無欲者易，莫之禦而無欲者難，此非自足而能為事物之主者乎？是故止而不為者存，而不存謂之虛，虛則明，明則通，而實未嘗有所靜也；出而不染者應，而不應謂之直，直則公，公則溥，而實未嘗有所動也。是道也，天地、日月、四時、鬼神且不能違，而況於人乎？是故在身則裕乎身，在邑則善乎邑，在郡則優乎郡，行之天地歸其仁，傳之萬世報其德。是所謂人極之立，未可責事以為功，撰言以為譽者也。宜先生之常尊歟，非尊先生也。道固至尊，人自莫得而與也。先生去桂陽，士人思之，於署之傍，坎其滻者以為池，近郊之右，覆其阜者以為亭，復取“愛蓮”“予樂”兩言以為名。嘗若先生往來遊息未忘也，已而即亭為祠，設像釋奠，典守有秩，歲久怠圮。嘉靖己酉，知縣劉君翔病其外遠，改築池上，胥隸伺竊囂突弗虔。癸丑，憲使潘公子正簾之返其故處。明年甲寅，督學憲使林公懋和採諸生朱孔堂等議，行縣加飾，於是知縣徐君兆先實勤咨度，起廢增美，講堂學舍次第就緒，將揖諸生誦習其中。遂命孔堂徵記於予，予因是有感焉。知位不在大，則賤可使貴；知學聖有要，則愚可使賢；知流風有自，則身可使存；知見大忘小，則物可使化；知心能有主，則欲可使無；知無欲常尊，則懦可使立。雖然一無所欲之心，奚必先生有之，即紛擾於事矣，抑亦有漠然無欲，泊然無味之時，知所擇而主焉，回視向之紛擾，未始有物以梗之，皆吾之自惑也，故曰："至易而行難，果無難焉。"則先生可使復見於今日。（乾隆桂陽志·藝文中）

興國安湖書院記　明　羅洪先

《禮》，爲學者，動必釋奠於先師，而後行事，其有國故，則釋奠無合也。所謂國故，謂其國之昔人可以爲師，有是人不必遠取合祀矣。夫遠取合祀，豈無有過于是人者，而必國故用之，何哉？古者，仕不去國，幼而學，壯而行，其政與教之所由來，固國人聞見之所及也。取其聞見者而爲之師，在上者，不特備物釋奠爾矣，自邑宰、下士，以至方伯、連率之尊，其鄉射、飲酒、養老、勞農、獻馘、訊囚之政，必於學焉，意曰："此昔人政之所出，吾得無有怠棄乎？"是于政而求其至者，所弗容已也。在下者，不特奔走執事爾矣，自校人進等，以至俊選、學士之賢，其絃誦詩書、干戈、羽籥、德事、曲藝之教，必於學焉，意曰："此昔人教之所出。吾得無有污壞乎？"是於教而求其至者，所弗容已也。本其所性而導之，入率其所知而程其功，不強以難能，而衆可勸，移其不變，而人莫非之。古之聖人，化易行而久不廢，用此道矣。後世仕既遠于其國、其政，教又皆雜出于世俗之所習，所謂釋奠，大抵文具，泛視之，而或荒傲弗共，問其國故何如人，其人可師者何在，槩莫之舉也。

宋咸淳壬申，何令時以前令程大中識濂溪於南安司理，遣二程師事之，而聖人之學，自是復明於世。是三程者，興國之國故也。于是爲書院安湖祠祀之，而侑以濂溪，其廢與興，往莫可攷。正德己卯，黃令泗慮安湖地遠，改建邑東，前爲堂以稱祀事，其後復以陽明王公弭寇之功，多在諸邑，而其學固周程之遺也。則别祀于尊經閣下，然其物興不備，久且就弛。嘉靖丙午冬，林郡推萬潮攝邑，事因教官徐昇與諸生之議，得請於巡撫傅公鳳翔，叅議方公任、張公永明，副使高公世彥，督學蔡公克廉，咸樂其成，林復躬計之。于是蠎帑飾材，以儉爲功，汛掃牲帛，令載徭賦，畫爲條式，憲諸來者，春秋之吉，諸生告期，令率屬牽牲於門，奠於堂，由北階經侑省堂入奠。尊經閣下接而行事，其禮如堂閣。左右名宦、鄉賢兩祠，以次徧舉，畢事乃退。非釋奠入謁諸生，聚講修省堂，讐對所疑，議不及政，朔望入謁亦如之。其非入謁校官，以五日即祠前主靜、定性、持敬、致知四齋，考業諸生。祠，二齋，齋各四舍，凡十有六舍，諸生餘三十人，必其俊廼得選，斥其不率與暴慢者，率關之令，以上事，事復得請盡列諸碑。廼遣諸生，王世昌、呂雲來徵文。

惟昔之創始，今之舉廢，皆與禮之國故甚應，而導率勸戒，視昔益密，可謂有志于古之政教者，興國之風將駸駸日可進于化矣。雖然，由孔子而後千五百年，郡國之學所祀。以爲師者，非諸經學官與所謂隨事以就功名者乎？無欲以學聖，濂溪之前有是乎？否也。夫以無欲而學聖，是聖人之所以爲聖，與人之所以不至於聖者，止係其欲之有無耳，今以爲聖人止於無欲，令皆舍其世俗所習而趨之，其有能信者乎？二程自述所受，謂天理寔由於體貼而後得之，是方其體貼而未得也，固亦疑於無欲矣。及其既得，則盡吾無欲之所流行，固皆所謂天之理也。陽明處困之後，慨然犯羣疑，而爲良知之說，盖亦有見于吾心是非之昭昭者，未始有欲，而何者非理能察，是而致之，以至于無往不然，則去聖人不遠矣。嗚呼！是數先生所以出其政與教者，孰不各有所自得，而其所以能自得者，非知聖人之所以聖，而極力以求其至乎？知聖人之所以爲聖，然後知世俗政教之所以敝，而不敢安于怠棄。極力以求其至，然後推本于己者，無所污壞，而未嘗假借剽飭於其事爲，故著之聞見，自能信於其國之人也。今比先生于國故且師之矣，將極力而求其所謂無欲以至之者，亦有不容已乎？將惟免於物典之怠棄污壞而已乎？自先生觀之，童冠以進於選舉，邑宰下士之與連率，即今日有司與諸生之身，其政與教不載于簿書、傳記，即誦於長老、婦孺、臺輿、商販之口，不獨諸生之所聞見，而又皆其身之所當從事。固非若《禮》之所言養老、執訊、干戈、羽籥之類，然可行千古，而與今不甚應者也。在其位，近其居，不求斯人之所以出其政與教者，而或假借剽飭於傳記、簿書之間，縱選舉而尊用之，寧不爲長老婦孺、輿臺、商販之所訾歟？侯人於嘉賓不知而過者，無譏也。爲之授舘與粲矣，而色有不在其不違而去者幾希。嗚呼！

爲有司與諸生者，無徒以籩豆事先生，而自安于世俗之習哉！洪先寡昧，竊嘗以無欲爲學，而愧未有所至，既與林知厚，逆其志之必有成，又幸興國之重有遭也。因爲記，而僭論焉。盖欲以來者國故望之，不徒以國故告來者也。（天啟贛州志）

東湖書院記　　明　邵寶

東湖書院者，廣東按察僉事、梧州吳公廷舉之所建也，院在州東門外，南臨潯、灕二江，北負大雲山，山之下公三代先塋在焉。有水出山半，左右夾流至院之前，匯而為池，池方四畝，曰小東湖者，公名之也。公之先為湖廣嘉魚人。嘉魚有東湖，既取以名，又以扁夫院者，葢示不忘其先也，抑有尚友之道焉。昔宋周元公茂叔嘗濯纓江州廬山蓮花峯下，樂其水之清也，遂寓以濂溪之號，濂溪出道州，去江州幾千餘里，蓮峯之水，非濂溪之水也，然自道眼觀之，則孔子之所謂逝者如斯，孟子之所謂有本者如是者，固未嘗異也。故觀道有術，莫切於水，得於水而不泥於水，此有道者之大觀也，吾於元公見之。大雲之於東湖，其亦類是矣。夫公之學，道從可知已，然遠而望其故鄉，則得水木之義，近而邇其先塋，則廣風木之思，傍以招引後學，而退將自養焉。一舉數得，是皆道中之事也。矧院之為勝，負山嚮水，草木魚鳥之觀，日陳于前，登堂曠如入室，奥如經書圖史，取諸左右，無不應手而掘趨其間，皆鄉里秀敏之士，士之不遠千里，束負而至者，又時有之，以是尚友古人，夫豈僭且誇哉！公博學如古，有猷有為，由邑而郡，夙著名績，予葢聞之久矣，頃者以貳守北上，道出江右，始因吾寅萬公世和得傾葢焉。比任雲間，遂命伻來請記，時弘治甲子也，越六年正德已巳，乃克執筆。葢院之詳，公自有記，予特論公之志以告學者云。（容春堂前集）

濂溪書院記　　明　洪鐘

人材之興，關乎培植，必廣為造就之地。俾都人士，以時肄業，其中涵育薰陶，相為師友，習而安焉，不見異而遷焉，而人材乃蒸蒸日上。桂邑雖屬山城，實為文學區。余奉命承乏茲土，每當會文課，士所遇多瑰琦卓磊。士亟思所以造就之，而義學舊建於東門外，敗屋數椽，幾不容膝，以故野處多匿秀，而就學者寥寥。夫設學校以廣人材，宰職也，宰以簿書鞅掌，懷是心而力不逮，蓋未嘗不撫膺嘆也。今歲夏，邑紳胡公諱朝震、朝北勷昆季詣余署，慨然以创建義學請，余心竊嘉之。退越月，爰解囊金於東門城内，購買學宫之左地，筮吉興工，外列屏牆，開院門。由頭門以入沙墀，寬敞歷階而升，左右中各三門，門以内砌甬道，而甬道而登廓，其中為講堂，堂下兩邊為廻廊，可容數百人。講堂之後為濂溪祠，崇理學也，祠上搆樓，為魁星閣，啟文運也。祠前飲泉鑿石為愛蓮池，池上為君子亭，沿祠左右達講堂，兩傍各搆精舍數十間，明窓净几，為士人肄業所藏書數千卷，以偹叅考。凡庖湢、席榻諸器用，無不偹具，巍然煥然為邑大觀，且捐租貳百担，以作士人膏火束修資。卓哉！高義堪與古人競爽矣。落成之日，予題曰濂溪書院。以桂東向為先生施化之境，流風餘韻，至今猶存。設主於祠，使多士日對理學名宗，自知溯本窮源，不徒尋章摘句，掞藻摛華，為弋取功名計。則所造當必有深焉者，間嘗曠覽流俗，徃徃崇異教，創梵宇，餙靈宫，謂是善果所在，可以階福。至事關文教則淡漠視之，豈若胡紳之昆季揮三千餘金，為吾道增色，非聖人之徒而能若是乎？朝廷雅意作人，各省書院多出帑金修舉，而各上憲，更留心奉宣，不惜捐助，以昭盛典。今胡紳昆季身處草野，而能仰體此意，振興一隅，使宰斯土者不煩絲力，坐觀厥成，繼自今案牘餘間，萃邑中名流，相與講業，論文從容，揖讓於其間，斯亦為宰者所暢然滿志也。胡紳堦庭玉樹森立，或司鐸岳陽，或宦遊兖豫，餘俱馳譽青瑣，玆復以庭訓之嚴，培植鄉城人士，將來蹌蹌濟濟，雲蒸霞蔚，各出所學，以鼓吹休明，羽儀盛世，試為溯厥由來，數君子之功，其留餘於後者不淺。余嘉其義，為申詳上憲，俱大加獎勸，爰綜其事，以鐫諸石俾，與嶽麓、嵩陽、應天、白鹿並志不朽，其義學田之疆界載於記後。（乾隆桂東志・藝文）

濂溪書院記　　明　張鯤

嘉靖十年春二月，御史按合州彰賢癉昧，敘禮定樂，既集事，乃作合宗書院。越二十日乙亥，院成，御史曰：“嗟，元公周茂叔判非此地邪！合不此宗哉？”故大書合宗書院，扁其堂前曰尋樂，後曰天餘。光霽維時，副使張鯤、參議林豫、僉事李文中，稱享之日隨吕行，相顧曰嘻，懿哉！御史書院之建，非徒表濂溪耳，實乃有臨道焉。是故以言其裁，可以恆政也；以言其教，可以豫德也；以言其學，可以井士也；以言其化，可以履民也。君子曰：一德臨而百度貞焉，其御史也。夫御史之為書院也，始相其基簡以易，中營其費裕以約，已攷其工程以時，終觀其成完以美。夫簡以易，政之綱也；裕以約，政之備也；程以時，政之節也，完以美，政之永也。《詩》曰："如翬斯飛，君子攸躋。"恆政之謂也。因心以訓仁，因俗以訓禮，因興廢以訓義，因先後以訓知，因期會以訓信。夫仁，德之地也；禮，德之章也；義，德之果也；知，德之昭也；信，德之符也。君子非德於身而道不虛行。《詩》曰："其儀不忒。"正是四國豫德之謂也。夫御史之學，經之以正而不迂，達之以道而不固，華之以文而不靡，游之以藝而不濫。變而通之，維已持之，毅而執之，與時宜之，故士之居業者，察其經，若有興也；守其道，若有通也；潤其文，若有飭也；博其藝，若有則也。《詩》曰："肆成人有德，小子有造。"井士之謂也。夫御史之化，崇雅而黜淫，迪正而放邪，尚恥而杜陋，懷弱而伐強。夫其毀佛氏之宫，而建玆院也。合之民翕然從之，無異議焉。儼然安之，無距行焉，《詩》曰："率履不越，遂視既發。"其履民之謂也，是故《易》曰："澤上有地，臨君子以教思無窮，容保民無疆。"故欲保民者，必先教思以為天下臨。然非剛中之德，則上何以臨，而下亦何所說臨哉！是故說而順剛中，而應大亨，以正天之道也，剛中之謂也。夫御史可謂得臨道者矣。惟時順慶舉河防之利，雅州告孔廟之遷，彭山樹忠孝之祠，華陽正正學之典，咸與院期會，故曰一德臨而百度貞焉。院廣若干丈，為屋若干楹，工作若干人，重慶判羅天貴、指揮耿垚射、洪尹玉、汝賓實丕作焉。御史閩人，姓邱，道隆名，別號練塘，其履歷若元公茂叔，始末見之仕版，詳圖籍，傳諸人人，例故可畧云。（民國合川志）

濂溪書院記　　明　蕭象烈

表賢以寓教，此長人者之責，然而非其人弗任也。"有能覆牒、嚴期約、不窳事者乎？十不一二矣；有能急隱瘼、剔風蠹、不窳民者乎？百不一二矣；有能崇學術，篤風教，不窳士者乎？千不一二矣。”黃子性甫，吾鄉素所稱篤契聖學者也，歲丁巳，以名進士來令永明，慨然以道化一邑為任。越明年，政通人和，乃謀諸簪袚衿佩曰：“聖學一脉幾湮，秦火草昧於漢，而光大於宋，抉秘啟鑰，則功孰有大於元公，直俎豆乎聖賢之間，而缺祀於枌榆之地，其何以彰發祥，而令後來之雋聞風而興起？此亦今之曠典，而守土者之所宜任也。”於是經營創始，不忍費民間一錢，獨捐俸廩，以充締搆，凡閱五月落成，祠之大觀備焉。已又思為多士朝夕講業，計環祠之，東西增置學舍若干楹，及講堂一所。其東扁曰志伊，其西扁曰學顏。蓋循先生之教人者，以教人也。夫無所待而興者，謂之豪傑。矧先生典型在望，若張射者以的，著作不朽。若呼寐者而覺，士當今日，寧非振衣之一會與，曷憬然思曰，樂業吾事耳。奚而邑父母之重念我多士也，至蒿目借箸，測景攷勝，竭槖鳩工，不遺餘力，諸大夫士復宵旦拮据，悉心教獲，亦既勞止，其篳路籃縷，負畚鍤、操斤鋸以將事，又偕邑之父老子弟，畢四肢之敏，以襄成此堂搆也。夫豈非居與樂羣，出與戮力，國家將唯士是賴，至艱大乎，則士之自待，詎容或苟且，不必深言元①遠之理，姑卽先生之見，諸行事者，與諸生共質之。有如一當久淹之獄，能燭照立決，不惑於異同否？有如一當非辜之囚，能持法力爭，不屈於權貴否？有如一當患難之交，能終始周旋，不以存亡易節否？無欲以砥操，簡敝篋而錢不滿百也，無在不可以對人矣。至誠以植根，馴豪黠而耻污善政也，無地不可以孚格矣。蓋學術之决裂，起於體用之離歧，先生志伊所志，學顏所學，則莘野之樂，卽簞瓢之樂可也。天下之歸，卽天下之任可也，惟先生神契乎伊、顏，故能易地而相證，惟子性甫善學先生，故能政修而教舉，今且儼然內召矣。以其所以治營浦者治天下，無煩更駕矣。而諸士生同先生里，可不深維邑父母造士之雅意，而求無愧先生之志之學哉？余於性甫，有維桑之好，其涖茲土也，有同舟之誼，性甫之克舉政教，卽不佞之藉，以不廢職，故為之誌其本末如此，俾後來有所考云。（光緒永明志）

---

① “元”：因避諱改，當作“玄”。

心極書院碑記　　明　王畿

心極之義，其昉諸古乎？孔子“《易》有太極，是生兩儀”，以至定吉凶而生大業，所以通神明之德，類萬物之情，而冒天下之道，無非《易》也。《易》者無他，吾心寂感、有無相生之機之象也。天之道為陰陽，地之道為剛柔，人之道為仁義，三極於是乎立。象也者，像此者也。陰陽相摩，剛柔相蕩，仁義相禪，藏乎無扃之鍵，行乎無轍之途，立乎無所倚之地，而神明出焉，萬物備焉。故曰：“無思也，無為也，寂然不動，感而遂通天下之故。”此孔子之精蘊也。當時及門之徒，惟顏氏獨得其宗。觀夫喟然之歎，有曰：“如有所立，卓爾。”有無之間不可以致詰，雖欲從之，末由也已。故曰“發聖人之蘊，顏子也”，顏子沒而聖學遂亡。

後千餘載，濂溪周子始復追尋其緒，發為無極而太極之說，蓋幾之矣。而後儒紛紛之議，尚未能一無惑乎！千載之寥寥也。蓋漢之儒者泥於有象，一切仁義、忠孝、禮樂、教化、經綸之跡，皆認以為定理，必先講求窮索，執為典要，而後以為應物之則，是為有得於太極似矣，而不知太極為無中之有，不可以有名也。隋、唐以來，老、佛之徒起而攘臂其間，以經綸為糟粕，乃復矯以窈冥玄虛之見，甚至掊擊仁義，蕩滅禮教，一切歸之於無，是為有得於無極似矣，而不知無極為有中之無，非可以無名也。周子洞見二者之弊，轉相謬溺，不得已而救之，建立《圖說》，以顯聖學之宗，定之以中正仁義而主靜。中正仁義云者，太極之謂；而主靜云者，無極之謂；人極於是乎立焉。議者乃以無極之言謂出於老氏，分中正仁義為動靜，而不悟主靜無欲之旨，亦獨何哉？夫自伏羲一畫以啟心極之原，神無方而易無體，即無極也。孔子固已言之矣，而周子之得聖學之傳無疑也。夫聖學以一為要，一者，無欲也。人之欲大約有二，高者蔽於意見，卑者蔽於嗜欲，皆心之累也。無欲則一，無欲則明通公溥，而聖可學矣。君子寡欲，故修之而吉；小人多欲，故悖之而凶。吉凶之幾，極之立與不立於此焉分，知此則知囗峰阮子所謂心極之說矣。（王陽明集）

九江府重建濂谿書院碑　　明　朱曰藩

正其誼不謀其利，明其道不計其功，仲尼之家法也。周子曰："萬世王祀夫子，此在後人追崇素王之功，教思無窮耳，乃夫子何與是哉？"夫子之言曰："人不知而不愠。"又曰："遯世不見，知而不悔。"此其下學上達，自得於知天之妙者，方且聲臭俱泯，外物曷足以尚之。濂谿先生者，世家道州營道縣濂谿之上，卒葬九江，故九江建濂谿書院以祀先生，禮也。書院在府治之東一里許，予歷九江，首謁先生，入書院，升其堂，睹厥廟貌不足以妥先生祀事，重令所司建之，時嘉靖己未十月朔日云。越明年，庚申三月，來書院，漸報成事，乃擇九江諸士子讀書書院中，俾學官董之，以講周子之學。乃周子何與於是哉？自孔顏以來，以迄周子、二程子，道統明已。程氏門人記二先生語曰："昔授學于周茂叔，每令尋仲尼顏子所樂何事。"而明道又曰："自再見周茂叔後，吟風弄月以歸，有吾與點也之意。"由是上溯孔門千載絕學，始有端緒，回曰不改，夫子曰在中，所謂樂則行之，憂則違之者也。夫子許回曰："唯我與爾有是夫！"信哉！先生幼孤，為母舅龍圖學士鄭公珦所器，鄭公名子皆用惇字，因以惇名先生。先生博學行己，聞道甚早。嘗作《太極圖》、《易通》、《易說》數十篇，後以鄭公奏，試仕至廣南東路提點刑獄公事。先生為政精密嚴恕，務盡道理。在南安，年少不為守所知，在合州，為人所讒，不為趙公抃所知，先生處之超然也。大抵先生出處本意，不卑小官而樂於求志。在九江，築室溢浦，以濂谿之名寓之，謂友人曰："可仕可止，古人無所必。束髮為學，將有以設施，可澤於斯民者，必不得已，止未晚也。此濂谿者，異時與子相從於其上，歌詠先王之道，足矣。"先生此志，所謂"人不知而不愠"者邪？"遯世不見，知而不悔"者邪？宋黃庭堅氏亦謂先生胸中灑落，如光風霽月，孔顏真樂，端在是矣。而陸子靜則曰："後來明道此意卻存，伊川已失此意。"矧至今日，君子弗求自得，動輒高於古人曰聖。夫謂吾有志於聖可也，謂挾聖以自大，不可也。始乎為士，終乎為聖人，中間至之之方，宜何如哉？而詎曰"予聖"，譬之論樂曰："聲依永。"非有所安排布置而然也。若謂聖可以安排布置而然，不幾於永依聲乎？聖門之學不如是也，要在求志以驗其所得

之實。為爾書院成，因令有司行釋菜禮以祀先生，並以說諸士子之來遊者。（山帶閣集）

寶慶增建廟學記　明　羅倫

華夏所以異夷狄，人類所以異禽獸，學也。學之為道何也？其性仁、義、禮、智也，其情惻隱、羞惡、辭讓、是非也，其倫父子、君臣、夫婦、長幼、朋友也，其學之，則視、聽、言、動，動靜無違也。其施之，敘家、鄉、國、天下，無不準也，其教詩、書、禮、樂也，皆所以盡其性扵內，而無慕乎外也。先王治天下，上是道也，井天下之田，以養之；群天下之明秀，立學以教之，擇其道成德尊已試扵事，而退者以師之，設鄉舉里選之法，賓興以取之，士生斯世，無仰事俯畜之顧，無科舉爵祿之累，無百家眾說異端之咻。目其見焉，耳其聞焉，心其惟焉，口其言焉，身其行焉。一惟德行道義務焉，而無慕乎外也，舉而備諸大夫之位、百執事之列，則功被社稷，而潤澤斯民，此先王之治所以不可及也。周衰，井田廢，而學校之政息矣，雖闕里之教，親炙吾夫子之化，沂水之詠，陋巷之樂，汶上之辭，數子而已。其餘以干祿為學，以聚斂為仕，以正名為迂，以短喪為安，皆當時速肖之徒也，況後世乎？繼周而治，惟漢近古。夏侯勝以明經拾青紫，桓榮以稽古誇車服，戴聖之無行，馬融之不檢，楊雄、王肅之仕篡偽，皆當時名儒也。況後世乎？道之不行也，千五百年而後，濂溪周子出焉，周子之道，孔子、孟子之傳也。其言曰："志伊尹之所志，學顏子之所學"，皆所以盡其性扵內，而無慕乎外也。由周子之道用為伊尹，不用為顏淵，銖軒冕而塵金玉矣。今之學者去周子未遠也，其志伊尹之志，學顏子之學乎？吾未之見也。扵戲，善學者，以其身為聖賢，不善學者，以其身為禽獸。為聖賢者，上同扵日月；為禽獸者，下同扵汙涸。凡有人心者，知所擇矣，況名曰士乎？寶慶，古邵州，周子遺化之地也。黃巖謝侯世脩來守是邦，革獘政，斥淫祀，疏佛老之徒，興禮俗以正人心，朞年而政成，觀學宮陋圯以隘，迺出官錢廣地，而規之為大成殿，殿後為尊經閣，旁為兩廡，外為戟門，泮池環之，石梁其上，池外為三門，南為櫺星，西為學門，外為司訓之舍，內為生徒之舍，為明倫堂四齋。學西百步為周元公祠，若侯之為，

其徒新學已乎？將幾周子之遺化，原學以告于邵人，有風周公之風，而興者曰此侯之功也。（楚紀）

濂山書院課藝序　　明　解學龍

自文在茲，而後周元公以《太極圖説》發往聖未發之藏，涪翁嘗盛稱其胸懷光霽，尚友千古，一時針芥相投，道學節義，焜耀史冊，天下文章，孰有大於是者？然則兩賢共俎豆於一畝之宮，所繇來遠矣。山陰邢公近以天官郎出為監司，駐分寧，入拜祠下，上雨旁風，堂級不治，憫然傷之。廼倡經營以先，諸吏士又入告余，為紀其事，捐俸助之，共襄厥美。工甫竣，設為濂山大會，遴其多士之懋勉彝訓，不愧先型者肆文其中，且進而與之講學焉。

夫諸士誠豪傑，豈必待兩賢後興，而兩賢則諸士景行也。今閲諸士文，霏若英之清質，揭澄暉之縞姿，大諸如邢公所稱，秀穎靈異，印合空明者。近是繇茲泝濂洛之蘊奧，轥孝友之軒廷，慮無不雁行，爾鄉之先達，豈僅雕蟲是為，用贄羔雉、梯青紫已耶？余奉璽書撫江以西七年矣，宇內多故，此中蠢蠢，凡兵食徵輸以及陴土興革諸務，罔不衣袽殷憂，而澹台、鵝湖、白鷺、白鹿之間，時時與諸士大夫揚扢壇坫，以景前徽。斯文之任，余殆惴惴焉。頃者群醜初靖，流氛時警，雖日討國人而訓之者，唯是一矢而相加遺然；而在茲之文，何嘗不有武備，卻萊墮都其明徵也，絃誦又豈有輟焉？諸士得無繇制科而進之，光昭兩先生大業，以合余興賢育才之至意。諸士勉乎哉！（同治義寧志・藝文）

濂山會課序　　明　邢大忠

文章千古事，總濬源於虛靈，儀曜風雲，泰岱溟渤，動華洙泗，交變生息於不窮矣，六經、諸子以至詩賦、制義，皆不離於斯者得之。世運升降，文字亦因之盛衰，然攷其得失，實繇士習日趨於文，致文運日趨於薄，標花葉而損本根，弄精魂而迷真體，即使誇耀今古，盜竊名號，終非薪傳之業，又安能責之以道學節義哉！豫章之分寧，濂溪先生絃鐸之地，山谷先生桑梓之鄉也。不佞客秋，幸莅茲土，欲借諸生之文藝，以證先賢之所以不朽者。今春得以濂山會課相質也，目山色之朝爽，耳溪聲之夜清，手會中之文心，細加批閲，大抵秀穎靈異，意脈自然，不襲常詮，亦不墮今時惡習，採其空明相印合者。若余生應荃、徐生名緯、陳生欽、殷嘉璵輩，錄之以為入彀之券。不惟是也，諸生又慨然於兩賢祠壇之傾圮，欲補舊理新，請之部院解老先生，嘉許之，且捐助倡始焉。遂欣躍經營，財力共舉，窺其意，若將朝始事而夕竣工者，又講學於斯，課文於斯，歷寒暑弗問也。然則會中之所從尚，寧獨以舉子業馳騁一時者哉！兩賢實默啟之矣。（同治義寧志·藝文）

新建縣學记　明　胡儼

新建縣儒學，乃元之宗濂書院也。按郡志，宋淯祐閒，江丞相萬里典藩於洪，以濂溪周子嘗尹南昌，乃建祠祀之，表其額曰“宗濂精舍”。其地在望雲門外龍沙岡之上，後燬於兵。元立學官，天下郡縣皆有學。元統初，邑令薛方即龍岡故址以為邑庠，時省臣賈鹿泉、監司劉宣因郡士萬一鶚、熊朋來之請。謂精舍既為邑庠，而周子之祠不可湮沒，故相與出貲，得民閒廢宅於東湖北涯，復創宗濂書院。元季龍岡之學復廢，而東湖之書院存。國朝洪武五年，遂以書院為新建縣儒學，於今六十餘年矣。其居請席者非一人，而興造修復者亦屢矣。然更歲月風雨震陵，而殿堂門廡齋舍祠宇，不能不腐撓敗剝，有志於斯者，存乎其人焉。宣德七年春，三衢江玠來為教諭，慨然有志新之。玠，丞相公之族孫也，即以其事請於當道，時吏部侍郎富春趙公、巡撫江西監察御史安岳王公，亦按治於茲，合藩臬諸公及郡邑長吏詢謀僉同，即其故而更以新，於是自禮殿達於門廡，自講堂及於齋舍，若藏修之室，若江公之祠，鳩工飭材，加甓墁堊，丹碧照耀，輪奐增美，巍然傑出於湖光天影之閒，猗歟偉哉！

工始於八年春二月，再閲月而告成，可謂役不煩而民不勞也。董其事者，主簿桂陽袁景春，既落成，謁余記之。竊惟是邦，濂溪先生過化之所，丞相江公所以祀先生者，豈徒然哉！誠欲學者知所依歸，而光風霽月、高山景行、千載猶一日也。故學舍雖有遷易，而道則無古今，求其道者，圖書具在，圖衍太極，書體大成，而天地萬物之理無所不該，推之於用，則修齊治平，自身而家，而國，而天下，亦舉而措之耳。學者果能於先生遺書講求而盡心焉。則日進於高明，不流於汙下，日歸於中正，不惑於邪說，而凡馳騖於文藻，役志於功利者，皆非先生之學也。吾黨之士幸相與勗之，是為記。（光緒江西志·建置略·學校）

重修濂溪書院記　　明　王啓

弘治壬戌冬，啓行郡至九江，再謁宋周元公先生墓，并濂溪書院，戀戀不能去，若有所失，因徧訪舊志，得其尤大而不可廢者四，先生濯纓有溪，種蓮有池，窻前草不除去，胷襟洒落，如光風霽月，今此不復可見。我懷先生願言築亭，曰濯纓，曰愛蓮，曰交翠，曰光霽，四者矗跡果足以知先生哉！先生手授有圖，圖不盡意；先生教人有書，書不盡言，言則曷從而知先生哉！先生之道，一傳二程，再傳張朱。而後先生之道，復不得其傳矣。然則道喪千載之後，不由師傳，默契道體，人品何高哉！抽關啓鑰，以開我人，其功何大哉！為政精密，故隨處皆有遺澤。雅愛山水，故今廬山之麓，有先生書堂。栗樹嶺下，有先生墓，而近年以來，蕪穢不治，雖書院亦就傾圮，而何暇所謂四者。啓既圖惟先生理書於堂，乃命郡守劉璣主其事，分命通判楊卿監督，德化縣典史許璋責其成，庶幾先生之心、之德如在，若乃私淑諸人，以致高山景行之意。惜乎正學不傳，兼以資稟凡庸，其何敢與於此哉！然則名亭者，啓也，作亭者，璣也。璣既任其事，又與啓言必如闕里美觀。請濂溪子孫一人守祀事，始為得宜。啓尤大之，至於舊志所載宋郡守潘慈明所重修者，既有文公為之記。國朝監察御史徐傑、項璁，按察司副使焦宏、陳玠凡兩修，皆當亦有記，而未暇叅考，謹此識之，以俟來者。（嘉靖九江志）

書院田租　　明　趙希哲

事必有始，始事不書，何以詔其後？周程書院之建，上以振二百餘年之絕響，下以壽千百世之道脉，原其所始，本於提學江先生、郡侯林先生主盟之功，然古之立學，必有以養學者之身，惟能養其身而後可以淑其心也。故《易》言養賢，《詩》言育材，豈非備先事耶？書院告成，首蒙綉使趙先生撥田以養贍，郡侯林先生又撥田業以厚供給，通守趙先生增益之。歲會所入得錢五百餘緡，米二十六石有奇。有開必先，此其根抵也。郡侯劉先生下車，鼎新祠宇，用嚴尊事之禮，復撥租產以廣其所未備。學者日加仰止之恭，遂優游饜飫之志，尋源委而疏通之，其作成之賜大矣。謹擴田地畝步，界至租戶，頃數刻于堅珉，昭于前所以勸乎後，繼此者能以周程先生之心為心，以臺郡諸先生之心為心，必思補其闕而會其全，立其大而成其久，不亦偉歟！

江先生名萬里，趙先生名希寵，林先生名壽公，劉先生名麗，趙先生名汝摶。初，周程有祠，郡侯劉先生實為之，嘗撥租錢二十餘緡，備修葺之用，曩附收學帑，今歸於書院。先生名強□，道源書院紀錢粮碑，皇帝聖旨裏南安路道源書院承奉南安路總管府，司吏王師、周承行、楷□承唯江西湖東道肅政廉訪司分司牒，唯總司牒承奉江南諸道，行御史臺，劄付學校田地，坐落地所非一，或與民田相間，亦有寺觀接連學校，所恃全賴砧基，簿籍、碑記備照。往往教官莫肯用心，失於關防，致令學職人等私與佃客，通同作弊，以瘠地易肥田，以熟田為荒地，甚致權豪影占，執為己業，始因拖欠，終至隱沒，兼以砧基簿籍俱係亡宋置立，經隔年深，四至雖云明白，鄰田更改不常，無籍之徒因而借此為由，暗行兌易，亦有擅將砧基文簿，恣意毀壞，弊病難以歷舉。今後令各道廉訪司稽考所管學院，應有贍學田土項畝條叚四至，及周歲合辦錢粮數目，照勘明白，重新置立文冊一樣二本，用使該路并儒學印信，互相關防。一本各路收掌，一本儒學管業，仍湏勒碑以傳不朽奉此。依奉憑亡宋嘉定己卯年石碑，寶祐元年、景定五年、德祐元年，砧基文簿照勘，争復僧道及諸人占奪兌易田土，節次申蒙總府枀照議擬斷定，及舊管田地逐項開寫，從新置立，砧基文簿一樣二冊，申蒙總府印押完備一本，架閣庫一本，書院備照，每本計紙壹百肆拾貳張，書院官收掌。每遇交代湏要，會集儒職公同檢計張縫，別無參差移拆字樣，別無擦磨塗改，方許出給解由。倘有畔道趍時作弊之徒，諸儒皆得彈糾，今開刻下項。

元管：米五十五石五斗四升六合，鈔五十六錠九兩五錢一分。

大庾縣：米五石五斗四升六合，鈔二十八錠一十六兩六分。

南康縣：鈔一十九錠四十三兩四錢五分。

上猶縣：鈔八錠。

今次照勘爭復。已徵定米八石五斗。

大庚縣：聶都里朱輝一占石斗峒田一段，租米五斗。同里張圓道：占火燒坑田租米八斗。太平里何壽三、羅國實等：占霸地二□段，租鈔一十兩。秀峯里鄧伸一、朱堯章等，占父子龍頭田四十四坵，地一段，租米六斗。平正團文武峒增添租米二石，鈔二兩五錢。沙村團王一、蕭五、陳貴五山園塘田塘地，租鈔九兩，租米七斗。管界都劉復初等，租米五斗，鈔四兩。同都張子德、王貴、魏萬三，租鈔二十一兩。管界都扶元佃、雙秀里王塚背旱田，租鈔二兩三錢。吉村團吳六佃、劉大用，元撲佃椒分田，租米二石。太平里鍾三照，勘出米一石，并元納共二石。招賢里伍得四，照勘出租米二石，并元納共四石。遊仙里郭華二：梘坵增米五斗，并元納共四石。遊仙里謝敬通占朱時甫，元佃田五坵，租米一召①。河南都蕭勝達，佃李子實店基灞地租鈔三兩。新豐里余通海，租穀一十一桶。書院門外水心灞通真堂道，占地一大段，租鈔三錠一十四兩。河南都龍國盛廟地租鈔五兩。

南康縣：長霸里崇道院僧占田一百四十四坵，隨田山岡園三段，租鈔六錠一十兩八錢。蓮塘里廖福八等，隱占苔坑等處田三段，山園一段，租鈔一十七兩六錢。得俊里王方叔、郭達可等，占匡坊霸地四十七畝二角，租鈔一錠。童仙里黎國寶等，隱漏租鈔三十九兩二錢。

上猶縣：大穩保鍾國賢占蒲坵田一坵，何秀卿、黄壽一占霸地一段，黄明叔占旱田一坵，共計租鈔四十五兩。大穩保赤耿梘分田二坵，背上山鍾司法田一段，梘分第一坵田九坵。神前晚田一段，尚未召佃。

大庾縣：清德里寶界院僧：占龍壇園地一百四十七號。河南都鍾大亨、龍俊伯、何寶甫客店地基，虧官租鈔。禮賢里普照院僧，占□佃黎圖分等處田二百八十四坵六地。遊仙里謝伯開占蘆步灞地一段，社前小山二段。同里胡通二十除見佃納租外，占地三畒。管界五里山陳福四占𡏖墳地。（嘉靖南安志）

新建濂溪書院記　　明　羅璟

天生聖賢，扶持人極。在上則行其道，以熙皥一世；在下則明其道，

① “召”：疑為“石”。

以傳示無窮。此堯、舜、禹、湯、文、武、周公、孔子，所以繼天立極，而非偶然也。自孟子沒，聖學不傳千數百年，而濂溪周子始出，稟清明純粹之資，當五星聚奎之運，作《太極圖》《易通》諸書，言簡而道宏，文質而意密，明天理之根源，究萬物之終始，精微廣大、本末兼該，誠可以輔翼《六經》，配《學》《庸》《語》《孟》而並行也。周子具王佐之才，宋慶曆、熙寧間，歷任州縣，所至一意愛民，洗冤澤物，其所設施，鑿鑿乎皆聖賢之學，而從容措諸行事者爲贛倅，趙清獻公適爲守，察其所爲，久之，執其手曰："今日乃知周茂叔。"此豈可以淺近窺者哉！舊有濂溪書院，盖郡人建之，以寓甘棠之思，去邦治三里。歲久淪廢，莫知其所，順德何君珧以御史出守於贛，政治廉明，令行禁止，數載之間，百廢具興，欲復書院，而不得故地，乃謀于同寅，白於當道。時都憲會稽韓公奉命巡撫江西，駐節於贛，百吏効職，盜息民安，兵備憲副山東馮君，分守、少叅金陵蔣君俱在贛，僉喜曰："修廢舉墜，郡守職也。"唯其宜，遂擇府治前隙地，徙郵舍而克拓之，復建書院。前堂後室，翼以兩廡，總一百五十餘楹，宏敞軒豁，足以妥神靈而聚來學，外爲大門，樹高坊以表著之，又别築光風霽月亭于其左，鑿池植蓮。落成之日，二守馬君鉉曰："此不可無文以傳"。乃專使馳書詣予請記。夫續洙泗之絕學，啟河洛之正傳，周子于斯道，萬世之功也。然而追復百年之廢墜，興起一郡之士風，則何守之治有功于贛，又豈止一世哉。唯贛之賢秀，尚念諸公作興之意，升堂起敬，玩其圖、熟其書，夙興夜寐，身體力行，積以歲月，將不有濂溪其人者出乎？于是虔州可以繼洙泗、接濂洛，而何守之功著矣！雖然，此豈可以口耳得也，姑記之以俟。（天啟贛州志）

重修儒學記　　明　王英

道州，古春陵也，縣學在城之西，地高类衆山拱環，二水匯流于前。學之廟堂、兩廡齋舍，歲久頹弊，川守盛侯下車之初，首謁學宮，視之曰："建學以教賢才，為天下國家之用，學舍可不脩乎？"謀葺而新之，乃捐俸錢，募民助財，伐石陶甓瓦，積年餘所用皆偹，於是集工匠，併力為之，脩廟堂、門廡、齋館，腐朽摧弊者易之，又開泮池作石梁，學校煥然一新矣。嗟夫！盛侯其賢矣哉。粵自聖天子嗣大寶位以來，恩溥仁施，萬方清寧，詔書屢下，必以脩學勸士為首，盖以學校育才致治之本也。守令能奉承不怠者，什無二三，而盛侯能體聖意如此，可謂知所重矣。道在東南，雖百粵之地，然素多名賢，如李郃、何堅，及大儒濂溪周先生，道德之光，炳耀千載，州之士以科目出仕者，後先相望，豈非先生之化所及哉？盛侯既新州學，士之來游者，必倍於昔。才之成者，必裒然而多矣。雖然士在於務學而已，欲學之進，當何如哉？惟夙夜孜孜勉力不懈，則可以進德脩業、致身顯庸，庶幾聖上作育之恩，盛侯新學之意，亦無忝為先生之鄉人也已。盛侯於學之脩也，在正統四年冬十月，明年春一月訖工，州佐續溪李富、學正三山陳晶、訓導東魯宋敏力贊成之，晶、敏皆有學行，能振師道，暨槩諸生以書屬行人雷復、大學生潘璿等請記其事，復、璿等，皆州人也，復第進士官為行人，諸生春陵之秀。盛侯名祥，字天瑞，鎮江丹徒人，以進士累官，至為州，多有善政，併書以為記，俾後之守是州者，必毋忘且有所視效於盛侯也。（弘治永州志）

建廉泉書院記事引　　明　陳履忠

虔鎮四事修舉之餘，有兩大役，一建縣學，一建書院。遷學之役，人心翕然樂從，故一舉事而要其成；書院之役，則自履忠受命，責在履忠。先是，同邑紳虛子占詣光孝寺，視藏經完闕。出垣左得泉一圭，寒徹鑑鬚髮，頽亭覆之榜曰廉泉，泉三方，穢雜不可近，有冢負塗者，三泉西三尺許，短垣橫踞，敗屋鱗鱗，突烟噴薄，毒於瘴霧。子占謂余曰："若亦能耐養濟，諸癃人之逼處此乎？"而蘇子瞻夜話亭址在焉。余思夫天地間，山川城郭，陰陽穴宅之屬，凡我形局，莫不如人之一身。夜話亭址，譬之其胸腹也；址下環繞之水，其榮衛也；廉泉一泓寒碧，其目也。人有蒙西子以不潔者，吾無恚焉，爲其可搁而去也。如有霍西子之目者，則吾攘臂起矣。今夫泉三方之穢雜也，頽垣之見逼也，冢之負塗而二也，種種皆霍目之漸也，泉危矣，吾豈無策以處此？會直指徐公按部檄郡縣，興革事。余輒上議，亟撤養濟建書院，亟修復廉泉亭，皆報曰可。適公令嚴四事，繕陣築臺建倉，庤器小民甫釋畚錢，以就出功。

而遷學、建書院之兩大役，作幕府少司馬王公慨然曰：“民將無勞矣乎?”履忠對曰：“以佚道使，雖勞焉，不厲也。”於是以學宮鳩僝，一聽諸子占及二三虔敏士，余則攜簿書泉上昕夕，抱鼛鼓，持鐍鑰，與司訓陳君、從事馬幕府首倡捐資，巡、守、學三臺府館董率決贊醵俸，各有差。薦紳先生廣文孝廉，宏詞文學，暨秀良輩，輸助輻輳，共如干金，子占杖履，日至泉上規畫，余亦日至學宮省工斲勤，竄其經費出納，兩人各專司之神，各有所殷注，若有競縈其私而不相顧者也。而不日之役，遂用以竣。書院經始於辛巳之孟春，凡四閱月，日長至，而堂館門廡成。幕府飲而落之又日，今年七月，而後堂與覆泉之亭成。學憲郭公益科舉十名著爲例。而今幕府林公秉鉞方新，輒廣購膳產，聚十三庠髦士鼓篋，其中道館更有所增益，與前幕府所置田芃彧相望，稱斯文百世利，書院規模於是始備，而磨礪之意則加廣焉。履忠蓋不禁愾乎有感矣，方其入光孝，掬廉泉，悵然於一泓之欲塞，而毅然於不潔之是遷，當是時也，滿目榛荊，事事創闢，安知版築冊埅陝陝翼翼，畢舉於朞月之內也哉！亦惟是愛泉一念，竊有合於興起斯文之旨，仰荷列臺，提倡及紳士拮据以至於如此也。天下事成於鞲鉅，起於銖黍，緜亘貫串，精神實司命焉，豈獨一書院然哉！《詩》曰：“何有何亡，黽勉求之。”嫠而恤其緯者，履忠是也。曰：“肆成人有德，小子有造。”增其式廓，化一郡以化成天下者，諸上臺是也。夫分量小大之際，固不可比倫也。然刻以紀之均，不可以已也。（同治贛州志・書院）

濂溪港書院記　清　宋犖

西江理學，必首江州虞伯生，所謂庶幾鄒魯之盛者也。江州廬山勝甲天下，茂叔周子自道州來，終老其間，用故里之溪名其水，曰濂溪。而濂溪先生之名，遂與廬山竝，理學之盛，自此始往。余督榷虔州，嘗渡彭蠡湖，廬山不及登，輒憶先生有祠墓在，以塵坌間阻，仰止徒殷，未得拜於墓下。數年來，奉命撫江西省會，去江州較遠，又簿書烟海，百倍於昔，每訊守士官吏，濂溪書院無恙否。僉曰兵荒以來，傾頹已甚，為慨歎者久之。夫先生愛廬山而終老，則江州卽先生菟裘，而郡城又有墓隧，先生在天靈爽實式憑焉。先生書院之廢興，卽天下理學盛衰所關係也。理學一日不衰，先生書院不可一日廢，矧此傳道授業地，繼千百年絕學，以畱貽至今者，先生力也，庸可聽其荒茀不治哉？江州書院在廬山之麓，先生自築書院于溪上。淳熙間，有司增修，紫陽朱子嘗為文以記。正統初，改為祠。今則鞠為茂草，頹垣片瓦，無復存者矣。興廢起衰，非吾徒事，與適江州守朱君儼亦有同心，爰其捐俸，就故址庀材興工，一更新之。竊聞先生語友人云："束髮為學，將以設施澤民，必不得以，止未晚也。"雖然先生設施，雖未大張于世，而出南安之囚，辨分寧之獄，在合州，則事不經手定，吏不敢決，民不肯從，所謂設施澤民者，大略可覩，安有不慊者，傷功業之未竟焉。且祠墓相望，《記》曰："過墓則式，過祠則下。"信乎，加敬古聖賢之祠墓，則無往不敬也。又先生之道德，未施敬于民，而民敬者，雖更歷千百年，何以易此。嗣是諸生來學其中，肅其禮儀，瞻其光風霽月，而窮究諸先儒之旨趣。理學之興，其在斯乎！余未能窺先生之學，既于虔州書院廢興，關係理學之故，而江州有所憑依者，述之以為記。（同治九江志・藝文）

重建濂溪書院記　　清　宋犖

古者務修實行，不立理學之名，迨宋儒用理學相倡導，各有師承，而書院乃立，顧書院之盛，惟西江最。而親涖其地，以率先斯道者，要以濂溪周子爲首，自周子出，始有程朱之徒遞相授受，而教行天下後世。是故孔門四氏而外，從祀孔廟者，必首周以次及諸儒，所謂理學統宗者，斷歸乎此。我皇上崇儒重道，駕幸闕里，復頒匾榜於四大書院，而又追溯程朱之學，原本周子，詔求其後人增置博士，又數年，贛南副使白君啟明，與虔州守任君進爵，有興復濂溪書院之舉，而請余文記諸石。余聞楚、蜀、江、粵，所在崇祀稱濂溪書院，而西江爲尤甚者，葢周子嘗官分甯簿，繼理南安，既又倅虔州，改令南昌，遷南康，守是西江，實周子過化存神地，而虔州又興國令程公始命二子從遊，以開伊洛之先者也。故書院之在西江，較他省爲盛，其在虔州，較他郡邑尤甚，奚怪焉？周子出處，本末不外一誠，後之論學者，日出而卒，無以尚其著爲《太極圖說》，以謂聖人定之以中正仁義而主靜，立人極。《易通》又曰："誠者，聖人之本。"夫主靜立極，太極之所以全也。太極者，誠也。後人疑無極之説，近於虚寂。豈知無極而太極，葢言無形之中而有至理，固合動静而貫之者哉。予不敏，開府是邦，嘗慨西江理學，自宋至明極盛之餘，今稍稍靡矣。非奉周子遺書爲統宗，則正學日日隳壞而不可收拾，竊聞二程子初謁周子於虔州，謂吟風弄月，得“吾與點也”之趣。然則周子之立誠，徹乎性命，廓夫天地萬物，而直接古聖賢於春風沂水間，不惟盡釋俗儒之疑，而西江學者，亦可自此而興矣。書院舊建水東，旋遷鬱孤臺側，今在光孝寺左。順治癸巳，虔撫劉公改濂溪書院以舉其廢者。康熙丁巳，蹂躪於降寇，地經三遷，今白君、任君割俸而更新之，堂廡庖湢，井井有序，閲三月告成，前堂將爲士子講學課文地，其後附祀二程子及蘇文忠、王文成二公。文忠公嘗來遊，題《廉泉》詩，而文成公，撫南贛論學於此。益以劉公武元、湯公斌皆有功德於民者，例得並祀。余嘉二君之意，而望西江學者自治治民，必識所歸，而後可尋味春風沂水之趣也。於是乎書。（同治贛州志・書院）

希賢書院記　清　查培繼

古設書院以講學，尚矣。顧學無常師，惟賢是希，學固貴得賢者而師事之，非必陳皋比操几杖而從之謂也。古之賢人，學足以窮理，事足以宜民，忠孝節義，皆體諸身，禮樂兵農，各適於用，羹牆儼恪，舍此安從？是則百世聞風，無異親炙；千載庚桑，事同立雪。吾師乎，吾師乎，庸有望洋之歎乎？昔考亭夫子出知南康軍，既興復白鹿書院條例教規，誨誘不倦，又以濂溪先生前守是邦，河潤及民，春風逮士，爰祠而祀之於鹿洞，是蓋以尚友之心，寓尊賢之意也。余駐節芝城，四歷年所，野有哀鴻，潢有佩犢，水旱暵溢，未足消沴，而召和雀鼠、萑苻，未能移風而善俗，深懼不稱任，使以速官謗乃貧而失業之人，又往往不能教其子弟。雖與守令諸君設義塾於西郊，擇師而教之，捐廩而食之，亦屨滿矣。然散而不專，且小學耳，譽髦則不及焉。會余攝臬篆、居會城者，十換蓂葉，而三州搢紳士民，乃有講堂之舉，及夏五返治，諸紳士則布席設絳，再三請余而落其成。余惶然愧謝曰：“見若書院，比比矣。”昨奉以為鱣堂，今又將為旅館，無益，徒為慨歎也，無已，則請推義塾之意而廣之，為士子游息之地焉。顧余安足齒，竊幸有私淑矣。

自漢以來，官於三州者，代有傳人，得十四先生焉，皆大賢也。於漢於晉，各得一人。唐得三人，宋得五人，明得三人，於國朝則得一人。分曹而考，為守者，時則有若叔庠宋公、清臣顏公、希文范公、龜齡王公、濂溪周公、考亭朱公及靜涵張公、象陸翟公；為令者，時則有若靖節陶公、懷英狄公、敬仲楊公；為郡司馬者，有若樂天白公；為監司者，有若屺瞻葛公。若夫伯安王公，則秉鉞專征三州，皆其賜履也。連類同揆，則魯公致身於唐，猶靖節之效忠於晉。而其斥貪殘、勸農桑、討擒首、惡四境，肅然猶宋叔庠之去姦進善，驅蝗渡虎，王文忠之惠政及民，羣盜屏息也。若張靜涵之旌孝弟，勸力田，亦如之。文正公之興學教士，亦以豈弟為政，即楊慈湖之倡，率士民闡明心學，而象陸翟公能講學課士，潔己勤民，洵可齊驅顏、范矣。葛屺瞻之，執法惠商，救荒備患，同於狄懷英之秉正，保祚免租，縱囚而慨直不阿。箴時救敝，則白太傅亦足多者。至若濂溪先生在郡，倡興理學，民從其化，士遵其教。紫陽起而修明之，姚江又以良知之說，並暢宗風，遂使孔孟道統薪傳不絕之。十四先生者，位不論崇卑，人不論久近，總皆名實。咸備體用，兼收學問為真學問，而不涉於虛無。事功為真事功，而不流於迂闊。淵源相接，至德堪師，載考誌傳，知追仰風範者，三州以內，各建有祠，以崇祀矣。余為合主奠位於一堂，以其旁為負笈肄業之所，每當吏散庭閒時，與諸生析疑問難，而芳型具在，瞻仰如承。余亦深幸得附弟子之列，《詩》云：“高山仰止，景行行止。”此之謂矣。所望生是邦者，成人有德，小子有造，就將夙夜道合芝蘭，千古同堂，如親提命，是十四先生者，固其師也。官茲土者，好爵是縻，道腴可味，功存赤縣，福在蒼生，求有餘師，凜乎降鑒，是十四先生者，又其師也。此余辭講堂之請，行義塾之實，而官與士，皆得師以就學焉。名以希賢，固厚願也。若謂踵考亭祠祀濂溪之故事而行之，余所不敢出也。至於絃歌答響，文教在茲，先賢鑒臨，俎豆弗替，更有望於後之君子也夫。（光緒江西志・建置略・書院）

修濂溪書院記　清　辛啟泰

贛州濂溪書院，舊制宏大，閱年既久，中多朽壞，獨講堂及主靜堂猶新且固，葢皆前觀察蔣勵堂先生建也。先生去任時，出所餘廉俸二千五百餘金，屬參軍季君爲之。距今凡十餘年，知其事者，尚樂道之弗衰。余自去春，忝爲山長，於兹居主静堂之東，每朔望躬拜濂溪祠，祠寬僅半於主静堂，而地勢尤處其偏，故自□覺有大不安於心者，諸生亦時以爲言。會書院池橋板朽斷不可行，今觀察查芸圃先生捐廉倡修，爲經久計，易板以石，橋修四丈有奇，闊凡一丈。池四圍周以欄杆及小石牆，又修葺學舍之坍塌漫漶者，計大小四十餘間，次第工竣，乃告於郡伯王公雲台與贛縣劉公厚菴，以所餘四百二十金，别建一堂如講堂，而兩其室以居山長，而敬移周子、二程子及楊文靖六賢木主於主静堂中。某月日，觀察率屬寮學宫弟子虔祭成禮，於是邦人士大悦，相率請於余曰："願因先生之文，合前蔣觀察、廖觀察備誌之以不忘。"廖觀察於書院建仰止亭，自爲八分書其額，亦風流宏獎者，予嘗讀蔣勵堂先生《示士》詩云："猶有玉巖翁在否，干旌我欲賁茅茨。"其重賢禮士之意，真令人千載興感矣。芸圃先生恭儉誠一，興利釐弊，内斷於心，不移於人，則夫三先生之所以使人不忘者，固不徒以此，而予竊以爲禮先賢所以示敬也，啟後秀所以勸俗也。諸生於此，可以得爲學爲治之本焉，爰不辭而爲之記。（同治贛州志·書院）

重修濂溪書院記　清　劉謙

濂溪書院之建，初在貢水之東，後遷鬱孤臺側，最後遷小南門内，今之書院是也。面北東連光孝禪寺，西接三潮井，與贛縣學宫對。前觀察董公鋭志復興購院，後高地廣之，是爲筆峯山，遷立濂溪祠其上，右起梯雲閣，從閣上望贛州數十萬戶，皆在窗牖下，由閣而下五六十石級，有亭可小憩，亭西則來章閣也。當高下之半，私淑堂承其中，前爲講堂，肄業舍在左右，西曰正學祠，至西廊屋止，舊所謂文舫者也。皆在私淑堂左，曰報功祠，曰清風閣，祀從前有功書院者，達夜話亭。宋時蘇文忠公訪陽公孝，本夜話處有石刻。蘇、楊二公像亭之下，曰廉泉，方廣尋文深五尺，周以石欄，欄刻廉泉字，右牆大書東壁字，依希見其影跡，泉之北，高處以木爲坊，書蘇公廉泉詩句，坊外短墻横域之，復有池曰芙蓉鏡池，如鏡上多芙蓉，故名。池旁木石交積，可坐蔭，池上有堂曰静觀，壁間摹"忠孝廉節"四大字，南向堂後則朱公紫岡講院。公守贛厚於士，爲立此院，由講院南至夜話亭，因地勢高下迤邐，緣以曲欄，通以月門，皆在講堂右。講堂中踞下，月臺石欄護之，又下爲池，寬廣丈有奇，四面皆石砌，其泉旁出，至子、午、卯、酉時，則潺潺有聲，餘時亦微流不絕。橋於池上，日清雲欄夾而朱之，與池兩廂朱廊映池，外爲儀門，額“山靜泉清”字。西有大榕樹，又爲頭門，額“濂溪書院”字，而屏其外，周以垣墉，規制宏肅。舊時屋宇敗壞，牆漫漶堊黑，橋欄塌陷，室內無牀几，無門自衛。侯松崖令贛，次第修之，書院復振。余以謂天下事或興或廢，在人心之公與私而已矣。苟非廓然，無我曷克，興茲盛舉也哉。是爲記。（同治贛州志·書院）

重修濂溪書院記　　清　汪宏禧

江右書院，森然林立，而虔中之濂溪書院並著，豈非以其人哉！柳子厚云：“地雖勝，得人焉而居之，則山若增而高，水若闢而廣，堂不待飾而已奐矣。”此濂溪書院之所以遞遷遞建，而歷久彌新也。書院地凡三遷，始建於水東，繼移於鬱孤臺側，今在光孝寺左。學士大夫遊其宇者，想見周子以主靜爲宗，以一爲要，暨二程子之涵養，則曰主敬、進學，則曰致知、明通、公溥，大公順應，寬和嚴毅，殊途同歸，庶恍然於理學之名，肇於周程，實爲千古身心性命之準，至於蘇文忠之文章，王文成之功烈，前後輝映，亦且維持而不墜焉。書院之建，顧不重歟？

乾隆七年壬戌秋，予恭膺簡命來守茲土，瞻謁先賢之廟貌，周視生徒之講堂，目擊棟楹，腐黑撓折，牆宇漫漶不鮮，慨然於賢者之興，愚者之廢，修而復之爲是，循而習之爲非，柳子厚又有以教我也。上質之觀察朱公，下詢之僚佐紳士，首倡捐修，廣爲勸輸，爰興是役，次第開工，朽壞者利用更新，淤塞者利用疏瀹，湫隘者利用展拓，就新建者而統數之，有亭、有堂、有室、有池、有廊、有閣，俾春溫秋，肅陽開陰，閉咸集於庭戶沼沚之間，而趣自領於江山千里之外，一切經理則院長會昌吳子湘皋董其事焉。正苦告竣爲難，適今觀察陳公比來是邦，陳公固夙推服膺前賢，崇奬後學者，顧而樂之，相與經畫，區處遂廢。落成，於是遴十二邑髦士，而濯磨祗厲之，濂溪先生亦樂與爲徒也。余故記甚，書院之所由設，與其作人之本意，師表在望者，周子也。尊所聞行所知者，二程子也。前爲之推，後爲之挽者，蘇文忠、王文成也。諸生鼓篋其中，行宜日高，文宜日茂，庶幾觀察陳公與余且樂觀其成，幸甚是爲記。（同治贛州志·書院）

濂溪書院加增膏火田租記　清　李光先

癸亥之秋，奉簡命來守是邦，恭謁濂溪先生祠，顧瞻書院，其山筆峯聳然而特立，其水廉泉湛然而常清，其間堂室整齊，亭榭曲折，洵名賢過化之區，作養人才之地也。按郡志，此地經前明崇禎癸未，贛縣令陳君履中者創建，閱二百年於兹矣。後屢經修葺，不過稍爲補苴，越嘉慶壬戌，觀察贛南蔣礪堂先生捐廉修造，極費經營，規模閎闊，歷久亦少陵夷。幸直查芸圃先生來爲觀察，釐正經費，增修棟宇，設立規條，悉臻完善，捐廉置田租一百六十五石五斗，合舊經費計一歲所入，共得租制錢九百零三千五百一十五文，永遠加增膏火二十名，振頹起敝，嘉惠士林，迄今都人士猶頌兩觀察之功德不衰。今觀察汪小竹先生，翰苑名流，雅以作人爲念，涖任之初，捐廉增正副課膏火四十名，每歲約費數百金，於今五載，誠堪與礪堂、芸圃兩先生，後先收實效焉。天振興文教，官斯土者之責，亦生斯土者之責也。余覩兹佳地，益思鼓舞不倦，况又有成法之當遵，前賢之可學，竊不自量，亦增正副課膏火四十名，且其中有實在住院攻苦者，每人每月助米三斗，稟明上憲，願捐廉而與之，初不計廉之足與否也。適遇前任雲南賓川州牧雩都譚君紫庭興言及此，譚君慨然曰："公之謙俸幾何，除幕友束脩，及酬應外，所存幾何，且捐廉，亦難為久遠計。家有薄田數頃，域已分田租計一百三十一石九合，胞姪監生譚培元田租計五十七石三斗三升三合，嫡堂姪布理問職譚仁慎田租計一百零五石五斗八升，候補訓導譚錦田租計一百零八石八斗八升八合，共四百零二石八斗一升三勺，每石制錢七百五十文，除納糧及水脚費用，可實得制錢若干文，願獻於書院，以爲加增膏火之需，請許具呈存案可乎?"嗚呼！如譚君叔姪，真可謂賢矣。余嘉其意，又喜其好善之誠之堪垂諸久遠也。管子曰："十年之計，莫如樹木；百年之計，莫如樹人。今譚君之爲此，固非邀譽士林，而實樹人之一助也。"因給匾額，並據實詳明，撫憲賜額以旌獎紳士助官爲善，且以勗後來之賢者，

於是乎記。(同治贛州志・書院)

修濂溪書院記　清　蕭朗峯

聚天下之人才而教之太學，聚一方之人才而教之郡邑之學，國家所以造士者，制綦詳矣。賢有司承流宣化，又往往即其所以治，擇名勝之區而爲書院，延山長以專董，訓其肄業，諸生則月給以楮墨膏火之資，蓋推廣建學育才之意。俾益相觀而善，且以教兼養單寒之士，亦得有憑依，以求進於學也。故必公產饒足，而後書院之所及者，廣且遠。吾郡舊有濂溪書院，其由來詳見志乘。今觀察使查公既涖任，凡所爲察吏安民者，必本忠厚仁愛之心以行之，而於書院尤加意焉。修廢剔弊，廣額達材，清理田租，規畫久遠。郡人士咸鼓舞而歌頌之矣。復捐廉俸七百一十餘金，增置田租一百六十五石五斗，俾儒學稽其出內，由是歲入益饒，而山長之脯餼，諸生之獎賚，悉得加厚，公之爲此，豈以恩澤邀美名哉？亦豈徒望多士工詞章以徼利達已哉？蓋曰吾重愛吾士，則士之絃誦於茲，必能自重自愛，朝夕漸摩，相與講求乎進德修業之大，孝弟、忠信、禮義、廉恥之詳，處則尚其志，出則達其道，學正品醕，如濂溪夫子所謂士希賢，賢希聖，所謂道義，由師友有之而得，貴且尊者，可於書院實收其效。教化之隆，人才之盛，與學校共維持於不敝也。余以夙疾請告，常謁公於郡城，得聞其事，既深感公之德意，而爲吾郡之士幸猶甚。願吾郡之士相觀而善，烝烝日進，無負公教養之澤，以上答朝廷作人之雅化也，於是乎書。公名查清阿，字仲廉，鑲黃旗，滿州人。由郎中分巡古南贛，甯兵備道爲政，皆有實惠，仁聲之入人最深，此特其一云。(同治贛州志・書院)

重修濂溪書院記　清　汪云任

濂溪書院建於國朝順治十年癸巳，凡閱一百八十年，中間雖有修者，而廢已甚。予守虔郡，召九屬紳民捐資重建。道光十三年癸巳三月興工，甲午落成，堂奧改觀，鐘鼓燦備，將見生徒于于①從容鼓篋，是所望於此

① 第二個“于”為衍文，當刪。

邦人士者。前後興建之年，支干恰合，殆有數存乎其間，倡事者何與焉。以捐生必應表著，監修教官督工首事，勞皆不可歿，故誌於石，并梓是書。（同治贛州志・書院）

濂溪書院士箴　清　李本仁

院奉元公，名教之宗。江邦過化，被德允同。猗歟多士，日誦其中。
所學何在，克孝克忠。道先人紀，大本斯立。由士希賢，保茲美德。
曰正與誠，理通家國。法守聖經，用修厥職。爲弟子者，謹以範之。
爲人師者，尊以特之。同游集益，正士與之。和而不流，匪人遠之。
動必履忠，無渝其儀。言貴崇實，無支其辭。見異思遷，爲學之累。
順時知命，行吾素位。道著光明，德成純粹。我思先賢，條教載申。
孰爲楷式，士首四民。士行既端，民氣由醇。有體有用，正己正人。
處爲善士，進爲賢臣。（同治贛州志・書院）

南安府道源書院科舉碑記　清　王謙

南安故有道源書院，祀濂溪周子，以二程子陪祀，題曰道源，如祭川者，必先河後海，不忘所自也。周秦以後，聖賢微言幾絕，所謂大儒者，漢則董江都，唐則韓昌黎，此外無聞焉。江都原道於天，昌黎原道於仁義，皆能溯道之源，而其言猶有偏，至有宋周子出，獨原道於太極無極，實闢前人所未有，故識者有中興聖人之目，非過也。自科舉之制盛，而理學寖失。然余謂理學之所以不絕如綫者。賴有科舉之士，借文章以留之，誰謂文章遂掩理學乎？三韓靳君，天垣來守是郡，既修復周子書院，而又懼郡自宋明以來通籍者絕少，於是考課士之能文者，讀書其中，且距省會至遠，士或科試不錄者，輒不及赴遺才試，故入闈者寥寥，則科第之不及他郡，由應舉之寡也。應舉者寡，由取數之隘也。用援鷺洲、鹿洞諸書院科舉例，請余廣之。余嘉其意，諾其請，昨科試至袁於昌黎書院，亦廣其額，即勒石院中，兼以靳君之請牽連書之。而靳君猶懼道源科舉久而廢弛也，亦欲為文以垂後。已而秋闈榜發，南安中式者果得二人，人皆德君之鼓舞振興。而君又感余之不負所請，以謂相與有成，而余則更幸周子之教於是乎不衰矣。孟子曰：“君子所過者化。”

如周子者，雖位不稱德，而所至講學誨人，不強人而自樂於善，其所講之學，固非為科舉起見，而後世科第之振興亦過化之一事，周子所樂聞也。繼周子而起者，又有有明文成王公講學於南贛之間，風俗為之一振，靳君亦嘗興復其祠，為人士勸。以故士多嚮學，今雖從事科舉之文，而文以譚道，即聖賢之神吻，能引而伸之，即不啻聖賢之耳提面命也，又何可分理學、文章為二道哉。頃余將還朝，憶靳君之請不可忘，冀南安人士由文章以進理學，力追二程子之徒，則余之識靳君，雖不克如清獻之識周子，而道源一席不至為斷流絕港，以失周子有本之傳，則靳君力也，余何可無言，遂書為記以復。（同治南安志・藝文）

重查濂溪書院田租並重訂章程記　　清　文翼

天下無久而不敝之政，在人乘時而振興之。因時立法以維持之，斯其事可久，而功可大。贛郡濂溪書院之建，舊矣。陸續捐置田租分隸贛、雩兩邑，閱時弊生。前陞道查公芸圃曾清查之，並刻立章程，迄今五十餘年矣。時異世殊，山地田畝仍多荒佔，佃戶逋逃，冊籍遺失，官爲經理，則胥吏侵漁，其弊愈滋，以致租入愈絀，用愈不敷，不惟官有賠墊之累，而肄業者愈見其少，良可慨已。同治五年，前陞署道張公子衡，以興廢舉墜爲己任，檄贛縣學褚教諭、博文暨紳士徐訓導勤復、劉貢生峙，確查書院田□積欠，未蕆事，張公旋擢任去。余適承其乏，至上年冬而隸贛邑之田租清，褚廣文計偕北上。本年春，改檄贛州府學彭訓導寅，與前紳士往查雩都山田，各租至五月，而隸雩邑之租亦清，經界正畎畝，定佃耕，各有主，名賦學咸有定數，載諸冊籍，今而後無影射，侵蝕之弊可期規，久而不匱。事竣，諸紳請刊爲定章，以垂久遠，因思田租之外，昔人捐存各欵，作何經理，每年出納之事，必有專責，與夫考課之法、收支之數，皆章程中不可少者，爰檄府縣儒學諸紳，即查公所議，斟酌而損益之，彙記顛末以付之梓，俾後人按籍可稽，足資循守，庶不負此次清查之舉焉。

是舉也，惟張公實繼查公後任其勞，倡其事，至若履畝訪查，清釐積欠，沐雨櫛風，不辭勞瘁，則褚、彭二廣文暨紳士徐廣文、劉明經之功爲著，雩紳何孝廉、戴仁與焉。議條規、定章程，則贛州府魏柳南太守、署贛縣韓聰甫刺史，與儒學諸紳之力也。余不敏，奉命巡視斯土，愧無善政及民，而文教之隆，人才之盛，心竊嚮往之，顧於是重有感焉。濂溪書院爲吉、南、贛、甯四府州髦士負篋横經之所，而每年僅取肄業内課生童三十名，每官課生童膏火僅七十，名額頗少，由入數絀也。爲捐廉發給制錢一千串，存儲生息，自同治八年始，每年加取内課生童各十名，每官課加給生童膏火各十名，多士誠由是檢其身心，益相與勉於實學，是余所厚望也。理財者，常得其人矢勤矢慎，可久也，亦可大也。他日積資益饒，多增膏獎，以廣作育，購備經解、子、史、各集，以擴識見，倣胡安定經義、治事諸法，以儲通材，則尤余所厚望也夫。（同治贛州志・書院）

重訂濂溪書院章程記後　　清　鍾音鴻

此觀察輔卿文公查《復濂溪書院田租重訂章程》也，公自爲文，記其事矣。蓋濂溪田租，嘉慶間，經觀察查公釐正，得田八百四十五石有奇，復捐置田壹百六十五石五斗，均各有記。軍興以來，田多散失，院屋亦傾。王公子堅、張公子衡先後觀察任，皆力起振興，至公始集其事，章程多因舊規變通而增損之，時異勢殊。固有不獲已者，公之來巡贛也。余適主斯院講席，過從間必惓惓言書院事，凡前人事有未集者，必一一愜眾議然後行。嘗曰，心前人之心，則謀不必自我出；事前人之事，則功不必自我居。就人之長與徇己之見，其事之成，果孰難而孰易耶？歲丁卯，贛邑田租清，踰年春，田租在雩邑者亦清，公遂捐錢千緡，增課額，重訂章程，付諸梓以垂久。嗚呼！公之心可謂無我矣。查公距今六十年，所定條規，日久生弊，載舊冊者，幾如具文空存，王公修復書院，而田租未及清查。張公捐錢二千緡，而章程未及手定，不有公集其成二公之事之心，顧能無憾與？然則公之心，亦猶前人之心；公之事，亦猶前人之事也。後之君子，復有心公之心，事公之事者，多士被澤，豈有極耶？

按，前道李本仁，捐廉二千緡，除修志捐錢千一百餘串無著外，現錢八百八十千零五十文，經前縣方運籌挪用，列入交代，俟前縣錢浣交代歸欵。（同治贛州志・書院）

重建安湖書院記 清 鍾音鴻

吾邑衣錦鄉安湖書院，創始於宋邑宰何公時，公以吾邑爲大賢過化之邦，二程子始學之地，景仰前哲，建書院於安湖，堂名絜矩，齋曰篤志、求放、明辨、主敬、率性、成德，文信國公爲之記。至明正德，黄令泗改建邑城東，羅文恭記之。是衣錦鄉書院，久已圮廢矣。然自何侯扇以文化，山長谷荒，士用是勸，風氣丕變，迄我朝教澤涵濡，鄉之人家絃戶誦，文風駸駸日上。咸豐間，粤氛擾及雩、甯，各長老率其子弟，同心捍禦，賊遂遠遁。是其平日教訓於家，俾知尊君親上之義，已可概見。至是，諸長老僉謀醵金，復建安湖書院，延名師爲之講切。經始於咸豐十年，越同治三年落成，規制一如舊式。董事鍾潤蘭、鄒鳴鳳、謝建信等，遣人賫書，請序於予。予惟書院之設，所以養育人才，而人才之成，必先交修文行，昔何侯走書介至嚴陵山中，懇方蛟峯。先生發明濂洛授受之微旨，以開斯人，謂周子以《太極圖》語程子，二程子教人專以《語》《孟》《中庸》《大學》爲主，一推理之所自來，一體理之所實在，言雖殊，而旨則一，要歸於使人窮理盡性，以至於命而已。繼自今願肄業之士，由濂洛以溯洙泗，以求底於聖賢之域，主静以立極，謹獨以慎幾，居敬以直内，行義以方外。博覽乎經史子集，以觀其通，近求之名教綱常，以踐其實，庶幾下學上達，明體致用，處爲名士，出爲名臣，彼鹿洞、鵞湖不得專美矣。斯舉也，聖賢遺訓之所留貽，後學聞知之所私淑，於是乎在，予故喜而爲之記。而諸長老經營斯役不倦，其殷殷養育人才之意，亦不可泯，故備書之。(同治贛州志·書院)

重修濂溪書院記 清 王世繩

濂溪書院，由來舊矣。自宋迄今數百年，俎豆絃歌不絕。葢先生之學，上接洙泗千載之秘，下開河洛百世之傳。朱子謂“不有先覺，誰開後人”，宜祀之，久而弗替也。康熙壬寅，余奉命分巡贛南，祗謁先生祠，祠始於貢水東，尋遷鬱孤臺。明崇禎庚辰，移於光孝寺左、廉泉側，名廉泉書院，國朝順治癸巳，改濂泉為濂溪，其詳俱載《濂溪紀事》及郡志碑記中。惟東西兩講堂創於己丑庚寅，前此未之有也。地既宏敞，泉復清冽，不亞鹿洞、鵞湖諸勝。惜風雨飄搖，日久漸圮。因慨然念前人締造之艱，一旦鞠為茂草，其何以妥先賢而育多士！亟謀葺之，命經歷魯承化董其事，缺者補，圮者修，一切工料諸費共若干，悉捐清俸，不勞民力，不傷民財，至臺下之池週以欄，而橋弗架，閣前之泉護以石，而亭弗建，非憚煩惜費，從輿論也。經始於壬寅八月，以癸卯五月落成。中祀濂溪先生、二程子、文信國公、王文成公、湯荊峴公，益以楊文靖公，以其立雪程門，又嘗歷仕虔州者，仍別祀蘇文忠公於廉泉魁星閣。他如有功書院，若王公之良、陳君履忠、劉公武元、蘇公宏祖、郎公永清、宋公犖、白公啟明、任君進爵、朱公光圞悉移祀於西講堂，示不敢與先賢並也。每歲春秋，祭濂溪祠畢，另祭之。更拔十二邑生童有志者，肄業其中。以府學教授趙君與鴻司講席書院，故有學田濠稅、舊府縣兩學司之暫撥歸贛，令收其稅供祭祀，外為師生束脩膏火資，不足，佐以余俸，每季親往督課，另加獎勸。自癸卯迄今丁未，五年矣。夫崇祀，先賢古制也，振興文教，官斯土者之責也。況有書院以來，或創或修，碑志可考，余仍舊貫，非有所加也，何必記。第恐代遠年湮，久而失實，因詳其原委，鐫諸石，俾後之君子參稽焉，是為記。（同治贛州志・書院）

重修濂溪書院記　　清　王德固

儒修薄而道學名，庠序衰而書院起。此論世有激之言耳。書院輔庠序以行，若軍政之有營有衛，烏可以偏廢？第古之書院講學，今之書院講文，似風會又有升降者，然聚徒講學之弊，前代可鑒。惟國朝一洒而空之，雖課士專以文，而因文見道，即學不外是，且徧天下郡邑，無不設書院之區，即無不被文治，而聞聖學之區，是誠士生斯世之幸矣。宋時，稱大書院者四，而江右居其二：鵞湖、鹿洞，以朱、陸名。開其先者，濂溪周子也。濂溪書院之建，楚、粵、閩皆有之，不獨江右，即江右之分甯，南昌、南康，皆周子宦遊地，而南安、虔州則自慶歷至嘉祐二十年中，去而復來，居是邦也。蓋久非徒過化於旦夕間者，則尤是邦人士之幸，而書院崇祀之世世不絕也，亦較他郡邑爲尤宜。咸豐己未，予從諫垣奉命來守南安，越二年，調贛郡，值前觀察筱泉李公，以辦大營餉過嶺去，因攝巡篆者，兩年於茲，每當時祭月課登堂，瞻眺於光風霽月中，髣髴見昔賢之爲人，因考建置之由，則本貢水東而欝孤臺下，而光孝寺左地，經三易，歷宋、元、明，而國朝代經四易，曰祠堂，曰書院，曰廉泉，曰濂溪，名又數易。其始爲贛郡所專，其後合吉、南、甯而一之取額，漸增學舍，亦漸拓。顧自粵逆擾江右十數年來，贛城幸獨完，書院幸得不毀。而統帥者屯宿其中，數年之久。兵勇拆椽代薪，毁戶支榻，岌岌乎棟折榱崩，若更歷年所，勢將蕩爲平蕪。所幸全省肅清，偃武修文，時當其可，既延江左宿學黄鐵禪同年主斯講席，而修復之役，問有無存欵，則軍需耗之矣；問有無田租，則遭寇佃貧逋欠，前此停試已五年矣。李觀察瀕行留千緡，質庫中約三載，後取子錢以佐膏油，又非可他用者，若謀及紳富，則頻歲捐輸，力憊甚，爲民牧者，不能起厥瘡痍，而又加剜肉焉。忍乎哉！無已，當出俸錢，獨任之耳，乃命工一一審度，除堂室，舊規可修復外，最朽敗者，若頭二門、梯雲閣等處，非改建不可。而四圍外垣，非增高三數尺，不足爲屏蔽。計需竹木、瓦石、堊灰、釘鐵諸物值若干，夫役八千值若干，日食若干。事雖出於因，勞不殊乎創，經始於本年四月二十六日，凡五閲月而竣事，計捐廉錢一千三百緡，復爲諸生捐備，牀具橜櫈各六十副，而丹漆費二百五十緡，則郡城鹺商請撥用資善堂公欵焉。

邦人士以予之不假眾擎也，而歸美焉。僉爲額聯，歌詩頌其事，予曰："拙宦何功之有，曾見前贛守汪君孟棠之記重修矣。"謂自順治癸巳，越百八十年，爲道光癸巳，而前後興建，支干恰合，殆有數存乎其間，倡事者無與焉。予因是言更考志乘，則崇禎癸未初建，名"廉泉書院"，至順治癸巳，易今名，其後雍正癸卯、嘉慶癸酉、道光癸未、癸巳，皆常踵事，而國朝遇癸亥者二，乾隆癸亥則增建於觀察朱公、贛守汪公，嘉慶癸亥，則重修於觀察蔣公，然則今兹癸亥，非予之責而誰責哉？天下事之廢興，往往若有定數，造物奇巧，使人莫可端倪，然予竊揣測，以爲十干之癸，即四德之貞，貞下起元，來歲爲上元第一甲子，而元即周子之謚，意靈爽所憑，不惟祠宇當新，將使此邦文運與國家治運俱新，以應起元之數，而諸生幸逢斯會，爭相砥礪，以人事合天心，是則予之厚望也。惟是藏修有方，而膏獎猶絀，邦人士當如何爲久遠計者，且贛邑方創建愛蓮書院，此周子官廨舊基，予不敢憚勞，邦人士當何如，相與有成者，而屬當斯役之先成用，書年月以告來者，非尸厥功，爲邦人士與肄業諸生幸，即予之幸也。若其助予監工者，則贛紳馮州佐言紳，蔡明經泰翀、徐明經勤復，例得並書。（同治贛州志·書院）

道源書院記　　清　靳襄

宇內書院之有名者多矣。兹特名“道源”者何？蓋南安元公過化之地，亦卽與純公、正公傳道之區。孔孟以來，千五百年不傳之學，元公崛起而傳之二程子，以接孔孟之淵源，非道源而何？以是知江右之南安，與山左之鄒魯，不特道脉之連續，而地脉亦似相應而鍾美也。道在孔孟，其源在鄒魯；斷而復續，其源在南安。後若伊、洛、關、閩之派分，皆本於周、程南安之授受，則元公之道由二程而先及於伊洛，由横渠見二程之後，而徐及於關中，由龜山立雪以道南，而始及於南閩，若江右則皆被其道而先沐其教者矣。故江右之學，其源蓋先本於元公也。人但知周子授之於兩程子，兩程子得推廣其道，為有功於天下萬世，而抑思非程大中公珦假倅南安，孰知司理參軍為知道？因與為友，屬二子師事，手授《太極圖》。大道之傳，上接孔孟，以續堯、舜、禹、湯、文、武、伊、周之統。夫然大中公之有功於斯道不淺矣，乃數百年來，止稱三賢祠者，何哉？此宋、元、明三朝之缺典也。予不敏，來守是邦，首謁三賢，欲新其祠宇，念聖學久湮，幸元公為之創，微言難晰，賴二程為之推，但當時未有識周子為有道者，惟大中公識之。其巨眼固足嘉，不躬親授學，而預料二子為可傳，其神智抑足異也。然則道源祠中並設大中公之位，在元公得酧知己之願，在純、正二公之侍側，且得以事師者並事父，家學師承共享春秋之祀，將不為全美也乎！謹割俸餘，命工修葺，工畢於康熙三十二年二月之吉，率僚屬師生詣祠拜設大中公，主改祠名曰四賢，并載筆為之記。（同治南安志·藝文）

南安道源書院碑記　　清　魏□

君子之學，傳道為大，當官之政，教化為先。道統之明晦，與人心之淑慝，蓋相需而不可一闕者也。南安道源書院之名，賜於宋理宗，以周元公為本郡司理。程大中公攝倅，命二子純公、正公師事焉。是道源之地與道源之人具在是。嗚呼！四賢合於一隅，豈偶然哉。夫自理學蝕晦，大倫攸斁，異端橫行，而廉恥道絕，乾坤幾乎息矣。春秋三代之季，所謂世猶近古者，然特其稱先王命，足以弭暴，魯秉周禮，未可伐視聽言動，休咎立徵而已。而其弒逆烝報，淫僻荒怪之事，史不絕書。雖大聖人生其間，羣賢布列，未克匡敝俗而反諸正。秦漢以下，朝廷閨門之醜，胥為禽獸矣，况編戶之民乎。元公生千四百載後，繼孟子以續道統，諸儒繩繩相因，理學大著，故自有宋至明宮闈之正，度越往古，下及負販之夫，亦知禮義可貴，淫僻可賤，男女肅一，是非羞惡截然有經，而謂三代非後世所及，後世之賢不逮前賢者，豈通論哉？韓愈氏謂孟子功不在禹下，愚于元公亦云。蓋元公挺卓絕之資，而學力涵養足以包絡羣儒，其在孔門，蓋顏子之流也。然顏子親炙聖人神話猶易，元公紹曠世之絕學而造詣如此，其為百世師又何疑？且夫大中公之屬二子師事元公也，昭然如日月麗天矣，乃正公序其兄純公曰："先生生於千四百年之後，得不傳之學於遺經，蓋自孟子後一人而已。"愚甚惑焉。書院因亂廢，蕩為灌莽，太守靳公某出俸鼎建於學宮之左，增大中公位，以純公、正公配。夫大中公首識元公，屬二子以開絕學，亦道源之人也。並祀為宜，蓋為屋若干楹，重門類室皆備，輪奐加於昔，又為請學，使者復書院肄業生徒進取之數，俾學徒榮其末，而鼓引以守其本於勿替。昔文翁守蜀，任延守九真，錫光守交阯，皆建立學校，導以禮義，漸遷其俗。而公增祀大中公，足補千秋之闕，則又越三守而上矣。後之登斯堂者，宛然見當日父子師弟命承授受之美，有不感發而自興起者乎！是役也，凡用工材若干，為址廣延若干丈尺，勤於事者，若而人皆得書之碑陰。（同治南安志・藝文）

重建道源書院記　　清　游紹安

南安郡道源書院，宋理宗御書其額，其祀則周元公濂溪、程純公明道、正公伊川也。康熙二十八年，郡守靳公襄增祀程大中公。余，閩人也，溯立雪程門為道南安所自始，抑知南安固傳道人鄉哉。壬子夏，奉命守兹郡，下車卽欲展謁書院，有司以久圮於水對，惄然久之。踰年，攝篆吉郡，又踰年，奉公吳會，雖倥傯匆遑，未嘗不耿耿於懷也。甲寅歲，杪返郡，乃經營荒度，擇郡治東山王文成公祠後，其地寬曠，遂葺一堂以祀四賢，其前為月臺，扶以甃欄，臺之前為講堂，又其前仍舊祠而翼之，祠之外為大門，為奎閣，臺之左為藏書樓，右為掌教之齋，左右廂廡肄業之舍，三十有八間，庖湢器用備。山之巔有舊奎閣，移寓賢木主祀焉。寓賢者，宋蘇子瞻、劉器之、江民表、張子韶、劉聲伯五先生也。大道之旁，樹石為坊，繞以垣墻，植以竹木。夫然後陳俎豆而敦詩書風俗之機，教化之本，胥於是乎？在道源書院，名則仍舊者，所以尊道統，志本始也，夫濂洛之傳，盛矣。及明而陽明先生以英傑之姿，上接瓣香於三百年後，其卒於南安舟次也。先日猶講學，則今日與周程上下陟降，禮固宜然。而子瞻諸君子，皆以節義文章流寓於兹，則緬想當日流風，安知此地非昔賢精靈所駐耶，一室之奉，又烏能已已。是役也，經始於乙卯之四月，落成於是年之十二月，余倡捐官俸，丞令暨郡邑紳士，以及義行民人相率樂輸，惟恐居後，費不取於官，役不煩於民，而夙願獲酬，或者於聖世崇儒重道之意，其不背也已。陽明祠舊有磽田，不充祀事牢醴、士子燈膏，既廪之用，方議增益，此又余將來之志也。諸生礱石請記，乃書其顛末如此。（同治南安志・藝文）

東山道源書院圖記　清　游紹安

丙寅春，余六十有五誕辰，兒孫繪東山圖，請自記為壽。今復兩載矣，門士續構亭館數處，畫全景於蒙川館。屏山長約余九日遊，且觀圖焉。余喜山水勝概日新，老守精神猶昔，爰偕同官渡此行亭，而□凭欄觀瀾。蓋斯亭最勝，百遊不厭者，迤行林際，入書院門，而奎閣，而講堂，而陽明祠，而敬業堂，而四賢祠，左為藏書樓，右為掌教齋，俱歷階而升。山腰一宇為寓賢祠，登臺俯瞰，予前記有云："雨城雉堞，章水横橋，萬家烟火，無數檣帆。"指水口浮屠以東之景，儕輩方欲登巔遠眺，予不能從侍者，亦以肴核備告矣。由院左側門循牆至，諸生静坐處與尋樂趣，遂穿禪室，布席鶴鳴堂，酌萸觴相祝健。山長告曰："挹菁亭前碧荷未敗，黃菊初開，盍取道雲章而往觀乎？"僉唯偕行賞畢，竟垂齊陟真覺寺高閣，計三百餘武。余扶節躑躅坐憩，適道□□二亭，而後至云日昃，迴步正氣樓，新亭竹蔭活潑潑地，楓葉飄紅，但聞秋蟬指點，當年下馬振衣，諸勝如目前。諸生已煮君子泉，置紙筆候蒙川館，揖而言曰："先生矢不日歸田，願敘此圖，予樂而忘倦。"草訖仍呼白共浮陶。然過通勝橋，回視仰止坊，隱隱在林月暮靄矣。戊戌心水翁筆。（光緒南安志補・藝文）

南安道源書院訓言序　　清　雷鋐

自有宋周程夫子直接孔孟之傳，朱子繼承而光大之，昭昭然若揭日月於中天。顧周程之相授受，實自南安始，程大中公倅南安，周子攝司李，二程子因受業焉。余竊意其山川必鍾宇宙精純淵粹之氣，故得大賢相聚而開千百年之絕學，惜未得遊覽其間，以慰仰止之思。太守心水游公久任是邦，建道源書院於東山之上，延思亭黃先生主講席，游公政行事舉，教澤洽人心，每至書院，懇懇為諸生溯道源之傳，勗以躬行、心得之要，思亭先生日月刮劘，屏斥俗尚，一以窮經克己為務，諸生饜飫訓言，思壽之梨棗，以永其傳。郵書至京師，屬余一言，余於道無所窺尋，而二君子皆吾閩人，游公素以學行重於鄉，余心慕而未之見。思亭先生，余同年友，其宰廣昌之治績，人嘆為百年所未有，宜乎諸生之佩服不能忘也。道源統緒自周程而衍於閩，今復自閩而振於南安，亦循環往復之機歟。大庾尹余愢瑕承游公命，興廢舉墜於書院，尤殫厥心，亦閩人，故并誌之。（同治南安志・藝文）

道源書院和陶序　　清　孫人龍

南安府之山最著者，南為庾嶺，而西華聳其西，玉枕峙其北，皆夙以名勝聞，未聞所謂東山者。東山近附城闉，余昔取道南行，曾於隔岸見之，亦未聞山有道源書院也。戊辰三月廿四日，踰嶺北上，粵參藩徐惟吉前輩適自北來，郡伯游心水先生偕大庾余懼瑕明府，邀同遊於山上。山之有道源書院，所以祀周元公、程大中公、純公、正公，而若院之左，有堂曰鶴鳴，則為今肄業者所刱也。堂之前後有亭，曰觀瀾、曰挹菁、曰雲章、曰君子，皆山長黃思亭所締造而命名也。山之下有泉涓涓不少息，以遙達於江泉之上，有館曰蒙川，宋劉聲伯先生流寓時著書處也。館之上有樓曰正氣，明郡守張東海先生所建，久圮，而今新之者也。余摳衣拾級直造山顛，歷諸先儒及子瞻、子韶、器之、伯安諸先生祠，而肅拜菸其下。嗚呼！士君子仔肩大道，每宦遊所至，雖閱千百年，而餘韻流風綿延未艾，惟前與後相得益彰。故正學昌明，必紹承遺緒以振起斯文，若東山臨章水上，憑高俯眺横浦雙城，宛如合璧。城内外萬家煙火，饒鬱葱佳氣，第前此鮮物色之者，輒湮沒無聞。今則增一郡之壯觀，而亭池樓閣，更層見疊出於煙霞水石間，地之靈，亦必得人而發歟。既已登舟，不勝戀戀，偶讀陶詩，卽用其韻，以志低徊不能去云。（同治南安志・藝文）

書院章程

明陳履忠請於學使錄科外，額取書院生徒十人，後廢。國朝知府郎永清請復之，增額爲二十名。嘉慶十八年，巡道查清阿因舊額正課名數復增廣二十名。道光元年，巡道汪全德復廣生童額四十名。四年，知府李光先復廣生童額四十名，合前共百二十名（李志）。二十六年，巡道李本仁加取至百八十名，分内外課，甄錄月課三次，每課給生童膏火七十名。捐廉錢八百餘緡發縣，并紳民捐修志書，欠繳錢千一百餘緡。飭縣催收合二千緡，統作膏火嗣，捐欵僅收五十串，餘皆無著。知縣方運籌挪用，列入交代，致經費不敷，每月祇課二次。同治元年，陞道李瀚章捐錢一千緡。三年，署道蔡應嵩撥存罰欵錢八百餘緡。六年，陞署道張岳齡捐錢二千緡，彙存生息，經費漸裕，每月始復三課，膏火仍舊。七年，巡道文翼復捐廉俸一千緡，核定章程，生童額擴取至二百名以上，未與甄別者，仍准隨課錄取，加廣肄業内課，生員合前共三十名，童生合前共二十名，加給生童膏火、官課共九十名，師課共七十名，刊定章程，冊自爲序（新增）。（同治贛州志・書院）

書院田租

原額田租二百二十三石，又公捐銀一千九百二十八兩八錢零。乾隆二十九年，知縣沈均安以銀買田租六百五十六石零（舊志）。又邑人陽高儀捐田租十五石五斗（縣志）。雩都歲解官山租銀一百五十九兩七錢零，俱存。贛縣每年完糧，銀四十兩五錢，漕米九石零，水脚銀五錢零，餘作師生脩饍膏火之需（舊志）。乾隆四十年，縣科火，舊册無存。嘉慶十八年，巡道查清阿檄委教諭陶琳清查，實存田租八百四十五石九斗四升四合，每石折錢七百五十文，又捐廉增置田租一百六十六石五斗，合舊額共計錢九百零三千五百十五文，自爲記。道光三年，雩都原任賓州知州譚金誥同姪候補訓導，錦監生培元布理問職仁慎，共捐田租四百零二石八斗零。知府李光先有記（縣志）。十六年，巡道李象鵾捐銀四百兩，歲收息銀四十兩爲修葺費（李志）。十九年，贛縣孀婦陳張氏、邱氏捐田租八十二石，劉厚裕捐田租三十石零。嘉慶間，張氏原捐學田，今改入書院，計租九十五石有奇。同治五年，署道張岳齡因催解經費不前，檄各属查勘清文。七年，巡道文翼復委清查，核造租稅存款清冊，除將贛縣田一處變價外，實存田租一千三百八十餘石，店房四間，存惠和質舖錢九千二百串有奇。每年照股分息，由道札縣提取核發，監院分給膏獎（新增）。（同治贛州志・書院）

春陵書院記　　清　沈永肩

春陵書院者，寧遠鍾明府人文所建，以造寧邑之士者也，寧在前明靖守蔡君光留管縣事，建會濂、崇正二書院，會濂以祀濂溪，崇正以改僧寺得名，舊各有記，兵燹後並廢。國朝百有餘年，寧邑未有書院，有之自鍾君始。君之治寧也，政期實效，不尚塗飾，慮民俗之悍，首舉耆老講鄉約，實力化導，百廢以次具舉，一革從前因循苟且之習，於作人尤加意，履任以來，卽興義學，擇邑中宿儒爲之師，以訓邑之子弟，歲課月試，罔有作輟。士之來學者，將藉以有成。辛未、壬申，予兩次府試，所拔前茅士多出其中。爲政莫大於敷教，君誠得之矣。旣以書院未建，歲棲生徒於僧寺中，非所以崇正學而計長久也。癸酉秋，得縣治東故文昌宮地，靜僻敞朗，鳩工創造，搆書院屋三進。中爲講學堂，後爲周子及二程子祠，環列棲士舍、隙地、庖湢皆備。左爲大門，外爲屏牆，牆外有魚塘，更詳請充公田若干畝，以贍諸生膏火，凡所以養之教之者，靡不周詳且盡。昔文翁興教化於蜀，人材輩出，今寧邑之士，亦且駸駸日上，惜予休老將歸，不獲觀其教化之成，書院將落成，屬記於予，予葢知君之深，雖休廢其何容辭。

夫學以致道也，堯、舜、禹、湯、文、武之道，傳於周孔，壞於楊墨，孟子辭而闢之廓如也。漢之董子，唐之韓子尚已，而二氏猖狂，害中人心，後有宋周子出作《太極圖說》，無極之眞，二五之精，發前人未發之秘，又爲《通書》四十篇，以啟二程之傳，其論聖以誠爲本，其教人以志伊尹之志，學顏子之學，使聖人之道，千秋萬世明而不復晦者，周子之功也。諸生來學，其將以希名干祿乎？抑將以求道乎？如希名、干祿，於道無與矣！若將以求道，則桑梓之典刑具在。景前哲而企懿矩出處，皆有道存焉，抑聞之，二程之受學於周子，在大中宰君邑時，識之於南安軍，命二子師事之，是濂、洛、關、閩之傳自興國始，君固親切聞其旨矣，今之宰寧也，又爲周子所從出之地，其於道均探其源矣，而余言不又贅耶！君字經天，號質存，以選拔進士知寧遠事。（嘉慶寧遠志・藝文上）

重修濂溪書院記　清　蔡錦青

九江於豫章為下游，而匡廬五峰峙其南，江湖繞其東北蟺，澎湃出雲霧而浴日月。士生其間，類多清逸，傑特不可一世之才，當其處也，皭然不辱其志，則如翟道深、陶元亮諸賢，及其出而與人國事，則如周壯侯孟威、陶桓公者，義烈勳名，竝軼前古，迄今千有餘載，而數公之流風懿美，猶與山川里居相映發，過其鄉者，未嘗不俯仰徘徊，即所釣遊而益想其邱壑之美焉。夫有其地，無其人，不足彭兩間之蘊蓄，為之前莫為之後，則君子之澤易即湮淪。顏子曰：“舜何人也，予何人也？有為者亦若是。”抑為之有道，遺其本而襲其末，未見古人之能及也。蓋士必泊然無營於一心，乃毅然有為於天下，或出或處，事無二致，使道深、元亮以助，名終於晉室，吾知其雖爭光日月可也。使壯侯孟威、桓公不幸而老守山澤，吾知其必不與世俗為隆污也。

今郡縣之有書院，以舘四方學者，非欲其徒習文藝而已，將使求志不苟，以待國家非常之用，意至深遠。背①周元公知南康軍，因家於廬山，故九江舊有濂溪書院二，在濂溪港者，建於宋涫熙間，國朝乾隆二

① “背”：疑為“昔”。

十一年，移築蓮花峰下，尋圮。在郡城豐儲坊者，建於明嘉靖間，天啟末廢為周子祠。至乾隆五十年，郡守初君之樸別建於城內世德坊之南者，今之濂溪書院是也。咸豐癸丑，粵寇陷郡城，燬焉。同治癸亥，余再攝巡道，籍其餘產無幾，捐俸倡諸官吏，得銀四千兩。乙丑二月，仍世德坊之故址而重葺之。閱月工竣，為銀一千五百兩。所謂講堂、寢室、學舍，悉視其舊。存二千五百兩，屬董事購產生息。所謂脤修膏薪之費，視昔有增，今而後潯之士得以礱厲於其中矣。毋以貧賤害所守，毋以辭章害所為。處則為慤士，出則為名臣。令世之人謂潯士果無愧厥前賢，無負於其地。此使者所日為望焉者也。董是役者，德化職員萬樹春，廩貢許國鈞也，為之記。（同治九江志・藝文）

重修濂溪書院碑記　　清　董新策

宋嘉祐初，濂溪先生周子以太子中舍簽書合州判官，夔志不稽，謂先生熙寧中判夔州，非也，合人張公宗範嘗從先生遊，亭曰養心，先生記之，載朱子《通書附錄》。後百七十年，大府安少卿建瑞應山房以祀先生，即張公故址爲養心堂，以舘生徒，創田以供粢盛餼廩，鶴山魏公勒其事於石。明成化中，唐侯珣守兹土，興復是亭，費御史廣爲之記。然則合陽爲先生過化地，合人之宗先生有自來矣。嘉靖辛卯，練塘邱公按郡作書院於南津，顔曰合宗，表濂溪也，院廣六丈，深三十六丈，嚴有門，繚有垣，周有廊，池有蓮，樹有竹木。當時崇儒重道，詎不謂盛哉！兵燹以還，瑞應、養心諸勝日就傾圮，而合宗片瓦蕩然無存。遊息其所者，見殘碑斷礎，野草長林，輒三嘆去。

今年夏，余省先人墓來暫止焉。登尋樂光霽之堂，周旋瞻顧，整整秩秩，百年廢蹟，焕然改觀，噫，廢興固有時耶？然微郡僚蔡君，孰肩廼事？君佐郡有年，政通人和，百務以次舉。書院之興復，尤慨然任之，捐俸錢，剃蕪蔓，伐木於山，塼埴於陶，集梓人冶氏丹雘之工，罔弗親鼛鼓，以贾厥力。度舊址爲堂，堂五楹，中奉濂溪先生木主，門廊垣墉，竹樹蓮池如初制。經始於癸未之秋，落成於丁亥秋八月，凡金以兩計者，一百六十有奇，其一切賞賚之需，皆君輸之槖中，慊如也，學博曾君又鞏、劉君勗謂宜記之，記則屬余。

余謂士君子服古入官，苟能振拔流俗，以實心任實事，則官無論尊卑，地無論瘦腴，事無論緩急，靡不有人心風俗之防。今聖天子加意右文，德教洋溢，大法小廉，比戶可封矣。合陽東北殘疆，地曠而瘠，兼三邑尤遼闊難治，前守常公、新守王公，相繼撫摩，罔不奉上德意，惟謹然土著招徠，類聚群分，人心不盡一，而風俗不盡淳，故潛移默化，有微權焉。古者樸驅之農，秀驅之士，書院之設，庶幾治合之權輿乎？況乎吏目一官，其在合也，與他郡異，曠瘠遼闊之地，土著招徠之民，凡郡伯所綜治者，皆得佐治之，則人心風俗之防，斷不可須臾諉正，非發一奸摘一伏，遂可告無疚於簿書者也。不然區區俎豆，先儒坊表，後學曾何補傳舍事，而玆顧汲汲乃爾耶？且夫書院之祀濂溪先生，豈獨表先生哉？先生生於楚，宦於合，今合之土著者，先生之遺民也。合之招徠者，先生之鄉人也。一其扞格不相入之情，矯其齟齬不相習之氣，而將使之共祀先生、共學先生，則調和安輯之用，妙於不言矣。夫《太極》《通書》之學，誠而已矣。官斯土者，誠以治人，是即德盛治至之學也；生斯土者，誠以自治，是即身端心誠之學也。上以誠感，下以誠應，存之爲心，形之爲俗，合之所宗，有潛移默化而不自知者。是役也，豈值爲觀美已哉。雖然，合爲人文奧區，山川炳靈，世識其英，最著者宋侍郎山陽度公、明翰林立齋鄒公，各能以其學術行誼炳耀當時，施聲奕禩，非孟子所謂豪傑士耶？廼龍歸蒿壠，蕪没空山，閭閈故老無復有過而識者，而湫隘數椽，飍搖風雨，移故屋而苟完之，規制未備也。蒐舉廢墜，景行曩哲，以勵人心，以挽風俗。君其將於贊政之暇，次第舉而行之乎？予日望之矣。（乾隆合州志）

重修濂溪書院記　　清　高佑釲

孔門高弟七十二人，俱不能得位以行其志，惟子路、子游、子夏、子賤、巫馬期、季子皋諸賢，僅以邑宰小試其用，然學道愛人一言，乃千古為治之準，後世莫易焉。孟子沒，而聖道寢衰。兩程夫子出，明仁義，斥功利，續千四百年不傳之緒，傳及朱子，使聖學復昭，而治術以正，皆周子濂溪先生一人承先啟後之功也。先生得藴奥於遺經，以窮理盡性之旨昭示來學，其闡圖著述若《太極》《通書》，皆以發明精義，上繼孔孟之傳，下開程朱之學，修己治人，實本乎此。然先生遭盛時不為苟祿，一生仕宦都在州邑，未嘗一日坐論廟堂，故其經綸設施亦未盡展布。史官黃魯直稱其“人品甚高，胸懷灑落，如風光霽月，銳於求志，厚於得民”；朱子謂其“博學力行，遇事剛果，為政精密嚴恕，務盡道理”；南軒張氏亦謂先生“仕不大顯於時，其澤不得究施”。然學者考論師友淵源，必本先生，是先生之遺澤，即旦夕所經，片言流傳所寄，皆足使人仰止景行，况昔時過化之地哉！

考先生令桂陽，在宋仁宗慶曆元年。先是景祐中，先生嘗為主簿，年弱冠，即能辨分寧獄，邑人歎為老吏不如。及為南安司理叅軍，時通判程伯溫先生珦，知其為學而與之友，因命二子灝、頤從受業。轉運使王逵入人死罪，先生爭之不得，欲棄官。逵亦感悟，因得不死，且賢先生而薦之。移郴令，重農勸學。尋調桂陽令，風節慈愛，吏治彰彰，後改大理寺丞，知南昌縣，有神君之號。大姓黠吏皆斂跡相戒，以污善政為恥。其在合州，一郡之事，皆決於先生。遷國子博士，判虔州，潔己愛民。時趙抃守虔，歎知先生之晚。後以尚書虞部員外郎判永州，士率其教，吏畏其威，民懷其德，不期月大治。熙寧元年，先生知郴州軍，趙抃及呂公著薦為廣南東路轉運司判官，三年遷虞部郎中，提點廣東刑獄，所至洗冤澤物，行部不憚勞苦，險遠瘴癘，必親視之。因疾求知南康軍，且愛廬山之勝，移居蓮花峯下。前有溪流合於湓江，因取道州故居濂溪以名之。先生既老，二程子再往問學焉，比趙清獻再鎮成都，薦起先生，而先生已不逮矣。嘉定庚辰，賜謚元公。淳祐初，封汝南伯，從祀孔子廟。元延祐間封道國公。明景泰七年，以先生有功世教，官其十二世孫冕為翰林院五經博士，世襲。嘉靖九年，詔稱先生位號為先儒周子。葢先生浮沉仕路幾四十年，前後凡十三轉官，所在多仁政，令桂陽閱四載，時二程子亦來從學。郴守李初平知先生賢，問之曰：“吾欲讀書，何如?”先生對曰：“公老矣，無及也，某請得為公言之。”初平遂日聽先生語，葢二年而有得，大抵皆長育人才，網紀世道，倡絕學以正人心，崇教化而厚風俗之旨也。先生既去桂陽，士民思之不忘。寧宗嘉定十三年，邑令周思誠立先生祠於儒學大成殿右廡，西南復建光風堂於縣廳之東，歲久並圮。理宗寶祐間，邑簿李勁請於邑令黃遂，又建祠學宮，前顏曰希濂堂，以祀先生，而合祀邵、程、張、朱諸子，名六君子祠。明太祖洪武六年癸丑，邑令李原復建濂溪閣於縣廳之東，肖像祀之。閣前為堂，堂下有池，即先生所鑿愛蓮池遺址也。永樂間毀於寇，成化中，邑令桂顯即舊愛蓮池濬深之，仍構樓於上，且迎學中故所設先生像而祀之。正德間，邑人御史范輅白於巡按毛伯溫，發白金六十兩，屬邑令陳德本改建於縣西南桂枝嶺之麓。蓋縣西五里舊有予樂灣，相傳程子從先生遊此，有“時人不識予心樂”之句，後人因以名其鄉，且築“予樂亭”為祠，設像釋奠，是先生所憑依也，久而復圮。嘉靖丙午，邑令劉翔以其遠在郭外，仍遷築於愛蓮池上。歲癸丑，兵使潘子正行縣按視，見胥吏伺竊囂雜弗虔，復改建於桂枝嶺，每歲春秋仲月上丁之次日祭之。明年甲寅，邑令徐兆先奉督學，林懋和檄增搆講堂學舍，名濂溪書院，吉水羅洪先為之記。歷百年，國朝順治辛卯，為紅寇所毀，至康熙乙巳，會上官檄修義學，邑令黃應庚就桂枝嶺故址築室三楹，仍以書院名，其右舊有大士庵，亦遭焚燬，守僧請命於主者，遷佛像供祠中。名雖復，而實失之矣。庚戌冬，盛君筮仕桂陽，蠲俸庀材，命僧別建大士庵，遷去佛像，特置先生木主，奉於中堂而專祀焉，而屬高佑釲記之。佑釲嘗讀先生所著《拙賦》，有云：“天下拙，刑政徹，上安下順，風清弊絕。”其《愛蓮說》則云：“中通外直，不蔓不枝，香遠益清，亭亭淨植。”先生又嘗謂其友潘延之曰：“可仕可止，古人無所必，束髮為學，將有以設施澤於斯民，必不得已，止未晚也。”迄今誦其言以思其學術、治行，俱粲然如在目中。宜其去桂陽六百三十年，能使後人思之，愈久而愈深，則豈非學道愛人之明效耶？今盛君當兵火凋敝之餘，惓惓以學宮書院為急務，可謂知為政之本矣。將使桂陽之人士過先生之祠者，悚然知敬，相與勉為忠孝，而恥為浮薄，日講習於道德性命之說，以漸劘乎仁義，豈不彬彬乎聖人之徒，而先生之流風遺韻，歷久彌光也哉！（乾隆桂陽志・藝文中）

愛蓮義學記　清　姚敦詒

邵邑義學，康熙間，有九館、十一館，自乾隆初竝入濂溪書院，我邑遂無專學。咸豐甲寅，大興邵公宰邵，以邑人嚮學者眾，爰就愛蓮池右之蓮花庵，改為義學。延李孝廉仲芳主講，維時學師脩脯，由縣捐奉，而生童齋舍膏火，未遑及也。丁巳春，邵公還握郡符，繼尹邵者為大興周侯。侯，元公苗胄，公餘展謁濂溪祠，嫌其規模湫隘，慨然欲恢而拓之。竝就池旁建義學，首捐廉六百金為之倡，邑上舍周君京鎬卽捐緡錢五百千，田租九十石。嗣是好義士民爭輸恐後，侯乃屬掌院李君今、廉訪王君承澤、姚學博叶韶、胡學博士瀛，鳩工庀材，以戊午八月興工，敬將元公祠宇加崇閎，右爲講堂，左爲學舍。工未竣，會石逆犯寶，材木強半爲守陴兵民攫散。八月，周侯去任，幾廢，賴王廉訪、胡學博，設法修畢。然庀土有所，膏火無出。辛酉春，邑副郎伍君澤旭、學子伍君永鐸、國子馬君永陞，續捐田畝，以為膏火。因外門未就，倉庾未備，復以歲租所餘蕆事。同治壬戌，乃甄課生童，給以膏火穀。乙丑冬，邵公復以縣津貼銀為堂課獎勵，資得伍學博永銳、劉郡貳拔相經理有條，而事益善。嗚呼，自逆豎横發邕桂以來，莠民煽亂幾遍，方州盱時者，恆太息慟憾於武備之不修，而不知其患實由於無學。今邵公、周侯，先後蒞邵，捍患禦災。日無暇晷，而亟亟以圖者，則首扗乎建學興教，直欲使元公之流風餘化，《通書》《太極》之微辭奧旨，邵人士皆得以目擊，而心存氣感，而機悟焉，其用意亦何其深且遠歟。肄誦其間者，果能精而求之，實而踐之，確有得乎性命之理，將見正誼明道，早以操反經撥亂之原，一旦起而為天子宣力四方，必能偃息兵革，安利元元，俾宇內清和咸理也。若月書季考，徒習帖括，以弋取科名無論，非先賢之所許，其何以仰副賢邑宰殷殷造就之盛意也。夫敦詒蓋嘗目睹是舉，而能言其詳者，謹誌始末，竝書捐助姓字及月課章程，列石之左。同治己巳六月望日。

一周京鎬捐西鄉高橋莊田一所，額租九十石。一伍永鐸捐南鄉東田衝莊田一所，額租一百五十石零八斗。一伍懷型捐西鄉白田莊田一所，額租八十石。一黃義祥捐東鄉玉京山莊田一所，額租一百二十石。一馬永陞捐北鄉萬歲廟莊田一所，額租六十石，又東鄉白馬鋪莊田一所，額租三十五石。一李逢源捐天邊田蕩田四坵、被水止存二坵，租二石四斗。一劉應榮捐猺山田一處，因寫遠變賣增義學，歲餘買南鄉留恩嶺莊田一所，額租四十石。一同治壬申夏家彪、劉昌恆、謝鵾翮、馬名驥等增置新塘衝莊，租四十八石，又置瓜塘衝莊，租六十石。（光緒邵陽志・學校）

重修崇正書院碑記　清　詹爾廉

余閲寧邑舊志，書院有五，崇正書院則在縣治西關外，時都人士顧名思義，莫不砥節礪行，而罔有越志，兵燹後蕩然無存。前任鍾於縣治東城隅建春陵書院，規模狹隘，地近塵囂，故從學者寥寥。夫以講學之地，而與列肆持籌輩並域而居，則道不崇而學無以正。余蒞任寧邑，督修文武廟，工竣乃擇地修建，集多士而募捐焉。地在縣治西隅，高爽清幽，雖城域猶名山也，宅建三間，上奉帝君神像，斗口魁星暨周程三夫子，中爲講堂，頭門乃出入地也，則設門役一人以司之，左右書舍二十四間，厨房上下各二座，四圍周堵，左右隙地爲疏圃。葢倡其首者，黽勉從事，故制度宏廠，不數月而告成。第查舊入義學田五處，歷年師生束金膏火，悉在於茲，其田租之多寡，聽書收納支銷，其中不無侵漁，何以廣作育而興教化？余與首事樊名世等將田逐一清查，廣狹肥磽，瞭如指掌，即此而定其租粒，示以成規，更詳請將止止菴大道山田二處撥入書院，田與租册置二本，一存署，一交學，中齋長、逐年齋長二名，同禮書一名，臨田收納，凡一切預支存留之數，皆得紀其出入，以待稽於官。葢互相稽查，則中飽者無由施其術，俾教學相長，取資無窮，慮甚遠而法亦周也。今年春，聘余門常寧孝廉曹君名雁者主講，生童踴躍從遊，潛修者已大異於昔時。夫寧邑爲舜化之所，經濂溪講學之所，及歷唐、宋、元、明，代産名賢，何至今而遂不古若也，豈天下之降材頓異歟！抑培養無方，而所以擇術者疎歟！余仍顔其門曰崇正，所以復古也，使顧名思義，崇其實而不以他歧惑也。余揀調巖疆，行旗將發，不及覩人材之盛，然根本既固，氣運斯昌，行見攀月窟而步雲衢，將來正未可量也，余竊有厚望焉，是爲記。（嘉慶寧遠志・藝文上）

西關鄉學濂溪書院碑記　清　范毓洙

古者造士自鄉始，大司徒以鄉三物教萬民，分寄其權於閭胥、族師、黨正、州長、鄉大夫，而舉其賢者能者升之於選造，故家塾、黨庠、州序與國學相表裏。按《通考》，宋初有郡國鄉黨之學，而無州縣學。慶歷四年，始詔州縣立之。然觀馬端臨之論，謂州縣學有司奉詔旨所建也。

故或作或輟，不免具文鄉黨之學，賢士大夫留意斯文者所建也。故前規後隨，皆務興起，其田土之錫，教養之規，往往過於州縣。由斯而談，則欲以妙簡師儒，嚴立程課，使士皆得以成材，而無戾於古先哲王之訓，以仰答聖天子興賢育材之至意。洵非鄉學不為功，吾桂於郴為屬縣，踞上游之顛。自濂溪周子絃歌斯土，開闡理蘊，提倡宗風。洛陽程子折節來學，遂為大儒過化之區，發蒙振稚，人皆知乎，學問、文章、德行、仕宦、科名彪炳於一時者，史不絕書，何其盛與！我國家重熙累洽，加意作人，文教覃敷，暨訖中外邑人士，益復雲蒸霞蔚，爭自濯磨。但舊有朝陽書院，今以就圮，主院者恒假舘於外，而又無鄉學之建，得以羣萃州處，考校其術藝，是以才品優劣，懸決於有司之目，而父兄師長，無從第分，其甲乙豈不重可惜哉。

歲甲子，縣中諸同志謀建立鄉學，兼營束修膏火之費，以便後之學者，因設立捐籍，隨所樂輸，以襄厥事。卜地於西城外，周子當年吟弄處，與其祠堂隔水一溪，計工三萬有奇，計費三千有奇，講堂齋舍，軒豁明爽。倚窻而望，則夫雲淡風輕之景，光風霽月之懷，彷彿斯在。因榜其額曰濂溪書院，誌淵源所自來也，而屬余為之記。余曰：周子不云乎，“志伊尹之所志，學顏子之所學”，後之學者果能志其志而學其學，安在不可希踪古人乎？夫學無鄉國一也，升之司徒者，卽一鄉之秀，升之大學者，卽選士之秀，且菁莪布化，而寄其情於在阿、在沚、在陵，則知無人不可教，卽無地不可學，故惟學之制為最公。公故可以分，可以合，可以鄉國，可以天下，初無彼此異同之見存其中也，然則明則通，公則溥，明通公溥，吾仍願以周子之說，為邑中賢士大夫進陳之。（同治桂陽志·藝文）

新建東山書院記　　清　侯雲漢

古之教者，家有塾，黨有庠，術有序，國有學，書院之設，亦彷此意，葢所以收其放心，勵其志氣，正其趋向，使之俯而就，仰而企，日進於高明，鼓舞不自知也。郴州書院由來有三，一曰濂溪，二曰景賢，三曰同仁。明經居一，啓蒙居二，一時人文輩出，彬彬乎，有大雅之風，可謂盛矣。無何，歲久事寢，日漸廢弛。而書屋講堂相繼傾塌，所謂三書院者，幾成榛莽之墟。都人士復以鼎建，請前署州都司馬，相地之宜，酌改於一覽亭下，卽唐平章劉公讀書堂故址，督率各紳士勸捐建復，此東山書院所由肇始也。繼而裴刺史涖任，因搆料乏費，將濂溪、景賢二處，變價二百金，移舊作新，而功猶未竣。署州陳刺史因短缺各匠工價，酌之所屬五縣，約共捐資一百二十金，五縣未及呈繳，一切修脯膏火俱未及議，而陳公已喬遷卸事矣。余於甲午孟冬到任，詢知原委，因思濂溪、景賢二處，皆前人之遺跡，未便使之廢滅不傳，遂捐清俸贖回，以爲義學啓蒙之地，而於各屬捐項，又復札催以償匠人，書院於是乎落成。

余於公餘之暇，每至其地，見其勢踞高阜，山環翠繞，仙嶺峙其北，郴水經其南，磅礴鬱積，秀氣成采，自上瞷下，如置身天際。將來多士，濟濟濯磨，呫嗶於其間，意必有偉人傑士，上追鵞湖、白鹿之風者出焉，豈第取青紫掇巍科而已哉。今書院之成，歷任各官，固劇費苦心，然皆衆紳士樂善好施所致也，其共勷盛舉之首事賀盛朝，朱緯、何增吉、何化吉、謝惟一、周綱、黃世洪、廖光甲、曹義徵、羅夢元等，名不可泯沒，爰勒於碑，以誌不朽，並望諸生之不自菲薄，蜚聲藝苑以共鳴，國家之盛也。於是乎書，時乾隆二十一年秋九月立。（嘉慶郴州志・藝文上）

新捐東山書院修脯記　清　侯雲漢

或問於予曰："師所以傳道授業觧惑也，然其要存乎學者之善悟，果能觸類旁通，無所凝滯，六經、四子書，卽其師也，奚必登堂拜跪，執弟子之禮，始為有益乎?"予應之曰："如子之說，必人人皆上智，而無中材乃可耳。葛稚川有言曰：'火，不鑽不生；水，不決不流'。瑤華不琢，則耀夜之景不發；丹青不冶，則鈍鈎之勁不就。孰是人而可以無師乎哉?"予於甲午冬下車後，旣踵前賢落成東山書院，念此幽靜高敞之區，深堪造士，但經營伊始，資斧全無，不克延高明士以爲山長，因於原有薄租外，捐銀四十金，隨於乙未春，敦請江南名士狄西巖先生為諸生表率，西巖人品學問重於一時，其設教也，忠告善誘，嚴肅整齊，有陸子壽、胡安定之風焉。一時擔簦景從者，不但本州文人，卽各屬有志之士，亦皆于于而來，無不心悅誠服。昔之慮岐羊者，今則獲指南矣。因思修儀百金，實不足以將敬意，復於丙申歲勉捐二十金，合前計之，共捐銀六十兩。幸五縣諸公聞之，合稟願各捐銀二十金，總計每歲共捐修脯銀一百六十金，竊恐久而難繼，遂於房科立案，書院立碑，以爲久遠之計，如此雖可暫屈各賢，而尚無膏火，諸子豐嗇不等，竟有力不從心，不能挾資久居者，昔首士諸君，亦俱再四躊躇，為所費甚鉅，一時不能集腋成裘，然而其志甚可嘉也。余惟默禱焉，以俟之爾多士之肄業書院者，亦宜爭自濯磨，共相勸勉。聖人云："用志不紛，乃凝於神。"今日之黄卷青燈，即他年之玉堂金馬，始看翡翠於蘭苕，終掣鯨魚於碧海，吾於諸生有厚望焉。（嘉慶郴州志・藝文上）

重修濂山書院記　清　臧振榮

豫章，古名都也，理學、節概、文章，昔稱最盛，而分寧則隸之。雖繡錯楚壤，僻處偏隅，然山環而矗，水清而駛，控新吳之首尾，據彭蠡之上游，故鄉於斯、官於斯者，往往多賢人君子焉。濂溪周先生以理學傳，山谷黄先生以文節著，一為分符之邦，一為鍾靈之地，其芳規懿行，道統著述，光昭史冊，輝煌州乘者，班班可考。即廟貌祠廡，亭榭臺池，從前之建置沿革，分合修葺者，亦歷歷可稽。茲固無庸殫陳，特是黨有庠，州有序，凡以宏長儒教、誘進學徒、化人成俗，卒由於此。外此而名山勝境，昔賢講道之區，創建書院以聚四方遊學之士，蓋以補庠序所不逮也。宋興之初，天下四大書院曰石鼓，曰嵩陽，曰嶽麓，而廬山白鹿洞書院為最；又如江右之豫章、鵝湖、象山、盱江，以書院名者不一，匪特其弦誦盛也，而經明行修、名臣大儒多出其中焉。周、黄兩先生合祀濂山書院，由來尚矣。理學之淵源，節概之彪炳，文字之風徽，或官於斯，或鄉於斯，而後先同堂，俎豆而並祀之，固奮乎百世之上矣。予嘗考濂溪圖說，而知性學之旨歸；閱山谷全集，而知文節之懿軌，已不勝嚮往而景行。迨承乏茲土，登旌陽山麓，謁兩先生祠，瞻拜光儀，何殊親炙。乃祠堂一椽，僅蔽風雨，僧舍一寮，莫司香火，而亭榭故蹟，則荒蔓也，書屋舊址，則邱墟也。有興道之思者，能不慨然而復古。夫孰非官於斯、鄉於斯者，顧令前哲之徽音竟歇，而後起之頌聲不繼，果誰之責也？夫余用是特結涪翁之亭，以為斯道倡，且捐冰俸，結精舍三間，以延遊學者。學博羅君渠復題疏引勸紳士，以襄厥成功。

功成而縉紳縫掖合詞而請余記，何記乎？爾記地乎？非有周原之膴膴，記祠乎？非有峻宇之巍巍，烏乎記？然而山不在高，況乎高山之在望；水不在深，況乎觀水之有瀾。昔蘇文忠公稱山谷有曰："瑰瑋之文，妙絕當世；孝友之行，追配古人。"而山谷又稱濂溪有曰："其人品甚高，胸懷灑落，如光風霽月。"迄今臨風對月，登山玩水，履其亭，入其祠，景道範之儼然，矚流峙而俯仰，恍如瑰瑋之當前，而光霽之入懷抱也。後之有感於斯者，意必有承兩先生理學之薪傳，節概之芳躅，詩歌文字之真派，俾濂山書院不異乎白鹿諸書院，而真儒蔚起，踵接肩隨，以媲美有宋之盛，是則可記也，遂書丹以記之。時康熙二十八年十月某日。（同治義寧志·藝文）

重修濂山書院記　清　許淵

古者人才之興，由於教化，庠序學校，升鄉與國之俊秀，而董以師儒，教莫備焉，故人才為最盛。我國家仿三代遺規，隆作人之化，不獨石鼓、嶽麓、鹿洞、應天諸名山為興賢育才地，極之天下各郡縣，莫不設立書院，以裕風教之源，洵盛典也。庚申夏，余膺簡命刺分寧。甫下車，州治東南隅有濂溪山谷兩先生祠，遂往謁。時有告余曰："此故書院也。前守嘗延師課士於其中，以膏火不給，今且廢。"余用是怦怦有觸，思捐已俸以圖創復舊制，宦囊常乏，倡修匪易，簿書之暇，籌畫者久之。適雲岩寺僧、洞山寺僧均以產業過多，履庭構訟，因歎美利公諸天地，與其養無益之僧，無甯資有用之士。就中剖析，請以所爭之半，為培植人才計。蒙上憲允可，而素願遂洽。於是即其舊宇之傾圮者，樂與更張。建講堂，宏啟牖也；修廊舍，便肄業也；作二賢堂，禮先師也。一時牆垣亭榭，煥然改觀，仍顏之曰濂山書院。每歲聘山長，慎考試，拔士之尤者數十人，分別正附，月定以三課，品其甲乙而獎勵之，而造士之章程，於是乎立矣。夫以甯，山腴水清，素號文人之藪，元公過化，文節遺徽，其佑啟後人者既至，而蒞茲土者，又得損釋氏之閒田，垂不朽之學校，俾束脩取於斯，膏火取于斯，人才之振作取於斯，將見薰陶漸染，他日必有以理學文章步先賢之武而崛起者。然則是舉也，不將大有造於是邦也哉？余忝司牧，不敢負聖朝作育之恩，辜多士奮興之望，惟是藉

手告成，可幸無咎。爰舉其顛末，勒諸碑陰，而為之記。（同治義寧志・藝文）

重修濂山書院記　　清　邊學海

古者，化民成俗，莫不以教學為先務。而教學之法，尊其責於人上，乃上之人任其責焉，仍若懸而有待。延名師、選俊彥，俾文風蒸蒸日上，此責之所宜為，而力之所及為者也。若夫為其地振故謀新，因百年之遺規，開一時之偉制，則其力不必出諸己，而其責不啻屬諸人矣。屬之人而難，必其人之慷慨好義，不恤捐金以成余志，即捐金矣，而欲其金之沛乎有餘，並可指日定功，從容告竣，使上之人宛若力之自為而責之自副也，不尤有難乎？

甯州高山特秀，恒磅礴而鍾為偉人，以故往哲前賢，光垂史冊。城之東隅有濂山書院，祀濂溪周先生暨山谷黄先生，春誦夏絃，諸生課讀其中，顧規模未極宏敞，兼之歲月寖久，風雨摧殘，急宜有以維持而嗣續之也。余攝甯篆，思任其責而力有未逮，爰捐廉以為州人士倡。未幾，豪傑舉義施、樂捐金者，則有陳子密、胡子機、胡子全浤、朱子晚成等，旋而鳩工命匠；董其事者，則有查子經、徐子慕璋、查子文纍等；不數月而簷飛桷起，向之歷落者，且自煥然矣。余顧而樂之，因以獎好義之心，而益信先賢流風遺澤漸摩此土者，其淵源厚也。功既竣，首事請記於余。余乃作而言曰："此固余之責而都人士之力也。雖然，都人士已殫其力，而余實有未竟之責。濂、山二先生道德文章，既已準繩之在前，而復結構之未替，諸子茍因其所得而擴而新之，由是大成小成，以鳴國家之盛，是非余之責所未竟，多士之力所宜殫者乎？多士其勉副吾望也夫！"是為記。（同治義寧志・藝文）

重修濂山書院記　　清　王茂源

分寧之有濂溪書院，在旌陽山麓，實為宋周濂溪簿分甯時所建，以延四方遊學之士。左為鄉賢黄文節公祠，有司春秋致祭，用志不忘，其初固未嘗合也。歷年既久，摧殘剝蝕，來牧是州者，在明則有方公沆重修於前，我朝則有徐公永齡、班公衣錦繼修於後。迨山谷祠漸就頹壞，因遺像並祀於濂溪祠，俎豆一堂，後先輝映，觀察史公曾為之記，而濂山書院之名始合而益彰。夫建學興賢，守土之責也；激揚善類，盛德之符也。余於丙午季冬來攝寧篆，瞻仰前型，見規模具備，而傾欹剝落之所，亦復不少，即有意概為補葺，乃不兩月而去。庚戌之夏，奉命再涖茲土，與鄉士人接見之暇，始得紳耆陳公密號稱同志。陳公，篤行君子也，樂善好施，往在乾隆癸巳間，約二三素好，公同激勸，大加興修，增蓋房屋若干，規模宏廠。今復慨捐腴田四十餘畝，用補生童膏火之需，其積歲租息四百餘金，請為重修之費，有不足者，從而益之。自橋欞牆垣以至堂筵講齋，悉因舊制，煥然一新，諸生肄業其中者，莫不翕然稱善。予嘗考宋代諸儒，昌明理學，濂溪首著圖書，與關洛諸賢，視斯道為己任。山谷則與眉山蘇軾相為頡頏，節概文章，卓然震動一世。使得各盡其所學於朝廷之上，則治平、熙、豐，致治必幾乎三王之盛，不其偉歟？乃一則終老於湓城，一則遠竄於宜州，斯亦宋室之不幸也。雖然，吾寧山川之氣，磅礴鬱積，毓異鍾靈，同時又得兩大賢並起其間，繼往開來，嘉惠後學，吾見春誦夏絃，諸生課讀其中者，必將有奇傑之士赫然奮興，上承統緒，下衍淵源，霞蔚雲蒸，以副聖朝作人之雅化者，如操左券，而陳公之倡義興學，又將食厚報於無窮也。故樂為之記而鑱諸石。（同治義寧志・藝文）

重修濂山書院記　　清　周澍

分甯在豫章，素以文獻著，家絃戶誦，書院尤多，如山泉、鳴陽、鳳山、櫻桃、芝臺等名，具見志乘。世遠年湮，僅留遺址，惟濂山書院巋然獨存，第講席虛懸，生徒鮮至，飄搖風雨間，室磬牆嚴，蓋亦岌岌不可終日矣。予涖任初，亟謀為重新之計，知為附貢胡機、封翁陳密、職員朱晚成、胡易滄修建於前，遂商諸各後裔，學博胡秉銓、監生陳集模、職員朱學家等，慨然以修復自任。始事於嘉慶二十二年十月，蕆工於二十三年二月，計費工料銀若干兩。自門以內，升堂入室，旁及學舍，至垣牆庖湢，煥然一新。諸後裔可謂勇於行義而能世濟其美矣。往歲主講者延自遠方，或終歲不至，即歲一至焉，席不暇暖，書院之廢，職此之由。遂為詳定歲延本地名宿章程，奉各憲允請。迺聘孝廉冷芝田先生主講，增額督課，於茲兩載，斐然可觀。更願諸生進而益上，尋孔顏之樂，敦孝友之行，不忘書院命名之意，景仰先賢，勤學立品，以慰跂予之望，以答鄉先生歷新書院之盛舉也。是為記。（同治義寧志・藝文）

濂山書院田租

雲巖寺租伍百拾玖石柒斗伍升（內除百石撥普濟堂）。

洞山寺租貳百肆拾石，二寺額租柒百伍拾餘石，所有錢漕水脚。咸豐十一年，經山長李鏡華暨經理紳首等稟懇。

州憲胡按照葉憲交冊捐廉完納嗣後，歷任各憲蒙照成案，凡濂山陸續捐置產業，其錢漕水脚一概推入憲捐，添捐二戶，捐廉截串。同治四年，查核二寺，復有尅除租谷，經山長涂家杰暨經理紳首等稟請，州憲鄧通詳立案，起復原租，永不得侵尅升合。

盧韓氏漏租銀，舊額肆拾伍兩，今收銀叁拾兩玖錢，陸分肆厘計田叁拾畝玖分陸厘肆毫。道光叁拾年，各佃租銀積欠。同治伍年，山長何章等具稟追逋。捌年，經山長盧炳炎暨經理，紳首等協同委辦清查官租，紳首張廷彥等查出田畝坐落土名泰鄉七都、吳都、稟請州憲陳指佃照原，如數撥歸書院自行經收，仍照新章，每年每畝完納十足，制錢壹吊貳百文，案已附詳，上憲計佃十六戶。

大源山舊額銀叁拾叁兩，今收銀陸兩捌錢，現收田租貳吊柒百文，山租陸吊柒百貳拾文，俱係十足制錢，該租坐落土名安鄉十都竹子堝等處，俟後清釐起復原租。

陳密捐租錢伍拾兩、庄屋一所。咸豐十一年，紳首經踩，該田坐落土名泰鄉五都枇杷樹下，額完租谷肆拾石。

土名田畝。

一在丁家坳田，一號塘一口，塘下水田四號，仝處田一號，土一片，塘一口，又田拾貳號，又土一片。一在箬坑，塘一口。塘下田七號，土一片，一在左岸山上齊大路水圳。

一在橫壠田六號，一在圳下田三十四號，塘一口。

一在庄屋上首，田一號，一在庄屋上首，田一號，一在庄屋門前地一片，一在庄屋下首地一帶，上齊楊姓山界。

已上共計水田六十六號秋地，及山土共六片，塘四口。

知州周澍捐置朱玉昇田租折繳錢陸吊文，同治五年，紳首經踩，該田坐落土名安鄉九都港東源清明嘴，今另批，仍承租錢陸吊文。

土名田畝。

一在董壠中間水田六號，一在壠上塘一口，一在塘下水田一號，又秋地四片，又田左右秋地二小號。

已上共計水田七號，統計四畝，秋地六號。

甘貴龍充公佃租五石，折繳錢四吊五百文，該田坐落土名田浦。道光年間，經該地紳民稟請，雷憲撥轉田浦萬壽宮。同治五年，紳首查明。

貢生張鐸之妻胡氏捐奉鄉觀溪田叁拾伍畝七分零，張翰周佃折繳錢伍拾吊文，庄屋一所，今另批，仍承租錢五十吊文，門役一名，舊額租十二石，每年自佃自收，以為香火工食之資。田拾柒號，泰鄉六都二圖民米一斗一升一合。同治五年，紳首經踩，實係二十一號，該田係州紳捐置其米，概推入添捐戶內。

土名田畝。

一在余宅背山下，田一號，又田一號。一在杉樹下田四號。

一在余姓門前田四號，又上首田一號，一在茶兆下田一號，一在井邊田四號。一在大路下田二小號，一在團塊田二號，一在書院左邊田一號。

已上共計水田二十一號。

增欵。

監生張方渠之妻石氏，捐高鄉三十五都坵湖裡田租三十二石，以資甄別卷價。同治六年，紳首經踩，將此田歸入書院，以資膏火奬賞，另酌給禮書卷價。

土名田畝。

一在下頭門老屋側田一號，又田一號，一在水鑕坵田一號，又田一號。一在石嘴坵田一號，一在新塘尾屋廠與儒學田平分開墾田三號，一在新塘尾墈下田一號。

一在茶盤坵田一號，又田二號，一在張家腦山五處。

一在簸坵田一號，一在社下秋地二號，一在沙壠秋地一號。

已上共計水田十三號，秋地三號，山五處。

韓永斌裔捐置泰鄉一都張堝塅田租六石，以資甄別卷價。同治六年，紳首經睬，將此田歸入書院，以資膏獎，另酌給禮書卷價。

土名田畝。

一在圳上水田二號，一在圳下水田一號，又圳上土一片，共計三畝三分。

安鄉向熊旺充公田租拾石，折繳錢八吊文，耕佃雷春華。咸豐七年，經前經理等變價更置。

許廷（遇遂）捐渣津義倉背田租四十石，屋一所。咸豐十一年，紳首經睬。

土名田畝。

一在鄧大坵田一號，一在鸜嘴坵田一號，一在墳前田二號，一在坳上田一號，一在坎上田三號，一在河邊稅地一片，一在車下洲地一片，一在沙壠田一號，一在熊祠門首田一號，一在菜園外田一號。

已上共計水田十一號，秋地二片。

州尊陳秋河捐錢陸百吊文。

分州譚芳谷捐錢壹百貳拾吊文。

以上二欵（日新、新盛），二典分領，按月一分生息具結存案。道光二十三年，州尊周查出該典息錢未繳外，加增典息錢七吊貳百八十八文。咸豐五年，城陷，典息，懸宕將日新典舖屋歸入書院抵欵。又該典右側旁屋晒廠，及該典左側墻屋晒廠在內，新盛領欵。咸豐八年，陳敬齋之子善長，將馬坳黄庄田抵還。

陳密捐黄土嶺新盛當舖巷屋宇一所。咸豐五年被燬，今存基地一片，咸豐十一年，紳首經睬。

余阿許仝男奕榜捐學前堂舖屋一所，咸豐五年被燬，今存基地一片。現批地租錢二吊四百文，其屋東止官街，西止吳姓磚墻，南止胡姓舖，北止羅、何二姓舖為界。咸豐十一年，紳首經睬。

李醕捐高鄉高城源樓下大墩崙田租拾伍石，共計拾號，計柒畝伍分，又糞坩一隻，同治六年，紳首經睬。

余黼堂捐泰鄉山家店圳下田租八石，咸豐十一年，紳首經睬。

土名田畝。

一在汪家源路上，水田壹號，計壹畝二分。一在大源田二號，計壹畝六分。一在下橋邊，田一號，計一畝二分。

袁漢平捐武鄉東滸田四石，同治五年，清出租錢叁吊陸百文續增田產。道光間，陳偉等勸捐錢肆千串，發典生息。咸豐肆年，川牧葉提埶軍需，嗣後陸續取還置買田租。

咸豐八年，契買陳左卿高鄉高城源南塅水田壹庄，計租六十八石，東邊庄屋餘基逢堂直出一半，東邊山塲一半，又庄屋背後徐姓門首熟土一片。咸豐十一年，紳首經踩。

土名田畝。

一在南塅李祠側水田一號，計一畝八分八，又仝處田大小共二十一號，計叁拾壹畝柒分。

咸豐八年，契買黃吉莊泰鄉七都橫安熊山口王家塅水田一庄，計租五十五石，咸豐十一年，紳首經踩。

土名田畝。

一在屠刀坵茶盤坵漱坵纏山坵，七分坵田，共計五號。

一在黃株堝連田七號，又塘一口，一在獅形口連田三號，又畬坪一處，一在小桃源連田九號，一在小桃源左邊翅上田四號，一在大塘源連田十九號，一在楊樹下連田四號，一在牛角坵田一號，一在八分裡田一號，又三分裡田一號，又連田三號，一在井坵田一號。

已上共計水田五十八號。

咸豐八年，契買陳敬齋之子善長崇鄉四十七八都馬市土名，黃庄水田一庄，額租四十石，庄屋一所，其價係分領典欵抵償，咸豐十一年，紳首經踩。

土名田畝。

一在太陽沖查姓塘下田二號，水圳在內，又正壠水田五號，一在右進正壠田七號，一在左進正壠田八號，又荒地五片。一在楊家壠內左進塘塝上田一號，又塘側田四號，又正壠田七號，一在左進旁壠水田四號，一在細楊家壠田七號，一在塘下田八號，一在易家壠田二號塘在內，一在桑家屋側田一號糞窖在內，一在櫪樹下堰水田二號，一在柏林頭社前水坩一個，又坩上田一號，又正壠水田五號，又柏林頭口水田相連四號，一在深塘堝水田三號。

已上共計水田七十一號，荒地五片，塘四口。

咸豐十一年，契買查鶴湖高鄉高城源樓下水田一庄，磚屋二重，額租壹百石，經理等履畝清踩。

土名田畝。

一在庄屋門首，水田三號，庄屋左邊田五號，計一畝，又墈上地一片，又墈下田九號，又田做地三片，共計二畝二分，又田一號庄屋門前田十八號，共計十畝，又大路下田共十五號，計五畝，又仝處地三片。一在徐、李二姓門，首右邊田二號計六分。一在大路邊舖上側田二號，計二分，又仝處路下田一號，計八分，又仝處屋右路上田二號，計一畝五分。一在墈上田八號計二畝四分，一在熊姓坟後長坵田一號，又墈下田一號，計七分。一在葉家坪田四號，計一畝，一在上邊中間田一號，計六分，一在櫪樹下長坵一號，共計一畝四分，一在三湖塅田三號，計九分。一在墈上隔周姓田一號，計九分，一在毛堝對門水廢田一號，計九分，一在大橋頭田一號，計一畝五分，一在汎壟田五號，計四畝，一在油麻塅田二號，計一畝四分。一在大竹堝田七號，計一畝八分，一在塘源裡田二十四號，又地一片，計五畝。又塘源裡田三號，計四分，一在師古壠墈上地八號，一在梅樹下路上田一號，計二畝七分，又墈下田二號，計二畝三分。

已上共計水田秋地壹百肆拾貳號，計四十九畝二分。

咸豐十一年，契買龔意舒安鄉十都麻家塅水田一庄，庄屋二重，四股之一額租二十七石，經理等履畝清踩。

土名田畝。

一在庄屋西邊窖坵水田一號，一在倉下田九號，一在宅後田一號，又仝處飯坵田一號，一在本庄門首田四號，沙洲在內。

已上共計水田十八號。

咸豐十一年，契買匡慰衷崇鄉四十七八都馬坳黄庄源易家壠水田八號，共計五畝，又蔭塘一口，額租九石，經理等履畝清踩。

同治五年，契買王英甫黄土嶺熊家園屋宇一所，添建濂山書院，以為肄業及崇祀之所。

四界載後。

東界上截齊圍墻中截菜園圍墻外址，李祠餘基轉曲横過址塝下陳姓餘基下截址，陳姓圍墻及屋直出為界，西界上截磚墻，與出業人牲林合管聽，其二各修造，任從二各擱架不得，移動墻脚，又循墻斜至菜地圍墻，循墻直上，止賴姓土，及出業人菜地，横墻為界，上截西出路，抵官街，係出業人牲林所管，前截賴姓出路，依原進出，南界抵本業，屏墻基地，外與陳姓合管基地為界，該處屏墻外基地與陳姓合管，公共出路，直抵官街，北界止本業菜地，横過為界，其北界外本業菜地，東止陳姓土照李祠後柏樹，直上至官街，西北俱止官街，南止本屋餘基為界。（同治義寧志・學校）

重建濂溪講堂記　清　李孝滄

寧之為州也，山峭水清，自宋周元公過化後，風氣丕振，一時絕學肇興。政教所孚，剖冤澤物，尤殷殷以造士為先務。當日親建書院，加意文治，迄今數百年來，流風遺韻，尤深仰止之思。後人師其遺意，因於宫牆之傍，更設濂溪講堂，以仰溯前徽，用昭紹述，甚鉅典也。運會既遥，興廢不一，書院故區，今猶絃誦不輟，而講堂則不知圮於何時。余自癸酉夏，謬承是州司鐸，方幸愛蓮餘芳，私淑有藉，不謂齋舍傾頹，黌宫多半廢址，求所謂講堂遺基，已杳不可識矣。嗟乎，曾是先儒之澤，而忍聽終湮蔓草乎！既余勉力始事於學之前後垣墉，隨鼓舞州人士，重新東西兩齋，而尊經、文昌二閣，遂有獨任其成者。惟講堂一區，方用商榷，不意巾幗中有賢母，率其子踴躍而襄義舉者，來則故太學生王耀祖之婦氏劉，以孀居而持門戶，課兒篤學，在謨在誥，諸子汲汲於讀書制行，先後進於膠庠氏。以閨閫能不汩于福利之見，獨有志於斯文之重，有造於學校，此學士大夫所難為者，而竟為之，其度量之相越，一何遠耶！余以菲才，與襄教治，又適當茲境，人文宿著，前徽未遥，講誦有地，王氏子孫，由此加以濯磨，豈不偕多士之後，峨峨奉璋，足為斯文光寵乎！堂建於東齋之前，接尊經閣，南面遠峰為文筆，堂皇堅實。兩旁為室各一，前為門屋三楹，丹雘塗壁，四周俱甃以磚石。起工于丁丑五月，迄八月某日告竣。措置之宜，余與氏子在謨司之，因記其落成始

末於碑。(同治義寧志・藝文)

重修濂溪書院記 清 方孝標

有宋元公周茂叔先生，自舂陵來居廬山蓮花峰下，因取其故鄉之號以名川曰濂溪，學者稱濂溪先生。故江州有濂溪墓，在城南栗嶺。有濂溪書院二：一在廬山之麓，宋淳熙間知軍州事潘慈明所修，而朱文公為之記者；一在城内豐儲坊都禦史署左，明季改署為戎府。國朝初有某帥來，欲撤祠以廣其垣，感夜夢，止。康熙癸丑，大將侯官李公致辭，慨然欲修之。予友談公青雪已為之記，乃更屬余言，予不敢辭。

慨思道統自伏羲、堯、舜、禹、湯、文、武、周公以至孔子，皆有傳。鄒孟氏沒而傳失。戰國亂之以縱横，漢唐亂之以黄老、釋氏。雖董仲舒、劉向、揚雄、王通、韓愈輩悉力扶持，而精矣未醇，醇矣未大。求其不假師傅，默契理要，闡圖書之奇，抉造化之秘如先生者，千餘年一人而已。故先生所承者，伏羲、堯、舜、禹、湯、文、武、周公以及孔子、孟子之道；先生所肯者，亦即伏羲、堯、舜、禹、湯、文、武、周公以及孔子、孟子之堂構也。後儒所肯者，又先生之堂構也。先生以其一身為古今之堂構，而所居所葬，乃無一堂祠先生，豈非賢士大夫之羞歟？

或曰："先生不重藉乎此也。"夫先生固不重藉乎此，而世之藉以重者則在此。《禮》曰："入墓思哀，入廟思敬。"夫哀、敬何關於墓與廟，而思必藉乎入者，何也？且以所聞某帥夜夢事甚怪，夫其先生果神歟？抑某帥雖不知先生，未嘗不自知其心。當其欲撤，人心也；欲撤而不敢遽撤，道心也。兩心相戰而不能自決者，夢所由來也。向使無此祠，則某帥終不知有濂溪，而侈暴之心何由止？由此觀之，顧不重歟？

或曰："先生不言軍旅，李公為此迂耶？"不然，孔子曰："我戰必克，祭必受福。"夫祭與戰，吉凶異事而並論，何也？古者折馘受俘，必在太學；鑿門受鉞，必禡大旗。蓋軍旅之克敵制勝者，在謀與勇，而所以能克敵制勝，在三軍之心與三軍之氣。昔狄武惠之破昆侖關也，師畏其險。武惠操百錢禱勝負於道旁神祠，且許以賸報。一蔔而百錢皆陽，三軍歡呼奮勇，一日下十餘寨。還視其錢，固反覆皆陽文，本無陰也。

斯豈非神道設教者乎！李公儒將，治軍嚴明，幕中多文儒，暇則較射遊獵，賦詩臨池，嶷然古名將風，功名當不在狄公下。今復為此，其所以為三軍明親上事長之心，鼓直往無前之氣者，豈不與必克、必受福之道同哉？太守江子念鞠，亦欲于城南修陽明書院，未鳩工而余亦預為紀以贊之，同此意也。異日將見江州之百廢俱舉，文武為憲，顧不自茲一二事始歟！（方孝標文集）

重修濂溪書院記　　清　高植

德化故有周子濂溪書院，自宋迄今，屢有建葺，近廢，士幾無所敬業。漁山董郡伯甫蒞治，即以是為憂。會紳士以邑之毛家圍荒地可墾田，為書院膏火資請於縣，郡伯聞而欣然，令勘查以報，且曰："即為之，毋若考事之有待也者。"事謂郡憲意中所籌劃故事。郡無學憲署，號舍缺焉，計五邑之童子應府試者，往返盤費應若干，府按邑而往試之，輸其費以建考署，署成，且甚廠，甲他郡焉。董憲曰："書院之興，宜仿之。"試猶未也，故迫於心。而毛圍之田適有合，遂旦夕期有濟急先務也。書院正宇三重，其中重勢將頽，余為葺而整之。左右前側，多草屋，夾互撤之，翼學舍于左，牆為十楹，經始於乾隆十九年，迄次年之春季而工小就焉，皆郡憲意也。今余以推陞，將之松江，繼任同寅額慎亭甚愛士，董郡憲既主議於上，而慎亭以心力副焉，所以培是院者未有艾。第余以數載蒞兹邑，經理欠及時，今第構講習之所十餘楹，堂雖整而式廓，丹雘尚未既，既歉疚於心，而漁山郡伯之設施，將以廓其宇而厚其資，俾群肄業於書院而規制無弗備者。未獲勷事而快其成，以去尤憾於厥心焉。雖然，余則既遅之矣，慎亭故新銅也。既考事在邇，憲議將奉行，加以慎亭之愛士，其成事豈有待焉。夫以今日之所就，以為終事則已，僅以為始事，則無窮。志周子之志，學周子之學，其進修亦猶是。夫多士聞而咸憬然焉，曰："有是哉！學問之道，知不足，則日進公之於書院也。且然，士知勉矣。"爰喜而誌之，一以為院之券，一以為士之券，用兩期焉，明始事也。毛圍計可墾田一百五十畝，已具詳，應並附載。其呈請者，紳士何登棣、陳奉兹、王安國、曹邦興、舒秉鈞、桂登峰、桂東泗、黃士鉅、徐世桂、夏正經、張之溱、胡國磐、曹桓、蔡邦俊、張正禮、李嗣迪、何皓、陳繼龍、曹家梓，督建者舒秉壎同夏鋭、蔡謐、丁光輝、許文燦、蔡源、鄭梅羹、范明德諸人，皆董郡憲之所獎，且厚望焉，例得附書。（同治德化志・學校）

濂溪書院碑記　　清　胡寶瑔

氣運之光，昌必升，儒以宗聖，其烝烝遂遂之象，若時雨將至，山川出雲，絪緼泱漭，上騰三霄，俄遍六合，有觸石垂天而不可已者。蓋斯文之在穹壤，當聖主崇尚實學之會，誥誡周詳，列聖訓謨，煌煌燦列。是以道暢群邦，風流萬宇，而潯陽又為前賢過化之地，既沐浴恩波，更漸涵鴻，教固宜其克自振興，風氣日上也。自魯鄒已渺，聖緒綿延如線者，千有餘歲，至周子出而紹統系，濬淵源，一時伊洛關閩，相望接跡，如日中天，斯固有宋大儒恢擴之功，而周子則吾道中興祖也。其學不由師傳，直契道妙，平生功業，柔不茹，剛不吐，睽異翕然，以合膏澤；沛然以流，雖未大竟其用，正如袞衣章甫之治，小試而聲施爛然。至二程景從，傳得吾徒，七十子不為多，二子不為少。晚而退隱匡山，闢書堂，面雲岑，樂溪水，蒔芳蓮，杖履優遊，殆如終老洙泗之上。

舊有濂溪書院，地居卑濕，荒莽不治，太守豐潤董公既知其封內，欲遷諸爽塏者。予與學使錢唐張公、方伯華亭王公、觀察長白蘇公樂聞其事，咸稱許之。太守爰遠觀於大壯，考卜蓮華之麓，五峰攢簇，風氣回環，雙劍插天，香爐炤日，龍洞靈湫繞戶，清聲瀌瀌，江光隱見練浮。欄楯間度濯纓之橋，仰太極之廬，屹立崇祠，祀周子於其中。登光風霽月，生意灑襟，諸亭盤空，至樂處俯三蓮沼，規沂雩之真趣，嗣吟弄之雅懷。講堂齋舍，翼如秩如。經始於乙亥八月，閲一歲落成，諸生竟助工力。向之荒厓斷磵，倏璇題華桷森矗於煙雲杳靄之間。乃延明師，選英雋，以時絃誦。究圖書精藴，誠將追與點之微意，匪徒美文藝，盛科名已也。曩予撫楚南，為周子桑梓之鄉；洎移茲土，泛湘江，下溢浦，拂廬峰之翠，懷窗草之墟，弭節過之，有餘慕焉。今鼎新壇宇，仿佛神靈，啟佑六百載之光華，克還其舊；從茲金口木舌，複駕所說。奉元亮之所稱潔靜精微之儒，而內濬道澤，外注言泉；治本立而風俗美，且與鹿洞、鵝湖同輝耀于斗牛、翼軫之躔也。於是乎書。（同治德化志・學校）

蓮花洞書院圖　　清　蔡瀛

入界有石華表，刻“濂溪書院”四大字。沿溪斜上，逾濯纓橋，至院門，中為聖學門，左署“明通”，右署“公溥”字。聖學門內為蓮池，跨池為泮橋，直達立誠堂，堂右為師道堂，面聳層巒，煙環霧繞，故有“隱几看雲岑”額。由立誠堂而上，為太極廬，又上為周元公祠，左為愛蓮亭，右為交翠亭，又左為光風亭，又右為霽月亭，光風、愛蓮之間為拙堂，有泉曰清泚泉。祠後倚山有堂，在山之半，曰聖蘊堂。山巔有尋樂亭，左為生意亭，右為灑襟亭。（廬山小志）

道源書院條約　　清　彭家屏

南安離省會最遠，界於閩粵，風俗頗涫，其士果而義，其民直而剛，猶有先儒之遺教焉。太守游君景仰周程，葺道源書院，請條約於予。予維我國家崇儒重道，至教修明，欽惟我皇上頒諭書院，勉多士立品勤學，且朱子白鹿洞學規及分年讀書之法，所以示人為學之節，目既明且備學者循是而行，整躬勵行，則持躬涉世，為聖為賢基於是矣。故於前哲所立之規，及士子所習之矩不復贅，特就有關於南安風俗人心者，約舉六條為諸生勸：

士莫先於立志。志壹則不涉於岐趨，志正則不流於邪僻，古之聖賢，德業著於千秋，勳名垂於宇宙，皆從立志始也。先儒云：“志於道德者，功名不得以動之；志於功名者，富貴不足以動之。”蓋志之所注，不可奪也。亦志之所往，莫能禦也。乃今人之為志，當發蒙伊始，其父兄師長即以功名望之，其所謂功名者，不過利祿耳，非真望其建立功名也，為子弟者能以利為念，勤於課讀，即以為有志上進，及其制藝稍通，倖邀利祿，即以為有志竟成。是其處心積慮間無刻，非富貴利達之見，又烏足為士之志哉？然則志何以辨之，喻於義則為君子，喻於利則為小人，此其間有不容中立者。今諸生當志聖賢之德業，以自勵其行能，當志聖賢之事功，以自勉其材力。立志既定，立身必正，縱不能即幾於聖賢，亦不失為端人正士。出則有為，居則有守，究之心存利祿者，必不能為聖賢。而志在聖賢者，或不失其當貴，士可無志哉。士之志可不早自立哉。——右立志向。

士以品行為先。未有品行不敦可列士林者,《禮》曰:“修身踐行,謂之善行。”又曰:“敦善行而不怠,謂之君子。”聖賢千言萬語,不過欲其品端行正耳。品行克敦,則器量宏遠,必不流於刻薄。識見精明,必不流於污下,由是學益進於高明,而行詣日躋於廣大,始不愧乎士之名矣,乃余謂為士者。居心行事,往往以刻薄為能,舉動輕狂,出言便利,自以為能占便宜,甚至訐私攘利,啟釁兆爭,雖一時快心,而不知一生寥落,亦由於此。諸生自省平日所為,有一於此,急宜湔除務,必力窮經史,親近賢人,立品務其高,制行求其潔,使無知之愚民聞風而愧,幼學之子弟觀感而興,將一鄉一邑之內,得見言坊行表之儒。即他年筮仕,必收正直端方之效矣。——右敦品行。

儉,美德也。耿介拔俗,守貞不虧,惟儉乃能安分樂天,可以致力於學。蓋惟內足於己,無假外飾,道腴自充,可忘滋味。故以儉治身,則志氣清明,以儉及民,則化行俗美。顏子簞瓢樂道,原思蓬樞辭粟,此非流俗所能及也。至於陳平之席門,孫晨之籍藁,范丹之塵甑,文正之畫粥,孝先之以儉率人,世南之不失素業,猶自讀書不輟,意氣自如,類皆垂譽千秋,蓋儉之福也。夫儉與貧相反,貧多由於不儉,儉則可以無貧,比來年穀順成,人民樂業有餘者,羨慕豪華不足者,恥居撲素。昔之士人,布韤青鞵,今則鑲韈絲履矣;昔僅布袍革帶,今則夏絺冬貉矣;往時享客不過數肴,今則羅列珍錯矣;往時禮數稱家有無,今則華縟足尚矣。所入有限,所出甚繁,欲其常贍足也得乎,士風之不節也!《周書·柳仲蟠》曰:“衣不過蔽體,食不過充腹。孜孜營求,徒勞思慮。”故仲蟠窮通一致,敝衣蔬食,終不改操。今諸生當此肄業時,正宜循分自安,守其儉以潛修學業,砥礪廉隅。果其有得於中,何妨惡衣惡食,若能心無外慕,何有文繡膏粱。是今日窮居,清節自勵,則他時得志,操守必佳,我願諸生務從儉約。——右崇儉約。

學人所宜究心者,經與史而已。經以窮理,史以記事,二者學之根柢也。若不究心根源,烏能明於理而達於事?《漢書·儒林傳》:“能通一經者,皆復。”又《質帝紀》:“能通經者,令隨家法。”所以漢儒各有專經,設科射策,蒞政勤民,終身取用,故漢之人物為最,今人亦各習一經，不過粗知大意，剽竊字句，以為時文作料，其於道之精微，毫無干涉，名為讀經，何益之有？要知治經之法，一字一句莫輕放過，即漢之註，唐之疏，宋之正義、集解，其間異同亦宜詳究，勿拘於陳說，勿惑於浮詞。洞徹無疑，義理融洽，是謂通經，本經既通，然後及於他經。至於讀史，須知史體。史體有二，一曰紀傳，一曰編年。紀傳昉於《尚書》，今所稱"二十二史"是也。編年昉於《春秋》，今所稱《通鑑綱目》是也。士生今日，欲知前代之治亂，往事之得失，舍史亦何所從。夫善讀史者，設身處地，將前言往行一一與吾心相證印，不但於藝文、奏疏之間取其精實義理，即天文疆域，地理溝洫，禮樂兵農，凡有關於治，有切於民者，精粗畢貫，是真善讀史者矣。如有餘功，旁及"三通"，兼搜諸子，別其醕疵，知其偏正，亦以吾所得力之經史貫之。既以淑我身心，廣我識見，又將推之民物，大其措施，則今日窮經熟史之學，異日即為明體達用之儒。——右讀經史。

學必有一定之課，亦必有不息之功，此固學者所當自嚴，而非他人所能強也。昔人為學，未有躁心浮氣作輟相仍，而能有成者，日月如馳，寸陰可惜。古之人或帶經而鋤，或映雪而讀，或鑿壁以分餘照，或囊螢以取微光，是其於書隨地可讀，隨時可讀。固有不卒業而不能已者，豈有督其課而程其功者乎？今諸生肄業書院，明師良友砥礪切磋，經史古文，縹緗插架。既有讀書之地，且有讀書之資，倘翫時愒日悠忽相仍，有時掩飾耳目，繙閱經書，前卷未終，又開後卷，一書未竟，又看他書，問以年代而茫然，問以奸賢而莫辨，對我師友何以自安？是皆不立一定之課，因無自勵之功，盜讀書之虛名，昧讀書之實際爾，諸生慎毋蹈此。自今以後，各立一簿，編定課程。清晨何課，午間何課，燈下何課，或讀經，或閱史，或臨帖，或論古，或讀名文，或作制藝，講某經書，做某題目，一一登明，務記其實始，則黽勉持行，久則自然純熟。——右嚴功課。

國家憑文取士，蓋以文由中出，本之性靈，形於筆墨，而人之氣度見焉，心術徵焉。其心淨者筆自清，其氣正者筆自勁，清而能勁，其辭理之通暢，可知也。文體之濫，始則由於不能研究朱註，溺於支離破碎之講章，惑於似是而非之俗解，將切實義理，愈說愈遠，而作文之根本已失；繼則坊刻時文，平庸通套，所謂八面風者，各據為秘本一題，到手捋撦，填砌文體之庸盧淺陋，率由於此。更有一種自知鄙俚，無以過人，轉為悠謬，搜求詭僻字樣，鍊成惡劣語句，以拙拗為古峭，以生硬為精琢，以怪誕為新奇，以晦澁為深奧，望去一片蕪詞，細按全無意義。其心不過借此欺人，豈知庸惡陋劣之辭，能逃有□者之真鑑哉！西江夙號文物之區，前有歐、曾、王，後有□名家遺風，猶在繩尺可循。至南安一郡，周程雅化，文成餘澤，深入人心，風俗未漓，文體易正。凡攻科舉之業者，務以淨正為主，養其氣度，端其心術，而且鎔鑄各經，貫通子史，沐浴於唐宋大家，取法於隆萬先輩，探其精蘊，發為詞華，語語出自性靈，字字歸於清勁，如此則理明辭暢，神王機流，庶不負聖世作人之意。右正文體。

以上六條，專為讀書人拈出，前三條檢點身心，後三條講究學業，然止是下學工夫。非有高遠難行之事，毋務虛各，始勤終怠。至於嚴禁出入，分別甲乙，則游太守身教有素，定有成規，認真舉行，無俟余之瑣屑臚列也。時乾隆十二年。(同治南安志・藝文)

濂溪書院學規　　清　桑調元

西江為先賢過化之地，《白鹿洞學規》揭示聖經要旨，規模宏大，節目精詳，天下學校俱當奉為圭臬，愚更何庸綴語。第生平自省缺疚，或恐人亦蹈此，不憚苦口敷陳，大都寧為謹嚴，毋為通脱。局量不免於拘，而繩趨尺步，庶不至於顛躓。謹以素所致力之處質言之。

一、不欺

天人之道，一誠盡之。學問之道，一存誠盡之。無妄之謂誠，不欺其次也。為學自不妄語始，司馬溫公以此教劉元城，元城初若易之，及身體力行，始覺畢生難副。溫公平生所為，無一事不可對人言，只是不欺而已。《中庸》言“誠者天之道，誠之者人之道”，與《論語》言“忠信”、《大學》言“誠意”，《孟子》言“至誠而不動者未有”，若合符節。孔孟後，道統中微，江都、昌黎延其緒，至周子為吾道中興之祖，發圖書之精蘊，總歸一誠。誠者，聖人之本；而思者，聖功之本。思曰睿，睿作聖，自《洪範》發之，孟子直言思誠，而周子乃大暢其旨。妄人不知有思，能思則已向善，然必至通微而思之致，克盡《論語》言“再思”、“近思”，《中庸》言“慎思”，是就一事一理上立思之範。孟子、周子之言思，是舉全體大用殫思之功，直至孳孳務實勝，乾乾不息於誠，無非一思之所蟠緯，而其益乃畢收。諸生生周子卜築書堂之鄉，流風餘韻猶存，今又興復濂溪書院。去先賢之世六百有餘歲，近先賢之居不逾咫尺，咸思立起振拔。從不欺用功入手，勉勉循循，以求無妄之復，愚與諸生，其敢不勉乎？

一、事親

人子於親，生之膝下，喘息呼吸，一氣關通。人有親而不知所以事之，本實先撥，枝從而亡。莫說倫常道德，一齊破壞，即富貴福澤，亦無處盛載。孝子之奉其親，視無形，聽無聲，纏綿懇摯，至於斯極。今有親而尋恒視之，即不至十分悖逆，而澹澹若等閒，是何天性之恩之涼薄也。父母之于子，顧復肫肫，至子長成而身耄老，猶不稍替其恩勤；獨子之於親，區區孺慕瞻依，一往不可復追，由壯盛以泝孩提，渺然如六季想黃、農之世，是可痛也。夫仁恩本乎錫類，忠可移君，順可移長，妻子合、兄弟翕而父母順，朋友不信，非孝。倫理俱由是而篤極之，不敢妄斷一樹，妄殺一獸，仁愛之三坎斯盈。一出言，一舉足而不敢忘父母；父母歿，思貽令名；必果終人子之身皆事親之日也。諸生讀書植品，思行道揚名以彰父母，無一時一事非事親切務，毋茫昧此義，俾士子之於親，反不如野夫村婦，目不知書而至性激發，猶能愛重其所生也。

一、尊經

經者，聖人之心、之熱血灑在方策，水火所不能磨滅，佛老所不能淈淆，壞屋故堆中，騰日月光，吐寶藏氣，足以牖長夜之靈明，啟群蒙之聞見，不可不尊奉之也。尊奉之者，匪徒咿唔佔畢誇博洽而已也。一生讀聖賢書，須還叩己心，有幾句得力處，方徵實際；否則讀完一經，依然舊日心情，舊日行徑，直是懵然不曾開卷，良由塵俗塞其神明，無緣濯故見而發新機，雖讀盡五車，何益？即偶有觸發，於我心有戚戚，隨過隨忘，塊然故我，豈所謂學於古訓有獲乎？甚至瀾翻佐其譃浪謬解，浚民脂膏，是謂侮聖人之言，尤君子所動色相戒痛心不忍言者。必一心凜承，終身佩服，雖淺近之語，有得於心，為真實受用；況經義炳炳烺烺，昭揚中天，照見自己幽隱病痛，消癥結而砭膏肓，何快如之？身入寶山，觸目見琳琅珠玉，何可空手回也？吾所謂尊，如尊德性之尊，拳拳服膺而弗失，是所望于同志。

一、攻文

文所以載道，言須有物，果有物充牣其中，雖風雲月露之辭，何嘗不感人心腑，為千秋不刊之述作？如《八伯》“光華”、“紉縵”；《七月》“觱發”、“載陽”；“退鷁”、“隕星”；“張弧”、“載鬼”，亦不為怪，俱可闡明內聖外王之蘊。不然挾兔園冊，繁稱遠引，摭拈累幅，祇目之為陳言而已。況時文代聖賢立言，談道理各有階梯，論天人各有分際，研精抉奧，絲毫不可逾越，非澄心體會聖賢語氣，雖雕餙曼辭，去之愈遠，況剿說雷同，恬不知恧乎？且時文自有軌范，先正名文具在，題出而情生，文成而法立，胸儲書卷，腕運銛毫，勿横騁才情，須細循法脈，一切禪元外道之論，不敢攙入其中。吾所謂攻，非徒專治求精雅，宜駁去膚浮，透露精蘊，上者足以羽翼經傳，明道覺世，次亦引人潛心攷業，閉門造車，與軌合轍，不蹈師心自用之失。雖極變化，而不離乎宗，美斯愛，愛斯傳，按之俱不詭於道，此固不可粗心浮氣，襲取而得之也。

一、不浮

浮動之胸，名理不集，故聖人主靜以主人極。靜非杳冥寂滅也，先定之以仁義中正，則有主而實，無欲而虛，聖德之默成，賢學之深潛純粹，胥在於是。主靜即主敬之極功也。學者爾思憧憧不能澄定，外既波靡，內亦坐馳。故浮者多躁，鎮之使安；浮者多矜，抑之使下；斂其飛揚跋扈之氣，進之以優遊涵泳之功，能重則學亦固，以約則失自鮮，然後德器成而志業確。但守蒙以養正之規，山下出泉，方靜而清，不致汩亂，以之應事而慮精，窮理而疑析，研經作文，亦昭朗而不翳，滂沛如流，身心何等快樂。昔程子見人靜坐，便謂其善學。收攝心神，使歸於寧靜，乃能咀含理味。若徵飲聚談，露才使氣，吾不願諸生之偶蹈之也，尚其嚴重自愛。

已上五條，皆近裏着己之言。愚少時游餘山先生之門，教以立志，大存心細。今老而無成，忝主斯席，泝先賢圖書昭示之遺澤，承群公振興文教之盛心，務蕲與諸生勉於實學，文行交勵，出處有光，師友並身，

有乎道義，為天下尊且貴之。品其義至重，其聚至樂，毋以吾言為迂而忽之也。（弢甫文集）

濂溪書院上樑文　清　桑調元

蓮華峰下，文光映南斗之傍；楓葉江頭，教澤播潯陽之派。盈虛有數，逢人傑以地靈；風月無邊，宜夏絃而春誦。心乎書院，事等諸建學為先。手厥《易通》，道乃可立人之極。必根源之研究，惟光霽之昭臨。䜣、昔賢程邵張朱，並衍元公之脈；相此地陰陽動靜，渾如太極之巖。氣毓扶輿，地當爽塏。山重水複，用擇名區。月吉辰良，爰升高棟。喜藏修之得所，睹開繼之有因。一為文人無足觀，非美斯愛，愛斯傳乃藝而已；行有餘力則以學，惟直則公，公則溥其庶矣乎。雲霞遂以蔚蒸，後學從茲興矣。庭草於焉交翠，先賢實式憑之。

兒郎偉，抛梁東，窗草芊綿生意融。暘谷一輪晴日麗，扶桑萬道曙霞紅。

兒郎偉，抛梁西，澄潭霽月映玻璃。元辰翠岫雲成蓋，寒夕璇霄氣吐霓。

兒郎偉，抛梁南，美滿光風映彩嵐。坤軸自應蟠道系，離垣豈止盛朝簪。

兒郎偉，抛梁北，九派文瀾動江國。含宏灝氣灑襟懷，耀遠奎光拱辰極。

兒郎偉，抛梁上，蓮峰高峻同瞻仰。眼睇乾坤意轉舒，手捫日月神尤王。

兒郎偉，抛梁下，濂溪清泚長涵瀉。培士林中大選掄，鑄人爐裹新陶冶。

伏願文峰光麗，學海淵澄，萬笏鍾靈秀，出晞賢之士；千冠萃美醇，擴載道之文。尋舊緒於圖書，斯為至矣；發新知于師友，不亦重乎！期濬導乎蒙泉，共昭宣夫聖蘊。（弢甫文集）

為濂溪書院請題求宸翰　清　桑調元

元公倡道，舊居廬阜之陰；書院育才，新建濂溪之上。惟開府事多師古，注心於食墨之先；亦分曹謀屬僉同，併力在鳩工之際。自去秋卜築，方雲構于岩阿；洎今夏落成，即翬飛乎霄漢。賢關乍闢，先標入道之門；聖蘊宏開，高擬傳心之殿。濯纓橋畔，泝伊洛之源頭；太極廬前，尋孔顔之樂處。繞周遭之丘壑，神則充周；列高朗之亭臺，襟惟灑落。爰諏吉日，遂集生徒。祀事孔明，虔駿奔乎在廟，德心克廣，欣於邁以從公。物有其容，禮成而退，青燈的皪，並駢集乎齋房；絳帳翩翻，每環羅乎講席。虹銷雨霽，横天邊之秋水晴川；龍洞雲歸，掛林杪之疏星淡月。泗濱春滿，日可尋芳；三尺寒深，人思立雪。聚四時之光景，著萬古之文明。睹雍容揖讓以相先，喜游息藏修之得所。有吾與點意，依然吟且弄之；天機匪我求，童蒙美矣，靜而清之道脉，龜趺屹立，穹碑照燭乎雲岑；蠹簡編摩，大序闡揚乎圖說。昨者遙臨棨戟，瓣香晉謁乎賢祠；今兹辰告訏謨，封事請頒乎御筆。以周子為道學中興之祖，宜予表彰；以書堂為庭草交翠之區，當思振起。

洪惟聖人首出，契間出之英賢；獨稱茂叔生知，啟學知之統緒。公乎入奏，求銀榜之高懸；帝必曰俞，出乾文之丕煥。眾之所望，今也其時。況前太守系出廣川，在此地經營慘澹；仰大中丞時之安定，俾群倫鼓舞歡欣。垂厥千春，在斯一疏。將見雲蟠五彩，護奎畫以紛綸；氣曜三辰，映璇題而燦爛。陟降先賢靈爽，挹光風霽月以無邊；濯磨後學心思，比鹿洞鵝湖而有耀。清鏘絃誦添和，潺湲流水之聲；都雅章縫增輝，縹緲浮嵐之色。成人有德，朗如玉山上行；童子尋師，煖在春風中坐。靜則虚，動則直，於聖學其庶乎？德為藴，業為行，以文辭者為陋矣。講習深而咸思遠紹，師道立則善人多；陶鎔久以上應旁求，賢才輔而天下治。蓮華峰峻，企前修而仰厥高山；竹葉杯香，告成事而酹兹清酒。光炳乎日星河岳，宸章揚厲以無前；群瞻夫文物聲明，公德昭垂乎不朽。（硋甫文集）

重修濂溪書院記　　清　蔣雲寬

郡城濂溪書院，順治十有四年，太守魏公紹芳建，上為祠，以祀周子，榜曰光風霽月之臺，中立太極堂，而左設社學，右設義學，各置田畝，延師造士。厥後義學併於書院，社學則守院者居之。歲久就頽，處其中者，氣象衰莿。嘉慶丙辰，雲寬曾造焉，思一瞻賢像，而臺祠久圮，石刻移置旁齋。詢所謂太極堂，亦惟蓬蒿满目而已。是歲，太守巴公哈布湆永，雅意振興，籌捐公頃千金付祁邑質庫，歲取息銀若干，積為葺修院宇及束金獎賞之資，章程甫定，旋調衡，繼守以其息搆一祠，祖安遺像，而堂齋尚荒廢如初。家徵士厚山先生濂，少從宿儒劉石峯學於此邇，膺各郡伯聘來主講席，亟謀重修，適郴州牧應公先烈丙寅冬署永篆，毅然力任，先於右偏剔朽除穢，易為堅完，改小廳，添横齋床榻之屬，以次購具。越丁卯春，復與先生謀於太極堂舊址，前重建講堂一座，顔曰立誠，並改建重門，置廊八楹與堂接，高明宏敞，蔚為巨觀。先後約用白金數百，悉應公籌辦，郡人數姓捐勷。工皆傭致，材必市購，亦固亦華。董其役者，則劉、賀二耆叟，均能實力畫議，工成甚速，而一錢不耗。夏月告竣，公選郴郡守錫公齡復重儒術，垂意作育，製匾新堂，彌增藻耀。旋又捐資加修，由此負笈者升其堂，規模整肅，則心志倍嚴密焉。入其室，几席潔新，則神思倍恬愉焉。宜乎從容講誦，藴德行而發事業，雖欲稍懈於進取，而有所不容已，惟是提撕勸勉，鼓士氣於弗衰，而以時培植修治，則猶不能無望後此典郡賢大夫，與吾鄉士君子，共維持而振作之也，爰紀其事於石。（道光永州志・學校）

捐給濂溪書院膏火資記　清　鮑友智

濂溪書院與鎮署為比鄰，絃誦之聲達於垣墉，每於嚴寒丙夜治牘公餘，聞之輒怦怦心動也。詢知生徒多貧窶攻苦，而公田之所入僅供館師脩脯，以其餘為膏火多不足，九年以來，日思盡力稍為諸生助，久而未遂。玆撙節俸廉得百金，授質商為之息，冬夏仲月寒暑之時，於常課外增設兩課，量予肄業生高等者，以膏火資。余雖親戎馬，本業詩書禮儀，干城尚資儒者，以昔大儒論道之地，幸與諸生脱劍，横經投戈，講藝明理，欲於戰勝之中，省身心於克復之所，諸生尚勤勵乃學，懋勉厥修，用慰區區獎勸之深意，實嘉賴焉，道光五年五月。（道光永州志・學校）

宗濂書院記　清　張朝臣

粤西儀亭鄭君之命藍邑，既敷政於民，鼎創宗濂、正學二書院，萃群士之秀而穎敏者分處之，俾潛修息游於玆，庶庶親師樂友，考德問業之有地，不至於離群索居也。若儀亭，用心學校亦勤矣，君以桂林名彥，筮仕衡陽，諭余條員郡庠與同官者，幾二載，洞知其倜儻豪邁，卓犖不羈，其訓士也，率先身教，不煩繩束，十日就規矩，未期月薰其德，而善良者居多。癸酉歲之夏，擢藍山令，余輩欣然喜曰，儀亭通達精練，移教衡陽者以治藍，何有蒞任之初，即裁冗費，省里役，而民財節矣。創書院，萃群彥，而學校興矣。為政不外乎教養，鄭君兩擅之子民之道，其克盡矣乎。未幾，丁內艱去。乙亥夏，余轉藍山諭日，與諸上下議論，歷歷道儀亭善政，每舉創書院、省里甲為首稱，由是信儀亭而益真也。逮九月，慕登高之興，拉同寅劉君、石屏雷生，本旦陳生昉輩，登書院諦觀馬第，見其地勢高明，山水環抱，乃邑中之勝，真足爲詣士藏修之地。信儀亭得政之大體，視爲令冗費日繁，以官府爲傳舍者，寧不偉然高人一等耶。朱生邦典，雷生應春，彭生天錫，陳生文裕，李生世經輩，以書院記請。用志不忘媿，荒陋不能文，辱儀亭相知之深，辭之有所不可，敢忘其陋，以鄭君建院，命名之意，爲諸生申之。

夫藍挹，疑山舜水之奇，爲虞舜過化之地。密邇舂陵濂溪周夫子之鄉，流風餘韻，足以使人興起私淑，而漸染之，當不在東魯下，故鄭君院濂，以聖賢望諸生也。且濂溪之學，本於大中至正之道，窮理盡性之旨，而志伊學顏之訓，尤拳拳於後學焉。皆吾人性分固有者，非甚高難行之事，諸士生隣其地，皆周子之鄉人也。使能爭自濯磨，以聖賢自期，力取濂溪之遺言，探討服行，以求至於至聖善之歸，措之行事。上足以龍光國家，下足以潤澤生民。達則尹之跡，窮則顏之風。豈特爲無負儀亭建院命名之意？異時，宗濂得名與石鼓麓自[①]鹿諸院並稱矣。藍山，今日之藍山也耶？儀亭，其有光哉！乃若徒建空名，擁虛器，藉書院爲宴遊之所，作筌蹄爲娸利之堦，是非余之所望於諸生，抑非諸生之所自待也。尚其勗諸，尚其勗諸。(康熙藍山志)

---

① “自”：當作“白”。

重修道州學宫記　　清　周誥

古者建學，必釋奠於先聖先師，後世始立夫子廟，祀用王者禮，葢以孔子爲人倫之至，垂教萬世於無窮也。州之學宫，自唐徙於西城外雲石峰，宋、元、明因之。國朝李刺史重修於乾隆乙卯冬，升大成殿於上。嘉慶初年，龍刺史改縮兩廡之南，移大成殿於上，而圵咸謂制度過狹，弗稱也。道光己丑，劉刺史謀諸紳士，遷去沿江一帶，市廛拓垣牆于外屏，復移大成門于故址，崇高倍于舊，東爲名宦祠，西爲鄉賢祠，又西爲忠孝祠，一時去故取新，增其式廓。又西爲櫺星門，石柱六楹，地基階級，並用青珉，下開泮池，中跨石梁，亦前代所無者，續修兩廡，穹窿閎壯，中爲御街，飾以雕龍文石，殿前易楝柱，而高厰過之，左右兩牆，護以廊簷。于是籩豆駿奔之士，雖陰雨亦不沾服，圵爲啟聖祠，增修其制，戶宇更新，西爲鼎甲樓，飛角流丹，簷牙聳翠，樓之前爲明倫堂，規模宏遠，足以會萃羣英。登斯堂者，遵孔子之教，知聖人爲人倫之至，奉以周旋，弗敢失墜，斯亦聖人之徒矣。然而州之學，自唐以來猶是也，學之中講習人倫者，自唐以來猶是也。獨至宋，而我元公始卓立人間，其諸取法孔子，無愧人倫者，與後之儒者立心制行，欲取法孔子，以無愧于人倫，則聖域賢関瞻之在前，夫何遠之有。（光緒道州志・藝文）

國朝重建濂溪書院序　　清　朱士傑

從來闢奇構勝，非經始者之難，而觀成者之難也，亦非觀成者之難，而滄桑變易，兵燹摧殘，閲幾千百年後為能修，廢舉墜者之難也。夫修廢舉墜，守土之責，顧或境無闢於觀化，用無裨於同風，事無與於崇文，右道縱令，肯塗肯蔽，祇以適耳目，觀於守土何與乎，予不敏拜。

天子詔分轄湖南甫下車即有勘荒之役，停驂營道，謁問夫子祠，不禁嚮往，乃流風餘韻，嘖嘖入口，而士風不張，文運日廢，無復有繼程朱而紹周子之統者，晦明風雨，曷勝悵然。歲昭陽大淵，獻夏六月，檢閲簿書，得東安令凌蒼程君郵選一而披覽之，一則曰邑有蘆洪司，去縣治百里許有勝地，名九龍巖者，從巉峭拔，嶙峋壁立千仞，乃周子宦遊之所，在昔置有書院翰墨之蹟，溢於碑版，而今已矣。荒址殘基，斷烟衰草，蕭條零落，殊增今昔興廢之感。再則曰東邑，凡八鄉上五鄉飭建義學，牖啟蒙童，九龍為下，三鄉地議，仍舊址捐俸，建書院二層，前祀周子，以妥侑先賢，後延博士弟子，以訓迪來學，庶幾士風丕振，文運日隆，觀化同風，崇文右道，不越此修，廢舉墜之一事，何其深得余心，而克副乎。守土者之責耶，爰為之序。（道光永州志・學校志・東安）

重修道州學宮記　　清　何淩漢

聖天子以儒術治天下，扶世勵教，日有孜孜。若先儒陸、劉、黃、湯諸子，皆近歲先後從祀孔子廟庭，於是海内各行省，若府、若州縣，往往修飾學宮，創廢興墜，以仰應天子崇儒重道之意。吾州學宮重修於乾隆、嘉慶之間，至道光九年復修之，越三歲而工成。余維學宮之立，所以聚學者也，有博士，有博士弟子員，所祀者先師孔子，而配亯從祀先賢先儒咸在，夫學者亦學爲孔子而巳。孔子之道具於齊魯，備於六經，子臣弟友皆人倫之至當者，而學者或研窮性命而莫測其奥，或諏稽經典而莫究其賾，然則學孔子，固若是難乎！吾州周子，當五季迭興之後，紹千秋不傳之統，綜其生平所學，以誠爲本，以欲爲戒，力行仁義，道濟民物。於是邑中之聞風而起者，若蔣子敬夫、義子仲遠、胡子彥博，周子季翰，皆相與因源導流，附本引枝，至有明之季未衰，且夫周子之道之於孔子，具體而微者也。孔子之道，則天地之道之大也；周子之道，貴窮幾與神以索其藴。孔子之道如水火，然日用取之有餘矣，故周子學於孔子，而吾以爲今人學周子難，不如學孔子易，抑人之議，修學宮者，或謂是科目盛衰之所繫。夫吾州科目嘗盛矣，今亦未爲衰也。朝廷以四子書文取天下士，原期其紬繹聖道，博體經義，乃並其德之所蓄，才之所運，而襮之於文。若夫文采爛然，終於窳落。朝廷焉貴有士，州黨焉貴有學，然則周旋揖讓於其間者，於義利得失之際，先當嚴以辨之，方可與讀孔氏之書，游孔子之庭，日新其道德，而煥發其文章，庶如今日之學宮崇麗而堅肅也哉。（光緒道州志・藝文）

郴州重建濂溪書院記　　清　王喆生

自古賢有司，未有不以興起教化、扶進人才為事者，近世吏術少變，號循良者別有事事，而斯道不講久矣。余於郴州書院之重建，不能無慨慕焉。郴為楚邊郡，地稍僻，然舊志多所紀唐韓文公貶陽山令，過此州，人慕之，為立祠。宋周元公三仕州陽，故建書院於州學。歷世久遠，祠與院皆廢，即舊址無有存者。康熙乙亥秋，古堇謝公慎齋除判衡州，不兩月，來攝郴篆，下車之始設義學，集生徒數十人，擇士之有學行者為之師，既而訪求遺蹟，度地鳩工，重建書院於州城之南，並祀二賢，即命諸生讀書習禮於其中。余適遊嶺南，往來於此，有生周成德率其徒李宗白來見，具言謝公所以興起教化、扶進人才之事。余聞之，斂容起敬，越一日，登其堂，瞻拜二賢。見夫庭齋寬靜，几筵肅穆，諸生攝衣請見，彬彬皆有禮。余為之歎息，低回不能去。今天下需材急矣，國家郡縣皆有學，學皆有官，所以育材者甚備，名存而實忘，師道之不立，士雖有志，其何法焉？且夫前賢者，後賢之望也。俎豆廢窳，簡編零落，彼後生小子，目不識先儒爲何等，而欲其振興於無因之地，豈不難哉？然則謝公官郡司馬，位非師儒，其攝篆也，又不久以去，而獨能以扶進人材為事，又即以崇奉先儒之典，為興起後學之藉，其功不誠偉，而其人不誠賢矣乎？余因進周生而告之曰："修廢舉墜，以彰前而啓後者，良司牧之事也。敦本勵實，以崇體而達用者，士君子之事也。謝大夫意良厚，不可以負子為諸生師，其務倡以實學，率以至行，必如韓子之闢邪崇正，直聲振於朝野，而後可以讀《原性》《原道》之書，必如周子之靜虛動直、默契道源，而可以精求乎《通書》《太極圖說》之奥。處為大儒，出為名臣，郴雖僻小，於諸君有厚望焉。毋徒以帖括舉業之文，導諸生弋取富貴而已也。生唯唯，予退而書為記。時康熙三十五年，歲次丙子仲秋月穀旦，崑山後學王喆生謹撰。（康熙郴州志・藝文）

重建濂溪書院記　清　謝允文

漢唐以來，凡為學者必有師，專門名家，各仍師說，幼而學，壯而成，老而傳。端序經緯，源源委委，稟承古昔如此，其不苟也。後世校學之法不講，而先民辨志敬業之遺教，不可以復考矣。至宋，道學之盛，直可上接三代，其時未有州縣之學，先有書院之建。馬貴與謂州縣之學，或作或輟，不免具文鄉黨之學。士大夫所建教養之規，往往過於州縣，四書院外，石皷、濂溪，其最著者也。予垂髫讀《語》《孟》，即有慕於四子之學，去秋來判衡陽，一登石皷院，得瞻拜七賢堂，冬抄唧檄，攝篆郴陽，下車訪濂溪書院。私心自撫，竊謂自得於先賢過化存神之地，少挹其遺風餘韻，實深幸焉。及問其遺址，在城南古郴縣左，後遷徙不一。明弘治間，移復於此，前有蓮池，中有君子亭，毀於明末寇亂。今一望而為黃茆白葦矣，噫，可嘆也！其讀書堂，距城三十里，在魚鮮山，秦淮海遊此，謂其形勝類華山之陰者，今益不可復問矣。

考元公景祐間移郴令，勸農桑，興學校，以道學倡士類，士皆從化。尋調桂陽，康定間，復知郴州軍。公於郴陽蓋三至焉，其時二程來從受業，盛矣哉。士子學古入官教養為先，養而不能教，是慈母之徒能食其子也。先生之學，上探洙泗，下開伊洛。而其教人，在於主靜，傳之者，為豫章，為延平。主靜者，養氣之工也。故程子見人靜坐，便稱其善學，人稟是氣以生心體，流行而有條理者，即性也；流行而不失其序，即是理也。理不可見，見之於氣；性不可見，見之於心。心即氣也，心失其養，則狂瀾橫溢，流行而失其序矣。而流行之中必有主宰，主宰嘗存，則血氣化為義理；失其主宰，則義理化為血氣。孟子說："養氣先知言。"其詖、淫、邪、遁為一時立言之輩，而破其學術也。詖辭，危險之辭，蔽於名實者，公孫龍之家也。淫辭泛濫，援引倜然，無所歸宿者，譚天衍之家也。邪辭，邪僻之辭，遠離正道，鬼谷之家也。遁辭不主一說，不知其尚口乃窮者，淳于髠之家也，是皆楊墨之流也，楊墨之迹不息，孔子之道不著。此朱子言孟子雖不得志於時，而君臣、父子之道賴以不墜，是亦一治也。昌黎韓文公謂其功不在禹下，然自周末至唐，千有二百年，而得昌黎，其《原道》《原性》之書，後儒謂功不在孟子下，夫亦以養氣而得知言也。

郴雖僻壤，為斗絕天塹之疆，山川靈秀，碧崖銀瀑，蜿蜒從空，造化吉祥之氣，與國家休明之運，磅礴結轖，而鍾美於人物，必有奇絕殊尤者，出於其間，如文公云者，文公於貞元間，兩過郴陽逗遛，吟詠流傳至今。前有祀在州學，後又立於北湖上，毀於元末。明正統間重建，又毀於明末。當時於孟綰贈言，謂孟季甚少禮，甚度文，一編甚距，盡其書無所不有，其所偕盡善人長者，是郴前此未嘗無賢人也。今天下月嵎日域，棧山桴海，稟朔嚮化。聖天子兩幸闕里，以重化源，今又詔天下，繕葺前代先賢祠宇，則是舉也，雖甑釜生塵，能諉而緩諸。遂卽於舊址慮材，鳩庸量工，命日為堂五楹，左右為房，廣六十尺，深三十尺，左右兩楹為廊，廣如之深殺，其二前為門二楹，堂中設韓文公、周元公兩先生木主，二公崇祀文廟有年，今照往例丁日祭，文廟後設為專祭，復罄橐於左傍，拓地九弓，又石臣朱生捐地三弓，次第落成，其役以二月始，以五月竣。先是開義學於正月，借開元僧寮延師設館，茲遷入堂廡，譽髦斯士藏修游息，學植以深其根，養氣以充其志，其功則記覽講貫，其文則布帛菽粟，異日驤首皇路，崇教化，明道術，而其餘緒則用以藻繪典冊，鼓吹休明，斯無負朝廷作人之雅化，而不愧先賢過化存神之遺風餘韻，誠深幸焉。予自數年以來，南北奔馳，學殖荒落，對茲多士，而中心癢癢焉，欲有所告，非敢曰我有子弟，而子產教之也，謹勒諸石。康熙三十五年，歲在豖韋困敦蒲月上瀚轂旦，湖廣衡州府通判，兼攝直隸郴州事，古堇後學謝允文撰。（康熙郴州志・藝文）

濂溪書院義田記　清　謝允文

子產為政，不毀鄉校，國人誦之曰：“我有子弟，子產教之。”盲史不記其教，而紀其用人，學而後爲政，考其年，百有餘歲，歷相數朝，鄭介于兩大，而能享百年之承平，其化行俗美，必有大過人者，故孔子嘖嘖贊之，曰：“遺愛。”漢治去古未遠，賈生陳策文帝，其太息俗吏為務在刀筆，而不知教化。迫至後世，儒吏異趣，政教殊途，郡守縣令以之治民，博士文學以教子弟，遂道不相謀矣。今士子一釋褐，卽視詩書禮樂舊習，若荃蹄芻狗，入官所辦，惟簿書、期會、刑名、法律而已。明經老而得一儒官，枯坐苜蓿齋，謀食不給，遑問其他，士不興行，治不迨古，由來舊矣。郴居萬山斗絕之區，在昔名人輩出，喪亂以來，闃其無人幾八十餘稔矣，聞之果樹之歇枝，少歇之後，必有篹篹（音饌）而纍纍者矣。今聖上崇道右文，圖治維新，諸生乘時策名，整身及物，此其時矣。丙子正月，借僧寮而設義學，去時書院落成，諸生得藏修遊息。今春復來與諸生團聚一堂，昌黎云：“業精於勤，荒於嬉。”諸生學業富有，日新不覺，蠢曜欣賞也。古者家塾、黨庠、術序、國學，勸學行禮，含淳詠德之聲，不絕於耳。故士不厭藜藿而飽仁義，起畎畝而辨天下事。范文正公讀書長白山，晝粥斷虀，有古遺風焉。然欲使篤學者不以終窶輟功，砥節者不以謀食憂貧。古人所以興學田也，兹捐俸諒置永豐等鄉田，計租六十石，以供饔飧。異日，諸生蟬聯仕途，共相勸勉，捐資置產，俾書院日昌而熾，是予誠有深望於多士也。時康熙戊寅立秋日。（嘉慶郴州志・藝文上）

郴州書院規約記　　清　謝允文

古者無地非學，無民不向學，《周官》一書，六德、六行、六藝，十有二教之法，比閭族黨，在在有官師子弟。至宋有四書院，是時未有州縣之學，先有鄉黨之學，郡縣奉自詔旨，輟作不免，具文鄉黨教養之法，白鹿最著，朱子主院，其教以明誠敬義，誦法孔子，自有本末，故宋之道學經義，遠過漢唐。於今經傳訓詁，無不悉遵焉。後世政教分爲兩途，司民牧者，春秋朔望展謁釋菜，視爲故事。民不興行，治不逮古，所由來也。余自束髮受書，雅慕楚才，郝京山經解、李茶陵詩文，暨大泌夢澤文集、公安竟陵詩篇外，於續九法智等制藝，時置案頭。今署篆此邦，與爾諸生有一日之雅，因訂百年之業，即於濂溪書院舊址搆葺，且捐置田畝，延師設館，俾諸生藏修游息，日課有程，務期力精帖括，努力功名，以光國典，旋瀦究心性，進修理學，以溯先賢。郴去嶽麓不遠，而昌黎、敬軒諸先儒嘗游宦於此，與濂溪先生後先施教，使先賢之遺教猶存，余實深望於諸生焉，慎毋悠忽從事，為粉飾觀美勉旃，爰立規約於左。（嘉慶郴州志・藝文）

新建愛蓮書院記　　清　黃德溥

贛邑愛蓮書院者，其基址創於李靄如觀察，其經費昉於叢瀛石太守，其經營之善，簿畫之詳，實成於諸紳士六載寒暑之勤勞，乃得以臻美備，而垂諸久遠，至以愛蓮命名，則以文教聿興，始自濂溪，學有淵源，不忘其本，因取周子愛蓮之意。俾後之課讀其中者，得以顧名思義，而相與勗為君子人也。余下車伊始，欲覽民風，先覘士習，集生童而試之，見其儀止嫻雅，文理優通，皆馴至於君子，不難於此，益以見周子之教澤孔長，而餘韻之入人深也。今余承乏其間，大懼無以纘先儒之遺緒，恒輾轉於中而不能置。未閱月，邑紳劉峙、徐勤復、邱樹符、薛聯奎等具詞，呈請立案，並乞一言，以紀其事。

余思經始，既有成矣，善後既有法矣，余復何言，無已請仍，即周子愛蓮之說以為說，可乎？其曰“出淤泥而不染”，是即君子之自修明德也。曰“濯清漣而不妖”，是即君子之非禮勿履也。曰“中通外直”，是即君子之敬以直內，義以方外也。曰“不蔓不枝”，是即君子之獨立，不懼遯世無悶也。曰“亭亭淨植，可遠觀而不可褻玩”，是又即君子之和而不同，周而不比，羣而不黨也。由是在鄉為端人，在官為循吏，在學校為師儒之表，在朝廷為柱石之資，則可愛孰大？於是夫君子亦非欲藉，是以博人之愛也，亦為自愛而已，自愛者，人恒愛之，理固未有越乎此者。自今伊始，誠使人人自愛，而一以蓮為矜式，不惟其名惟其實，不惟其言惟其行，將見能為君子者，必能愛夫君子，能愛夫君子者，又必能見愛於君子。相與有成，互相愛慕，自近及遠，翕然同風，則豈獨一邑之幸也哉！子謂子夏曰“女為君子儒”，願與都人士共勉之，並以質後之涖斯土者。（同治贛州志）

設立瀲江書院膏火記　　清　謝天翼

先王作育人材，必養之於學，以收其有守、有爲、有猷之用。故古之人自家至於天子之國皆有學，士生其時，處則明先王之道，出則建伊、呂之勳。其不見異於他途者，由教之有其地也。後世學者，各務專門，人自爲師，無一定館舍，以至刑名、法術，莊老、釋氏，語言龐雜，行多詭奇，而不衷於道。興，蓋三程過化之區。宋時，邑令何公建安湖書院於衣錦鄉，奉祀大中公父子於講堂，而以周元公侑之，所以著道學之原，實肇玆邑。特錄生徒二十八人、中校四人爲之長，凡薦先聖先賢，俎豆牲幣，歲給有資，後因地遠教疎，而安湖書院遂廢。我國家造士有方，聖祖仁皇帝教澤覃敷，命直省各建書院，嗣是府州縣，皆立義學。興之義學，先在縣治，卑隘數椽，不足以處來學之士。

乾隆庚申，楚北徐公新遷學宮，乃以舊址改建瀲江書院，生徒肄業，始有常地，先是平越金公詳請上官，戶田內撥穀二十四石，并地租銀若干兩，作山長脩脯，而諸生膏火尚缺。庚午春，錢唐孔公來攝興篆，甫下車，集諸生於明倫堂，勉以實學，躬造書院，正典禮定規制，以周元公爲二程之學所從出，特崇祀事，親書程子四箴，授以貞珉，俾濂洛淵源昭然若揭。倣朱子鹿洞之教，立學規六條，定以課期，每十日備盤餐，親臨校藝經晝，既周爰爲善後之謀，申請上憲，每歲於上官田内撥入穀四十八石，以贍諸生膏火，仍立定條約，垂諸久遠，一時肄業諸生感公之德，咸請於余，以誌不忘。余曰："爾諸生亦知侯之所以惓惓於此者，豈爲是丙夜青燈求爲科舉之學已哉。"葢將以千古理學實開於此，欲學者景企前修，饘斯粥斯，夜以繼日，講明先王仁義之旨，堯舜君民之道，優而游之，饜而飫之，毋爲俗學所壞，則由是鼓程席之風，弄周庭之月，浸淫以受孔門之時雨，發爲文章，徵爲事業，卓然不負鴻儒名世之望。夫乃不負先王立教之意，而可以爲聖人之徒矣。大中之化賢有司，能繼之濂洛之傳，諸生得毋勗乎。余也有司訓之責，庶其旦暮望諸。公諱興浙，字道南，號晴江，由副貢教習期滿以知縣用。前署宜黄東鄉、瀘溪皆有聲。（同治贛州志・書院）

濂溪志補遺卷之七

濂溪祠堂志

署　宅

故　居

濂溪故里坊，在北門內，為宋周濂溪先生建，舊名道學里坊，今廢。（康熙零陵志 2）

濂溪故里坊，在北門內，明巡撫韓文立。（光緒道州志・建置）

濂溪故居，春陵周茂叔中年乞身，老於湓城，有水發源於蓮花峯下，潔清紺寒，下合於湓江，樂之，築屋其上，名曰濂溪。蓋取故里之川以名云。（光緒江西志・勝蹟略・署宅）

濂溪坊，在資壽寺巷濂溪祠徬，天順五年立。（隆慶長洲志）

亭　堂

月巖亭，在州西月巖內，後遷巖外。明萬麻間，知州李發復建於巖內。光緒元年，知州盛賡捐廉，重修正楹三間，供奉周子神位，置田三畝五分，給看守人工食，以垂勿墜。（光緒道州志・建置）

養心亭，在州東張宗範所居，背山面水，搆亭其中，周濂溪愛之，題曰養心亭。（道光重慶志・山川）

光風霽月亭，在府學，明初建，以舊有朱子書“光風霽月”四字，遂移扁其上。（同治南安志・古蹟）

光風霽月亭，舊在卓爾山巔，後移於風雩石北岸，今廢。（光緒江西志・勝蹟略・署宅）

光風霽月亭，在濂溪祠。朱子建亭，後燬。明宏治中，僉事王啟更建濯纓、交翠、愛蓮、光霽四亭。（光緒江西志・勝蹟略・署宅）

味道亭，在濂溪書[1]左，明知州林學閔改爲光霽亭。（嘉慶道州志・建置）

愛蓮亭，在濂溪書院後。（嘉慶道州志・建置）

濯纓亭，在風月亭前浴塘上，明知州葉文浩建。（嘉慶道州志・建置）

風月亭，在濂溪故里道山，明知州方進建。（嘉慶道州志・建置）

有本亭，在道山下，明知州陳大濩建。（光緒道州志・建置）

觀蓮亭，在會濂書院內。（嘉慶寧遠志・古蹟）

吟風亭，在會濂書院內。（嘉慶寧遠志・古蹟）

弄月亭，在會濂書院內。（嘉慶寧遠志・古蹟）

太極閣，在會濂書院內。（嘉慶寧遠志・古蹟）

墓道亭，在府治南，石塘舖之右，因濂溪先生墓道碑，故作亭覆之。（嘉靖九江志）

愛蓮堂，在郡治東，愛蓮池北。周茂叔守郡時鑿池種蓮，後人因作堂。朱子書“愛蓮”二字顏之。（同治南康志・古蹟）

吟風弄月臺，在府署東偏，初名中臺。宋周濂溪為軍司理，時通判程大中珦遣二子從學於此，明太守張弼建、陳白沙獻章，湛甘泉若水，俱有詩。（同治南安志・古蹟）

愛蓮軒，在府學門左，舊為文昌祠。成化間，僉事陳騏改今名。肖茂叔像於中，書《愛蓮說》於壁。今廢。（嘉靖九江志）

道州拙堂，在設廳之後，大参樓公書扁，舊名中和堂。節愛堂在漫齋之右，大参柯公書扁，舊名清心堂。横舟堂在南園之前，下瞰蒲水。（洪武永州志）

愛蓮閣，在縣治東愛蓮池上。（乾隆郴州志・古蹟・桂陽）

濂溪閣，在縣南，明洪武十六年建。（乾隆郴州志・古蹟・桂陽）

周茂叔書堂，在州城東魚降山。（乾隆郴州志・古蹟・郴州）

愛蓮池，在郡治內東偏，宋周茂叔守郡時鑿池種蓮。明成化八年，知府曹凱自六老堂移二賢祠於儀門左，乃建亭池上，扁曰愛蓮，前甃之

---

[1] 此處脫一字，應為“書院”。

字橋。嘉靖四十四年，知府張純重修，引水植蓮，刻《愛蓮說》於亭中，並題跋以識（載縣志）。歲久，亭圮。萬歷癸卯，知府余炶重建，並扁亭內，曰君子軒，自記。國朝乾隆二十三年，石之琰立碑於池南，大書“愛蓮池”三字。嘉慶十一年，知府竇國華重加修葺，顏其軒曰遺愛。道光己亥，署知府吳名鳳補修，自記。咸豐三年，燬於兵燹。八年，黔南趙廷楠、吳承昭建小屋數楹，現亦就圮，惟碑尚完好。（同治南康志・古蹟）

愛蓮池，在濂溪書院北，卽周子觀蓮故處，朱子有《愛蓮亭》詩。（嘉慶道州志・方域）

愛蓮池，宋濂溪周先生宰邑時所鑿，遺址在典史署北縣堂之東，池上構閣與堂，屢經修治，明嘉靖中，知縣徐兆先題：“琴堂晝承頻携鶴，花落春深又種蓮。”今經兵燹，久湮。（嘉慶郴州志・古蹟・桂陽）

愛蓮池，在城内濂溪書院，昔人慕濂溪遺踪而作也。先生於慶歷四年令桂陽，嘗行，春至宜城鄉，卽今縣境。夫君子所過者化，後之人思其德業，因重其所嗜好，儀而象之，皆景仰無窮之意也。（嘉慶郴州志・古蹟・桂東）

濂溪吟弄處，在縣西桂枝嶺對岸，峭石臨江，先生築亭於此，今圮，字迹猶存。（嘉慶郴州志・古蹟・桂陽）

碑　額

周子像贊碑，朱子譔曰：“道喪千載，聖遠言湮，不有先覺，孰開我人，書不盡言，圖不盡意，風月無邊，庭草交翠。”道光二十二年，巡道陳士枚摹勒於濂溪書院之仰止亭（李志）。（同治贛州志・名蹟）

周子《愛蓮說》《拙賦》石刻。道光二十二年，巡道陳士枚摹勒濂溪書院講堂（李志）。又案明桑喬《廬山記事》云：“晦翁既刻《愛蓮說》，而南康耕者又得《拙賦》於田間，碑雖斷裂，然尚可讀，晦翁又以刻於江東道院之東室，傍曰拙齋。濂溪先生之遺文，所以不散失者，晦翁力也。”錄此二則，以彰先賢尊崇表闡之忱，後之覽者可以興矣。（同治贛州志・名蹟）

明周濂溪愛蓮亭記碑，在今愛蓮池側，明彭謹撰，嘉靖三十六年立，見文禮書。案碑凡正書十八行篆額，七字結銜，書湖南寶慶府同知、前南京刑部、山西清吏司郎中晉安彭謹撰，并書寶慶府知府郭學書、推官趙相照磨，所照磨屈復亨。寶慶府儒學教授王舟，訓導夏烈、邵明忠、黃護，邵陽縣知縣劉天兌，主簿何煥，邵陽縣儒學教諭蔣遵正，訓導湛恩、費□，典史陳春。（道光寶慶志・藝文略）

宋邵州遷學記碑，今佚，在邵陽，宋尚書度支郎中孔延之撰，治平五年正月三日立，朱子《特祀濂溪先生記》云："治平四年，先生永州通守來攝邵事，而遷其學，且屬其友孔延之記而刻焉。"案《通志》云："治平無五年，必是四年之譌。"今案元公《邵州新遷學釋菜祝文》亦云："治平五年，歲次戊申正月甲戌朔三日丙子。"考是年，為神宗熙寧元年，時改元詔未到，故記文仍稱治平五年，詳見近人所刊《濂溪志》。《通志》殊未深考。（道光寶慶志・藝文略）

宋邵州復舊學記碑，今碑無存，張栻撰，淳熙元年三月立，文見禮書。（道光寶慶志・藝文略）

宋濂溪祠碑，今碑重刻，朱子撰。明嘉靖癸卯，知府劉啓東重刻。在濂溪書院藏書閣下，文見禮書。（道光寶慶志・藝文略）

宋希濂堂額，今存摹本，朱子書。（道光寶慶志・藝文略）

宋邵周張二先生祠記碑，宋汪立叔撰，淳熙七年三月立，文見禮書。（道光寶慶志・藝文略）

宋周元公祠堂記碑，宋臨卭魏了翁撰，紹定三年秋九月立。明嘉靖癸卯，知府劉啓東重刻。在濂溪書院藏書閣下，文見禮書。（道光寶慶志・藝文略）

壇　廟

塚墓

周濂溪墓，在府城南一十三里，清泉社栗樹嶺下。弘治三年，知府童潮建祠肖像，置田以供祀事。十七年，都御史林俊、提學副使邵寶，奏請檄取十三代孫周倫守祀。嘉靖元年，提學僉事邵銳，率諸生捐貲重修焉。（嘉靖九江志）

周子墓，在江州德化縣清泉社，仙居鄭太君墓左，夫人縉雲縣君同，

宏治十六年，檄取十三世孫庠生周綸，前徃九江守墓。(光緒道州志・先賢)

本朝周諫議墓，在濂溪，元公先以田數畝給守營，為零陵倅時，甞移文營道言其事，既家九江，而族子與甥遂更有其田，爭之三十年，不能决。淳熙戊戌，太守初閤趙公閱舊牘得其實，即以元田還諫議墓為守者資，如元公之志云。(洪武永州志)

周諫議墓，元公父，名輔成，墓在故居之左，有碑。(隆慶永州志)

諫議大夫周輔成墓，在濂溪故里左，碑佚。(嘉慶道州志・人物)

周待制墓，元公子，名燾，在營樂鄉安心大崗西，有碑。(隆慶永州志)《周次元詩集》，宋營道周燾撰。案，燾，周子次子，字通老。《周元翁文集》，宋營道周壽撰。案，壽，周子長子，字季老。(道光永州志・藝文)

宋周元公祖智強墓，在營樂鄉安心寨，有碑。(隆慶永州志)

宋周智強墓，在營樂鄉安心寨，碑佚。(嘉慶道州志・人物)

永明縣太常博士贈金紫光祿大夫周堯卿墓，在紫微岡，六乙□□為記其事。(洪武永州志)

周史君虞賞墓，在旺崑。元公之高祖也，丞相周益公帥長沙日，甞移文道州，亦云糸出于此。馬步指揮使周君從遠墓，在石馬潭，元公之族也。(洪武永州志)

翰林院博士周冕墓，在州西八里，正江頭鳳凰山。(嘉慶道州志・人物)

和州觀察使周興裔墓，在虞山北。(嘉靖常熟志)

湖南濂溪祠堂

乾隆六年，晉陞先生，位次于東廡萬章之下，程顥之上。(光緒道州志・先賢)

濂溪祠，在桃川者，上洞村，周棠村，龍門田村，斜灘村，凡四處。(光緒永明志)

故里祠，在州西十八里，濂溪先生故居也。宋淯熙間，胡元鼎、義太初創舍設像，教授章颍記。嘉定七年，知軍州事龔惟蕃修，舊制堂三間，門簾稱是，中塑周子父谏義大夫像，周子像居其右側，司封郎中壽、徽猷閣待制燾之像以次侍坐。元延祐間，唐道舉斥大舊基崇臺三間，立爲專祠，以祀周子，後爲重屋，設諫議像，壽、燾二像東西向。明萬歷間，巡撫趙汝賢檄署州事，推官崔惟植修之，置祭田，建亭鑿池焉。國朝乾隆八年，賜帑重修，建正祠三楹，前爲禮廳，東西兩廊，再前爲櫺星門三間，外爲大門三間。明正統元年，順天府推官徐郁奏請置田，給耕贍以供祀。正德間，提舉陳鳳梧置祭田六畝二分。嘉靖間，永府守唐瑶、同知魯承恩、通判周子恭，請於提學孫繼魯、應檟，議給祭田一百四十八畝。祠之東爲安定山，下出濂水，經大富橋繞祠前，右注營水，環山居者皆後裔。祠左爲豸嶺，右爲龍山，兩山對拱，纏延十餘里。祠之四旁，平疇間突起高阜者五，因稱爲五星堆。祠西十里許，爲月巖，後改爲太極巖，俗傳爲周子悟道處，題詠甚衆。（光緒道州志・先賢）

濂溪祠，在儒學左，嘉慶十一年知縣羅守學重修。（道光永州志・秩祀・祁陽）

元公祠，在訓導署前，左爲忠義孝友祠，右爲節孝祠。乾隆年間知縣汪輝祖重修。光緒元年改建學宫，元公忠義、孝友、節孝各祠，擬改建於新學宫側。（光緒寧遠志）

濂溪祠二祭，銀一十二兩，乾隆五年加增銀二十八兩，於司庫公項内撥補，共銀四十兩。（嘉慶道州志・賦役）

濂溪學廩生，一名，廩糧二兩四錢，原額七兩二錢，康熙二十四年，奉裁三分之二。（嘉慶道州志・賦役）

濂溪學廩生，一名，萬厤十九年，督學副使張某於學額廩外，給廩一名，贍養讀書裔孫，相沿繼補，國朝仍其制。（光緒道州志・學校）

濂溪祠打掃夫，二名，門子一名，歲支工食銀一十四兩六錢四分，奉裁銀二兩四錢六分八釐，存銀一十一兩二錢二分。（嘉慶道州志・賦役）

濂溪先生祠，在通州廳拙堂之右。治平三年，先生與郡侯陳藻分風月於零陵郡，繼其政者，未有能表而出之也。紹興戊寅，郡博士廬陵劉安世率諸生造府，請就學東廂祠之，前通判武岡方疇走書九江，求先生遺像於其孫，而零陵始有先生之祠。淳熙庚子，郡守張埏來自鄱陽，闢學館三公堂，而益以先生及丞相張魏公為五公，扁曰思賢。春秋從祀于學，然雖像于學而未像於治中。嘉定乙亥，臧辛伯倅永，廼於廳事之西繪貌龕奉，且為之銘曰："太極混成，萬象包括。《通書》簡明，言行有法。貫天地人，獨見昭徹。成己成物，大巧若拙。學窮本原，文字抑末。

吏隱州縣，一意全活。瘴煙可入，民寃難達。天生範模，伊洛講切，胡不假年，禮樂諸葛。嗚呼濂溪，道無生滅，叁前倚衛，光風霽月。”（洪武永州志）

濂溪先生周元公祠堂。舊在州□之堂上，澹庵胡端明記之。淳熙間，太守秘閣趙公更建祠於與之西北，南軒張宣公記之。嘉定間，太守□院童公鼎創書院，因遷祠附焉。公舊宅在城西之十八里亦有祠，差隘太寺丞龔公闢而新之，部守以春秋行親祀之禮。（洪武永州志）

祭祀禮。每歲春秋仲致祭文廟、關帝廟、社稷壇、山川壇、先農壇、雩祭壇、龍王廟、文昌閣、火神祠、義帝祠、三公祠、柳侯祠、濂溪祠、景賢祠、何公祠、忠孝祠、節孝祠，俱遵照部行日期致祭如儀，其州厲壇，每歲清明日、七月十五日、十月初一日三祭，亦照常致祭如例。儀注詳載學校、祀典二志，玆不再列各縣祭祀，壇廟儀注亦然。（乾隆郴州志・儀禮）

濂溪祠，在桂枝嶺下，每歲仲春、仲秋上戊日祭，用帛一豕一羊一，菓品酒醴如式。祝文：“惟公建圖畫書，闡發幽秘，鳴琴玆土，德愛尤著，玆届云云。”（乾隆桂陽志・典禮）

濂溪祠，祀周元公。乾道八年，邵州學復治平舊址，知州胡華公繪周子像於學之東廡而祀之。湻熙六年，知府汪恪建祠於講堂西，以無垢先生合祀，名周、張二先生祠。紹熙五年，知州潘燾又於學東闢堂特祀濂溪。嘉定十三年，祠隨學遷。紹定三年，知府趙善因治平舊址，立濂溪祠，此皆在縣學。不知何時，遂廢。嘉靖二十一年，參政楊逢春始立祠於東山，刊朱子、了翁二記於祠側。崇禎末燬。順治間，重建書院。康熙元年，知縣顔堯揆始設龕於書院，移四先生主於中。乾隆中，鄭之橋又增二程子，主爲六先生祠。初明，郭學書立祠於愛蓮亭，祀周元公，而以通判劉魁配。崇禎十一年，陶珙以東山濂溪祠頹廢，即景濂堂後爲祠，以祀周子，而以無垢、晦菴、子壽三先生附焉。明亡，祠圮。康熙初，移四先生主於東山。道光十二年，知府惠體廉就愛蓮池後復建周子祠。咸豐、同治間，知府邵綬名等重修。濂溪祠歲一祭，共銀四兩八錢。（光緒邵陽志・祠祀）

濂溪祠，即濂溪書院，在州學西。宋紹興己卯，知軍州事向子忞始祀周子於學之稽古閣。淯熙乙未，博士鄒旉遷於敷教堂。壬戌，知軍州事趙汝誼重建，並塑二程夫子像。嘉定間，遷於今所。景定間，守臣楊允恭援九江書院例，請額於朝，賜御書“道州濂溪書院”額。元至正間，判官吳肯、山長區誠、戴世榮、郡士蔣通復先後修葺。明宏治、正德間，知州方瓊、永州知府曹來旬相繼修理。嘉靖壬寅，御史姚虞、檄通判金椿重建。甲辰，知州王會嗣修之。舊制正祠三楹，前為禮廳，左為御碑亭，即宋理宗所賜書院額，及楊允恭謝表，刻石樹豐碑焉。禮廳之前為像廳，有石刻，陽為元公像，碑陰為《愛蓮說》，外為櫺星門，門臨通衢左右二坊，曰繼往，曰開來，其右宗子居之，曰文獻世家之門，前為仰濂樓，俯瞰濂水。後為太極亭，愛蓮亭。嘉靖間，宗子翰林博周繡麟於櫺星門內建樓，藏《濂溪志》書板，後皆燬於火。萬歷壬辰，李楨重建，明季復燬。國朝順治十三年，知州高攀龍重修正祠及禮廳。康熙三十年，永州司馬史在鑛重建御碑亭。乾隆六十年，知州李永埰修之。嘉慶二年，知州龍舜耕修諫議祠，今畧如明制，正祠南向三楹，中奉：

先賢道國元公周子像，南向坐。冕九旒，執圭垂紳；衮九章，繡裳赤舄。

先賢豫國淯公程子像，西向坐。冕服同上。

先賢洛國正公程子像，東向坐。冕服同上。

祠前為禮廳，再前為道脉相承坊。再前為像廳，刻先生像。陰刻《愛蓮說》，再前為會元鍾萃坊，外為櫺星門，太極亭在禮廳左，御碑亭在太極亭前，內立石刻，宋理宗御書。國祭每歲春、秋二仲丁致祭，先日委員省牲祭，日正印官，率文武各官彩服上香迎神。行二跪六叩首禮，獻帛獻爵，三讀祝飲福受胙徹饌，送神如儀。每月朔望，文廟行香畢，齊至祠堂行香如儀。祝文曰：“惟公道探千載，書傳萬世。孔孟上承，朱程後繼。書不盡言，圖不盡意。庭草風光，池蓮月霽。今茲仲春秋，謹以牲帛醴齏，粢盛庶品，式陳明薦，以先賢淯公程子、先賢正公程子配尚饗。”

祭銀，原額十二兩，乾隆□□年，加增銀二十八兩，共四十兩，俱於本州正賦內支領。

陪祭官世襲翰林院五經博士，平班行禮。

奉祀生二名，取元公嫡裔，每代詳請咨部給滉，入廟奉祀。

廟戶二名，每名每年工食銀六兩，共銀十二兩，于實徵項下坐支給發。（嘉慶道州志·先賢）

周元公祠，在州學西，宋紹興己卯，郡守向子忞始祀于稽古閣。淳熙己未，郡博鄒尃遷于敷教堂。壬戌，郡守趙汝誼重新祀典，并塑二程先生像配享。嘉定間遷今所。萬曆二十年，州守李發重修，巡撫李楨有記，其基前俯營水，后枕宜山，高踞舜山之阜，沱水南來，濂溪東注，峭拔峻聳，俯視一切，遠山平疇一目可了，祠下巖石突起，如伏犀怒猊，古柏参差，如飛隼栖鶻。每遇三春煙雨，釣艇漁罾，蕩漾波流，先生灑落襟懷，千古如新。清秋皓月臨空，碧天如洗。仰視樹影婆娑，覺太極虛明，時行物生，悠然有會。于以妥先生之神靈。而境內大觀亦畧具于此矣。元公祠以春、秋二仲次丁祭如文廟儀。（道光永州志·秩祀·道州）

濂溪祠，在文廟東，萬歷三年，知縣何久拙建，久廢（按，即今龍王宮也。蓋因濂溪書院建成，敬移奉周子牌位，而改建武廟，今又改為□龍王宮也）。（康熙永明志·祀典）

六君子祠，在學宮戟門前，宋寶祐間建，祀周、邵、二程、張、朱，今圮。（嘉慶郴州志·古蹟·桂陽）

江西濂溪祠堂

濂溪祠即濂溪閣，在羅田巖，周子嘗游於此，宋嘉熙四年，縣尹周頌建閣祀之，配以二程子，刻周子所題詩於石，後閣圮，詩刻亦磨滅。明正德中，知府邢珣重新之，羅洪先復書其詩刻石。嘉靖二十四年，提學蔡克廉至巖，閱武穆陽明題刻，檄知縣許來學並祀之。三十八年，知縣羊修重修，邑人黃宏綱有記。萬歷十二年，知縣劉昌祚修，李淶記，知縣陳懋學，崇禎間，知縣鄭楚勳、周鉉□□。國朝順治九年，署縣事通判戈珽，乾隆六年，教諭王位相繼修（竇志）。（同治贛州志·祠廟）

周濂溪祠，在府治內，改司理廳事，為之久廢。（嘉靖南安志）

宋周元公祠，舊在府治內。宋宗禮記，後合二程併祀。（康熙南安志）

濂溪先生祠，在府學右，祀周茂叔，配以程明道、伊川兩先生。宋

隆興間，教授黄灝建，朱子記，今廢。(民國南昌志·典祀中)

濂溪祠，舊在新建學西，今移正學書院後堂内，祀周濂溪先生，以程明道、伊川二先生配，詳羅洪先記。(萬曆南昌志)

周濂溪先生祠，在府學右，朱子守南康時建，配以二程先生。文公沒，門人以二程别有從祀，乃奉朱與周同祀。扁曰二賢祠。元末燬。明洪武初，改建府治南。國朝康熙間，知府蔣國祥移建治東察院行署故基，知府董文偉、趙立身、狄尚絅先後修葺。咸豐三年燬。(謝志，縣志)(光緒江西志·建置略·壇廟·饒州府)

鍾陵書院，在縣境霧嶺，明正德七年改福勝寺，為之立濂溪先生祠，中有光風霽月堂，明、通、公、溥四齋。國朝康熙十年，知縣聶當世遷建西門（謝志）。(光緒江西志·建置略·書院)

濂溪祠，在廬山之麓。明正統初，御史徐傑（謹案，徐傑登成化五年進士不應，正統初即為御史。謝志疑有誤，附註俟考)、副使焦宏，即書院故阯改建，肖像其中，歲久漸圮。國朝乾隆二十年，知縣高植清丈祠基復建書院，後改建城南（謝志）。(光緒江西志·建置略·壇廟)

濂溪祠，宗濂書院内，即宋監税所，祀宋儒周敦頤。(嘉靖袁州志)

濂溪先生祠，在濂溪書院，祀宋周子。舊在貢水東，明遷於鬱孤臺。國朝乾隆二十四年，巡道董榕重建（府志）。(光緒江西志·建置略·壇廟·南安府)

濂溪周元公祠，在邑東蘆谿，舊為過客憩駕之所。明萬歷戊寅，巡撫都御史劉堯誨、檄知府鄭惇典、署縣同知陶之肖卜地改建，規制稍壯，即元公故地也。劉堯誨記。萬歷間，署縣事通判陳啟孫重修。(咸豐袁州志·祀典)

七賢祠，在筠陽書院。祀宋周子、二程子、張子、朱子、陸象山、明王陽明，又名景賢祠。(謝志)(光緒江西志·建置略·壇廟)

七賢祠，在鼇洲書院後楹，舊為五賢祠，祀宋儒二程子、朱子、張栻及邑人胡安之。國朝知縣胥繩武增祀周子為六賢。道光三年，署縣黄濬又增祀鍾泳，易今稱。(光緒江西志·建置略·壇廟)

二程祠，在城東白鷺洲書院。宋知州江萬里建，又名六君子祠，以郡之從事理學者配。國朝咸豐閒，書院燬，祠亦廢。同治七年，改建書

院於仁山，仍建祠於講堂東南隅。（光緒江西志・建置略・壇廟）

二賢祠，舊在軍學旁。宋朱子建，以祀周濂溪先生，配以二程，張栻記。文公沒，以二程别有崇祀。乃奉周與朱同祀，匾曰二賢祠。郡守陳宓重修，湻祐間，郡守倪灼又闢之上，創閣曰極高明，下為堂，曰道中庸。元末燬。明洪武間，同知王禕重建，自記（文載縣志）。天順五年，知府陳敏政改建於六老堂。後七年，知府曹凱移置府儀門左。萬歷二十年，知府田琯重修。國朝康熙辛卯，署知府蔣國祥移建府治東，察院行署故址旁，立義學，延師課子弟，自記。雍正間，義學中廢。郡人像祀蔣公於其中。知府董文偉修葺。乾隆十三年，知府趙立身重修。嘉慶十八年，知府狄尚絅重建，並添置田畝，自刻石像立於右室。咸豐三年被燬。邑紳移石像祀於崇善堂。同治十年，知府盛元重建，祀二賢於中，三楹合祀蔣、狄二郡守於右三楹，前界以牆，牆外西偏建屋四楹，東向設義學於其中，北向二楹為庖湢所，其祠左隙地，經署星子令徐鳴皋會商，都、建、安三邑令捐建公所，計南向二楹，西向四楹，北向二楹。凡三邑令及省委之員，因公至郡者，得下榻其中焉。祠產坐落山頭嶺，田三十八畝六分三釐五毫，額毛穀五十六石五斗六升九合二勺。鄧家澗田五畝三分，額毛穀八石四斗二升。鷄子坂田九畝六分，額毛穀十七石八斗八升。一都黨田十畝，額光穀十六石九斗七升五合六勺。二都黨田十畝零七分，額毛穀十七石一斗六升。以上光穀十六石九斗七升五合六勺，毛穀一百石零零零二升九合二勺。又同治十一年，生員鄒樂禹捐田五畝，額光穀九石。按張南軒碑記，當時應監立軍學之旁，現在府署之東，二賢祠之西，豐碑屹立，前刊此記，後為題識，時祠已遷於府儀門左，北距愛蓮池纔數弓，誠如蔣記所云，基址湫隘，不及今祠爽塏多矣。碑雖非宋時物，然兵燹之後，如此完好者不多得也。（同治南康志・建置・壇廟）

二先生祠，祀唐韓愈、宋周惇頤，有真德秀記。今廢。（嘉靖袁州志）

四賢祠，在道源書院，祀宋南安司理周元公惇頤，二程子純公顥、正公頤，康熙間，知府靳襄增祀郡判程大中公珦，改為四賢祠。（同治南安志・典祀）

濂溪陽明祠。道光十七年，知縣宋應文以大成門左崇聖舊祠，改祀

二公（李志）。（同治贛州志・祠廟）

濂溪祠，爵孤臺麓南，舊在宣明樓，右爲濂溪書院。正德丁丑，王都御史守仁、知府邢珣改建，陶都御史諧檄有司脩。中爲堂，後爲寢室，又後爲碑亭。堂室之兩翼爲東西序，臺麓之西爲房舍，九區俱南向。堂之前又爲堂，曰“庭草交翠”，前爲門。（嘉靖贛州志・祠廟）

八賢祠，縣學右，成化乙巳，錢僉事山徙建。宋時在府學西，教授劉靖之建，祀濂溪，配以二程。後郡守張忠恕益以五峯、南軒、晦菴、東萊，爲七賢。紹定中，郡守姚鏞又益以程大中爲八賢，今廢。（嘉靖贛州志・祠廟）

三先生祠，宜春臺右，祀宋儒周濂溪敦頤、程明道顥、伊川頤。淳熙間，知州張杓，以濂溪嘗監局州之萍鄉，建祠府學之東，配以二程，有朱熹記。大明正統間，都御史韓雍改建宜春臺右。今併為五賢祠。（嘉靖袁州志）

五賢祠，在縣治左，合祀宋程明道顥、程伊川頤、李待制朴、文信國天祥、元元學士明善，知縣張尚瑗有《特祠議》。嘉慶十八年改建試院，邑人蔡光謨移建於縣署西文昌祠後（縣志）。（同治贛州志・祠廟）

五賢祠，萍實門外五里，初在宜春臺右，後移建。祀宋儒周惇頤、程顥、程頤，增祀朱熹、張栻，曰五賢。以春、秋二仲祭。（嘉靖袁州志）

五賢祠，卽舊天符廟，嘉靖二十年改建，以祀宋儒、程顥、程頤、朱熹、張栻及縣人胡安之（朱熹門人），以春秋祀。（嘉靖袁州志）

宗儒祠，在白鹿洞，舊名三賢祠。祀唐李賓客渤、宋周濂溪、朱紫陽。明宏治間提學蘇葵止摹周、朱二子像於中，而遷李賓客主於別室，後提學邵寶又以林擇之等十四人從祀，改名宗儒祠。楊廉、李夢陽俱有記（李記載縣志）。（同治南康志・建置・壇廟）

白鷺洲書院，在府城東白鷺洲上。宋淯祐元年，州守江萬里創建，理宗御書額，立文宣王廟，欞星門六君子祠，祀二程、周、張、邵、朱，又有雲章閣、道心堂、萬竹堂、風月樓、浴沂亭，歐陽守道為山長，置田租八百石有奇，繞城濠池，歲入租銀五十兩贍學徒。景定四年，山長黃嘉建山長廳於城東南。祥興二年山長曹奇立古心祠，祀萬里。元至元十九年，水圮，總管李玨修。延祐間，有奉浮圖教者，在書院旁。山長余天民白總管毁之，立復古亭。至正十二年，寇毁。十五年，達嚕噶齊納蘇爾丹（原作納速兒丁）修，明初燬。嘉靖五年，知府黄宗明興復。二十一年，知府何其高遷南關外仁壽山，稱白鷺書院。（光緒江西志 建置略·壇廟·吉安府）

三程祠，在東門内，祀宋程大中、二程子，舊名三程宗洛祠，在學古堂後。宋慶元元年，通判黄涣、縣令解僖建。嘉定五年，縣令李伯堅遷學東。咸湻元年，縣令錢益建於明倫堂右，稱大中祠。十年，縣令何時搬安湖書院於衣錦鄉，合祀周子。元至正閒，復遷於學古堂。十八年，寇毁。明洪武元年，知縣賈思復就故阯重建。五年，知縣馮欽遷戟門西。成化十八年，移三程像於西廡廊下。宏治五年，副使張璁、提學黄仲昭徙明倫堂後。正德十四年，知縣黄泗建安湖書院於縣治後，奉周子並祀。萬歷二十七年，知縣何應彪改為名賢祠，增祀文信國王陽明。國朝康熙十七年，知縣黄惟桂建三程祠於啟聖祠左，止以周子配。五十年，知縣張尚瑗改祀二程於五賢祠，議以大中合祀，海忠介祠。乾隆三年，知縣徐大坤重建於瀲江書院後。三十八年，以其阯改為學宫。五十四年，知縣程玉樹改育英書院為三程祠，久圮。道光四年，邑人黄大猷改建今所。（謝志，府志）（光緒江西志·建置略·壇廟）

趙清獻祠，在舊府治宣明樓，右祀宋知軍趙抃，祔祀濂溪周子。寶祐中，周子移居於學，知軍陳宗禮改建趙公祠於城東。咸湻六年，知軍李雷應重修，文天祥記。明成化十九年，同知王廷珪重修，劉□記。今圮（參寶志）。（同治贛州志·祠廟）

濂溪祠，在州治東隔河旌陽山麓，宋周敦頤任分甯主簿，創為書院，樓臺亭閣四週，以延游學之士。元季壬辰，燬於兵燹，其後葺治者稱景濂書院，久廢。明天順三年，知縣羅珉即其遺址，勸義官劉用禮建署曰濂溪書院。成化十四年，知縣蕭光甫又勸其子劉淮重建正堂三楹，中祠祀先生，旁翼兩房堂之下，甃石為露臺，東西分別兩廡，其南為大門，周圍繚以墻垣，其内燕居寢室齋舍，庖湢之所咸備。宏治癸亥，都御史林俊分守，參政王綸分巡，僉事王純、知府祝瀚、知州葉天爵又鼎新之。乙丑，提學副使邵寶立像祀焉。萬歷丙甲，兵備史旌賢，知州方沆復倡捐修葺，明季燬於兵燹。國朝康熙七年，知州徐永齡因祠被兵燬，並山

谷祠久廢，仍照前塑像合祀。乾隆間，知州許淵、邊學海次第增修。嘉慶戊寅，州紳復修，咸豐五年，兵燬，復修。（同治義寧州志）

山谷祠，舊在馬家洲。宏治十八年，洪水冲廢，一在雙井塋畔，明巡撫林俊建，置祭田二十八畝，蔭注塘一口。嘉靖間，知州蔣芝復建祠於旌陽山麓，以便春秋祭祀。明季燬於兵，因塑像合祀於濂溪書院。春秋有祭，乾隆五十三年，黃氏後裔建祠於鸚鵡橋巷內，有司春秋致祭，道光三年重修。

三賢堂，祀周濂溪、黃山谷及陳敏，識舊基在儒學內，東陽王象之建，今廢。（同治義寧州志）

江蘇濂溪祠堂

濂溪先生祠，在縣學西濂溪坊內，祀周元公茂叔也。初元公孫興裔以和州觀察史駐劄平江，奏立祠於吳縣胥臺鄉。後其裔孫文英、南老自道州來吳，因家焉。祠在胥臺者，屢復屢廢。正統元年，四世孫浦、淵等始遷於家，名其堂曰崇本。有司世擇嫡孫克弟子員、給衣巾奉祀。大學士王直有記。（隆慶長洲志）

萬曆二十六年，裔孫與爵呈請捐賓復建。郡守朱公燮元，扁其祠曰濂溪世祠。前堂祀周公濂溪，後堂祀元公厥考諫議大夫輔成、武功大夫興裔為配，大學士申時行、禮部主事諸壽賢俱有記。今建在文山祠西絃歌里。（萬曆長洲志）

周元公祠。在半十九都、正一圖弦歌里（今名舊學前），祀宋濂溪先生周敦頤。初在吳縣胥臺鄉，宋嘉定間，四世孫和州觀察使興裔駐劄平江奏建，後遭兵火。其裔孫文英、南老由道州移家平江，屢復祠，而屢廢。明正統二年（乾隆府志作元年），十四世孫浦、淵等始遷於家，在萬壽寺西，故以濂溪名坊。自元公以上，興裔以下，考妣並列，昭穆相當，此家祠之制，故名之曰“崇本堂”（王直有記）。萬曆四十三年，裔孫希夔復建專祠。今所以興裔配祀先生父於後寢，四十八年，以裔孫制機檢察使才、祕書省校閱文字璵祔（申時行記）焉。清乾隆九年，給帑修。同治五年，重修。一在齊門外，十三都、十一圖。道光十一年，三十世孫紹熙建。（民國吳縣志）

二周先生祠，在葑門外姚馬村，祀宋濂溪先生周敦頤、明孝子周尚賢，明崇禎間建。清康熙雍正間，裔孫維新、家瑞迭修。乾隆四十一年，裔孫大銓移建長元縣學之東。（民國吳縣志）

周程十子祠，在虎邱斟酌橋西，明崇禎十六年，吳縣知縣牛若麟建，並爲學舍。額曰正修書院。其後士民思之，即祀若麟於其中（見徐汧去思碑記）。崇禎中圮，國朝巡撫都御史馬祐重修，更額曰正心書院。（光緒蘇州志・壇廟祠宇）

六先生祠。在禮殿東，縣令王公㯄以祀濂溪。横渠、明道、伊川、晦庵、南軒六先生祠，已廢。（正德姑蘇志 1）

四川濂溪祠堂

濂溪祠，在州文廟側，祀宋州判周敦頤，今廢。（四川通志・重慶府合州）

三賢祠，在府治後寶山頂，明郭棐建，祀杜少陵、邵康節、宋潛溪。後巡撫朱廷立祀周濂溪、王梅溪、宋潛溪。後知府許宋鑑以潛溪移祀杜邵祠。（四川通志・成都府）

濂洛祠，在府東，即相如故宅。正德中，提學王廷相建，祀周元公、程正公、張横渠、朱文公、張南軒、尹和靖、魏鶴山、薛文清、蔣道林。今廢。（四川通志・成都府）

宋周濂溪先生《觀巴嶽木蓮》詩，有“枝懸縞帶垂金彈，瓣落蒼苔墜玉盆”之句，葢異產也，故自合州往觀之。黄廷桂《四川通志》言：“銅梁縣巴嶽山有木蓮，高五六丈，葉如柳梢，花如菡萏，出山則不植。”王世貞《異物志》特紀之，今不知巴嶽山猶有此樹否也。（森楷自記）。（民國合川志）

五賢祠，在府西翠屏山上，祀濂溪、明道、伊川、横渠、晦菴。（四川通志・廣安府）

重慶濂溪祠堂

濂溪祠。在州學宫側，祀宋州判周敦頤，今廢。（道光重慶志・壇廟）

山　水

月巖

月巖，在州西四十里，《名勝志》："東西兩門望如城闕，當中而虛，其頂自東望之如月上弦，自西望之如月下弦，就中望之如月之望，故名。向以其東西相通，亦名穿巖。"宋淳熙中，太守直閣趙抃禱雨過其下，刻石題名巖中，舊有周子讀書亭，峭石環壁，盛夏無暑，後改遷于巖外。明州守李發復建于巖中，今廢。州守王會刻曰太極洞，張喬松刻曰太極巖，錢達道刻曰鴻濛一竅，各題刻見先賢志。（嘉慶道州志・方域）

月巖，在縣東都麗嶺之左，舊名穿嵓，形如圓廩，東西二門望之，如城闕，當洞之中而虛其頂。自東望之，如月上弦，自西望之，如月下弦，就中望之，如月之望，周子則之以畫太極。鶴按，月嵓，在道州西，去永境甚遠，不應入永志，第舊志載入，兼有前人題詠，姑仍之不欲叚矯前人之志云。（康熙永明志・山川）

元石

元石，在學後，石峯矗立，以唐李郃、宋吴必達、樂雷發皆特奏狀元，故名。明洪武間，僉都曹衡建樓于山麓，曰狀元樓。嘉靖丁酉，左都御史顧璘視學，刻"元石"二字，蓋又以周元公爲重，不專在科第已也。（嘉慶道州志・方域）

濂溪

濂溪，在州西二十五里安定山下，石竇深廣，有泉溢出，是爲濂溪。周子生于此，人呼爲聖胍泉，東南流合營水，右溪至州城，西南合沱水。張栻《周先生祠堂記》："先生晚築廬山之下，以濂名其溪，世稱爲濂溪先生。"春陵之人言曰濂溪，吾鄉里名也。先生世家其間，及寓于他邦而不忘所自生，故亦以是名溪。《名勝志》趙抃詩云："君向濂溪湖外行，倅幡仍喜便歸程。"蓋指道州之濂溪，楊傑詩云："山爲康仙傳舊姓，溪因廉士得新名。"乃指九江之濂溪。（光緒道州志・方域）

濂溪，在營川門外二十里。周元公故居。（洪武永州志）

濂水，亦在縣治東，源出程嶺，界定南踰硐，狹流二十里，遶關西逕盤石填河，舟行必築水堰，滿乃決而放之，舟過復塞堰。十里合碗窰下水，十里合大舉口水，十里至百厂陂，經海螺窩受石墻坑、牛角坑等水，南五里至塘陂，合野石河水，抵盤瀾山，六里至石陂頭，石源坑水附焉。北過楊陂五里，經彈子砦，下合桃、渥二水，爲三江，即三江口也（參張志竇志縣志）。（同治贛州志・水）

聖脉泉

聖脉泉。在故里道山，清潔味甘，即濂溪之源。（光緒道州志・方域）

濯纓巖

濯纓巖，在縣西北一里，下有清泉，俗呼爲羊角嵓。（康熙永明志・山川）

濂溪石

宋周濂溪判合州時，嘗與人對奕，有一老人傍觀，口吐涎，香氣襲人。公驚曰："汝龍也，何故來此?"老人曰："何以知之?"公曰："吾問龍涎極香，汝口中所落者是也。"須臾，大雨雷電，老人化龍，從溪而去。公取方石二十四片，鎮溪口，今通曉橋是也。（補續全蜀藝文志）

羅田巖

羅田巖，在縣南五里，一名善山，兩旁有巖相通，古稱華嚴禪院，左爲仕學山，房屋巖下，右曰觀善巖，陽明先生題筆，邑孝廉何春所闢也。周濂溪倅虔時，曾遊此，故有濂溪閣。巔有高山仰止亭，學士大夫談道論學者，多集於此。（天啟贛州志）

含暉巖

含暉巖，在州南四里，卽斜暉巖。石洞如屋，東西兩門有泉從石罅中出，極清冽，洞外石之最高處鐫"水天一色"四大字，相傳爲漢蔡邕書。中多唐宋題刻，唐劉禹錫記云："薛君景晦爲道州，得異境，有石室，穹然如夏屋。”因名其地曰斜暉巖，宋知軍州事向子忞改曰金華巖。治平間，周子判永州，歸展親墓，遊此，刻“周惇頤同隣人某某治平四年三月六日同遊”此二十八字，今已磨滅。明州守葉文浩搆亭巖上，刻曰“魚躍鳶飛”，今廢。（光緒道州志·方域）

道山·元山

道山，在州西十五里安心寨，濂溪先生實家於此，山西石壁上刻二大字曰“道山”。（光緒道州志·方域）

元山，在濂溪祠後，奇石靈秀。明州守王會題曰“太極峯”，元石、雲石、介山皆在焉。前人留題不一，環山多世族，亦爲廛市通衢。（光緒道州志·方域）

龍山·豸嶺

龍山，在州西十五里，濂溪祠右，蜿蜒起伏如龍，環繞六七里，與豸嶺對拱，實故里之屏藩。（光緒道州志·方域）

豸嶺，在祠左，接安定山，崖石唅呀，其狀如豸。按：元歐陽元《濂溪祠記》，明王會《故里圖説》，皆云左龍右豸，蓋以東西分左右，故云今祠北向，則龍山在右，豸嶺在左。明胡直祠記曾辨之，頌云“五星奠隩，左豸右龍”，當以此爲正。（光緒道州志·方域）

五星堆·營道山

五星堆，在龍、豸二山之間，平疇萬頃，突起五土堆，碁布祠之四旁，如五星然，上應聚奎之瑞，篤生周子，今祠實先生故居也，歲久爲鄉人所沒，明萬歷間封土復舊。（光緒道州志·方域）

營道山，在州西北五十里，接永州白水山，始名營陽，又曰南營，又曰宏道，狀如蟠龍，亦名龍山。唐天寶六年，改今名。《名勝志》：“吳孫皓寶鼎元年分零陵北部爲營陽郡，唐武德初，改營道爲宏道縣。”俱本于此。（嘉慶道州志·方域）

祠　記

濂溪祠堂記　　宋　林岊

太祖皇帝收五代藩鎮之權，俾支郡皆得自達。分命儒學之臣為郡倅貳，叁其錢穀而助其政化。文訓武克，聖人之運天下妙矣。太宗皇帝虛心求士，中進士第者，一榜尽與通判。盛哉！非科弟之為，欲得天下英傑也。百有餘年間，永倅得濂溪周先生焉，可謂儒學冠倫魁者矣。先生之道，日用飲食；先生之容，景星霽月；先生之行，山高水清；先生之文，金相玉質。先生之誨人也，天地父師。先生之不可奪志也，川雲時雨。為幕府、為剌史部剌史於它邦也，德尊言立，聞者興之。獨其倅於永也，近父母之邦，得瀟湘之會，餘風逸韻，千載可想。究觀遺文，誨飭子弟，實接縉紳，諄諄於學者益進矣。

趙清獻公嘗曰："吾今乃知有天下周茂叔也。"《蜀道詩》寄零陵，敬先生之吏隱，然則先生之學，本原何如哉？本之《易》，本之《中庸》，伏羲、文王、周公、孔子之所傳，顏子、曾子、子思、孟軻之所受。蓋識其精微者，圖以明之，書以達。趙清獻公始嘗疑之，後乃大服曰："天下士也。"呂正獻公深知其賢，薦可諸朝。東坡蘇公，不輕許公，而賦濂溪則曰："先生本全德，廉退乃一隅。"此名未易得也。太史黃公又以"光風霽月"比之，想其翛然塵外，表裏融明。能使當代人物斂衽起敬如此，是可尚也。通守零陵之日，為《拙賦》以見志。紹興間，贛川曾君迪為倅，爰創一堂，以"拙"名之。嘉定八年，郡丞吳興臧君辛伯，始繪其像，祠于廳事西偏。濟南呂君昭亮，丞相忠穆公之孫也，來繼其後，思表先賢以厲薄俗，乃闢地於拙堂之右，聿新□宇，有嚴像設，實九年閏七月旬有一日。此俗吏之所未暇及者，而汲汲為之，有加於舊，可謂達於風教之原矣。後之居是官者，毋忘茲意，稍蔽則葺之，使先生之道德永為邦人矜式，不亦善乎？此亦呂之志也，遂為之書。（洪武永州志）

桂陽濂溪祠記　　宋　周思誠

濂溪周先生去孔氏千五百有餘年，一旦復振洙泗墜緒，闡明斯道之所以教，憲章諸後，使百世而下，聞之者猶足以釋蒙啟蔽。慶曆間，嘗宰桂陽，去今僅百八十年，而縣屢經盜火，先生流風遺跡，乃彷彿無復存焉。縣西五里，有山環合，林木茂翳，而溪流清瀉，縈紆其間，土人號其鄉為予樂，豈亦因先生而名之與？思誠竊記程明道先生有“過前川而予心樂”之句，蓋明道嘗從先生遊也。今讀其詩，亦可以想見先生之跡矣。邑之士尚能記，盜火前縣廳有木匭一，其高四尺，其濶視其高加尺焉，以貯官文書，其上鋟“慶曆四年置，桂陽縣令周”凡十字，而書押於下，實先生時舊物，然煨燼亦久矣。

嘉定十三年六月，思誠叨令茲邑，入境詣學，謂學必有先生祠，乃巍然獨存大成殿，其門廡、遺址，盡沒於蒿萊，惟一廳、一寢室，傍無他屋，欲求拜先生之遺像，而竟莫知所向，惕然為之不寧。適縣主簿蕭允恭，以修建縣學請於上司，好義者捐金為之助簿，因悉力經營，未克告成。思誠遂合一邑之士，課試於中，而日廩之。凡三十餘員，分隸六齋，挾冊吟詠，多能讀書，通道德性命之說，非如他邦舉子，束此書於高閣，謂非時文所急也，乃知是邦之士，沐先生之澤，洽於其心久矣，遂於大成殿右廡之西南立祠，以祀先生。又思縣之正堂，先生昔常居之，因牓其中間曰濂溪堂，俾得伸其景仰，别創屋三間，於東邊牓曰光風堂，亦祀先生像於中，其傍二間，則以為政暇讀書之所，庶幾朝夕如見先生，於是縣學齋皆有先生之祠，闔邑士民罔不肅然起敬。

嘉定十五年六月吉日，思誠率諸生釋菜於先生之祠，禮畢，乃告之曰：“先生之道，具於人心，先生之訓，垂於圖典，夫豈遠乎哉？故曰：‘志伊尹之所志，學顏子之所學。’夫志心之所之也，學所以效先覺也，實其心之所求，而以希聖希賢為效力之地，使窮不失義，達不離道，則堯、舜、伊、周、孔、顏相傳之旨，豈外是哉？蓋實勝為善，名勝為恥，君子務實勝，故日休，小人則僞耳，故日憂，先生所以為萬世訓者，可謂深切而著明矣。二三子能事斯語，無流於口耳之僞，則斯道將大明於世也乎。”言未竟，諸生皆懼然如有感，乃合辭而請曰：“願識之以諗後來。”思誠不敢辭，敬敘次立祠之巔末，與所誦先生格言之意，以勵諸生者，俾鑱於石。（乾隆郴州志·藝文上）

宋知軍州題名記　　宋　南宫誠

營道郡列地千里，高運虛爽，得江山之助焉。自唐德下衰，五代互據，姦回不軌，州籍陵夔，命藩服以非良從，草竊之不服仁政，何睹黔黎謝生，中有承乏而来，猶若旅寓而去，又肯以召父杜母，廉袴蕪天，而行久惠乎！斯亦治亂係於時也。及夫物不常屯，天用更始，我太祖啟國在宋，受禪於周，合符竹以分封簡官僚而用，又以至五運居正，四葉重光，舉職是邦，非賢罔處，所以協五百年之間出，紹二千石之重權，統理緝綏大本於禮樂刑政，莫不編氓齒俗，富庶惟和，洽然如歸其春臺耳。始建隆而下，迨天聖三年，暨辛公凡二十九人矣。時公牽絲布命，剸劇周星廉惠之聲，溢於民口，和融之化，格彼物心，乃因農隙度材，鼎新棟宇，工庀云畢，眾議咸歸，且追傳政之諸賢，盡用題名於內廡，誠是歲忝龍飛之初榜，占鴻漸之一階。既釋褐於勛庭，獲依蓮於賓幕，舉隅有素，磨楯無才，俾律前芳，實微婉頌，然則播君侯之德，維輔相之宜詎止乎！號神牧者存掌君之記，茲不復書，姑序其授代年月而已。天聖丁卯十二月望，軍事推官將仕郎、試秘書省校書郎南宫誠撰。（光緒道州志・藝文）

三程先生祠記　　宋　方逢辰

贛州興國，地雖僻小，實先賢仕國也。慶曆甲申，大中大夫程公珦，以大理寺丞來知縣事，二子侍公學焉。越二年丙戌，由興國攝倅南安，識濂溪周元公於理掾，以二子師之，即明道、伊川二先生也。明道生於明道元年，伊川生於二年，侍乃公在興國時。明道年十三，伊川年十二。國史傳曰："明道自十五六時，與弟伊川聞周茂叔論學，遂厭科舉業，慨然有求道志。"蓋此時也。咸淳十年，吾友臨川何時，字了翁，試邑於斯，考往牒知爲大賢過化之邦，二程子始學之地，景行先哲，乃剙書院於安湖，於講堂東奉大中公父子祠。以元公侑之。二千里走書介入嚴陵山中，語予曰："江西爲周程傳道受業之所，實自興國開先焉？子爲我一言以發濂洛授受之微旨，以開斯人。"

逢辰竊惟聖賢之學自孟氏後無傳，距慶曆凡一千三百五十年而周程出焉，非元公，無以傳絶學於千載之不傳；非大中，無以識元公於衆人之未識。故祠以大中主之，元公配之，二程子侍焉。若元公之面命以授，而二程子之捧手以受者，此爲何物？太極一圖，不以語他人，而獨以語二程子，及二程教人，專以《語》《孟》《中庸》《大學》爲主，而未嘗一語及太極，或遂疑其非元公之書，而爭辨紛紜。至今學者猶自相枘鑿，嗚呼！夫所謂太極者，其盡在圖也。不窮理之所自來，則滯於形器之粗下，而不足以爲造化之樞紐，品彙之根柢。不體理之所實在，則淪於空寂之高虚，而不足以貫本末而立大中，該全體而達妙用，天之所以高，地之所以下，陰陽之所以動静，此何物哉？必有爲之主宰者，未有天地、未有民物以前，又何物哉？必先有是理，而後有是物也。周子將教人以窮理之所自來，不得不探天地之根、萬化之原以爲言，故名曰太極。又以其形形而實無形也，故曰無極而太極。二程子將教人以體理之所實在，則不得不就日用事物切近者以爲言，故曰："道不離器，器不離道。"二程子不言太極，乃所以詳言太極之無徃不在也，何也？入孝出弟，徐行後長，即太極也。桑麻菽粟，日用飲食，即太極也。出門如賓，承事如祭，即太極也。爲堯舜則揖遜，爲湯武則弔伐，爲禹則胼胝，爲回則簞瓢，即太極也。去齊，則接淅；去魯，則遲行；爲乘田，則牛羊茁；爲委吏，則會計當，即太極也。語其隱，則上天之載無聲無臭；語其費，則即事在事、即物在物。程子之言道器，其得於周子太極之説歟？逄辰不敏，姑以是奉何君之命。（嘉靖贛州志・藝文）

漢陽軍學五先生祠堂記　　宋　黄榦

嘉定八年冬十有一月，漢陽軍學五先生祠堂成，郡假守長樂黄榦，帥其屬與在學之士，諏日而舍奠焉。郡文學金華潘衍與其諸生合詞而請記，竊惟成均之法，合國子弟擇有道德者使教焉。歿則祭於瞽宗，謂之先聖先師，國無人則取諸其鄰與其鄉鄰，而嘗游宦於其國有善可紀者，亦祀之。若孔子、孟子及其門人，則又不必其鄉鄰游宦，而祀典所秩，通於天下，此學校之所同，未有能易焉者也。漢陽爲郡，訪之於學，常祀之外，乃咸無焉。其江山之勝，習俗之孅，禹功文化載於詩書，士生其閒，卓然自立者，固不乏人。豈懷道抱德，深藏不市，尸而祝之，不可得耶！二程子以道學繼孔孟不傳之緒，生於黄陂，爲漢陽鄰壤，其門人游氏嘗守是邦，程子稱其德器睟然，學問日進，則取諸其鄰與嘗所游宦者，不可以莫之舉也。卽師生以原學之所自傳，則濂溪周先生實倡其始；又卽周程之學以究其所以光明盛大，則新安朱先生實成其終，此五先生之祠所以立，而學之文物始備矣。

夫道統之傳，自堯、舜、禹、湯、文武、周公，躬是道以化天下。周之衰，斯道不行，孔子、孟子及其門人相與推明之。秦漢以來，且千有餘歲，洙泗之遺緒已墮而復振，非五先生之力歟？則五先生者，自當與孔孟之徒通祀於學校，況又其遺迹之可考，則合而祀之，使此邦之士知道統之有傳，聖賢之可慕，顧不偉歟？當斯文晦蝕、遺編殘脱之餘，天運有開，名儒繼出，以高明之資，強毅之志，剖析毫釐，張皇幽眇著之圖書，炳如日月。後學者，蓋不待窮探力索，可以目擊而道存焉。然士風之壞久矣，遊於學校者，非科目不習也，此豈士之罪哉！漢陽之士，入其門，升其堂，孔孟之徒，森乎其前，五先生之祠，列乎其後。尊其人，讀其書，明其道，心之所存，身之所履，必有以超然自得者。則夫有道有德，下以教國之子弟，上以紹諸儒正統之傳，豈其無人歟！豈其無人歟！遂爲之記，以授其學者，俾勒石於庭以俟，明年正月元日，謹記。（黄勉齋集）

南康軍四賢堂記　　宋　袁甫

南康史侯作堂祠四賢，而以書諗余曰："濂溪、晦庵二先生，俱嘗守是邦；而劉屯田父子隱居廬山下，壯節、冰玉堂及劉氏故居記，皆晦庵筆也。"余覽之，慨然曰："侯其有意於風化者耶？"濂溪五十餘，上南康印綬，分司南京；屯田為潁上令，不能屈節事上官，棄官入山；祕丞亦落落與時忤，仕迄不顯；而晦庵在外，不過九攷，立朝纔四十日。嗟乎！四賢之風節如是，世之高此四賢者，亦曰不以爵祿動其心而已。抑余竊謂以退為高，非四賢之志也。濂溪自為小官，屢爭獄事，洎持節廣東，不憚瘴毒之侵，雖荒崖絕島，人跡所不到處，皆緩視徐按，務以洗冤澤物為己任，卒以是抱疾。其言曰："可止可仕，古人無所必；束髮為學，將以設施，必不得已，止未晚也。"劉公父子節義凜凜，祕丞蓋與荊公有舊，欲挽使修三司條理，終不為屈，未足多也。而盡誠規益，謂所更定法令不合眾心，宜復其舊。使荊公早用此言，豈至稔異時生民之禍若是慘耶？晦庵歷事三朝，忠誠懇惻之意，具形奏疏，大抵排和議、詆近習、抑宦寺，不遺餘力。而至於君心隱微，人所難言者，亦每每控竭無隱。孝廟眷之厚，先生封事有曰："日月逾邁，如川之流，一往而不復；不惟臣之蒼顏白髮，已迫遲暮，而竊仰天顏，亦覺非昔時矣。"嗚呼，忠愛之語，吐自肺肝，與淺丈夫自潔其身者，奚啻霄壤！然則四賢豈不欲用於時，而必以名節自見哉？論者第見濂溪先生酷愛廬阜，乘興攜客，自放于山巔水涯之間，而陳令舉與屯田，騎雙犢往來山中，殆類高人勝士之為者，而孰知伊洛之學，自明道、伊川以及延平，乃考亭平生尊慕以為立身之實地者，皆光風霽月之餘韻，而史學獨擅一家，卒以助成司馬公《通鑑》之巨典者，亦自青雲白石之深趣來耶？言施於事，則非空言；學可及物，則為實學，不苟合者，必合道者也。不求世用者，必能用世者也。余既以是復侯書，又為敘次其本末，俾刻之石，以詔來者，使皆知夫四賢經世之實如此，則其於儒道之功用，不為無補云爾。（蒙齋集）

白鹿書院君子堂記　　宋　袁甫

《易》六十四卦，大象皆言君子。君子者，全德之稱歟？濂溪先生妙達陰陽動靜之理，謂乾坤化生萬物，萬物生生而變化無窮。嗚呼！《易》道深矣，先生之學，該貫天地萬物，而獨愛一蓮，何哉？蓮亦太極也。"中通外直，亭亭淨植"，太極之妙具于是矣。蓮為君子，則富貴、隱逸，非君子歟？隱逸，逃富貴者也，富貴未必可貧賤也。若夫君子，何適不可哉！仲能湯君，為長于白鹿書院，一日，貽書命余作《君子堂記》，亟稱堂基爽塏，與太守史侯慨然捐錢粟、助風化，且曰："書院乃重修，而此堂則新創。"重修者，起六十年之廢壞；新創者，廣六十年之未備。堂瞰荷池，取濂溪愛蓮語，扁以是名。諸生藏修游息其中，亦嘗有感乎？富貴天也，非可求；隱逸偏也，非所安，求為君子而安焉。濂溪之望後學，正在是。余恨縻吏鞅，未獲一登斯堂。黨乞閑得請其行也，執《周易》一卷，與諸友相周旋，訪廬阜，尋舊遊而後歸，不亦快哉！（蒙齋集）

五賢祠記　宋　尤袤

南康使君朱侯熹下車之初，先即學宫立濂溪周先生與二程夫子之祠於學之西序，屬其友張栻敬夫為之記。則又考古今士之居是邦者，得五人，曰晉靖節徵士陶公、本朝西澗居士劉公、兵部尚書李公、諫議忠肅陳公與西澗之子秘丞，復立祠於學之東序，而俾愚記之。

愚聞古之鄉先生歿則祭於社，所以崇教化勵風俗也。史稱靖節為柴桑人，而《圖經》以為徙居栗里。淵明《還舊居詩》云："疇昔家上京。"上京在今都城外十里，而栗里源去郡一舍，《傳》與《集》皆不載其嘗徙於此，而獨見顔魯公之詩。然南康故為潯陽屬邑，則淵明蓋此邦之人不疑也。劉公居筠陽，慕廬山之勝而徙焉。方天聖、明道間，士之懷材抱道者靡不奮。公高氣蓋世，仕州縣一不合意，即掛冠歸隱，結廬於淨隱寺之西澗，歐陽文忠公賦《廬山高》以美之。道原之節，不減其父。熙寧中，用事者欲挽以自助，掉臂不顧，若將浼焉。求為南康酒官，以便親養，遂終其身。李尚書生郡之建昌，少時讀書五老峰下。當條例司初建時，公與程明道俱為屬，不深辭也。及青苗、均輸之議出。力起而爭之，章十數上，由是去國十五年，晚方召還，旋乞外補。其山房與蘇長公之記，今尚亡恙。陳諫議家延平，坐詆蔡氏連斥，稍復官奉祠，自九江來居此邦，蓋無幾時，而此邦之人尊而敬之。是五人者，其出處雖不同，其名節大略相似，其所以扶世立教，其歸一也。淵明居亂世，耻事二姓，故無意於仕，而不失其高。劉公父子生治世，自信所守，故有意於隱，而不害其為介。李尚書出處進退，終始不渝。陳忠肅顛踣撼頓，死而不悔。所謂奮乎百世之上，使百世之下聞者興起，非此五人者而誰歟！

今侯負天下重名，特起為二千石，不鄙其民，手摩撫之，民亦安其清靜，相戒以毋犯太守條教。侯知邦人之可與為善，思有以風厲鼓發，乃祠是五人者，使凡游乎鄉校而睹其遺像，其善者躍然而喜，常若五君子之誘之也；其不善者惕然而懼，常若五君子之臨之也。然禮義興行而風俗淳厚，將不在兹乎？抑嘗謂古者道化行於鄉黨之間，必有一鄉之善士為之表率，生則師尊之，死則祠祭之，故人有所慕而為善，有所畏而不為惡。其師友淵源，熏陶漸漬，愈久而愈可愛慕。自先王之教不明，而隆師尊友之義廢，斯人氣質斲喪幾盡，後生晚學不復議前輩典型，耳濡目染，安於末路。而為政者，大抵汨沒於財賦獄訟之間，事之關於風教，則一切指為迂闊，漫不復議，故無以感發斯人之善心而陰消其傲慢之氣，變易其鄙薄之習。方且操其隄防籠絡之具，形舉而勢格之，奸愈不勝，俗日益靡，則諉曰民不如古。嗚呼，民之不如古，無乃吏之所以為教者非歟！余於侯之所為獨有感也，故併書之。若夫五君子之所行，見於史，此不盡著，特著其所以立祠之意云。淳熙已亥仲冬丁丑，晉陵尤袤記。（全宋文）

宋六賢祠記　　宋　胥繩武

萍城西書院，初祀五賢於講堂，獨不及周子。歲壬寅冬十月朔，余始遷祀後庭，增之為六位，額曰宋六賢祠。周元公，道州人也，言道學者必首尊周子。慶歷時，由分甯主簿監蘆溪市稅，士多親炙其門，恥為章句，學其所造就者深爾。或曰："康定時相距蓋一年耳。"余謁濂溪祠光風霽月之度，猶髣髴見之已，今躋祀之禮也位第一。程純公、正公，洛陽人也，兄弟皆師事濂溪，盡得其傳。大程如春和，二程如秋霜，祀焉而闕其師，神妥之乎？或曰受學之年，在周子司理南安時，余謂祀二程者且徧士林矣，奚必在萍哉！今並祀之位第二、第三。朱文公，婺源人也，道學之傳，發源者周子，集成者朱子。紹熙時，赴官潭州，謁萍學讀劉子澄記，亟嘆之，以示諸生。宿毛仙驛，嘗作詩證之，黃花渡和宋亨伯韻，或曰亨伯不知何許人，余謂萍，蓋朱子經歷之地也，今特祀之，位第四。張宣公，綿竹人也，學出楊龜山，得程子正宗，亦傳於濂溪者。孝宗時，知袁州事，愛士施教，尊崇正祀，萍其屬邑也。或曰守袁者，弟定叟也，見諸宋史，敬祀之，位第五。胡自齋先生，邑人也，師事朱子，如二程之於濂溪。經史疑義，彼其所著述不少，概見何哉！或曰胡之後嗣鮮有聞，余甚惜焉。今合祀之周、程、朱，稱先賢，稱子張稱先儒，胡稱鄉賢，位第六。記曰濂溪之學一傳而得明道、伊川，明道之學四傳而得紫陽，其見契於紫陽者，南軒也。受業於紫陽者，東軒也。譬之宗派，周其祖，二程其禰，朱其冢孫，張其支屬，胡其遺脈也。

獨念胡先生一韋布耳，今乃獲與諸儒伍享祀一堂，豈非有為者，亦若是哉！語有之前賢者，後賢之師邑有踵起者，余將旦暮遇之。（光緒江西志・建置略・壇廟）

程大中祠記　宋　李昌吉

咸湻元年秋七月，興國宰南海錢公大修學宫，增置學廩，以惠多士，崇教化也。既而謂大中程公嘗令於斯，明道、伊川二先生嘗侍於斯，而寓敬無所，非闕典與？乃度地於講堂之右屋而像之，父居中、子左右侍，祠惟以大中名統於尊也。嘗考大中之爲宰，實慶歴四年，時伯子年十三，叔子年十二，既二年，而攝倅横浦，始識濂溪周夫子，而命二子師之，濂洛授受之懿，自興國始。故嘗以爲大中之爲政，其他可能也，其識濂溪於衆人不識之中，遂使聖人之道焕然復明於天下，是難能也。然則是邦有祠，豈特表甘棠之思已耶，雖然祠大中而及二先生賢令尹之意，豈無所謂乎？天下惟道最大，長民者，疲心於簿書，期會之末而不以道淑其民，薄其民者也。爲士君子者，馳心於富貴利達之境，而不以道淑其身、薄其身者也，是祠之設，徒祠云乎哉。佩衿濟濟，攝齊而升，見二先生之像，則當思二先生之道，此則賢令尹以道淑民之本心也。嘗試登斯堂，而慨想其遺風，雖生也，後不及親炙河南之門，而坐間之春風，門外之雪，師模氣象，可彷佛而識也。格言大訓，具在簡冊，雋味淵永，可紬繹而得也。虚心涵泳，切己省察，致知以明善，持敬以崇德，去其不如程氏者，就其如程氏者，今而後其必有心領神會，超然自得，繇伊洛以遡洙泗之淵源者矣。昌吉不敏，願與諸同志勉之，庶無負我公建祠之意云。公名益，字良輔，吴越忠懿王九世孫，擢湻祐辛丑進士第，其所學蓋根諸理而有得者，觀其爲政之精密嚴恕，可以知其德矣。（同治贛州志・祠廟）

道州路學重建記　元　歐陽玄

今上皇帝即祚初年，特詔天下興學，除儒者科繇。歲辛巳改元至正，是歲復科舉取士法。四年甲申，中書奏用六事，課最守令而以興舉學校為第一事焉。於是郡縣吏莫不精白承休，祗若明詔。五年乙酉冬，番易吳侯肯來為道州路總管府判官，適總闕員，侯由文學掾發身，郡長貳請以提舉校官之任屬之，侯不獲辭。一日詣謁路學，視其内外棟宇，歲久朽腐大半，升堂詢之耆儒，咸曰："此故舊宋學也，二百餘年之間雖嘗繕脩，不過因厥簡陋，外施卅堊而已。"侯聞惕然。將出學門，周視基址，前臨通衢，外瞰濂水，有橋曰雲龍，與廟門相直，勢甚衝突，行人憧憧貌弗肅。侯視廟西徧固有餘地，退謀諸心，從廟近右，使橋居左勢順而安，明日與僚佐議之，議既允合，進教授及諸生而告之曰："道州為子周子之鄉，其學校興，於四方觀瞻所係甚重，今郡學頹圮，過者駭焉，將何以追當道之責乎?"眾皆曰："作新唯命。"侯廼以禮奬率郡故家蔣仲祥、子瑞甫及趙荣達、唐應詔、歐陽以城等咸願出資，以相斯役。於是鳩工集材，丙戌冬，禮殿告成。丁亥夏，適鄰境有寇，時有苦征，役士疲於奔命，幾致中輟。八年戊子春，高昌偰公玉立由進士第僉憲湖南，按郡，命以府帑贖金若干以助金費財用，豊裕內外，咸徹新之。禮殿舊為四楹，廣為六楹，明倫堂亦如之，左右列置齊舍，凡若干楹，皆斥大其制，應門飛暈兩廡跂翼，中迩兩階械以大石，廡壁崇祀繪象弗稱。侯捐俸以倡，雕餙一新，濂水逶迤北来，櫺星中門洞廊軒闢，迎揖其廟。雲龍橋蜿在東，有遜避之，壮若脗合，堪輿象言者，畧會其費，中統楮幣以鋌計，二千伍百有奇，繼是生徒雲烝，課講日嚴，士習丕变。一日，侯因公委偕濂溪書院山長戴君世荣具顛末，抵□上謁玄，請紀休績擂諸金石。

玄謹按道之為州，禹貢荊州之域。秦以來屬長沙郡，东漢為零陵郡，吳為營陽郡，齊為營道郡，梁為永陽郡，唐改南營郡，尋改道州，宋因之，皇元為道州路。道之得名，相傳因"營道"二字見載於《記》，山有是名而州遂名，宜非偶然者。子周子得孔孟不傳之緒，為百世道學之倡，實生道州，此豈偶然哉。宋仁宗改元明道，僅及二載，元年程伯子生，二年程叔子生，伯子之卒，大臣文彥博表之曰："明道先生二程，傳周子之道者也，以是推之州之改名，年之改號，擬議雖出乎人謀，默定又存乎天意，觀於程周可知矣。"我元仁宗皇帝繼述世祖皇帝之志，以德行求真儒，以道學程舉業，定宋九儒，從祠孔子廟庭，而周子居首，尋封為道國公，直以道之字屬之，欽惟仁宗皇帝毓聖之地，實在縉山，即古之儒州也，國家崇儒重道大盛於仁宗，而生於儒州。周程為道學之宗，或生於道州之地，或生於明道之年。意者，天地之生聖賢，雖不盡然，其有然者，盖有深意寓夫其間。今道之路學新矣，惟道州之士者，居儒先之鄉，玩《太極》之圖，誦《易通》之書，儒先如在目也。《語》曰："人能弘道，非道弘人。"上思無負於聖朝興學之詔，下思無負於郡侯作新之政，庶幾無愧於道州之令名矣。吳侯新是學，又復學田若干，歲廩既豐，教養不愧，營繕可繼，其為慮可謂久遠矣。

具至大元年，先君子巽國公職教是邦，嘗疾學田之淪於兼并，請於當道，躬自履畝。初至寧遠，增禾已過二千，事未竟，終于位，距今四十年，吳復中舉其事於江華等邑，所增租額數倍於前。侯來請文，感念往昔，強顏執筆以序其槩，至論聖賢之生，皆若預定。是盖天人之際，理氣之會，有數行焉，其來已久，非玄一時之私言也。是役也，同知焉都魯武德公、郡幕李公信贊其美，教授蔣君文緯，學正周師旦，學賓趙璹、楊其職，府椽劉德誠、劉天惠宣其劳，故咸儔功，土木瓦甓之九，復田疆理租之數，列諸碑陰。（弘治永州志）

周濂溪先生祠堂記　元　陳黄裳

古之為治者，先化而後政。《詩》《書》，道之宗也；《禮》《樂》，德之聚也；道德，仁之本也。君子於是觀政焉。齊之以刑，斯為輔治。彼規矩然於簿書期會之末，而不得走《詩》、《書》、《禮》、《樂》之意，未之思耳。若稽古周元公先生闕里舊在江州之濂溪，日因宅為祠，為書堂，兵後寄祠府學之光霽堂，非禮也。至元二十八年，總管陳侯時舉新作濂溪書院於府治之東，翰林學士姚公燧為之記。而先生之墓，在德化鄉清泉社，乃立豐碑道左，大書曰"宋濂溪先生周元公之墓"，往來者必式焉。君子謂是役也，有關於風化甚大，然而墓亭未立也，墓祠未復也。諸生春秋來享，列俎豆野祭墓下。風雨則于民居蕆事，不稱尊禮先儒之意。山長廬陵李敬德有志焉。

至大四年夏，廉訪分司成都劉傳之來審決滯獄，謂總管完顏侯曰："崇化勸學，刺史責也。恭惟三月庚寅詔書曰：'國家內設國學，外設府州縣學，作成人材，宣揚風化。欽哉！'元公祠宇，若有所待。我儀圖之，惟侯其舉之。”十月甲戌，侯相地興工，府判張侯實贊其決，庶士競勸，不日成之。貽書眉山陳黃裳曰：“此時舉之志也，先化而後政矣。”侯請為立碑。嗟夫，先生之道大矣！祠宇之複美矣！敢贊一辭。

嘗因出潯陽南門，沿乎濂溪，風乎五老峰下，至先生墓南，草色交翠，芙蕖如玉。想像池蓮庭草，不覺身在光風霽月中，使人徘徊不能舍去。德之洽人也久矣，道高乎無極太極之初，而其本在乎無欲主靜。學粹乎誠無為幾善惡之妙，而其目在乎仁義禮知信。隱者其體，費者其用。求之圖書，若高且遠，而實不出乎日用常行之間。可以入德，可以學聖，非若異端有體無用者比。厥後二程氏、朱氏、張氏，或見而知之，或聞而知之。紹聞懿德，言使聖人之道昭明於天下，而其功實自濂溪先生始，不在孟子下也。豈特舂陵、豫章、九江、京口、章貢、橫浦祀之，將天下通祀之。《傳》云：“語大，天下莫能載焉。”茲非是歟？陳侯，名元凱。完顏侯，名釋。傳之，名宗說。張侯，名毅。是年十一月戊戌朔謹記。將仕佐郎江西等處儒學副提舉、眉山陳裳撰。（永樂大典殘卷）

南康二賢祠記　　明　王禕

南康故有祠宇，以祀濂溪先生元公周子、考亭先生文公朱子，曰二賢祠。至正壬辰，兵燹之餘，祠廢者久。元年歲丁未，實禕至郡之明年，始即其故址作屋三楹，間為祠，以復其舊。周子、朱子，郡國之通祀也，南康乃獨並列而專祠之，何也？此邦二先生之仕國也，因其過化之地而祠事建焉，繫人心，崇德化也。按周子當熙甯初，由廣南東路轉運判官改提點刑獄公事，以屬疾，且將改葬其先墓，遂求為南康。尋上其印綬，分司南京。朱子以淳熙五年秋被南康之命，累辭不允。六年春三月，乃到官。八年春三月，除提舉江西常平茶鹽，待次而去。蓋周子在郡，居亡幾何，而朱子則居官者二年，興學宮，建公廨，蠲屬邑之租稅，立先賢之祠宇，造石閘以捍水，出官粟以賑民，遺愛余蹟，班班故在也。此邦祀事之所為建者，豈特以二先生繼往聖、開來學，而承斯道之統哉！昔之循吏，固有既去而民見思，為之立祠者矣，所以繫人心於無忘，崇德化之有本，庶其在此，殆未可與郡國之通祀例論也。雖然，二先生之道，衣被乎天下，雖萬世一日也。蓋聖賢之為道，猶天地之示人霜露日星，無非至教，川流山峙，皆其儀刑，隨寓而存，初無間於今古。邦之長吏與凡人士，歲時奉嘗，於斯萃止，即其秉彝好德之心，擴而充之，以求至於二先生之道，斯可也。嗚呼，人生於兩間，而與天地同體，出於百世之下，而與聖賢同心，豈待強致而他求哉？亦在乎反求諸身而自力焉耳。況二先生之道，具在方冊，學者自童幼而白首，同所誦習者乎？習矣而不著，行矣而不察，此則夫人之通病，而道之所以不明不行也。是故奉其祠，必也思其人，思其人必也為其道。此禕之所望於後來，而亦今日所當自勉者，故為記而僾言之。祠在郡治之南三百步，廟學之西一十步，前臨彭蠡，而廬阜在其西。舊有記石，今毀，不可考云。（王忠文集）

六君子祠記　元　劉詵

聖人開天地不言之秘，賢人開聖人未發之蘊，是皆神化之所蓄，至理之所待，天之所以扶持乎三極，綱維乎百代也。故其人或曠世而一見，或接迹而相承，或出於一家比境之閒，或合於殊鄉異域之外，非天下人心之所能預擬者也。自伏羲畫八卦，曠千有餘年。而文王、周公闡之。自大禹發九疇，亦曠千有餘年，而箕子、武王明之。自夫子集六經羣言之成，又百有餘年，孟子繼之，又曠千有餘年，而周子、二程起於一時。凡孔孟之遺言，遂大明而無餘蘊。

嗚呼！是數聖賢之作。時之或久或速，地之或遠或近，皆天地之數與聖賢之心，默相符於冥漠之表。天地能啟聖賢之生，聖賢能續斯道之命。然天地能知數之所以啟聖賢，不能知數之所以生，是聖賢不能知人，豈能預擬哉？且文章之與理學，本同一源，自孟子未有分也。漢唐以來，文章盛，而理學泯。至宋初，文章復大盛。微周、程，理學亦泯矣。謂周、程不關天地之數不可也。然二程之學，始於周子。使二程子師周子，由太中公使。太中公得以使二子從周子，自尉廬陵遷虔，攝倅南安始，謂天地若無意焉，亦不可也。於是宋嘉熙閒，廬陵江萬里來守吉，遂推明二程從周子，由吉先之，乃剏鷺洲書院，祀二程及太中、周子焉。後十七年，衡陽陳斗南來尉廬陵，又推明吉之祠，太中、二程是矣。未若廬陵尉廳祠之，尤為親切，乃復建祠宇尉廳，然祠隘而旋敝。皇元丙子，縣尉李灝復作祠，祠益隘，又即毀像寄他祠，垢穢滋甚。至正元年，古魏沈袁來為尉，慨然嘆之，遂白監郡愔都刺，闢地於尉廳之右，構堂三間，前環夷庭，旁列齋舍，高明疏敞。祭有餘地，誦有餘屋，可謂盛矣。按二程子實生黄之黄陂尉廨，而黄州不知祀二程，太守李說始為祠，紫陽先生以為黄州誚，則黄陂尉廨不祀太中可知，聞其所謂思賢堂者，皆委廢不治。而吾廬陵祠若此，豈非官政之善，而風俗之美歟。沈尉□□書□助其成者，蕭文孫、憲孫亦可書矣。（光緒江西志・建置略・壇廟）

濂溪祠記　　明　黄憲卿

一代之治，必有攸尚。聞諸先正曰："秦尚申韓，漢尚黄老，唐尚管晏，宋尚佛，本朝尚紫陽。"紫陽與佛、黄老同異辨焉，申、韓、管、晏，其效可覩矣。唯堯、舜、孔子之道，體密用廣，如薪聚而火愈盛，日揭而映周九有，明此之謂學問，抒此之謂文章，舉而措之之謂政事。蓋道之不可不明，而柄之不可或替也久矣。焰消曦昃，維光焉者，屬係光焉者，循元而舉微顯，其世亂，其人匹夫，其地畝畝，陋巷咸得柄道，以帝今古，幸而顯，畝畝其政事也；微，亦禹稷陋巷焉。伊氏，光堯、舜者乎？顔氏，光孔子者乎？唐虞三代而《春秋》所尚可知矣。自漢暨唐衿韠者不言道，言亦或非其人，紫陽出而異闢同立，本朝崇之，而政事文章非學道不尊。蓋自姚江標指以來，請德之席充朝盈谷，士大夫一日家食，率聚儔侶，晰深微義。其仕於上者，非甚盲狂，無弗奉聞愛人羣、序子弟，究所以章教厲俗。而序子弟，高者皇皇性命，具體致用，次亦修辭附理藝彬彬盛焉。嘻，尚惟紫陽信哉！紫陽之學，發自濂溪周先生，先生首闢宋運而炳焉者也。微詣載圖書，不復論其志，而學者伊、顔。伊、顔之道，孔子之道也。孔門心印在《易》，乃《繫易》獨及顔，唐虞，其道明之始運耶？夏季，其道晦之始運耶？晦而明尹覺後之功，於是為烈先生學窺。易始先覺開我始以匹夫，聞過繼溷，薄領刑獄，稍見其深切著明之教卒焉。遇虧一德，尋樂甘老，蓋迹影疑歧祖稱必通先生之志，學伊、顔、堯、舜、孔子之所以光也。

憲卿束髮覽誦圖書，又生江右，距虔、洪州非遥，景淑治行最深，且暱亡何，筮官永明，低徊溪花巖月間，神領步接，如侍不往。夫先生於永，稱鄉先生，古所祀諸瞽宗者，永於天下，稱鄒魯肖像。崇禋宜戶，而嚴顧邑治之中，先生祀獨缺焉。卿殊愧嘆，已造紳貴孝秀謀，或難其資，卿謂茲役敢問民及帑，請括餐錢充之。於是父母蒲公喜曰："資具請躬敦事，顧難其地。"於是孝秀諸君子起曰，敵河一區，籍官趾水，肩山延袤十餘尋，杖履所湊，厥地最宜。遂以春王正月鳩匠，越五月竣。土木傭力之值，亡損亡擾，祠凡三峙，瞰中而門，中闢講堂，後設像秩，祀翼以堅堵，如其峙而兩之丹雘增絢，瞻者憚肅，卿落而幸焉。

系以言曰，楚在春秋，叔敖令尹、左史靈均之徒，政事文章爛焉。學道顧無聞何與，或者黨庠之盛，楚逖遠，弗與抑氣凌才藻迂庸履耶？蓋昔士欲聞道其難也。如此先生特挺上智，窮渺極深，若拾而藏，楚方千里，柄道闢運，幸始先生，永又幸有先生傳海內，以比鄒魯。生斯疆者，巖月溪花几案間物，主靜誠一之旨，固其庭聞允宗而傳，宜亦易矣。自卿來從諸君子遊，懃懃穆穆，相解以圖，相證以書，扃鐍蒙幕小覺豁釋，始信永於道德其天性，而問道茲邦，猶之求火陽燧坐岱頂觀日也。日火光遠，自他有耀。諸君子政事文章，轢采先楚，而宗祊大業，閱中葉其慎所習。蓋程伯子稱先生吟風弄月，而流習失真，學先生者，至玩脫疎罔，流連景光。姚江宗祊先生而語良知者，高目疎趾，滋世疑謗，標紫陽於今日，輕駕而翔，抑亦加詆矣。夫本朝尚紫陽，尚先生也，詆紫陽而侮聖學、先生，而誤謬狂蕩，詆者如蜀犬吠日，誤者如夏蟲傳火，不可語冰，且謂曰與火，非也。吁，不其惑乎！卿謬謂一代之治，攸尚厥同，而氣必有獨萃，永土風質良萃者，綦厚後先生數百年，有蒲公，其深造顯行，既足以草塞末流疎脫之弊，而遭遇明盛政飛文翔，又足以發抒先生未罄之猷，往惠我江右。奚減虔洪州，今光而大之，柄道之功，其更偉耶。祠事肇興蒲公勞渠，甚凡汲汲先生者，楚湘以南，有先生，有蒲公卿與諸君子，就而儀焉，幸矣哉。其他孝秀，某等並相協贊厥美力，尤殫勤例得並書。（光緒永明志）

濂溪祠碑記　　明　蒲秉權

余一日攜客子登眺邑之南郭，維時元公祠事落成於盈盈一水間，江波繞綠，浦樹浮青，而晴沙遠影，皎然如雪。與朱簷粉堞，相為掩映。

客戟手訊予曰："何物沸江，江上突幾重，近水樓臺，壯麗迺爾，似別有天地，非人間也。"予曰："是，卽周元公祠，吾邑黃侯所鼎取新之者，請與子遊。"

於是躡水，鳧渡虹梁。折而西則石墩崛起，方若棊局，迺雲津橋廢址，矦因祠役，稍為理凸凹處，而此墩遂覺嶄嶄有致，浸假亭之樹之，亦麗景也。去墩不數武，為祠之門，門前襟帶沸溪，屏翰羅嶺，銀濤雪浪，嵐影煙光，並歷歷欄楯間，而三峯矗矗，上摩層霄，望之森如玉筍，恰與祠扉相面，若宛宛獻其翠色，飛來媚人，至門以內，則空階可徑丈許，芳草菁葱，余不忍以屐齒侵之。正如元公所云"與自家意思一般"，此際非解人恐未易領會耳。階而升為堂，飛甍連礎，言言翼翼，侯每立期，會講六諭。堂上則矜紳奎聚，豸童鱗集聽之。人人矜奮，非僅為昭揭圖書，吟風弄月地而已，堂之後層累而入，卽元公香火處。樹以楔棹，公靈實式憑焉。而最後聯搆一亭，亭可布十數。胡牀前列石檻，俯瞰澗水，曲抱如環，澄冽如鏡。而侯植蓮其中，以續元公遺愛，且水面奇石，齒齒如急流戰，每淙然作戛玉聲，靜觀默會，令人塵慮俱爽。葢自門而堂，堂而祠，以至此譬，則噉蔗然，入佳境矣。

余又謂客曰："吾儒興，曾所到奚必三島十洲，洞天福地，纔可舒眼孔，清心魂，卽一區之勝，一境之靈，儻悠然得趣，亦若妙有機緣焉者，今且無論侯之祠公，其以標表儒宗津梁，承學所風示者遠，第就吾儕今日振衣登臨，便自灑灑覺白石清泉，柳風梧月，可抹可批，可枕可漱，一似造物者，傾無盡之藏，貢之目前，而實由造境者，擊無邊之景，納之個中耳。微侯，余安能作如是觀耶？大抵侯冰心圓淨，仰符濂溪無欲之旨，其為政以主靜，為輿明通公普，為御而光霽胸襟，後先同印，是故侯若濬靈於公而精者，隱有以相喻，公若借力於侯而神者，嘿有以相托也。語云："心之精神是謂聖。"惟其有之，是以似之，殆侯之謂乎？然則祠之建，夫寗直不朽元公，抑侯自不朽侯也已矣。"客聞余言，欣然有會，因相徜徉，竟日低回不能去，適邑尉王君以祠告成事，問記於余。且云侯業已選，石磨礪以須者久之，遂聊記其遊，眺語畧有如此。若夫元公顛末有侯鴻筆在片石，堪語自足千古。余何能嗣，續其徽音也乎。茲役也，計費若干金，皆出自侯清俸，而一榱一桷，一工一力，悉給值如民間例，眾各有心。民豈無口，是則余所仰體侯德意，躬敦厥事，而亦竊與有榮施者也。侯諱憲卿，丙辰名進士，江西之廬陵人。（光緒永明志）

濂溪祠碑記跋　明　李文耀

按永明昔屬營浦，本周元公梓里邑，舊有仰濂祠，都御史趙賢為之記，後改為濂溪祠。讀給諫此文，從遊覽寫入春風沂水，別有會心。而憲卿明府，締造之功，亦附以不朽。今更添設齋房，薰陶多士，高山仰止，景行行止，願與學者最焉。李文耀跋。（光緒永明志）

濂溪祠碑記題後　明　胡松

是夏，奉旨名捕閩廣劇賊，提兵建昌軍。書之暇，偶讀南軒所著《濂溪先生祠記》，具論當時學者流弊。蓋與近日同一揆云，迺知物醋而漓，學久而敝，□□而妄，傳遠而失。蓋自古而歎之矣，嗟乎。明命炯然，本自完備，苟毋自欺，卽己自慊，而又何敝且失耶。爰令於守重刻祠中，用以風多方多士焉。嘉靖壬戌夏六月，滁上後學胡松識。（同治南康志・建置・壇壝祠廟）

寶慶周元公祠碑記　明　廖道南

嘉靖壬寅，叅政胡君有恒修元公祠，史南撰碑，繫以辭曰：

荊楚之虛，翼軫所躔。祝融嶫嶫，九嶷蜿蜒。粵稽諸古，神聖誕胄。
炎皇先物，虞帝南狩。靈氛灝景，結為禎祥。日昭壁緯，斗煥奎章。
惟兹邵土，理宗封域。錫以嘉名，徽猷有奭。自周元公，產自舂陵。
月岩鳴鐸，濂溪濯纓。來攝于兹，肇創學制。尋孔顔樂，肇崇礼事。
太極有圖，理趣淵源。羲畫姬彖，得象忘言。發揮精蘊，天人心學。
上承洙泗，下啟關洛。五峰有記，考亭用光。宣公嗣音，妙道益彰。
肆我皇祖，加意黌校。鴻模鉅典，揭厥綱要。迨我皇上，銳情經術。
霄藻天葩，昭哉敬一。睠兹湘楚，曠世遭逢，涵濡帝澤，鼓舞靈風。
龍飛大狩，經營伊始。輪奐其輝，丹雘有美。新廟奕奕，聖神洋洋。
俎豆禮樂，絃誦文章。凡我同人，采藻思樂。緬思大道，紹彼先覺。（楚紀）

濂溪先生祠記　　明　羅欽順

自孟子沒，而聖學不傳，異端競起，欲觀妙者，率宗老子，求見性者，必歸佛氏。佛老之說日熾，而吾聖人之道益以不明。千數百年之閒，鴻儒碩士，慨然欲自任以興起斯文者，蓋有之矣。然於真知實踐，猶或有歉，故其效終亦未著，數窮理極，而後濂溪周子出焉。不由師傳，默契道體，殆天意之所屬也。河南兩程子，早嘗親受其教，深造自得，益從而光大之。三夫子之盛德睟容，見者起敬；格言至論，聞者傾心。自其教盛行，天下之士始不迷於所向。知聖人之道，實本於天命之大公；佛老之說，皆蔽於一己之私見。惟致力於下學而上達之妙，初不外此。誠明兩進，敬義兼立，則師道之在我者，將無遠於聖人，舉而措之天下之民，三代之治可復。蓋三夫子之所為教，其體用之全，有如是者，故至於今，而學者莫不宗之。雖有異端，莫能入也。由是觀之，三夫子之功在聖門，誠足以比隆孟子，而施諸罔極，豈曰小補之哉。

周子嘗通判虔州事，即今贛州府也。贛故有祠以祀周子，而兩程子配焉。蓋名宦之蹟，固不容泯，而傳道之功所繫，尤大舉之者，其有見矣。祠再遷，在鬱孤臺下。嘉靖辛卯，都御史會稽陶公，奉提督軍務之命而來，祗謁如禮，既乃達觀其制，則猶以為未備也。兵備副史劉君，退自陪位，遂諭公意於羣有司，於是同知喬遷、通判陳琦、推官陸府，協謀以趨事，踰月，遂底完美。公所統郡，聯絡四省，習俗不齊，惟德化是先，不專事威武，劉君亦惟敬惟忠，以舉其職，蓋皆遵用三夫子之道者也。尊其道，則於其祠事也宜在，所謹而風勵後學之意，亦於是乎在，將來豈無感發而興起焉者乎？公閒以書授訓導顏澤，使來請記，欽順淺陋，不足以知三夫子，而公命弗獲辭也，敬為之書。（光緒江西志・建置略・壇廟）

進士題名記　　明　馬鐸

帝者，作天下之士，非校庠不可，取天下之士，非科目不可，甚矣哉！校庠、科目，天下之士所由作而取也。行陸者必資乎車，濟川者必資乎舟。士君子欲效用於時，行其所學，舍是途果何自而致其身哉？湖廣舂陵在昔為列郡，在今為方州，爰自古昔簪纓為他郡表。蓋至於有宋，濂溪夫子周元公上振鄒魯洙泗之絕響，下啟伊洛關閩之所傳。嗟夫！名邦大邑非不有詩書文物，至于求聖經、君子赫然名世，果有如元公者乎？先生，諸儒其所論贊者，至矣；古今天下其所仰慕者，深矣，又奚假於區區者贅述哉？至若科名之設，前乎有宋，則元公八①子後先相繼以登科第，而吳必達氏、樂雷發氏又嘗大魁，特奏之士，科目之盛，可概見哉！皇明龍興，當洪武初，即以是科取士，未久中輟，至歲甲子科舉復設，自時厥後，士之賜第授官者，舉不乏人。實聖朝混一之久，治化彌隆，宜其得士之益盛也。

永樂辛卯，劉大夫敏，陝右乾州人，以廣東僉憲奉命來守是邦，蒞政之暇，銳志於學校，嘗曰："三軍之士鼓而作之，則勇氣百倍。萬騎之衆，振而策之，則蹴踏千里。佩衿之徒，科目之選，奚可以無激勵之道哉？"明日遂與三四同官，以及學宰掌教者，同心協議樹碑于學宫，刻屢舉以來進士姓名於其上，庶使後進生徒，觀瞻於旦暮，聳動乎志節，而思齊驅並轡於聖明之代，流芳趾美於天地之間也。既又抵書於翰林，徵予作文以識其事。

予謂守臣以振興庠序為心，師儒以模範多士為職。儒者非不欲風厲，而大夫不能協從，不可以成此舉也。大夫非不欲嘉惠，而儒者弗果樂成，不得以速此志也。今諸君子氣求聲應，惓惓勤此，以為有志者之勸於無窮君子，於此豈不見任政教者均得其人哉？雖然，士生斯世，以科目獲與為己之榮則不可，濟濟多士不徒生元公之鄉，又必學元公之道，必激昂振厲，使有德義，以自見於世，則縉紳、名公、鉅卿之盛，方自此始。異時詩人歌"樂只君子，邦家之光"，以俟是邦之名賢，則諸君子之德，甯能使人忘於百世之下耶？永樂十四年冬月，翰林修撰閩都馬鐸記。（光緒道州志・藝文）

補修愛蓮池記　　明　吳名鳳

濂溪周子嘗守南康軍，故後人造為愛蓮池。近因垣牆坍倒，外人竟

① "八"：當作"二"。

得踰垣而過。蓋已毁傷其薪木矣。道光己亥，余權守南康，至二賢祠屋，拜仰瞻周子、朱子遺像，肅穆清高，悚然起敬，遂至愛蓮池。寓目又竊憾其狼籍不堪也。於是飭匠鳩工，補其牆垣，新其聯額，軒楹西間頹矣，具陶瓦木椽補葺之，復前任之舊觀，存先賢之古蹟。門外有碑，大書愛蓮池，新填以銖胥如舊，嗟乎！周子往矣，遊斯池者，恍若有吟風弄月之想。池中建有愛蓮軒，通以石橋，圍以深池，意所謂“出淤泥而不染，濯清漣而不妖”者，卽在此池中乎？今時居小春，蓮房已冷，而意想所存，已不啻有亭亭淨植者與目謀，香遠益清者與鼻參也。蓋周子之愛，先得乎我心之所愛，其曰“同予者何人”，非拒之也，乃所以誘掖而獎勸之，慨之深，正望之切耳。東隅有亭，題曰友松。傳為朱子手書。池岸虬松如蓋，黛色參天，與池中之花君子，皆可遠觀，不可褻玩者也。（同治南康志・地理・古蹟）

重建愛蓮池亭記　　明　余炶

萬歷辛丑夏，余自大理拜南康命，有客過余而言曰：“是宋大儒濂溪、考亭舊治也。”俗化之美，延及於今日。百度章章，罔有缺佚於郁哉。又有客告予曰：“治之東有濂溪愛蓮池亭，軒厰疎豁廓，然風月無邊，氣象漣漪成文，芙蕖薦香，可游可息，可濯可漱於郁哉。”予聞之，竊沾沾自喜。

秋八月，余奉檄來莅斯郡，陟其堂，堂將顛，以木支之，卽藏民版所，風雨不蔽，府治環繚，殆無完堵，予愀然曰：“何若是其弛也。”閲三日，謁文廟及肩頹垣，覆之以茅，登明倫堂，諸生揖予言曰：“祭器不修七十餘載矣，罔以告虔。”諸廣文復揖予言曰：“射圃不葺，不知幾何年矣，罔以觀德。”予愀然曰：“何若是其慢也。”又明日，閲城池，雉堞水，關泐者種種，巡警舖十九圮焉。予歎曰：“何以戒不虞乎。”又明日，詣白鹿洞，釋菜禮畢，環而視之，書舍壞者強半，亭榭壞者十三，西北一帶，曠然無墉。予歎曰：“何以樂朋來乎。”無何，公暇又尋所聞愛蓮池而觀焉，野草蒙茸，不見亭跡。諸父老告曰：“圮已久矣，忘其歲月，想像在嘉、隆間。”嗚呼噫嘻，二客其欺予哉？胡所見大異所告也，咨嗟久之。

寖欲次第修舉，奈公帑蕭然，民力凋瘵，費無從出。於是需之朞月，殫其俸之入，佐以贖之餘得若干金，始鳩工庀材，分委照磨張達枝、主簿管可學、典史林肅，各董厥事，百工晨夜併作。數月間，若儒學，若洞學，若城垣，若府治，百廢具興。於是諸僚友及兩學師生，羣集稱賀，曰完矣，美矣。予應之曰："未也。"愛蓮池亭，尚屬缺典，因命卒徒誅茅闢徑，偕諸君往視之。舊址儼然在焉。遂相擘畫，重構一亭，高一十九尺，廣袤各二十七尺，八窗玲瓏。亭外有小路，可通往來路。外環以石闌，其池之缺者甃之，淤者濬之，潴水種蓮，續濂溪先生遺意。池外四向，尚有隙地，雜植竹木、花卉。登斯亭也，凭闌而眺，亦奇觀哉。經始於癸卯七月幾望，落成於九月。上浣諸僚友屬予記之。予曰："兹亭興廢，畧見舊碑，不可悉考，乃蓮之可愛，濂溪先生詳哉。其言之矣，復何贅第，繹其大旨，一言以蔽之曰：'蓮，花之君子者也。'予之構是亭也，豈徒為觀美哉？竊有志於君子，而未之逮也。願與諸同志共勗焉。"顏其前，如舊式曰愛蓮池亭。扁其中，曰君子軒，懋哉懋哉，無負太守今日意也。（同治南康志·地理·古蹟）

重創養心亭記　　明　費廣

宋嘉祐初，濂溪周先生僉書合州判官事，時合人張宗範從之遊，先生至其所居之亭，題其匾曰養心，且爲著其說，今《性理群書》所載者是也。後百有七十年，蒐得石刻於地中。時鶴山魏文靖公奉使東川，乃奏爲周、程易名，復移書太府。安少卿於州崗建瑞應山房，以祀先生，即張氏故址爲養心堂，以舘生徒，創田以供粢盛廩餼，公復記其事於石甚詳。一時崇儒重道，藹然可想見其盛。歷世滋久，所謂養心亭者，空載名於郡乘，而頹圮廢棄，僅見殘碑斷礎遠仆寒蕪荒址間，過者不知其幾，曾無一顧，爲之興復，可慨也已。

成化丁亥春，唐侯守合之又明年也，政通人和，百廢次第就舉。予間與語及是亭，便即憮然以興復爲任，尋舊址，畚荊芟葳，鳩工掄修儒學之餘材，以復其亭，礱石刻先生所爲說寘座亭中，爲祠繪先生拜宗範像於壁，以聳景慕，復爲養心堂三間以待遊息，嚴有門，繚有廊，周有垣墉，樹有竹木。是年正月告成，侯率其僚屬洎州之縉紳士夫徃遊觀以落之。周旋顧瞻，整整秩秩，咸相健羡，謂百年廢墜，一旦興復，廢興雖自有時，然不遇唐侯之賢，且能而知所重，曷克成就，有如是者。郡學正張君敬謂宜有以記之，記屬於予。

予聞先儒有言曰："夫人氣煩則慮亂，視壅則志滯。"君子必有遊觀之物，高明之具，使之清寧平夷，然後理達而事成，不可謂遊觀爲非政。矧兹乃濂溪過化之地，亭說又作聖之功具存。使凡仕與學者慮煩志壅，而遊觀於斯，思所以養心，思所以寡欲，思所以無欲，勉盡希賢、希聖之學，期造明通、誠立之域。亂慮滯志無所容，入則是亭之有益於吾人也多矣。凡爲素致名，遊觀於州者，有不屈服退讓，推先是亭者乎？侯景行先賢，嘉惠來學，回視獘獘，簿書不暇一顧，爲之考其用心，何如也。繼兹而來遊觀者，既遠想宗範之相與，從容於昔時，又豈能忘唐侯注意振復於今日乎？侯名珣，字廷貴，登天順丁丑科二甲進士，其涖合也，如創修城垣，增修單公堤，多偉績焉，是爲記。成化三年五月既望，賜進士第、浙江道御史、郡人費廣題石。（乾隆合州志）

修濂溪墓祠記　　明　余文獻

往嘉靖戊申歲，今楚郡何公在南都時，同署多問學於公所，固各有所劘，總之不離無欲之旨云。已而語獻曰："頃適君九江時，南出謁濂溪先生祠，稍轉而東謁先生墓，墓亦有祠寺。守者曰：'道國祔葬母太君左，二夫人亦祔。'予低回四睇，墓巕巕而封者一耳，何也？"獻曰："聞先生少孤，母鄭氏依舅氏，葬潤州。潤苦水，先生乃改今所。"吉水羅君曰："先生既祔母左，二夫人必祔姑右矣，太君窆當在中。"公曰："吾意良與羅君同。"公又曰："相傳先生雅愛匡廬，故依依而終老焉，即如此，營道非邱壟地耶？"獻曰："方先生之甫構堂也，語友人曰：'束髮為學，將以施設澤民，必不得已，止未晚也。'此顧依依匡廬者耶？譜謂先生有兄礪奉先邱壟，又次丁留江州，則先生之志又曷嘗一日忘營道耶？"公曰："吾意與君同。"獻因問公以先生之學本旨安在？公曰："本旨在無欲。夫古今言學者，人人殊矣，百家皆有欲，惟聖學無欲，應物變化，胸中常一而不有耳。嗟乎，此豈見解而以意摽剟者哉！故先生之藴，雖圖書不能盡其意，如或出或處，或去或終老而不返，大率此可見者耳，是足以盡先生乎？”獻曰：“乃今知公時時論無欲者，本諸此。”

丁巳歲，上拜公都禦史，撫我江土。己未冬，下郡守朱君曰藩經紀墓祀，通判邵元、推官楊徵、知縣林時芳相繼課護之，乃增置門堂，翼以兩封，泐者完，橋墮者甃，漫漶者臒，三閱月，工告成。公皆有題，題正堂曰斯文中興。嗚呼，制亦少備矣。又正祠左，侵地五丈，構號舍二十四間，以處諸生之來學者。公題其堂曰無極，無極即無欲之體云。公以言抵獻曰：“君實土著濂溪之濱，且往年語墓制亦有自今宜紀之。”獻執書歎曰：“士嘗恨靡有所聞，獻得聞教於公，所業已十年往矣，循習猶故吾也。今而後，甯復冀有尺寸進乎？《詩》曰‘景行行止’，我實不行，終將安止哉？”以故論次往昔所聞，以志吾悔，亦以告來者，使知公事先生之學在本原，匪直在崇重云。公所著有《友問集》，羽翼周子之學甚力，士多傳，不具記。（同治德化志）

南安府重修廟學記　　明　湛若水

維正德庚午既殲亂，堅乃復法度，辛未起，關中李君夢暘督學江右，適瑞安季侯斅來守南安，與同知濟南趙君珩、推官上海張君霆協和有政，上下遜志。季侯始造學宮而興嘆曰：“茲惟致道之基，周程於茲，實開道源，古者釋奠、飲食、鹹訟、庶政，攸出我嗣，弗興何以為理。”惟茲殿廡其圯，祀用弗虔，我乃修大成殿，舞佾歌八音，拜俯以奠。惟茲矦明藝廢，德用弗興。我乃修於射圃，候鵠弓矢慶飲，揚觶以觀。惟茲訟獄胥興，盜賊茲熾，彝倫弗敘，禮義弗行，我乃修於學宮，鄉飲讀法，考厥德業，以猷大獻於斯，以公以棄。惟茲學道弗明，膠於末俗，吾乃修是道源，嘗祀有恪，以惠迪多士。乃日於郡憲縉雲周公南、兵備憲副崑山王君秩、三山戴君敔協贊厥成。越明年壬申夏，殿廡堂宇，百廢具興，同知趙君鶴、訓導張君論、傅君傑、高君瓚，率諸生謝雲祥等，告於甘泉湛子，願有訓言，湛子曰：“夫子之道，若觀滄海，我罔知其大，若觀穹天，我罔知其高，性道難聞，而文章可見，是故一貫也。諸生觀夫釋奠之儀，則希賢希聖之心興矣；觀夫飲讀，則少長愛敬之心興矣；觀考德，則進修之心興矣；觀射觶，則忠直孝友之心興矣。是故文章修而性

道可聞矣，為記誦文詞，以利進取而已。豈侯所期於諸生哉。”乃登拜，嘉請刻於石，永告弗忘。（同治南安志・藝文）

南安府大庾縣兩學重建聖殿碑記 明 侯峒會

南安，江以右之陝也，地徼嶺，去今京師半萬里而過之。古在荒服，文教洽於民也難，須立學，尤重根唐苗。宋始稱南安軍，旣樹之以雲章，山長替復興者屢焉。越我大明洪武，仍南安以大庾麗郡邑，蓋兩設學，視昔有隆矣。宏治之葉，罷大庾學，萬歷十有八年乃復，兩學判合時或殊，合廟孔子則如故。到於今皇帝二百載又五六十年，所廟嘗壞，壞其可勿新。邦有司潘起龍用敷告其邦人新之，繄予太守寥鵾舉，鎮撫大吏王之良，侍御史林銘几、徐養心、觀察使任中鳳，鍰金各若干。歲戊寅，肇有事。辛巳二月，孔子新殿成。

會督學使者侯峒會來較虔州學宮，弟子員竊嘆舂陵周子、河南二程子、餘姚王子，代播儒鐸於此土，風漸最深，比寖衰矣，爰進諸生誨之曰：濂乎，洛乎，陽明乎，學有以異乎？無以異也。曷為乎無以異？無異乎洙泗之學也，噫嘻，聖徂神伏二千餘祀，考諸《詩》《書》六藝之文，微言僅不滅，若室中之奧窔然，世儒闇然不睹其裹，濂、洛、陽明幸得洙泗不傳之學於遺經，所以為學者之途路門閾也。秦漢以前，儒者多產鄒魯，今章南人士顧蒸蒸有鄒魯風，入其里，誦弦聲相屬者，濂、洛、陽明力也。學孔子得如濂、洛、陽明，斯可矣。濂、洛、陽明之學，具其書尤可讀也。今夫濂、洛、陽明徃矣，尸而祝之，社而稷之，被江以右，殆徧其甲，他郡者則章南，豈非章南人士食濂、洛、陽明之教，不諼以學於洙泗較近哉？雖然孟子言“豪傑之士，雖無文王猶興”，假天不生濂、洛、陽明，抑章南無濂、洛、陽明之跡，則將章南人士學為洙泗之徒，而末由也歟？曰濂、洛、陽明之教，教人學孔子耳。其次學顏子、孟子耳，聖賢而不可學也，彼濂、洛、陽明者，孰教使然邪。嗟乎！陽明死而聖學絕，嘉靖以後之仕章南者，學遂不講矣。峒會亦非講學者也，官守以學政，故至於是邦，見爾諸生祠濂、洛、陽明甚謹，諸生，邦之秀也，意必有聞乎濂、洛、陽明之學者，庸惟學之，亦必有以濂、洛、陽明之教，教邦人者，是濂、洛、陽明而已矣，則庶乎其匪祠濂、洛、陽明而已也。

諸生乃前環跪曰："孔子新殿成矣。先此，眉山蘇公嘗記南安軍學矣，書之右者。復為橫浦張公，而後乃今，以甲江右，特聞今先生之來止贛也。南安始克舍萊於其廟，聖人在天，若或啟之，殆其以先生賜章南也。廟宜碑，敢敦請。"峒會於是肅躩謝諸生，諸生惡比峒會於眉山、橫浦。眉山、橫浦，元祐、紹興間儒者也，然其學卒嘗惑於浮屠、老氏，峒會教諸生則異是矣。《小雅》曰："高山仰止，景行行止。"聖如孔子，蓋所謂高山景行也。《君陳》曰："未見聖，若弗克見，既見聖，亦不克由聖。"聖人，吾不得而見之，曖乎如見其容於廟焉。天下孔子廟無算克由聖者，幾人哉？濂洛陽明，夫是以禰洙泗也，顏孟以下其考乎孔子者，學之太祖，百世不祧可也。爾諸生羣於學，祭則駿奔走在廟，然後知孔子之道大而尊，儒先之澤融而遠。峒會奉天子命行視學，凡郡邑立學，有殿有廡有祠，一不當闕，南安為是役也，無闕矣。實維邦有司之功，濂、洛、陽明不恒有學孔子者，恒有於斯，則濂、洛、陽明未艾也。諸生退，峒會敬記顛訖，勒之碑為章南諸生勸。諸生中彭維新董其工悉力，王純學、鍾泗首請峒會碑者，例皆得書。系以辭曰：

南面萬祼，師兮匪君。悠久悠久，尼父之勛。素王不作，新廟莫莫。
翼翼殿廡，祀事孔若。天啟昔賢，牖我簡編。賢為聖譯，寤寐以焉。
紺流翠草，異彼佛老。周程有傳，新建是實。四子相望，淑爾南方。
學脈在矣，山深水長。士志何事，居仁由義。勿即匪夷，子衿其刺。
欲壽之珉，昭明後人。勉而載筆，維此學臣。（同治南安志・藝文）

重修濂溪閣記　　明　劉節

濂溪先生周元公，宋大儒也。初為分寧主簿，調南安司理衆军，移郴令，又為桂陽令，徙知南昌去，郴人立祠學傍，祀之桂陽。至洪武六年始建閣縣廳之東，閣前為堂，堂下為池，肖先生像，春秋祀焉。歲久湮廢，記亦無考。正德初始，謀改祠廢廟，又議江口創為書院，俱不終事。歷八十年，祀享大儒之典，寧忍使之荒廢一至此哉！

嘉靖丙午年，吾郡人劉子翔來令茲邑，深以獲繼大賢之後為幸，有慨於中，亟圖興復，捐俸為倡，鳩工市材，力不勞民，財不費官，重屋為閣，立公木主祀於其上。樹棟為堂，堂深而靜，鑿泉為池，池浚而潔，舊觀具存，曼哉美哉。考之元公生宋五星聚奎之後，天地儲精，光嶽元氣，上探洙泗千載之奧，下開伊洛百世之傳。畫圖著書，鈎玄闡秘，有功於聖道，有功於名教，有功於民彝物則大哉。黃魯直氏稱其："廉於取名而銳於求志，薄於徼福而厚於得民，菲於奉身而燕及煢嫠，陋於希世而尚友千古。"至今謂之知元公者。傳謂移令桂陽，治蹟尤著，殆可徵已。後世師之宗之，建閣祀之，豈直如他郡邑名宦之祠之比哉？

閣成，桂人鄉進士范子永宇、永官，詳述重修之功，徵言為記。蓋紹乃父方伯平日惓惓之心，為一方增重也，節也鄙劣，仰止先生於吾郡道源書院夙矣，表賢垂教，敢以不文辭。茲役也，經始於是歲孟春朔日，仲秋望日落成，興廢舉墜，銳志殫慮，劉尹也，相義者鄒教諭文振，魏訓導宗儀，董工者典史周禴，邑義士朱孔韶、朱永淳、朱顯耀，而邑學弟子朱昂、陳志述輩咸預勞焉，用得附書於後，刻之貞珉，以詔来世云。（乾隆桂陽志・藝文中）

重修羅田巖濂溪閣記　　明　黃弘綱

雩都羅田巖濂溪閣者，祠濂溪、明道、伊川三先生，暨武穆岳公、陽明先師也。創始於宋邑令周公頌，續建於明大府邢公珣至督學蔡公克廉，乃檄有司，並五先生列之祀典，因其半燬，而增闢之，視其未備，而加飭之者，僉憲沈公謐、今邑令羊公修也。慶歷間，濂溪先生通判我虔州，嘗有《遊羅田巖》詩。於時大中程公令興國，遣明道、伊川見所謂周茂叔者，疑即其時與。按巖刻，嘉熙庚子，濂溪閣成，勒先生詩，聞其風則思過化之所鍾，而况親炙之者與。巖亦爲黃龍禪師經行地，武穆公提兵平賊至固石洞，訪黃龍于巖，有作宮宲，羅公洪先爲書而刻之石，督學公首三先生及武穆矣，并述陽明先師倡學虔臺及門諸生，雩獨多於他邑，合五先生而祀於一堂，且曰："道德、忠貞，其揆一也。"故僉憲公闢爲三室，同宇中妥三先生，左武穆、右陽明，春秋舉祀，仍合而享之，祭有定統，室有常尊矣。諸生間謂虔臺之學及門雖多，惟袁子慶麟、何子春、何子廷仁、管子登獨久於餘子，以四子侍坐於陽明先師之室，春秋率邑之同志舉釋菜，有司合享，惟五先生，以四子者猶未聞於當道也。

嗟夫，一隅之地而寓五賢，道本人存，地由人勝，後之登玆巖者，景慕向往之私，抑又可知矣。盖洙泗之傳，至孟氏而息千五百餘年，周程始復追尋其緒，而有“無極而太極”、“定之以中正仁義而主靜”之說，動亦定，靜亦定，無將迎，無内外之論，庶幾精一之旨矣。自是而後，析心與理而爲二。至陽明先師，獨揭良知以開羣迷，其言曰：“世儒之支離，外索於刑名器數之末，以求其所謂物理者，而不知吾心即物理，而無假於外也。佛老之空虚，遺棄其人倫、物理之常，而明其所謂吾心者，而不知物理即吾心，不可得而遺也。”昭肰孔孟之宗矣，後之景慕嚮往者，其亦有感於斯乎？或曰：“武穆誠忠貞，抑嘗致力於學問之道者，夫自心自學，學非從外至也。”武穆恆言曰：“運用之妙，當存乎一心。”但視之精一，則有閒耳。盖自大府建閣，時置堅石將樹碑，記興廢以傳諸後，恐泯於無聞，文未就而石存。余感大府之意，且歷睹諸公相繼之盛，心追而記之，而終之以斯道之攸係。以諗夫邑之同志，相與無忩，且有懼焉，則玆閣甯泯於無聞也哉。（康熙雩都志）

重修羅田巖濂溪閣記　　明　李淶

雩巖洞故多奇，惟羅巖最著，則以濂溪先生遊也，先生遊，故有詩，宋邑令周公頌所記。嘉靖庚子，濂溪閣成，勒先生詩者是也。邑傳先生當慶曆間倅虔州，因遊玆巖，而明道、伊川於其時見所謂周茂叔者，考《年表》，慶曆甲申，先生爲南安司理，後二年丙戌，知興國，大中程公令二子見先生，則濂洛授受實惟其時也。至嘉祐辛丑，先生始以國子博士通判虔州。又二年癸卯，先生行縣至雩都，邀餘杭錢公建矦、四明沈公希顔遊羅巖。正月七日，賦詩刻石而歸。而沈公者，故以廉惠得民，今祀之名宦者也。當是時，邑需巖王公鴻負高蹈名，邑志載王公寄先生詩，有“臨別溪頭相誨囑”之句，則是遊也。先生固一代真儒，而令則有沈公之賢，邑人則有王公之高，巖真藉人益顯矣。斯閣之所由肇也歟？先生所刻石，既已剝落無存，其後周公止刻其詩，而先生與諸君子一時遊賞之踪，遂不復著見矣。

閣久而圮，明太守邢公珣新之，邑人何公春闢觀善巖，待同志之藏修者，陽明王公遺之大書，著其說於時。邑人何公廷仁、黃公弘綱、袁公慶麟、管公登輩復彬彬遊。陽明之門棲息茲巖，以尚論先生之學，而一時鉅公名儒，若歐陽公德、羅公洪先、張公鰲皆以訪學至，其謁先生閣，則皆刻有詩也。閣久之復圮，兵憲沈公謐、邑令羊公修復新之，諸所堂簾之制，釋奠之禮，見黃公記甚詳。無何，圮益甚，邑人劉公昌祚至曰："茲閣也，先生巾拂在焉，奈之何其令墻宇頹肰也。"於是顧王簿顏鎮曰："君才敏甚，能爲圖之乎?"簿曰："是先賢俎豆之地也，烏敢辭。"於是出官帑若干爲經理費，王君乃撤閣之中堂新之，肖先生像，顏其牖曰吟風弄月。以前廨爲兩耳房，堂之前亢爽，異往昔矣。已又以餘力稍餙毘廬之居，已又植松萬、本竹萬個，壯斯閣之觀，盖凡策杖至者，僉謂茲巖、茲閣其勝未有如今日者也。

嗟乎，道本人存，地由人勝，旨哉！黃公之言，不可易矣。劉公亦慕古人，其冰蘖之節，引之沈公所謂一錢不取者，洵可無媿，茲獨於先哲祠宇加意焉，其念深矣。吾儕拜瞻茲閣，識過化之有自寧，不愓然於需巖諸君子之無忝其鄉人也哉！夫心性各足，倫物不遠，學務宗元矣。而鹵莽於事爲者，則舛學資討論矣。而決裂於躬行者，則悖先生之言，曰："聖學一爲要矣。"然而曰："君子慎動，邪動，辱也。"曰："乾乾不息於誠矣。"然而曰："懲忿窒欲，遷善改過也。"彼其薄踐履，咨唇吻，曰："求吾未發之中也"，吾不知先生謂何矣。善乎，薛文清公之言，曰："工夫切要在夙夜、飲食、男女、衣服、動靜、語嘿，應事接物之間，事事皆合天則，則道不外是矣。"豈非學先生者之要領也哉。閣修於萬曆甲申冬月，既竣事，明年劉公命予記之如此。劉公，常之武進人，王君，浙之慈谿人。(康熙雩都志)

濂溪、陽明、善山三先生祠田記　　明　李淶

三祠者，羅巖閣祀濂溪先生，先生判虔時，惠澤固在吾雩，且甞至是巖也，配以明道、伊川、陽明三先生。間以邑先輩：袁公德章、何公元之、管公弘升輩列廡下焉。三公者學陽明，而尚論乎周程之學者也。新建祠祀陽明先生，先生勘亂功於吾虔最著，其倡學虔臺，亦惟雩多君子信從之，若黃公正之問學之密，見《傳習錄》者詳矣。固先生高第弟子

也，是故以黄配焉。善山祠祀何公廷仁，何授業陽明，終其身，以身爲學，寧説之毋長、毋行之不力，爲是邑人士彬彬嚮徃焉。其議罷郵夫，倡培境土，則鄉之人以爲有禪於桑梓者，至鉅也，是故之三祠也。

粤惟崇德而報功之意寓焉，大夫士沿而舉之，諸耆儒翼而行之。君子曰：斯謂義，起而秉彜之，真心具是矣。考禮者固不能以盡詘也，先是，祀必醵金爲俎豆費，久之，乃買田奠垂永永。濂溪祠壹拾肆石貳斗伍升，陽明祠貳拾石，善山祠叁拾石，春秋祀品有式，田疆界有圖，詳見碑陰，皆鄉大夫袁君沂、周君文、胡君夷簡、予先族祖喬崇等營度之，諸君子後爲之期，率諸後進，詣新建善山兩祠，以其講之何、黄諸公者，討論而服習之，大較語退藏之密，不遺乎倫物之著，闡寂感之緒，必徵之言行之常，非孽孽焉，務名高而眇實行者也，復有味乎。藍田鄉約妄説事端，熒惑衆聽，誣人過惡，以無爲有之語，以爲足中末俗之膏肓也。於是每至祠，必舉似三致意焉。

李生曰：予觀諸君子之祀三祠，舉其接引乎來學者，信有道也。昔《中庸》一書，敘述性命極於無聲、無臭，微矣。肰而曰“道不遠人”也，即子臣弟友，慎所爲庸言行者是矣。它日又曰“言忠信、行篤敬爾，蠻貊可行也”。夫使口不道忠信之言，身不履篤敬之行，奚以自達於邦家，亦奚貴勦説乎性命哉！故夫密于自修者，講之師友矣。而務嘿成其德行，審之從違矣，而耻較説乎短長，此夫言行慥慥，考之□而違道不遠者也。諸君子之相規勉也，則既無異趨矣。吾儕循其言而日黽勉於子臣弟友之間，晝地而蹈時，然後言苟切己也，即藍田之説，吾日省而豫禁焉。苟非自得之也，則性命之理，吾日講之、日存之、又存焉耳，寧敢離倍師友暨僅僅倚辨唇𦝫已哉。於是諸君子曰肰，斯義明而倫物言行之實修，無聲無臭之微達，且吾向所受之先輩，與其願學乎周、程、陽明者，皆以此也，子盍記之，以無忘崇祀立田者之意，淶乃拜首曰諾。

（康熙雩都志）

濂溪先生祭田記　　明　陳哲

祭以崇德報功，匪細事也。祭或無田，牲殺所湏，籩豆篚實之供，奚自乎出？出無常所，則趨苟簡事文具，祀或有時而廢矣。夫自秦漢而下，士不知道，先生起自舂陵，始倡鳴之，其有功德於民生甚大。雖從祀廟庭，為天下通祀，然九江實過化之地，且體魄斯藏如闕里、考亭然者，其可廢祀事、趨苟簡乎哉？此先守童君潮祭田所由置也。顧惟田止二十畝，地如之，所入無幾，予恐祀事或趨乎苟簡，謀諸同寅二守陳君塏、通府李君文、推府蔡君昂，相與更置腴田十畝以相之，庶乎可以無慮矣。或曰："昔闕里有賜田，考亭有祀田，皆勒其田形界至於石，以為久遠計，所以重祀事，重斯道也。茲堅珉在庭，鐫者俟命，可無一言以記之？"予曰然，遂書此，以付從事。其田若地之形勢、四至，并守廟者姓名，則列諸下方云。(嘉靖九江志)

興國重建名賢祠記　　明　葉向高

興國故有安湖書院，祀宋周濂溪、程大中、明道、伊川，及明王文成。大中常令是邑，故祀，其祀濂溪者，判虔州也，文成開府於贛，又雅以講學顯，故得並祀。歲久，書院圮廢，移主他署中。干旌至則帷而隔之，瀆褻為甚。

邑令四明何君初下車瞻拜，喟然歎曰："名賢俎豆而怠廢若是，其何以勸士？且茲地非文信國血戰區乎？胡獨靳也。"乃議即書院故址爲祠，蠲俸及贖鍰爲經費資，奏記當道，咸報可，諏日興工，以典史趙翀督焉。祠畫爲三，中祀濂溪、大中，配以二程，左信國而右文成，以邑人趙鞏配。信國其時，從起兵而死王事者也，祠旁翼以兩廡，貯祭器及居洒埽之人，又爲房舍若干，待諸生之講業者，扁其門曰名賢祠，示仰止也。工既竣，士民走祠下肅拜，咨嗟微君侯安所妥靈，而新吾儕之觀聽乎，君又書《太極圖說》《定性書》及《正氣歌》，與文成所闡發《學》《庸》首章於壁，令學者得朝夕省覽，以作其向往之思，蓋君之所以昭往迪來，意甚勤矣。于是學博士蔡君體仁輩，咸謂君是舉有關風化，不可無記，而邑丞薛雲綬與予親，又老兄弟也。走書白門以博士之意告予。

予惟世風之得失，觀所尚可知已。往自洪、永，以至成、弘，士習醇茂，上之人標軌示趨，非濂、洛、關、閩不遵，非忠、孝、節、義不譚，一切竺乾流沙之言，不挂於士大夫之口，誰敢于左袒之？稍變而嘉、隆間，則西方聖人浸淫膾炙，而濂洛諸君子詘矣。又變而至今日，則縉紳先生之草詭者，明目張膽推彼教於六籍之上，即洙泗之講席，若不足以當靈山祇園之下乘，向微國家令甲列聖敦隆，將恐先聖宫牆過者不睨矣。而况於濂、洛、文山，以至於姚江哉！茅靡波流，曷云其極。何君作令未幾，獨能加意於此，數君子經營俎豆，惟恐不虔其標創，如此興之人士，當必有景仰前脩，超流失之俗，以無負賢長吏師帥至意，近之爲文成，遠之爲文山，又遠之爲周、程，要於闇然，有以自脩。而不爲高譚渺論以欺世，則何君之功于後學大矣。簾遠地則堂高，諸賢之祀隆，則先聖之道益尊，而異教自詘，此盖何君意也。始以明孝廉振鐸天台，士服其教，有馴鶴之異，其在興摘弊寬賦，感鬼夜號而雪冤狀，種種多奇，政治未及朞而士民大孚，嘗恐以才能徙去，其賢有足徵者，他日邦人奉君，當不在大中下矣。余素不習君，緣薛丞請得聞君事，喜其知所嘉尚，足挽頹俗，故書此以復丞，俾勒之石。役經始于己亥年七月初六日，成于本年八月朔日，爲費若干金。君名應彪，字闇然，浙之慈谿人。（天啟贛州志）

重建三賢祠記　明　宋萬葉

三賢祠，祠周、程三先生也。自道源書院御書於宋，而三先生祠遂炳燿千古，即曩者郡邑書院一切報罷，而三先生祠無敢詆毁，詎非翼道，統闡聖真，與文廟相悠久哉！今上十有五年，星州葉公議復大庾學，詔允則以祠為明倫堂，而三先生祠議建於周宗壩。是冬，葉公覲行遷去。明年春，余承乏來代謁先師，登明倫堂，問所以祠三先生者，於是偕司馬張君汝正、别駕陳君堯仁、司理鄭君道興，胥宇於學宫之左得地吉，方之周宗壩，所謂近聖人之居也。迺庀材鳩工，鼎而新之，内為寢，列三先生像，外為堂，扁曰授圖，又其外為儀門，顔曰江南洙泗，又其外為大門，門楔仍道源書院，齋廡庖湢，莫不具備，而三先生祠煥然大觀矣。

余聞造禮焉，集諸生相與弦歌，講誦其中，校藝課業，輒動仰止之思，則進諸生於堂。言曰：斯文續絕，詎不以天哉！方元公為理時，程大中以二子受業，實由興國令來兼郡倅也。道之將興，天實啟之。父子兄弟師友授受一堂，斯其遘已大奇矣。且也，春陵、河洛距此幾數千里，洪、韶、江、邵，何者非公宦轍？圖不畫於舂陵、於河洛，於洪、韶、江、邵諸郡，而畫於南安，是南安之所掌也，方六十里幅員儉矣。程賦不半，中州稽產未侈下縣，而聲名文物至與大府頡頏，詎非以先生故歟？今上隆三五之業，宇內士皆斌斌，矧東南鄒魯文學，蓋其天性，而又醖釀於三賢之素乎？昔文翁興學，猶令蜀人士至今以文學侈稱矧三先生乎？諸生朝明倫，夕授圖，登其堂者，如入孔室，恍乎金聲玉振之音，挹其象者，庭草在目，宛乎吟弄光霽之趣，其亦知所謂倫乎圖乎？圖者何天所敘也，事親而孝，事君而忠，事長而弟，與友信，夫婦別，皆所以明之也。而孰綱維，是孰推行，是試反之而非吾心之誠乎？誠卽太極也。圖之所以有功，而吾人希賢希聖希天，皆是物也，且諸生亦聞道源之說乎？聶都之山，泉水出焉，九十九曲，沛乎章而會乎貢，浩浩乎彭蠡而底海無涯涘也。孟軻氏源泉有木有味乎，其言之也本非誠，而何故曰："聲聞過情，君子恥之。"諸生仰聖謨景賢範，日擊道源，而心維則於圖思過半矣。是舉也，經始於己丑季冬，告成於明年仲秋。費出公帑，而余與陳君又益以俸翰之半。陳君時，蓋署庾邑事，而規畫悉由陳君出。主簿吳志仁則董其役而能勤也。祠告成，司馬丁君士奇，庾令毛君秉光皆有風教之責，而贊是謀也，於例並得勒之貞珉云。(同治南安志·藝文)

重建三先生祠記　明　錢習禮

道之大原本于天，用之在天下，傳之在聖賢。自堯、舜至于孔子，至于孟子，皆五百年，或百有餘年而聖賢出，故斯道之傳，繩繩不絕。自秦而降，漢、晉、隋、唐以及五季，千數百年之久。聖賢不作，斯道不繼。至宋興，五星聚奎，天啓文明，大賢輩出，時則有若濂溪周先生、河南程氏兩先生，皆以傳道為己任。圖之于書，探造化之原，明事物之理，發往聖之所未發，覺斯民之所未覺。扶天常，正人紀，使斯道大明，昭如日星，其功與天壤相為悠久可也。天下學士，翕然宗之，故所在學校多闢祠室以祀焉。袁之祠，舊在學宮西偏，迫隘庳陋，不足以示嚴奉之意。

比歲都御史韓公雍按部至學，謁拜祠下，徘徊興歎。亟命郡縣長貳，與韓文公廟徙至宜春臺右，一時並作，制與廟稱，左右列之肖像，其中濂溪先生南向坐，明道、伊川先生東西向以侑焉。郡之父老士民來觀者，莫不稱慶。然祠之設，豈直為觀美哉。尊賢尚德，而風勵之意存焉。凡袁之士，俛力于聖賢之學者，歲時毖祀進拜跪，奠近先生之貌像，而瞻仰之，悠然興高山景行之思，惕勵于中，退而玩①其圖，誦其書，味其言，存諸心，藴之而為德行，見之而為事業，斯無愧矣。若徒淪溺于俗學之陋，持之以取科第，謀利禄、釣聲譽，不足以淑人心，扶世教。是則三先生之罪人，而非公與郡縣之所期望也，可不勉哉，遂書為記。俾刻石，而寘諸祠間，以為爾諸生觀省之助云。（康熙袁州志）

重建周濂溪先生祠記　明　劉堯誨

先生在宋康定間，以洪州分寧簿，被臺檄來攝蘆溪鎮市，故袁人世祠先生，祠在蘆溪道徬，雜于闤闠間，而垣堵不備，地且湫隘，又當江楚孔道也。驛吏往往因之以舘上官使客，其或盡室行者，則假寢處焉。萬曆丁丑，予自閩罷歸取道于袁，驛吏具午食祠中，得謁先生遺像，歎曰："予力不能為先生更諸爽塏，而衛以垣堵也。"其終不忍以先生遺像而代，舘人惡囂，家居數月。有命撫江西，再過先生祠竊自許，下袁州守鄭惇典議徙建，乃卜地，得蘆溪市北聖岡山麓，故土人周氏廢宅也。報可將擇日舉事，予出公帑贖鍰若干金來佐費，屬同知陶之肖董其事。自戊寅夏五月至冬十一月而祠成。適兩廣，今命下。明年己卯春正，予得代過袁度蘆溪，敬謁先生祠，命有司具牲帛，而告落成于先生。時在同有事者，則按察司副使吳從憲、袁州府知府鄭惇典、同知陶之肖、萍鄉縣知縣常自新，暨學官諸弟子員若干人，祭畢而飲落于寢，歡甚。

按先生以宋淳祐元年詔封汝南伯，從祀孔子廟庭。迄今廟享遍宇內，而宦遊如楚、蜀、江、粵，每專祠祀之。蓋地以先生重，而後人不能忘如是。夫定崇尚以表俗，顯聖哲以章志，而祀事秩焉，懿典修焉。良二千石，所由以導民，率屬而能其官。固非所以為先生重。而予因是藉手報先生，此自為職，亦豈能重先生耶。乃先生之學，載在圖書者，夫固人人言之也，而得于言外旨者固難，自手圖授二程，造詣各從所契，再傳而

① "玩"：底本模糊不清，現據咸豐《袁州府志》補。

南而又遠也。然尊先生者，無賢愚，而皆屬之孟軻氏之後。予亦楚人也，後先生五百餘歲，往習靜山中，從人究反終之旨，而觀于無窮，謬謂得見先生。竊意先生逝矣，其必有不與俱亾者，故象而祠之。期尸祝于世，世將使求見先生，豈與彼桑庚楚同慮耶。(康熙袁州志)

重建濂溪書院山谷祠記　明　方沆

沆不佞，束髮受書，聞濂溪周先生之光風霽月，山谷黃太史之節概文章，雖不能至而竊嚮往焉。中年再剖郡符，乃得分寧，實為黃太史枌榆社，周先生嘗佐是邑，寧人吏尸祝之，猶召伯之甘棠也。先生故有祠，以嘗延名士講業于斯，命之曰書院；太史馬洲祠圮，更卜爽塏，具在旌陽山之麓。歲久陵夷，不佞顧瞻榱棟，且謀改作，以申仰止。會有學宮之役，庀材鳩工而力不遑。

居歲餘，兵使者洱海史公奉璽書來蒞茲土，實式臨之。謁祠之明日，下教曰："二先生不以分寧重，而分寧之以二先生重，五百餘歲於茲矣。都人士顧不知所以重二先生，而令祠事不飭，風雨飄搖，謂仰止何？豈其時詘而舉嬴也者？以僕僕父老子弟則病者乎？主吏亟置對。"於是劑量沿革經費條上之，史公檢括所部闕伍羨錢若干，以鳩工庀材。不佞暨一二僚友，捐薄俸襄之。縉紳士庶聞風而興，輸金於橐，出粟於囷，獻材於山，不假徵發，趨事爭先，蓋三浹月而工師告竣矣。書院鼎新者，為光霽堂，先生遺像在焉，堂兩翼為諸生精舍，各二楹，前為重門，其堂之後三楹，若大門棹楔葺如故祠。鼎新者，臨流為涪翁亭，其堂皇門廡，精舍若干，葺如故。季秋之吉，史公率部吏而下，士庶落之，揖讓登堂，廟貌有嚴，檐楹軒豁，趨蹌登降，肅肅雍雍，庶幾挹先生之光霽遺風乎！臨亭而吊古懷賢，山高水長，峻節如在，若與聞涪翁謦咳而接袵以遊也。不佞因以尚論其世。

寧自啟土以來，駐節分符，不知凡幾，明興，表章先哲，崇濂溪廟貌者，督學邵二泉公；刱山谷塋祠者，中丞林見素公；聲應氣求，要非偶合。大都濂溪"無欲故靜"一語，故為《太極圖說》根宗；太史即以篇翰名家乎？乃其抽毫見志，爐香隱几，萬慮俱消，木落江澄，本根獨在，彼其人豈規規物化者？史公寧澹自況，蓋入周先生之室，而神游太史堂皇，鋭意作新，群情響應，豈曰沾沾增一方勝概邪？象指樹惇，是在部吏，若父老子弟，紬繹於無欲之訓，以共挽波流，則史公躬化餘事也。若巡功競勸者，謝丞詵、巡檢徐汝楫、朱復佑，耆老張汝善、李廷震、査國利、梁濟節、劉廷文、石邦梁、余簪、陳以忠、張方靖、徐國貴、徐一元、石邦境，咸與有勞云。（乾隆寧州志）

重建分寧濂溪書院山谷祠記　　明　史旌賢

分寧在山巖峻嶒中，以望郡稱，蓋挾所重云。是濂溪周先生所分符而治，而山谷黄公枌榆之鄉也。地以人重，若斯矣，郡之人俎豆而並祠之，其在濂溪者，諸士挾策而遊，往往以制科顯也，故又以書院稱。且夫風俗之道士為政，孰與表章二先生風教而樹之幟也，何用監司若刺史博士為祠，故控旌陽山之麓，受修江東流而障之，又靈秀所獨鍾也，夫士若民也，咸藉焉，而越在草莽，為祀典羞，其若風教何？豈其妨民而暴之野，而以用詘為解？會方君刺史由滇學使者左遷至，文教具興，余與議協而新之。閲三月，於事而竣，不益以信二先生之風之遠，所為聞風而興起者哉！

自我尼父沒，一再傳而及孟軻氏，遂令千載如綫者，何也？安在其聞而知之！詩書之道廢，魯壁之所藏，秦坑之所不及者，孰與推明而光大之，以懋聖修而立人極也？乃知五百年有名世者出，未可若是其幾也。宋自五星奎聚，而濂溪崛起矣。考亭系道統，以為不由師傳，默契道體，羽翼孟氏不傳之緒者，濂溪也，不已知言哉！其時顧又得黄先生尊信而推之洙泗之上，即“光風霽月”一語，以為善形容有道之象，謂之羽翼濂溪者，山谷也，亦何愧怍之有？余觀濂溪再仕豫章，吏民驚以為“是能辨分寧獄”而已，無它政也。知山谷者益寡，今猶稍稍為文藝書法所掩，乃分甯挾以為重，千載如一日也者，則二先生之所自為重可知也。彼其無欲而靜，過則聖矣，斯中正仁義所從出，而人極所繇立也。山谷即不無遜色，而孝友天至，險夷以之，抑何肫肫信道之篤也，甯獨一文士為名高而已乎！諸人士誦詩讀書，吊而式之，所耳目濡染於茲，藉令“勿剪勿伐，維桑與梓”而得其大者，猶旦暮耳。如第以蓮渚釣磯亡恙，沾沾舊跡以自為愉快已也，必不然矣。嗟夫，過祠而趨宦轍，相望無不拊膺高蹈，馳赫赫聲，謂微獨以辯獄自見，而竟莫能窺先生藩籬，試自度於無欲而靜，何如也？故泯泯愧其鄉先生者，諸人士之恥也。有如按宦蹟，責以周先生之緒餘，以為諸人士倡，安所置對矣？斯又監司若刺史博士之恥也。余故樂其成，書以盟多士，且以自盟焉。是役也，為堂覸如，為個翼如，為門為亭巘如，刺史當別有紀述。其自郡丞詵而下，董役者若而人，發帑羡及樂施者若而金，例得列之碑陰。（乾隆寧州志）

濂溪祠　明　桑喬

濂溪祠，周元公先生之書堂也，在石塘橋西北黃土嶺麓，初先生在南昌嘗過潯陽，愛蓮花峰之勝，又其麓有水出自蓮花洞，潔清紺寒，先生濯纓而樂之，因築書堂於其上，而取故里濂溪之名以名之，期以他日不仕則歸味其上，後果定居焉。後兵燬。淳熙丙中，知九江軍事，潘慈明重建，朱晦翁為記。然猶仍其舊名。嘉定中，軍守趙崇憲即書堂之左，築學舍二十六楹，選子弟之俊秀者講習其間，後復毀。皇明正統，御史徐傑、項璁乃始廉得其趾，於□人而建祠焉，名曰濂溪祠，編脩劉江為記。其後提學副使邵寶又為之請，著祀典，配以二程子。又於道州取先生十二代孫倫，來九江守祠墓。嘉靖中，知縣廖士衡記。而後數年，巡撫都御史何遷闢祠傍地，遷其人，築室若干楹，選郡邑弟子員講習其中。九江守朱曰藩董峻其事，其水今人呼為濂溪港。（廬山紀事）

宗儒祠記　明　楊廉

南康府白鹿洞書院有宗儒祠焉，其所祀則濂溪周子、考亭朱子暨勉齋黃氏，以下凡若干人云。祀之之義何居？周子嘗為守於此，朱子既嘗為守，而重建書院於此，勉齋以下皆嘗講學於此者也。蓋非有關於書院，則不泛及，匪諸儒則固不混施也。於乎！儒之道大矣，為天地立心，為生民立極，為往聖繼絕學，為萬世開太平，斯其儒之謂乎！二夫子，大儒也，勉齋以下諸儒也，書院之教其來尚矣，所以講明而切劘者，儒之道而已。三綱五常，吾身之所繫也；四端萬善，吾心之所統也；五經四書，作吾之階梯也；諸子百家，資吾之辯駁也。羣居終日，潛心乎儒，如射者之必志於中的，如行者之必期於赴家，旦望瞻仰，必以《圖說》

所謂“定之以中正仁義而主靜”。《洞賦》所謂“誠明其兩盡，敬義其偕立”，而日加勉焉。此外復以直卿諸儒之著述，旁搜而博考焉。於以反覆而精思之，於以勇往而力行之，其不至於儒，吾不信也。審如是，則此祠固所以報，抑豈不足以為勸哉。舊祠惟二夫子，其推及諸儒，則前提學蘇公伯誠加祠額以崇祀，而顏體大書之，則後提學邵公國賢，二公之於書院，極有意於興之。邵公謂諸生之來遊者曰：“非罷科舉進取之念，無輒至此。”其所以待學者不淺矣。記之，所以為來者告。（光緒江西志・建置略・壇廟）

三賢祠記　明　朱廷立

嘉靖壬辰，夔州之牧若士請於仙居張子、臨安李子曰：“維濂溪周公在昔判夔，維梅溪王公在昔守夔，維潛溪宋公在昔觀化於夔。三賢者倡道覺後，勑治庇民，遺軌在焉。夫人思之，樹祠以祀，實在監司。”於是張子、李子如其請議，以公楮給祠費。適予來按蜀，放於夔，遂以牘焉，且曰：“襄是舉也，實在臺史。”余是其議，乃相與按志求故實，得濂溪蓮花池於其上，卜址焉。越月而於門、於堂、於寢、於垣咸備，定名曰三賢祠，使夔之牧若士，歲時祀焉。

復詔之曰：“若知著誠去偽之道乎？夫三賢者之植德也，盡吾誠也。非曰欲人之與我也，三賢往矣，而人之祀之盡吾誠也。非曰欲人之德我也，今之吏吾惑焉。薄實而厚名，後施而先報，是三賢之罪人也。今之民，吾亦惑焉。見勢而俯，見利而趨。懸碣者，其詞誣。貌象者，其禮虛。是若等者之所罪也，故不旋踵，而其跡泯然，不可復尋，而顧可以偽為乎哉。玆若之為實也，誠也。達之以懋其學，以善其政，以無忝前人之休。實在牧與夔之人，吾數人者不與也。”衆曰諾，尋方生來渝請記，遂記之。（四川通志・輿地・祠廟・夔州）

桂東建名宦、鄉賢二祠記　清　歐禮

我朝薄海內外咸建學，崇祀孔子，而序諸子於配享從祀之列，制也，外有名宦、鄉賢二祠，則良有司慎簡其大夫士之賢者虞於師，請於當塗，俎豆於聖賢之側，凡以昭勸也。名宦之祠，昉於桐鄉，然祭法曰：“以死勤事，以勞定國，能禦大災，捍大患。”則祀之鄉賢之祠，蓋本諸道德，祭於瞽宗先賢，祀於西學之義，韓愈所謂“鄉先生歿而祭於其社”者，與桂東為吾郴屬邑，學宮已建，二祠則無之，君子以為缺典。

庚戌秋，邑侯白來祇謁廟廡，大懼弗稱，且曰：“名宦、鄉賢之祠遍天下，而是邑獨無，豈邑無若人哉？吾嘗稽古詢今，名宦祠則有宋周元公、路帥曹彥約、知縣胡視遠，而下凡十人皆吏於玆土者之賢也。鄉賢時則有戶部主事鍾仲高、知州李仲、府尹黃茂、刑部員外郭友儀等凡八人，皆產於玆土者之賢也。之數人者表見當時，流芳後世，乃今忽焉，不祀其何以勸紹往，風來政？宜無先於此者。”第時詘未敢舉嬴。

辛亥，會我郡伯澄潭方公，常以興起斯文為己任，登堂畢講，而達觀焉，乃進多士曰：“是學山川秀麗，而建置違，宜稍加改作卽善矣。”於是改門闢道，築舍樹屏，殿廡堂齋，易木甃石，用圖堅久，不但黝堊燦然而已。壬子春，將營二祠，得地於戟門之外，先期以請巡撫屠公、巡按胡公、督學林公、分守卜公、分巡翁公，咸以為可報，命左名宦，右鄉賢，屋各三間，崇若干尺，廣若干尺，前有門，後週垣，數月落成。民不敢後，財不費帑。秋，率師生舉祀，賓有常豆，祭有編銀，觀者感歎其功德，其賢教諭白子夢吉，訓導羅子守村，謂百餘年久曠之典，一旦首創，不可以不書，遣其徒張生麟、羅生立聖走數百里許，求禮記之。

予惟為政，有激勸之道，人心有感觸之機，勸以道，卽區區者思奮，觸其機，將翹翹而自至，侯建二祠，可謂得爲政之道，而我郡伯規畫之功，亦豈少哉！使宦學於斯者，以名宦、鄉賢自期，待其有裨治化何如也。《詩》曰：“寢廟奕奕，君子作之。秩秩大猷，聖人莫之。”又曰：“高山仰止，景行行止”，我士勗哉！侯姓白，名應虛，字子直，維揚人。筮仕永新，潔己惠民，每課諸生發明性理之學，嘗刻八行《牧民集》行世，以資治理，有古循吏風。至於縣署，分司公舘，養濟院之修葺，則又其緒餘耳，亦足徵侯百廢具興之一也。（嘉慶郴州志・藝文上）

重修濂溪祠記　　清　鄒杰

桂嶺邑八景之一，明正德間，遷濂溪夫子祠於麓，以踞其勝。嘉靖甲寅，邑令徐公卽祠所增置学舍，延師訓士，計祠田五十五工半，內給八工與廟典。迨我朝定鼎，宰斯土者盛、董兩侯，協力經營，獲覩舊規。至乾隆己巳，設朝陽書院於城東北吉冲，而濂溪祠學廢，其後祠田亦歸縣管，祠與學分，而守祠一僧人矣。乾隆歲庚寅，邑初建考棚，黃陂胡公命以餘貲重加修造，規制堅樸，內外整齊。客歲之冬，又復毀壞，守祠僧逃，僅留空宇，邑老成何几緯等目擊心傷，自備資斧，刻期蕆事，並查有僧私售之田於北門外西障坵上，清出一坵六工，此在五十五工半之外者，不能悉其原委。守祠之田僅存，惟此招僧耕管，禁其另佃，以杜侵失，而垂永久。夫祠非僧無以守，僧非田無以養。有僧有田，非邑君子隨時清理，則田失而僧逃，僧逃而祠隨以毀，前日之事彰彰矣，敢以告後之君子。

按義學祠田五十五工半，凌縣主詳奉批准，於乾隆二十三年為始復歸縣管，除撥給濂溪祠、先農壇、奉祠香燈，僧人田十工，自耕自贍，不行納租外，實存租五十五石四斗，內給八石，與學禮生，准折膏火。又給四石與朔望禮生，准折飯食外，實存租穀四十三石四斗，每年官收易銀若干，每歲奉文扣除修葺祠宇銀二兩，並完正餉銀二兩七錢零七厘二毫，餘銀盡歸義學，以為館師束修等項。又康熙間，詳撥育嬰堂內租穀三十六石三斗入義學內，除二十石與館師准折膏火饘稟，給四石與看守義學之人，給三十三斗三升與禮書存積為三年，鄉試謄錄盤費，每年館師束修，額以二十兩為率。至進館聘金與獎賞生童月課紙筆，原無定額，聽本縣給發。乾隆六十年，前任邑侯白公，以義學束脩菲薄，每年給穀六十石與館師，為束修膏火之資，後任照結。（同治桂陽志·藝文）

祁陽濂溪祠記　　清　甘慶增

天地所以開闢終始者，道也，道生天地而寄於人。顧道統之傳，或得之親炙口授，或得之典籍聞知，得之口授者不易，得之聞知者尤難。濂溪周子生宋天禧間，後孔孟千數百歲，無所師承，尚友千古，獨得聖賢不傳之學，著《太極圖》《通書》，窮理氣之根源，闡人物所本始，俾道之在人者，瞭如指掌。上接孔孟之統，下啟程朱之緒，千百世後綿續無窮，不至晦盲否塞者，皆先生之功也。

先生產營道，即今道州，距祁僅三百餘里，實為先生往來過化之地，流風餘韻，至今為烈。舊有專祠，在儒學左，體制狹隘，訓導龍應羲修於雍正八年，歲久傾圮。嘉慶丙寅夏，邑上舍劉普、處士徐鳴鏘，暨其子庠生師槐，同庠諸人謀撤而新之，請於邑令羅君守學為之倡捐，闔邑紳耆咸樂解囊集事，遂擴其舊經。始於丙寅冬，越丁卯歲歉，戊辰春夏穀貴，百物皆昂，工幾不濟，幸是秋大熟，遂復踴躍，計費金錢若干千緡，迄庚午冬告成，而未有以記也。

辛未夏，增編纂邑志，設局其間，首事以為請不獲，以不文辭，諸君可謂知所先後矣。道之不明，則忽於所當尊，而惑於所不當尊。先生，道之所寄也，以新先生祠為急務而妥其靈，則明於道之所先，而不為他岐所惑矣。由是而進焉，觀法所在，如見霽月光風，默體乎二氣五行之蘊，潛會夫繼善成性之旨，思所以接心傳於不墜，當不徒侈棟宇之崇隆壯觀，瞻之巨麗已也。是役也，經營籌畫，捐金外繼，復出貲劉普為多，徐師槐次之，襄勤其事者，則有庠生唐載颺、譚杰、聶聘侯、唐衛文、鄧濬心、曠中舒，儒士徐元吉，其同時重建之舉，則祠之左為孝子祠，右為節孝祠，又左為守祠者居屋，亦俱蕆事，三祠周遭五十六丈，連墻墉時祭出入共大門，故類記云。（道光永州志・秩祀・祁陽）

濂溪祠田詳請飭批碑記　　清　董禎

為詳請批飭以垂永久事，康熙五十七年五月初六，奉本州范憲牌開，本年四月十八轉奉巡撫王批，據本州詳稱，竊桂陽有周濂溪祠田二處，據該縣詳稱，順治年間，撥歸儒學管理後，吳逆變亂，奉祀無人，遂托栖禪寺僧帶管，甚非所以妥神靈而崇儒術也。今將田糧撥出，另立一戶名曰濂溪祠，糧撥學經管，修祠奉祀，每年應完正賦，俱屬該學給付，學書完納。嗣後所餘田租逐年變價，陸續購買材料，重建講堂，延請明師，集諸生童肄業緣由到州。據此，該卑職查得，濂溪祠田豈容僧踞，自應撥歸儒學管理，每年收租奉祀外，餘為搆造講堂、延師肄業之費。該縣所議甚協，當經批飭在案，但祠田向係僧人所踞，一旦撥歸儒學，誠恐世遠年湮，保無豪強仍肆侵隱。欣逢憲臺，理學淵源，文章宗匠，此等遺澤非得憲批炳燦，不足以定章程。相應詳請憲臺俯賜批飭，轉行勒石，庶先賢祠宇與憲臺培育宏恩，並垂不朽矣。奉批據詳，桂邑濂溪祠田追出撥歸儒學管理，以作奉祀修祠之費，更將所餘田租，搆造講堂。延師訓士，具見留心先賢後學之意，均如詳轉飭勒碑，以垂永久。仍取遵依碑摹，併兩處田畝若干，租石數目，及佃戶姓名先行造冊詳核，每於年終，備造管收除，在四柱清冊送查繳，理合勒石，永為遵守，須至碑者。（乾隆桂陽志·藝文中）

重修濂溪書院祠宇記　清　崔掄奇

聖人之學，見於經者，始於堯舜，而大著於孔子。孔子既沒，而百家竝興，孟氏起而正之，奪天下，既陷之人，而復歸之孔氏，亦已難矣。孟氏以來，去聖益遠，世益下矣。天下相安於固然，而不復知有所謂聖人者，奇說異術，更為前人所不及見。當是時，溯微言于二千歲之間，究極天下人之旨，昌明絕學，務以聖人為歸，豈非孟子之所尤難者哉？則濂溪先生是也。孟子有闢邪之功，而先生有表正之力，迨至程、張、朱衍其緒，大其傳，聖人之學，光于日月矣。要其手闢草昧，率先于吾道之途者，何人也哉？由以觀之，宜其尸祝先生者，徧天下也。

潯陽為先生遊居之地，祠享之所，舊有書院，圮而不治，是亦儒者之羞也。時有京兆趙大將軍鎮茲土，遊其地而歎曰："是余之責也。且使先生俎豆歇絕，無所歸咎。而余適建牙于其側，他日將毋曰，此軍士之故與?"乃庀其俸以修之。予以為將軍位列元戎，奉國忘家，其貧不下于儒者，而乃勤心于儒者之所不為，予增一愧矣。因少蠲以佐不逮，而更請于將軍，以為潯之籍，先生之裔在焉。求一人立于此以奉祠，使于督關使者，歲支銀六兩，以時黝堊其宮牆，灑埽庭宇，亦所以恢宏似續將軍之意于無窮也。將軍既不以予為謬，而更求記于予。予不文，安能發明先生之學于萬一！而終不能辭一言以告將來，曰先生者，孔子之大宗也，而將軍，亦斯道之干城也已。（同治九江志·藝文）

查濂溪祠墓田　清　周煌

地以資後裔養贍時，知府溫葆初稟據署知縣吳士湇查，明正德間碑載增置田三十畝零七分，監督宋置田二十畝。萬歷間，按院張置田三十畝七分，均後裔各立戶名，分管曲賣，僅周世奎等，現管田四畝五分、山地十八畝，查繳典賣田契，缺田九畝，實以年遠兵燹，無從根查。後裔俱赤貧，無力須籌項歸贖，至現在同姓甚衆，有竝非嫡裔而詐稱者不少，應傳喚祀生，查明世系，另立譜籍鈐印，以杜混冒等。因稟奉批司，妥議轉飭縣府，勘詳署縣吳士湆查清濂溪祠田，計七十九畝七分，并遺赤松船頭，一湖在防廳，歲納稞銀五兩九錢六分，應同石塘舖祠左碑。

乾隆二十九年，前令周千里、教諭周鴻基清出濂溪湖，設法取息，一體辦理，其田畝各處有原存原佃，其餘異宗異姓俱樂捐，歸祠業飭，教諭勘明坵段，繪具圖冊，另佃取約存學照畝納租糧，立濂溪總戶，以杜侵冒。每歲除完糧辦祭修理之外，查照嫡裔戶冊，按名給租，至捐田士民，俱慕義爭先竝請嘉奬。詳奉藩司錢琦批，據查出祠田七十餘畝，士民俱各樂輸，殊可嘉尚，但嗣後假手祀生，恐有侵漁交儒學，又必假手學書門斗，難保無弊，郎飭在於嫡裔中，合選端慤之人，公同辦祭散息，至如何立法，不致再有典賣之處，妥議另詳。是年，使周煌捐銀一百六十兩，添置黄田灣田八畝一分，印契存府。周煌有記，勒碑儒學，其田俱給嫡裔養贍守墓嗣，經知府溫葆初詳覆濂溪祠田，查明嫡裔，業經縣學傳集切隣，紳士擇報端慤之人，公同收租，辦祭散息，每歲底令出族内竝無盜賣甘結，由學送查田湖，如有更換，公同報學，不得私換，承佃以致復行典賣，祠墓已經前令監修完固，每歲田租約存錢二十千，貯學後需修費，由學協同祀生并經管者，公同支領，不敷以本年之租扣補，仍造工料冊詳送餘穀該學，公同按嫡裔印冊戶口給發，不許私銷，詳司核轉，奉巡撫吳紹詩批如詳，另立濂溪戶名嗣後典賣者，仝買田之人，一體治罪，田追完，祠價銀入官，仍將各產坐落地名、數目，勒石墓側，以垂永久。竝飭將每年該祠收支各項數目造冊報銷，繳其田產，坐落數目，及捐田士民并監理選報紳士名姓，俱勒碑陰，奉飭送胙，又石塘舖分路墓道碑亭左右，餘基寬長一丈五尺，其前教諭周鴻基清出濂溪湖興築閘壩，召佃取租一切事宜，另有詳案碑記，故不具述。（同治德化志）

增置濂溪祠墓田記　　清　周煌

濂溪先生生於道州，卒于南康，前明學使者邵寶疏曰：“九江之地，生寓精神，沒藏體魄，與故里相類。”九江，實南康軍也。乙酉夏，余從星子赴潯郡，欲展謁先生祠墓，而騶從未省所在，相距數里，未得一至焉，至今猶以為恨。按《志》，墓在德化鄉鄭太夫人墓左，兩夫人祔墓，下有祠，去墓七里，石塘橋有湖，湖上為濂溪草堂，自宋及明，屢有修建，並著祀典，諮取道州正泒供祀，置祭田。其始自道州來者曰周綸，乃先生十三世孫，不數載仍歸道州，所有遺業，日就蕪沒。承襲祀生周士爵稍加清理，嗣世微弱，遂使祭田湖港，悉被侵漁，寥落之感，不獨在士類也。試畢，稔知德化教諭周鴻基躬先倡率，經理湖港界址，賃貲有責，因其餘力，修葺祠墓，刻期竣事。余深嘉之，因念舊田為數無幾，周氏子孫卒不能以有立。爰輸廉俸若干兩，囑九江太守溫葆初為之增置民田，而署撫軍明公竣菴，見《志》中載有“撥給田四五十畝”之語，檄守查實以聞。於是得現管田四畝五分，私售田六十七畝二分，詳請籌項取贖，則有從前誤認民田，價買管業之生員夏熙、鄭美龔，皆悔悟輸公，無有吝色。既允鴻基所請，給匾揚勵，余亦以是年任滿將行，得太守報知已，增置八畝一分，其地在墓旁黃田灣，與前明巡按張公、監司林公捐置之田相近，乃益歎先元公之靈爽式憑，若有神助，而賢太守之克董厥事，以不愆時日為不可泯也。今而後繕修有資，祭祀有賴，饔飧有繼，世世承襲，俾熾爾昌。高山景行之思，其引之勿替也乎！因為刻其始末於石，其契券並存九江府，以杜異日佔賣諸弊。至於有基勿壞，式迪前光，是所望於後裔之賢者不少。（同治德化志・壇廟）

周俊薰復興濂溪祀事記　清　何之曙

祖龍一炬，孔孟之道幾晦。經有箋與注，漢儒之功也。箋注，有疏與正義，唐儒之功也。而研精微，洞本源，俾天下萬世從事於心與身者，宋儒功尤偉。其根芽實肇自濂溪。濂溪，營道人。宋營道，今道州也。官南康軍，二程子皆受業。過廬山蓮華峰下，觸知仁山水之樂居其地，因營道故居有濂溪，即名其地曰濂溪。迄今太夫人及公與夫人墓、書院墩故址皆存。守墓有嗣孫，春秋有官祀，朝廷敬禮至厚，獨手澤無一存者。賴公九世孫鉛德，當僞漢竊據江州時，抱公所作《太極圖》逃之王仙鄉居焉，今土人尚名周家邊。其孫文顯遷清塘燕窩裏，顯子四，長孟嘉，次端，次雄，次甫。嘉之後居清塘，甫之後仍守田莊，端、雄之後，丁口繁而莊落星散。俊薰集嘉、甫二公後，告之曰：“太極一圖，永存清塘，誠懼其失。”八月中秋日，當公誕期，懼褻圖二辱先賢也，陳圖展祭，齊集子姓，肅衣冠。戎馬屢經，祭金告罄，復為十會，諒力捐穀，眾皆諧而其舉遂成。夫以濂溪之道德，闡孔孟，開程朱，其心，一聖人之心，其身，一聖人之身，其不可磨滅，固不在圖之有無也。且其圖首列性理一書，藏之秘府，散於庠序，有井水處皆見之，知其解者鮮矣，覩此原本，即能了然於心與口乎？顧以大賢留此手澤，是衡嶽洞庭、匡廬鄱湖之神靈所呵禁而擁護者，而周氏子孫能奉以為寶，洵不愧大賢後矣。（同治德化志・壇廟）

特祠議　　清　張尚瑗

特祠之說，以義起。《記》曰：“禮之所尊，尊其義也。”興國之祠明道、伊川，所謂國故也。凡有國，各自祭其先聖、先師，虞有伯夷、后夔，周有周公，魯有孔子，三代以後，地之所產，不能有其人，而車轍杖屨至焉者，亦得援其禮，以爲此邦所欽式。江都之董子，潮之韓子，建甯之朱子，皆是義也。其祀文信國也，則以死勤事者也。舊祠有趙時賞鞏信配食，予更採得劉文伯等十一人，詳於文山事蹟考中。然愚以爲，興國之祠二程是也，祠二程，而復舉周元公以配之，不必也。以信國與二程合祠，宜也。若王文成公之並祀，又非也。

天下大可以統小，小不得以僭大，三代命祀，祭不越望諸侯，祭名山大川之在其地者，夫山川之神非其地，則不祭。昔聖、昔賢之跡，不至其地者，獨可以僭而祭乎？朱子曰：“神不歆非類，民不祀非族，謂其氣有相關、不相關者，此雖論子孫之於宗祖，推之他祭，理莫不然。”是以夏后相都帝邱，至春秋而能奪康叔之饗，晉之臺駘，齊之爽鳩，皆以昔居其地而爲之追祀。按周子嘗爲南安司理參軍，程大中適通判是軍，遂與爲交，使二子受學焉。是二程子適南安，以受學於周子，非周子嘗至興國也。周子後又嘗通判虔州矣，贑所以有濂溪書院，然卒不聞其至興國，至文成則再奉命撫虔南，嶺南北數千里，至今皆食其德，何區區興國而能以特祠爲公，重公所建節之地！宜祀於贑，公所誓師殄寇之地，宜祀於南呂、於吉，於南安，公所奏設之縣，則崇義宜祀，公按部之所經，則雩都、龍南可祀，公講學之所寓，則泰和、廬陵可祀，興國於數者，皆無與也。季氏旅泰山，秦伯祀，好畤越禮舉祀，神其吐之矣。

三程祠起於慶元乙卯，通守黄涣所建。咸淳改元，錢侯益易爲大中祠，爾時尚未有名宦祠，海内之以子侍父而爲祠者，惟濟源縣四陳與興國三程，皆以俎豆而用世及之典，傳爲美談。咸淳十年，何侯時闢之安湖書院，在衣錦鄉村，侑以濂溪。逮曾侯選作賢令祠，祀大中及莊忠敏以下數人，則大中已爲名宦之主祀。自時厥後，黄、何、蔡、吳諸令，或立名賢祠，或爲鴻飛書院，又益以文信國、王文成，合周子、三程六先生並祀，其懷古尚德、高山仰止之意，則甚美，而於義或未核也。夫有其舉者，莫敢或廢。諸祠之廢久矣，今日而議復，惟亟復二程、信國之合祠，而周子與文成，則因其廢而不必復舉，非敢於進退先賢也，以諸賢皆秉禮度義之大儒不容，予以所不安焉耳。

且就興國而論，更有可進於陪祀者，邑賢之與伊川交而爲所深許者，有李朴其人焉。朴嘗建言隆祐太后不當廢處瑶華，擠之死而不懼，既又以不從王氏學而黜，又以不見蔡京、不見馮熙載，屢受摧抑。史稱其不怵權威，是其學或未必遽入延平、將樂之室，而抗節固窮，則足與蘇昞、尹焞頡頏，以之配食二程，真於俎豆有光。潮州韓文公祠以趙德配，漳州蔡忠惠公祠以周匡物配，先之先生視此二人，不尤傑出歟？愚又考前代名賢跡至兹土者，又有二人，一爲趙清獻抃，一爲元文敏明善。清獻作興國詩頗多，其《題靈山》"鐘冷入秋雲"之聯，非躬造者不能，大約行部偶至，據援崇祀，猶屬好事，元復初則爲董左丞，士選掾討劉六十親至興國賊巢，士選聽其計擒渠寇，散支黨，焚賊所爲文書，全活不啻千萬人，而數百年來，贛郡未有語及其肸蠁者，即董左丞亦宜竢報功之議，况明善先生，元代大儒，殄寇巖邑禦大甾，捍大患，恩施至今，以李配程，以元配文，名爲興國五大賢祠，誠屬至當。某邑長於斯，有主祀之責，敬陳其議，以告士民，賢達耆老，俟祠成而舉行焉。（同治贛州志·祠廟）

贛州名宦鄉賢祠議　　清　張尚瑗

《傳》曰："守道不如守官，出位而言，罪也。"瑗前譔興國《特祠議》以典職斯土，肅將明禋，禮所未合得言之，而即與釐正之，至興所受隸之贛郡，與同隸於贛之諸邑，祀典從違，分所不得言，即間有疑者，亦無從而析其所以。然自中丞郎公委修郡志，乃得肆考其古今人物官於斯、生長於斯者之人品、德業、政術、勳名，上下千餘年，輿論之好惡，先我而立言者，月旦臧否，同異折衷之所歸，前輩之記專祀、合祀，如精忠、清忠。濂溪書院、文成公祠，皆止就一二鉅公名德彪炳者爲言，而未統計乎一郡。舉一郡統計之，莫若名宦、鄉賢二祠，而此二祠中之人，始而舉祀，繼而從祀，亦惟是一時。公好有觸則鳴，又未嘗統計乎千有餘年之人，槩而量之，衡而懸之，求其必無餘憾。

故今瑗之有槩於中，不自已於言者，議陟而不議斥，惜漏美而無議溢獎其一二，過舉昭然紕繆者，援典制以相申駁，而非有訾乎古之人，則巡撫都御史之金澤、周南、吳百朋、江一麟四公宜補祀名宦者也。金公在明宏治七年，虔臺初建，夷凶翦暴，立綱陳紀，時論稱爲識治之通才。金去，而憲院旋撤，盜賊復起。明正德十七年，周公乃振而張之，大帽就擒，四省胥奠，擁旄相繼垂二百年。虔院之有二公，蓋蓽路以啟山林，可謂法施民矣。吳則有平下歴之功，江則有討黃鄉之績，長甯縣創立於江之手，定南雖張翀奏設，祇以終吳之業，故兩公平賊之功，直與王文成鼎峙，如謂都憲秩尊，不應與郡僚同其肸蠁，則文成既祠名宦矣。文成別有特祠，以道學宗傳與濂溪相倣，非吳與江所敢望，祇論平賊勤民，以勞定國，何不可從於文成名宦之後？謝鳳渚《虔臺志》論堯山曰："南贛之尸祝，公與新建世世無斁。"於仲文亦曰："江公不朽之伐，且垂之世世。"意當時固有舉斯祀者，而後漸漸泯耳。四道分建，其備兵章，貢閒有薛公甲焉，以拓羊角功而錫服，以忤分宜旨而拂衣，才與節兩無愧也。有陳公士奇焉，藝園蔬以自給，縱囹囚而自歸，介與慈均足稱也。此皆非贛所得，專之官禴嘗濟濟，既云備矣。所闕典者，乃在始建郡之虞潭，當杜弢搆逆，嶺嶠祲氛，傾貲饗士，大致尅捷，賢母之休聲並垂，而令子崇勳不邀匕鬯乎。裴諝之奔赴陝州，代宗嘉其勁節，讀儲潭喜雨之碑，則澤加我民矣，何以至今不祀也。路應之傷脛不言，李沁稱其長者，觀贛灘鑿險之役，則功留兹土矣，何以至今不祀也？孔宗翰乞詩蘇公事，僅文章飾治具然，治鐵錮石，遏二水之衝，八鏡臺砥于右焉。三犀秦守之比詞筆也，實民庸也，何以至今不祀也？

周元公敦頤而繼祀矣，公之列名宦也，以判虔州也。判虔州之濂溪先生祠，而監稅虔州之泰山先生孫復，司法虔州之龜山先生楊時，何以不祠？兩先生經術儒學，宜入濂溪書院配食，祗論名宦祠，而罣漏之議，亦典祀所不得辭者。下此則有通判之羅願存齋焉，書院山長之劉辰翁須溪焉。存齋文方駕歐，曾爲朱文公、楊文節公所服膺；須溪則江文忠公所推薦，而文集百卷，學者所宗，贛府得之，亦可云文治而名成矣。縣令之賢，祀於邑郡，長貳之賢，祀於郡，不相侵也。贛府學則并祀興國令程大中珦、海中丞瑞，曠典特興，不知昉於何年，以此例之。宋文憲公濂之令安遠，楊文貞士奇之教石城，亦宜入府學祠否乎？程文海之爲名儒，直臣與宋、楊之爲大儒，賢相學問，功業孰大孰小乎？此愚所疑，其例而不得不進其說者也。

凡右幅所列者，全郡也，四轄也。未及於縣也，前代也，非本朝也。縣則其地褊，故耳目親而易灼。本朝則爲時近，聲實真僞猶俟積久而論定，無俟乎汲汲遽陳側聞，節推蘇峻大言於劉虔撫，免雩邑闔城之屠，贛令郭毓秀請於佟虔撫，白田村一里之不叛，其里人尸而祝之。未入祀典，尤最偉者，無若照磨李德明攝印石城，當耿逆叛據閩汀，拒守三年，身經百戰，梯衝舞於雲中，井泉飛於嶺畔，古來名將烈士，無以尚兹。郭令者，澤僅一里而縣祠宜舉之。蘇、李兩公者，官係郡幕而佩恩之邑人，宜奉之，或以未合守土之例，特崇報德之祠。準制揆宜義存，酌取其現載祀典，而不能無擬議者，竊以爲文信國公天祥，不宜雜祀於會昌名宦，蓋信國之爲名宦於贛也，以太守故也。又嘗開督府於興國，興於是乎有特祠，戰勝於雩都，雩於是乎有合祠。會昌者，行師偶過之地，祀禮宜同雩，而不必同興，而上擬於贛郡，是卑信國矣。留忠宣公正，未嘗令興國；周文忠公必大，未嘗尉雩都。興之祠，瑗既祧之，雩之祠，則以告我。

同官而最不可解者，甯都之祠列御史顧佐、薛璉，督學黄涫、李齡、高旭五公。夫學使者，通省之秩官也。大居正以率屬，宜歸重於南昌贛郡，且不得祀，而何有於甯虔臺建設，以後院道之莅贛者，贛得舉其祀，自餘江右之中丞直指，亦不得而過問矣。意五公者，持斧之風裁，秉衡之冰鑑，於甯都必有被澤之尤深，畏神之獨竦者，夷考志、乘，寂無一語。《江西通志》并無薛璉御史其人者。此在通志，當抱闕畧之疊，而瑗亦深懷寡昧之咎，顧五公之祀於甯都，反覆而不得其説。律以僭祀之失，殆無辭以自解已。甯都鄉賢祠又誣祀，崔太傅與之石城，亦有陳晉公，恕因里居桑梓之謁，而矯誣逮於蘋藻，鳳渚既詳闢之，瑗又踵申之，而於祠志未敢徑削者，里人無當路之權，鄰壤邑長無主祠之責，惟大聲而呼，俾聞者自反耳。鄉賢散見各邑，聞見親而輿論確更切於邑令。又子孫表章先德，自有其人，無俟鄙人之贅筆，顧亦有緬溯古，初不能默默者。鄧德明，宋元嘉中譔《南康記》，爲章貢文獻之開基。綦毋潛以詩鳴唐大歷閒，其文翰，足以輔藻南邦，世遠年湮，邈乎莫宗，自今舉之，非補亡之盛軌歟？或曰，王歆之並譔《南康記》，名宦可稱乎？曰，名宦之人物偉矣，豐功懿德，照耀青編，非□錄叢説之才所可絜量。若夫宦遊羣儁、流寓諸英，翩翩乎實繁有徒，就志中所傳之人而爲之祭長江，以卮酒拜昌黎之遺像，增華好事，以俟夫君子之有作也已。（同治贛州志・國朝文）

重建二賢祠記　　清　蔣國祥

西江十三郡，獨南康轄四邑，廣袤不過三百里，菽粟外無他產，可謂隘且瘠矣。特以宋元公周子、文公朱子舊治，遂赫然著稱。志蓮池者泛彭蠡，而擬渤海之觀，遊鹿洞者望匡廬，而想泰岱之勝。豈非地以人重哉！顧世之重二公者，皆謂周子當熙甯初為南康軍，《志》稱其興教善俗，民安其政，士宗其學。朱子以湻熙五年，被南康之命，居官者二年，興學宮，建官廨，蠲租賑粟，築隄惠民，善政尤著。此其説固也，而不僅是也。古之循吏，既遷去而民思之不忘，為立祠祀者衆矣。始而推崇，繼寢衰息，而二先生則合屬官僚。春秋朔望，虔奉至今，要其政事，根本理學，《太極》《通書》，主敬致知。直遡鄒魯之淵源，足垂天壤為不朽也。

府舊有祠，在儒學旁，朱子建以祀周子，配以二程，張敬夫為之記。朱子殁，軍守陳宓以二程别有從祀，乃奉周與朱同祀，此二賢祠所由昉也。淯祐間，郡守倪炌又拓地，上創閣，下為堂，取高明中庸之義。元末燬於兵燹。明洪武初，卽其舊址作屋三楹間為祠，以復其舊，見王忠文記。《志》謂洪武間，改建於府治東者，誤也。讀張元禎《府堂記》云，儀門東為二賢祠，以祀濂溪、考亭二先生，則改建其成化間郡守曹公凱乎？惜基址湫隘，上風旁雨，且逼近門路，漫無防閑，婦子嬉遊，役夫乞人，時為休息之所，非所以妥靈爽、肅觀瞻也。祥八載於茲，久欲拓其規制，而散員力弱。

今署府篆商之同寅許君，及合屬邑宰僚佐，咸有同心，共捐俸鼎新，移置今所，爽塏宏敞，庀材鳩工，為正堂三間，高丈有九尺，廣三丈八尺，深二丈六尺。前為門塾，繚以周垣，旁立義學，延師課子弟，爲居守計。經始於辛卯季秋，六閱月而落成。嗟乎！善政被於一時，典型垂於後世，統緒接乎往聖，學術啟乎來茲，此蓋天下百世之所共宗，而南康一郡，獨獲沐二先生之遺澤，為尤幸也。余之新其祠宇，豈惟是俎豆之為耶？讀其書而法其人，遊其宇而思其道，以之持己，則峻理欲之防，以之治人，則嚴王霸之辨，以之論學，則儒與釋必不可以同歸，予願與郡之人士交勉焉。二先生之靈，其式憑乎？因紀祠事，而并言其要如此。

（同治南康志・建置・壇壝・祠廟）

修復二賢祠記　　清　盛元

予以同治九年五月，捧檄赴南康任，溯自咸豐三年兵燹之後，前守龔君翔雲始董率紳耆修復文廟試院，餘皆未及舉行。此邦士風，雖素稱尚義，無如瘡痍初起，戶鮮蓋藏，且當勸辦捐輸之後，勢難竭澤而漁，心餘力薄，守土者亦無可奈何而已。郡治東向有二賢祠，國朝康熙辛卯，自府儀門左移建於此，舊有祠產，燬於兵燹，莫得其詳。咸豐八年，軍務肅清，甫將田畝坐落、佃戶姓名，屬府胥查明，詳載於冊，未遑計及祠宇也。辛未秋，簿書之暇，據冊清查，約可得租一百餘石，若經理得宜，輸糧而外，祭品修費，綽有餘裕。予乃多方籌款，委郘經歷明俊庀材鳩工，經始於九月，至十二月竣事。祀二賢於中三楹，而以右三楹合祀蔣、狄二公，階南三弓許界以牆，中闢為門，牆外西偏建屋四楹，延邑之名宿設帳於此。俾力難延師者往受業焉，東偏隙地，則星子徐令鳴皋倡議興建，作為四縣公所，歲底一律告成，所用工價暨義學章程，與夫田畝佃戶、收租支銷各款，另載於石。

或曰："子也家無一椽之庇，一畝之植，以藉而為生，即今出守數年，辦公猶覊棲試院，遷徙靡定，迺獨於二賢祠是營，無乃迂甚?"予曰："而不聞君子之營宮室乎？宗廟為先，居室為後，二賢者，為學之宗祖，卽為政之宗祖也。且予亦何嘗忘居室哉？郡署經費浩繁，一時猝難得請，盡予力之所為，莫此為先焉耳。"或又曰："二賢從祀文廟已久，何專祠為?"予曰："二賢之學偏天下，而其政則莫切於此邦；此邦得二賢為之守，又繼得蔣、狄二公為之守。蔣、狄二公之為守，其學其政，不知何若，而獨能景行乎二賢，則真能守也。真大有造於南康也。予無以窺二賢之學，幸得考二賢之政，亦不能步趨二賢之政，幸得從蔣、狄二公後，以景行乎二賢，則今日之祠，亦仍蔣、狄二公之志也。若後之守此土者，能由其學以達於政，則此邦士民之幸又何如耶?"至二先生之所以治康，則前記已詳，言之不復贅云。（同治南康志・建置・壇壝祠廟）

程大中公祠記　　清　徐大坤

乾隆丁巳，予承命尹茲邑，循例謁文廟暨諸名宦先賢，以逮山川社稷，若者專祠，若者合祀，罔弗凛凛，躬親凡以尹茲邑者，固得主邑中諸祀者也。《祭義》云："聖王之制祭祀也：法施於民，則祀之；以死勤事，則祀之；以勞定國，則祀之；能禦大災、捍大患，則祀之。"由是以推，祠有特名者，必其功德超越倫類，不敢混一而畧之，如是邑名宦祀者匪一，而剛峯海公有特祠，誠以其經濟忠亮，煌炳史冊，有明誠未數數覯也。

建特祠，洵當近年來有五賢祠，以二程子居其首，亦係特祠創議，建祠懷古，尚德如某某者，直令後之人感慕而興起，亦復何議，而予竊有不能釋然者，則程大中公一人焉。稽其知興國縣時，邑故稱難治，公蒞任甫二載而獄空者，歲餘聲播旁邑，有訟積十餘年不能決，質之公，片言悉服，志稱慈恕而剛斷，信然。予更謂雖古西伯虞芮，質成何以異。

是先尹兹邑者，海公則特祠，而大中公槩之名宦，豈以其近則揚之，而遠則畧之耶？且二程之往學周子也，緣大中公知興時，二子侍學，繼假倅南安軍，濂溪特一年少獄掾耳，衆未有識者，大中公一見以爲非常人，深結爲友，命二子受學，遂開濂洛理學之傳，非尋常功德比也。然則五賢祠特祀二程，而大中公擯弗與，殊亦未允。或謂邑在明，故有三程祠，繼改爲大中祠，後又改大中公主祀名宦，未嘗擯而畧之也。然以公槩列名宦，而特祠弗及究，無以播其芳馨，而啟人仰慕。此殆前賢之逸事，有待於繼起之變通者也。古今之治，開於道，二程尋孔顔之樂於周門，得傳聖道者，大中公之命也。矧其治績載諸志乘，尤班班可考乎？

余故遷建聖廟，左修三程祠，外復卜室海公祠北建坊，彷像而特祠，□乃邑之諸紳士莫不踴躍從義，非予之誠能動人，大中公之流風餘韻，足以興起人心者，實爲之諸生勉乎哉！其廣是特祠之意，以庶幾於道，則又大中公開厥道統，佑啟後人之大有造於兹邑，以爲天下先者也。工竣，顔之曰治道統宗，百世後倘亦不謬予言乎。公諱珦，字伯温，舊名温，字君玉，河南人，以論薦大理寺丞，知興國縣事，移知龔州，累遷大中大夫，封永年縣伯。（同治贛州志・祠廟）

修濂溪、山谷合祀祠　清　徐永齡

甚矣，學問足明正道，文章足洗陋習，著當時而傳後世者，不恒有也，宋濂溪、山谷兩先生足以當之。且一宦於寧，一生於寧，宜乎寧之人讀其書、思其人而崇其祀，百世不衰也。予於甲辰冬承乏兹土，甫下車，謁兩先生像于旌陽山之麓，祠宇漫漶，圍墉傾圮，時即有興廢舉墜之心。

會地極凋瘵，事益繁劇，余更拙於才，日無暇晷。每春秋虔祀之，蹙蹙靡寧。今且越四載矣，敗椽折棟，不足以蔽風雨；頹垣破壁，不足以避狐兔。因自念曰："茂叔之《太極》、《通書》，探孔孟之旨而發天理之源，明正道也。涪翁著文立說，本於眉山蘇子，並起唐末五季之衰，洗陋習也。當時學者聞兩先生之名，翕然宗之，及今幾五百餘年，而覽其圖籍者，如仰麗天之星斗，莫不為之起敬。雖通立其祠祀於天下郡邑不為過，夫何已有祠而弗葺弗飾之若斯乎！吾知覽物好古之士必至此蕭條悲焉。且名宦如茂叔，鄉賢如涪翁，尚不能邀分寧之興其祠以隆血食於世世也，則後此之名宦鄉賢，其又何望焉！”稽之《志》，周之書院，黄之祠舍，初未嘗不巍然焕然，足以聳士君子高山仰止之思；乃兵燹屢殘，基址屢易，兩先生之合祀於此也，毋亦時為之乎！然因時制宜，踵事增華，實有官者與都人士之責也。敢肅蕪祠，告我同官暨縉紳先生諸弟子員。

是役也，不求輝煌壯麗，複全盛之偉觀，但期去此頽敗，刪此荒榛。中為堂三間，門為屋一間，兩廡六間，擇衲子之有戒力者居之，以供灑掃香火之役，典禮不墜，而兩先生之精靈有所憑依矣。後之官於斯、生於斯者，仰瞻遺像，俯稽載籍，或有懷光風霽月而學道愛民，或有懷節概文章而尊經復古，則此之協力創舉，不為無功於來茲云。（黄庭堅全集）

重修濂溪、山谷兩先生書院合祠記　　清　班衣錦

嘗攷禋祀之典，能捍炎禦患，有功德於民，則祀之。而昌黎有言曰：“此鄉先生沒而可祭於社者。”是禮以義起，則天下之郡縣名宦鄉賢之祀，不自今日始也。而分甯之有名宦鄉賢，別有祠合祀，亦如功德豊大，別立祧廟，禮以義起，其制亦不自今日始也。分甯當宋時，號為上望，而官於斯者，有濂溪周先生；與生於斯者，有山谷黄先生，一時同世同地，道德、文章、節義，交相愛慕，而分符是邦與擢秀修江者，不幾千古稱盛哉！且兩先生，一探東魯之源，為圖為書，道統於焉不墜；一開西江之派，作史作詩，文風賴以維新。功德豐大，宜別祠以合祀也。

余守斯土，烽煙搶攘，出郭祀兩先生于山麓之墟，觀山水之勝，感念兩先生道德、文章、節義交相愛慕，歎曰：“詩淵學海名今古，流水高山壯几筵。”仰止儀型而自赧：去兩先生之世六百餘年，分符濫膺刺史二千石之職，地已蹂躪，凋殘告疲，為南昌下邑。手綰銅墨，山城丘墟，工部詩曰：“城空草木深。”是分符之地同，而今昔盛衰則不同于先生所守之時矣。學道愛人之訓，祇懷霽月光風，胸次灑落，以為儀型而已。乃太史枌榆之鄉，今兵凶薦臻，而山川依舊，井里丘墟，欲求再見雙井當年之盛，徒憑弔往古，為之唏嘘。僅存兩先生合祀之典，兵火廢其堂奧，敗其周垣，毀其精舍，俎豆爐煙，僅存春秋奉循之具文。史遷有言

曰："是予之責也夫！是予之責也夫！"予烏得不亟修之，以副仰止之忱哉！

爰捐資以為倡，亦如修葺學宫之舉，與同官及紳衿士相為倡和。鳩工庀材，為堂為奧，為門為垣，為東西之精舍以翼之。自門徂堂視之，歷階而升，有嚴有翼，中塑兩先生像，儼然分符是邦，與擢秀修江者同時同地，坐對一堂。自堂徂基，歷階而下，洞門重開，正如我心少有邪曲，人皆見之，又足以副余仰止兩先生之型。是役也，造舟維梁，俾州人士出郭有濟，次第經營，則在康熙十七年之仲春。鳩工斵材，興畚鍤，芟荊除草，為堂三間四楹，為內堂，楹數亦如之。為門，為垣，為精舍，相翼於東西，如企斯翼，如矢斯棘。中置俎豆以祀兩先生，擇衲子身佩戒香者為之，昕夕鐘鼓，司香水，司啟閉。其甫工則於康熙己未十月，工竣則于庚申之二月。是不可不紀之，以告分符是邦者，與生於是邦者。他若祭田有租，助修捐資之數，官秩姓氏，別附碑陰。（同治義寧志·藝文）

重建二周先生合祠碑記　清　彭啓豐

自蘇之府治出葑門二十里地，名姚馬村，舊有二周先生祠，祀宋濂溪先生暨明孝子良卿先生，創自明崇禎，閱百餘年，後嗣維新、家瑞等先後捐貲繕修。而祠址瀕水，隄岸被衝激，祠屋數圮。至乾隆四十一年秋，家瑞子大銓請於有司，改建祠於學宫之東，規制廣長，一如舊制。既成，遷木主於新祠，屬予爲之記。

予讀濂溪先生《太極圖說》，而有得於孝道焉。孝也者，反其所自生；反其所自生者，視於無形，聽於無聲。無形，形之母也；無聲，聲之母也，能知其母視聽一矣。如執玉、如奉盈，孝之至也。故圖說曰："五行，一陰陽也；陰陽，一太極也；太極，本無極也。"孰能知太極之本無極者，斯可與？反其所自生矣，濂溪先生其身體之矣，若良卿先生，斯有其一體者與？周氏譜記良卿先生，名尚賢，年十歲，父病，泣血籲天，而病獲愈。既遭喪哀，毀骨立廬墓終身，其歿也，鄉人私謚之曰"正孝"，宜大銓之亟亟於合祠之舉也。爰爲記以論之。（民國吳縣志）

重修濂溪夫子祠池亭記　清　宋錦

余幼讀周子《愛蓮説》，留連景慕，謂其先得我心，輙妄自期許曰："庶可步厥後塵乎？"迨觀程子述其受學之時，每令尋孔顔樂處所樂何事，然後知其見道之深未易幾及也，至若《太極圖説》等書，有以抉乎易理之精，窮夫性天之本，孟子後一人而已。余以中下之姿，作輟其功，詎能望其萬一哉？而景行之私，則未敢一日去諸懷也。

今上御極之十二年，仲春望日，由犍令來牧合陽，求志乘於斷簡殘編中。知先生於嘉祐初，嘗以太子中舍僉書合州判官，合之人至今尸祝焉。蓋其教澤入人深矣，謁其祠，覽其遺碣，堂曰光霽，亭曰尋樂。創始於嘉靖辛卯，練塘邱公兵燹後蕩然無存。康熙丙戌，大梁蔡君之芳興復之，迄今四十餘年。堂宇雖存，亭榭已傾，乃謀于督捕南陽鄭君作璲曰："先生，理學名臣，甘棠遺愛，可令其久而就湮乎？况余與君，皆豫人，蔡君之績，其待我兩人嗣之矣。"遂與學愽殷君建元、穆君銓麟，駐防司廳張君世勳，署司廳向君子寧，各捐俸爲倡，紳士、商民翕然嚮應，共得金錢十餘萬，命鄭君董其役，擇庠中醇謹幹練者張生朝聘、袁生藻、楊生泰、張生朝綱分其勞，仍亭之舊一新之，復鑿池亭前，種蓮池内，將以廣先生之愛耶，亦以昭余景慕之初心云爾。

雖然修廢舉墜有司之職也，希聖希賢學士之分也，是役也，鼛鼓不煩，百工用命，固可見秉彝好德有同然矣，而觀感興起者，其何以洗心滌慮，澡德浴行，群趨於君子之途，以庶幾夫光風霽月之度，而日尋孔顔之所樂乎？余不敏，願與此都人士共勉之。時乾隆十三年，歲在戊辰季春下浣之吉，賜進士出身、奉直大夫、四川重慶府合州知州覃懷宋錦立石。(乾隆合州志)

重建周元公祠啟　清　楊于高

參天松柏，鄂國墳高，滿鄔烟雲。葛仙祠古，花落紫陽之院；水面文章，雪深明道之門。高風游夏，滿香十里，人懷二守風流，月滿孤山，客夢四賢丰度，而春陵以繼往開來之絕學，究誠身明善之真源，為孔孟表章，立程朱規範，何乃建炎興築，閲數世而遺址煙沉。世廟重脩未百年，而斷垣雨蝕，託勾芒之祠宇，栗主塵蒙，修肸蠁於歲。㫖苔階露浸，行道驚心，儒生愴目，此木叁重建濂谿祠之舉，誠不可不亟也。

當夫洙泗遺言，秦燔蕇錯，詩書奥旨，漢說支離，既幽沉於魏晉，復舛雜於齊梁，非有憲章賢聖之精微，推闡陰陽之閫奥，將傳心幾熄，而道統無徵。公獨發明太極，表著《通書》，尋墜緒於千秋，繫微言於一髮，昌明大道，炳若日星，震起羣儒，近承衣缽。豈特誠孚忠獻，獄折分寧，照耀寰區，昭垂信史哉！夫德峻功巍，宜膺燔燎，臣藎士傑式享蘋蘩，寧冐掃曲學之蚍蜉，闡揚聖教，樹一朝之模楷，糸透賢闕，而竟令宗祊失守，廟祀久虚，其何以虔釋奠於春官，妥明禋於奕祼乎？矧夫武林城外，紺宇鱗差；明聖湖邊，梵宫櫛比。起數仞奂輪之宦，虔奉鴿王，輪十方布施之僉，侈崇象教，清波片壤，久浸榛蕪。社屋木椽，誰嗟霜露，俗惑浮屠之異說，人忘世道之仔肩，維整肅夫典型，賴扶持乎名教，佇看重新棟宇，式焕宫牆，仰光風霽月之心，期景行在望，想庭草池蓮之生趣，趨步堪承。不徒牲腊永虔，紹衣者獲表聖賢門第；亦且羹牆可見，服膺者共尋風浴襟懷，謹啟。嘉慶丙子仲冬，賜進士出身，杭州府教授候選知縣平湖楊于高撰。（周勳懋本）

重建元公祠募啟　清　周凱

我國家文教振興，昌明理學，雍正八年以宫保節制中丞李公之請，重建濂谿祠於西湖之潃，游其宇者，如坐春風中，藹然興起，况其後人歟？按祠之始自南宋時，元公長孫秦州儀曹，其二子徙臨安，建濂谿祠以祀元公。今祠，其遺址也，儀曹子孫既居杭州，其後散處浙琶邑，無萃族居省會者，以故祠無專守，今祠復圮矣。雨榛煙蔓，過者憫焉，又况其後之人能無深肯堂肯構之思歟！夫遠祖得有專祠，我元公上丁從祀孔子廟庭，其明日有司復脩祀事於西湖之祠，而子孫亦得以蒸嘗世守，乃今栗主寄高德社廟，春秋展拜，無所不深可慨歟。現已主明各憲勘估咨辦，復奉部議，准行所有估計，不敷銀兩，承認公捐墊補，以期永固。今現存基址，去清波門半里許，錢家灣廣一十九弓，深四十弓，積七百六十弓，計三畝六分畝之□，前五間為門牆，中饗殿後為兩面廳，前以祀元公之先世，後以待賓客。過從凡為屋若干，需工料若干，凡我宗人各隨心之所發，力之所勝，宲桷瓴甓，各隨所輸，某等不敢以私我，宗人孔庶以繁事可立，舉《記》曰：“君子將營宮室，宗廟為先。”凡我宗人，必不視為可緩也，謹告。賜進士出身，翰林院編脩，充國史舘纂脩，文穎館協脩，裔孫凱拜譔。（周勳懋本）

重脩周元公祠記　　清　李宗昉

西湖之湄，南宋建周元公祠，歲久傾圮，至元延祐重建於清波門外之錢家灣，我國朝康熙、雍正間屢請脩葺。嘉慶丁丑，裔孫凱等復請脩，落成日請記于余。余曰，周元公之紹聖明道，俎豆馨香，从祀兩廡，廟食百世，不待家祠之有無也。砭愚訂頑，民胞物與，天下後世羣奉一編，知與不知，爭相尸祝，不待西湖之專祠也。坐言起行，誠中形外，聖賢氣象，霽月光風，又不待哲嗣之葺祠而煥然表見也。余言不亦贅乎？雖然，元公之作已八百載，忠臣節烈奕世間作，孝子順孫繼繼承承，禴祠蒸嘗，追遠報本，以此誼而推之一鄉，推之一國，推之天下，則戶有絃歌，家傳慈讓，薰蒸坱圠，翔洽太和，即四子之學於以傳，達道達德於以立，而我朝之煦嫗覆育，教化廣被，使人親其親，長其長，皆不外是，則哲嗣之葺祠，為有名西湖之專祠為不濫，而家祠之為歷代褒崇，聖主俞允，以風示天下後世之學者，若揭日月行江河矣。祠背山面湖，春夏菡萏敷披。迎朝霞而映初日，想見公之和；際空濛而濯煙雨，想見公之潔；縈迴香風，不濡不染，想見公之度；漁唱菱歌，婦子筐筥，採實擷節，盈溢于市，想見公之質。如日用飲食，有補於生民斯世。此西湖之祠堂所獨甲於天下者，是不可以不記。嘉慶己卯夏五月既望，山陽李宗昉撰。（周勳懋本）

重建濂溪祠始末　　清　周勳懋

西湖之有祠宇，相傳肇自南宋，創者不知何人，基址餘地不詳若干。嘉慶乙亥，宗人清渠等呈請修建，並請勘文清理查納租冊，名有壽明者，核宗譜，元公六世孫名天祐，字壽明，係伯逵公之後，卒葬西湖南高峰下。李衛《西湖志》：“元處士周天祐墓，在茅家埠。”貝瓊《貞孝處士周公墓誌》："公諱天祐，字思順，其先汴人，五世祖燧，宋機察官□從高宗南渡，占籍於杭，公好學，讀書受《易》于吳興宇文子貞，居家以孝聞，監察御史李完者，薦授嘉興路崇德州倅，不赴。洪武四年，葬茅家埠祖塋之側。"據此所云，五世祖燧公，即伯逵也。《譜》載伯逵公，名忠仕，泰州儀曹，娶李氏。徽宗辛丑，泰州亂，公被金害，妻李及子鑣銘從隆祐太后南渡，居錢塘，則扈使者非高宗來杭者，非伯逵公也。《譜》與《墓誌》不符，誤矣。

是祠疑天祐公所建，以祀元公，其規模宏敞，祠產必多。今現存祠基，被祠鄰王士進，及鍾姓、錢姓等侵佔殆盡，前蕩及祠東地蕩，均不惜重貲搆買，餘則遍築攢堂，無可控告，良由不肖守祠得賄徇私所致，在土人但知漁利本無足責，甚至播紳之族，亦尤而效之，宵小得志，侮慢先賢，殊出人意計之外，吾杭文運宜其不振矣。國朝康熙五十一年，督學姜公橚檄令重修，巡撫張公泰交題額，運使高公熊徵有碑記之。（周勳懋本）

重建周元公祠碑記　　清　李衛

濂溪周夫子祠之建於湖濱也，始自建炎南渡，歷數百年於兹矣，其間風雨之漂搖，鼠雀之涴剝，瓦礫荊榛，僅存其址。今天子纘承治統，光啟人文，詔修先賢祠宇，而杭郡西湖之間，如朱文公、二程夫子以及忠賢節義諸祠，一時並舉，靡不煥然維新，况濂溪夫子道宗先聖，學啟諸賢，闡二五之精微，發誠明之閫奥，尤俎豆所宜，特先者而顧令，几筵楹桷鞠為茂草，其何以揭虔妥靈，為仰止景行地乎？爰從署藩之請，給帑興修，而遴員以董其事，庀材鳩工，僦傭授真，凡為門堂寢廡若干楹，不事華靡藻飾，惟事堅緻樸茂，經始於雍正八年十月閱歲而落成，其裔孫生員悰等請為文以記之。

予乃進諸生而詒之曰："爾知是祠之興修，第為爾周氏烝嘗世守計乎？抑為此邦人士有所觀感，興起懦立頑廉，以仰副聖主昌明理學之德意乎？大抵人情無所觸發，則寂然不動，及置身賢人君子之側，而敬愛之心不覺油然以生。西湖為遊屐雅遝之所，學士文人往來如織，嘗周覽登眺之，則見有巋然特煥者，濂溪夫子祠在焉，祠以內棟宇嚴邃，籩豆靜嘉，秩秩如也。祠以外，六橋花柳，吐秀爭妍，何莫非堦草不除之生趣也。湖天澹蕩，景色空明，何莫非光風霽月之襟懷也。行歌贈答，俯仰流連，何莫非童冠詠歸吾與點爾之興會也。夫學山者仰泰岱而始歎其高，學海者望滄海而始羨其深，然則是祠也，將使此邦人士觀感興起，去浮華而從其切實，敦道德而黜榮名，則其所關於勵俗磨鈍者，豈其微哉！爾周氏後裔又烏可不默體此意，震動恪恭，以無忝厥祖，而明德惟馨，永世勿替也哉。”於其請也，遂書以貽之。雍正九年歲次辛亥十月日太子少保兵部尚書，兼都察院右副都御史總督浙江等處地方軍務，兼理糧餉管巡撫監政節制江南、江蘇、松、常、鎮、淮、揚七府，太倉、海、邳、通、徐五州督捕軍務，加七級紀錄一次，又軍功紀錄一次，李衛題。（周勳懋本）

重修周濂溪夫子祠堂記　清　高熊徵

康熙壬辰春，督學姜公檄官，周濂溪夫子祠屬□司其事，是役也，公將以正學收一世之人心，明道維此邦之風教，不徒為崇廟貌修祀事已也。告成之日，舉釋菜之禮，奉奠薦獻，挹其風采，置祠生，俾世守勿替，並謂余當記石，以詒來者。余深感其意，而述之曰，四子之言，夫人而誦之矣。《大學》首言明德，《中庸》首言天命，《論語》首言學，《孟子》首言仁義。聖賢之心，無非以天之心為心，使人各完夫道心，不致稍雜於人心而已。自秦燼後，學者爭騖，訓詁詞章，雄談騁辨，鴻儒達士，競為空虛，使人蕩而無歸。夫子崛起千載，復超然妙悟，探造化之至賾，建圖著書，示學者窮理盡性之歸，誦其遺言者，曉然于洙泗之正傳，使知世所謂學者，非滯於俗師，即淪于異端，而嗣往聖，開來哲，發天理，正人心，功用所繫，治理攸關，豈其微哉！祠創于南宋，不詳其年月，基址面西湖，而背吳山，左右雙塔聳峙，六橋三竺環繞其間。春則桃李爭妍，無窮生意；夏則芙蕖吐艷，不斷清香。仰觀俯察，何者非道之隱寓？天不愛道，垂其象，聖賢見道，悟以心，神乎？神乎？天固啟之矣。邦人士苟能知今日重□之意，有所觀感，以進求無欲之旨，主靜之功，無矜名，無黷貨，無惰業，無糜寵榮，無習浮偽。以蘄至於聖賢之域，以副聖主作人之雅化，公之願亦邦人士之幸也，謹此筆書之，以勒諸石。旹癸巳冬仲長至前二日，浙江運權使者高熊徵謹記。雍正八年，祠又廢，制軍李公衛請帑重建，有司春秋致祭，每年給歲修銀八兩，有記。（周勳懋本）

重修西湖周元公祠志跋　　清　周勳懋

是祠之興在嘉慶丙子，越五年庚辰，勳懋始得謁拜先元公之堂。又明年辛巳，宗人木齋以祠事之未竟者，屬余共勸之。余方以剏祠之始，遠道書捐，風雨跋涉，未嘗分其勞；鳩工庀材，經營會計，未嘗董其責，余又何敢遜謝也。竊念祠雖落成，而祠前祠旁之興築，惟有力者能圖之，空拳孤掌無為也。祠蕩基地之侵佔，惟當事者能剖之，紙上空譚無益也。惟是祠肇自建炎，迄今八百餘載，其閒興廢不一，而名賢文士之過其地者，不聞有紀述題咏，如雙忠之功烈流播人閒，四賢之遺風炳昭志冊，則以元公生長道州，宦游江右，足未嘗一履斯土也。子若孫建有是祠，流離播遷，未能禴祠世守也，雖屢荷聖天子發帑興脩，賜履恤後，名公卿上書陳請，極意表章而承祀之，不得其人典守之，不稱厥職，無怪乎顛而不持，危而不扶，辜皇恩而湮祖德也。閒嘗聞湯陰岳相臺居金陀坊，作《桯史》《媿郯錄》二書，雲閒徐伯臣以父葬吳興，作掌故錄，他若孔允達之志闕里，孟衍泰之志三遷，無非述祖宗之清德，抒忠孝之微忱而已。我元公遺文有集，濂谿有志，後人雅意搜羅，燦然大備，而吾浙之祠獨缺焉，不見採錄。昌黎云："莫為之後，雖盛弗傳。"旨哉斯言也！余以溝愚譾陋，不足語於斯而事之，可以經久而不敝者，孰若薈萃史冊志乘，詩文紀述彙成一編，梓而行之，其或者書存而祠亦可以存乎？以語木齋，木齋以為然，因與往復商確者匝月，而草藁粗就將就，正於姚江瀟香宗文刪改補綴，正體例而集大成，以無貽籍父之譏，以無負木齋之意，則余小子所願望，而厚幸也。夫道光壬午夏四月，海昌裔孫勳懋謹識。（周勳懋本）

重建宋先賢周元公祠堂記　　清　沈潛

粵自成康降而王迹熄，仲尼沒而微言絕，韓昌黎推孟氏功不在禹下，謂其能息邪說，距詖行以閑先聖之道也。越千餘年，而有周子茂叔，昌明絕學，首闡《太極圖說》《通書》，為有宋一代羣儒領袖。懿乎鑠哉！功亦不在孟子下矣。既已從祀孔子廟庭，而我浙錢塘縣治，舊有周元公祠在西湖之滸，蓋自建炎南渡，其孫若曾扈蹕來臨安因家焉，此祠之所由昉也。厥後替興，不一逮於我朝憲廟，詔脩先賢祠宇于峕，祠復傾圮。湖撫李敏達公請旨重建，秩祀如故，歲脩給帑，著令傳稱，盛德必百世祀亮哉！顧其地湫隘，不及百年，鞠為茂草，寓主高德，社廟斷碑，偃仆榛莽間，亦若陸子靜祠，廢為馬廄，良足慨已。往嘗攬滕西湖，與二三朋侶步屧其地，剔抉落蘚，出而讀之，乃知此即累朝崇奉、宋謚元公、先賢周子祠堂故址也。顧謂公裔周愷曰："濂溪夫子奮乎百世之下，契孔孟，啟程朱，絕續之交，聖道復明，厥功甚韙且偉，今祠一毀，至是子盍謀所以新之，雖然百世之師，不私一氏，凡在名教，皆得而與焉。"愷曰："否，是在宗子，愷固元公冢孫，秦州儀曹之嗣也，雖力不克獨荷，而子姓尚蕃，同志當不乏子，可為吾屬募疏，以裒集之。"會富陽支孫、編修凱銜恤里居，相與具詞申請于朝，得旨報可發內帑四百緡，畀厥裔尸其事，而官民不與焉。由是鳩工庀材，百廢具舉，積屋若干區，費無慮萬，計四方族屬各率私錢，不令而事已集，顧吾思之昔所以難久而易毀者，病在土不敷、祠不守二者而已。夫卑隰之區不敷土，則館垣易浸，水勢必傾，幽邃之境不守祠，則匈竊易藏，奸勢必壞，故持久之策，舍是無由，周氏咸以為然。是役也，經始嘉慶丙子十月庚辰，踰年而落成，首饗殿奉元公栗主，次寢室祀公先世，次廡廨春秋陪祀棲息之所，凡堂室各五楹。南鄉外達門階，階以前舊有池植蓮，其中是公生平所嗜好也。堂成，旁築齋厨庫藏，擇其裔之賢者，世掌之俾勿壞，以仰畣聖天子崇儒重道之至意云爾。余小子習知顛末敬志之如此。嘉慶二十有五年，歲在庚辰十二月癸未朔，嘉興後學沈潛拜譔。（周勳懋本）

元公祠側釀建周氏總祠疏　　清　周喬齡

元公祠之役，吾族來與斯事者，遠或千里，近亦無慮百數十里。其疏者相距至數十世，最戚亦無慮十餘世，然而接以禮，聯以情，雍雍秩秩，如家人焉。則夫是役之大有造於我周氏也。豈其微哉！雖然人情始則奮，漸則習，久且忘，今之相親相敬，共事一堂者，不數十年，老無能為矣。更數十年，皆其子若孫曾矣，豈復知前人締搆艱鉅，憶及清波門外有此翼？然祖廟奉嘗勿替，如今日之不憚跋履者，舊祠之廢，大率以此，此總祠之建，所由不容少緩也。盖元公祠合族所公祖也，総祠則奉其支祖、及其祖之有位於朝者、有聞於世者祀之，即不然其子孫能厚助資產，亦得入祠世祀，此則各族所私祖也。公則分，分則責，有所委，私則專，專則義，無可貸，非甚不肖，霜降露濡必有愀然於中，亟走省垣以各親，其無可旁貸之祖，因以共親其祖之所自出，而上及元公，又何分之與？有且得於春秋登降燕饗之會，習禮儀申情愫，敦序宗族，交相勸勉，期無忝厥祖休緒，即於其時，相睎罅漏而補苴之，俾無重費，是又總祠之有造於周氏，即大有功於元公祠也，則為總祠之建，為元公祠建也。可顧工費不貲，非廣醵不足以集事，爰議董事三十人，人各承捐洋銀二百元，剋期繳局，贊成盛舉，吾族家世文獻尊祖之義，講明有素必能捐輸，恐後樂觀厥成。是舉也，元公靈爽實式憑之，我周氏永久無疆之福也，願與吾族敬承之。賜進士出身，禮部主事裔孫喬齡拜譔。

（周勳懋本）

重修濂溪墓記　　清　羅澤南

潯城東南蓮花峰下，濂溪先生之墓在焉。咸豐五年春，澤南與李子續賓督師潯陽，攻戰之暇，往謁之，其中為鄭太君墓，乃先生所自卜者，先生沒，附於其左，右則陸、蒲兩夫人也。歷年久，墓圮，因與李子購陶甓與石重修之。監生李蘭亭、外委謝維德暨先生之二十二世孫周文珍董其事，閱一月告成。

吾道之明晦，世運之盛衰，所由係也。孔孟既沒，聖賢不作，天下之士不馳騖於功利，則陷溺於虛無，古人修己治人之學，不復講求。六朝、五代攘奪頻，仍生民之禍，至此已極，無他，聖學不明故也。先生生千載下，奮起湖南，不由師承，默契道體，圖太極，著《通書》四十章，用以示天下後世，孔孟之道，燦然大明，其所以為世道人心計者至深且遠。蓋聖道明則學術端，學術端，治術因之而正。經正民興，自有以消天下之邪慝而泯其亂，向使天下後世之士，盡能學先生之所學，求合乎仁義中正之道，以之修身則身修，以之治世則世治。上有禮，下有學，又何至賊民紛起，重貽斯世之憂也哉？救亂如救病，養其元氣，邪氣自無由而入，感懷時事，興念斯文，益不禁有味乎先生之道，且深有望於天下學先生之道者也。墓西北五里，為濂溪書堂，先生愛廬阜山水之勝，結廬於此。道光二十九年圮於水兵火頻，驚不能為之復修，尚有俟乎後之君子。（同治德化志・壇廟）

周子墓地　　清　曾國藩

周子墓地發脈於廬山蓮花峰，東行至江濱繞折，迤邐皆平岡，繞至西頭入脈結穴，系鈐穴。兩穴水沙環抱甚緊，坐北向南，近案為一金星，遠朝即蓮花峰，所謂回龍顧祖也。溪水從右流出，微嫌右手外沙太少耳。墓為咸豐五年羅羅山所修，墳頂結為龜形，約六尺，徑一丈四五尺。（廬山志）

杭州府志祠祀錄

周元公祠在清波門外，城西一圖錢家灣望湖亭，祀宋濂溪周先生敦頤。國朝雍正九年，總督李衛重建（浙江通志）。道光間，牆宇坍壞，嗣復詳奉撫院批准，復建前後三進，并官廳餘屋，共三十餘間，春秋二季，准祠生具領祭祀銀，每季八兩，每年歲修銀十六兩，祠地蕩十八畝有零。祭田四十畝，擇賢輪管。咸豐辛酉祠燬，祠產均被里書冒糧侵佔。光緒間，杭州後裔周鼎元，按譜清查，僅認歸基地蕩，共十一畝四分九厘六絲四忽，由周鼎元承糧管業。（周鳳岐本）

濂溪志補遺卷之八

世系遺芳志

濂溪宗派後圖

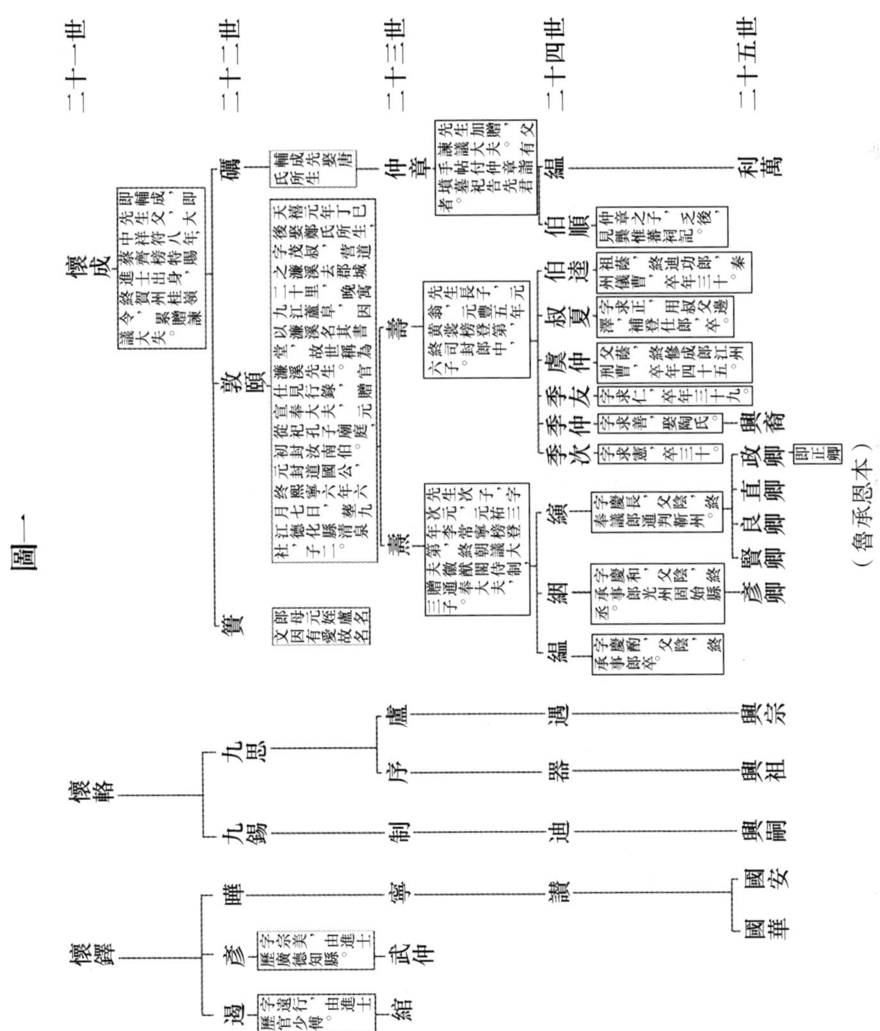

圖一

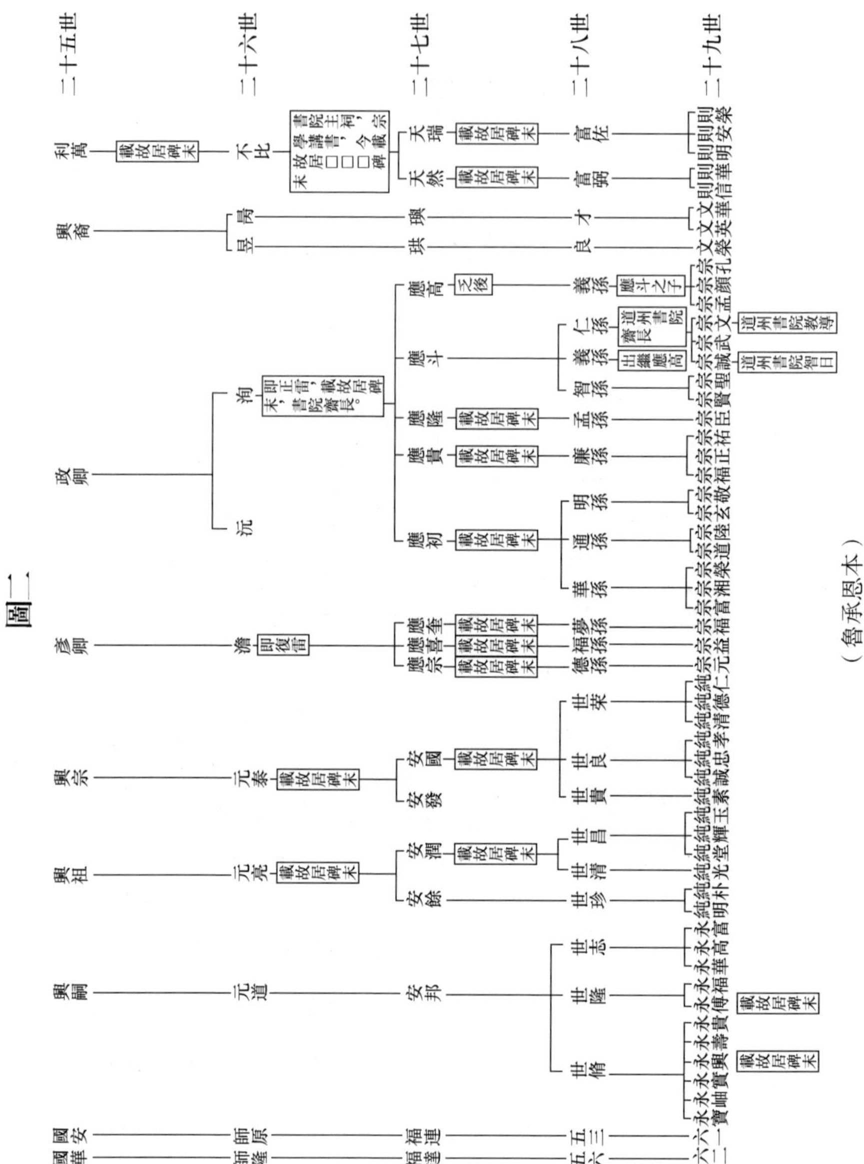

圖二

（魯承恩本）

圖三

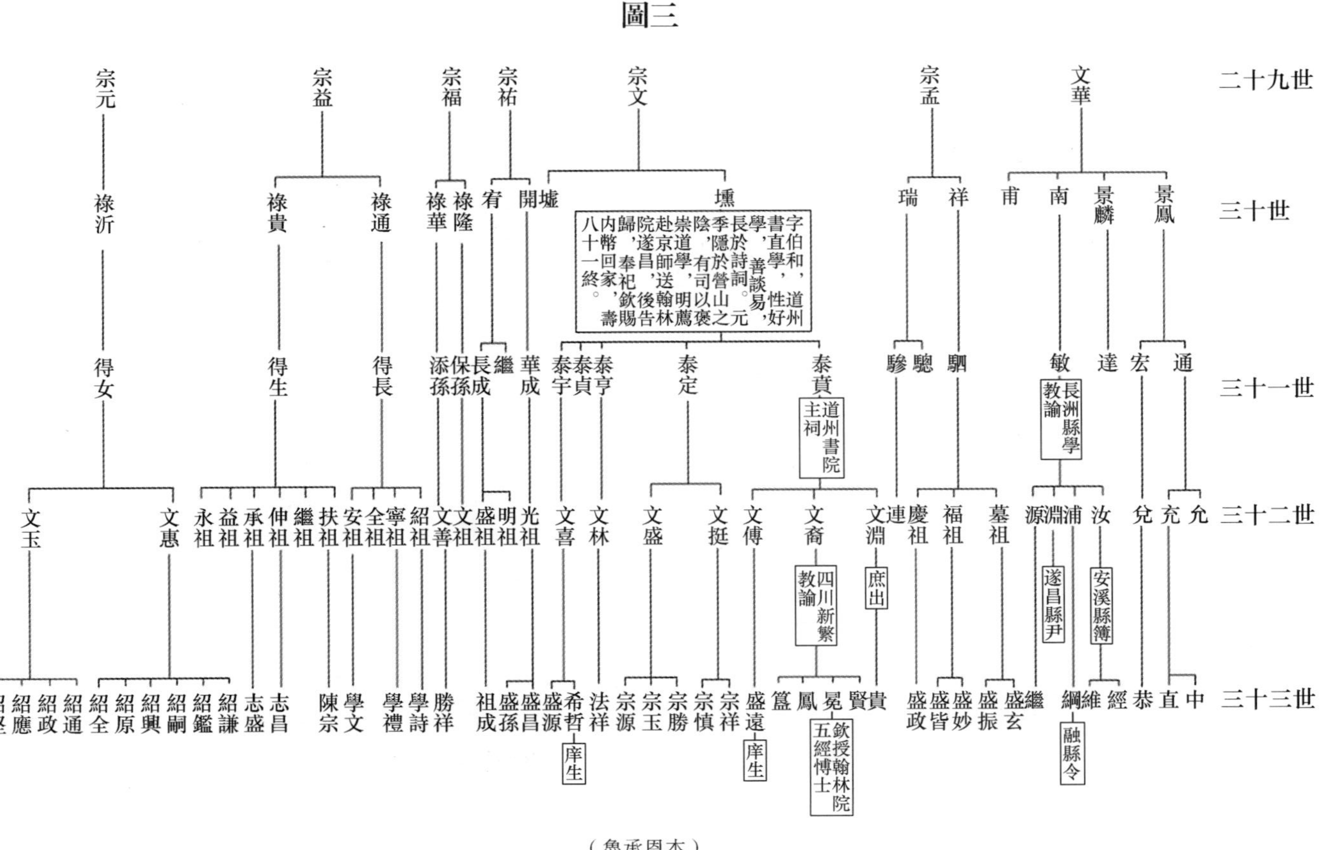

（魯承恩本）

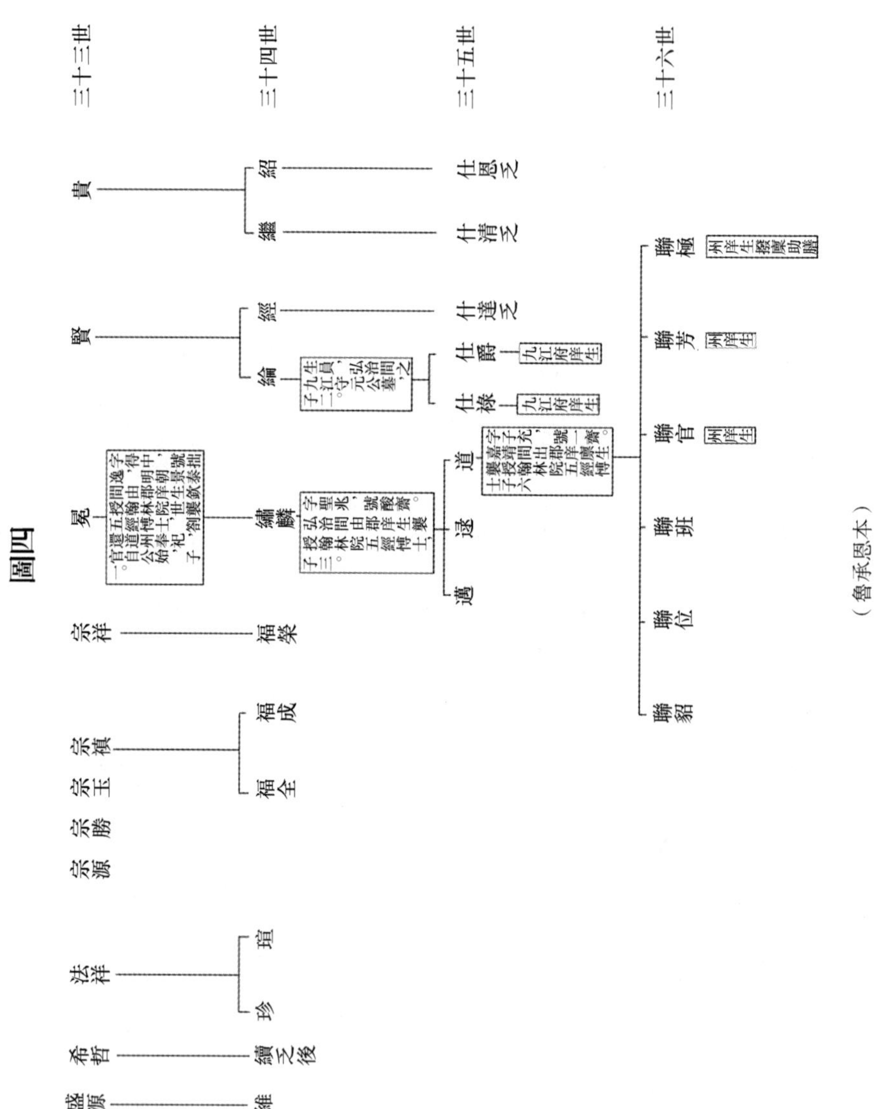
圖四
三十三世
三十四世
三十五世
三十六世
貴
紹
繼
仕恩乏
什清乏
賢
經
綸
生員，弘治間，之九江守元公墓，子二。
什達乏
仕爵
九江府庠生
仕祿
九江府庠生
冕
字得中，號拙逸，明朝景泰間由郡庠生欽授翰林院世襲五經博士，劄還道州奉祀，官自公始，子一。
繡麟
字聖兆，號酸齋。弘治間由郡庠生襲授翰林院五經博士，子三。
道
字子充，號一齋。嘉靖間出郡庠廪生襲授翰林院五經博士子六
逯
邁
聯極
州庠生撥廪助膳
聯芳
州庠生
聯官
州庠生
聯班
聯位
聯貂
宗祥
福榮
宗禎
宗玉
福成
福全
宗勝
宗源
法祥
瑄
珍
希哲
續乏後
盛源
維
（魯承恩本）

世　系

周宏革

周宏革，字煥新，唐明經進士，官翰林學士。原籍山東青州，家世鼎盛，父如錫，明經進士，出刺高州擢征南大元帥，水陸馬步軍都統，內遷左騎常侍，封金紫光祿大夫，左金衛上將軍，忤旨貶道州參軍。世父如鍉，明經進士，大理評事，出刺道州，卒於官。如錫子十八，人皆有爵位。宏革其第七子，因先世官道州，舅弟散居於近邑。宏革貴後，遂占籍永明，居江東，世所稱江東周氏者也。長兄宏謙，居道州營樂鄉，是為宋道國元公濂溪之祖。第六兄宏順，居縣之笛樓村，是為宋儒林鄉賢堯卿之祖，濂溪為堯卿從子。堯卿先濂溪生不過三十年。堯卿注經，濂溪闡理，故時有瀟上二先生之目，宏革卽今東街世進士坊周氏之祖，以故周氏家學獨具本源，其涵濡者遠矣。家傳稱宏革凝重有風度，篤於友愛。兄弟十八人，怡怡無閒言。博通羣籍，處世高掌，遠蹠不屑。目前瑣瑣計，宜其歷八百年，孫枝勿替代，有聞人蔚為邑望也夫。（光緒永明志・人物）

周堯卿

周堯卿，字子俞，宋天聖二年舉進士。歷連、衡二州司理參軍，桂州司錄，知高安、甯化二縣，後通判饒州，積官至太常博士，年五十一而卒，葬縣西紫微岡。堯卿自少以孝友聞，十二而孤。母年方盛，見堯卿曲致孺慕為釋憂思，及母卒，倚廬三年，斬衰不除，不與人交接，雖疾病不入內寢，不飲酒食肉。迨葬慈，烏數百銜土集隴上，人謂孝感所致。昆弟閱積誠相與如事母，然其學以不欺為本，性本彊記。

讀書務以涵養，引於邃密，故出之皆有資，深逢源之，致不斤斤於傳注，惟理足識充也，於《毛傳》《鄭箋》外，成《詩說》三十卷本。孔子一言以蔽之，孟子以意逆志，而不事繁稱遠引，致失詩人性情之正，於《春秋》，不取《三傳》之異同，由左氏之詳，得經之所以書者，謂聖人筆削，豈有二致哉？成《春秋說》三十卷，以救《公》《穀》之失，

《文集》二十卷，其讀莊子、孟子書，有云：“周善言理，未至於窮理，窮理，則好惡不謬於聖人，孟子是矣。孟善言性，未至於盡己之性。能盡己之性，則能盡物之性，而可與天地參，其唯孔子乎？天何言哉？性與天道，子貢所以不可得聞也。昔宰我、子貢善為說辭，冉牛、閔子、顏淵善言德行，孔子曰：‘我於辭命，則不能也。’惟不言，故曰不能而已。蓋言生於不足者也。”其著論皆如是。

歷官有聲，其在甯化也。提刑楊紘入境，見被囚服而芸苗者，紘就詢其故，對曰：“貧無以資代人，直其枉為利，故蹈不測。”紘曰：“爾怨乎？”曰：“令不人欺，而我欺之，又何怨？”紘即以此薦之官博士，日范仲淹再以經行可為師表，薦未及用而卒。歐陽修表其墓，稱為篤行君子。堯卿與濂溪周子同出自唐左散騎常侍周如錫，以言事謫道州司馬，其兄如鍉時為道州刺史，去官同徙，占甯遠籍。後子孫散居道州及永明。堯卿，如錫五世孫，周子則六世孫也。周子慶歷時，赴潯取道永明，經堯卿笛樓村居，信宿乃去。世以堯卿及周子為瀟上兩先生。堯卿七子：諭、詵、謐、諷、說、謜、誼，成進士者五人，惟謐、諷不仕，諭子紳緄、詵子純繹、誼子維及堯卿弟夔，夔子諶詡，亦皆進士。詵官給事中，紳直祕閣，累以郊恩贈堯卿金紫光祿大夫，夔工詩官至屯田員外郎。明時，以堯卿裔為儒籍。知縣何守拙、張景星，兩次詳免徭役。今其墓碣在桃川司署前，子孫猶世居笛樓村云。

贊曰：發聲至行，說經龥龥。生范死歐，成我令名。濟美干雲，門楣冠絕。青史之光，實張謍牒。（光緒永明志・人物）

周堯卿墓碑記　宋　歐陽修

有篤行君子曰周君者，孝於其親，友於其兄弟，居父母喪與兄萬、弟夔居于倚廬，不飲酒食肉者三年，其言必戚，其哭必哀，除喪而癯然，不能勝人事者，蓋夂而後復。自孔子在魯，而魯人不能行三年之喪，其弟子疑以為問，則非魯而他國可知也，孔子歿而其後世又可知也。今世之人，知事其親者多矣，或居喪而不哀者有矣，生能事，死能哀，或不知喪禮者有矣，如周君者，事生盡孝，居喪盡哀，而以禮者也。禮之失，夂矣，喪禮尤廢也。今之居喪者，惟科官婚嫁，聽樂不為，此特法令之所禁爾，其衰麻之數，哭泣之節，居處之別飲食之變，皆莫知。夫有禮也，在上位者不以身率其下，在下者無所望於其上，其遂廢矣乎。故吾於周君有所取也。

君諱堯卿，字子俞，道州永明縣人也。天聖二年，舉進士，以慶曆五年六月朔日卒，享年五十有一，皇祐五年某月日，葬於道州永明縣之紫微崗，君居學，長於毛、鄭《詩》、《左氏春秋》，家貧不事生產，喜聚書，居官祿雖薄，常分俸以賙宗族朋友，人有慢己者，必厚為禮，以愧之，其為吏所居皆有能政。有文集二十卷，有子七人，曰諭，鼎州司理參軍，曰誅，湖州歸安主簿，曰謚，曰諷，曰說，曰譚，曰誼，皆未仕，有女一人，尚幼，嗚呼，孝非一家之行也，所以移於事君而忠，仁於宗族而睦，交於朋友而信，施於為政而篤，始於一鄉而推之四海，表於金石，示之後世，而勸者考君子之所以見於事者，無不可以書也。豈獨俾其子孫之不隕也哉。（隆慶永州志）

支　系

優恤

宋嘉定十三年，恩賜儒糧五十四石四斗五升五合，元延祐六年恩賜儒糧十石，明崇禎六年恩賜儒糧拾柒石，共八十一石四斗五升五合。國朝因之，康熙五十八年，成丈濂溪儒戶皆以道字編名。計上田壹拾貳頃，次上田四頃，中田五頃，次中田叁拾肆頃，下田貳頃，次下田壹拾肆畝糧與民田，上中下同科，上地中地九畝，下地肆拾肆畝，糧與民地同科，上塘壹拾五頃，糧與民糧塘同科，每石征正銀叁錢，例免耗銀，碑勒儀門。（嘉慶道州志・先賢）

祖宗規約

一，祖宗名諱類排於圖，後世子孫九立名取字，務一於圖內詳觀，至再無則用之，有則避之，毋得重犯。

一，各房老稚，年老無依倚者，親房安養之；幼而無靠者，近派撫恤之；婚無儀物者，衆助而完娶之；死無棺木者，衆賻而殯葬之。

一，祖宗墳塋、碑銘、竹木，子孫時加巡視，清明前後五日，務要逐處掛掃脩理，不致損傷，外人砍伐，恐傷風水，夷滅兆域。

一，各房祖宗忌日，子孫須要記憶，至期敬備牲醴，竭其誠敬，祭之如在，以盡追遠之誠。

一，送終之禮，必誠必敬，衣衾棺槨，稱家有無。毋專尚浮屠，侈用傷財，使有後日之悔。同宗之人各隨服輕重，具服親行弔慰，葬則賻之，窆則臨冗。

一，冠笄嫁娶，必須預先告聞家廟，依古禮請賓，醮子三加冠笄，娶必妙選名家，下娶庸人，嫁必慎擇世族，不歸凢子，設筵則普請同宗，坐則尊卑序齒。

一，本宗子孫年七八歲，父母務令讀書，習揖拜進退、升降遜讓之節、忠孝敬愛之誠，朔望於家廟前，令二人讚禮，餘各序尊卑排班，行四拜禮畢，長者教誨勉勵，少者聽受，順從毋違。

一，本宗譜諜，每房各錄一冊，當珍藏寶愛，不可假人抄錄，時加觀視遵依。倘有不才子孫溺於賄賂，衒售於人，竊錄之，違背祖宗規約，天地鬼神必證之，祖宗神靈必殛之，終罹殞身絕後之患，愛之者亦如之。

一，同姓者多竊錄譜諜，冒認親泒，背其祖而禰人之祖，棄其親而冒人之親，不孝不義，欺天孰甚焉。是可忍也，孰不可忍也。先正有言，魏之郊祀舜，唐之郊禘堯，皆謂其遠祖，欲以誇耀天下，而不免為有識嗤誚，郭崇韜既貴而拜子儀之墓，何無耻之甚也。孔子曰："非其鬼而祭之，諂也。"若是者，曾大□之不如也。（魯承恩本）

周氏支系　　明　周冕

蓋周始自姬，由后稷公劉暨古公亶父，至于文武，皆以國為氏。平王東遷，以子烈封汝墳侯，有居冢宰與伯輿爭政者。是知周為王畿，諸侯輔王以治，或任三公，或為卿大夫，子孫得姓者衆。然源遠而流益分，世末為泒益盛，有以安劉而致封侯者，有著威德而稱真將軍，建勳業，抗死節，累累而世不乏人，又多出於周之嗣也。有居汝易安城者，子孫蕃衍。至晋大康中，安東將軍浚者仕至尚書僕射，持節都督揚州諸軍事，二子顗陰武成侯，拜太子少傅，高拜御使中丞，聲譽盛於金陵，與王謝相垺，子孫繁盛，散處他郡。有居浦城陽陵者，其一明經進士虛舟者，來處之遂昌。唐永泰中，次子崇昌廉、白二州太守者，從道之寧遠卒，葬旺罔。周益公帥長沙日移文，亦云系出於此。子墀登進士第，為集賢殿學士，傳七世而從遠，適營道縣濂溪保，讀書、治貲產而占藉焉。歷三世，懷式輩生。天聖三年，登堯臣榜及進士第，歷官汀州。弟懷成，大中祥符八年蔡齊榜特奏名賜進士，官至賀州桂嶺令，繼娶龍圖閣學士、明州鄭珣之女，而厲生元公焉。公少孤，育於外祖龍圖公家，後珣以才德奏舉，授官將作監簿，改分寧簿，陞南昌尹，轉虞部郎中，知南康軍。趙清獻公、呂正獻公交薦之，朝命及門，而公卒。

二子，壽官至司封郎中；燾，寶文閣侍制。孫二人：絪，通判靳州，縯，丞固始。累世讀書，以儒為業，克紹家声，綿延世澤，譜諜授受，淵源有自，其來遠矣。至七世曾大父壎，性好學，善談易，尤長於詩詞。元季隱濂溪之幽，國初有司以明經薦，辟赴京，不屑仕進，陳乞歸奉先賢祠事，蒙賜內幣路費之恩歸休。暇慨念元季室家軼于兵燹，譜有漫滅者恐失其全，而詳加纂集，以貽厥後，間有缺畧者。先君文裔恒欲編補兩掌名邑之教，有傳道觧惑之縈，未獲暇及，茲因秩滿，陳乞歸田而編輯焉。蒙恩賜允舟次蕪湖，竟以疾終。嗚呼痛哉！

冕自幼恒侍膝下，隨寓宦所淑諸詩禮之訓，歸入郡庠，又得明師良友之誨，忝倫應試之列，志未暇及。幸逢聖朝明良相逢，崇尚儒先，推恩子孫，特召冕至陛廷，授以內翰官爵，俾歸奉祀，恩寵至隆且渥，誠千載一遇，榮幸過望深愧，叨竊無補，每月耿耿，競戰自持。惟安義命而無忮求，訓誨子姓而無忝先世，故不自揆，欲成先志。詳考諸書經史，搜剔百家註釋，既道吾周氏得姓之始，又推原歷代其來有自，增續遺逸，刊定是否。俾後人知世有先後，泒有遠近，展譜觀圖，由一世而至十世，由十世而至百世千世，親親長長，昭然有序，孝弟之心油然而生，謹用備述，庶無尸素之譏於後也。元公十二世宗子冕百拜謹識。旹景泰七年歲在丙子黃鐘月長至後六日之吉重編。（魯承恩本）

周氏支系跋　　明　魯承恩

此先生十二世孫、世襲五經博士、宗子周冕編輯。自先生而上在當時，先生已無一言出自安東將軍，及先生沒後，先正山陽度氏作先生年表，於先生始誕之辰，竟無所考，則自先生而上支系，無可考證，觀於此益信矣。夫先生道德，上繼堯、舜、禹、湯、文、武、周公、孔子、孟子之絕，先生在周氏，自先生作始可也，何必拘拘遠稽，以自取不足信於後世？先生以下支系，則不容不錄。蓋國家崇德之典日新月盛，不明白昭示百世之下，寧無剽竊，攘奪混亂先生之裔派者乎？但舊畐編摹無次，殊失古人宗法之意。兹不自揣，謹據實改正於右，庶天下後世知先生源流深長，凢欲尊崇而作興之者，庶於此知所考正云。時嘉靖庚子孟秋吉旦，嚴陵後學魯承恩識。（魯承恩本）

二十二世傳　　明　周冕

礪，字堅伯，行一，識見不凢，資稟超異，恒曰："貧富窮達，安於所遇，豈可勞心焦思而覬覦可得也。"天不假年，三十而卒，子一：仲章。

惇頤，字茂叔，行二，人品高邁，胸次洒落，愽學立行，遇事剛果，有古人風，不由師傳，默契道體，作《太極圖》《易說》《易通》數十篇，詩數卷。景祐間，以鄭珦奏補官，將作監主簿，授分寧縣薄，轉南安軍司理叅軍，移桂陽縣令。為政精密嚴恕，務盡道理，因薦者改大理寺丞，知洪州南昌縣。有治績，改太子中書簽判，轉虞部員外郎，通判永州，恩改駕部。趙抃入叅大政，奏公為廣南東路轉運判官。熙寧間，陞虞部郎中，提點本路刑獄。公盡心職事，務在矜恕，雖瘴癘僻遐，弗憚其勞。昔愛廬山幽勝，築室溪上，名濂溪書堂。趙清獻公、呂正獻公交薦啓公，朝命及門，而公告終，熙寧六年六月七日，年五十七。娶陸氏，職方郎中参之女。再娶蒲氏，太常丞師道之女。子二：壽、燾。是年十一月二十一日，窆于江州德化縣德化鄉清泉社，地卜蓮花形。宋嘉定十三年，賜謚曰元。淳祐元年，封汝南伯，從祀孔庙，元延祐六年正月，加贈道國公。其平生履歷之詳，著於潘延之《墓誌》、朱文公《行錄》《行狀》云。

篔，字文叔，行三，幼而警敏，性姿穎悟，咸以神童稱，不幸早世。

彥，字宗美，行四，以進士名家聲，事親以孝聞，為縣令。公正慨悌，多陰德，歷官宣德郎，知廣下君廣德縣事，卒于官。贈通議大夫，娶李氏，繼娶郭氏，俱贈淑人。子一：武仲。

遏，字季遠，行廿四，賜進士出身，歷官少傅，年七十三而卒，葬遂昌裴塢。娶鄭氏，封越國夫人，繼宋，封魏國夫人。生子一：綰。（魯承恩本）

二十三世傳　　明　周冕

仲章，字景明，行百三，氣貌偉俊，蚤淑家訓，表然出群，咸謂芝蘭玉樹生於庭堦，卒年六十八，葬營樂鄉樓田之先塋。娶吳氏，狀元必達之女。子一，縕（伯順）。

壽，字季老，一字元翁，行百一，性資秀異，志行端方，克承過庭之訓。初以父蔭補太廟齋郎，元封[①]五年，登黃裳榜進士第，任吉州司戶，改秀州司祿，官至司封郎中。配鄭氏，子陸人、伯逵、虞仲、featured夏、季文、季仲、季次，卒葬德化縣清泉社先塋。

燾，字通老，一字次元，行百二，性通悟有才，自幼勤慎，不煩師教，初以父蔭補太廟齋郎。元祐三年，李常寧榜登第，任司法政通。六年，以中奉大夫充寶文閣侍制，知成都府，奏請頒雅樂於諸路州軍學，俾諸生昌之以祀孔子，詔從之。尋提舉亳州明道宮，終朝議大夫，徽猷閣侍制，贈通奉大夫，卒。

武仲，字憲之，生而相貌異常，自幼卓犖不群，年十七補太學生。紹聖四年登進士第，授越州諸暨縣尉，陞金華丞，除泗州錄事叅軍，擢監察御史，進徽猷閣直學士，除史部侍，擢刑部尚書兼侍郎。讀數上章乞歸老，乃除龍圖閣，提舉江州太平觀奉朝請。建炎二年，薨于揚州官舍，年五十。贈大中大夫，卜其年十月二十二日，葬平江府吳縣太平鄉楞伽山妣墳之右。娶楊氏，繼張氏，朝散大夫元衡之女，俱贈淑人。子

① “封”：誤，當為“豐”。

六：閎、闡、閱、闢、閣、闓。所著傳、贊、卷、集，備載亀山楊先生所撰墓誌云。

綰，字彦納，行十四，年十七入大學。崇寧五年登進士第，除杭州司法，知開封縣事，改湖南轉運，知成都府，遷吏部侍郎，兼史館修譔，進敷文閣侍制，轉大夫致仕。年八十二而終，葬邑之香嚴未旁。贈金紫光禄大夫。娶李氏尚書之女，封永喜郡夫人。再娶李氏，封縉雲郡縣夫人。子四：春卿、夏卿、秋卿、元卿。（魯承恩本）

二十四世傳　　明　周冕

伯逵，字求通，行一，天性孝友，卓立有為。以祖蔭累官至迪功郎，秦州儀曹。年四十卒，葬清泉社先塋之傍。娶熊氏。

虞仲，字求臣，行二，踈爽茂達，愛出輩，讀書善属文，為世所重，以父蔭官至脩職郎，江州刑曹，年四十九卒，葬清泉社先塋，娶胡氏。

叔夏，字求正，行三，謹愿端慤，動循禮度，以世貴補登仕，即卒，葬清泉社。

季文，字求仁，行四，美敏爽達，不事紈綺，習惟嗜考德問業，以父蔭補迪功郎。年三十九卒，葬先塋下。娶江氏。

季仲，字求善，行五，性質純良，篤志好學，不隨俗妄交□，長於篆、隸、草，以祖蔭補迪功郎，德化丞，年五十卒，葬清泉社。子二：興裔、興宗，宗繼族兄崇祖後。

季次，字求憲，行六，容儀秀朗，志節殊異，讀書務通大義，不為小廉曲謹以媚悦人，以祖蔭補承務郎。卒葬清泉社。娶范氏，無嗣。

縯，字慶長，行一，古貌美髯，風鬛鬛如，賦詩属捉筆立就，長老皆稱克稱①家兒也。以父蔭官至奉議郎，通判靳州。卒葬樓田先隴。娶張氏，子正卿、直卿、良卿、賢卿。

絪，字慶和，行二，性姿清爽，動止中矩，孝友家庭，卿黨稱無間言。以父蔭補承直郎，光州固始縣丞。卒葬先塋之傍。子二：彦、卿。

縕，字慶醇，行三，志趣雅淡，噐宇恢廓，讀書至仁民愛物，嘆曰：

---

① “稱”：疑為衍文，當刪。

“為仕者當如是也。”以明經官至承事郎，知欝林州興業縣。娶郭氏。卒葬鍾樂先塋，子利萬。（魯承恩本）

二十五世傳　　明　周冕

正卿，字師端，行一，持志剛毅，趣尚高邁，不屑仕進，雅樂佳山水，遇適意處，徜徉竟日，金帛軒冕，視之浮雲。生政和六年，娶何氏，內行雍肅，婦德母儀著稱鄉族，尤賢於訓子。終于熙寧己亥，葬龍山，金雞報曉形。子一，正雷。

彥卿，字師中，行五，幼聰穎多機，知好北方人物，特立獨行，操持正直，人不敢慢，有過失，面拆不能容，莫不畏憚之。生於乾道壬寅，妻馮氏，內助賢淑，宗黨所式。終于加定①元年四月，葬故居之前岡。子一，復雷。（魯承恩本）

二十六世傳　　明　周冕

正雷，字振遠，行一，資稟秀異，穎悟奇絕，經書子史、琴棊書畫無不精，當道累薦不起，嘆曰：“古云富貴之驕人，不如貧賤之肆志。”娶朱氏，腴族之處子，蘋藻箕帚之供，姑舅賓朋之奉，克稱其道。生於乾道八年五月，終于紹定四年辛卯，葬先塋之右。子五：應高、應斗、應良、應貴、應初。

復雷，字鳴遠，行二，自幼敦朴，諳曉時事，志行純雅，不悅華美，喜恬淡，生於乾道十二年丙午，終于開禧元年五月，葬營樂鄉，虎鬚形。配何氏。子三：善全、善溥、善崇。（魯承恩本）

二十七世傳　　明　周冕

應高，字志明，行一，家庭克孝，公直仁恕，多陰德。生於開禧元年乙丑，終于開慶四年八月，葬樓田之先塋。以弟應斗之子義孫為後。

應斗，字志高，行二，為人剛勁不撓，於物經、史、醫、卜皆習通之。貲產豊腴，賙貧恤孤，鄉邦德之，配歐陽氏，內外純淑，閨門之外

① “加定”：當作“嘉定”。

未嘗輕出入，稱其有淑女君子之配。生於開禧三年乙丑十月，壽八十有二，終于淳祐二年，葬遼村先塋右。子仁孫、知孫。

應貴，字志祿，行四，氣質朴實，安命樂天，俯仰自如。生於淳祐元年，終于大德二年，配廖氏。子一：廉孫。

應良，字志善，行三，氣貌魁偉，孝友天性。配唐氏。子一：夢孫。享年不永，未究所終。

應初，字志本，行五，平生樂善，循規蹈矩，無娼疾之心。入贅城西高氏，好貨殖，因家焉。壽七十三，終于家，葬鶴來岡。子三：明孫、通孫、華孫。

善全，字志完，行六，志存朴魯，喜怒不常，樂于田園。配陳氏，無嗣。

善溥，字志廣，行七，自幼穎敏，讀書過目成誦，不煩師訓，郡判吳侯愬以先賢後，薦之當道，請援顏、孟例，世以其後人之賢者為書院山長，以奉專祠，奈天不假年，未遂所願而終。娶李氏，子一，先卒。

善崇，字志高，行八，天資明敏，日記數千百言，識見超卓。年及弱冠而卒。（魯承恩本）

二十八世傳　　明　周冕

仁孫，字惟善，行一，淳篤謹厚，用心問學，淹貫通悉，行輩鮮及，志尚遠，不苟合。俗配趙氏，名門處子，幼通《孝經》，歸于周門，孝於翁姑，勤供蘋藻，與夫同生淳祐六年。仁孫終于大德五，葬樓田，子三：宗文、宗武、宗誠。

義孫，字惟宜，行二，姿稟秀茂，志操雅淡，繼應高後而孝敬之誠，世罕及焉，不慕仕進，恐離親膝下，終身孝慕。妻蔣氏，尤內助賢淑。子三：宗孔、宗顏、宗孟。壽八十終，葬故居先營。

知孫，字性明，行三，性剛果，有機鑒，有志操，不屑細務。卒葬故里上汶江。配黃氏，子三：宗周、宗聖、宗賢。（魯承恩本）

二十九世傳　　明　周冕

宗文，字尚德，行一，資稟勤慎孝友，天性自然，經書子史，講解通曉。嘗居家塾教誨，族隣子弟朔望侍郡大夫書院内，行拜揖禮。配唐氏，内助有方，未嘗疾言遽色。年六十八終于家，葬風吹羅帶形右，子二：壎、塤。

宗武，字尚勇，行二，性冲淡，好賦詩，以詩酒自娛，謙讓，未嘗忤物。妻盧氏，銅口名家子，年六十終，葬瀟川鄉深田村。子二：聖韶、聖和。

宗誠，字尚實，行三，蚤歲穎敏，日誦善言善行，為文純雅，士林推重。年五十卒，衆莫不嗟悼。子一：聖笙。

宗孔，字尚聖，行四，朴實誠確，寡言笑慎，鯁直。

宗顏，字尚賢，行五，性謹慤，好耕稼，豊衣足實，自號安樂翁。

宗孟，字尚哲，行六，寡言笑，動禮度，與人交接謙退卑巽，娶胡氏，鴻嘉坊女，年六十二卒，葬下汶江。子二：祥、瑞。

宗周，字尚文，行六。

宗聖，字尚誠，行七。

宗賢，字尚儒，行八。

宗臣，字尚忠，行九。

宗祐，字尚福，行十。慷愷有大志，志尚隱逸，享年六十有五。子二：開、宥。

宗正，字尚直，行十一。

宗敬，字尚恭，行十二，德性溫雅，無怠忽心。配蔣氏，子二：孔傳、孔授。

宗合，字尚和，行十三，出繼高氏。

宗道，字尚德，行十四，生而岐嶷，人以為野鶴之雞，群見者嘆欸。年四十有八卒。娶黄氏。子二：蓮山、梅山。

宗福，字尚善，行十五，德行超越，人皆敬服，衆辟為耆老。壽七十，終于家。娶黎溪何氏。子二：禄隆、禄華。

宗益，字尚友，行十六，樂於耕耘，貫朽粟陳，俯仰有餘。娶何氏。年六十而終。子二，禄通、禄貴。

宗元，字尚亨，行十七，操守有常，克己以處衆，接人謙卑，人樂與交。配義氏，卒葬先壠右，子一：禄沂。（魯承恩本）

三十世傳　　明　周冕

壎，字伯和，行一，性謹敏和緩，雅好讀書，善談《易》，尤長詩詞。元季隱於山林，洪武初，有司以明經秀才薦，赴京師後，以奉先人祠事告歸，蒙賜内幣之榮，補書直學。配鄭氏，志行淋善，宜其室家，先卒。壎年八十一，終于家，葬故居大富橋傍。子五：泰賁、泰定、泰亨、泰宇，泰貞早卒。

塤，字叔和，行二，性稟溫循，淋諸家訓，奮發有為，不幸及壯而卒。

祥，字世麟，行三。

瑞，字世鳳，行四。

宥，字仲恕，行五。

祿通，字仕達，行六。

祿貴，字仕顯，行七。

祿沂，字仕清，行八。

祿隆，字仕盛，行九。

祿華，字仕美，行十。（魯承恩本）

三十一世傳　　明　周冕

泰賁，字世亨，行一，性剛直，心仁恕，不能容人之過，鄉黨有不平而致訟，咸叩取直而服焉，以先賢後每月朔望侍郡大夫書院中，欵揖咸以先生稱之。娶唐（先世氏卒），繼室太學生何堅之後，工容言德，織紡中饋，教子治家無不能者，生元至正三年，壽六十有五，終于洪熙乙巳，葬本都上汶江五龍投湖形。何氏壽八十有一，終葬徧深塘，鴈落平沙形。子三：文淵、文裔、文傅。

泰亨，字世寧，行二，幼性勤敏，通陰陽術數，星曆山水，配鴻嘉宅胡族之子，年六十二卒，葬本都先塋，子二：文挺、文盛。

泰定，字世清，行三，公直無私，曲辟舉里中，耆老剖決平允，衆悦心服，配求明銅口判簿公處子，卒葬上汶江，子一：文林。

泰宇，字世雍，行四，存心好善惡，惡適臨長里，公直均平，郡侯每令剖决九鄉之訟，曲直是非允當，與論人無怨悔，年六十終，葬先塋

傍，子一：文禧。（魯承恩本）

三十二世傳　　明　周冕

文淵，字學海，行二，性淳朴，不事浮華，月朔望於書院中侍郡大夫行禮，咸以先生稱之，妻廖氏，多內助之勤，年六十八卒，葬故居園圃中，子一：貴。

文裔，字學源，行五，性聰穎，經史百家書過目成誦，終身不忘，幼補弟子員，師嘗稱為益友，不以弟子待之，累試不偶，後貢太學六舘之人，咸敬服以為不忝先賢之後，未幾，以經明行脩。欽除蜀川成都新繁邑庠之掌教，是邑乏科三十歲矣。貢京師者勿中選，先生至，嚴立教條，課試有方，月小試，季大試，第其高下，各爭奮勵，俊彦彬彬輩出，中鄉闈魁選有玉玨及姜銘、胡選輩，接武聯芳者，難以縷數。満赴天官，以績最陞陝右漢中之漢陰，人咸以為屈，滿九載入覲，陳乞歸休，蒙恩賜允，喜遂所圖，舟次蕪湖，以疾終于途，享年六十有五。配何氏，逌社頭名家子，自為處子時，足跡未嘗出外庭，知書識字，父母擇婿而得公，喜謂遂東坦之選。其歸周門，孝翁姑，勸夫子勤問學，而夫德業日進，名譽日彰，致身師儒，同沾祿養，皆其助也。後子冕具舟抵蕪湖，以迎父柩，扶櫬歸葬故居前，鳳凰投架形。何氏享年六十七，卒葬先塋傍黃龍出洞形。子四，所生宗早卒，惟賢、冕、篋也。

文傅，字學遠，行六，自成賁質好勇，敬老恤孤，適膺長里，賦役均平，詞訟別白，咸稱之為神明。耆酒至多而不及亂，家業豊腴，不喜華靡，年五十七終，葬故居深底園，娶何氏，大□尾何上舍淵之女，三從四德，克循家教，內助多所裨益，孀居三十年，家貲益隆，年八十三卒，葬故居之先壠後。子一：盛遠。

文挺，字學廣，行一，性稟朴實，勤於稼穡，好積蓄，家業豐盛，年四十卒，葬大路背，娶□氏，子二：宗祥、宗禎。

文盛，字學博，行三，幼入郡學，潛心書史，奮志科目，後以足疾免歸，教誨鄉族子弟恒不下數百徒，年六十八而卒，葬先塋右。娶何氏達地頭女，繼娶廖氏，子：宗玉、宗勝、宗元。

文林，字學宏，行四，幼而警敏，長好耕墾，積聚自樂。配尹氏，清塘巨族，子一：法祥。

文喜，字學憂，行七，生而貌相奇異，嘗為里正，寧克己益人。配何氏，繼陳氏，子二：希哲、盛源。（魯承恩本）

三十三世傳　　明　周冕

冕，字得中，號拙逸，公性儉，不欲華麗，德寬而不較常。少時從先君宦蜀，以學識穎異，噐宇過人，恒以長者目之，其待人接物，未常有逆悖之態，及歸入鼓□應，五試不偶。國朝景中[①]太監王誠奏濂溪道國公有功世教，詔公至陛廷三試焉，始授翰林院五經博士，俾世襲歸奉祀，其官自公始，遂取城西書院舊趾居家焉。自作詩文三十六卷，見《拙逸集》。平生實事并生終葬，所載戶部侍郎何天衢所作行狀，子一：繡麟。（魯承恩本）

拙逸先生像　　明　胡訓

性率乎道，德充乎身。勵行善節，清循重名。特行獨立，法言鯁情。大明錫誥，內翰斯荣。行人胡訓。（魯承恩本）

翰林五經博士拙逸先生行狀　　明　何天衢

公諱冕，字得中，姓周氏，元公先生十二代孫也，號拙逸，父文裔，為蜀之新繁教諭，繼德源委詳見元公家譜。公為人鯁亮不屈，勤儉，家無餘畜，不苟取受，燕居好讀書，手不釋卷，嘗與鄉之父老曰："吾祖有云，道充為貴，身安為富，吾惟懼辱吾祖耳，吾復何須。"故寧甘澹泊，不輕身事謁，服餙噐用務為檢朴，稍華輙斥去，雖衣履極弊，不汗不易，盖其素性如此。居家孝友，慈惠藹如也。宗族戚里人無間言。

公以宣德辛亥三月十一日生于故居濂溪之樓田，時教諭君卒業郡庠，夜夢樓田之屋忽有一隅傾落，聲震山谷，羣雉皆驚，達旦果報公生，曰："此吉兆也，若壯，殆振吾宗乎！"比成童，警悟過人，少長，遂厲志舉子業，隨侍教諭。君至蜀，每出所業與其邑之士角咸讓為先登，由是遣

① "景中"：據文意及嘉慶《道州志》當為"景泰中"。

歸，補郡庠弟子員。越二年丙子歲，當大比，適督學劉君虬至試，公與憲副趙君弘優俱給廩，并與計偕。公乃率趙請曰："生等學愧，廩敢辭。"劉曰："廩所以養賢，他人求之不得，汝得之而辭，過人遠矣。"獎譽再四，會有疏元公有功世教，宜錄其後者，乃是歲六月，召公至京，授翰林院五經博士，守祀道州，仍馳驛還。公至省城，則科場事畢矣。方伯王公嘆曰："此科道州秀氣為汝奪也。"見公謙退，感敬而愛之。

公歸，克脩祀事，日以祀屋廢墜為念。乃謀諸有司，朽者易之，缺者補之，隘者廣之。於是殿有序，走有臺，碑有亭，秩然改觀，無復風雨湫隘之陋。舊時每歲一祭，而羊豕各二，公請於朝，分為春秋祭，從之。盖公初欲省費，故割品物之半，列為二祭以獻，二程先生未祀儀俻，提學副使薛君綱令有司加一羊，主君純文令加一豕，至今以為定格。祭器舊皆假之學宮，僉憲邵君悉為具製，且置夫守之。凡祠事內外小大視舊加飭，皆公之力也。公族雖大儒之裔，然向列編民。天順六年，公援例請方伯丘公，遂籍為儒，盡復其家，元公之裔復振家聲者，寔自公始，祠西舊有光風、若潤等閤，兵燹其地悉為蔣姓者所有，公極力訴辯，得而家焉，以便奉祀。嘗遭囬祿，公創復。今第又置附郭田五十六畝，皆公手自締造。厥惟艱哉，嘗撫其子曰："古人云，弊廬足以蔽風雨，薄田足以供餈粥，今在爾，守成何如耳。"

公娶孺人樂田歐陽氏，孝而有德，內外肅然，事無巨細，皆稟命于公，或曰煩，孺人曰："吾聞婦無專制之義，吾惟尊禮耳，煩奚憚?"與公相敬如賓。先孺人生六女，尚未有子，公以為憂，孺人曰："賢者未必無後。"成化己亥，果生今博士，時公年四十有八，孺人四十有二矣。盖公之外政，孺人雖不敢預，而內助之功居多，孺人先八年卒，享年六十有奇，葬樓田之牛橋頭。正德丁卯，公年七十七，始得一孫，嘗曰："吾心惟少此耳，今可以瞑目矣。"逾明年戊辰八月二十丑時，考終正寢，壽七十有八，卜社葬頭栗樹園之原。子一人，繡麟，即博士，嗣公主祀事，好學有大節，娶楊氏；女八人，長氷清，次蕙秀，三玉瑩，四雪梅，五淑儀，六婉儀，皆孺人所出；七曰蘭芳，八曰榴芳，皆梁氏出。孫一人，名道，尚幼；孫女三人，長真靜，娉予子岳；次廉靜，次仁靜，皆未聘。

公平生所為詩文有《拙逸集》，存于家，予先人御史府君嘗從公學，得公行事最詳。予少時聞先人語，公為人最熟。今幸聯姻，本又知公最深，雖不予属，猶將發而揚之，况其子愽士踵門號泣，請之勤勤耶。嗚呼！元公先生上繼徃聖，下開來學，其功昭如日星。凡在中土，莫不瞻崇，况生於其鄉哉！聞其片語，終身愛樂不厭，况見其子孫哉！此予父子所以累世通家，而願給葭莩，良以此也。况公慷慨振拔，不失世守，是皆可書以傳，予故謹為之狀云。旹正德六年，歲在辛未三月朔。賜進士文林郎河南道監察御史何天衢撰。（魯承恩本）

周興裔

周興裔，字克振，道州人，頤四世孫，以和州觀察使扈蹕南渡。建炎三年，特授武功大夫，權兩浙淮東南路□□使，領侍衛馬軍。開闔平江鎮沿海，死難福山，賜葬虞山北麓，子孫遂家焉（同治常昭志稿引言志）。（光緒蘇州志）

周武仲

周武仲，字憲之，浦城人，太學生。登紹聖進士第，授將仕郎，諸暨縣尉，繼主益都縣簿，改從事郎，知金華縣，轉授泗州錄事、叅軍，辟知浙江縣事。前政以軟懦去官，或經歲不決，武仲到，迎刃而解。舊事決遣，無留片言，斷獄得其情僞，人人心服，邑以大治。及代而歸，士民攀號，遮道絕梁不得行，乃圖其像，歲時祠焉。尋改宣教郎、亳州司儀曹事，除武學博士，擢監察御史。時有上封事言淮南連歲荒旱，民相食，常平使者顧彥成坐視不救，上怒。詔武仲察訪，亟行賑濟。武仲陳八事：一乞，依瀘放免租稅；二乞，諸司錢斛並許支用；三乞，州縣倚閣催民間積欠；四乞，常平司錢斛已樁發未行者，並截留；五，豪戶有願出粟濟饑民者，許保奏推賞；六，所在官山林塘治暫弛，其禁聽饑民採食；七，鄰路般販米斛入本路者，免收沿路力券，庶得商旅輻湊；八，小民無業可歸，願充軍伍者，委漕司多方招刺，以消攘奪之患。上一一開允，仍命行訖奏及疏降中書。時宿守吳壽寧聞武仲將至，令諸門毋納饑民，城外殭屍縱橫，悉穴地藏之。申以無饑民可抄錄，真守蘇之悌，夜遣兵仗逼饑民載之江州，上悉致死，二守皆宦官腹心，旁連漕使孫點，莫敢誰何，武仲並劾之。兩路所養饑民，僅三十萬賑給，缺食人穀十七萬有奇，賑糶借貸穀三十餘萬，勸誘人戶出糶及借貸七十萬有奇，所全活者，不計其幾萬也。除尚書比部外郎，遷右司外郎，假太常少卿。接伴遼使，復充遼國賀正使，及還，覩河朔軍政不脩，將士驕慢，上疏論之，言："兵可百世不用，不可一日弛備。"上嘉納之，再任言責，未幾，除顯謨閣待制充館伴，使又差報聘充國信副使，禮成而還，進徽猷閣直學士，復差館伴，武仲與虜論議，語言未嘗少假借，非理之求，一切不從。聲聞館外，上知之，屢降宸翰，言武仲氣直，除刑部侍郎直學士院，供職九日，擢御史中丞。差殿試，詳定官兼侍讀，屢上奏，言時政。童貫用事，遂以本官提舉亳州，明道宮遇赦，復右文殿脩撰，貫復誣奏落職，降授宣德郎，黃州居住。淵聖登極，復朝請郎，覃恩轉朝奉大夫。高宗即位，武仲至南京賜對上疏，勸上以固結人心爲本，上深然之。除吏部侍郎，扈從至揚州，擢刑部尚書兼侍讀，首在經筵，獻納居多。九至安危治亂之機，必旁搜遠攬，極其規諫，遷吏部尚書，以病丐閒除龍圖閣學士，提舉江州太平觀，以朝請大夫致仕，卒于揚州官舘。贈太中大夫，子孫多居于吳，曾孫昮爲常熟尉，昮孫才。（正德姑蘇志 2）

周材①

周材，字仲美，吏部尚書武仲五世孫。其先汝南人，祖昮爲常熟尉，遂家焉。嘗爲沿江制機，以疾在告，度宗咸淳乙亥，元至元十一年也，征南帥府檄仲美與諸武弁分部撫安，武弁所至括銀於大姓不得，則魚貫斬之，仲美勸解，悉破械縱去，兵有虜居民鬻於市者，詢其鄉里，贖歸其父母。同里朱氏、蘇氏有世讐，朱賂武弁，期一夕爇蘇而屠之，仲美潛語蘇，俾啖武弁，朱計不行，因招二氏，曉以報復之禍，令結婚以釋怨。十三年丁丑，有謀以兵危富室吳氏者，仲美諭之曰："兵入境，豈但吳氏，無噍類將及於吾民，亟持帥府招諭符文迎勞。"兵遂不入境。來歸者，皆廩食之事，平署縣設官共事者上其功，仲美曰："吾前朝賤事也，

---

① 周材：天一閣藏明代方志選刊續編《正德姑蘇志》二（上海書店 1990 年版，第 321 頁）作："周才"，可參校。

所以周旋患難者，誠不忍生民塗炭耳，其可復希名位哉！"遂老於耕桑，幅巾杖屨與前朝諸老，以詩酒自娱，終其身焉。嘗著《宋史畧》十六卷，《吴塘集》若干卷。子文英，克世儒業，有《澤物親民二藁》及《庭芳集》。(正德姑蘇志)

周紫華

周紫華①，郡人也。讀書好道，有幸道者過之，見其讀《參同契》，道者曰："子有夙契，可與語。"至暮留宿，夜甚寒，將熾炭，道者止之，視其所衣，一木綿裘，其氣充然。時方雪積，道者所止，有光赫然出，屋上雪獨不聚，隣人以爲火，操水具至，則知非火，周尤異之。達旦，留詩以别，問其所居，曰楓橋，問其姓，曰幸。次日，周冒雪至楓橋，果有大船泊橋左，幸方倚蓬而笑，曰："吾知子必來。"遂留欵具膳，且出一小鼎貯水銀熫之，頃之成銀，命舟子入市，即可易物，再貯如前，加以黑末，半匕及成，則黄金也。盡日而别，且曰："戍亥歲，當成子志。"周自此若有所得，每静處，覺有氣隱隱中起，稍引之，則煦然周身。歲果戍，一日，以幸所書展玩一過曰："兹惟時矣。"遂歛衽，端坐而逝，若委蜕焉。(正德姑蘇志1)

周南老

周南老，字正道，本道州人，濂溪先生之後。宋季徙吴，祖才、父文英，自有傳。南老元季用薦授永豐縣學教諭，改當塗縣代還，會天下亂，省臣奏爲吴縣主簿。僧普益殺人，久不得尸，南老移檄責縣神，次日覺群鳥飛繞有異，跡其所止，獲尸於湖濱，縣稱神明。尋辟爲浙省掾，上書言時政六事，曰："開荒田，節財用，通鹽法，息奔競，辯禮分。"公銓選除兩浙鹽運司知事，進淮南行省照磨，改江浙行省，進權本省理問。國初徵詣太常，議郊祀禮，禮成，發臨安居住，放還②，卒。南老端毅好學，其學本於義理而詳於制度，所著有《易傳集説》《喪祭禮舉要》

① 周紫華：即周文英，字紫華。

② 民國《吴縣志》(第1167頁)此處有："又十六年，卒年八十三。"可參校。

《姑蘇雜詠》《拙逸齋稿》。

子敏，字遜學，洪武中任長洲縣學教諭，後與金華胡隆成同召，以親老辭歸親，終改廣東軍器局副使。子汝，安溪主簿；淵，遂昌知縣。孫綱，字文敘，以薦授廣西融縣丞，進知縣。治融十有八年，有惠政於融。成化中，都御史韓雍以融人思綱不忘，奏綱子奎爲融丞。未幾，進攝知縣，兼攝羅城、懷遠二縣，後丁母憂，改茶陵州判，官卒。（正德姑蘇志3）

周南老，《易傳集說》（一作雜說），《喪祭禮舉要》，《學庸章句集解》，《地理會要》，《醫方集效》，《拙逸齋稾》，《續姑蘇雜詠》一卷。（民國吳縣志）

周敏

周敏，字遜學，南老子，少歲以儒士選備顧問，太祖問："小儒生何籍？"曰："蘇州。""有父母乎？"曰："臣父母年七十。"太祖命爲長洲縣教諭，俾就家養親。魏觀改修府治，忌者蜚語，上聞。上使御史張度往覘度，詭爲日者寓敏，齋府治落成，僚屬詣府賀，敏不往。度問之，曰："上命訓諸生賀上官，非吾分也。"後觀獲罪，賀者皆不免，敏獨脫。然遷安都尉，以謹慎稱。（民國吳縣志）

周甫

周甫，字次山，常熟人。幼穎悟，五歲誦《論語》，每舉一字，輒引類言之。淳熙十年，秋試主文，郭頤取爲解魁，以失書塗注。知府耿秉移嗣牓首，遂棄舉子業，窮經史百家之書，識見超卓，文筆凌厲，操履益不苟。叅政宇文紹節館之，以邊功累官，不就，知縣孫應時甚愛重之，同郡周南，時亦與訂所疑焉。精於漢史，所著《韓生傳》《章華臺記》《石頭城歌》等作皆膾炙人口，餘多散佚。盧氏云嘗見甫有印文曰"臨淮周甫"，恐即狀元虎之族也。（正德姑蘇志1）

周善溥

元周善溥，元公八世孫，至正間判官吳肯薦之當道，請援顏、孟例，

世以元公子孫之賢者，為濂溪書院山長，上憲允其議，檄州舉善溥以應，見《濂溪志》。（嘉慶道州志・人物）

周京

周京，字岐安，年十四隸學籍，文出輒傳誦於時，門徒問難，反覆指陳無賸義。為人莊嚴，危坐竟日，無偏倚履迹，不失分寸。乾隆己酉，歲貢不仕卒。（光緒永明志・人物）

周木

周木，字近仁，總角有高識，居小學，或問讀書奚為，曰："為事君。"人皆異之。既壯，舉于鄉，明年舉進士。游心理性，欲以學自名，其於詞藻之業，擯不置思。觀政于工部，奉命□河南，為伊悼王營葬，還朝授南京行人司左司副司事，清簡益務。探索王端毅公恕時典留務，雅知木，始有進木意。居久之，吏部推任尚寶司卿，不果用。明年王適秉銓，於是奏用木為稽勳司郎中。憲廟賓天，預修本部實錄，成有白金文綺之，賜命清文職貼黃。時懿祖祧祭，木奏言："禮莫大於祭，祭莫重於祧。凡廟之祭，哀與樂平，祧廟之祭，則遷祖宗。既成之主，離合享久安之廟，而入獨居不享之室。比之常祭，殆樂少而哀過。然祭以肅敬为本，今祭涓晨與視朝時刻相連，前禮甫畢，后禮繼行，雖有强力之容，恐肅敬之心未免倦怠而不專，不專則無誠意，何以為交神之本。伏乞特降綸音免朝，庶乎君臣上下，精一其心，以供祀事。"

己酉歲，奉命持節，如湖廣冊封岷王。會災異，有詔求言，木上疏論《王者以民為天》，書曰："天視自我民視，天聽自我民聽，民雖微，其視聽與天為表，天之變於上，由民之不安於下。何者？民之所愛者莫如財，所惜者莫如力。江南之民困於財，江北之民困於力。今则賦之重者，或兼困於役，役之繁者，或兼苦于赋，此天下之極弊，不啻救焚拯溺而不可緩也。請勑户、禮、兵、工四部，將天下諸司大小賦役，自洪武正额添置者，逐一條出，可因者因，可革者革，務在公私兩便。因者必杜其請益之门，革者必絕其復開之路。并行淛江等布政司，南北直隸等處巡撫巡按官，各條所屬地方，一應大小賦役，凡有在外添置而不申，部宜査出，因革廢置。”時禮部灾，下尚書耿裕等于獄，木言禮部職司：“天子禮樂，且尤賔禮四夷。朝貢往來，各有常典，煨燼之餘，文獻無證，將啓釁端。今首罹于火，事豈偶然？未可專咎于人，而不知所警也。今之尚書等官，乃股肱大臣，皇上所當改容而禮貌者，設有大罪，尤當徐議而緩處之，寧使廢退，而不可使刑辱也。臣於耿裕等未惜其他，但知位列大臣國體，役繫頃緣失火，荐荷優容，繼求罷免。今者復置于獄，臣恐群情不知，有識之士皆為寒心耳。”

木在郎署，恪謹供職，繼言時事，識者重其知體，遷淛江布政司右叅政。水康民有訟，府縣畏其豪，日久不敢竟。木至□决之，且治其黨數百人。理杭州前後二衛戎籍，發其隱漏，而辨其枉抑，人稱其明。杭俗葬用水火，木惡之，下令以戒。立義冢于三山予民葬。木政尚體要，以興化正俗為首務，有所建立，風采動物。時同省兩参皆周姓，別木為新叅，相戒不敢犯。作道南書院，以處孔氏之裔。修岳武穆墓，復其墓田，召其孫守之。闢候潮、鳳山門路，以便行者。廷議推為河南右布政使，不果遷。木自信厚高，自標榜已積，為衆所忌，而其所論建漸廣，不能與同官為順承坐，是與察官不相能，遂謀以傾木。詔許致其事，既去位，論者欲為木直之，而惜其用之弗究也。自宋季迨元，吳以僣割偏安，理教不競，士惟治文詞，事綺靡，鮮以理學為務。明興，吳文恪訥出，厭末習，病名教。於是究心理要，闡發正義，其學自小學，入字析章解寧為切近，而無深於隱奥，所得粹然，鄉邑尊之。

木自後出，益振起之，甞讀《近思録》，而悟為學之要。《大學》自經朱子定著，諸儒尤有紛更。木以己見緒正，不爲苟同。晚尤好《易》，於陰陽之消長，象數之該攝，甞致力焉。所畫諸圖，因羲、文、邵子之所命者而衍之。縱横變置，不害其為自得，其於《洪範》之所陳，配合皆有倫類。木厚自韜，抑凡其所著，迨久而未行。木於親孝，母不逮養，乃數厚其家，與弟彬友愛尤篤。於族人計口，而給歲費甚廣，而其家廩無贏積也。冠、婚、喪、祭禮廢已久，木考古以行于家，尤敦重鄉德。先賢仲雍、子游、吳訥、張洪祠事，皆自木發之。其書有《易心逸說》若干卷，文集、奏疏共若干卷。詞義高簡，善古隸。年七十有二，號勉思學者，稱勉思先生。

論曰：儒者之學，貴於適用，纂箋釋、談名理，皆儒之資也。洪居編伍建平夷之策，使絕域折暴虜之氣。木在郎署，言廟朝之體；叅藩省，首風化之政。其才亦畧見於用，與儒之拘陋者異矣。洪之於經信有功，書多散逸而將亡，木之書幸無恙，而不勝乎媢者之衆，然則儒之顯行，信有時哉。（嘉靖常熟志）

濂溪志補遺卷之九

古代藝文志

復堂侄茂叔書　　宋　周堯卿

吾儒讀書窮理，須自出心靈，探根尋本，不徒藉前人唾餘，供吾舌端筆底，方為善讀書者。今披閱吾侄《易通》《太極》諸篇，真字字鑿破聖賢關矣。自與《周易》諸書並傳不朽，持示族弟子輩，莫不賞心擊節日三復焉。因喜曰：千百年來，道奧幾息，得吾侄書，復為聖學宗，然耶否？（光緒永明志·藝文）

又復茂叔堂侄書　　宋　周堯卿

接來札讀，至以窮理盡性為本領，反復以思，真本領也。如莊周書善言理矣，未至於窮理，周能窮理，則好惡不謬於聖人，孟軻是已，孟子書善言性矣，未能盡己之性，孟能盡己之性，則能盡物之性，而可與天地參，其惟聖人乎，願折衷乎是復。（光緒永明志·藝文）

寄懷元翁　　宋　黃庭堅

歲年豐稻秔，井邑盛煙火。北園曽未窺，王事方勤我。
花枝互低昂，鳥語相許可。觀物見歸根，撫時終宴坐。
搔首望四鄰，諸賢皆最課。極工簿領書，甚辦米鹽顆。
平生短朱墨，吏考仰丞佐。初無公侯心，骨相本寒餓。
明窻懷玉友，清絶吟楚些。念君方坐曹，無因奉虛左。（山谷集）

戲贈元翁　　宋　黄庭堅

從來五字弄珠璣，忍負僧床鎖翠微。

傳語風流三語掾，何時綴我百家衣。（山谷集）

答濂溪居士　　宋　黄庭堅

前辱書累紙存問，久别，懷思增深，得此開慰多矣。文字久欲以所聞改作，多病懶放，因循至今。張南浦遣人行，適作就，忍眼痛，大字書往，不審可意否？知命學識與筆力皆進於舊，但學道絕不知蹊徑。今之學道者，類皆然爾。往雖久在江南，能明此事者，不過三數人耳。頗有聰明，善於《般若》，文句似與經教不悖。或苦行孤潔，不愧古人；或放蕩獨往，自能解脱。剳著并不知痛癢，可歎也。公既在湓城，可那工夫過山，致敬歸宗文老，此人極須傾蓋乃肯動手，不然衹止以賓客待耳。真實道人不易識，直須高著眼目。餘事未能具道，千萬珍重。（山谷全書續集）

周元翁研銘　　宋　黄庭堅

刳其中以有容，實其踵以自重。綈衣漆室，盥濯致用。風檽垢面，蛛網錯綜。遊於物之儻，然吾與爾同夢。（山谷集）

與周元翁别紙　　宋　黄庭堅

往在雙井所見黄龍心老，蓋莊子所説伯昏瞀人之流，但年已七十四五，不復肯出矣。有清新二禪師，是心之門人，道眼明徹，自淮以北，未見此人，今所與共居師範上座，是簡州潙山喆老門人也，其人聞道已久，多見前輩，道機純熟，智慮深遠，於士大夫中求之未易得，恨公未見此人耳，若漫學言句，穿得佛祖如貫珠，終何益哉。思公窮悴，而守道不渝，此蓋古人所難也，然已知求道於生死之際，則世累自己甚輕，但未直下撥塵見已耳。所寄絹軸謾書，此數種語試觀之，何如所云，天注目而不瞬，若視去如來，不當言動不動，法皆是磨滅敗壞之相，故長者云，若不見法身本體，所以萬行皆屬人天果報。有漏之，因既盡心於

此，不可不著些精神，打令徹底，不疑念念，但觀不舍晝夜，豈更有一塵佛法可建立也。（山谷別集）

古風寄周元翁三言　　宋　黄庭堅

周元翁，古人風，讀書苦，作字工。允有德，自琢礱，觀古人，怨慧聰。眼欲盲，耳欲聾，黄落後，期君同。（山谷集）

對酒次前韻寄懷元翁　　宋　黄庭堅

花光漸寒食，木燧催國火。沽酒烏勸人，懷賢吾忘我。
事往墮甑休，心知求田可。可人不在眼。樽俎思促坐。
有生常倥偬，無暇天所課。不解聞健飲，我成一蓬顆。
泥鈞埏萬物，寒暑勤五佐。豈其懷愛憎，私使我窮餓。
醉魂招不來，浪下巫陽些。夢成少年嬉，走馬章臺左。（山谷集）

學元翁作女兒浦口詩　　宋　黄庭堅

五老峯前萬頃江，女兒浦口鴛鴦雙。
鷺飛何處沙上宿，夜雨釣船燈照窻。（山谷集）

次韻元翁從王夔玉借書　　宋　黄庭堅

為吏三年弄文墨，草萊心徑失耕鋤。
常思天下無雙祖，得讀人間未見書。
公子藏山真富有，小儒捫腹正空虚。
何時管鑰入吾手，為理籤題撲蠹魚。（山谷集）

次韻周法曹[①]游青原山寺　　宋　黄庭堅

市聲故在耳，一原謝塵埃。乳竇響鐘磬，翠峰麗昭回。
俯看行磨蟻，車馬度城隈。水猶曹溪味，山自思公開。
浮圖湧金碧，廣廈構瓌材。蟬蛻三百年，至今猿鳥哀。

---

① 周法曹：即周壽，字元翁。

禪印平如水，偈句非險崖。心花照十方，初不落梯堦。
我行暝托宿，夜雨滴華榱。殘僧四五輩，法筵歎塵埋。
石頭麟一角，道價直九垓。廬陵米貴賤，傳與後人猜。
曉躋上方上，秋塍亂萁荄。寒藤上老木，龍蛇委筋骸。
魯公大字石，筆勢欲崩摧。德人曩來遊，頗有嘉客陪。
憶當擁旌旗，千騎相排豗。且復歌舞隨，絲竹寫煩哇。
事如飛鴻去，名與南斗偕。松竹吟高丘，何時便能來。
回首翠微合，于役王事催。猿鶴一日雅，重來尚徘徊。（山谷外集）

書次韻周元翁游青原山寺後　　宋　黄庭堅

予曩時上七祖山，極愛其山川，故為予友元翁作此詩，又出上方之南，得古釣臺，嘉遯世不見其光輝者，元翁亦請予賦詩，詩曰："避世一丘壑，似漁非世漁。獨尋嘉橘頌，不遺子公書。筍蕨林塘晚，絲緡歲月除。安知冶容子，紅袖泣前魚。"元翁曰："青原遺跡但有顏，公大字當并刻此二詩使來者得觀焉。"其後各解官去，不果，刻海昏王子駿以生絹來乞書，子駿於余外家有連，故書予之，能以青石板刻而送之，祖山亦一段奇事。南昌黄庭堅書（右見真蹟）。（山谷集）

跋周元翁《龍眠居士大悲贊》　　宋　黄庭堅

吾友周壽元翁，純粹動金石，清節不朽，雖與日月爭光可也。其言語文章，發明妙慧，非為作使之合，蓋其中心純粹，而生光耳。少時在廬陵，與之同僚，此時元翁尤少年，已能重厚，抑畏無兒子氣，遂洊登茲。茂叔有子，蓋豫章生七年，便知有棟樑用耳。（山谷集）

答周濂溪居過歸宗謁真淨文禪師　　宋　黄庭堅

前辱書累紙存問，別久懷思增深，得此開慰多矣！文字久欲以所聞改作，多病懶放，因循至今。張南浦遣人行，適作就，忍眼痛大字書往，不審可意否？知命、學識與筆力皆進於舊，但學道絕不知蹊徑，今之學道者類皆然爾。往雖久在江南，能明此事者，不過數人耳。頗有聰明善於般若文句，似與經教不悖；或苦行孤潔，不愧古人；或放蕩獨往，自能解脱；劄著並不知痛癢，可歎也。公既在湓城，可那工夫過山，致敬歸宗文老，此人極須傾蓋，乃肯動手，不然，只以賓客待耳。真實道人不易識，直須高著眼目。餘事未能具道，千萬珍重。（廬山歸宗寺志）

奉送周元翁鎖吉州司法廳赴禮部試　　宋　黄庭堅

江南江北木葉黄，五湖歸鴈天雨霜。
繫船湓城秣高馬，客子結束女縫裳。
貢書登名徹未央，不比長卿薄遊梁。
南山霧豹出文章，去取公卿易驅羊。
與君初無一日雅，傾蓋許子如班揚。
囚拘官曹少相見，忽忽歲晚稼滌場。
一盃僚友喜多在，謝守不見空澄江。
澄江如練明橘柚，萬峯相倚摩青蒼。
暮堂醺醺客被酒，艷歌聒醉燭生光。
椎鼓發船星斗白。明日各在天一方。
寒鴟滿枝二喬宅，樽前顧曲憶周郎。
鱸魚斫膾蔗為漿，恨君不留誰與嘗。
殿前春風君射策，漢庭諸公必動色。
故人若問黄初平，將作金華牧羊客。（山谷外集）

次孔四韻寄懷元翁兄弟並致問毅甫　　宋　黄庭堅

書帙蠹魚乾，爐香眠鴨困。佳人來無期，詩句耳排悶。
遙知烏衣遊，棊局具肴醖。爭道嘲不恭，鏖兵勞得儁。
頗尋文獻盟，不落市井吝。四月明朱夏，南風解人慍。
風前懷二陸，家法窺抗遜。身有三尺桐，爨下得餘燼。
端可張洞庭，寥闊世未信。為我謝孔君，舉酒取快盡。
世故安足存，青天飛鳥印。（山谷集）

元翁坐中見次元寄到和孔四飲王夔玉家長韻，因次韻，率元翁同作寄溢城　　宋　黃庭堅

雨罷山澤明，日長花柳困。遊絲上天衢，觀物得無悶。
時從顧曲人，笋饌酌春醞。季子未識面，想見眉目俊。
新詩如鳴絃，快讀開鄙吝。銅官魯諸生，事道三無慍。
比來工五字，句法妙何遜。枯棊覆吳圖，青簡玩秦燼。
葉暗黃鳥時，風號報花信。遙仰吟思苦，江錦割向盡。
應煩王公子，又破黃封印。（山谷集）

去歲和元翁重到雙澗寺觀，余兄弟題詩之篇總忘收録，病中記憶成此詩　　宋　黃庭堅

素琴聲在時能聽，白鳥盟寒夂未尋。
眼見野僧垂白髮，養親元不顧朱金。
開泉浸稲雙澗水，煨笋充盤春竹林。
安得一廛吾欲老，君聽莊舄病時吟。（山谷集）

送周元翁西上　　宋　賀鑄

丙子七月賦，余時臥病漢陽。
露草蔓前庭，微蟲思明月。宵分耿不寐，懷我友生別。
舟師望箕宿，綴幔須明發。鷁首托歸風，安知川路闊。
夫君青雲士，行奉紫宸謁。一鶚抉塵籠，騫軒應霜節。
仰追鸞鶴駕，肯顧孤兔穴。越客寓荒城，卑棲慕鳩拙。
衰遲積尫弊，未死人事缺。嬾制一緘書，寄聲彼朝列。
方今百廢舉，袞職補何闕。每自幸餘齡，湖江傲華髮。
躬耕固難強，五斗代薇蕨。摩腹遡南薰，蒼生解煩暍。（慶湖遺老詩集）

懷寄周元翁十首　　宋　賀鑄

周郎假沔官，我偶來沔居。得閒定相過，談笑沈痾祛。
俄聞戍樓角，曉引吹咿嗚。自君居溢城，悅悅一夢餘。

復求若輩人，陶竈搜璠璵。誠為天下士，豈特江漢無。

周郎嗜茗飲，偶與吾好同。贈行發吾寶，紫璧琱雲龍。
此實太官物，分甘玉堂公。我曹百石吏，藜菽每不充。
詩人盍得嘗，可以驕萬鍾。願君間一歠，千里共清風。

周郎塵外人，冰甃立寒玉。去我千里餘，炯炯長在目。
有德且有言，可採篆緗竹。未為造物憐，方徇斗筲祿。
司晨屬群雞，安事彼鸞鵠。聊自況疲駑，鹽車不為辱。

周郎妙雅道，五字可人師。許與非不嚴，奈何取我詩。
我詩如秋蟲，徒增長年悲。指疵固有望，逐臭得無嗤。
詩鳴人必窮，我窮豈所宜。願君勿閔此，晚節益經奇。

周郎歸濂溪，旱燥害嘉穀。仰飽百指餘，嗷然坐空屋。
應書乞米帖，得繼朝來粥。行陞大夫籍，月賜萬錢祿。
振顯屬它年，盤飧羅海陸。毋忘佛子言，不食大夫福。

周郎西笑時，疊寄兩函書。情親語懇到，骨肉所不如。
妙翰騁遒放，抵突黃與蘇。黃癯曳羸筋，蘇厚凝腯膚。
我於季孟間，增少損有餘。家雞敢復道，儲此橐中珠。

周郎走王都，馬足塵翻波。賀老宦江夏，無人驚雀羅。
出處躁靜間，奈此貧病何。平生解指誓，晚境忽婆娑。
迫死不得休，前言食已多。尚敢厭閑冷，欸為赴火蛾。

周郎強仕年，藥石甘苦口。得無耗天和，湯劑禦衰朽。
空華與□色，種種竟何有。妄愛溫柔鄉，蕩然不回首。
坐冷松桂姿，凋脆等蒲柳。幸勿易斯言，前車鏡湖叟。

周郎有史才，班馬可並驅。紛紛讒諂人，畏君筆削誅。
我恨接君晚，要亦君之徒。沈痾積歲月，顧此留須臾。
志我壙中石，賴君文不諛。庶乎陵谷變，名字見君書。

周郎貫江華，而復厭湖湘。我亦非樂此，西歸計茫茫。
頹年抱沈痼，生理豈得長。後期真何時，存歿兩莫忘。
懷君輒賦詩，落筆聯十章。它年一掩卷，為我涕浪浪。（慶湖遺老詩集）

得周元翁蘄春道中書　　宋　賀鑄

離離赤棗嫱東林，開窗下榻依牆陰。
杖藜相顧賴之子，隱几忘言知我心。
晚契初逢一東野，清詩屢擲雙南金。
官身為米自南北，世路亡羊無古今。
夢澤草荒孤驛遠，洞庭雨入滄江深。
相思何以祝高韻，桂樹秋風吟玉琴。（慶湖遺老詩集）

濂溪明道伊川三先生祝文　　宋　真德秀

濂溪先生周元公、明道先生程純公、伊川先生程正公，惟三先生之道，寔嗣鄒魯不傳之統，凡今學者知尊經術，知慕聖賢，知天理人欲之分，知吾道異端之辨，其功有自來矣。某叨恩來守敢祇謁於祠庭，高山仰止，凜然興敬。（真文忠公集）

辭濂溪先生以下祝文　　宋　真德秀

某自少伏讀諸先生之書，亦欲見之行事，三山鄉部也。方朝夕區區勤求民，瘼如理家事，未能毫髮及人，而以予環去矣。然諸先生所以教人事君者甚備，謹當佩服，不敢弭忘，願畢此身不渝素節。（真文忠公集）

瑞蓮亭記　　宋　黎韶

事物之廢興有數，其隱見出沒者常因之，夫一草木之華時出而為祥異。造化者亦甚勤，自非有所感召，則寧沉沒土壤，宁不輕以出，故所見每希，昌黎韓子謂："麟之祥不常有於天下。"或亦類此，大抵事物無終廢之理。其興也，實存乎人，儻時數當興，而人事適有以契天理，則此感彼應。事固有不相関而實相因者。春陵郡圃榛塞蕪廢已久，前乎為郡者，類因循弗暇問地靈之閟其祥也宜哉。淳祐庚戌冬，清湘陶公寔來處，舊圖所立亭舘臺榭，或復或創，未數月，氣象𥅆疇昔頓異，圃舊有蓮池，歲久亦頗荒穢，因命濬滌，夏蓮盛發，紅綠相輝，其中忽有並蒂二華者，盖所謂雙頭蓮也，觀者所喜，謂夫物以創見為瑞，是蓮果非瑞乎？公迺作亭，池上扁曰瑞蓮，亦可書也。

盖自太極判，兩儀立，二氣絪緼，相感而化生，扶輿磅礴，精且粹者，為間氣，鍾而為人物之瑞，凢英人偉士，芝草嘉禾，以至祥麟威鳳，皆是氣所鍾，特隱見出沒，不偶然爾，必時與數相值，人與天相符，否則不可強致。且春陵郡圃之廢久矣，此圃未興，則此瑞隱而不著，今勝槩遺蹟一旦軒豁呈露，緊公招出之力，地靈於此，詎容終閟其祥。是圃也，以公至而興，是瑞也，以圃成而著。殆時數之會，天人之契，其此感彼應，事有不相関而實相因者，固如此。抑是邦，廼元公周夫子之鄉，蓮，夫子所甚愛，至以此比君子焉。今郡圃之瑞，不著於他花，而獨著於蓮，造物者寧不以君子為世瑞，特顯其兆，與公履行芳潔，實維克盡敬忠，治郡廉平，庶幾古循吏，世所謂豈弟君子非公耶？行以郡最還，班列為朝廷瑞瑞蓮蓮之應也，因併書以為邦人告。（弘治永州志）

東陽樓記　　宋　楊楝

余曩登平都山，訪濂溪周子舊遊，亂碑中得小片，周子題兩絕句，點畫勁正，猶存溫厲之氣，官合陽時筆也。其一《詠陰仙丹訣》云："始觀丹訣信希夷，蓋得陰陽造化機。子自母生能致立，精神合後更知微。"又從山中人得《觀丹訣》一篇，二十年間往來於心未忘也。

先墓在餘杭廬居山中，數遊洞霄，道藏寫本甚真，山廬無事時，得假借，無何，閱之徧，則知丹訣所云，周子一言蔽之矣。宮殿都監貝其姓，大欽其名，餘杭人，賜號靈一，作小樓寮中，不侈不約，可詩可觴，愛其翼然於塵外也。與客造焉，請名，適朝陽出高崗之上，因作"東陽樓”三字遺之。摘《陰仙訣》中語也。今又十餘年矣，丹訣則已忘之，唯周子詩中之意炯然心目。靈一之孫守一囑如圭來言，曰：“靈一年八十六而卒，願得向者名樓之義，以發其幽光。”

余曰：“乾元陽神，吾資以始；坤元陰精，吾資以生。元，一也，而分二體，於是有尊卑有貴賤。以尊卑言，則先乾而後坤，尊當在先也；以貴賤言，則先陰而後陽，貴當居後也。既有先後，則有嗑有睽，有同有訟，不得而齊焉。不齊則離，離去為變。相保則合，合為大和。物生於和，死於變，精神合一，即日月合一，日月合一即乾坤之元復為一，此天地之正道，萬物之公理，聖人以是制為禮樂，達之天下。禮無往而不來，樂無進而不返。斯道也，在人或識其大，或識其小，未嘗墜也。周衰道微，四代禮樂之數掌於柱下史，乃或取之以養其生。雖然，禮樂者，大和之器也，所以建天地、溥萬物，非有我之所得私也。私之者，小之也。知廣而充之，則大矣。是故一物有盡而萬物無終，一身有終而萬人無盡，萬人無盡即我之無盡，又何人己之分？靈一以壽終矣。四海之內一視而同其未死者，皆靈一也，不與天地同長久乎？平都煙塵蒼莽，石刻之存者幾希，由是以志諸洞霄，尚不泯乎儒先之遺意，不亦可哉？”咸淳元年中春資政殿學士宣奉大夫眉山楊棟記並書，光祿大夫參知政事姚希得篆蓋。（洞霄圖志）

馬實夫君子堂記　　宋　袁甫

菡萏詩歌，芙蓉騷賦，曷取哉？比德也，我德之清其清也，我德之芳其芳也。睟面盎背，陽發其華也。歸根復命，陰結其根也。有孚盈缶，的中之薏也。大白若辱，出淤泥而不染也。君子人歟，觀此則可以知德矣。昔濂溪先生愛蓮有説，而于他華不能無貶焉。余曰四時之變不同，而草木之華隨之，蘭菊固各有時，胡可以一律齊哉！獨蓮也，當流金鑠石之時，有瀟灑出塵之韻，是則尤可貴耳。至于時則與他華等，未可以彼議此。陶靖節有云：“善萬物之得時。”惟其時也，然後君子。余友馬實夫築室桂山，扁其堂曰君子，蓋取諸濂溪。一日過鄞之東湖，訪余于種德庵，而屬余記，若實夫者，可謂有志于為君子儒矣，故為道其平日之所自得者，以助實夫之進德云，端平三年立夏日記。（蒙齋集）

書濂溪先生祠　宋　呂昌裔

潼川呂昌裔、東平劉震孫率塗仁、范大淳、袁塤、蘇廷珪祇謁先生祠下，濯纓溪流，仰高廬阜，油然有發，泛舟而還。昌裔之子槩、彙、猶子寅、震孫之子儒珍侍。端平改元孟秋吉日。(全宋文)

奉安周濂溪、朱文公二先生祠堂記　宋　陳宓

惟濂溪先生，闡道之秘，始乎文公先生，斯文始備，經傳開明，垂淑萬世。睠此星渚，日守二公，百餘年間，風教郅隆。顧瞻道德，廬嶽並崇。我立此祠，實仰前哲。有不如訓，昭著森列。敢不夙夜，景行遺烈。遠邇多士，濟濟來觀，是式是承，大法是閑。風俗丕變，懦立薄寬，庶無負二先生之教，而皆君子之歸。新宫屹然，孔聖是依。一後一前，蔚乎相輝。牲酒跪薦，其敢不祇。(全宋文)

守拙堂記　明　呂繼楩

余守薊門，以越獄事調楚之春陵，春陵去吾鄉不啻數千里許。回首白雲莽莽無垠，魂銷而氣短，旹輒謀挂冠都門以逃。既復自思春陵雖遠，廼大儒周元公故里也，且元次山、陽亢宗先後吏茲土，施實德於民，迄今尸祝之不廢，涖元公故里，挹光風霽月，千載如一日。而元、陽當年循跡犁然具在，步趨而印正之，非生平之志，願良遘哉。於是買舟潞河，直抵京口，攬金陵采石之勝，探赤壁黃鶴之奇，放舟洞庭，爲賦以弔湘君，過長沙、歷衡岳，而稅駕於瀟川焉。入其疆，長松夾道儼矣，二公棠陰而環城蓮香冉冉，又思元公之所愛，余有詩云："我來已快高山仰，仕學從茲醉夢醒。"蓋喜之也。

顧余性甚拙，呰庸椎魯，粥粥乎無他，長撫茲凋瘵遺黎，蒿目傷心，惟蠲刑緩徵，嘉與此方相安於無事。客有以拙訾余者，余應之曰："唯唯，不不，蓋聞太古之世，悶悶醕醕，渾然拙也，輓近世敔麗漸散智，故萌生儇通諔詭，而巧宦之徒出矣。"老氏曰'民之難化，以其智多。以智治國，國之賊，不以智治國，國之福。'拙，正不以智治國者也。夫拙與巧，如方圓氷炭之不相入，廼誠僞之關，而世風淯澆之窾係也。故鈞

名射利，算效眉睫，則拙不如巧，若實心實政，毫無粉飾，令民陰受其福，則巧去拙遠甚。”昔元公倅永，嘗作《拙賦》垂訓，其勞逸、德賊、吉凶之辨，津津乎詳言之，真吏治之指南也。即陽亢宗名炳史冊，千載下交口誦之，必以催科政拙爲首稱，元次山當州縣破亂之後，靜以安人，不應諸使徵求讀《舂陵行》，洎《賊退示官吏》詩，其拙與亢宗氏相等埒。今余直患不能拙耳，果拙也，是黜浮夸而尚悃愊，去雕鑿而還混沌。庶幾隆古湻風，所恃以踵元、陽芳躅，而無忝於元公之明訓者，其在斯乎，其在斯乎，此正余不遠數千里意也，敢不兢兢焉守之。郡齋有堂，舊額爲繩武，余更之曰守拙，因述所以對客者，志仰止之思云。（光緒道州志・藝文）

讀愛蓮說　明　蔡清

菊曰隱逸，所謂隱者為高也；牡丹曰富貴，所謂仕者為通也；蓮曰君子，則所謂君子哉。蘧伯玉邦有道則仕，邦無道則可卷而懷之者也。後賢註此，皆未有得周子命辭之意者，故特發之。（虛齋集）

白鹿洞書院告周朱二先生文　明　蔡清

有天地萬物矣，可無羣聖人乎？有羣聖人矣，可無吾孔子乎？自孔子沒，千有餘年之後，又可無吾周子乎？吾周子、程子之後，又可無吾朱子乎？嗚呼，有周以降，元數潛移，時生聖哲，間必有虧，故我二夫子輩，皆不得一伸其志，乃洩其蘊以貽來世，以衍孔子之澤，以壽生民之紀，非必造化之有心，其亦所遭之定理。嗚呼，不肖清乃今吾知二夫子在天之靈兮，蓋有以洞易道之始終，而信渾沌之不死。尚饗。（虛齋集）

觀蓮記　明　曹自重

丙辰歲，東巖曹子署合州篆，政暇建亭於周子書院，名曰觀蓮。至朱明白藏之交，則見灼灼紅花、靄靄翠葢、懿懿芳馨，每倘佯其宅，誦愛蓮之章以自樂，或曰：“蓮有淑惡”，周子之辭殆溢美也，公何嗜之深耶？夫蓮之根蒂綿綿，蟬嫣非斷也，敷而爲葉，吐而爲花，競一時之妍，不能負雪懷霜，如蒼松翠栢，亦越艷杏夭桃之麗爾，非守也，苟嗜焉，而則夫非斷者，則璋珪雜於□□，清白淆於玄黄矣。藜元飲毒，將衝衝翳路，何以爲政耶？非守則化杜衡爲馬蘭，捐泠泠爲湛湛，將施毒螫，冒貨賄，般樂侈汰，行同獍鴞。吾民易子而食，析骸而爨，彼方爲雕堂華軒，酒池肉崤，嗟嗟，金碧熒煌，塗首舋血也，芬馥氤氳，黔黎骨髓也，而夫人悠悠之欲，尚難極也，何以爲民父母耶？夫蓮淑不足以掩惡，如是公何嗜之深耶？曹子踧爾曰：旨哉！公言吾曹藥石請觀蓮以拂惡，從淑何如？或人迤然而笑，因命染翰書，其詞爲《觀蓮亭記》，遂刻諸石，以與後之守此土者共勗。（乾隆合州志・藝文）

游濂溪舊址　明　廖道南

臣游匡阜，乃即濂溪舊址，思其所學，邈焉無淂，及浮湘登嶽望月岩山，乃悟夫茂叔之學，直淂羲文孔子不傳之緒，《易》曰天垂象，河出圖。聖人則之，夫河圖天五生土，地十成之，即無極而太極之本體也。天一生水，三生木，即陽之動也。地以六八成之，非動極而静乎。地二生火，四生金，即陰之静也。而天以七九成之，非静極復動乎？聖人仰以觀扵天文紫微，垣居中，無極而太極也。太微垣非陽之陰乎？天市垣非陰之陽乎？孔子謂一陰一陽之謂道，陰陽不測之謂神。故曰："易有太極，此之謂也。"上承堯舜禹湯之道統，下啟伊洛關閩之心傳。其功不在孟子下，贊曰：孟子以降，疇續厥傳，道未墜地，文不喪天。元公崛起，則坤象乾，肇圖太極，理數幽玄，直繼絕學，精藴心傳，開我後覺，仰瞻希賢。（楚紀）

二賢祠祝文　明　彭夢祖

二先生，宋代之真儒也。使先生在端揆，則燮理得人；使先生在經筵，則啟沃有裨。而乃先後出知南康軍，宋室之不競可知矣。夫宋室，不能大用先生，以造宗社生靈之福；而南康，乃得藉重先生，以增山川井邑之光，所以特祠崇報於無窮者也。夢祖等忝牧茲土，景仰望先哲，羹牆之思，其誰能忘？過化之功，於今為烈。茲屆仲春，陳牲奠帛。唯先生英爽，尚其匡予不逮，以惠此遺黎於百千萬祀。尚享！（同治星子志・藝文下）

寧州謁周濂溪先生祠文　　明　邵寶

惟公繼絕往聖，登我後學，為世宗師，凡公過化，神靈攸睠。惟我章逢，嘉樹之思，寓於庭草，實惟秉彝，無間遠邇。肆某不敏，承乏學事，行視郡邑，謂南安為公傳道之始也，於是有書院之葺；謂九江為公終焉且葬也，於是有祠墓之治，有祀守之圖；謂南康、袁州為公所嘗宦遊也，於是有白鹿之奠，有宜春之謁。仰止高山，作我同志，非敢為諂。茲至寧州，睹公遺化，如坐光霽焉。謹率諸生，酌水薦毛，竊附古人祭菜之義。惟公不鄙，其昭臨之。謹告。（容春堂前集）

濂溪祠蓮池　　明　羅洪先

攷諸藩志，先生愛蓮山，因築書堂。山谷詩序云："先生仕宦三十年，志在林壑。"明先生無居室心也。今其地左逼而右傾，獨溪水清駛可挹，庭草離離，清約不改，夜宿池傍，月色東出，萬峰寥寥，如有吟弄之狀。（廬山記事）

濂溪祠蓮池　　明　葛寅亮

先生流風餘韻大都在江右居多，頹垣敗壁，遺像剝落，毋論宋太守所脩及朱晦翁記，杳不可見，即國朝徐侍御、林中丞、謝觀察後先凡三修，而其偉摹壯規，亦復無迹可求。茲卜築更新，青溪在御，碧草映階，學者登斯堂也，其能無春風沂水之感乎！（廬山紀事）

祠有蓮池　　明　桑喬

先生作書堂時，於堂前鑿池種蓮其中，名其堂曰愛蓮，且自為《愛蓮說》。池不知處，而今祠後亦有池，莫知所由始。池久涸，蕪穢不治。兵備副使謝迪乃更鑿池於書院西，廣可五畝許，欲遷祠於其上，池成而不果遷，故池與祠不相當云。（廬山紀事）

濂溪祠蓮池　　明　桑喬

北郡李獻吉云："往觀眉山蘇氏愛陽羡山水，欲徙居之。"謂其特文人耳，自觀周子自濂溪徙居廬山，則又訝曰："嗟嗟，茲非有道者所為耶。"蓋天壤間物無常主，自吾之所出言，濂溪固吾士也。自天壤間，物言吾安，往而不得所主耶，君子曰，此達者之見而非先生之心也，蓋季礼之子，死葬於嬴慱之間，孔子以為知禮。先生本以少孤與母太君依舅氏居潤州。太君歿力不能歸，即所近而葬焉，禮也。太君既葬廬山，則先生必居廬山，亦禮也。君子擇所處非大故不得已，一旦捐墳墓，遠適宅土，而曰我愛其山水焉，可謂知所重耶。（廬山紀事）

祭元公文　明　蕭文佐

竊惟聖賢之生，每須真元之會，盖將以啓時運之隆，續道統之墜，孔孟既沒，聖遠言湮，而我元公篤生於舂陵舜塚之墟，九嶷峯俸，濂水漪而靈發鄒魯者，再見于斯，則造化之詣其始也。有聖之資，既孤，而依彼龍啚公，二十年涵養積盛，乃自得師，撰啚著書，心學是究，沒衍程朱，萬世領袖，文佐鑚仰終身，竟未之由，然而歷古虔，登欝孤，放分寧，遵其跡於湓浦，則於公受授之次，嚴恕之施，實垂緒於洪都属土，是故得以竊聞其一二，乃今以公之官入公宅里，玩月巖，味聖泉，瞻拜高風，似於公有親就之緣。噫，道本無聞，心切追蹤，祭拜惓惓，願迪顓蒙。（魯承恩本）

祭元公文　明　馬元吉

仰惟先生，吾楚鄉曠古之傑出，合古今天下人，無不知景仰之，而鄉小子仰之尤切。今年春，辱吾沅好禮，諸君子為建仰止亭於明山獅子峯，奉祀先生神主，不肖以先生之神，如元氣之在兩間，固無處不塞滿，而舂陵實先生之故鄉，矧沅之去舂陵，僅湖之南北間耳。不肖每欲親詣其鄉，而訪其遺芳，有不可得，今幸問省，吾六柳蔣先生泛洞庭，逆湘水，直遡濂溪之源，得瞻拜先生祠下，就先生賢裔酸齋而備訪之，得見譜籍、遺墨、全集等書，及遍觀月巖景象，而有以知先生之學，誠非偶然矣。

第不肖，竊嘗疑朱晦翁序《大學》，不以先生接孟氏之傳，二程祝受業於先生之門，及伊川序其兄明道亦曰"孟子之後一人而已"，亦不及於先生焉。說者往往釋之類不可曉意者，以先生之學不由師傳，默契道體，故特表之，而此不之係與？然以不肖言之，道統之傳，有見知，有聞知，先生啚之《太極》會於孔子，《通書》之誠原于伊尹，是先生誠聞而知之者也。以之接孔子以上之統固宜，然孟子學孔子者，孟子七篇之言無非仁義，先生啚書固無不具，以之而接孟氏之統，夫何不可乎？至有疑先生用“無極”二字，古今名儒固已論之，人猶有不盡釋然者，此必復起如先生者而親辨之，庶可以破千百載之疑，亦有待也。不肖小子尚何敢言用，是堇具辨香清酌，聊伸微悃，惟先生顧之，洛國程正公、豫國程淳公，亦期點相用壽斯道於無窮也，尚享！（魯承恩本）

太極亭記　　明　王畿

吾友思平翟子，志於聖學有年，嘗建考溪書院，以聚同志。周潭子之記，可攷也。復作太極亭於尚友堂北，求記於予。夫太極之說，濂溪周子發之詳矣，予復何言。後世解者，尚若未盡其立言之旨，略為釋之。

夫千古聖人之學，心學也，太極者，心之極也。有無相生，動靜相承，自無極而太極，而陰陽五行，而萬物，自無而向於有，所謂順也。由萬物而五行陰陽，而太極而無極，自有而歸於無，所謂逆也。一順一逆，造化生成之機也。粵自聖學失傳，心極之義不明，漢儒之學，以有為宗，仁義道德，禮樂法度典章，一切執為典要，有可循守。若以為太極矣，不知太極本無極，胡可以有言也。佛氏之學，以空為宗，仁義為幻，禮樂為贅，并其典章法度而棄之，一切歸於寂滅，無可致詰。若以為無極矣，不知無極而太極，胡可以無言也。一則泥於迹，知順而不知逆，一則淪於空，知逆而不知順。拘攣繆悠，未免墮於邊見，無以窺心極之全，學之弊也久矣。濂溪生於千載之後，默契道原，洞見二者之弊，建圖立說，揭無極太極之旨以救之，說者以為得千載不傳之秘，信不誣也。人之言曰：自古未嘗言太極也，而孔子言之，不知箕子相傳，已敘皇極之疇，皇極即太極之義。孔子特從而衍之耳。

孔子未嘗言無極也，而周子言之，不知易有太極，易無體，無體即無極之義，周子特從而闡之耳。其曰：“定之以中正仁義，而主靜。”尤示人以用功之要，夫定之以中正仁義，所謂太極，而主靜，即所謂無極也，故曰："人極立焉。"静者，心之本體，主静之静，實兼動静之義，後儒分仁為陽之動，義為陰之静，以中正配之，其失也支。聖人本之於静，衆人失之於動，而以時屬之，其失也妄，支與妄，聖學之所由晦也。周子數百年後，陽明先師，倡明良知之教，以覺天下，而心極之義，復大明於世。寂然不動者，良知之體，感而遂通者，良知之用，常寂常感，忘寂忘感，良知之極則也。夫良知，知是知非，而實無是無非，無中之有，有中之無，大《易》之旨也。故曰"立天之道，曰陰與陽"，天之極也。"立地之道，曰柔與剛"，地之極也。"立人之道，曰仁與義"，人之極也。人者，天地之心，陰陽五行之秀，萬物之宰，良知一致，而三極立，天地萬物，有所不能違焉。夫周子學聖，以一為要，以無欲為至，以寡欲為功，而其機存乎一念之微，無欲者，自然而致之者也。聖人之學也，寡欲者，勉然而致之者也。君子修此而吉也，多欲者，自暴自棄，不知所以致之者也。小人悖此而凶也，是故良知之外更無知，致知之外更無學矣。思平欲繼往聖之絕學，以成尚友之志，亦取諸此而已矣。書太極亭記以勉之。(周鳳岐本)

濂溪考　　清　李紱

濂溪者，周子卜居廬山蓮花峰下，愛溪水清深，特創此名。非營道故里舊有濂溪之名，而因而名之者也。《宋史》本傳謂蓮花峰下，溪合湓江，取營道所居濂溪以名，蓋因《伊洛淵源錄》誤引營道何棄仲農所作《營道齋詩序》，而不知其不足據也。何氏謂："營道縣出郭三十里，而近有村落曰濂溪，周氏家焉，族衆而業儒。至先生遠宦，弛肩廬阜，力不能返故里，乃結廬臨流，寓濂溪之名，志鄉關在目中。蘇、黄二公與之同時，而所為賦詩，皆失本意。濂溪之周，至今蕃衍云云。"其言似若可信，不知其為傅會之辭，非其實也。

周子在當時雖未大通顯，而名聲甚重，二程既以為師，吕申公、趙清獻皆屢薦之。東坡年齒名位不甚後，其為《濂溪詩》，不敢列於儕輩，至推以造物為徒，其重如此。道州僻壤，忽生名世，有不亟相引重，以濂溪名其故居者乎？仲農生南渡初，在蘇、黄二公之後，見周子故里有濂溪之名，遂以二公之詩為誤，不知當二公之時，營道未有濂溪之名也。

東坡作詩，在守杭時。周子次子燾，字次元者，方為兩浙轉運，同在錢塘，東坡其屬吏，又交好也，所為詩果失本旨，何難指示令其改正？若山谷，則與次元兄弟交誼尤親。周子在江西久，始居豫章二十年（孔常父《祭周子文》云：“先君之壯，實難取友。逢公豫章，握手歡厚。二十餘年，不知其久。”）黃亞夫、孔長源皆其執友，而山谷及經甫兄弟並以通家子謁侍，匪朝伊夕，濂溪命名之意，豈其不審，而率爾下筆者？東坡詩謂：“先生本全德，廉退乃一隅。因抛彭澤米，偶似西山夫。遂即世所知，以為溪之呼。”直以為先生自立此名，則其非鄉關所固有也明矣。

且古無“濂”字，後世雖有此字，從未指為水名。考漢許氏慎《說文》無“濂”字，止有“溓”字，音同“濂”。注曰：“薄水，一曰中絕小水。”梁黃門侍郎顧野王作《玉篇》，唐處士富春孫強增定，始有“濂”字，云：“本作溓。”溓之音，則里兼、里忝、含鑒三切，亦未嘗全讀如今音。《廣韻》有“濂”字，止訓薄，其未嘗以濂為水名，則皆同水名，莫備于《水經》及酈《注》，而郴、永之間未有濂水，蓋其名為周子所特創也。山谷《濂溪詩序》謂用其生平所安樂媲水而成，名曰濂溪。意亦以不惟古無此水，並無此字，故云然耳。廉泉讓水，本《南史》所載范柏年對宋明帝語，所謂臣居在廉讓之間者也。故不獨蘇、黃作此詩，就“廉”字起義，即先生自題《濂溪書堂詩》，亦未嘗言故里有濂溪，秖用元次山瀼溪引起，謂：“元子溪曰瀼，詩傳到於今。此俗良易化，不欺顧相欽。”中述溪水之勝，構堂之由，而終之以名溪之意曰：“吾樂蓋易足，名濂以自箴。”自篇首至終，毫無一字為鄉關之思，而直曰名濂自箴，豈先生亦自失本意也耶？何氏傅會造作之妄，可以誣蘇、黃為誤，而周子自作之詩，則必不可誣。今錄周子全詩及蘇、黃二詩於後，覽者虛心觀之，亦可以爽然矣。（穆堂別稿）

改建夜話亭記　　清　賓忻

光孝寺左有廉泉，宋嘉祐時，甘泉湧出，以其時知軍事者，廉泉亦因之得廉名。大蘇子瞻赴嶺南，訪陽玉巖與遊光孝寺，尋廉泉賦詩，徘徊泉側而夜話焉。其話不傳，詩傳即話傳也。後人作亭，蓋不知閱幾興廢矣。明崇禎間，贛令陳履忠訪得其址，就亭之旁，移建濂溪書院，今筆峯山麓之書院是也。書院興時，夜話亭已先廢，章貢第一泉坊，則前守汪公宏禧所增置，因坊而復夜話亭，因亭而繪蘇陽像，并刻蘇詩於坊之楣，孰非後賢睎古流連，弗忍使古蹟之泯泯不彰哉。

余每於公餘課士其間，上步筆峯之巔，下□廉泉之側，思良二千石之廉，嘉斯泉之得受美稱也。又觸斯泉，而得前事之師焉。獨惜亭址迫隘，屈蘇陽像於其間，不勝其跼蹐也。迺培寬其址，撤亭而高之，撤坊增亭，以書院奉濂溪爲師表，用黄山谷稱周子語，題新亭曰“光風霽月”，仍懸章貢第一泉額。於是古蹟復顯，人寓意於物，物以人而傳，即地亦與俱韻焉。昔周子樂水，以所居濂溪自號，又愛蓮著爲說，而推之曰君子蓮出於水，水得蓮而香遠益清，今廉泉之下，有蓮池泉，池之交即光風霽月亭也。風之光，可挹；月之霽，可親。風動蓮而月印泉，四者合而君子之品望隆矣。蘇陽之高，太守之□，周子之光霽，皆古君子儒也。古之人處求志，出行義，學仕兼優，大小皆效，總之不離乎君子儒而已，居是邦而事賢友仁，安得謂古今人不相及歟？謹緣改復古蹟，是述四君子之風流，以志余歆慕云。（同治贛州志・名蹟）

太極巖辨　　清　黄彝

月巖之名，流傳已久。至明時，觀察張公喬松始欲易名“太極”，其説載省志中。當時已有辨之者，惟石先生國綸詩云：“假使斯巖不效靈，當年豈遂無圖説。先生妙悟絕古今，區區豈假一邱垤。”足以正其謬矣！惜其言未暢，余竊續而廣之。

月巖，古名也，易之以“太極”，則泥而失其真矣！夫周子作《太極圖》，其出於巖與否未可知，使其果出於巖，則其名乃斷不可易，何者？伏犧之畫卦也，得自龍馬，不聞其易名爲河圖馬也；大禹之衍疇也，得自神龜，不聞其易名爲洛書龜也。蓋天既生一物，以啟其悟，此一巖者，既道學之淵源，而周子之所師也。今有人學於師而有得，遂可舉其師之名而易之乎！且月巖之名不廢，則後之人知其因月巖而悟太極，足見别有會心之處。若直名爲太極，則流及後世，人將疑周子當日不過從太極巖中悟《太極圖》，無異於依樣畫壺盧矣，可乎哉！又何論乎圖之未必出於巖也。而論者猶曰吾以尊周子也。夫欲尊人者，必先問其心之所安，吾觀周子之於濂溪也，特故里之一水也，乃其後通判虔州，築室廬阜，猶以濂溪之名額之，蓋恤恤乎有故鄉名物之慕焉，度其愛月巖也，猶之乎濂溪也，某水某邱，皆童年釣遊之所，今一旦從千載後，取其名而奪之，使不得與濂溪並永，度其心，必有所不忍矣！非惟不忍，亦不屑其故，何也？太極之名，見於《周易》，非周子所創也，特其功在於一圖，且於太極之上加以無極，而精義入神焉！當時，故有以無極翁稱之者，今不易以無極，而易以太極，且沒其圖而歸之於巖，巖則有太極矣，太極則有巖矣，於周子何與，然則月巖之名可思矣。昔黄魯直稱周子曰霽月，程子亦頌之曰弄月，此霽月亭、弄月臺所由起也。夫一亭一臺，皆有取於月，而不知此巖先有以啟之是月之名，不惟有肖乎巖，而實有合於周子也，奈何而欲易之？且夫月與圖亦非有二也。憶余四齡時，外祖大川公携入祠堂，見石刻二圖，上虛而下實，不知何物，謂外祖母："得上圓者日，下圓者月乎？"外祖笑曰："騃子，此吾先人《太極圖》也，由今思之，月之中明者爲陽，暗者爲陰，而又弦分上下，亦與周子所畫左右各半圈者，何異？然則月也，巖也，《太極圖》也，一而已矣，仍其名可也。

噫！周子之學，本無師授者也，一圖之蘊，妙絕古今，不幸而遇無識者，以其學得之壽崖，不幸而遇好事者，以其名歸之月巖，是皆以私見窺之，泥而失其眞者也，故不可以不辨。(光緒道州志·先賢)

重修月巖記　　清　洪世祖

月巖爲濂溪先生讀書處，以悟太極，刻其崖曰太極洞。其形勝載《濂溪志》與省府州志甚詳，不復贅。竊味先生之言曰："無欲故静。"其胸中本具一太極，天即不生斯巖，而圖自千古，先生自千古，獨惜其以圓虛静澈之體，爲士人取硝者掘其下弦，於先生無傷，於州人士何望。余懼人心世變之靡所底止也。歲乙亥，盛樸人刺史涖州，公餘，意圖復古，謂余曰："月巖距州城四十里，近荒廢，其弦形裂處，擬封固之，書室傾處，擬修葺之，中供于周子木主，前建一亭，旁設兩廂，置稻田若干畝，以爲典守者費，何如？"余曰："善哉！先生之靈，州人士之福也。"工竣，囑余爲文，因綴數言以記其事，時刺史權篆之二

年，而窊尊亭、風神龍神廟，諸循良遺蹟，亦取次改觀矣，故及之。（光緒道州志・藝文）

拙存居　清　王元弼

零署種愛堂左，一室止丈闊，頗稱幽僻，庭前植竹數竿亦可愛，余名之曰拙存居，其義存吾拙而已矣。客有謂余曰："昔濂溪周先生之倅是邦也，嘗作《拙賦》，今子之室以拙名，取是義乎？"余曰："余敢有望于古人之拙者哉！吾以存吾拙而已。"客謂曰："然則子之拙與顏魯公、陽道州黄魯直諸公同一拙也。"余曰："余又何敢？余之拙，無技無能之謂也，吾以存吾拙而已。"客又謂："肰則子之拙大矣哉！以拙存乎身，則可以見道，以拙存乎詩書六藝，則可以見性，以拙存乎天地萬□，則可以見心，以拙存乎士庶，則可以見仁，以拙存乎天下國家，則可以見才，存之之義，命拙之意，正與潘岳、栁宗元自以爲拙者同也，子之拙不亦大矣哉！"余曰："客譽吾過矣，余鮮技，能視事兹邑，媿且不勝，拙且日拙，以拙名居，不過存吾之拙而已，拙存之謂何思？吾何以忠于君，齊于家，孝于親，友于兄，信于友，愛于民，將有存于斯而深媿未能也，吾存吾之拙而已矣。"（康熙零陵志・藝文中）

觀瀾亭記　清　黄允肅

章水發源南郡，甫出山卽具澎湃勢。東山林壑尤美，砥其瀾而滙焉。兩間清氣特鍾，郡伯心水游公就建道源書院，萃四邑人文肄業其間。予忝山長與諸生朝夕淬厲，暇尋樂處，徘徊憑眺，忽得勝景於奎閣前。山以水勝，水以山勝，而山水尤以石勝，巉巇□兀，層累角列，若髻若螺，若垤若穴，環為宮峭而削窈，而深廓乎有容，屏垣戶砌曲折逶迤，皆緣天地造設，不假八方而成，佳植濃陰若隱若見，此李愿之盤谷，邵子之安樂窩也，湮沒久矣，不謂從無心獲之。乃商同志芟蕪平亢，巖中敞以臺，竅穴而登，構亭其上，衛以周欄，規方數尺，縈白繚青，擁翠吸爽，四望無際，雙城烟火，萬家彩虹，飛渡夾岸，行影參差，征篷上下，面挹溪流，砥柱揚波，盈盈一帶，溶漾來朝。循是抵章貢，達彭蠡，之江之海，胥由此進，輙不禁喟然曰："此可得道源之所自矣。昔元公最愛佳山水，手授《太極圖》於二程，玆亭也，羅石韞玉山藏輝，水含潤虚而常澄，流而不息，其卽太極動静之機乎。吾願與學者，觀瀾而得之也，探奇巖壑馳騁耳目云乎哉。”（光緒南安志補・藝文）

愛蓮池賦　清　曹富燾

維乾元之啟運，發道脈之靈長。緊坤輿之毓秀，衍斯文之隆昌。地以人靈，廬山矗矗而表勝。景緣天定，濂溪汩汩以流芳。營道之東，庫亭之陽，萬仞森宫牆之巍煥，千門啟院閣之輝煌。有汙者，地繞清流兮泛泛；有說者，蓮黐綠波兮蹌蹌。斯蓋先民之遺矩，實維郴郡之耿光。地闢完璧，不僅一泓，曲沼天開，寶鑑何誇。千畝方塘爾，乃遡流尋源岸頭，想先儒之遺蹤，因而觸境覽物，池邊接君子之香風。亭亭其性，棘幹玉葩，苒苒其質，翠蓋紅幢。映水霞，標臨池之緬懷不盡，迎風雲，擁對花之企望無窮。若夫青衿慣阿嬌之習，朱門誇揚海之雄，無數雞冠簪銀花於淮瀾溪上，幾多鳧羽通碧沼於蓼浦花中。厭繁華之日盛，鄙支蔓之多叢，謂草木之甚蕃，惟蓮花之獨隆，簇成錦繡，出淤泥兮不染，開破琉璃，濯清漣兮不濛，豈特香清而質素，亦且外直而中通。惟爾兮實獲我心，愛此者誰則己同。爰類族而辨物，復尋芳而拾異。清同七口明月，氣如八寶風制。匪太液之方丈，以象神仙，實羊堡之丹瑪，獨有真契。含旭日兮一顆，黄金擁綠；照寒星兮千點，銀珠綴蒂。覩北沼於元朝，心藏底藴；植東毬於颺裳，運弘朗霽。維時權司，朱明令肅，火德麗質彌，呈其爛熳丰姿，倍覺其皎潔，葉抒圓蓋於波心，花綻長簪於水國。風過處宛如百合香薰，雨來時不減萬盤珠叠。花嬌欲語，何須池底映紅；荷净如浴，幾疑水面翻白；天孫織錦，捲去玉散平池；仙子羅襪，搖來水浮孤月。色色俱麗，寫不盡大塊文章；層層出新，悟未了高深道域。以故抽精思於精藻，脈貫《西銘》，妙靈心於靈吼，理悟太極，於焉極深，研幾一中，静存作則因心。萬象囊括，池澄澄兮點綴，個中旨趣，蓮馥馥兮掩映。窻前芬芳，座接水光，覺琴書之皆潤，人著花氣，喜笑語之亦香，根底獨抽。天心洋溢於寶鏡，游息得所太和，鼓盪於水鄉。菡萏載於毛《詩》，情知在澤芰荷，傳自屈語，不必如霜，佇若耶之可嗜，覺滋味之獨長者也。獨是昆明習戰，徒傳戈櫓之聲，積翠接臣，只聞酣歌之戴。剪金貼地，妄作潘妃之翔；鏡湖發花，僅供西施之採。玉龍十朵贈姚公，掛屏飛片於鐘樓；鶴羽九莖寄艾子，搔首笑折於壬賽。米石擊鷗，手碎魚傘，越女操舟幅，拖裾帶篩戎，雖呈以爲刷兕之粉，不以爲錦鱗之葢，島嫋雖種，用作楚鴿之妝，不用作桃笏之瀊。笑黄冠之塗脂，帳木錦之著黛，擅口羅鷺鶿之瓜辛，圭薄天水之丏顧，丁巴而不買，問玙球其何在，噫嘻哉。譚少保之圖壁，阿誰問鼠，李太傳之寫畫，若個題詩彌魚，逸叟笑倒，溪兒尋鱉，克佐薄煞，塾師遠公之蓮社，已杳魏生之荷沼。誰思六郎安逞，彷彿疇似七子，久隱依稀莫馳。點點殘花，涓瀾之幾把賣盡；煌煌彩柄，綾軒之十朵成絲。惟濂溪之深愛，信今古之獨知。耿予懷之好古，安得不爲之感慕乎斯池。爰為之歌曰：蓮兮蓮兮，薄嬌妍僊姿，未許庸庸，搴妙諦寫，來筆如椽，經綸藴蓄，絲綿綿一脈靈，長衍一綫愛。惟濂溪，深以專，危微精一續心傳，闢開奥，窔恍鈎元，打破囫圇。啟蒙顓盛世，文明愈昭宣，而今採蓮，追前賢，步亭畔，坐花間，猶覺光風霽月長在池邊。（乾隆郴州志・藝文下）

西湖周元公祠楹聯

道學仰先河，百代師儒起南嶽。
圖書傳太極，九江風月滿西湖。（後學富陽夏震武題）

哲理貫中西，太極光華生日月。
雲仍徧南北，聖湖俎豆肅烝嘗。（長興支裔鳳岐敬題）

開兩宋道學真傳，若洛若閩若關，教澤長存，到處有絃歌地。
荷三代聖賢事業，曰誠曰靜曰復，經心盡抉，允推大豪傑人。（南潯支裔慶雲敬題）

道藴啟千秋，上承堯舜禹湯文武周孔曾孟之緒。
學源綿萬派，竝為程朱張邵陸王惠戴顔李所宗。（吳縣支裔師熊敬題）

南峯北峯間，坐此人豪，遺像清高，無愧宋史道學傳崒焉稱首。

裏湖外湖畔，奉之尸祝，圓流空曠，恰對天然太極圖別有會心。（奉化支裔駿彥敬題）

前無古，後無今，闡太極而著通書，為宇宙創明理學。

止于贛，享于浙，萃宗枝以新棟宇，冀孫曾克振家聲。（奉化支裔駿聲敬題）

通天地人之謂儒，歸于太極。

先關洛閩而闡道，獨肇真傳。（奉化支裔駿聲敬題）

重民命飭官方，豈僅理學權輿，付與程朱傳一脈。

披荊榛新廟貌，是處神靈憑藉，所蘄鼎俎報千秋。（紹興支裔嘉烈敬題）

千秋道學，獨契精神，想霽月光風，惟有芙蕖堪比德。

四代君民，咸深景仰，看山重水複，好將蘋藻薦明禋。（紹興支裔嘉烈敬題）（周鳳岐本）

周元公祠神龕楹聯

窒私欲明公道，乃社會進化教主。

闡心理究物質，是人生哲學導師。（二十九世孫大封敬題）（周鳳岐本）

敬睦堂楹聯

雲仍遠溯岐山，曠代有傳人。韜略儒宗，各負千秋聞望。

祠宇重規渕水，及時同飲福。愛親敬長，都由一脈淵源。（南潯支裔慶雲敬題）

家有大賢，如風月無私，百世共師承，光霽常依隅坐末。

禮傳宗法，看芝蘭競爽，一堂話舊德，詩書不負古人期。（嘉興金蓉鏡敬題）

述兩漢後師儒德澤，維世教，正人心，首推性理啟源，弄月吟風傳絕學。（海監支裔）

萃四海内昭穆宗枝，考禮樂，講孝弟，共盡力思報本，秋霜春露奉明禋。（昌岐敬題）（周鳳岐本）

太極橋亭聯

天開一畫從無極，學貫三才演兩儀。（南潯支裔慶雲敬題）

智水仁山至樂地，光風霽月泰初天。（新昌張載陽敬題）

一卷圖書啟正學，千秋風月寄徽音。（長興支裔鳳岐敬題）

湖對三潭湧朗月，花開四壁坐清風。（吳縣支裔師熊敬題）

靜中悟入先天境，清處微聞自在香。（平陽支裔錫經敬題）

庭草風翻當日綠，池蓮煙護舊時紅。（東浦支裔清敬題）

鳥性花情同物我，波光雲影無古今。（二十九世孫大封敬題）

於此存濠濮間想，輒自謂羲皇上人。（二十九世孫大封敬題）（周鳳岐本）

大門楹聯

理學紹真傳，入室登堂，祔文廟僂指得十。

崇祠隆報饗，汝南江右，與西湖鼎足而三。（南潯支裔慶雲敬題）（周

鳳岐本）

養心亭聯

偶參太極圖斯展，為養生機草不除。（奉化支裔駿彥敬題）

道充為貴身安為富，靜虛則明動直則公。（嵊縣支裔肇昌敬集　元公彝訓題柱）

階舒草色多生意，池放蓮花可靜觀。（吳縣支裔圭璋敬題）

竹瘦花肥參物化，鳶飛魚躍樂天機。（嵊縣支裔之鼎敬題）（周鳳岐本）

後　記

本書輯佚自宋代至今被中國已有周敦頤文獻遺漏的各種濂溪學史料編纂校勘而成。共計收錄底本文獻 180 多種，類别涵蓋相關地方歷代方志、古代别集與總集、道藏等。具體内容與我之前整理的《濂溪志新編》（中國社會科學出版社 2019 年版）、《濂溪風雅》（中國社會科學出版社 2020 年版）、《濂溪志八種彙編》（湖南大學出版社 2013 年版），除輯佚的周子本人詩文外，全然不同。

編纂輯佚類文獻所須資源較多，本書也不例外，對我來説難度挺大，幸遇許多博雅君子樂見其成，自始至終給予我極大的幫助。數量眾多、繁複瑣屑的原始文字録入和圖像製作，基本由我團隊成員李紹麗、申瀟負責，這極大緩解了我的時間和工作壓力。初識她二人時，只覺容貌秀美婉如清揚，畢業後這幾年，她們學識能力進步很快，氣質越發清俊嫻雅。紹麗白天要帶小朋友，經常深夜工作，發給我的文档基本都在凌晨一兩點；申瀟經歷了北京一系列曲折闖蕩，幸遇一生所愛，新婚不久入職長沙傳媒界，感恩能與她們在人生路上並肩同行。

美國康奈爾大學圖書館的國際國内館際互借系統，讓我有機會借閲所有美國著名大學圖書館、日本知名大學圖書館的藏書，我將終生感恩銘記。湘潭大學碧泉書院院長陳代湘教授對湖湘學理論研究的思考，對湖湘學文獻整理的重視，都激勵我做好本書。感謝韓國成均館大學終身教授崔英辰先生，多次鼓勵我做好有關周敦頤的國際史料整理，並慨然為本書做序，同時感謝趙甜甜博士的翻譯工作！學界同仁粟品孝教授饋贈的古籍善本，楊柱才教授的指點引導，楊金磚編審、周建剛教授的答疑解惑，都對我幫助很大，在此奉上真誠的感謝！感謝我的朋友溫志拔博士提出了極好的修改意見！感謝中國社會科學出版社宋燕鵬編審為本書一波三折的出版計劃付出的辛勞！

感謝我的先生郭曉賢博士，讓我有赴康奈爾大學進行科學研究的機會，且無數次為我解決資料獲取和數據採集的關鍵技術難題，尤其重要的是他十幾年如一日對我的愛護包容。初次寫下這些文字時，正值女兒七年級入學，回顧這些年，她歷經七所學校，五個城市，在紐約也曾孤獨，在台北也曾精進，永州的成長，泉州的期盼，天津的獨立，终于结束了顽皮搗蛋的童年，迎來她同學少年風華正茂的時代。感謝我親愛的家人！

王晚霞於湖南科技學院

2020 年 9 月 23 日